ローマ皇帝ハドリアヌスとの建築的対話

伊藤哲夫

井上書院

ローマ皇帝ハドリアヌスとの建築的対話

目次

1 ローマ

1・1　パンテオン

建築家　この偉大な建築、パンテオンの建造が陛下によるものだとは、長い間、知られていませんでした。なにしろ正面玄関ポルティクスのエンタブラチュアのフリーズ部分に

　ルキウスの息子、マルクス・アグリッパが、三度目の執政官のとき、これを建造した

と、大きな文字で堂々と書かれているのですから。建造から一〇〇年を経た三世紀には、すでに、陛下ではなく、紀元前一世紀アウグストゥス帝の時代にアグリッパが建てたものだと世間では信じられていたようです。といいますのは、三世紀初期に大著『ローマ史』――これには陛下の生涯と業績も描かれています――を著したディオ・カシウスもまた、パンテオンの建造はアグリッパによる、と書いているからです。ディオ・カシウスはドーム天井に覆われた陛下の建造によりますパンテオンを確かに目にしました。しかし、このディオ・カシウスをはじめ後世の人びとは、建物の正面にあまりにもはっきりとアグリッパが建造したと書かれているため、それに疑念すら抱かなかったのではないのでしょうか。

　十九世紀の哲学者ヘーゲル（一七七〇―一八三一）は『美学講義』（一八二三）におきまして、「円形を主体とするもっとも有名なローマ建築のひとつが、復讐の神ユピテルに捧げられたアグリッパのパンテオンである（長谷川宏訳）」と述べておりますし、また、パンテオンを見て感動しない人に私は出会ったことがない、と旅の日記（一八二八年四月一日）に書いた十九世紀フランスの小説家スタンダールもまた「マルクス・アグリッパが三度目の執政官のとき、つまりローマ暦紀元前二六年に建てたのだ」と記しているように、いまだこの

時代までアグリッパの建造になるものと人々は信じていました。

ところが十九世紀末になって、あるフランスの若い研究者がパンテオンの調査をしている折、たまたまそのパンテオンの建築に押印がある煉瓦を発見しました。当時、煉瓦には円形や四辺形、それに三日月形などいろいろな形の生産工場固有の押印がされていたのですね。その押印から生産工場、生産年代（当時の執政官の名とその年代から生産年代が特定されますから）が読み取れますが、パンテオンでは一一二〇年から一一二五年の間に生産された煉瓦（特に一一二三年のものがもっとも多いことがわかっています）によって建造されたことが読み取れ、それ以来、パンテオンが陛下の命によって建造されたことが判明したのです。

建造主の名の建築への刻印、その起源

ところで陛下、パンテオンの正面玄関上に堂々と大きな文字で建造主の名を記した銘文を刻することは、ローマの習慣であったのですか。

ハドリアヌス帝　私の知る限りでは、東方の属州アジアの都市、プリエネ（今日のトルコ、プリエネ）のアテナ・ポリアス神殿に刻された銘文が最初のものではあるまいか。

建築家　プリエネは紀元前四世紀にギリシア人によって、旧市がマイアンドロス川の上流から運んでくる土砂によって埋まってしまったため、近くに新たに建設され、非常に繁栄したエーゲ海東沿岸の都市国家ですね。海に迫るミカレ山系の山腹に、それもかなり険しい南斜面に、格子状に走る街路網をもつ、ギリシアの植民都市に典型的な都市プランを示す都市ですが、あれほど険しい傾斜地に格子状の街路網をもつ都市プランを採用したことは何故でしょう。当時の測量技術で容易にできたこと、都市の建設が迅速にすすみ、また拡張が容易なことがあげられますが、何よりも市民への平等な土地分配ということが、都市計画を立案するにあたって基本的な条件としてあったのではないかと思います――。東西に走る街路はほぼ等高線に沿っ

ていますから、比較的平坦ですが、部分的には大きな傾斜を示していますね。これに対して、南北方向は急斜面で街路はほとんど階段となっています。この階段状の街路からは無論のこと、東西方向に走る街路からも、ときおり、南北街路と交差する辺りから、眼下にゆったりと流れるマイアンドロス川と、その向こうに紺碧のエーゲ海が遠望されて素晴らしい景観です。厳格な格子状の街路網の都市プランにもかかわらず、地形を尊重したため（これは土木・建築技術に秀でたローマ人と違って、そうした高い技術がなかったためだと多分に言えますが）、変化に富んだ都市空間となっています。二〇世紀でありましたなら、起伏に富んだ土地であってもブルドーザーなどの建設機械を使って、その多くを平坦にしてしまって、つまらぬ都市をつくってしまいます。それは上下水道、道路、家屋などの合理的な建設のためといった理由でありますが、この合理という思考が、人間社会をいかに潤いのないものにさせてしまいましたことか――。

都市国家プリエネのほぼ中央にストアで囲まれたアゴラ、つまり都市広場があり、その左手上方、切り立った高台にアテナ・ポリアス神殿が立っていますね。プリエネ出身の建築家ピュテオスの設計によるもので、その手記において「アジアにおいてイオニア様式の模範となる神殿を建てたい」と設計にあたっての意気込みを示したごとく、なかなか気品ある建築ですね。アレクサンドロス大王がミレトスを攻撃、包囲した折、このプリエネに陣を構えました。そのときにアテナ・ポリアス神殿を奉献（紀元前三三四）したといわれていますが。

ハドリアヌス帝　そうだ、その神殿だ。帝国の属州カッパドキアの総督に任命した私の側近であるフラウィウス・アリアヌスは『アレクサンドロス大王東征記』を著した者だが、皆と食卓を囲んで食事をする折などに、アレクサンドロス大王の所業についていろいろ興味深いことを話してくれ、おおいに私たちを愉しませてくれる。アリアヌスによると、当時エーゲ海沿岸のギリシア都市の多くはペルシア軍に占領されていたが、アレクサンドロス大王はこれをことごとく打ち破り、エジプトまで攻め上ったのだ。ミレトス攻めの折には、このプリエネに陣を敷いてしばらく滞在したといっている。都市の東、アゴラに通ずる主要道路沿いにアレクサンドロス大王が滞在した住居跡とされるものが遺っているが、アリアヌスに聞いてみると、それが確かかどうかはわからないという。

アレクサンドロス大王が奉献したアテナ・ポリアス神殿については、「アレクサンドロス王、都市の守護女神のアテナ神殿を奉献す」なる銘文が刻まれている。だが神殿の正面ファサードではなく、内陣前の入口ホール（プロナオス）の壁に掲げられたごく小さな文字による目立たない銘文だ。この神殿は短期間の工事で完成したのではなく、長い時間をかけて順次完成され、竣工時には建築家のヘルモゲネスも携わっていたというから、アレクサンドロス大王が献堂したというより、建造にあたっての財政的援助をしたというべきであろう。私もこの神殿に詣で、アレクサンドロス大王への思いを馳せたのだが、その小さな銘文を見ている。

これが王たる奉献主の名を記した銘文を建築に刻した最初のものだ。その後、王が建造・奉献した建物には、その名を記した銘文が刻されるようになった。ところが、初めは小さな文字で目立たないものだったのだが、その後だんだんと銘文の大きさも文字も大きくなって、モニュメンタルとなっていった。ついには建物正面ファサードに大きく銘文が刻まれるに至った。「エウメネス王、勝利をもたらす女神アテナに捧げる」なる紀元前一八〇年、小アジア、ペルガモンの王エウメネス二世の再建によるアテナ・ポリアス神殿入口の建物、プロピュライアがそれだ。

われわれローマ人は、こうした東方のヘレニズムの国々の慣習を受け容れ、新しく建造した神殿などの建築物の正面ファサードに大きく建造主の銘文を刻するようになったのだ。

アグリッパ建造という銘文をそのまま踏襲

建築家 ところでパンテオンは陛下が建造されたのにもかかわらず、アグリッパによる建造という銘文を変更せずに、そのままとしたのはどのような理由からでしょうか？ そのために十九世紀末までおよそ一七〇〇年もの長い間、アグリッパによる建造と誤解されていたわけですが。

ハドリアヌス帝 オクタウィアヌスが国家元首になってアウグストゥス（尊厳を意味する尊称）の称号を贈られた年、つまり紀元前二七年にアグリッパがパンテオンの建造を開始したのだ。この建物は、今日見るような円形ではなく、矩形であった。それはほぼ現在のポルティクス（正面玄関部分）にあたる。だがこのパンテオンは約一〇〇年後の紀元八〇年に、ローマの大火の際、焼失してしまった。これをドミティアヌス帝がほぼ同じ形で再建した。ところがこの建築も一一〇年、前帝トライアヌスの治世のとき、運悪く落雷のため再度焼失してしまった。その焼失現場は放置されたままになっていたのだ。だからなんらかの整備計画が必要とされていたのだ。

建築家 アグリッパによる最初のパンテオンと同様に、ドミティアヌス帝によって再建されたパンテオンにも、アグリッパが建造したとの銘文が刻まれていたということですが、陛下がお建てになったパンテオンは規模といい、その形といい、以前の二つのパンテオンとは比較になりません。再建というよりは、まったくの新築といってよいと思います。——再度お聞きしたく思いますが、それなのに何故、陛下はご自身の名を銘文に記さなかったのでしょうか？

陛下が皇帝に就かれたころ、皇帝位を狙って陰謀を企てた元老院議員、あるいは、もはや異民族の武力征服による帝国の版図の拡大を意図しない陛下の帝国の統治政策に異を唱える数人の元老院議員の処刑と、陛下が関係しているといった悪い噂を打ち消し、徳の高い皇帝として人びとに広く示すために、アグリッパ建造という以前からの銘文を踏襲することによって謙譲の美徳を示したのだ、と世間でいう人もいます。あるいは修復させた建物を自分が建造・奉献したかのようにしたドミティアヌス帝と比較されるのが嫌で、陛下はそうされたのだ、とか他にいろいろという人が世間にいます。

ハドリアヌス帝　そうか、そう言っているのか……。私はアグリッパが何故にパンテオンなる神殿を建造したのか、考えた。

パンテオンという語はラテン語ではなく、ギリシア語であり、ローマでは唯一のギリシア語の名のついた神殿だ。パンアテイア、つまり万神から由来する言葉で、東方の国々では神々が集うところ、といった意味だ。シリアのアンティオキアやエジプトのアレクサンドリアにもパンテオン神殿があったという。

アグリッパはローマの守護神であるマルスやウェヌスをはじめローマの神々を祀ろうとした。その神々のなかにカエサルとアウグストゥスを列せさせようとした。そうして二人の出自であるユリウス家による帝国統治の正当性を示し、帝国を磐石なものにしようと意図したのだ。（もっとも実際は、アウグストゥス帝はそれを固辞し、カエサルのみがパンテオン内に神として祀られたのだが――。）オクタウィアヌスがアウグストゥス帝となったその年に、腹心の部下アグリッパがパンテオンの建造を開始したのはそうした理由からだ。また、その前年に完成したアウグストゥス帝霊廟マウソレウムとアグリッパのパンテオンが、ほぼ南北の同一軸線上にあることは決して偶然ではない。

私はアグリッパのそうした意図を尊重したかった――。帝国のために。

また万神を等しく祀る神殿ということから、そして私が治める帝国の象徴として、新しく建てる神殿は円形でなければならないという構想が浮かんだのは、実にアグリッパのパンテオンという概念によるものなのだ。

建築家　十五世紀のオーストリア、ハプスブルク朝の皇帝マクシミリアン一世は、「自分の生きている間に自分の記憶をつくらねば、死後には記憶は残ることなく、葬儀とともに忘れ去られてしまう」と語ったということです。そして、その後の君主たちは自分の「メモリア（記憶）」を後世に永遠に残すという視点からの政治を行いました。十七世紀のフランス、ブルボン朝の蔵相コルベールは、この間の事情を端的に表わす言葉をルイ十四世に奏上しています。「王は望みさえすれば、いくらでも戦争に勝利し、領土を拡大できるが、それは王としての今日の名声を高めるに過ぎない。だが、王が後世に永遠の記憶として残り、歴史に名を残そうと欲するならば、壮大、壮麗な宮殿を建てねばならない。ただこうした建築のみが不朽だからだ」と。この言に従ってパリ郊外にヴェルサイユ宮の造営を命じたルイ十四世の名は、ヴェルサイユ宮とともに歴史に残っているといえます。陛下はご自身で建造しながらも、アグリッパの名を銘文に刻んだのですから、そんなことに意味を見出さなかったのでしょうか？

ハドリアヌス帝　確かに建築は長く残るものだから、その建造主の名はそれとともに長く記憶されるであろう。ただ建築とて永遠に不朽ではないのだ——。建造主というものは誰であれそれを願うものだが。ネロ帝の黄金宮ドムス・アウレアなるあの壮大な宮殿を思い起こしてみるがよい。今ではそのあとかたもない。この世はすべて移ろいやすいものだ。人には死が早晩必ず訪れる。私はそのために、私の霊廟の建造を命じてある。

私は帝国内の人びとが平和に暮らしていけるように精一杯の努力をしてきた。各属州の独自性を尊重しつつ帝国を統治する政策を立案すること、各属州によって裁判での不平等が生じないように法体系を整備すること、帝国各地の都市や道路、それに港湾を——河川が運んでくる土砂の堆積によって浅くなる一方の各港湾の掘削工事をはじめとして——整備すること、地方に飢饉が起これば食糧援助の策を講ずること、貧しい家庭の子弟には教育援助をすること、これらはすべて帝国の人たちのためなのだ。そして人びとに役立つ建物の建造はそうした行為のひとつに過ぎないのだ。むろん、パンテオンの建造も同じだ。「自分のメモリアを後世に永遠に残すという視点から政治を行った」とか言ったが、私には馬鹿げたことだ。私の名を永遠に歴史に残すために、パンテオンを建造したのではないのだ。

パンテオンの建築家

建築家　ところでパンテオンの設計者は誰なのでしょう? 後世には、陛下ご自身であるという説もありますし、先帝トライアヌスの建築家ダマスカス出身のアポロドロスだという人もいますが。

ハドリアヌス帝　小アジアやシリアなどの東方の建築家、それにギリシアの建築家たち、それに建造主の立場から私も加わった――若干のアイディアを出したにすぎないが。むろん、ローマの建築家たちも加わっている。だからパンテオンの設計者は私の建築家集団といってよい。

アポロドロスは、ローマにおける先帝トライアヌスのフォルム、バシリカ・ウルピアなどの建設が完成した後、私が命じたフォルムの後部に位置するトライアヌス神殿の建設に忙しく、パンテオンの設計に加わる余裕はなかった。また加わる必要もなかった。ほかに優秀な建築家たちがいたからだ。

設計者の名が知られるギリシア建築

建築家　このパンテオンの場合もそうですが、ギリシアの建築と比較してローマの建築では、その設計した建築家の名はあまり知られていません。

ギリシアの建築の場合、建物と設計者である建築家の名が一体となった場合が多いようです。たとえば小アジア、エフェソスのアルテミス神殿（紀元前六世紀）は高さ一九メートルもの列柱が一〇四本も並び立つ壮大な神殿で「世界の七不思議」のひとつとされていますが、設計者としてクノッソス出身の建築家ケルシプロンとその息子のメタゲネスが知られています。紀元前四世紀に放火によって焼失してしまいましたが、その後再建された神殿は、エフェソス出身の建築家パイオニオスによる設計であると知られています。また壮大さではこの神殿に劣らないといわれたサモス島のヘラ神殿（紀元前六世紀）は、サモス出身の建築家ロイコスによる設計と知られています。

彫刻家フェイディアス作の高さ一二メートルもある象牙と黄金によってつくられたゼウス像が坐すオリュンピアのゼウス神殿（紀元前五世紀）はエリス出身の建築家リボンの設計であること、またアテネ、アクロポリスの丘に立つパルテノン神殿、ニケの神殿、神域への入口門であるプロピュライア（いずれも紀元前五世紀）はそれぞれ建築家イクティノス、カリクラテス、ムネシクレスの設計によるものと知られています。

ところで陛下、エウパリノスという建築家、いいえ技師の名をご存知ですか。

ハドリアヌス帝　もちろん、よく知っている。昔から知られたメガラ出身のギリシアの建築家であり秀でた技師だ。紀元前六世紀ごろだと思うが、当時、隆盛をきわめた小アジア、サモス島の王ポリュクラテスの宮廷に招かれたとき、サモスの都市に、二・五キロメートルほど離れた山中の湧き水源から上水をひく難しい水道工事を手がけた。どこが難工事かというと、山中の水源から都市に水をひくにあたって、その途中にそびえる山という障害をどう克服するかだ。エウパリノスは水をひくため、その山を貫通させる長さ一キロメートルもあるトンネルを山の両側から掘り始め、山の地中深くほぼ中間地点において二つのトンネルは見事に出会ったのだ。

建築家　そのトンネルは「エウパリネイオン」として知られ、今日でもよい状態で遺っております。およそ高さと幅が一・五～二メートルほどで、片側半分は人が通れるようになっており、もうひとつの片側半分は水が通る水路で、そのレベルから掘り下げられておりますね。

ハドリアヌス帝　そうだ。水をひくためにはトンネルはある一定の勾配を保たねばならない。その勾配を有する二つのトンネルが出会うためには、高度の技術がなければ不可能だ。その水道工事は見事に完成し、サモスの市民はおおいに喜び、このメガラ出身の技師エウパリノスを称賛した。そしてその名はギリシア中に広まった。

建築家　そうですか。エウパリノスはやはり建築家というより技術者だったのですか。

ハドリアヌス帝　いや、エウパリノスは建築家でもあったのだ。設計した建築は、残念ながら後世にまで伝わっていないが——。

建築家とはまずもって技術者なのだ。先帝トライアヌスの建築家アポロドロスの例を見てもわかるように、技術がなければとうてい建築家とはいえない。

アポロドロスは、先帝トライアヌスが出陣したダキア戦争においては、従軍技師として働いた。城塞を築いたり、道路を計画・建設したり、またあるときには川に架ける橋を建設するのが任務だ。ダキアの地のドナウ川に架けた長さ一キロメートルにも及ぶトライアヌス橋（一〇四～一〇五）は、橋桁は石造で、上部はアーチを描く木造の橋だが、それはひとつの例に過ぎない。そして部隊が野営するのであれば、その場の選定（これがなかなか難しいのだが）、司令部や兵馬、物資を収容する仮設建物などの配置計画、周囲を囲む濠の計画と建設、下水溝の建設等々をできるだけ的確、迅速に行う必要がある。それには大変高度な技術がなければ務まらない。また、たびたび戦場で兵器も工夫しなければならない。建築家はだから建物だけを設計するだけではないのだ。あらゆることに通じている必要があるのだ。もっとも、これはどの職業にも共通することではあるが——。

建築家　エウパリノスという名は今日、ギリシアの建築家として知られています。

それは偶然といってもよいきっかけからです。二〇世紀初めのフランスの詩人ポール・ヴァレリー（一八七一～一九四五）による詩篇『エウパリノス、あるいは建築家』によって、このギリシアの建築家の名が知られるようになりました。詩篇『エウパリノス、あるいは建築家』とはプラトンの『パイドロス―美について——』にならい、死して冥界に住むソクラテスと弟子のパイドロスがギリシアの建築家エウパリノスについて、建築について、そして創造について語り合うという興味深いものです。そのなかで沈黙する建築、語る建築、歌いかける建築とがあり、そのなかで歌いかける建築がもっとも素晴らしいと語り、建築と音楽の関係について示唆しています。一度、陛下にそのことついてお話しを伺ってみたいものです。

建築家の創造の過程を描くということもひとつの焦点になりますので、建築家の名を特定する必要に迫られたヴァレリーは、フランスの『大百科事典』中の建築の項目をひき、そこにエウパリノスの名を見出しました。そこにはエウパリノスという名だけがあって、詳しいことは記されていなかったということです。それでエウパリノスの実像をなんら知ることなく、ヴァレリーは建築家の名をエウパリノスとしたのですが、これによって私たちはエウパリノスという建築家を知ることになったわけです。——後に、あるギリシア学者に聞いて、建築家というよりもむしろ技師であったことを知った、とヴァレリーは告白していますが。ですから、ある建物の設計者として知られるのではなく、まったく偶然に、文学作品を通して知られるようになった例外的な場合といってよいかと思います。

また陛下も密儀に加われましたアテネ近郊、エレウシスの豊穣の女神デメーテル祭儀で知られ、その密儀が執り行われます聖殿テレステリオン（紀元前五世紀）の設計には建築家イクティノスが深くかかわりましたし、このイクティノスは、アルカディアの険しい山中深くに立つバッサイのアポロンの神殿——きっとイオニア海沿岸を航行する船人たちが山中に立つこの神殿を遠く遥拝したのでしょう。そうでなければ、この神殿が何故こんな山中に立地するのか理解し得ません——をも設計したことが知られています。

アポロンと女神アルテミスが誕生した地とされ、アポロンの祭儀の島として知られる神聖な島デロス島のアポロン神殿（紀元前五世紀）、そしてアテネとその外港ピレウスを結ぶ長さ五キロメートルにも及ぶ長大な城壁（紀元前五世紀）の少なくとも南側部分は、建築家カリクラテスの設計によるものと知られています。

またエピダウロスには医神アスクレピオスを祀る神域があり、古来より病の回復を祈って多くの人たちがここを訪れましたが、そのアスクレピオス神殿は建築家テオドトス、そしてそのトロス（円形神殿、ともに紀元前四世紀）は建築家ポリクレイトスの設計によるものですし、ペロポネソスの地において最初の総大理石の神殿として知られるテゲアのアテナ神殿（紀元前四世紀）は、パロス島出身の彫刻家・建築家スコパスによる設計であることが知られています。

このスコパスが彫刻の仕事を担当した小アジア、ハリカルナッソス（今日のトルコ、ボドゥルム）のペルシアの総督マウソロスのための霊廟マウソレイオン（紀元前四世紀）の設計は、プリエネ出身の建築家ピュテオスによるものとされますが、このピュテオスはプリエネのアテナ・ポリアス神殿（紀元前四世紀）の設計者としても知られています。

ミューズの美神たちが棲み、戯れていたという霊峰パルナッソスの南麓の地に、神託の地として名高いデルフィの神域があります。紀元前一六〇〇年以上もの昔に、この地の地割れの裂け目から霊気が生じ、それを吸うと神懸りのような状態になり、未来を予言する力を人は獲得したといわれます。以来、大地の神ガイアの予言の地として人びとの信仰を集め、後にゼウスの子オリュンポスのアポロンが神託の座につき、神託を司ってきました。

このアポロンの神殿の設計者である建築家の名が、ある興味深い逸話とともに伝わっています。アガメデスとトゥロポニオスという二人の建築家の名です。

ハドリアヌス帝　それは紀元前六世紀の詩人で『祝勝歌』で名高いピンダロスの書に出てくる話だな——。

建築家　そうです。私はプルタルコスによる『アポロニオスへの慰めの手紙』において知りました。プルタルコスはその詩人ピンダロスの書によって知ったと書いています。

アポロンの神殿が完成し、二人の建築家はアポロンの神に報酬を請求しました。すると神は一週間後に報酬を与えると約束し、それまで神殿にて愉しく飲み食いせよとの仰せ。その日が来るまで、そしてその前夜、飲んで食べて満足して眠ったのですが、翌朝、二人とも死んでいた、という話ですね。

ハドリアヌス帝　そうだ。その話は、神が二人の建築家にケチって報酬を支払わなかった、ということではない。逆に、最大の報酬を与えたということだ。

ということは、人間にとって無上の幸福とは死であり、二人の建築家に最大の報酬としてこの無上の幸福である死を賜ったということなのだ。古来、ギリシア人には、心配事や辛い禍や不幸に満ち満ちたこの世にあって、「この世に生まれてこなければよかった」とする厭世的な思いが強かった。とすれば、あらゆる苦しみや不安から解放する死とは、神々からの最良の賜りものと考えられよう。

建築家　建築家に与えられた報酬が死とは、初め驚きますが、そのようにお話しされますと、人の生とは何か、その意味は何か、と深く考えさせられます。

ところで、アポロンの神殿の建造の報酬として、神より死を賜ったアガメデスとトゥロポニオスという二人の建築家は、紀元前六世紀以前のアポロンの神殿建築にかかわったこととなります。その逸話を書いた詩人ピンダロスは紀元前六世紀の人だからです。

アポロンの神殿は、他の多くの建物と同じで、地震や火災にたびたび遭い崩壊し、そのつど再建されてきたのですが、いわゆる第四次アポロン神殿（紀元前四世紀）はコリントス出身の建築家スピンタロスによる設計によることが知られていますし、その後のアポロン神殿にかかわった建築家としてアガトン、その息子アガシクラテス、そしてその孫アガトクレスが知られており、この三人はヘレニズム時代デルフィの「アポロン神殿の公式建築家」として働きました。

このようにギリシアの建築は、かかわった建築家の名と一体となった場合が多いようです。ただ、よく知られた建築で、エーゲ海に突き出るようにあるスーニオン岬の突端に立つポセイドン神殿（紀元前五世紀）のように、設計者の名がいまだ判明していない場合もあります。こんな場合、設計は「スーニオンの建築家」とある文献に記され、そしてマラトンの近くのラムノスにおける憤りの女神ネメニス神殿（紀元前五世紀）は、この「スーニオンの建築家」によって設計されたことが知られています。これなど、建築と設計者である建築家の名は一体であるという前提のもとに考えられたものと思われます。

ローマ建築における建築家の無名性と社会的地位

ところがローマの建築では、よく知られた建築物であっても、多くは設計した建築家の名が知られていないのです。アノニマスな建築という言い方があります。それは建築家が設計したものではなく、つまり無名の石工や大工の棟梁などが建てた、いわゆる民家などを指すのですが、ローマの建築もこれと同じです。ローマ建築における建築家の無名性といってよいと思います。

もちろん、設計した建築家が知られている建築はあるにはあります。ただし、たいへん少数の建築です。ローマにおけるネロ帝による五〇ヘクタールにも及ぶ途方もなく壮大なドムス・アウレア（黄金宮。紀元後六二〜六九）はセウェルスとケレルという二人の建築家の設計になるものと知られています。それは歴史家タキトゥスが『年代記』において

ネロは祖国の崩壊をこれ幸いと利用して、「黄金の館」を建てた。
これが人々の度肝を抜いたのは、中を飾った宝石や黄金というよりもむしろ、館内を占め

る芝生であり池であり、荒地をまねてあちこちに散在する森や広い空き地やそして眺望である。
これを設計し建築したのはセウェルスとケレルで、彼らの奔放な想像力とは、自然の拒絶したものまでも人工的に創造して、元首の財産を蕩尽することであった。（国原吉之助訳）

と記した箇所からです。タキトゥスはこの二人の建築家にあまり好意的な思いを抱いていないようですが、この記述によって、ネロ帝の黄金宮ドムス・アウレアの設計者はセウェルスとケレルという二人の建築家であったことがわかります。

そしてまた、ドミティアヌス帝によるパラティヌス丘の皇帝宮殿（八一～九二年）は建築家ラビリウスの設計によるものと知られています。それは同時代の人で諷刺詩人マルティアリスが『エピグラム（諷刺詩集）』において、

ラビリウスよ、畏くもあなたは星辰ひかる天空の構想をもって、驚くべき技術にてパルラシアの宮殿を建てられた。フェイディアス刻めるユピテルに、もし相応しき神殿を備えむとするならば、かのピーサもわが雷の現人神に、（あなたの）この手腕を乞うことであろう。（藤井昇訳）

と記したところから知られるのです。マルティアリスは他に三か所にて、たとえば

天下ひろしといえど、これほど輝かしきものは、世界に比を見ませぬ――（藤井昇訳）

などと、この建築空間的にたいへん興味深い皇帝宮殿と、その建築家ラビリウスについて触れています。

ハドリアヌス帝　そうか――。そなたは二〇〇〇年近くも前に書かれたマルティアリスのエピグラムを読んだのか。

私は帝位について以来、ローマにおいてはそこを住居としている。治世の後期に恐怖政治をしいたと非難されたドミティアヌス帝は、この皇帝宮殿内の自分の寝室において、親衛隊副隊長や執事、下僕たちによって刺殺されたが、その後を継いだネルウァ帝もトライアヌス帝も不吉なものを感じたというより、圧政者の館としてのイメージが残るその宮殿には住まわなかったのだが――。

そのドミティアヌス帝による皇帝宮殿は、八角形の空間を手がかりとして、重なりと見とおしの空間やエクセドラをもった空間構成、大きなスパンの半円筒状のヴォールト天井、キルクス・マクシムスに向かって凹状に大きく湾曲する列柱廊等々、建築空間的にたいへん興味深い建築だ。私と私の建築家たちは、たびたび連れだってこの建築空間をつぶさに観察し、検討した。そして多くのことをこの建築から学んだ。

いつの日か、そなたとこの建築空間について語り合いたいものだ。

建築家　また先帝でありますトライアヌス帝によるトライアヌス広場や広場を構成するバシリカ・ウルピアと市場（マーケット）の建物、ギリシア語本とラテン語本のための二つの図書館、それに記念柱などは、ダマスカス出身の建築家アポロドロスの設計によることが知られています。

ほかにその後の、設計者が知られている名高い建築としては、東ローマ帝国の首都コンスタンティノープルの壮麗なハギア・ソフィア大聖堂（六世紀）で、小アジア、トラレス出身の建築家アンテミオスとそれに同じく小アジア、ミレトス出身の建築家イシドロスの二人が設計したことが知られています。

さらにポンペイの劇場（紀元前一世紀）を設計したポンペイの建築家アルトリウス・プリムス、そして今日のスペインとポルトガルの国境に近いタホ川に架かる長さ一九四メートルの美しい石橋（一世紀末）の設計で知られるガイウス・ユリウス・ラケルは、建築家というより技師でありましたし、また南フランス、ネマウスス（今日のニーム）の闘技場（二世紀）の設計者としてレブルスの名が知られています。アスペンドスにある今日もっとも保存状態の良い七〇〇〇人を収容するローマ劇場の設計者として、これはローマ人ではなくギリシア人の建築家ゼノンが知られています。設計者の名が知られているローマの建築はこれぐらいのものです。

ところがローマのよく知られた建築、フォルム・ロマヌムの数々のバシリカや神殿建築、たとえば（大）プリニウスが『博物誌』においてローマでもっとも美しい建築だと述べていますバシリカ・アエミリアやフォルム・アウグストゥス、それに平和の神殿、この三つの建築でさえも設計者の名は知られておりませんし、円形闘技場（コロッセウム）も、そして陛下の建造になるパンテオンなども建造者の名前は知られていますが、設計者の名は知られていません。

こうみますと、ギリシアの建築と比較してローマの建築においては、設計者である建築家の名と建築とがいかに結びついていないかがわかります。

知られているといいましても、セウェルスとケレル、それにラビリウスについては、その名はただ数箇所タキトゥスの歴史書や諷刺詩人マルティアリスのエピグラム集などに出てくるだけのようです。このことから推測しますと、ごく限られた人にのみ知られていただけで、はたして、市民はその建築家たちの名を知っていたのでしょうか。ただアポロドロスの名はやや例外で、たびたび出てきますが――。

このようにローマの建築における設計者、すなわち建築家の無名性という点は、ギリシアの建築とはたいへん相違します。そしてこのことは、後のルネサンス期、バロック期を経て二一世紀に至るまでの時代と比較しても非常に特異です。十九世紀まで建物の建て主と建築家の両者が話題にされる場合が多かったのですが、十九世紀末の近代建築台頭以降に至っては、建物名と建て主が一致する場合は別として、設計した建築家の名のみが前面に出てくる傾向があります。

ハドリアヌス帝　ギリシア人の建築観とローマ人のそれとではたいへん違う。

建築家　キケロは建築の仕事に従事しても、(公共建築を建てるため) ちょっとした名誉をもたらすだけ、ars honesta と述べています。ところが、陛下が少年のころ弁論術を学ばれました高名な修辞学者クインティリアヌス (三五〜一〇〇?) は、著書『弁論家の教育』において、弁論術の素材と関連して、わずかですが建築について述べております。「弁論術があらゆる素材について語ることは誰しも認めることであって、多様な素材をもつが、多様だからといって、際限がないわけではない」と言い、続けて「他のあまり上等でない技術もまた、多様な素材をもっている。たとえば建築術、および金や銀、銅、鉄で作品をつくる彫金術がそうだ (戸高和弘、伊達立晶訳)」——と、建築はあまり上等ではない技術であると述べています。

陛下の弁論術の先生であり、ウェスパシアヌス帝によって創設されたラテン語とギリシア語の修辞学教授職で、最初のラテン語修辞学教授に任命されたことで知られますこの修辞学者のクインティリアヌスの言に代表されますように、ローマの社会では、建築とはマイナーな芸術 ars minor であると考えられていたのですね。

ハドリアヌス帝　ローマ人が建築に求めるものは、その目的・必要性を完全に充足させること、この一点だ。それ以上のことはあまり問題にしない——残念なことだが。だからローマ人は実質主義者だといってよいだろう。これにはむろん歴史的、社会的背景がある。だが私は建築がマイナーな芸術だとは断じて思っていない。建築は空間の芸術なのだ。

そなたは先ほど、ネロ帝のドムス・アウレアの建造に関連して、設計し建築したセウェルスとケレルについてのタキトゥスの言を引いたが、タキトゥスはこの二人のことを magistri そして machinator といっている。つまり建築現場で作業を統括する監督であり技術者だといっている。ローマでも建築家をいい表わす言葉に architectus なる語がある。これはギリシア語の architecton から由来するが、タキトゥスはこの architectus なる語を用いていない。

こうしたことから一般にローマでは、ギリシアでのような芸術家としてのイメージはない。建築現場で建築工事を指揮・統率する者、監督であり、技術者であると考えられている、といってよいだろう。実際に建築家とはそういう仕事をする者なのだ。

建築家　ローマ社会では、建築はマイナーな芸術とされ、そして建築家は技術者としての面が強く出ているわけですね。

ハドリアヌス帝　そうだともいえようが、建築家とはまずもって技術者であると私は思う。このことはどの社会でも、そしてどんな時代であろうとも変わらないのではあるまいか。

ただし、ローマの社会において、建築家の仕事に特徴的な点がいくつかあげられよう。それは依頼された建物の設計の段階においてであるが、建て主の建築の目的である必要性・要求は十分満たさねばならず、そうした要求は、建て主の建築知識が豊富なことから細かく具体的で実利的であって、設計にオリジナリティなど求めない。だから建築家が勝手にイメージなど飛翔させることは許されないし、そうした建て主の強い要求に従った設計をしない建築家はローマ社会では生きられない。建て主と建築家のそうした関係は、むしろんローマの階級社会を反映している。

それに建築家が建て主と打合せをするにあたって提出するものは、平面図、立面図、簡単な透視図（ウィトルウィウスが述べる舞台背景図スカナエ）、それにごく簡単な仕様（書）とおよその工事費の見積り（書）だが、それらの図面は計画する建物のおよその輪郭を示すものである。極端にいえば建物の躯体を表わすものだといってよかろう。図面には新しい建物のおよその記述・仕様、すなわち仕様書が添えられた。こうした図面と仕様書をもとに工事が進められ、建物の内・外装の装飾的デザインと仕上げ工事は、建築家自身がやるのではなく、多くはギリシア人である芸術家に任せる。

だから建築家の主な仕事とは、強固な耐久性のある建物の構造技術的、設備技術的な設計であり、そしてそれを実現する建築工事の統率、監督である。ローマ市民は、建築家とは建築の現場監督のイメージを抱いているといっても、そう大きな誤りではなかろう。

建築家　陛下のお話しをお伺いしまして、建物の設計はどの建築家によるものか、といった建築家の名などローマ社会においては問題にはならないことがよくわかる気がします。建て主の強い意向に従った設計ですし、少なくとも建物内部のデザインなどは他の芸術家によるものですから。

建て主の立場がたいへん強かったのですね――これは当然なことですね。日本におきましても、建築家とは建て主に取り入って仕事を得る芸者みたいな者だ、とよくいわれますが――。

ところで、ローマの建築における建築家の無名性ということは、建築自体の質が問題となるということです。「名を捨てて、実を取る」といった言が日本にありますが、名などは初めから問題にならない、実が、実質が問題なのだということだと思います。ローマの人たちの強い現実主義あるいは実質主義といったものが、そこに感じられます。

ハドリアヌス帝　そもそも何故に、つねに建築と建築家の名が結びつくのか、理解に苦しむ。

私は基本的には建築家も、煉瓦積み職人も公共浴場の風呂焚きも、あるいは陶工も、つまりどんな仕事でも仕事をする人であり、そしてその仕事は同じだと考えている。人びとのために、社会のために働くことにおいてはどんな職業であろうとも変わりはない。私自身、「王位とは光栄ある民への奉仕である」なる哲学者ゼノンに学んだマケドニア王アンティゴノスの言を自戒のことばとしている。

だから建築家でも本来、無名性なのだ。たとえ仕事上、皇帝と面会し、打合せをするからといって、なにも建築家、あるいは他の職業の少数のものが特別だとは思わない。特別だなどと本人と社会が思うから、何を勘違いしてか、アポロドロスのような高慢な建築家が時折現れるのだ。

私がまだトライアヌス帝の秘書たる皇帝財務官クワエストルであったとき――トライアヌス帝の元老院での演説の草稿などは側近のリキニウス・スラがしたためていたのだが、スペイン出身の貴族で、私に目をかけ、いろいろなかたちで引き立ててくれたこのスラの死後は、私が代わってその仕事などをしていた――、帝は構想されたトライアヌス広場の計画についてアポロドロスと打合せをしていた。私はたまたま帝の傍にいたものだから、その話を聞いていた。

私は青年のころ、アテネに遊学した折、アクロポリスの建築、とりわけパルテノン神殿を見て、その崇高な姿に感動したものだ。以来、建築に興味を抱き、私が訪れた各地の建築を熱心に観察した。皇帝位に就いて以来、私はローマのパラティヌス丘にあるドミティアヌス帝による皇帝宮殿に住むようになったのだが、それ以前にこの皇帝宮殿を見る機会があって、その建築の八角形の空間を手がかりに、明暗の空間が連続し、見とおせる興味深い建築空間にヒントを得て、折をみては自分なりの空間を構想し、手すさびにスケッチを描いたりなどしていた。

トライアヌス帝とアポロドロスの打合せにおいて、ある空間をどのように構成するかに及んでいるのを知り、私のスケッチ案がひとつの解答であると思い、二人に示した。ところがアポロドロスは「打合せの邪魔をしないでくれ。どこか離れたところに行って、君はその得意なカボチャの画でも描いていればいい。私たちが打合せをしている建築については、君は何ひとつ知識がないのだから」と私に言い放ったのだ。なんという尊大さ――。私はただ自分の意見を述べたに過ぎないのだ。

なるほど、私は建築家ではないから、建築の専門的な知識、技術についてはそれほど知らない。だが（哲学者アリストテレスも述べているように）良い建築かそうでないかの判断は私にもできる。多くの一般市民もそうだ。アポロドロスは専門家風をなびかせて、愚かにもそのことがわかってないようだ。――そして自分の仕事が何かをわかっていない建築家が多いのも事実だ。

服の仕立て職人や靴職人が客の注文を聞いて服や靴をつくるのと同じように、建物を建てようとする建て主の要求に応えるのが建築家の仕事なのだ。トライアヌス帝の意図や好みは側近である私はある程度わかる。建て主であるトライアヌス帝の代弁を私がしたまでのことだったのだ。

建築家　ローマの社会では、建築にあたって建て主が強いイニシアティブをとっていたのですね。建築家は建て主の要求に大きく左右されたということです。依頼主の注文に応える――これは当然のことですね。ただこれには、建て主がこういった建物を建てたいというある程度のイメージをもっていないと無理です。

ローマの人びとはそうした場合、自分が街で実際に見て気に入った建物があると、そうしたものが欲しい――それが建物の全体である場合もあるし、部分である場合もある――、そのようなかたちで建て主は具体的なイメージをもっていたようですね。だからでしょうか、ローマ時代には、建物のコピーが少なからずあったようです。他の都市からローマを訪れた人が、その壮大な建築群に圧倒され、ふるさとに帰った後、そのローマの建築や広場などをコピーさせたといった例がスペインにも、フランスにもあります。

陛下による建築の例をとりますと、アテネの新都市拡張計画の際の「ハドリアヌス帝の記念門」がそのひとつです。陛下もたびたび訪れ入信された聖域で、アテネより西方に二〇キロメートルほど離れたところにある密儀宗教で有名な「エレウシスの聖域」における東西の二つの門が、そのコピーとして建造されました。

また小アジアの旧ペルガモン王国の首都ペルガモンの「医神アスクレピオスの神域」において、ドームの直径は約二四メートルとローマのパンテオンの半分ほどの大きさですが、列柱回廊によって囲まれた大きな広場に向かって破風屋根の正面玄関ポルティクスがあり、ドームを戴き、その頂部に丸いオクルス（窓）があるというようにまったく同じ形態で、ローマのパンテオンの縮小コピーといってもよい建物が立っていたのですね。ゼウス・アスクレピオスに捧げられた神殿で、今日では残念ながら礎石しか遺っていませんが、美しいプロフィールを形成する丸く削られた切り石群からなる堅固な礎石から、その円の平面形がはっきりと読み取れます。十九世紀以来の発掘調査で、そうしたことがだんだんとわかってきました。

ハドリアヌス帝　建て主が街のあそこに立っているあの建物のようなものを建てたいとか、部分的にせよそっくりコピーしたいということは、コピーしたくなる建築が存在する、言い換えればそこに建築の伝統があるということでもあるといってよいだろう。またそのようにして伝統が受け継がれてゆくことでもある。コピーしたくなるような質の高い建築の実例がなければ、そうはならない。

ペルガモンの「医神アスクレピオスの神域」は、病に冒され、治療を夢見て訪れる人たちが多いにもかかわらず、施設が小規模で、手狭であったものを、私が再整備を命じたものだ。ゼウス・アスクレピオスを祀る神殿を建立するにあたって、たぶん、ローマに赴いた折に、工事中のパンテオンを見て、強く印象づけられたのであろう、ローマのパンテオンのようにしたいと、寄進者をはじめ多くの人々の強い希望が寄せられたので、私がそれを許可したのだ。

建築家　今日ほぼ完全なかたちで遺っており、その美しさで名高い野外円形劇場があるギリシア本土、エピダウロスの多くの人々から崇拝された医神アスクレピオスの神殿が、いわば総本山で、アテネやローマ、コス島など各地に分祀されて、そこでは医師が養成され、医療施設も充実して、医学の中心として人々に奉仕していました。なかでもコス島に生まれ、そこで医学の研究所を開き医学の祖といわれたヒポクラテスと関連して、コス島のものがギリシア医学の中心として特に有名ですね。ペルガモンのこのアスクレピオスの神域もそのひとつです。陛下の命により拡張・再整備され、浴室を含む参籠・静養施設、図書館、野外円形劇場、店舗それに宿泊施設など充実したものとなりました。

このペルガモンのアスクレピオスの神域に関しては、陛下もよくご存知のスミュルナ（今日のトルコ、イズミール）のソフィストであるアントニウス・ポレモンの逸話が知られています。建造が始められたものの、中断、未完成のまま長い間放置されていたアテネのゼウスの神殿オリュンピエイオンが、陛下の命により、工事が再開されようやく完成しましたが、その奉献式の折、神々と神殿を讃える記念演説を陛下が命じ、それを見事にやったあのポレモンです。陛下の哲学談義の友、あるいは側近のひとりといってよいかと思いますが。

このポレモンがスミュルナにて関節炎を患ったとき、癒すためペルガモンの医神アスクレピオスの神殿に詣で、慣例に従って神殿内にて一夜を過ごしました。神様が夢のなかに現れ出でて、治療のお告げを聞くためですが、夢のなかで、冷たい飲み物を飲まないようにと神がお告げになったとのことです。するとポレモンは「これが牛の治療の場合でしたら、どうなさるのですか」と、神に向かって言ったということです。なかなかユーモアのある哲学者でありソフィストですね。

ハドリアヌス帝　そうか。ポレモンは哲学者としても深い思索をする者で、たびたび私たちは議論したものだ。ポレモンは立派な人物で、ソフィストとして多くの弟子を育て、またスミュルナにおける神殿や穀物市場の造営を私に働きかけるなど、スミュルナをはじめいくつかの都市をより文化的な都市とするばかりでなく、商業都市として発展するよう尽力した。つねに社会へ眼を向けた哲学者でありソフィストだ。

私はこのポレモンをアレクサンドリアのムセイオンの会員に加え、教授として任命するなどして、ポレモンの功績に報いた。

建築家　あるローマの市民が――陛下もご存知のあの政治家・弁論家キケロ（紀元前一〇六～四三）ですが、友人を訪れた際、その友人の庭が気に入って忘れられず、なんとか自分の庭もそうしたいと、友人にその庭の様子を教えて欲しいと依頼しました。そしてそのとおりに建築家に計画させました。そして工事が始まったら友人ができるだけ頻繁に工事現場を訪れ、建築家が間違ったことをしたら工事をやり直させるよう忠告して欲しいと頼んだ、といった話が伝えられています。このように自分の好みの建物や庭をつくりたいと、非常に積極的かつ自主的な建て主が多かったようですね。

また別荘を購入したキケロの弟クイントゥスは、ガリアとブリタニア征服をもくろんだカエサルの軍団に将軍として加わって戦地にいたので、ローマにおらず、弟に代わってキケロがその別荘の内装工事などの面倒を見たことも書簡から知られています。「（お前の）別荘の建物は、特に柱廊がきわめて荘厳であり、おおいに気に入った。今までは感銘を受けなかったが、今度の訪問ではすべてが見とおせるようになったこともあり、柱も見事ではなはだ心を打たれた。すべては化粧漆喰の仕上げ工事が巧みかどうかにかかっているので、それには注意を払うことにする。床工事もうまくいっているようだ。ただ天井の一部に気に入らないところがあったので、改めるよう指示、手配した（高田康成訳）」とキケロは戦地にいる弟クイントゥスに書き送っております。

またある市民が――これは陛下の若い側近の一人であるコルネリウス・フロントですが――自宅の浴室の増築をする際、依頼した建築家が設計案をもってきた折、友人たちを招いて酒宴を開き、その設計案について皆で討議した。そのとき、皆はギリシアからの伝統で長いすに横臥し、飲食しながら討議したが、よばれた建築家は終始立ったまま、質問などに答えていた。またおよその工事費について聞かれた建築家の答えに、ある一人の友人は間髪を入れずに、そんな工事費では済まないと指摘し、必要となるであろう増額分を具体的な数字で表わした、という話がフロントをたまたま訪れたアウルス・ゲリウスによって全二〇巻の著書『アッティカの夜』中において伝えられています。ゲリウスは陛下がよくご存知のファウォリヌスの弟子で、文法学者です。

こうしたことから、建築家が提出した設計案を依頼主である建て主一人では判断せず、友人たちに意見を求め、皆で一緒に考え、判断したこと、それに一般市民も建築について比較的詳しい知識があった、といえるようです。

そして、建て主とその友人たちが長椅子に寝そべって飲食しながら設計案について議論する一方、建築家はずっと立ったまま質問に答えたという場面は、建て主と建築家の関係を象徴しているようです。ローマ社会は、元老院階級、騎士階級、市民階級それに奴隷その他、と階級がはっきりとした階級社会ですが、建築家の社会的地位はどうなのでしょう。

ハドリアヌス帝　ギリシアでは、建築家はバナウソイ（banausoi）つまり火・竈《かまど》の傍で働く職人の職業グループに属するとされていた。他人から与えられた仕事を手仕事によって行い生計を支える者たちで、彫刻家も鍛冶職人もこの社会層に属し、この職業グループに属する人たちの共通の守護神は火と鍛冶神ヘパイストスであった。ゼウスの妻のヘラがゼウスと交わることなく生んだ両足不自由な神で、醜男ながら美の女神アフロディテを妻としたあのヘパイストスだ。

ローマの社会においても、建築家の社会的地位についていえば、ギリシアのそれとあまり変わらないといってよいだろう。つまり社会的地位は決して高くない——建築現場において、いろいろな職方の職人たちを指揮、統括し、監督する立場にあるにもかかわらずだ。むろん、例外はある。アポロドロスのように、皇帝の建築プログラムにかかわり、主導する立場にあるような建築家だ。だがこれなどあくまで例外だ。

ローマの社会では、彫刻家、画家などもそうだが、建築家の多くはギリシア人だ。ギリシアから移住してきた者も多いし、解放奴隷も少なくない。

ただし、建築家になりたいと思えば、どの社会階級出身でも可能だ。ネルウァ帝のもと、ローマ市の水道建築を統括する長となり、ローマ水道に関する浩瀚《こうかん》な書物を著したフロンティヌスなどは元老院階級に属する貴族だが、こうした例がそのことをよく示している。

建築家　ローマの建築家には、浴場建築とか劇場建築、闘技場建築、それに水道建築、港湾建築といったように、ある特定の建築分野でスペシャリストになった人が多かったのですね。

それにしましても、偉大なパンテオンの設計者が知られていないこと自体が、後世からみますと驚きといいますか不思議な気がしますが、それでローマでは建築は設計者ではなく、建造主と結びついていたわけですね。——二〇世紀では「ハドリアヌス帝のパンテオン」といわれていますように。

もっとも、アグリッパの建造という銘文が正面のエンタブレチュアのフリーズ部分に大きく刻されていますから、まだまだ「アグリッパのパンテオン」だと信じている一般の人びとも少なくないと思われますが——。以前のギリシアでは建物の銘文に「奉献す」とあったものが、ローマでは「建造す」とあるのは、そういう背景からですね。

ハドリアヌス帝　建て主がこんな建築をつくりたいと建築家に要求するのは当然なことだと思うのだが、後世の人たちはどうなのか。違うのか?

建築家　建築の伝統の上に立った建て主の多少の要求はあるのは当然ですが、それ以上の点では、それがイメージだとしても、具体的なものとなるとなかなか難しいことだと思います。文化的、建築的教養がありませんと——。

十四～十六世紀、ルネサンス期の教皇や貴族たちのなかにはそういう人もいました。日本では十六世紀の茶人がそうでした。四畳か六畳ほどの小さな茶室ですが、茶人たちが一期一会の茶を愉しんだ、凝縮された見事な空間で、茶人自ら指図してつくった建築です。また十七世紀初期、京都の郊外に桂離宮という庭園と一体となった素晴らしい別荘建築がありますが、これも建て主が自ら指図したものです。天皇の孫である八条宮智仁という教養ある文化人ですが、その後、二度の増築にかかわったその息子、智忠も同じく教養ある文化人でして、美意識と洗練された感覚が建築に反映されています。これらは例外中の例外といってよいと思います。茶人にしてもこの八条宮にしても、皆、当時の教養高い文化人であったことは興味深いことです。

また十八世紀初期、ヨーロッパではシェーンボルン侯というドイツの領主司教が、陛下のように無類の「建築好き」で有名です。ヨハン・ディーンツェンホーファー（一六六三～一七二六）、バルタザール・ノイマン（一六八七～一七五三）、それにルーカス・ヒルデブラント（一六六八～一七四五）といった建築家たちをよびつけては、自分の建築的アイディアを実現させるようにしました。たとえば、そのうちのひとつ、ドイツのポムメルスフェルデンにありますヴァイセンシュタイン城中の壮麗な階段室の空間は「私が考え出したものであり、私の傑作だ」と侯は自慢げに主張したことが伝えられています。

また「建築好きの国王」では、十八世紀ドイツ、プロイセンの王フリードリッヒ二世（一七一二～一七八六）が知られています。ベルリン郊外のポツダムにあるサン・スーシー城館の計画では、王自身の手になるスケッチが残されており、そのアイディアは王のものだといわれていますが、そのアイディアを具体化するに際して、建築家と意見が合わず二人の仲はうまくいかなくなり、ついには長年の友であり信頼してきたその建築家（クノーベルスドルフ（一六九九～一七五三））を罷免してしまったという話も伝えられています。陛下と建築家アポロドロスとの間の関係にも、王と建築家との諍《いさか》いという点では類似した話が伝えられていますが――。

ハドリアヌス帝　ローマにおいてはいずれの皇帝であれ、ローマ皇帝と建築家との諍《いさか》いということは、決してあり得ない。相手はそれが死に価すると知っているからだ。さきほど語って聞かせたアポロドロスとの話は、私がまだ先帝の側近であったころのことだ。またアポロドロスは先帝トライアヌスの建築家であったのであって、私の建築家ではない。厳密にいえば一時の間、私の建築家集団のなかのひとりであったとはいえるが。

建築家　ローマの社会においては、市民である建て主が一般に建築についての知識があり、その要求を満たすのが建築家の仕事である、そして身分制階級社会というローマの政治的、社会的構造と大きく関連していると思いますが、建築家は建て主のそうした要求に大きく左右されたとしますと、建築家の想像力が飛翔する余地はほとんどないと思われますが。

ハドリアヌス帝　それでよいのだ。建築家の想像力というと、大方、形態の問題ということになろうが、そんなことより建築家が考えるべき大事なことがあるのだ。

建築家　ローマの社会では、独創的なものより、堅実な計画案が要求されますが、それもそうしたことと関連するわけですね。そして建築家が提出してきた計画案を、建て主ひとりが判断するのではなく、友人たちを招いて一緒に検討したということは、とりわけ独創的な建築、そして形態が採り上げられにくい背景、状況をつくりだしたともいえるわけですね。なにしろ二人でも集まれば、形態についての好みは各自相違するわけでして、意見の一致をみるには難しいですから。

それで思い出しました。それは二〇世紀のスイスのアトリエ・5という建築家グループ——私も五年近くそこで働きましたが——のことでして、建て主と建築家の関係ではなく、この建築家グループの設計の進め方のことです。設計の依頼がきますと、皆で誰がその仕事を担当するのかを話し合いで決め、決められた二～三人で設計を進めます。一～二か月後、ある程度設計が進んだ段階で、グループ全員の前で発表し、その設計案について全員で討議します。その場合、各自それぞれ形態の好みが違うものですから「独創的な形態」など提案されようものなら、すぐさま否定され、討議は「設計の課題の本質はどこにあるのか」という点に集中します。集合住宅計画の仕事が多い建築家グループですが、一戸建て住宅と相違して集合住宅の計画課題の本質として、住民のコミュニケーション・連帯をあげ、形態などより、そうした住民の社会的連帯の構築といった点に計画の意を注いだ集合住宅に良いものが多くあります。

ハドリアヌス帝　それだ。形態も重要だが、それより建築家が考えるべき大事なこととは、これから建てる建築という課題の本質を考えることなのだ。

ギリシア時代の建築家はドリス様式、イオニア様式そしてコリント様式というように柱の形態について考え、創り出したが、それはそれで見事なものだ。そのような装飾的要素がなく、柱、柱頭が単なる寸胴な円柱だとしたら、と想像してみるだけでよい。どんなにギリシアの建築はみすぼらしい建築に見えることだろう。これに加えて建物を設計するごとに、たとえ、コリント様式でもアカンサスの細部の形についていろいろな創意工夫をした。大変な努力だ。

だが、われわれのローマの時代では、そんなことはしない。それらをそのまま受け容れ、もっと大事なこと、たとえば、浴場建築において見られるように、平面計画や構造計画の発展に力を注いだのだ。

建築家　服や靴の注文主の要求に仕立て職人や靴職人が応えるのと同じように、建て主の要求に応えるのが建築家の仕事であると、陛下は先に話されました。ごく限られた高い文化的、建築的教養のある人たちは例外として、建築についての知識も豊かであったローマの市民にしても、建築家につきつける要求は、ある程度の具体的なイメージがあったとしても、それは非常に限定されたものでしかない、といえますが――。

それに建て主が要求することを、ただ単に満たすだけのことは、比較的容易のようにも思われます。完成した建物を見て、仮に建て主が不満足で、建築家に不平を言ったとしても、建築家は「あなたの要求どおりに設計したのだから、不満といわれても困る」と建て主に述べればよいのではないでしょうか。それに建築家が建て主の了解をとらずに勝手に設計を進めて、完成した建物を見て不満を抱いた建て主が、「こんな建物は壊せ」といわれるようなリスクを建築家は冒さないですみますし。

ハドリアヌス帝　建て主としての市民にはいろいろな要求があるものだ。心と身体がそれを知っているといってよい。ただ、言葉でもってそうした要求すべてを表現できない。だから要求のわずかな一部分しか建築家に伝えることができないのだ。そこで建て主が要求する以上のもの、心と身体が要求しているのだが、言葉で表現され得ないものを、無言だが真に必要なるものを、それこそ建築家の想像力を働かせて聞き取り、それを満たす。これが専門家としての建築家の仕事だ。これをしない、またできないようではとうてい、建築家とはいえないのではあるまいか。そうであるようなら一般の市民、素人でも可能で、建築家の存在意義はないといってよいだろう。

建築家　ローマでは、建築には建築家の名よりは、建て主の名のほうが結びついている、いわば建築家の無名性についての背景などについて伺ってきました。名より実を取るという実質主義のローマの社会らしい考え方ですね。となりますと、歴史において無名であっても、良い作品をつくった建築家は多いということですね。ローマ帝国の各属州、とりわけ東方の属州では非常に質の高い建築に出会う機会が多く、驚かされますが——。

ハドリアヌス帝　むろん、無名であっても、優秀な建築家は多い。有名とは、たまたま機会に恵まれるという幸運にあって、人に知られるようになっただけだ。

建築家　日本には茶をたしなむとき、使う茶碗で素晴らしいものがいくつかあります。そのなかでも国宝に指定されている名物といわれる茶碗は、十四〜十五世紀、朝鮮の名もない無学の陶工がつくったものだといわれています。それも朝鮮の民衆が日常の生活に使用した雑器だというのには驚かされます。

陶工は毎日、同じものを手早くたくさんつくらねば生きていけないということで、そのことによって技術が熟達し、その陶工のつくったもののうちほんのわずかですが、たいへん優れたもので、名品といわれるものがつくられるのです。この無名の朝鮮の陶工が美しい茶碗をつくろうといった意図もなく、ただつくった茶碗以上のものを、その後の日本の有名な陶芸家がいくら懸命に努力してつくろうとしてもなかなかできない（柳宗悦）、という話も伝わっています。

ハドリアヌス帝　それは興味深い話だ。熟達した技術が欠かせぬ、とは私も同感だ。建築についてもまったく同じことがいえるのではなかろうか。

パンテオン建造の時期とその意図

建築家　ところでパンテオンの建設は、使用された煉瓦への押印から紀元一一九年ごろあるいは遅くとも一二〇年には始まったと思われます。そうなりますと先のトライアヌス帝がキリキアのセリヌス（今日のトルコ南部、地中海沿岸の都市ガジパシャ）にて崩御され、陛下がシリアのアンティオキアにて皇帝宣言をされたのが一一七年の夏ですね。その後、サルマタエ族やロクソラーネ族等のドナウ辺境での反乱の終結などに陛下ご自身があたり、それに一年近くを費やされ、陛下が皇帝として初めてローマ入りしたのがようやく一一八年の七月九日とお伺いしておりますから、ご帰国からパンテオン建設の着工までには、一～二年もないように思われます。こんな短期間にパンテオンの構想・計画が可能であったのでしょうか？

ハドリアヌス帝　皇帝就任の宣言した後、蛮族の反乱を鎮圧している間に時間をさいて、私の帝国統治はどうあるべきか、いろいろ考えた。私の古くからの友人たちのうち幾人かを側近としてよび、一緒に考えた。そしてパンテオンの構想・計画はこのころからしていた。以前言ったように東方の、そしてギリシアの建築家たちと野営のテントにて、ときには夜遅くまでパンテオンの計画案を練ったのだ。

建築家　ローマ皇帝になられ、ローマ帰国後一年もたたずに着工させたということは、陛下のローマへの帰国とパンテオンの建設とは何か内的な関連があるのではと、推測されます。建設を急いだ背景には、いかなる理由があったのでしょうか。

ハドリアヌス帝　帝国においては、帝国の民衆に建築物を建造すること自体、政治的行為なのだ。権力をもち、富める者は民衆のために神殿とか公共浴場や円形闘技場、円形劇場、競走場それに水道橋、あるいは公園といった建築物や施設の建造をはじめ、円形闘技場などでの剣闘士と猛獣との闘い、あるいは競走場での戦車競争など娯楽を提供しなければ、とうてい民衆の支持を得られない。

建築家　そうしたことは、自治都市や植民都市といった帝国の地方都市においても浸透していたのですね。毎年選挙で選ばれた二～四人の行政官たちは自らの金の負担で、水道や噴水などの公共施設を設置し、また道路の補修などのほか、各種競技会や演劇コンクール、闘技場での剣闘士試合、戦車競争、闘技などを催すなどしたのですね。そしてこれは租税の制度ともかかわりがないことはない。すなわち、租税においては今日のように累進課税の制度がなく、裕福な人たちは大きな所得のわりには納税額が少ない。それでそのぶん、建築物や闘技、音楽や詩のコンクール、演劇などの娯楽の提供することによって、富めるものは社会に還元する――これがローマ社会なのだと聞いたことがあります。

ハドリアヌス帝　新しく就任した皇帝として権威を示す堂々たる私の建築物――とりわけ辺境の国々からの使節、各属州諸都市の使節たちなどが皇帝たる私に謁見する謁見の間、それに正義をもって裁きを下す法廷の間としての建築物を建造する必要があった。また同時に皇帝としての私の帝国統治の方針をパンテオンという建築によって、象徴的に表明したかった。

前にも述べたように、アグリッパの建造による神々を祀るパンテオンは焼失してしまって、その焼失現場はローマの都市計画上、なんらかの整備計画が必要とされていた。そしてアグリッパのそのパンテオンというギリシア語の概念に思いを馳せ、神々を等しく祀る円形のパンテオンを構想した。帝国属州のさまざまな民族が信ずるさまざまな神々を等しく祀るには円形でなければならない。そして円球を内包する半円球状のドームに覆われた空間でなければならない。これは属州のさまざまな民族の自治を、その独自の生き方を尊重することを意味し、同時にまた帝国の民が融合し、統合される広大なローマ帝国を象徴させたかったのだ。

建築家　陛下のパンテオンでは、平面形が円であるその内径が四三・三メートルの円筒の壁の上に、同じ内径の半円球状の巨大なドームがのったかたちとなっておりますが、床からドーム天井頂部までの高さはドーム天井の内径と同じ四三・三メートルでして、すなわち内径が四三・三メートルの球形が内包されたかたちとなっております。

プラトンは宇宙のかたちとして、すべての生きものを自分自身のうちに包括すべき生きものにふさわしい形、自分自身のうちにあらん限りのすべて形を含んでいる形——すべての形のうちでもっとも完結した形、それは球形であると、対話篇『ティマイオス』において述べております（種山恭子訳）。陛下は各属州のさまざまな民族の生き方を尊重し、そして帝国の民が融合する象徴的な形として球形としましたのは、このプラトンの考えを想起されたのではないかと思いますが。

ハドリアヌス帝　むろんそれも頭のなかにあった。『ティマイオス』は私が若いとき、たいへん熱心に読んだ本のひとつだ。私は宇宙万有の構築について語るプラトンの考えに共鳴していた。

建築家　ところで、属州の多くの都市に、独自の貨幣の鋳造と発行を陛下は許可されましたが、こうしたことはこれまでの歴代の皇帝にはなかったことでして、画期的なことだと思います。文化的だけでなく、経済的にも各民族にある程度の自治、独自性を尊重し、これを促す象徴的なことだと思われます。

ハドリアヌス帝　広大な帝国にはさまざまな民族がいる。それぞれ独自の宗教と文化をもち、また独自な生き方をしているのだ。これにローマ固有の精神と流儀を押しつけ、統治しようとしても無理だ。そして誤りでもある。それぞれの民族の独自性を尊重し、そしてある程度の自治を認めなければいけない。そうしてはじめて帝国を維持できるのではあるまいか。

これらのことについてはアレクサンドロス大王から私は多くのことを学んだ。アレクサンドロス大王は遠くインドにまで及ぶ東征の折、各地でさまざまな国々や都市を征服したが、その場合、非征服民が恭順な態度を真に示せば、それらの国々や都市の独自の来しかた、人民の独自の生き方を尊重し、将来もこれを許した。ペルシア人の支配から解放したマグネシア、サルディス、トラレスなどの小アジアの都市には、それぞれ昔の法を復活させ、寡頭制支配を廃し、民主制も復活させた。

ペルシア以東の国々では、できるかぎりそれまで統治してきた王・領主を太守としてその地位にとどまらせ、昔ながらの統治法と人民の生き方を続けさせた。

こうした被支配民族の独自性を尊重したアレクサンドロス大王の考え方に影響されたのか、ペルシアの太守に任じられた大王の側近のひとりは、人民が話すペルシア語を習得し、ペルシア風の衣装に身を包み、何事においてもペルシアのしきたりで統治したという。人民を治めるということは、人民の心をつかむということであり、そのためには人民になりきって、人民の心を理解することが肝要だということを示しているのであろう。

アレクサンドロス大王が、その支配体制において、被支配民族の独自性を尊重した背景には、十三歳のときから三年近く、家庭教師としてマケドニアの宮廷に招かれた哲学者であり博物学者でもあったアリストテレス（父親はマケドニア王の侍医であった）の教育を受けたが、その影響もあるのであろう。（師アリストテレスはアレクサンドロス王子に、ギリシア人には指導者として、バルバロイには専制君主としてふるまい前者を友人、親類のように、後者を動植物のように遇せよ、と進言したが、この進言に従わなかったアレクサンドロス大王を、ギリシア人と非ギリシア人との区分に否定的であった地理学者エラトステネス（紀元前二七五〜一九四）は褒めた、などという話が伝わっているが、これはエラステネスの誤解なのではあるまいか。）いずれにせよ、それぞれの民族の独自性を尊重したのには、アリストテレスの教育の影響が大きかった。そしてなによりも、大王はたいへんな好奇心の持ち主であり、東征の先々で、異国の自然風土、民の風俗、暮らし方、都市、民家とあらゆることに熱心に眼を向け、興味をもって観察した。そして共感を抱いたことにあるのではあるまいか。

ただ、インドに近いバクトリアで征服したある地方の首長の美しい娘と結婚さえしたアレクサンドロス大王は、そうした異国の風習、しきたりへの共感が憧れに、そしてついには模倣に変わり、ペルシア風の豪華な衣装や跪いて平伏する跪拝礼などの礼法を自らの「旅する宮廷」に採り入れた。そしてマケドニア人である側近たちや兵士たちの顰蹙《ひんしゅく》を買ったという。自らもそうであるマケドニア人としての独自性を軽視し、異国の風習を押しつけたりしたからであろう。そんな否定的ともいえる面もあったのだが——。

建築家　各民族の独自性を尊重し、そして融和を図るとともに、先のトライアヌス帝を含めた各皇帝が続けてきた異民族の征服戦争と、それによる帝国の領土拡大政策を陛下はやめたわけですね。

ハドリアヌス帝　これまでの皇帝の政策を継承し、このまま征服戦争に勝利しても、戦利品はだんだんと限られたものになるし、非征服民のその後のあくなき反抗には手を焼くものだ。だいたい領土が拡大するということは、国境線が延びるということをも意味し、その防衛だけでも大変なことだ。二八の軍団を有し、正規の軍団兵とそれに属州民の補助兵を加えて総数約三六万人もの兵をかかえての軍備・軍事費は、いまや帝国全体の国家予算の半分以上を占めているのだ。これ以上の領土拡大政策は帝国の滅亡につながりかねない。

だから先のトライアヌス帝が東方の国々との戦争に勝利し、属州アッシリア・メソポタミアそれに属州アルメニアなどと属州化したものの、反抗が予想される大国パルティアを含めて、これらの国々の属州化を私は放棄し、和平を結んだのだ。そして帝国の国境を接する国々とは積極的に和平を結んだ。そして帝国内のさまざまな諸民族の融和を図ることによって、帝国の基盤を磐石なものとする必要があると私は考えたのだ。

建築家　その積極さは、たとえば、パルティアやアルメニアとの和平締結に、陛下ご自身が出向かれたことにも表われています。通常ですと、皇帝自らがやるのではなく、臣下に代行させるわけですから。また隣国との和平を維持し続けるため、その国王たちに金品を贈ったともいわれていますが。

ハドリアヌス帝　そのほうが得策なのだ。金品をそれらの国々の王に贈るということは、立場を変えて国王の側からすれば、ローマ皇帝に金品を貢がせることでもあり、国王がその人民の前でおおいに体面を保つことでもある。したがって、王は人民を支配しやすくなり、こちらとしては王を御すればよいということとなる。それに戦争に要する莫大な費用などとくらべて、そうした金品のほうが帝国にとってははるかに出費が少ないというものだ。

建築家　巧みな懐柔策です。

ハドリアヌス帝　また先にも述べたように、神々を祀るパンテオンにカエサルとアウグストゥス帝をもその神々のなかに列せさせる、そしてユリウス家による帝国統治の正統性を示そうとしてパンテオンの建造したアグリッパの意図をくみとり、私もパンテオンの再建をした。それは、私の統治がアウグストゥス帝による帝国統治の継承を象徴的に表明することでもある。

私はパンテオンの建造によって、新たに就任した皇帝としての私の帝国統治の方針を明確に、かつ早急に表明する必要があったのだ。

建築家　早急に表明する必要があったということは、陛下の皇帝就任後からローマ帰国までの一年の間に起きた例の陛下の政敵とされる四人の執政官級の政治家の死と、それに伴ってローマ市民の間、そして元老院のなかで広まった動揺と関係があるわけですね。このような状況で、陛下はいかにして政体を維持していけるかローマ社会において問われていました。

ところで建築物による政治的プログラムの象徴的表明ということでは、十八世紀初頭、オーストリアのハプスブルク朝、ウィーンのカール教会が知られています。それは猛威をふるったペスト終息に感謝して建立されたキリスト教会ですが、そのファサードは、トライアヌス帝の記念柱を思い起こさせる螺旋状に画が刻まれた独立柱が左右に二本立ち、中央玄関入口部分ポルティクスはギリシア神殿、そして後方中央にはミケランジェロによるローマのサン・ピエトロ教会のドームを想起せずにはおかないドームが君臨する――そうした構成です。

神聖ローマ帝国の首都として世界に台頭しつつあるウィーンを、「永遠の、そして栄光のローマ」にあやからせ、その首都の第一の教会たるカール教会をキリスト教ローマンカトリックの第一のサン・ピエトロ大聖堂に、そして天上のエルサレムのソロモンの神殿（左右に同様の独立柱が立っていたといわれています）になぞりつつ、広大な帝国を統治したローマ帝国の首都ローマを継承する神聖ローマ帝国の皇帝と、その首都に相応しいシンボルとイコンを総収集して、すべてを包含し、対立を止揚するはずの帝権をつまり政治的意図を、信仰の象徴性とともに象徴するものとして設計されたといわれています。ローマに学んだオーストリアの建築家フィッシャー・フォン・エアラッハ（一六五六〜一七二三）は、哲学者ライプニッツ（一六四六〜一七一六）とヘレウスによる象徴的、図像学的プログラムの立案の協力を得て、カール教会を設計したのです。

ところで、パンテオン建造による陛下のいわば帝国統治の方針の表明ということですが、市民はパンテオンという建築を見て、そこに表明された統治の政治的プログラムというものを読み取ることが果たしてできるのでしょうか。

ハドリアヌス帝　それは市民の誰にでもできるということでもないだろう。私の側近か、あるいは学者たちが建築にこめられた意味を誰かに話し、それが市民の間に流布する――そうした過程を経るのではあるまいか。もっとも、それを聞いた市民たちがその建築を見て、納得しなければならないのだが――。それが重要な点だ。

パンテオンの基礎工事

建築家　パンテオンの建設工事が着工されて、基礎工事が始められましたが、ずいぶんと入念な基礎工事が行われました。この辺りの、その昔、練兵場があったカンプス・マルティウスはローマ市中でも低地で、テヴェレ川の氾濫がたびたび起こり、冠水し、水浸しになる湿地帯でもあったわけですね。陛下はこの地域一帯を三メートルほどかさ上げする土木工事を命じられました。当然、地盤が弱いことが予想されますが――。

ハドリアヌス帝　この辺りの地盤が軟弱なことは百も承知だ。またそうではなくとも建物の建設にあたって、入念な基礎工事が何よりも重要であることを、私と私の建築家たちは痛感していた。私がローマにおける住居《すまい》としていたドミティアヌス帝になるパラティヌス丘の皇帝宮殿にしても、――ところどころ共和政時代の建物の上に建造したことにもよろう――基礎工事がしっかりしていないために、建物の部分が数か所傾きかけていた。だから私はその補強工事を命じた。またここに限らず各地で、不充分な基礎工事による建物の傾きを見てきた。私と私の建築家たちはそうしたいろいろな現場を注意深く観察した。何事においてもそうだが、観察するということが何より大事なのだ。そして何故その基礎工事が充分でなかったのか考えた――基礎が堅固な支持地盤まで掘り下げられてなかったのか（沼沢地のような場合、地盤の関係から棒の木ような木材で基礎の下に杭を打つ必要もあろう）、あるいは基礎そのものに問題があったのか、と。

そして建物を支える基礎とは、なるべく一体となった構造物であることが、非常に有効であるという結論に私たちは達した。ギリシアの神殿などの基礎は、巨大な切り石が木楔や鉄楔などで緊結されているのだが、切り石や煉瓦などの緊結に石灰と砂を混合したもの（モルタル）も使う。ところが二〇〇年ほど前に南イタリアのカンパニア地方の火山地帯で産する砂、すなわち火山灰を使用したところ、強度が大きく増したのだ。これをポッツォラーナというが、これを利用したコンクリートが発明されたが、このコンクリートという材料がそうした一体となった基礎構造に最適だと考えたのだ。

建築家　それでこのパンテオンの基礎には、コンクリート材が使用されているのですね。コンクリートとはセメントと砂、水それに骨材とによって成り立っておりますが、ポッツォラーナという粉末の建築材料は火山灰セメントといってもよいようですね。

ウィトルウィウスは『建築十書』におきまして、「自然のままで驚くべき効果を生ずる一種の粉末がある。これはバイアエ一帯およびウェスウィウス火山の周囲にある町々の野に産出する。これと石灰および割り石との混合物は、他の建築工事に強さをもたらすだけでなく、突堤を海中に築く場合にも水中で固まる（森田慶一訳）」と述べていますが、それが陛下が言われます石灰と混合するその地方の砂、火山灰なのですね。その主成分は石灰と珪酸塩ということですから、天然セメントといってよいかと思います。なぜならばセメント組成は主として石灰と珪酸と酸化鉄であるからです。ちなみに今日、混合セメントの一種としましてポルトランドセメントに火山灰を混合させた「火山灰ポルトランドセメント」があります。そしてこの天然セメントとしての火山灰は、発見地のプテオリにちなんで Puteolanus pulvis《プテオリの粉末》 あるいはポッツォラーナとよばれるようになったのですね。

石灰、ポッツォラーナ、水それに煉瓦やトラヴァーティンや凝灰岩などを骨材とした複合材料としてのコンクリートが発明されました。このコンクリートを流し込んで一体化させたオプス・カエメンティキウムでは、型枠は表面仕上げを兼ねて煉瓦や凝灰岩などさまざまな材料が用いられました。

このローマのパンテオンに限らず、陛下の命によって建造された建築物の基礎の多くはコンクリート造であり、たとえば、ギリシア、アテネの古代建築物の現代における遺構の発掘調査において、その特定が困難な場合、コンクリートの基礎の存在が確認されると、その建築物は陛下によるものだとほぼ断定できるとされています。

たとえば、円形ではなく、矩形のアテネのパンテオンの建築、それに陛下のイニシアティブによって全ギリシア都市同盟パンヘレーネが結成されましたが、その集会ホールであるパンヘレニオン（ゼウスの神殿オリュンピエイオンの南に立っていました）等々、立地した場所の特定が困難な遺構がそれです。このアテネではおよそ見かけないコンクリートの基礎が、陛下の命による建造であると遺構の特定の有力な手がかりともなったのです。

陛下はそうしたアテネの建築物の基礎工事のために、コンクリート材料をわざわざ南イタリアのプテオリ（今日のポッツオーリ）の港から、運ばせたのでしょうか。

ハドリアヌス帝　そうだ。ギリシアではポッツォラーナのような良質な火山灰セメントの入手は困難であるし、私たちは建築の基礎工事の重要性を何よりも認識していたからだ。

建築家　パンテオンの、円筒状の壁体の厚さが約六メートルでして、その直下にそれより一メートルほど大きな幅、したがって、七メートルほどの幅の円環状の、そして高さ四・五メートルほどの巨大なコンクリート基礎を構築したわけですが、上部の建築工事を進めていくうちに、その巨大な基礎に一部、亀裂が認められました。これに対処するために、円環状の基礎の外側に、さらに幅三メートルほどの円環状の基礎を補強したのですね。

ハドリアヌス帝　当初、基礎に亀裂が現象したときには、私たちはたいへん驚いたものだ。先人たちと私たちの経験といっても、たいへん限られたものではないか――と。そしてこの失敗を謙虚に受け止め、よくよく観察し、なぜそうなったのか考えた。そうした経験をさらに重ね、これを生かすことがいかに大事であるか、ということがわかった。

また上部の建築工事を進めるうえで、その自重を軽減させることがいかに重要であるかということも、私たちは認識した。それで壁体とその上にのるドームの自重を可能な限り軽減する方策を考えるよう建築家たちに命じた。

建築家　後世においても、充分な基礎工事が行われなかったために建築物が傾いたり、崩壊した例が非常に多いのですが、よく知られたものにラファエロの場合やシュリューターの場合があります。

ラファエロ（一四八三〜一五二〇）とは十六世紀イタリア・盛期ルネサンスの大画家で、もともとは画家として修行した人ですが、はやくから建築に興味を抱いたようです。多くの卓越した絵画のなかに独創的な建築が描かれていますが、このことがラファエロの建築への興味を物語っています。当時の教皇レオ十世の命でローマのサン・ピエトロ大聖堂造営の主任建築家となり、画家としてはもとより、建築家としても活躍しました。ラファエロは主として建築家ブラマンテとの協労をとおして建築家としての素養を得たといわれますが、古代ローマの建築の偉大さを認識し、廃墟となっていたそれらの建築遺構の実測調査に大々的に取り組み、その図書刊行も意図したといわれています。こうした古代ローマ建築の調査・研究を通しても建築家としての素養を得たのです。またこれと関連して、このパンテオンの建築をよく研究し、素晴らしいスケッチ類が残っています。

このラファエロの設計によるローマ教皇庁ヴァティカン内にある教皇の居室とロジアが、基礎それに梁、支柱といった構造的欠陥により崩壊の兆しを示し始め、教皇などを恐怖に陥れた、ということが知られております。基礎工事の重要さが認識されなかったためです。

ルネサンスの人文主義の時代には、画家や彫刻家が建築家を兼ねるようになった、いわば「二足の草鞋を履く」場合が特に多くなったと思われますが、このラファエロの場合のように、建築家としての実務の経験が不足し、実務能力に欠けていることが、建築工事現場にて露呈する場合が時折あったようです。人文主義の時代にあっては、なによりも建築の比例と均斉による優美な建築が求められるといういわば「絵画的な、美しい」建築をデザインする能力が大きく求められたのだと思います。陛下の時代よりずっと以前から、建築家はまず技術者としての能力を求められ、それがなければ、当然建築家としては認められなかったわけですが、ルネサンスの時代の建築家像はこれとはやや相違するようです。なにしろ驚くべきことに、「画家が建築家より建築面で優れている」のだと多くの人が考えたようでして、画家あるいは彫刻家を兼ねない建築専門の建築家というものがあまり存在しなかったようです。

この陛下によりますパンテオンという建築が、その時代でも実際に存在したわけですが、パンテオンを見て、建築とは比例と均斉であると、そこに大きく眼を奪われたことは、人の思考とは時代に大きく左右されるものだということを強く考えざるを得ません。

基礎工事をはじめとする構造的欠陥により、崩壊の兆しを示し始めたラファエロ設計による教皇の居室とロジアですが、この時代において数少ない、というより最初の建築専門の建築家――「建築専門の建築家」とはなんと奇妙な言い方でしょう――であるアントニオ・ダ・サンガロ・イル・ジョヴァネ（一四八四～一五四六）が教皇の命によって、これを綿密に調査、検討して、基礎部分のやり直しと支柱や梁の補強をし、ことなきを得た、といわれております。トスカーナの都市オリヴィエートの二重螺旋階段をもった美しい井戸をつくったように、構造技術に関する豊富な知識と高い実務能力を有するこのサンガロは、サン・ピエトロ大聖堂造営の第二の主任建築家としての地位に甘んじなければならなかったのですが、造形面、デザイン面にのみ力を注ぐ画家兼建築家、彫刻家兼建築家たちの尻ぬぐいをたびたびするはめになり、これらの人たちとの確執があったといわれています。

サンガロによる都市オリヴィエートの凝灰岩の岩盤を掘削してつくった二重螺旋階段をもつ井戸は、地底の水をロバと人とが汲み上げてくるという目的を合理的に充足させるそのために、地底に下りる階段と地底で汲んだ水を地上に運び上げる階段という二つの階段が交差することなく螺旋状に形成された、いわば純粋に技術的建築ですが、ルネサンスの画家・建築家であり美術史家でもあったヴァザーリは「驚くほど美しい」と賞賛しています。建築美を意図しない技術的建築が美しい——この建築というより地下構築物をつくったのが、画家も彫刻家も兼ねない技術に秀でた「建築専門の建築家」サンガロであるということは、建築家とは何か、建築家に求められている能力とは何か、ということを考えるうえで興味深い問題を投げかけています。

もうひとつシュリューターの場合といいますのは、十七世紀末フリードリッヒ一世のドイツ、プロイセン宮廷建築家として活躍したドイツ・バロックを代表する建築家のひとり、アンドレアス・シュリューター(一六六四〜一七一四)設計による建築のことです。設計したベルリンの王宮において、完成間近に迫った王宮の鐘楼を含む一部が崩壊し、責任を追及され王宮から追放されました。シュリューターははじめ彫刻家として身を立て、後に建築家をも兼ねましたが、造形的にも、技術的にも優れた建築家だと思います。王宮の一部の崩壊の大きな原因は、建設地がもともと湿地帯で、地盤が軟弱にもかかわらず、基礎工事が充分でなかったためです。建築構造や地耐力の設計計算が未開発の当時にあって、経験に頼るほかなかったのですが、シュリューター自身の注意力不足、あるいは実務経験の不足があったかもしれませんが、古代ギリシア・ローマからのこれに関する蓄積された経験が伝達されず、生かされなかったといえます。

地盤の調査が不十分であったことに大きな原因がありますが、また地盤についての知識が大きく不足しており、飛躍的に科学が進歩した二〇世紀においても地盤に関する知識はいまだ限られたもののようです。大地震の際、砂を含んだ地盤の液化現象という予期もしなかった現象が生起し、堅固な基礎をもった大きな建築物が基礎ごとそっくり倒壊した日本の例があるくらいです。

建築の自重の軽減

ところで、パンテオンの基礎工事と関連して、上部の建築工事部分の自重を軽減させることが重要だと認識し、陛下はその軽減策を考えるよう建築家たちに命じたと言われました。そうした建築自体の重量の軽減はむろん、構造上有利に働くわけです。重量の大きなドームの場合、剛性が非常に大きく、地盤の不同沈下や地震などの発生時に、損傷や崩壊に至る場合があるなどといわれております。ですからドームにしても、その下部構造である円筒の壁体の重量の軽減と関連しまして、構造上の工夫もされたのですね。

約六メートル厚の円筒壁体中に荷受けアーチと三つの小さなスパンドレル・アーチを設けていますが、これは水平反力を打ち消しあうという構造的役割はもちろんですが、その部分は空洞となっており、自重の軽減という役割も果たしています。そしてコンクリート造の骨材として、基礎部分ではトラヴァーチンのみだったのですが、円筒壁体下部（床から高さ一二・三メートル、およそ外部のはじめのコーニス部分）にはトラヴァーチンを主体にそれと凝灰岩を、壁体上部には凝灰岩を主体にそれに煉瓦というように順次軽い材料を使用しています。またコンクリート造のドームの建設においても、およそ三つの層に分割し、その骨材を下部分から凝灰岩が主体でそれに煉瓦、次の部分は煉瓦が主体でそれに凝灰岩、また最上部には、多孔質でもっとも軽い火山性の軽石を主とし、それに凝灰岩を混入させるというように順次、より軽い材料を使用するように工夫しています。

これは建築全体の自重の軽減につながるものですが、ドームの厚さも円筒壁体にのる基部が約六メートル

（ここはバットレスの役割を有しているのですが）、頂部が約一・五メートルと順次薄くなり、このように骨材とドーム厚の考慮によってドームの軽量化を図り、ドームの基部に作用する引張り応力を小さくし、建築物の安定を確保するための重要な条件を満たすことにもつながっています。またコンクリート造のドームの外側部分は煉瓦で覆われ、その上に一・二～一・五センチメートル厚のモルタルが塗られ、金鍍金をほどこしたブロンズの薄板で葺かれていました。

ハドリアヌス帝　円筒壁体の空洞部分は開口を通して外気と直接通じ、モルタルの速い付着を促し、また乾燥させるためにも効果を有し、欠かせないと私の建築家たちが言っていた。なにしろ全体としてたいへんな容量のコンクリート塊なのだから。

コンスタンティノポリスのハギア・ソフィア大聖堂の構造とその問題点

建築家　平面形が円である、その内径が四三・三メートルの円筒の壁に同じ内径の半円球の巨大なドームを架構するにあたって、ドーム自体の強さと、そのドームがのりドームが開こうとする水平推力に対してせん断性能によって抵抗する円筒の壁体部分が、もっとも大きな構造技術的な問題点と思われますが、このことはコンスタンティノポリスの、これも巨大なドームの架かるハギア・ソフィア大聖堂の例をみるとよくわかります。

これはパンテオンの建造後四〇〇年ほど経ました六世紀初期に、東ローマ帝国の首都コンスタンティノポリス（陛下の時代のビザンティウム。今日のトルコ、イスタンブール）におきまして、ユスティニアヌス帝（在位五二七～六五）の命によって建造された陛下のパンテオンとくらべ得るほどの壮大、壮麗なキリスト教会です。建築家は小アジアの都市トラレス出身のアンテミオス、それに同じ小アジアのエーゲ海沿岸の都市ミレトス出身のイシドロスといわれています。

建造後二〇年にしてこの地方を襲った大地震の際、直径三二・六メートルの主ドームと大アーチの一部が崩壊してしまいました。正方形の四隅に五×一〇メートルほどの大きな壁柱があり、この壁柱にスパン三二・六メートルの大アーチが架けられ、内接するかたちでそのアーチに直径三二・六メートルのドームがのる構造形式です。パンテオンの円という単純明快な平面形に対して、キリスト教会ですので、東方向にある祭壇に向かって明快な軸線が形成される平面計画上の関係から、東西の方向には充分な控え壁がありますが、南北方向には充分強固な控え壁を設置し難く、アーチとそれに続く祭壇上の半円ドームを配したのですが、大ドームの水平推力を東部分の大アーチと半円ドームがもちこたえられず、崩壊につながったと考えられます。

半円球でなく立ち上がりも小さく、緩やかな円弧を描くドームはたいへん美しいものだったといわれますが、その扁平ドームは水平推力が大きく、また煉瓦造のドームの薄さ（六〇センチメートル程度ではないかと推定されています）とで、強度的にはあまり余裕のないものだったと思われ、放射状にひび割れを生じ崩壊しました。その後、ドームは今日見るようなより立ち上がりの大きいものに変更され、控え壁もより強固にされるなど補強工事がされましたが、その後も、地震のたびごとに東西の大アーチと半円ドームの崩壊を繰り返し、そのたびたびの補強工事は十六世紀まで続き、そうした補強工事の結果としてこの建物の周囲を巨大な控え壁が取り囲んでいるといった、今日見ますとやや奇異なる景観を呈することとなったのです。十九世紀にはスイスの建築家によって、主ドームと東西の半円ドームの円周基部を鉄材で固め、ドームの水平推力をドーム内に封じ込めるという大補強工事が行われました。

パンテオンの高い構造技術と近代の鉄筋コンクリート造のドーム

陛下のパンテオンでは、ドーム自体の構造上の工夫については先ほど見ましたが、直径四三・三メートルもの巨大な半円球ドームがのり、それを支え、水平推力に抵抗するせん断性能を有する円筒の壁体の充分な厚さとし、ドームの荷重が伝達されるようドームと壁体とが一体となる接合部の処理など、その高い構造技術には、工事完成後二〇〇〇年近くになりますが、十八世紀中ごろと二〇世紀初めに、温度変化による膨張や収縮の繰り返しによるひび割れが起こり、それを修復する工事ぐらいで、大きな補強工事をする必要もなく、今日の構造技術者もただ感心するばかりです。

十九世紀になって新しく発明された人工セメントを用いた鉄筋コンクリート造は、引張り力に対して強度が大きい鉄筋と、圧縮力に対して強度が大きいコンクリートとを組み合わせることにより、圧縮、引張りの両方に強度が大きい構造体です。またその後の構造計算の開発とともに、パンテオンのドームの直径より大きな、そしてその厚さも薄く軽いドームを可能としました。ですが他方、薄いドーム構造は長期間使用しますと、コンクリートの中性化現象によって鉄筋の劣化が進行し、これが崩壊につながりかねません。つまり二〇〇〇年近くも保っているパンテオンのような重量コンクリートドームより、比較にならないほど短命ではないか（おそらく数百年に満たない単位）、といったある現代の構造技術者（槇谷栄次）の興味深い指摘があります。

ハドリアヌス帝　二〇世紀の構造技術者は感心するというが、そんなことはない。私の建築家たちが時間をかけて真剣に考えただけのことだ。建築家の仕事としてはあたりまえのことだ。規模は比較にならないほど小さいが、ギリシア、ミケーネの王の墓といわれる小さな石をひとつひとつ丹念に積み重ねてつくったドームなどは、その高い架構技術、美しい空間に私は感動すらしたが、東方オリエントにおいても、私が体験し、感動したそうした例はたくさんある。

バイアのメルクリウスの浴場

私はカンパニア地方、ナポリ湾の向こうにウェスウィウス火山を遠望する景勝の地バイアエ（今日のバイア）にときおり出掛ける。昔から温泉が豊富に湧き出ているところで、温泉保養のためだ。バイアエという地名は、トロイアの戦いで名高いオデュッセウスの従者であるバイオスがこの地を訪れ、死去し埋葬されたという伝説から由来するが、かつてはマリウスやポンペイウス、それにキケロやカエサルらが別荘を構えたところで、むろん今日でも元老院階級や騎士階級をはじめ富裕な市民たちの別荘も多く立ち、皇帝の別邸もある。そして一般市民のための温泉保養施設もある。

建築家　東隣にはローマ帝国最大の港プテオリ（今日のポッツォーリ）、西隣にはローマ帝国の海軍艦隊の基地があるミセヌム（今日のミセーノ）があるところですね。この海軍艦隊基地に働き、船の帆を張るに長じた水兵たちがローマのコロッセウム――ウェスパシアヌス帝の建造になる大円形闘技場（紀元前八〇建造）を私たちはいつしかそうよんでおります。そのコロッセウムなる語が、陛下が女神ローマとウェヌス神殿の建造の折、陛下の建築家のひとりデクリアヌスに命じて、象二四頭を使って移設させた高さ三六メートルもある巨大な太陽神ヘリオス像を指すのか、あるいは円形闘技場が巨大な建造物のためなのか、今になってははっきりとはわかりませんが――そのコロッセウムにおいて剣闘技などが催される日中、強い日差しを避けるため、コロッセウム全体を覆う可動テントを張るためにミセヌムより水兵たちが出張してきた（このコロッセウムの近くに水兵たちのための宿舎があるということも知られております）、と聞いていますが、おもしろいですね。たくさんの水兵たちが、サーカスさながらコロッセウムの上空に渡されたロープを機敏によじ登りながら、せっせとテントを張る様子が目に浮かぶようです。人材を適材適所に配置し、仕事をてきぱきと進めるローマ社会に典型的な面を、ここにも見るような気がします。

また浩瀚《こうかん》な『博物誌』を著した（大）プリニウスがこのミセヌムの海軍艦隊基地のローマ艦隊長官を務め

ていたとき、ウェスウィウス火山の大噴火（七九年八月）が起こったのですね。ポンペイやヘルクラネウムなどの都市が火山流に襲われるのを対岸のこの町から見たプリニウスは、これらの都市の人たちを助けるため、とりわけスタビアエに滞在していた知人たちをも助けるため、勇敢にも急ぎ船を出させました。ですが、その地で火山の有毒ガスを含む煙にまかれ、死去したのですね。

ハドリアヌス帝　そうだ。プリニウスはあの『博物誌』を著すほどの勉強家であり、それこそ寸暇を、睡眠時間をも惜しんで勉強したと聞いている――。またこうした非常時にあって多くの人びとが逃げまどうなか、勇気を出して人びとの救助に向かった。ローマ社会が誇りに思うたいへん立派な人物だ。

建築家　バイアエは海に臨んだ傾斜地に、幾重にもテラスが重なる壮大な温泉保養施設があったのですね。陛下が建造を命じた――今日では港のすぐ近くに――温泉浴場が廃墟となって遺っています。女神ウェヌス（ヴィーナス）の神殿などと今日よばれていますが、温泉浴場なのですね。陛下のローマ郊外のティブル（今日のティヴォリ）にあります別荘の一画にあります、今日、いわゆるピアッツァ・ドーロ――それにしましても安易で勝手な命名の仕方ですね――とよばれています池のある中庭を囲む建築の豪壮な入口門を想起させるたいへん興味深い建築空間です。

ハドリアヌス帝　この温泉保養施設の建築のなかに、ドームに覆われた円形の浴場（今日のメルクリウス神殿）がある。直径が約二一・五メートルだからパンテオンの二分の一ぐらいの大きさで、ドームの頂部には円形の天窓、それに四方に四か所、四角の開口がある建築で、これも私が感銘を受けたドーム建築のひとつだ。またネロ帝建造による黄金宮ドムス・アウレアのドームに覆われた八角形の広間も素晴らしい空間だ。

パンテオンを構想する際、これらひとつひとつの美しいドーム空間の体験が私の頭のなかをよぎったことは否定しない。そして、こうしたドームに覆われた円形建築が有し得る意味を考えた。帝国の象徴ともなる建築かどうか――。

建築の創造とはそうしたものではあるまいか。無からの創造などはあり得ないのだ。建築家

ドームに覆われたその円形浴場は、今日「メルクリウスの神殿」とよばれ、廃墟として遺っております。それは神殿などではなく、浴場だったのですね。上部のドーム部分はよく遺っているのですが、ただその後起きました地震の際の地滑りのためもあり、内部には土砂が堆積し、床のレベルが今日では、陛下の時代よりも約三〜四メートルも上がっておりまして、残念ながら当初の空間は想像してみるほかありません。今日では水が溜まっていまして、鯉や金魚が泳いでいました。

ウェスウィウス火山がありますす地域からこの地域にかけては火山地帯ですが、このバイアからポッツオーリにかけての地域一帯は、地震によって地盤が一〇メートル近くも沈下しまして、バイアの海岸近くに立っていた別荘群やポッツオーリの港湾施設などは海中に没してしまいました。海中にもかかわらず、海底に埋もれあるいは横たわっています海底遺跡の発見、発掘調査が進められ、今日ではめずらしい「海中考古学的遺跡公園」として整備が進められつつあります。船上から船底の箱メガネをとおしての見学や、考古学の知識をもった案内人に率いられて、ダイバーたちが海に潜って見学することができます。

パンテオンとゲーテの観察

ところで、偉大なパンテオンは訪れた人たちの心を捉え、多くの人たちがその感動を文章に記しています。

十六世紀ルネサンスの彫刻家ミケランジェロは、パンテオンの建築は天使の手になるものだ、決して人間の手になるものではない、と述べたと伝えられています。

十八世紀後半ドイツの文人ゲーテ（一七四九〜一八三二）は三七歳のときに、念願のイタリア旅行を実現させ、ローマに足を踏み入れた日（一七八六年十一月一日）は、自分にとって真の再生の日だともいっています。

その数日後の十一月九日にはパンテオンを訪れ、次のように日記に書きとめています。「私はパンテオンを前にして、一時立ち止まり、過去の最高のものを見ることに感慨をおぼえた。ここローマではパンテオンに、外観においても、内部空間においてもその偉大さに胸を打たれ、心から崇拝するようになった。」またその一か月後には、日記に次のごとく書いております。「ローマの素晴らしいものとの出会いは、自分にとって新しく友人を得るようなものだ。そのうちのいくつかに、私たちはものすごい力で圧倒され、しばらくは他のものはどうでもよいような気分になる。例えばパンテオンがそれで、私の心は奪われ、他のものは何も目に入らないほどであった。小さい人間が、小さなものに慣れ親しんだ人間が、この高貴なもの、とてつもないものにいかに対等に対峙しようというのか。少しでもそうしようとすると、歩を進めるごとにものすごいいろいろなものが四方から私に迫り、そのひとつひとつは周到な観察を促がす。ではどのようにしてそこから抜け出そうというのか。辛抱強くそのまま身を任せ、私たちには作られたその作品を注意深く観察する他はない（一七八六年十二月三日、相良守峯訳）」

パンテオンの空間中に足を踏み入れ圧倒されたゲーテの姿が目に浮かぶようですが、ここでゲーテはこの空間を注意深く観察しようとします。この高貴なもの、とてつもないものがどのように形成されているかを――。陛下はパンテオンの基礎工事において、「観察することが何よりも大事だ」とお話しされましたが、観察する態度というのは偉大な人物に共通する点でありますね。

ハドリアヌス帝　観察する人でなければ、優れた建築家にはとうていなり得まい。

「アッティカのやまうずら」とアリストパネスのアッティカ古喜劇『鳥』

建築家　このゲーテは二年近く、主としてローマに滞在しましたが、その滞在中、エウリピデスの悲劇『タウリケのイピゲネイア』を近代劇に翻案、完成しています。

ところで陛下にはアテネに喜劇役者の知人がおられ、これが面白い役者で、鳥の姿や鳴き声の真似が達者なことから、その役者を「アッティカのやまうずら」などと陛下はあだ名をつけたそうですね。これからしますと喜劇はよくご覧になられるようですね。

陛下と役者「アッティカのやまうずら」ということから想い起こしますのは、紀元前五世紀に盛んであったといわれます「アッティカ古喜劇」の喜劇作家アリストパネス（紀元前四四五〜三八八ごろ）作の喜劇『鳥』です（アリストパネスの『騎士』をはじめ『雲』、『峰』、『平和』それに『女の平和』や『蛙』等々11篇の喜劇の台本が今日まで残存しています。この台本をもとに日本ではそれらの喜劇が演じられることは少ないようですが、台本自体は日本語に翻訳されておりまして、読んで愉しむことができます）。

この喜劇『鳥』、奇想天外で、たいへんおもしろいですね。夜遅く読み始めたこともありますが、読了するころには東の空が明るみかけていました。

ハドリアヌス帝　アリストパネスの『鳥』か——。主人公の鳥類の王をはじめ鳥の格好をした役者ばかりが出てきて、合唱団コロスも二四羽のおもしろい鳥たちだ。まさに奇想天外な喜劇だ。

アテネのアクロポリスの麓にあるディオニュソス劇場で何度か観た

建築家　二人の老アテネ市民が、「尻が軽くて飛びまわっている性根もわからない人間鳥」すなわち烏合の衆によって治められ、さまざまな深刻な不安を抱えつつある都市国家アテネに見切りをつけ、去ります。そして広野に鳥類の王テレウスを訪れ「一国を建てるんですな」と天空と地上の中間、雲界に城壁をつくって鳥類の王国「雲井時鳥国」の建設を勧めます。「つまりですな雲界ってのは天と地との真ん中にある。だから例えば私らがデルポイのお宮へ行こうと思えば、ボイオティア人に通行を許可してもらわにゃならん、ちょうどそのように人間どもが神々に供物を捧げても、神々があんた方に貢をよこさなかったら、このところはよその国なんだから、そこの空を通ってご供物の焼肉のうまい匂いも通してやらないのですな（呉茂一訳）」と老人は鳥類の王に言います。王はそのとおり実行します。困惑した天上のオリュンポスの神々は、使節として海神ポセイドンと英雄ヘラクレスたちを遣わし、鳥の王国と和議を結ぶよう折衝させます。そして人間界からも欲深い者たちが、そして密告を生業とする密告者も噂を聞いてご利益に与ろうとこの雲界の鳥の王国へ押し寄せるのです。そして神々の使節と折衝を重ね、鳥類はアテネから来た老人の統率の下に、天上と地上の統治権を得て、凱歌をあげるという筋ですね。

滑稽といえるまことに奇抜な着想ですが、たいへんおもしろいですね。ただ、時代の背景をよく知りませんと、放たれる数々の諷刺の対象がわからず、したがって、この喜劇の本当の意味を理解し、当時の観衆であったアテネ市民のように笑い転げることはできません。

それにしましても、この喜劇『鳥』（紀元前四一四年、大ディオニュシア祭にて初演されました）を含めまして、アリストパネスの喜劇作品のほとんどが、ペロポネソス戦争（紀元前四三一〜四〇四）という戦争のさなかに上演されたということは、驚くべきことですね。今日ですと、戦争のためディオニュシア祭のたぐいは当分取り止めという事態になりますが。

ハドリアヌス帝　それに、現に戦争を遂行している政治や政治家を、言葉で攻撃し、茶化し揶揄《やゆ》することが許された言論の自由も、驚くべきことだと言わねばなるまい。

『鳥』が演ぜられたのは紀元前四一四年のことだが、この年はアテネに暗雲がたれこめ、市民誰もが重苦しい不安な気配を感じ取っていた。それはペリクレスの死後、その後を継いでアテネを主導したクレオンもまた戦死し、いわゆる「ニキアスの平和条約」が結ばれ、一時の平穏な時代が訪れたのだが、主戦論を唱えるアルキビアデス——あのペリクレスを後見人として成長し、弁論に長けた政治家だが——は民衆を扇動して、シチリアに一四〇艘からなる大艦隊を出航させ、自ら将軍として艦隊を指揮してシチリア遠征に赴いた。ところが、アルキビアデスに政治的に敵対する者たちが画策を弄し、国はアルキビアデスに裁判のため帰国するよう召喚状を送る――一説にはアテネ市中各所に祀られてあったヘルメス像が破壊される事件が艦隊出動前に起こり、遠征に出発したアルキビアデスはその首謀者として訴えられ、欠席裁判にて死刑が宣告され、アテネに帰国するよう命ぜられた――ということだが、本当のところはわからない。

アルキビアデスはアテネに帰らず、あろうことか敵国スパルタに寝返ったのだ（案のごとくスパルタへのアルキビアデスの入れ知恵によって、アテネは弱点を突かれその二年後にはアテネは大艦隊と将軍、兵士たちをことごとく失う大敗を喫した。以後、アテネは没落を辿ることになる）。

こうしたことの予兆をアテネの市民たちは感じ取ったのか、重苦しい不安な気配のなか、この『鳥』は演ぜられたのだ。二人の老市民はそうしたアテネに愛想をつかして、鳥類の王のもとに赴き、オリュンポスの神々が住まう天上と、そして地上との中間の雲界に堅固な王国を築くよう勧めたのだ。

あり得るべくもない馬鹿馬鹿しいような空想物語によって市民を抱腹絶倒させ、たとえ一時の気晴らしだとしても、アテネの上空に垂れ込める暗雲を追い払おうとする。その一方、以前ほど政治、政治家たちへの非難、攻撃は鋭くないとしても、時の誤った政治の方向を揶揄《やゆ》しつつ――、平和の大切さを説き、平和への希望を抱かせ、その平和の実現のために市民たちを鼓舞する――ここにアリストパネスの意図がある。

建築家　陛下はアテネにおいて布告を出されて、ディオニュソス劇団の役者や楽士、劇作家たちに俸給の支給や税の免除などいろいろな特権を与えられ、保護されました。

ハドリアヌス帝　アイスキュロスやソポクレス、エウリピデスらの悲劇あるいはアリストパネスらの喜劇は、劇の競演という形で、酒神ディオニュソスへの奉納劇として大ディオニュシア祭において演ぜられたのだが、その当時は、劇を上演するための費用は、アッティカ各部族から順番に選出された上演世話人コレゴスといわれる富裕市民が各劇作ごとに負担した。

そうした富裕な市民は、夏から翌年三月に開催される大ディオニュシア祭あるいはレーナイア祭までの練習期間を含めて、役者、合唱団など多くの舞台関係者の日当、食事、宿泊施設、衣装、仮面、大道具、小道具、等々すべての費用――たいへんな金額であった――を私費で負担したのだが、コレゴスの役を皆、名誉なこととして引き受けた。

だが、紀元前四世紀以降アテネの民主制の後退と時を同じくして、そうした上演体制も変わっていった。あらたにディオニュソス劇団という劇団が組織され、大ディオニュシア祭を含めて、定期的に上演されるようになった。

役者をはじめ劇団に関係した人たちの収入は、劇場収入だけではとうてい賄えるものではないのだ。舞台装置などだけでもたいへんな金がかかる。当たり前のことだが、それを保護するのが国の仕事だ。そうしてはじめて最良の劇が演ぜられるように、皆が努力できるというものだ。これはもちろん演劇だけではない。音楽も詩もそうだ。それがその国の文化なのだ。

悲劇詩人アイスキュロスかエウリピデスか、そのどちらが優れているか？――アリストパネスの喜劇『蛙』における判断

建築家　悲劇もよく観られたことと思いますが、エウリピデスの悲劇はいかがですか。

ハドリアヌス帝　もちろん、アテネをはじめ各地の劇場でよく観た。とりわけその『タウリケのイピゲネイア』や『メディア』、それに『バッカイ』などが好きだ。

このエウリピデスは「賢明な詩人」であるし、またアイスキュロスは「明晰」で、二人のものもよいが、どちらかといえば、ソポクレスのほうが好きだ

建築家　そうですか。陛下はアリストパネスの喜劇『蛙』中の酒神ディオニュソスの言にならって、エウリピデスは「賢明」、アイスキュロスは「明断」と言われたのですね。

アリストパネスは喜劇『蛙』におきまして、ギリシア三大悲劇詩人といわれますアイスキュロス、ソポクレス、エウリピデスのうち、アイスキュロスとエウリピデスを俎上に載せ、冥界においてどちらの詩人がより良いか競わせ、酒神ディオニュソスに優劣を決せさせようとしたのですね。

「パン売り娘のようにお互いに悪口雑言は詩人には不似合いだ」とディオニュソスに言わせるようなアイスキュロスとエウリピデスの丁々発止――これはむろんアリストパネスによる劇作論ですが――は愉快で、たいへん興味深いものですね。そしてこの喜劇の観衆がこれを見て、腹を抱えて笑ったとしますと、アイスキュロスとエウリピデスの悲劇作品は当然としまして、ホメロスをはじめ、伝説、伝承などをよく知っていたわけでして、その教養の高さには驚くばかりです。

この喜劇が、紀元前四〇五年のレーナイア祭おいて上演されたとされますから、その前年にはソポクレスはアテネにて、エウリピデスはマケドニアの宮廷にて死去し、アイスキュロスもまたその五〇年前の四五六年に死去し冥界にあるわけですから、二人の詩人の劇作の優劣を論ずる喜劇が可能でもあったわけです。

ですが、優劣を決せられるはずもないわけでして、酒神ディオニュソスは「二人とも私の友人だ。私にはどっちにすべきか決し兼ねる。どっちにも敵とはなりたくない。一人は賢明、また一人を愛好しているのだ」、「救い主のゼウスにかけて、決断がつかぬ。一人は賢明、一人は明断（高津春茂訳）」と言うのですね。

ハドリアヌス帝　エウリピデスが賢明というのは、蔵書家で有名なエウリピデスは、本をたくさん読み勉強家で、ソフィスト的な教育を受けた、ということだろう。

建築家　では、三大悲劇詩人のもう一人、ソポクレスは何故に俎上に載らなかったのでしょうか。

ハドリアヌス帝　むろんアリストパネスはソポクレスをも揶揄《やゆ》している。ただソポクレスはデロス同盟財務長官を務め、アテネの使節として各国にたびたび赴いたり、また、ペリクレスとともに行政・軍事の最高指揮官ストラテコスであって、将軍として艦隊を率い、都市国家アテネのためにおおいに働いた。またこの人の人間としての徳からしても、『オイディプス王』のような観察すべてを引き込み、己が運命、己が人生を考えさせる悲劇の作品の詩人としても、ソポクレスの声望を反映してか、揶揄《やゆ》の対象となることは少なかった。

エウリピデスとゲーテの『イピゲネイア』そしてアリストテレスの劇作論――近代精神とは

建築家　ところで、エウリピデスの悲劇『タウリケのイピゲネイア』のゲーテによる近代劇への翻案のことですが、エウリピデスの『タウリケのイピゲネイア』はアガメムノンの長女イピゲネイアが、タウロイの国において女神アルテミスの神殿に女祭司として仕えるときの物語ですね。アガメムノンが率いるアカイア（ギリシア）の連合軍が、弟メネラオスの妻である絶世の美女ヘレネをトロイアの王子パリスが誘惑して連れ去ったトロイアを撃つべく、エウボイア島を対岸に見るアウリスの地に集結しました。ところが、女神アルテミスの聖域において鹿を射止めたアガメムノンが、その狩りの腕前を自慢しすぎたためか、狩りの女神でもあるアルテミスの怒りを招き、トロイアに出立すべき一〇〇〇もの軍船が、待っても待っても順風である西風が吹かず、アウリスの港に足止めを喰ったのですね。それで仕方なく占い師の言によって、女神アルテミスの怒りを静めるために生贄を捧げることとなり、それでアガメムノンが毎年、その年の最良のものを捧げると誓ったのですが、破ってしまっていたその誓いをやり直す――結果として、自分の長女であるイピゲネイアを生贄とする羽目になりました。

ギリシア連合軍の知将といわれるあのオデュッセウスの策略で、名将アキレウスと婚姻させるとの名目で、母親クリュタイムネストラに付き添われてアウリスに連れて来られたイピゲネイアは、祭壇にて父親アガメムノンの手によって斧が打ち下ろされる瞬間、不憫《ふびん》に思った女神アルテミスは、イピゲネイアを雌鹿と取り替え、雲の上に乗せてイピゲネイアを遠く蛮人の住むタウロイの地に運びました。そしてイピゲネイアは、その地でアルテミスの神殿の女祭司として過ごしたのですね。

タウロイの地は黒海の北岸、今日ではウクライナのクリミア半島ですが、古い伝承にこんな遠方の辺境の地が登場するわけですから、遠い昔のギリシア人はこの地を知っていたわけで、ギリシア人の世界は少なくとも知識のうえでは、驚くほど広大無辺だったわけですね。

ハドリアヌス帝　『タウリケのイピゲネイア』中に、「鳥の群れ棲む土地、白い浜辺とアキレウスが走ったという見事な走路のある島を目指し……」とコロスが唱う場面があるが、その島とはこの近くのドナウ川河口辺りにあるレウケ島とされている。トロイアで戦死したアキレウスは、母である女神テティスによってこの地に移された。そしてアキレウスをはじめ英雄たちの亡霊がここで徒競争した、という伝承をもとにエウリピデスが書いたものだ。伝承の世界でも、ギリシア人にはこの辺りの地は知られていたのだ。

建築家　ギリシア人は紀元前八世紀後半に地中海沿岸各地に植民を始めております。ギリシアの北方では、黒海南沿岸地方を手始めとして次第に北沿岸地方にも土地と穀物を求めて進出、植民し始めました。小アジアのエーゲ海沿岸の都市ミレトスが中心的役割を果たしたのです。紀元前五世紀には、ボスポロス王国の首都として後に繁栄したパンティカパイオン（メトロポリスすなわち母都市：ミレトス）をはじめ、黒海南沿岸の都市ヘラクレイア・ポンティケをメトロポリス（母都市）としてタウロイの地にケルソネソスなどの諸都市が創建されましたし、ギリシアの西方では、シチリアや南イタリアだけでなく、はるか彼方の南フランスに都市マッシリア（今日のマルセーユ）をこれも小アジアのフォカイアの人びとが植民しております。このマッシリアは、陛下の時代にはギリシア文化の一大中心地として繁栄しているところですね。こうみますと、ギリシア人はいかに進取の精神に富んでいたか、交易による富と土地を求めて行動範囲がいかに大きかったかがわかります。後のアレクサンドロス大王も同じ進取の精神の持ち主でした。

ギリシア人は遠い昔から、造船技術、航海術に長けていたのですね。船はヘレスポントス海峡でミュシア人とトロイア人によって、トラキアとの戦いに海を渡ったときに発明された、あるいはエリュトラ王によって発明された筏が航海に用いられたといわれます。そして軍船であるガレー船の発達については、二段櫂ガレー船はエリュトラ人によって、三段櫂ガレー船はコリント人によって、四段櫂ガレー船はカルタゴ人によってなされ、また航海中の星の観察はフェニキア人が初めて行ったのですね（〈大〉プリニウス、中野貞雄訳『博物誌』）。やはり海の民であるギリシア人、フェニキア人、キプロス人たちがその秀でた造船技術と航海術によって、広い海を自由に渡って交易し、また新しい土地、都市を開拓・植民していったのですね。

ハドリアヌス帝　われわれローマ人はもともと農業を生業とする農民であり、海とのかかわり合いはごく限られたものであった。だから船も小さく、航海術も未発達なものであった。

ローマは紀元前二六四年カルタゴとの戦争が勃発するまでは、わずかな数の軍船ガレー船しか保有していなかった。だからプテオリ港を他の商船と共用していたのだが、大艦隊を有する対カルタゴ戦（第一次ポエニ戦争）を契機として、ギリシア人の造船技師の指揮のもと、多数の大型ガレー船を建造して、大艦隊よりなる海軍を組織、充実させ、同時に、近くのミセヌムに海軍基地を整備した。その後、戦争によってギリシア、東方オリエントに領土を拡大していくなかで、ローマの海軍力はますます増強され、強大となっていった。

建築家　初期のころ、軍船は奴隷と囚人が漕ぐ二段、三段、四段櫂のガレー船で、交易船、商船は帆船であったのですね。

そして黒海まで進出していった紀元前六～七世紀のギリシア人たちは、季節風が強い冬の期間には船は出せませんが、三月も過ぎて春になるころから秋まで、とりわけ夏の間は、海はたいへん穏やかな日が多いことから、それこそ海が続く限り、持ち前の旺盛な冒険心で、どこまでも船を進めたのですね。

ところでタウロイの地の背後はスキュティア人の地域です。黒海沿岸、とりわけ北の沿岸地域は穀倉地帯といわれ、たいへん肥沃な土地ですが、この辺りは冬ともなりますとそれは厳しい寒さとなります。それで陛下の帝国各地を巡る視察旅行が話題にのぼり、詩人であるアナエウス・フロルスはある夕餉《ゆうげ》のおり、陛下に対して次のような詩を贈られました。

皇帝になりとうもなや
西の蛮族《ブリテン》の間をさまよいめぐり
はたまた北の蛮族《ゲルマン》の地ではこそこそ隠れ
北狄《スキュティア》の霜の餌食とは

ハドリアヌス帝　私はフロルスに次のような詩を即座に返歌した。

フロルスになりとうもなや
酒場酒場をさまよいめぐり
料理屋にこそこそ隠れ
腹ふくれたる蚊の餌食とは　（多田智満子訳。一行補足）

建築家　なかなか愉しい詩のやり取りですね。陛下が側近たちと夕餉《ゆうげ》の食卓を囲みながら、陛下がフロルスに当意即妙に返歌され、皆で大笑いした様子が目に浮かぶようです。

フロルス（約七〇～約一四〇）はアフリカ出身の詩人ですね。またローマ史を著した歴史家でもあります。ローマに来て、皇帝ドミティアヌスが主催した詩のコンテストに参加し入賞するも、皇帝がアフリカ出身の者には栄冠を与えないと言ったため、入賞を逃したことが伝えられています。失意のうちにフロルスはローマを去り、各地を転々とした後に、ヒスパニアのタラコ（今日のタラゴナ）に住み着き、そこで青少年のための学校を開いたのですね。

ハドリアヌス帝　そうだ。私は以前からフロルスの詩を知っていた。そのいくつかの詩を私は気に入っていた。そして第一回目の視察旅行の途次、ブリタニアからガリアのネマウスス（今日のニーム）を経てヒスパニアのタラコに向かい、冬をそこで過ごした。一二三年のことだ。そこで詩人フロルスに会った。側近たちと一緒に、私たちは詩談義に興じ、愉しい時間を過ごした。その詩もそのときのものだ。

建築家　それからですね、フロルスが陛下の側近のひとりとなったのは――。公の場はともかく、プライベートの場では側近が皇帝に対しこのように軽口をたたけるほど、皇帝である陛下と側近たちとは友人のような関係であったわけですね。それにしてもローマの人たちのユーモアには驚かされます――。

ハドリアヌス帝　私はストア学派開祖ゼノンに学んだマケドニア王アンティゴノスの「王位とは光栄ある民への奉仕である」なる言をたびたび頭に浮かべ、帝国を統治する皇帝として自戒のことばとしているが、ローマ皇帝の身分、地位はローマ市民が統治権を委託しただけのことで、ローマ皇帝とてひとりのローマ市民であることにかわりはない。歴代の皇帝のなかには、この統治権の委託された者としてそぐわない行為をしたために、皇帝の座を追われた者もいる。

建築家　ところで陛下はタウロイの地、あるいは詩人フロルスが詩に詠ったごとく、スキュティアの地に行かれたことがあるのですか。

ハドリアヌス帝　直接その地に足を踏み入れたことはないが、タウロイの都市ケルソネソス沖に船で停泊し、海岸一体を視察したことがある。停泊したのはボスポロス王国の地であるが、船上にて接見するためだ。紀元前四世紀よりこの辺りはボスポロス王国の王子を、紀元前一世紀よりローマとは友好関係、というより属国の関係にあった。私は王子コトュスが王位を継承することに同意し、ひきつづき王国の存続を認め、また保護を約束した。そしてそのとき、タウロイの都市ケルソネソスを王国に編入させた。これまで自治都市として認めていたが、つまらぬ諍《いさか》いが生じてはならないと、あらかじめ策を講じたのだ。なにしろ私の愛するアテネをはじめ、ギリシアの多くの都市は、穀倉地帯であるこの王国に大量の穀物の供給を――ボスポロス王国への軍事的示威を意図したあのアテネの政治家・将軍ペリクレスの黒海遠征が物語るように、紀元前五世紀もの昔から今日まで――頼っており、王国を含めて広くこの一帯を平穏に保ちたいがためだ。

私が帝国各地の視察を企てた第一回目の視察旅行のときで、小アジアを経てトラキア（今日のギリシア北部とブルガリア）に入り、先帝トライアヌスがダキア戦争に勝利し、帝国の属州としたダキア（今日のルーマニア）視察の折だ。ドナウ川を下り、河口から黒海に入ると、タウロイの地はそう遠くない。

建築家　タウロイの地は今日ではウクライナのクリミア半島ですが、ゲーテが翻案した劇作の初期の日本語訳は『タウリス島のイフィゲーニア』とあり、日本では一般に陸続きの半島ではなく、島だと誤解されていたようです。劇の場面設定は――同じ場所で、一日のうちに、ひとつのまとまった物語が演じられるというギリシア劇ですから――たったひとつ、崖がある海岸近くに立つアルテミス神殿であり、こうしたことからエーゲ海あるいは黒海に浮かぶ島ではないかと、推測してしまったのではないかと思われます。

私もタウロスの地は島ではなく、半島であるとの説に小さな疑念が頭のなかをよぎりました。当時、すなわち、古の伝承の時代あるいは新しくはエウリピデスの時代においても、その地は島ではなく、ほんとうに半島であったのか——海岸線の地形は長い年月の間に大きく変化するものだから、と。といいますのは、陛下の時代においても繁栄していたエーゲ海東岸、小アジアの都市ミレトスを私が訪れたときの驚きが大きかったからです。紀元前五世紀、ペルシアによるこの東海岸一帯の支配に嫌気がさして、黒海北岸地域に盛んに植民活動が行われましたが、その中心的役割を果たした都市がミレトスです。海に突き出た半島に交易都市として栄えたミレトスが、今日ではその海が消え（五〜六キロメートルほど、マイアンドロス川が運ぶ土砂の堆積によって海岸線が後退しております）、周囲には畑が広がっていまして、往時のミレトスを想像することすら困難で、海岸線の地形とは長い年月の経過のなかでこんなにも変化するものかと——もちろん、以前から書物などをとおしてそのことを知っていましたが、実際に目にして——驚き、落胆もしました。それに近くの、陛下の来訪を記念して建立されたハドリアヌス神殿がありますエフェソスの都市の港もそうでして、陛下はそうした問題をはやくから認識され、土砂の堆積によって浅くなる一方である各地の港湾の掘削工事を命じておられます。

またこうした河川が運んでくる土砂の堆積による地形の変化のほか、たとえば、イタリア、カンパニア地方のバイアエ（今日のバイア）やプテオリ（今日のポッツオーリ）などのように、後に起こった地震のために地盤が広範囲に沈下し、都市の一部が海中に没したというような地形の変化もあります。今日では、住宅地や工場用地を新たに得るために、海岸を人為的に埋め立てた結果としての地形の変化もあります。それも無思慮な、大規模な埋め立て工事のために、美しい海岸線の景観が無残にも破壊されるという深刻な問題を引き起こしています。

タウロスの地が、しかしながら島ではなく半島であったのではないかということは、エウリピデスのイピゲネイアを注意して読んで、納得しました。イピゲネイアとオレステスが実は本当の姉弟であることがわかり、二人は抱き合い喜び、イピゲネイアが弟を祖国のアルゴスへいかに送り出すべきか、思案する場面です。「どちらが良いのだろう、船を使わず足に任せての陸路かしら。道なき道を通りバルバロスの部族のなかを進み行けば、あなたの近づきゆく先はやはり死でしょう。船での逃亡なら、幅狭い海峡の青黒の岩を通り抜けるはるかな船路です（久保田忠利訳）。」このように陸路とあるからには——少なくともエウリピデスの頭のなかでは——タウロスの地は海に浮かぶ島ではないようです。

ハドリアヌス帝　ゲーテはエウリピデスのイピゲネイアをどのように近代劇として翻案したのか。

建築家　まず異国人がタウロイの海岸に近づいたものは捕らえられ、女神アルテミスに生贄として捧げられるという古来の風習に対し、エウリピデスの場合では、「私は女神の屁理屈には不満です。誰か死すべき身の人間が殺人に手を染めたとき、あるいはたとえお産であれ、死体であれ、それに手を触れたものは、汚れた人間として、祭壇から遠ざけてしまわれるのに、ご自身は、人身御供を好まれるのですから（三八〇～三八二行）」あるいは「女神よ、この町がこのように祭儀を執り行うのがあなたのお気に召すならば、生贄をお受け取りください。私達の風習では、この生贄が敬虔なものとはとても言えませんが（四六三～四六四行）」と、疑問を投げかけながらも古来の風習だからと是認しています。ゲーテの場合は、「神々を血に渇えているものとして創造している人は、神々を誤解しているのです。自分の残忍な欲望を神々のほうに押し付けているだけなのです（第一幕第三場）」と、神々ではなく人間自身が原因だとする点です。そしてそうした古来の残忍な風習を、王トアースを説得して一年、一年と延ばし、捕らえられた異国人の命を救い、故国へと帰してやるのです。

また王とイピゲネイアとの関係を変えています。エウリピデスの場合は、単なる王とアルテミス神殿の祭司という関係ですが、ゲーテの場合、王が求婚する、それに対してイピゲネイアは、この身は神に捧げたもの、自由にできるのは命を救った女神だけ、と婉曲に拒むのです。

ハドリアヌス帝　オレステスと親友ピュラデスは、アポロンの神託に従って女神アルテミスの木像を手に入れるべくこの地に辿り着き、捕らえられ、神殿に連行され、ここで実の姉弟と知らずに会ったイピゲネイアとオレステスは、互いの素性をいかにして知るのか。

イピゲネイアは自分がまだ存命であることを手紙に書いて、これをギリシアにいるはずの弟オレステスに届けてくれとピュラデスに託す。手紙が途中失われても、手紙の内容が伝わるよう、イピゲネイアは二人に手紙の内容を口頭で伝える。二人はそれでこの女祭司がイピゲネイアだとわかるのだ。

アリストテレスは、ギリシア悲劇について論じた『詩学』――私が若いとき熱心に読んだ本のひとつだが――のなかで、登場人物の素性などの認知について、「あらゆる認知のうちで、もっとも優れた認知は出来事そのものから起こる認知である。そこでは、ありそうな出来事から驚きが生ずる（岡・松本訳）」とし、タウリケのイピゲネイアのこの場合の認知がそうした例だとする。「イピゲネイアが手紙を届けたいと望むのはありそうなことであるから」だと高く評価している。私も、出来事自体から起こる認知の方法が良いと思う。あまりに作意が勝ち過ぎると、観客にとって不自然で、興ざめとなるからだ。

オレステスが目前に立つ祭司は自分の姉だとわかり、喜ぶのだが、イピゲネイアはその若者が実の弟かどうか訝《いぶか》る。そして証拠を求める。オレステスは、オレステスしか知り得ないことを言いたてる。イピゲネイアは、結局は納得するのだが、アリストテレスは、これは作者によってつくられた認知で、つくりものである、つまり筋が要求するのではなく、作者が要求することを自ら口にするのだから、素性認知の技法としては感心しない、と述べている。アリストテレスは感心しないではなく、まったく価値がないとまで酷評する。またホメロスの『オデュッセウス』において、十年に及ぶ流浪の旅の後、やっと故郷の地に着いた。オデュッセウスがその傷跡によって、乳母や豚飼いにより正体が認知されるような「印《しるし》」による認知方法も、もっとも劣っているとアリストテレスは述べるが、観客にとってはそれほど不自然とは思わないのではなかろうか。だがアリストテレスは劇の骨格としてしっかりとした筋立ての重要性を思考する人で、こうした厳しい見方をしたからこそ、その『詩学』は後のローマの時代の劇作論に大きな影響を及ぼし得たのだ。

建築家　ゲーテの場合では、エウリピデスと相違して、まずオレステスの素性がわかるのです。それも「ぼくはオレステスです（第三幕第一場）」と打ち明けることによって。

　捕らわれてアルテミス神殿に連れてこられた二人がギリシア語を話し、ギリシア人であることを知ったイピゲネイアは、ギリシアのこと、トロイア戦争のこと、その総大将であった父アガメムノンのことなどと、だんだん自分の身内のことについて、二人に聞き始めるのです。そしてオレステスの母殺しの件、そして復讐の女神たちに追い回され、ついに狂気に陥ることを知るのです。望郷の念にかられたイピゲネイアが二人に聞き出そうとすることは、アリストテレス風にいえば、ありそうなことですから、ここまでは良いとしましても、イピゲネイアが相手を実の弟とは知らずに、「あなたも同じような身の上なのか」というと、オレステスはたまらず、嘘の罠を互いに仕掛けることの無意味さを感じ、「私たちの間では真っ正直に打ち明けましょう。ぼくはオレステスです」自らの素性を明かすのですが、この辺り――ゲーテは劇中で何度も嘘をつくのはよくないことと登場人物に言わせるのですが――アリストテレスの言う「つくりもの」臭が芬芬として興がそがれる気がします。

　若者のひとりが自分の弟オレステスであると認めたイピゲネイアは、「オレステス、私だよ。イピゲネイアだよ。私は生きているのだよ」と、今度は自分が姉だと素性を明かすのですが、狂気にかられたオレステスは認めようとはしません。イピゲネイアは自分が姉であることをわからせようと、諄々《じゅんじゅん》と誠実に諭すうちに、だんだんと姉だと認めていくのですが、認知の仕方は明快ではありません。アリストテレスがあげる認知の種類でいうと印《しるし》でもなければ、作者によってつくられた認知でもまた記憶による認知でも、推論による認知でもありません。ゲーテは、諄々《じゅんじゅん》と真心をもって誠実に語りかければ、人はわかるものだという点に重きをおいたのです。

そうみますとアリストテレスは一面、非常に合理的な思考をした人ですね。自然はいかなるものも目的なしにつくらないし、また無駄にもつくらないと『政治学』において語っています（北嶋美雪訳）が、合理的というのは、ある目的があってそれに到達あるいは解決する仕方において、合理というのです。アリストテレスはまず悲劇の目的あるいは本質を定義し、そしていかにもっとも適切、かつもっとも無駄のない手段で悲劇の目標を達成できるか、目的論的に悲劇の構造のあり方を考えた、といった二〇世紀の芸術史家ゴンブリッジのような指摘もあります。だからしっかりとした筋立てを重んじたのですね。目的到達への合理的方法ですね。

ハドリアヌス帝　ところでゲーテの翻案では、テオス・アポ・メカネス（機械仕掛けの神）が登場するのか。エウリピデスの場合では、イピゲネイアがトアース王を騙し、用意しておいた船に乗り込み、首尾よく皆が故国ギリシアへ向けて脱出するが、向かい風の突風が吹き、船は岸へと戻されてしまう。トアース王は追手を差し向け、船もろとも捕らえようとする。そのとき、女神アテナがテオス・アポ・メカネスとして登場し、「トアース王よ、どこに追手を差し向けるというのだ。私はアテナ、私の話を聞くがよい。ぞろぞろと軍勢を繰り出し狩り立てるのはやめよ（一四三五～一四三七行）」と争いを止めさせ、三人を無事ギリシアに向けて船で脱出させることで、劇は終わるのだ。

建築家　テオス・アポ・メカネスは、今日私たちの間では、そのラテン語訳としてのデウス・エクス・マキナ（機械仕掛けの神）とよんでいます。だいたい終幕になって、神（に扮した俳優）が、クレーンのような機械装置によって舞台の上方に宙吊りの状態で出現し、神の声によってすべてを強引に解決してしまうものですね。

ハドリアヌス帝　そうだ。ギリシア悲劇ではしばしば使われる手法で、エウリピデスも好んで使った。アリストテレスは、このデウス・エクス・マキナの手法を積極的に使うことには否定的だ。筋の解決は、筋そのものから生じなければならない、と考えるからだ。つまり劇の出来事のなかには、いかなる不合理もあってはならないのであって、この手法を使う必要がある場合は、筋書きの外、アリストテレスの言い方では「劇の外」でやるならよい、とするのだ。

建築家　エウリピデスの『タウリケのイピゲネイア』では、アテナの女神が登場して争いを解決してしまいますが。

ハドリアヌス帝　アリストテレスは、それはそれで構わない、とする。なぜならば、船での脱出の際の争いは劇の筋書き外のことであるとするからだ。

アリストテレスは劇の筋の組立て、出来事の組立てはもっとも重要なものであるとし、劇作の場合、まず筋書きを普遍的なかたちにしておかねばならないという。『タウリケのイピゲーニア』を例にとって、その普遍的なかたちの筋書きとは次のようなものだとする。

ある一人の娘が生贄として屠られ、彼女を生贄にした人たちの前から不思議な仕方で姿を消した。彼女は他国へ運ばれ、その地に落ち着いた。そこでは、異国人はその地の女神に生贄として捧げるという風習があったが、彼女はその女神の祭司の役を得た。時がたち、この女祭司の弟がたまたまその国へやってきた。彼はやってきて捕らえられ、生贄として屠られようとしたとき、自分が誰であるかを明かした。このことが救いをもたらした。

（岡・松本訳）

アリストテレスは筋書きを考えるにあたって、このように出来事の組立てを簡潔明快でなければならないとする。このアリストテレスによる『タウリケのイピゲネイア』の筋書きによれば、船で脱出することなどは筋書き外のことで、それでデウス・エクス・マキナの登場も構わないというのだ。たとえばそうでない、筋書きの外ではない出来事を、デウス・エクス・マキナを登場させて解決しようとする同じエウリピデスの『メディア』の場合などは、厳しく批判している。

建築家　ゲーテの場合は、デウス・エクス・マキナは登場しません。タウロイの海岸に近づいた異国人は捕らえられ、アルテミス女神に生贄として捧げられるという古来の風習は、神がそう欲するのではなく、自分の残忍な欲望を神のほうに押しつけているだけなのだ、人間自身が原因なのだとしているように、劇全体にわたって人間の争いやそれに続く不幸は、神々の意志や運命などによるものではなく、その要因は人間自身なのだ、そして、それを解決するのも人間自身なのだ、という考えが根底にあるからです。

エウリピデスの場合では、イピゲネイアにトアース王を「野蛮なものたちを支配する野蛮なもの」と言わせ、ゲーテの場合、気高い心の持ち主である王とイピゲネイアに言わせています。ゲーテは陛下のローマ時代でもバルバロイ、すなわち野蛮人といわれたゲルマン人の子孫であるからではないでしょうが、真実の姿を知らずに、ただ非ギリシア人というだけで野蛮人、バルバロスとする先進国の人びとの考え方をゲーテは否定したのでしょう。

そしてイピゲネイアとオレステスとが互いに姉と弟であることを認め、いかに故国ギリシアに向けて脱出するかを思案するだんになって、エウリピデスの場合は、イピゲネイアは「王を騙そう」と言うのですが、ゲーテの場合は、「ああ、嘘はいや、本当にやなことです（第四幕第一場）」、そして「自分の第二の父ともいいたい王さまを騙したり、その大事なもの（アルテミス女神の木像を指す）を奪ったりするのが私にはどうもよくないことに思われるのです（第四幕第四場）」とアレステスたちに話し、ついには「おお、王さま、お聞きくださいい。実は秘密のはかりごとが行われております。……（第五幕第三場）」と脱出の策をトアース王に打ち明けてしまうのです。そして「そなたは、あのギリシア人のアトレウスさえ聞かなかった真実の声、人道の声をこのスキティアの荒くれ男が聞くと思うのか」と怒る王を、誠心誠意、真心でもって、三人を放免するよう説得するのです。

ハドリアヌス帝　エウリピデスの場合は、策略によってトアース王を騙すことにイピゲネイアも加担し、アテナ女神がすべてを解決する筋立て——もっとも、前に述べたように、アリストテレスはこの最後の部分は筋に入らないといっているが——だが、ゲーテの場合は、トアース王を騙すのではなく、真心でもって王の心を動かすというのだな。そして自分たちの運命を切り拓くにあたって、神々の介在はない……。

建築家　イピゲネイアは「嘘をつかない」「人を騙したりしない」「清い心」「心の真」でもってトアース王に「真実を重んずる」ように訴えるのですが、このことが運命を変えるというのです。ゲーテは後にそれを「純粋な人間性」と言ったといわれています。人間が不幸に陥るのは神や宿命や偶然によるものではなく、人間自身の過ちから生ずる結果であり、それを人間自身が解決するのであり、それは人間性である、とゲーテはこの劇においていうのです。

シラーというゲーテと同時代の劇作家・小説家は、ゲーテによるこの『タウリケのイピゲネイア』を驚くほど近代的、非ギリシア的であると言ったと聞いています。

神や宿命あるいは領主などのいわば外からの力に強く影響されるのではなく、人間自身の自立の自覚が近代精神といわれています。神々でなく真心としての人間性が解決するところに、シラーをしてこの悲劇は近代的と言わしめたのです。――もっとも「シラーの場合、非ギリシア的すなわち近代的だ」などとシラーを揶揄《やゆ》したシラーと同時代の小説家ジャン・パウルもおりますが。

ハドリアヌス帝　その人間性、ヒューマニズムとは時代や民族とはなんら関係がなく、人間に具わった普遍的なものといってよいものだが――。

ハドリアヌス帝の人道主義的な布告

建築家　陛下のお心を反映して、人間性あふれる布告や布令、それに政策が知られています。

一二三年には日照りが続き、凶作によって人々が飢饉に見舞われることが心配されましたが、小アジアのエフェソスやハリカルナッソスなどの諸都市に、エジプトからの国有穀物の輸出許可の命を出され、多くの人びとを助けられましたし、またアテネにはたびたび、食糧援助をされました。

また農民に対しても、凶作や不作を考慮されて、租税の分割納入を許可され、農民たちを救われました（一三六年、属州エジプト布告）。

ここに陛下がお出しになったその布告が残っております。エジプトの砂漠においてパピルスが二〇世紀になって発見されたのです。

過去数年間は連続して、ナイル川の水は豊富であるばかりでなく、その水位は過去に例をみないほど高い。洪水によって全土にわたって水で満たされ、これが農作物の豊作をもたらす要因なのである。だから私はナイル川の洪水は、農民に幸をもたらすものとして必要なものだと思ってきた。ところが昨年と同様、今年もナイル川の水位が十分な高さではないという報告を聞いた。私はナイルの神とともに水位が上がるよう切望するものだが――

来る数年間は農作物の不足はナイル川によっても大地によっても補いきれないと推測される。また、ある年は農作物が豊作で、次の年は不作となりまた翌年は豊作となるのは自然の摂理というものだ。

そこで、今年の租税の納入方法について、もっとも深刻な飢饉にみまわれると思われるテーベの民については五回の分割納入を、ヘプタノミアの民については四回、デルタ地方の民については三回の分割納入を認めることとする。また半年ごとの納税を希望するものにはこれを認める。ただし、条件として納税期限は、テーベの民については五年、ヘプトミアの民については四年、デルタ地方の民については三年を上限とする。以上、民の幸福のために、布告する。（著者訳）

布告としては自然の摂理を説くなど、哲学的な箇所がありますし、陛下のヒューマンな（人道主義的）お心が私たちによく伝わります。

そして農業政策においては、特に小農民、小作農の保護に力を注がれ、漁業政策においては、漁師のみに魚を売ることを許可し、中間業者の介入を禁止することで漁師達を保護されました（一一四年、属州アカイア布告）。

また兵士たちに対してとられた陛下のヒューマンな措置としまして、一一九年にエジプト総督ラミウス・マルティアリス宛てに送られた陛下の書簡が知られております。

親愛なるラミウスよ。

兵役中の兵士を父として生まれ、認知された子供には、その父親の財産の相続は認められないということを私は知っている。この法律が施行されて以来、軍の規律と照らし合わせて、なんら過酷なものではないと思われてきた。
だが、ここで私の先帝たちによるやや厳しすぎる尺度を、よりヒューマンな観点から、解釈する機会を私自身が与えることは、大きな喜びである。父親が兵役中に生まれ認知された子供は、その父親の合法的な相続人ではないが、にもかかわらず、この布告に基づいてその子供も相続の権利を申請することができるものと私は決定した。
貴下はこの布告を私の兵士たちと退役兵たちに知らしめたい。それは私が彼らたちにその権利を与えることを知らしめるのが私の目的ではなく、彼らがいまだ知らない場合、その権利を行使するためである。（著者訳）

おそらく各属州の総督に同じ趣旨の書簡を陛下が送られたものと思われます。

ハドリアヌス帝　私が書かせた布告が、二〇〇〇年近く後にも残っていたのか。この問題については、そもそも兵役中の兵士には、従来、結婚そのものが認められていなかった。だが現実には駐屯している土地の女と結婚する者も多い。なかには当然、子供が生まれる者もいる。そうして生まれてきた子供の将来を思うと、現実的に対処する必要があると、私は私自身の長い間の軍隊生活の経験から考えたのだ。

建築家　陛下はその書簡のなかで、「よりヒューマンな観点から」と述べられています。布告の根拠はヒューマニティ・人道主義だといわれ、私たちは胸を打たれる気がします。

陛下はまた有名な法学者サルウィウス・ユリアヌスなどに命じて帝国の法体系整備にたいへん力を注がれました。帝国のどこでも通用する価値判断の基準を確立することによって、人民は平等に裁かれ、各属州を含めた広大な帝国一国としての統治の権威を高めたわけですが、他方、そうした法の運用におきましては、過去の判例や土地土地の諸事情を考慮に入れ、判断されました。陛下は全体で二一年にわたる帝国各地の視察の際、その土地土地での諸事情を勘案して、独自のご判断で、とりわけ多くの社会的弱者を布告などによって救われたことが知られています。たとえば、ある都市の市民の納税義務を一定期間廃しました。陛下はその理由として、「市民が貧困にあえぎ、支払えないと訴えているからだ」と市民に語りかけております。

ハドリアヌス帝　私は人間の徳、ヒューマニズムについてストア学派哲学者たち、とりわけストア学派開祖のゼノンやエピクテトスから多くを学んだ。

哲学者エピクテトスとニコポリスにて会う

建築家　エピクテトスは陛下より二〇歳ほど年上ですが、ほぼ同時代に生きたといってよい高名な哲学者ですね。小アジアの内陸地方、プリュギアのヒエラポリス（今日のトルコ、パムッカレ）に奴隷の子として生まれたと聞いていますが、このヒエラポリスという都市はローマ帝国の豊かな温泉保養都市ですね。今日では古代ローマ都市遺跡として、またすぐ傍らに白い石灰岩の棚田のようなものが広がり、そこに神秘的な青い水を静かに湛える（これは温泉ですが）美しい景観を呈していることから、多くの観光客が訪れるところです。

そしてエピクテトスは子供のころ、奴隷として買われローマに連れて行かれ、ネロ帝の解放奴隷のもとで働くうちに、哲学に興味を抱いたことから、許されて働きながら哲学者ソニウス・ルフスに哲学を学んだといわれています。ネロ帝の死後、奴隷身分から解放され、ローマにおいて哲学の教師をしていましたが、ドミティアヌス帝による哲学者追放令によって、他の哲学者たちとともにローマから追放され、エピクテトスはアドリア海沿岸の都市ニコポリスに住まうようになりました。この都市は、オクタウィアヌス（後のアウグストゥス帝）の率いる軍が、その近くのアクティウム沖の海戦にてアントニウスとクレオパトラの軍を破り、この勝利を記念して創建されたローマ風の新都市ニコポリス（勝利の都市）ですが、エピクテトスはここで学園を開き、各地からエピクテトスに学ぶべく集まった多くの若者たちに哲学を教えたのですね。

ハドリアヌス帝　そうだ。

私は早くから哲学が好きで、特にギリシアの哲学者たちの著書を熱心に読んだものだ。若いとき、アテネにおいて学んだときも、たびたび哲学者たちの講義を聴講した。人の徳を説き、「王者は哲学するにもっともいい地位にある（鹿野治助訳）」と言ったのはエピクテトスの師で「ローマのソクラテス」といわれたルフスだが、今では皇帝の地位にある私に、皇帝であるからこそいっそう哲学に打ち込み、高い徳を身につけ、身をもって示し、また帝国の民に人としての徳の大切さを説けといわれているような気もする。

建築家　哲学に興味を抱いた王には、陛下が（養子縁組をされて皇帝として指名されました）アントニヌス・ピウス帝のあとの皇帝と指名されましたマルクス・アウレリウス帝がよく知られています。この皇帝は『自省録』を著しました。ほかにはアレクサンドロス大王の武将のひとりアンティゴノスの孫でマケドニア王アンティゴノス二世が知られています。この王は紀元前三世紀のストア学派哲学の開祖といわれるゼノンの哲学に興味をもち、アテネのストア・ポイキレにおいてたびたびその講義を聴講したといわれています。さらに哲学の勉強を続けるため、そして息子の家庭教師としても、このゼノンをマケドニアの宮廷に招こうとしたのですが、高齢を理由に拒まれてしまったなどと伝えられています――。

ハドリアヌス帝　そうだったな。哲学者ルフスの講義はローマで若い時分二、三度聞いただけだ。もっと講義を聞きたかったのだが、ドミティアヌス帝によるたびたびの追放で体が弱ったのだろう、私が皇帝となったときにはもうとっくにこの世にはいなかった。

このルフスに師事したエピクテトスの思想は、人づてに少しは聞いていた。

建築家　陛下はエピクテトスをニコポリスに訪ねたと聞いておりますが。

ハドリアヌス帝　そうだ。二度ほど訪ねたことがある。

エピクテトスの世間での評判は高いのだが、それは足が不自由で歩くのにも杖が欠かせないとか、清貧に甘んじ、貧しい身なりをしているとか、外見的な人物像ばかりで、その実際の哲学的考えはというと、今、言ったように人づてにわずかしか伝わらない。エピクテトスは自分の考えを著書のかたちに著さなかったからだ。

もっとも私の側近であるフラウィウス・アリアヌスがエピクテトスの考えを『語録』あるいは『要録』というかたちで後にまとめ、残してくれたのだが――。

それで初めてエピクテトスをニコポリスの学園に訪ねたのは、私がアテネの市民によって選ばれアルコン（執政官）職にあったとき（紀元一一二）、まだ先帝トライアヌス帝の治世のときのことだ。今、言ったアリアヌスは、そのとき学園で見かけたような気がするが、はっきりと記憶には残っていない。

側近アリアヌスとエピクテトス

建築家　今、陛下がお話しされた側近のアリアヌスは、前に話に出てきました『アレクサンドロス大王東征記』を著したアリアヌスと同一人物ですね。そのアリアヌスは小アジア、ビテュニアの都市ニコメディア（今日のトルコ、イズミット）に有力市民の子として生まれ、青年になってエピクテトスのもとで学ぶため、ニコポリスへ行きました。当時は裕福な市民の子弟は、陛下のようにアテネか、あるいはアレクサンドリアかロドスなどへ遊学したのですが、アリアヌスがニコポリスのエピクテトスのもとへ行ったのは、哲学に興味を抱いていたことと、故郷のニコメディアでの哲学者エピクテトスの評判が高かったからですね。

そしてアリアヌスはたいへん熱心に勉強した優秀な学生だったのですね。たくさんの学生のなかでエピクテトスに特に目をかけられ、後に高弟として、独身であったエピクテトスの側にあって、身の回りの世話もしていたといわれています。

アリアヌスが後に陛下の側近になったのは、どういういきさつからでしょうか。

ハドリアヌス帝　私がニコポリスのエピクテトスを初めて訪ねたちょうどそのころ、学園で勉強していたアリアヌスは、どういういきさつかは知らないが、私の長年の友人であるアウィディウス・ニグリヌスの知己を得たようだ。ニグリヌスの父親は属州アカイア（今日のギリシア）の総督をも務めたことがある元老院議員で、ローマでも名門の家系だが、ニグリヌスもまた有力な元老院議員となり、私と同様、先帝トライアヌスの側近として働いた。ギリシア好き、そして哲学好きで、私とよくうまが合い、仲の良い友人だった。

ところが、私が皇帝位に就いた直後、私の側近たちが、私の皇帝位を危うくする人物として四人の執政官級の有力元老院議員を処刑してしまった。こともあろうに、そのなかに私の親しい友人であるニグリヌスが含まれていた。手を下した私の側近たちの言い分は、ニグリヌスは先帝が勝利し属州としたダキア（今日のルーマニア）の総督であり、はやくから新しい皇帝の有力候補として元老院議員たちから見なされ、私の治世になって、私が統治方針と合わない処刑された三人の元老院議員ともども、陰謀を企てつつある人物と目されたというのだ。他の三人はともあれ、友であったニグリヌスの死の報に接して、私はたいへん驚き、そして落胆した。長いこと涙を抑えることができなかった。

アリアヌスはこのニグリヌスの知己を得、ニグリヌスに付き従ってローマに来た。アリアヌスは政治家となる志も抱いていたのであろう、ニグリヌスの後押しもあって政務に就き、もちろんその一環として軍役も経験した。

そのアリアヌスに私がたまたま会ったのは、ニグリヌスの死後、その後ろ盾を失い、アリアヌスがいかにすべきか思案していたころだ。エピクテトスの哲学だけではなく、互いに狩りに夢中だということもわかり、そうした共通の話題もあって、話が弾んだ。そして私は私の亡き友ニグリヌスが見込んだように、このアリアヌスに勉強熱心な、高潔な精神を見出した。私はアリアヌスをその後属州ヒスパニア・バエティカ総督に任命し、また執政官にも推薦した。アリアヌスは私の期待に応え、職務に精励した。
エピクテトスの『語録』は、アリアヌスがニコポリスにてエピクテトスの高弟として傍らに仕えていたとき、エピクテトスの日々の弟子たちへの教えを書き留めておいたものを、忙しい政務のなかまとめたものだ。エピクテトスは自分の思想を著書としてまとめようとしなかったものだから、その『語録』はエピクテトスの思想を知り得る唯一のものといえる。私もアリアヌスからその『語録』を献呈され、ときたま読んでいる。そしてエピクテトスの思想についてアリアヌスと哲学談義することは愉しいものだ。

建築家　アリアヌスがまとめたこのエピクテトスの『語録』は、陛下の側近でもあるストア学派哲学者ユニウス・ルスティクス（陛下は一三三年執政官に任命しています）が、後のマルクス・アウレリウス帝に哲学の勉強にと、自分の蔵書のなかから手渡したことが知られていますし、また中世においてもよく読まれ、大きな影響を及ぼしたとされています。今日においても日本をはじめいろいろな国で翻訳され、読まれています。
アリアヌスはその後『狩猟論』、それに『戦術論』などを著し、陛下に捧げていますが、（大）プリニウスを思い起こさせるようなたいへんな勉強家ですね。陛下はその後、このアリアヌスを属州カッパドキアの総督に任じられています。

側近フレゴニウスの語る奇譚

このアリアヌスだけではなく、『奇譚集』などを著した陛下の秘書官フレゴニウスなど、陛下の周りにはたいへん優秀な側近がおられたのですね。フレゴニウスの『奇譚集』中のひとつの話は、例のエウリピデスの悲劇『タウリケのイピゲネイア』を翻案した十七〜十八世紀ドイツの文人ゲーテやそれにフランスの文人アナトール・フランスによってバラード、すなわち物語詩『コリントの花嫁』あるいは『コリントの婚礼』などに翻案されています。今読んでもたいへん面白いですね。

ハドリアヌス帝　それはどういう話か。パルティア戦争に従軍した折、随行したフレゴニウスは、われわれに夜ごと夕食をとりながら兵営のテントのなかで、性転換をした女の話をはじめ、世にも奇妙な話をたくさん語ってくれた。われわれはそんな話があるものかと皆、怪しんだものだ。フレゴニウスは話術に長けていて、夕食後も夜が更けるまでわれわれはそんな奇譚を愉しんだものだ。

それでそなたが話してくれれば、もともとの話がどうであったか、わかるかも知れない。

建築家　それはこんな物語です。

アテネからある若者がコリントに住む父親の友人の家を訪ねたのです。父親とその友人は、息子と娘をそれぞれ大きくなったら結婚させる約束をしていました。夜半、着いた若者は快く迎え入れられ、用意された床につくと、美しい娘が白装束で現れたのです。若者は一目で親同士が決めた未来の花嫁がこの美しい娘だと思い、この娘に惚れ、二人は抱き合い愛し合います。物音に気づいた娘の母親は遊女でもいるのかと部屋に入りますと、死んだはずの娘がそこにいるのです。娘は病を得て狂気に陥り、神に捧げるために自分を死に追いやった母親をなじり、また今度は若者との幸せな時を邪魔したとなじり、そして若者はまもなく死ぬから、自分と一緒に荼毘《だび》に付してくれと頼むのです。

ハドリアヌス帝　そうか。それはフレゴニウスの故郷、小アジアのトラレスでの話だな。

ある若者が親の友人宅を訪ねた。その友人宅の娘は六か月前に死んでいたのだが、若者はそのことについては知らなかった。夜になると娘は若者のところに来て、愛を告白し、その夜を一緒に過ごす。ところがその家の召し使いが娘に気づき、親に報告する。次の夜、娘が若者のもとにふたたび姿を現すと、親はその部屋に来て、娘の姿を見て喜ぶ。だが娘はよろけるように倒れ、死んでしまう。娘の死体は動物の餌食にとばかり町の外に放り出される。そして神殿は清められ、神々に生贄が捧げられた。若者はその後まもなくして死んだ――という話だ。

建築家　そうですね、その話ですね。ゲーテが翻案したのは。フレゴニウスの『奇譚集』は残念ながら、その後の行方はわかりません。ただ、その物語は十七世紀にヨハネス・プラエトリウスによって編まれました『アントロポデウムス・プルトニクス（いろいろな奇妙な人間の新しい物語）』中に収められ、この書を手に入れたゲーテがその物語に興味を抱きバラードとして一七九七年に翻案したのです。たったの二日間でバラードという物語詩の形式で書いたといわれていますが、ゲーテはこの奇妙な話に着想を得、翻案して書くべく、長年あたためていたことがわかります。

ただ翻案にあたって、ゲーテはキリスト教と異神教（ローマなどの神々）がせめぎあう社会的問題を浮き彫りにしたり、また当時知られていました吸血鬼を登場させています。

わたしは墓を遂われてきました。
失われた幸福を求め
失われた男を愛し
その胸の血を吸おうがために
もし相手がことぎれれば
さらに別の男を求め
若い男はすべてわたしの怨念の犠牲にするのです。
若く紅顔のあなたのお命ももうこれまで
あなたはここで萎え朽ちていくのです。
……

（山口四郎訳）

ハドリアヌス帝　夜半墓穴から抜け出して、人の生き血を吸うという吸血鬼とは、後世でも奇怪な話を考えだしたものだな。

エピクテトスとハドリアヌス帝の対話（1）愛について

建築家　陛下を中心としてそうした側近たちとの食卓を囲んでの夕食時、各人蘊蓄をかたむけた哲学談義や文学談義、それにアレクサンドロス大王をはじめとする人物談義などに話が弾んだに相違なく、たいへん愉しそうですね。

ところで陛下が初めてニコポリスにエピクテトスを訪ねた折の、お二人の対話の一部が今日知られております。

陛下　愛とはなにか

エピクテトス　とりたててなにもすることがなく、暇をもてあましている人の腹立たしい気持ちのあらわれだ。なにもすることがなく、ただぶらぶらしている少年の気の咎めであり、少女の秘められた性的興奮であり、女の情熱であり、男の発情であり、他人の物笑いとなる老人の自嘲である。また愛とは愛をからかい、愛する二人をからかうものを下劣だと証明するものでもある。（著者訳）

これはほんとうの話でしょうか。

ハドリアヌス帝　はっきりとは覚えていないが、たぶん後世の作り話ではあるまいか。

建築家　やはり九世紀のカロリンガ朝の時代につくられた話ですか。そんな説もあります。

エピクテトスとハドリアヌス帝の対話（２）　ストア学派開祖ゼノンとマケドニア王アンティゴノス

では、陛下はエピクテトスとどういうテーマについて話し合われたのでしょうか。

ハドリアヌス帝　いろいろなテーマについて語り合ったが、そのひとつは、エピクテトスがよく言う「われわれの自由にならぬもの、われわれの自由になるもの」という点に関連して、哲学者ゼノンはマケドニア王アンティゴノスとこれから会おうとしたとき、不安をいだかなかったが、王たるアンティゴノスがこれからゼノンに会おうとしたときは、不安をいだいていた——それはいったい何故だ、ということだ。

建築家　ゼノンとはキプロスに生まれ、アテネに学び、後にアテネのアゴラの北東の一角を形成する紀元前五世紀建造のストア・ポイキレ——その壁に画家ポリュグノトスによってアテネ軍とスパルタ軍の戦いの場面などが彩色画（ポイキレ）で描かれていた列柱廊であることからその名があります。そして陛下のティヴォリの別荘の歩行訓練場の壁に絵を描かせ、ポイキレと名づけられました——において、弟子たちに哲学の講義をした哲学者（紀元前三三五～二六三）ですね。つねにストア（列柱廊）において講義をしたものですから、ゼノンと弟子たちの哲学は「ストア学派」とよばれ、ゼノンはローマ時代にも隆盛したストア学派の開祖ですね。

マケドニア王アンティゴノス二世（紀元前二八三～二三九）とは、アレクサンドロス大王の武将のひとりアンティゴノスの孫です。大王の死後、アンティゴノスは大王の帝国の一部であるシリア、小アジア、マケドニアを初めに領有した武将で、その孫のアンティゴノス二世は、マケドニア王（在位紀元前二七六～二三九）となったのです。

ハドリアヌス帝　そうだ。
マケドニア王アンティゴノスは哲学が好きな人で、とりわけゼノンの哲学に興味を抱いた。王宮のあるマケドニアのペラより、当時、属領であった学芸都市アテネを訪れるたびごとに、アゴラのストア・ポイキレにおけるゼノンの哲学講義を他の人たちと聴講した。そしてその哲学だけでなく、人としてのゼノンにも好意を抱いたのであろう、マケドニア、ペラの自分の宮廷に哲学者として来てくれるようたびたびゼノンに要請した。その宮廷には音楽家や詩人、学者たちが集まっていた。王は学問を擁護していた。
建築家　あの哲学者アリストテレスが、マケドニア王フィリポス二世の要請で、その宮廷において王子（後のアレクサンドロス大王）の家庭教師を三年間（紀元前三四三〜三四〇）勤めたことはよく知られております。こうしたことをふまえて、自分の王子ハルキュオネウスの家庭教師としても宮廷にゼノンを招きたかった、ともいえましょう。
ハドリアヌス帝　そなたはこの件に関してアンティゴノス王がゼノンにしたためた書簡を存じているか？

哲学者ゼノンへ
拝啓。小生は、幸運と名声の点では、自分の方が貴殿の生活よりもまさっていると信じておりますが、しかし、理性と教養の点では、また貴殿が獲得しておられる完全な幸福の点においても、貴殿より遅れをとっているものと考えております。それゆえに、小生のところへ来ていただくように貴殿にお願いしてみようと決心したわけであります。貴殿は決してこの申し出を断られることは無かろうと確信しておりますから。ですから、貴殿は何としてでも小生と交わりを結ぶように努めていただきたい。そうしてもらえるなら、貴殿は、たんに小生一人の教師となられるだけではなく、マケドニア人全員をひっくるめての教師となられるだろうから、という この点を十分に賢察された上で。と言いますのも、マケドニアの支配者を教育して、徳にかなったことへと導いてくれる人は誰であろうと、その臣下たちをもよき人間に仕上げてくれる者であることは明らかなのですから。つまり、支配者がそうあるのと同じような人間に、その臣下たちもまた、たいていの場合にはなっていくものである、というのが当然の道理でしょうから。

敬具

またゼノンから王アンティゴノスへの返書も知られている。

王アンティゴノスへ

拝復。わたしは貴殿の好学心をうれしく思っております。貴殿がほんとうに役立つことになる真実の教養に専心されていて、品性を損なうことになるだけの、あの通俗的な教養に執心されているのでないかぎりは。ところで、哲学に憧れている者が、一部の若者達の魂を柔弱にするところの、あの大いに吹聴されている快楽から身を遠ざけているのであれば、そのような人は、たんに生まれつきの素質によってだけではなく、自分の自由な選択によってもまた、高貴な性格の者になって行くであろうことは明白です。しかしながら、高貴な素質が、その上に適度な訓練を受け、さらになお惜しむことなく教えようとする人をも手に入れるなら、徳を完全に把握することになるのは容易なことでしょう。ところで、私の方のことですが、老齢のせいで、弱くなった身体に悩まされております。私はもう八〇歳なのですから。そう言うわけで、私は貴殿のもとへ参るわけにはいきません。しかし、私自身の研究仲間たちのうちから何人かの者を貴殿のところへ差し向けることにいたしましょう。彼らは精神的な面でも私に遅れをとることはない者たちですが、身体的な面では私より優れている者たちです。それで、彼らと交際されるなら、完全な幸福へ達するのに必要なことを、貴殿は何ひとつ不足されることはないでしょう。

敬具　（加来彰俊訳）

その書簡は現存しているわけではないのだろうが、紀元前一世紀ストア学派、テュロス出身のアポロニオスが著書『ゼノン論』のなかで、そのおよその内容を伝えている、と考えてよいだろう。

ところで哲学者ゼノンは、マケドニア王アンティゴノスとこれから会おうとしたとき不安を抱かなかったが、王たるアンティゴノスは不安を抱いたという点についての、エピクテトスと私の会話だ。

エピクテトスは言う。人が自分の自由にならぬもの、自分の権内にないもの、すなわち自分ではどうすることもできないものを欲するとき、不安を抱く。例えば、竪琴をひいて歌う人も自分ひとりで歌うときは不安ではないが、舞台にあがって上手に弾いて歌おうとすると、不安になる。それは上手に歌いたいばかりでなく、拍手喝采もされたいからだ。だが聴衆から拍手喝采されるかどうかということは、歌い手の権内にない、すなわち自分ではどうすることもできないことで、このことを欲するから不安になるのだ、と。アンティゴノスの場合もこれと同じで、王たるアンティゴノスは哲学者ゼノンに会うとき不安にかられた。それはゼノンに気に入られたいと思ったからで、ゼノンが王アンティゴノスに好意をもつかどうかは、王といえども自分の権内にない、すなわち自分ではどうすることもできないからだ、と（鹿野治助訳）。

私はエピクテトスに次のように語った。私もそう思う、なかなか説得力ある言い方だ。だが、と例の王アンティゴノスのゼノン宛の書簡を引き合いにだして、王アンティゴノスはゼノンに気に入られ、親しくなりたい。そして近い将来、是が非でも自分たちの哲学教師としてマケドニアの宮廷に招きたい、この王の招きはよもや拒否しないだろうと確信するが、その裏腹に自分ではどうすることもできないことではあるし、一抹の不安を抱いた――そのことも大きな役割を果たしたのではないか。王アンティゴノスの書簡から、そうしたことが如実に読み取れるのではないか、と。エピクテトスもその書簡については承知していて、大きくうなずいた。

エピクテトスは言う。王たるアンティゴノスが不安にかられたの対して、哲学者ゼノンはなんら不安を抱かなかったのは、ゼノンは王アンティゴノスに気に入られたいとは思わなかったからだ。というのは、他の技術家でもその技術に心得のない者の気に入ろうとはしないからだ、と。

建築家　「技術者」、また「技術」ということはどういうことでしょう。

ハドリアヌス帝　ゼノンによれば、動物が「自然に従って」生きるということは、衝動に従ってそれに導かれて生きるということだが、さらにいっそう完全な自然の導きによって、理想的な存在者である人間に理性（ロゴス）が付与される段階にいたる、人間にとっては「理性に従って正しく生きること」がまた「自然に従う」ということになる。というのは、この理性は、衝動を制御することを心得ている技術者として、あとから付け加えて生じるものだからだ。こうしたことから見れば衝動を制御するのは、後天的に獲得する一種の技術だといえよう。

建築家　王アンティゴノスを、理性を制御する技術の心得がない者とエピクテトスは言いましたが、王アンティゴノスが自らの書簡のなかで「幸運と名声の点では、自分のほうが貴殿の生活より勝っていると信じておりますが、しかし理性と教養の点では、また貴殿が獲得しておられる完全な幸福においても、貴殿より遅れをとっているものと考えております……」と正直に告白していますね。

ハドリアヌス帝　このマケドニア王アンティゴノスは「王位とは光栄ある奉仕である」と言っているごとく、ゼノンに熱心に学んだ。王として特に優れようと節制し努力した人だ。国をわが物のごとく考え、私欲のみを追う王が多いなかで、その書簡のように謙虚さが見られるのは、王アンティゴノスに高貴な素質が具わっていることを示している、といえよう。

建築家　アレクサンドロス大王の武将のなかでも、アンティゴノス一世とその後継者たちは特に優れていたようですね。

ハドリアヌス帝　私はこの「王位とは光栄ある奉仕である」なる王アンティゴノスの言を、たびたび頭に浮かべ、帝国を統治する皇帝として自戒のことばとしている。

そしてエピクテトスと私は、魂の徳だけが唯一の善なりとし、徳に従って生きることは自然と完全に一致して生きることと述べるゼノンの自然とは何か、宇宙万有の自然と万物にひろく行き渡っている正しい理とは何か、

ここに横たわるのは、キティオンの街と親しきかのゼノンなり。
この人は、オッサの地にペリオンの山を聳えさせることなく、いっきょにオリンポスの高嶺をめざして進み行きけり。
また、ヘラクレスの難業に挑むこともなく、ただひとつ節制の徳のなかにのみ、星々へと向かう道を見出したるなり（加来彰俊訳）

と、紀元前二世紀の詩人アンティパトロスによって詠われたゼノンの徳を偲び、語り合った。

ハドリアヌス帝と哲学者・ソフィストたち

建築家　陛下には他にも親しい哲学者やソフィストたちがいたといわれております。ミレトス生まれのディオニュシオスは、陛下も講義を聴講されたことのあるイサイオスの弟子ですが、このソフィストと陛下は親しく、陛下によって属州総督に任じられ、またアレクサンドリアのムセイオン会員に指名されております。またシリア生まれのエピクロス派の哲学者アウィディウス・ヘリオドロスとも親しく、陛下はギリシア語文書担当秘書官に、そして後にエジプト総督に任じられております。

アテネの近くのマラトン生まれで、アテネで活躍したヘロデス・アッティコスなど、ほかにも陛下と親しいいろいろなソフィストがおりますが、陛下ととりわけ親しかったのは、ポレモンとファウォリヌスですね。アントニウス・ポレモンは小アジア、カリアのラオディケイア生まれですが、スミュルナ（今日のトルコ、イズミール）に住み、ソフィストとしてギリシア各地から来た青年たちを教育し、この都市の発展のために尽力しました。このポレモンを陛下はたいへん気に入り、側近として陛下の小アジアの視察旅行にも随行させたのですね。

ハドリアヌス帝　私は狩猟が好きだが、ポレモンも狩猟好きでこの点で互いに「馬が合った」といってよい。たびたび私たちは一緒に狩りに出かけたものだ。

建築家　陛下がアテネのゼウスの神を祀るオリュンピエイオンを完成させ、その献堂式典において、ポレモンが見事な記念演説をしたことが知られております。

次に陛下と親しいとされるファウォリヌスですが、ガリアのアレアテ（今日の南フランス、アルル）の出身で、古くからのギリシアの都市マッシリア（今日のマルセイユ）にて教育を受けた、時代を代表する一流のソフィストですね。

ハドリアヌス帝　ファウォリヌスはプルサ生まれの哲学者・ソフィスト、博識で、穏和だが弁舌鋭いディオンの弟子だ。私もそのディオンの講義を聴講したことがあるが、またポレモンもその講義を聞いたと言っている。そのディオン・クリュソストモスは先帝トライアヌスに気に入られ、先帝の側近のひとりでもあったが、私自身もそのころ、先帝の近くにあり、そのディオンの弟子であるファウォリヌスを知った。

建築家　先帝であるトライアヌス帝がダキアとの戦いに勝利し、ローマに凱旋した折、黄金の戦車に同乗させ、ディオンのほうに振り向いて、「おまえがなにを言っているのか私にはわからぬが、わたしは、わたし自身を愛しているのと同じように、おまえを愛している（戸塚七郎、金子圭司訳）」と語ったことが、二世紀のソフィストであるレムノス島生まれのフラウィオス・ピロストラトスの書『哲学者・ソフィスト列伝』によって知られております。

そのファウォリヌスですが、両性具有といわれ、したがって男としての髭もなく、甲高い声をする特異な風貌をした人物のようですね。同じソフィストであるポレモンとは何事においても言い争い、――たとえば陛下に請願してスミュルナの発展に尽力するポレモン、他方エフェソスのさらなる発展に力を貸すファウォリヌスというように――互いにライバル関係にあったことが伝えられております。

ところでファウォリヌスは陛下との諍《いさか》いがもとで、エーゲ海に浮かぶキオス島へ追放されたことが知られております。帝国の皇帝であられる陛下との諍《いさか》い、とは、にわかには信じられません。皇帝との諍《いさか》いとは、死を意味するわけですから――。

ハドリアヌス帝　むろんそれは諍《いさか》いといったものではない。こともあろうに、ファウォリヌスはある執政官級の人物の妻と不倫を犯したのだ。

知性に溢れ、機智に富むファウォリヌスと私は親しく付き合ってきたが、その人物の訴えに、私はファウォリヌスをかばいきることができなかった。だからやむなくキオス島へ追放したのだ。

建築家　陛下の生涯と業績とが記されましたアエリウス・スパルティアヌスなどによる著『ヒストリア・アウグスタ（ローマ皇帝群像）』にも、カシウス・ディオ著『ローマ史』にも、陛下によるファウォリヌスの追放の背景が述べられていませんが、そのような事情でしたか。二〇世紀の古代ローマ史研究家で、陛下の伝記を著したバーリーはそう推測しております――。
　ところでファウォリヌスはそのキオス島において、『流刑地にて』なる書を著しております。一九三〇年代にその写本のコピーが出版されたと聞いております。

パンテオンの頂部にうがたれた天窓――神々のディメンションを空間に取り込む

前にもお話ししましたが、十九世紀フランスの小説家スタンダールは「パンテオンを見て感動しない人に私は出会ったことがない」と偉大な建築について記しています。私も若い建築家として、パンテオンの訪れたときの印象をある建築雑誌に次のように書き記したことがあります。

「ローマのあのパンテオンの空間中に足を踏み入れたときの静かな、内からの悦びに身を包まれるような感覚は、誰もが忘れられないものに違いない。宇宙に相似し、あらゆるものが調和のうちに秩序づけられた「神のプラン」の具現化を、完璧無比なものをそこに見、その空間中に身をおいているのだから。直径四三・三メートルの球が平面に投影された円の中央に立つ者の視点を前提として、あらゆるものが完全な比例のうちに調和されている。神々を祀るエクセドラのある壁面は言うに及ばず、半球《ドーム》の天上を構成する格天井の比例は、そうした視点に対して完璧である。その半球《ドーム》の頂の丸い開口へ至る垂直方向への軸は、このパンテオンが垂直なるものの神々のディメンションをこの空間中に取り込み、それと一体化しており、丸い開口から射し込む光によって、半球《ドーム》の天井を構成する格天井の陰影は、そうした視点に対して、完璧な比例の関係を明快に映し出す。

あの『抽象と感情移入』を著した二〇世紀の美術史家ヴォリンガーは、この古代ローマのパンテオンを「有機的に独立した、それ自身のうちで調和的に完結した、平静化された生命だけを空間に付与する（中野勇訳）」「そこには一切の熱情が欠け、超感覚的な神秘的な感情を遠ざける」とし、「健全で明快な彫塑的空間」と述べている。むろんこれは、古代ギリシア・ローマの調和の感覚と相違した北方ゲルマンの感覚の結晶としてのゴティクの空間の特性と関連して指摘したことだ。いずれにせよ、パンテオンの空間には、静的秩序のうちの宇宙的調和、自己完結性への強い志向が読み取れよう。空間の中心に身を置く者は、静かに吐息する宇宙と呼応し、いい知れぬ満足感を覚え、不動の自分を見出すだろう。この円の中心に収斂する空間のもつ方向性といえば、宇宙である天上へと通ずる垂直軸しかない。」——若いときローマを訪れ、感動したパンテオンの空間の印象を拙い文章に書いたものです。

パンテオンの頂部に穿たれた直径九メートル、厚さ一・六メートルの円でありますオクルス、天窓はいろいろな意味をもっているのですね。今、言いました神のディメンションをこの空間に取り込む天上へと通ずる垂直軸の形成という意味もありますし、オクルスとは眼を表わしますから、ここで裁判などが執り行われるときなどは、公正な裁きが行われるか、神々の神ゼウス（ユピテル）が眼をひからせているといえます。それにまた建築構造的には圧縮リングとしての役割を果たしているのですね。ドームのほぼ上部三分の一はリング応力として圧縮力が働くのですが、この圧縮リングによって、建造時に仮設支持材を大幅に節約できたのです。

またドームの内と外との温度差により、ドーム内に上昇気流が生じ、開口《オクルス》から出る上昇気流のため、小雨なら、この直径九メートルもの大きさの開口《オクルス》からパンテオン内に雨があまり降り込まないとも聞いております。

もちろん開口《オクルス》の直下あたりには、床の大理石にいくつかの排水孔があるのを私は認めておりますが——。

ハドリアヌス帝　排水孔から処理される雨水用の排水溝は、他の施設の排水溝と合流させてテヴェレ川に放流させるようにしてある。

ところで「パンテオンの空間には一切の熱情が欠け、超感覚的な神秘的な感情を遠ざける」とのヴォリンガーなる美術史家の言は、理解しがたい。熱情にも内に秘めた熱情、外に向かってほとばしるような熱情等々、いろいろな熱情があるまいか。それを一切の熱情が欠けるとは――。他のものと比較する場合、一方の特色を鮮明にしたいあまりに、そう誇張しがちなことはわかるのだが――。それにしても「熱情」とは何か。ドイツ語からの訳語だろうが、その訳語に問題があるのではあるまいか。

私は教養あるローマ市民と同様に、ラテン語とギリシア語の二つの言葉を話す。ギリシア語はローマ市民以上に、いってみれば母国語のように――これは子供のころからギリシアに憧れ、ギリシア好きでギリシア語を熱心に学んだことによるが――話すからわかることだが、ひとつの言葉を外国語に訳すことには、ことのほか困難を伴う。それはむろん、話される言語はその社会、歴史、そして風土と密接に連関しているからだ。私のギリシア語とラテン語の経験からして、微妙なニュアンスの相違はほとんど伝えられない。言語は人の性格、感覚にも影響を及ぼし、だから言葉が人間を形成し、支配しているとさえ私は思っている。

ギリシアでもそうだが、ローマ社会は何事においても裁判で決着をつける法社会ともいえるから、頻繁に開かれる法廷における弁論を含めて政治弁論・演説等々、人びとの前で自身の思うところを明晰な言葉によって、整然とした論理で話すことが求められている。それに欠けると人は社会的な評価を得られない。だから若者たちは修辞学・弁論術を徹底して学ばされる。私は少年のころ、高名な学者テレンティウス・スカウルスやマルクス・クインティリアヌスに文法や修辞学・弁論術を学んだ。そしてシリア出身のソフィスト、イサイオスの講義を聴講した。

建築家　弁論術が発展したのは紀元前五世紀のアテネといわれております。若者たちに授業料をとっていろいろ教えたソフィスト（職業的教師）は、その授業のなかで、人を説得する技術としての弁論術に特に重きをおいたのですね。アテネの民会で、人びとを説得したアテネ民主政時代の将軍、政治家ペリクレスのみごとな弁論術や（ペロポネソス戦争での戦死者を葬る葬送演説は感動的ですらあります）、その後、凋落したアテネが台頭するマケドニアの王フィリポス二世の攻勢に会う時期、フィリポス二世に対抗してアテネ市民を鼓舞したデモステネスの弁論術などが特に知られております。

キケロはこのデモステネスを「完全無欠の弁論家」と絶賛し、陛下が少年のころ弁論術を学ばれました高名な修辞学者クインティリアヌスはその弁論作品を「弁論の規範」であるといいました（澤田典子訳）が、ローマ社会におきましてもデモステネスに学ぶ弁論術がたいへん重要だったのですね。

ハドリアヌス帝　また詩を詠うことも、ローマ市民の教養として求められている。街では、自分がつくった詩を発表するために、詩の朗読会が盛んに開かれている。私も詩の朗読を聞くことも、自身詩を詠うこともたいへん好きだ。

ローマ社会は言葉には関心が高いといえよう。

建築家　陛下はいまだ少年のころ高名な文法学者テレンティウス・スカウルスに文法などを習われましたが、後に、この昔の先生であるスカウルスといくつかの言葉の使い方について、陛下が議論をたたかわせたことが知られております。また陛下がお若いとき、先帝であるトライアヌス帝の秘書たる皇帝財務官クワエストルとして、先帝の元老院での演説の草稿をしたためられ、そしてトライアヌス帝がローマ不在の折には代読する仕事をしたことなどは、陛下が文章力に優れておられることを証しております。

七つのエクセドラとアーキトレーヴを支える二本の円柱

ところでパンテオンに話を戻しますと、先ほどエクセドラの話が出ました。壁面が窪んだ部分で、その平面形が四辺形のものと、半円形のものがありまして、全体で七か所あります。そこに神々の像が安置されていたわけでして、七つの惑星の像が安置されていたのではあるまいかと推測する後の時代の学者もおります。入口から見まして軸線を形成する正面のエクセドラは別として、他のエクセドラの上部開口には格子が取り付けられ、ドーム頂部の天窓オクルスからの天光がその開口を通してエクセドラに射し込み、小空間を形成していたのです。そしてこのエクセドラの小空間はパンテオン全体の空間と一体となっていたわけですね。

ハドリアヌス帝　そうだ。エクセドラの天井高は、いわば二層ほどの高さになっている。エクセドラが独立した付加的な小空間ではなく、部分の空間としてパンテオン全体の空間と一体化させるのが意図だ。

建築家　二層分ほどの高さといわれましたが、今日ではすべての箇所ではありませんが、残念ながらその中間に天井が張られており、上の開口から光が射し込んでおりません。ところで、このエクセドラにはそれぞれ二本の独立柱が梁を支えるように、つまり壁体と同じように建物を支えるに欠かせない構造材のように立っていますが。

ハドリアヌス帝　エンタブラチュア、より正確にいえばアーキトレーヴを支えるようなかたちとなっているそれら各二本のアフリカ、ヌミディア（今日のチュニジア）産の大理石ジャロ・アンティコの円柱は、いわばその間に挿入されたもので、構造的役割を担ってはいない。仕上げが表面に施され、そのために目には直接見えないが、エクセドラ上部に架けられた荷受けアーチと三つの小さなスパンドレル・アーチが力を分散させ構造的役割を果たしており、荷重は柱にかかっていない。それが何か問題でも孕んでいるとでもいうのか。

建築家　いいえ、問題ではないのですが、いろいろ議論を喚起する点ではあるのです。たとえば十九世紀末から二〇世紀初期にかけてオーストリア、ウィーンで活躍したアドルフ・ロース（一八七〇～一九三三）という建築家がおります。ウィーンといいますのはローマの属州、上部パンノニアの首都カルヌントゥムから西へ四〇キロメートルほどドナウ川を遡った地に、軍団基地として（たぶん、ティベリウス帝によって）紀元一世紀に創建されたあのウィンドボナのことです。おそらく陛下も数度訪れたことがあると思います。陛下がその幼少のころ「ウェリシムス（誠実な可愛い子）」といってとてもかわいがられた後のマルクス・アウレリウス帝（幼名はマルクス・アンニウス・ウェルスで、そのウェルスから陛下はウェリシムスとよばれたのですね）は、ドナウ川を渡って攻め寄せてくるゲルマンのマルコマンニ族やクァディー族に悩まされ、その討伐のためローマより遠征してきましたが、軍団基地のあるこのウィンドボナにおいて病に倒れ、死去したともいわれています。

建築家ロースは、この都市の中心、王宮や貴族たちの邸館など華麗な建築物が取り囲むようにして立つ広場の一角に、上層が住居、下層が商業施設である建物を設計しました。上層の住居部分のファサードはなんの装飾的要素がない漆喰塗りとした簡素なもので、市民の間にたいへんな物議をかもしました。なにしろ当時の建物は豪華・華麗を装うためゴテゴテの装飾を施すのが一般的であったわけですから――。そして商業施設が入る下層部分は、ギリシア、エウボイア島カリュントス産のチポリーノ大理石板仕上げと、たいへん豪華なファサードとなっています。設計者は上階のファサードの無装飾な簡素さがよりいっそう際立つようにと、下層部分をそうした。それにまた近代人は忙しすぎて、街を歩くときなど建物の上階を眺めて愉しむ余裕はない、などと設計の意図をユーモアをまじえて説明するのです。ですがこの下層の正面ファサード部分では、パンテオンのエクセドラ部分と同様に、あたかも上層の住居部分がのっている大きな梁を支えているかのように見せながら、実際は構造的意味を有さず、長大スパンの鉄筋コンクリート梁と地中梁との間に単に挿入された四本の、これもチポリーノの大理石円柱が立っているのです。

問題は建物の設計者であるロースは「装飾と犯罪」という、後の近代建築のありようを規定する一つの重要なキーワードともなる過激な発言者であるからです。なるほど上層の住居部分のファサードは自ら主張するように無装飾に違いありませんが、下層の商業施設部分のファサードを構成する単に挿入された大理石円柱はいわば見かけだけのものであり、装飾的要素そのものではないかと、その言行不一致である点が非難されるわけです。

ハドリアヌス帝　その建築家はその点に関して何か言ったのか。

建築家　何か言った記録は残っていませんが、そんなことを問題にすること自体がおかしい、「それが建築だ」と思っていたのではないかと思います。

この建築家はあるとき、次のようなことを述べております。「私たちが森のなかを歩いていて、長さ一・八メートル、幅九〇センチメートルほどの大きさのピラミッドの形にシャベルでもって土が盛られたものに出会ったとしよう。私たちはそれを見て、襟を正す気持ちに襲われる。それは私たちの心のなかに語りかけてくる：ここに誰か人が葬られている、と。これが建築なのだ。」建築とは何かと自ら問い、このように建築における象徴性の意味を考えた建築家であるからです。

構造的役割を担っていない単に挿入された柱に対する否定的な意見は、見かけをつくろう見せかけばかりで真実ではない、それは「構造的真実」ではないという点をいうのです。近代建築が生起した十九世紀という時代までは、いろいろな点で表面のみをつくろう、実態とそぐわない見かけだけを大事にする社会的風潮が支配的だったようです。ロースという建築家は十八世紀ロシアのエカテリーナ女帝がクリミア地方（今日のウクライナ）を行幸した折、寵臣《ちょうしん》ポチョムキンが、実際ではそうではないのに、女帝治世下の村々が繁栄している風を装って、大きなキャンバスに繁栄した村の虚構の絵を描かせ、女帝を欺いたという故事を思い起こし、ウィーンという都市を見せかけの虚飾に満ちたものとし、「ポチョムキンの都市のようだ」と揶揄《やゆ》したのですが、そうした虚飾に満ちた見かけだけの建築の横行に辟易し、見かけだけの虚飾を犯罪的だと断じたのです。

表面的な、見かけの調和、美ではなく内面の真実を求めるということは、目的、必要性あるいは機能の充足の重視であり、そして、そこから生成する形態の追求ということですが、ここに構造的な真実という点も含まれていまして、これが近代建築運動のひとつのモーメントとなったわけです。

ただ、構造的真実といったものが建築においてどの程度意味をもつものなのか、と問うことが重要だと思われます。ギリシアの神殿は、柱、梁、桁、小屋組と各部材は荷重を受ける構造的役割を担った構造材で構成されています。ただ、たとえばそれらの部材の大きさは、厳密な意味での構造的真実という観点から見てもっとも適切かといえば、必ずしもそうとはいえません。たとえば、アテネのパルテノン神殿の円柱の太さは構造的にいって最小の太さではなく、もっと違う観点、全体の比例とか調和といった観点から決められています。

また中世十二〜十五世紀のゴティクの教会建築は、こうした関連でよく引き合いに出されます。それはあらゆる構成部材は構造的役割を担い、その意味で余計な部材はひとつもなく、それらが有機的一体をなして建築が成立している。だから当然、構造的に非常に合理的な建築だ、などと主張されます。ですから、床から柱に沿って天にも届かんばかりに高い天井までのぼり交差ヴォールト天井を形成するリブ、すなわち、ゴティク建築を特徴づけるひとつの部材であるリブヴォールトもまた天井を支える構造材とみなされていました。ところが二〇世紀になって第一次大戦中に爆撃を受けて崩壊したゴティク教会をよく見ますと、リブが崩れ落ちているにもかかわらず、ヴォールト天井はよくもちこたえて健在であるという観察が報告されました。つまり構造的機能は有せず、リブは単なる装飾なのだ、と。その後、いろいろな構造学者がこの「リブは構造材なのか、そうではなく単なる装飾なのか」といった論争に参加し、あるアメリカの学者はヴォールト天井の建設中の仮枠代わりとなり、また天上の面と面とがぶつかる稜線の見苦しい接目を隠し、人びとの視線を柱から天井へと導くリブの機能は、いかなる構造上の役割より重要である、といった主張をしました。この論争の結論としては、構造材としての機能を有する場合もあれば、そうでなく単なる装飾的な場合もある、つまり場合場合によって相違する、ということに落ち着いたようです。この場合、重要なことは、「単なる装飾」といっても、それはこの建築に本質的な役割を担っているという点です。

こう見てきますと、「見かけの調和よりも内面の真実を」といったコンテクストのなかでの構造的真実とはいったい何かということさえ、難しい問題であることがわかります。また建築においてよくいわれます「単なる装飾だ」という表現に疑問を感じ、装飾の意味をさまざまに考えさせます。

これと関連しまして、もうひとつの例として私の大学時代の体験が思い起こされます。高校時代のドイツ語の教師が、小住宅の設計を白井晟一というドイツに学んだ建築家に依頼しまして、竣工後、招かれ東京の郊外のその先生のお宅を友人たちと一緒に訪れたときのことです。たった五三平方メートルたらずの小さな木造平屋の家ですが、深い軒の出、野太い柱と貫と垂木、そしてそれらの木部の焦げ茶色とねずみ色の砂漆喰塗り壁の色合い、その力強い家形、それに障子と木の床板敷き、茶室を思わせる円弧を描く扉口と襖等々、和洋折衷といってよい簡素だが品格ある内部空間——その小住宅建築には感動さえしました。

大学で建築を学び始めたころに見た建築ですから、その印象は忘れがたいものでした。ところが大学を卒業しまして、建築設計事務所に勤め始めたころ、たまたまその小住宅の設計図面を見る機会があり、棟を支える太い堂々とした柱、貫、垂木などは実は本当の柱などの大きさではなく、木板を覆せたいわゆる柱型、貫型、付け垂木であることを発見し（図面には貼柱、柱型、化粧貫型、付け垂木などと記されています。たとえば、柱の実際の太さは一一センチメートルのところ、二四センチメートルの太さに見せかけています。ただし、隅柱は本物の太い柱でした）、たいへんがっかりし落胆しました。柱、貫、垂木などを太く見せかけたのだと――。多くの若者に特有な直截な正義感といったものが、そう思わせたのだと思います。

ハドリアヌス帝　今でもそうした考えに変わりはないのか。

建築家　いいえ。建築とは何か、ということがようやく少しわかりかけてきたころ、そうしたわだかまりが少なくなってきたような気がします。本当は太い柱や梁を使いたいのだが、こうした小規模な住宅では、建て主の負担に耐えられないほど建設費用がかさむことを考えますと、柱型や梁・貫型という方法もやむを得なかったのではあるまいか、と。それに陛下の時代のローマの建築においても、ピラスター、すなわち壁面に柱が立っているかのように見せかけた「付け柱」「柱型」が存在するのではないか、と。（――このピラスターの採用は、紀元前二～三世紀ヘレニズム期において、ギリシア古典の規範の呪縛から解き放つひとつの重要な契機となったのですね――）。つまり経済性、技術・合理性それにデザインの問題を総合的に判断することが、建築家にとって重要なことであるということです。

こうしたことと関連しましてアドルノという二〇世紀のドイツ哲学者（一九〇三～一九六九）が言う、立派で堂々として豪華であること、ある意味で付け足し的な部分であること、これらは多くの芸術の分野においてその固有な原理からして必要なものだ。単なる付け足しの結果ではない。たとえば、十七～十八世紀のバロック建築をそのような見方から否定しようものなら、それは芸術というものがからきしわからない人の言だ、という言葉が思い起こされます。

ハドリアヌス帝　そこで言われている構造的真実とは、構造の論理だと言い換えてよいと思うが、いったい純粋に構造の論理からのみ成り立った建築形態など存在するのだろうか。存在しないのではないかと私は思う。純粋に構造の論理の上に建ったある構築物を考え始めたとしても、形態が成り立つにはなんらかのイメージがそこに介在したからに相違ないからだ。ギリシアの神殿も興味深いことに、その列柱は初源的には森のイメージがあったと聞いたことがある。

建築家　哲学者アドルノも同じような意味のことを語っています。もっとも、構造に関してではなく、建築を含めた応用芸術の目的と関連して言ったのですが——。もっとも純粋な合目的的フォルムでさえも、それは芸術的経験にもとづく形式的透明性とか平明性といった表象を糧としているのだ、と。つまりどんな形態でも、それは純粋に目的のみからつくりだされたものではない、と主張するのです。

ハドリアヌス帝　となると、建築を考えるうえで、パンテオンのエクセドラに立つ二本の大理石の柱、それにロースとかいう建築家の設計によるウィーンに立つ建物正面ファサードの四本の大理石の円柱などは、構造的意味を有さないのだから余計な装飾的な要素だ、と簡単に片づけられない深い問題を孕んでいるということになるが、議論を進めて建築における装飾の問題に眼を向けてみよう。

建築における装飾の問題

まず、建築において何が装飾なのか、どこまでが装飾というのか難しい問題がある。一般的にいって建物の躯体が完成して、それに仕上げが施されるが、それ以上のものをいうのか。これもあまりに粗雑な否定の仕方であろう。先ほどの「装飾的要素」なる語があったが、そうなってくると規定の範囲が広がり、たとえば、建物のプロポーションという建築に基本的な形式にも及ぶ。また、純粋に合目的的形態、純粋に構造の論理的形態は存在しない、となると、建築そのものは原理的に装飾的なものを必要とするだろうとも私には思える。装飾というものの意味を深く考える必要がある。

ここでふたたびアテネのパルテノン神殿を例にとってみれば、白いペンテリコン産の円柱に二〇本のフルーティング（縦溝彫り）が施され、またエンタシスとなっている。そして柱の最上部は茸のように太くなり、そこに水平の目地が四本ある、そしてその上にいわゆるドリスオーダーの柱頭がある。もしこれらがなくて、寸胴のドラムのような円柱がそのまま梁に接合しているとしたら、われわれの眼にどう映るだろうか。それらの要素を装飾あるいは装飾的なものといい、そしてそうした装飾がないとしたなら、この神殿の前に立つわれわれを果たして感動させるであろうか。答は否である。そうしたものはわれわれには想像もつかないことだ。装飾の意味はそれほど大きい。ただ装飾というと、表面を飾りたてるものと理解され、建築の本質と結びつきにくく、だからこの装飾という言葉がいけないのではないか。

装飾は否定の対象ではないのだ。そして建築に固有な原理からして必要なものではあるまいか。ロースなる建築家が装飾を犯罪とまで断じた思考は私には理解しにくいのだが——。

建築家　先ほどお話ししましたように、たとえば、十九世紀末のウィーンの都市は「ポチョムキンの都市のようだ」とその建築家は揶揄《やゆ》しました。多くの人々はそこでは実質を伴わない表面的な虚飾の世界を志向したのです。住まいでいいますと、経済的にそれほど余裕がない市民が、日当たりがよく静かな最良の部屋において、まばゆいばかりのシャンデリアを吊るし豪華な家具・調度品で設える一方、その部屋はただ接客するために使うのみで、日常生活においてはめったに使わない——そうした状況が支配的だったわけです。日本の住生活におきましても（たとえば比較的富裕な農家では）、南庭に面し日当たりの良い最良の部屋がただ接客や冠婚葬祭のためだけに使われるだけで、日常の生活ではめったに使われないというまったく同じ状況が、ほとんど昨日まで支配的であったことも指摘されます。

建築においても、ファサードを飾るのみに建築家は汲々としていたのです。建築の目的の把握の不充分さという問題も当然ありますが、問題はファサードを飾るために飾る——つまり装飾が自己目的化したことです。こうした状況にあって、ロースは意味のない虚飾を犯罪的行為とまで断じたのです。そうした意味のない装飾をつくりだす職人たちの労力と資材は無駄遣いであり、国民経済にとって犯罪的だと言ったのです。また未開人は自身を刺青で、そして日常使用するものすべてに装飾を施さずにはいられなかったが、近代人は装飾を必要としない、それが精神の強さのあかしであるとまで主張しています。

この人は当時流行のダーウィン（一八〇九〜一八八二）の進化論に触発されたのか、人は子供時代において人間の歴史にも相当するような変遷を経験するとし、二歳のときは未開人のパプア人のようだ。そして四歳になると古代ゲルマン人、六歳ではソクラテス、八歳になるとヴォルテールだ、などと軽妙洒脱な語り口で、人類は進化したというのです。

ゲーテがエウリピデスのイピゲネイアを翻案して『タウロスのイピゲネイア』を書いたとき、もはや宿命や神々の力によって人は翻弄されず、それらの力などを借りずに、人間性という人間の力によって問題を解決するイピゲネイアに託して、自立した人間を自覚する近代精神を描いたと同様で、ロースは外からの影響を克服しようとする自立した精神の持ち主である近代人は、建築においても装飾を必要としない、いわば裸形としての建築でよいのだ、と言うのです。そうした近代人に相応しい無装飾の「進化した建築」を標榜したのではないかと思うのですが、その場合、進化という概念になじまない芸術を考慮して、記念碑モニュメントなどの自律的な芸術としての建築と、目的を有する用としての建築を区別したのです。――むろんこの二つを完全に分けることなどできないのですが。

この人は生涯の友人であり辛辣な文化批評家、劇作家であったカール・クラウス（一八七四〜一九三六）の影響もあり（著書には『モラルと犯罪』などがあります）、装飾を断ずる講演・論文のタイトルを『装飾と犯罪』（一九〇八）としました。装飾と犯罪という二つの言葉はおよそ結びつかないことから、誰もが耳をそばだて、そして一度耳にするとこの二つの言葉を小声で反復して、どう結びつくのかしばし考えた、といわれます。こうしたことからもわかりますように、非常にレトリックに秀でた刺激的な言葉で、近代建築を表わすキーワードのひとつとして、一人歩きした感があります。

ただ発言の真意は、今お話ししました虚飾の無意味さを告発するものであり、また近代のゼツェシオーンの建築家たちによって考案される新しい装飾を、時代の要求と結びつかない無意味なものと断じたのです。その場合、ローマ人はギリシアの建築を受容するにあたって、その装飾的要素であるドリス・イオニア・コリントといった柱のオーダーをそのまま採用して、ローマに固有なオーダーを発明・工夫しようとはしなかった、そうした発明・工夫の才を平面計画や構造計画の発展に注いだ。この実利の精神こそ、台頭しつつある市民社会の精神でもあり、二〇世紀の人たちは学ぶべきだ、とも言っております。ですから十九世紀や二〇世紀の時代においても、いまだ象徴的な意味を有すると考えた古代ギリシア・ローマの古典装飾を否定はせずに、自らの建築にも採用、実践しております。

ハドリアヌス帝　装飾というものは、批判の対象となりやすいのは確かだ。あるものの象徴が装飾となったと思うのだが、その装飾が象徴性を失うと余計なものとなる。装飾はそうなると装飾のための装飾となり、余計なものとなりやすいのだが、余計なものとなると、これは批判、否定されて当然だ。余計なものは必要ないからだ。

建築家　十八世紀オーストリアの音楽家モーツァルト（一七五六〜一七九一）は、歌劇『後宮からの逃走』の初演の後、音符の数が多すぎるのではないか、という聴衆のひとりであったハプスブルク朝の皇帝ヨーゼフ二世の批難に対して、必要以上のものは何ひとつありません、と答えたことが知られています。

ハドリアヌス帝　そうか。芸術であるということは、必要以上のもの、余計なものは排除する、それは当然のことだ。ただ、ある装飾が余計なものとなるかどうかということは、時代とその時代の精神にもかかわっていることでもあるし、そう簡単に余計なものだと断じられないのではあるまいか。

建築家　哲学者アドルノは、装飾の批難とは装飾というものが機能的、象徴的な意味を失ってしまい、ついには有毒なものとして存在する――そうした装飾を批難するもので、それ以上ではない、と述べています。近代以降、建築における装飾に関しての議論や、深い洞察が欠けてきたような気がします。

ハドリアヌス帝　芸術の成立には、そしてむろん建築の成立にも、深い意味での装飾という概念が深くかかわっているのだ。だから、一般日常的な世界から見て装飾としか映らないものだとしても、それを完全に否定はできないのだ。

ほぼ建造当時そのままの姿で遺ったパンテオン

建築家　ローマ帝国の時代には、各地に偉大な建築が建設されました。ですが、残念ながら後世においてはそれらのほとんどは破壊されたり、使われなかったため荒れ果て、風化したり、あるいは土砂に埋もれたりしてしまいました。中世になりますと、新しく建築をする際、そうしたローマの建築の表面を覆っていた大理石板や、あるいは円柱などが取り去られ、再利用されました。そこは採石場と化したのです。今日ではその一部だけが遺された廃墟としてあるのみです。

今日私たちは、そうして遺されたものから偉大な建築はこうではなかったかと、ただ想像してみるほかありません。

ハドリアヌス帝　……（無言）……

建築家　そうしたなかにあって、陛下の命によって建造されたパンテオンは、二一世紀の今日においてもほぼ建造当時のそのままの姿で遺っているほとんど唯一の建物といってよいと思います。「ほぼ建造当時そのままの姿」といいましたのは、内部空間でいいますと、先ほど議論されましたそれぞれ二本の独立円柱が立つエクセドラ上部のいわゆるアッティカの部分（上層のピラスターの構成部分）の改変――改悪といったほうが適切ですが、こうした部分的な改変があるからです。

画家そして建築家でもあった例のラファエロなどのスケッチに見られますように、当初は柱型と矩形の開口（エクセドラに天空からの光が射し込むのはこれらの開口を通してですが）からなる垂直性を強調した軽快な壁構成でしたが、十八世紀におきまして、比較的大きな盲壁と上部に破風がついた開口の構成に改変されてしまいました。バロック的な重々しい構成といってよいものでして、ほとんど浮遊するかのようなドームの軽快さがこの改変によって阻害されてしまいました。

内部空間に関しての大きな改変はこのくらいでして、外部については、正面玄関ポルティクスの半円筒ヴォールト天井がなくなったこと、またそのペディメントを飾っていた彫刻群がなくなったこと、それにドームの屋根を覆っていた金鍍金されたブロンズ板が鉛板に替えられたこと、それらが大きな改変ですが、全体的には「ほぼ建造当時そのまま」といってよいと思います。——もちろん建造から二〇〇〇年もの長い年月の間にはたびたび補修工事が行われましたが。

ちなみに陛下によるパンテオン建造後の、最初の補修工事が三世紀初期に、セプティミウス・セウェルス帝と息子のカラカラ帝によって行われたことが知られております。それは正面玄関ポルティクスのエンタブラチュアのフリーズ部分に堂々と大きく刻された例の「ルキウスの息子、マルクス・アグリッパが、三度目の執政官のとき、これを建造した」という銘文の下、アーキトレーヴ部分に、二行にわたって刻された銘文からわかります。非常に小さな文字で書かれておりますから、注意してみないと見落としてしまいますが——。

皇帝カエサル・ルキウス・セプティミウス・セウェルス・ピウス・ペルティナクス・アウグストゥス、アラビア人とメソポタミア人とパルティア人に勝利したる者、大神官、護民官職権を一〇回保有し、最高軍事司令官として一一回歓呼され、執政官に三回就任したる者、国父、属州総督、ならびに皇帝カエサル・マルクス・アウレリウス・アントニヌス・ピウス・フェリックス・アウグストゥス、護民官職権を五回保有したる者、執政官、属州総督が、長年の使用のため破損したパンテオンをその豪華さを取り戻すべく修復した。
ただし、パンテオンのどの部分が破損し、修復したかはわかっておりません。

ハドリアヌス帝　では何故に、私のパンテオンだけが二〇〇〇年近くも後世まで、遺ったのか。

建築家　七世紀初め、東ローマ帝国のフォカス帝がキリスト教教皇ボニファキウス四世に、パンテオンをキリスト教会にと献上しました。陛下はきっとお驚きのことと思いますが、陛下に先立つ歴代の皇帝が帝国の政体をゆるがしかねないものと弾圧したキリスト教が、五世紀コンスタンティヌス帝によって国教とされたのです。パンテオンは以来、キリスト教会として使用され、これが故に取り壊しを免れ、大きな改変も受けずに、今日、私たちはほとんど創建当初の姿を見ることができるのです。そういうわけでパンテオンは今日でも聖マリア・アド・マルティレス（聖母マリアとすべての殉教者に献ぜられた）という名のキリスト教会として使用されています（アテネ、アクロポリスに立つパルテノン神殿もまた六世紀から十五世紀までの間、キリスト教会として転用されました）。

パンテオンがキリスト教会に転用されていなかったとしたら、おそらく別の運命を辿ったであろうことも充分考えられます。ですから、例のフランスの小説家スタンダールは、ローマに立っていた多くの神殿がキリスト教徒によって占拠されなかったのはたいへん残念だ、もしそうであったならパンテオンのように、多くの古代ローマの建築が破壊されずに、そのままの姿で遺ったであろうに、と記しています。私たちもまったく同じ思いです。

ではなぜ、パンテオンだけがキリスト教会として転用されたのか、それにつきましてははっきりとはわかりませんが、やはりその偉大さにあると思います。パンテオンの空間中にあって、人びとは天を畏怖する感情におそわれる――いずれの宗教にも共通する宗教的感情にではありますまいか。これがキリスト教徒の心を深く捉えずにはおかなかったのです。

ハドリアヌス帝　万神の神殿であるパンテオンを大きく改変せずに、一神教であるキリスト教会として機能するのか。

建築家　陛下はパンテオンを皇帝謁見の間として、それに法廷としても使用されたのですね。そして、またあるときには集会場としても。

ハドリアヌス帝　そうだ。それまではパラティヌス丘の皇帝宮殿ドムス・アウグスターナの皇帝謁見の間アウレア・レギアにおいて、周辺各国の王やその使節、あるいは帝国の属州各都市の使節団などを謁見していたが、パンテオンが建造された後は、私はここで謁見することにした。

建築家　蒼穹《そうきゅう》にまたたく星辰のもとに広がる帝国を象徴するパンテオンにあって、それを統べる皇帝が各国の王やその使節、あるいは属州各都市の使節団を謁見する――これ以上の空間は私には想像もつきません。

また、法の正義が厳しく執り行われるべき法廷としてのパンテオン――天空から天窓を通して射し込み、法廷の場を照らし出す一束の光は（神々の神ゼウス・ユピテルの眼の）、正義の光でもあるように感じられたことでしょう。

そしてパンテオンがキリスト教会として大きく改変されることなく、そのまま使用され続けた背景には、いろいろ考えられますが、ひとつの大きな要因に十四～十六世紀ルネサンス期の教会建築への志向があると思います。中世におきましては、万民の罪を一身に背負って十字架上に受難したキリストを象徴的に十字形プランにあらわした教会が多数を占めていました。これに対して古代ギリシア・ローマの調和の世界を理想とするルネサンスの精神は、キリストを一方ではそうであることを否定しないが、他方、全能なる神として捉え、完全なるもの、完璧な調和に象徴を求めたのです。完璧な幾何学形としての円形や正方形のいわゆる集中式教会を標榜しましたが、とりわけ宇宙的調和の似姿として、そしてその中心点が神の象徴であるとされる円形が好まれました。これには新プラトン主義の影響がおおいにあったといわれます。そして完璧な幾何学形である円形の上を覆うこれも完璧な幾何学形である球形のドームが最適とされました。これにはあらゆる部分の比例が完璧に統合されたパンテオンをイメージに重ねて思考されたに違いありません。

かくしてパンテオンはルネサンス期には最良のキリスト教会として信心深い人びとに受け容れられ、「ラ・ロトンダ」と親しまれました。十七世紀には教皇ウルバヌス八世の命で建築家ベルニーニ（一五九八〜一六八〇）の設計により、ポルティクスと円形ドームとの間のいわば緩衝部分の屋根の上に二つの鐘楼――「ロバの耳」といった愛称が市民によってつけられました――が建てられたりして、教会としての体裁がいっそう整えられるようになりました。

楕円と建築

十七世紀以降バロック期になりますと、そうした精神は次第に薄らぎ、祭壇の位置の適切性（祭壇と祭司などの聖職者とこれに向かう市民の礼拝者の位置づけ）という典礼上の観点から、円形の教会に対する疑問の声が投げかけられ始め、その結果、この円形と十字形プランのいわば妥協の産物として、祭壇への方向性を有する楕円形プランが多く採用されるようになったのです。

ハドリアヌス帝　そうか。楕円形のプランか。われらがアンフィテアトゥルム（闘技場）も楕円形プランだが――。そのアンフィテアトゥルムのプランについてだが、その規模が小さい場合、そして剣闘士の闘いをただ見物するのには、円形のプランのほうが多くの観衆にとって見やすいのだが、では何故に円形ではなく、楕円形であるのか。アンフィテアトゥルムでは何万人もの大観衆を収容する大規模なものが要求されるのが通常だ。だとすると円形プランでは円の直径も大きくなり、したがって、剣闘士と観衆との距離が大きくなり、見えにくい。それにもう一つの理由がある。試合に先立って行われる剣闘士や兵士たちの長い入場行進が行えるようにするためなのだ。

建築家　私たちは楕円形を、長円形とも卵形とも、あるいは歪んだ円ともいいます。一般的に楕円形をいう oval（オヴァール）という語はラテン語の ovum（卵）という語から派生したと聞いています。

楕円形といいますと、誰が描いても同じである円と同じように一般にどの楕円形も同じように思われがちですが、さまざまな楕円形があるのですね。いわゆる疑似楕円ですね。十七〜十八世紀のバロックの時代には、教会に限らずいろいろな建築に楕円形プランが好んで採用されましたが、その楕円形も円に近いものから、とても扁平したものまでそれぞれ異なります。建築家によっても違いますし、そこには建築家の個性が反映するようです。建築家がどのような楕円形を好んだのか、その傾向を私は一度研究したことがあります。細長い扁平した楕円形を好んだ建築家として、十七世紀のイタリアで活躍したボロミーニ（一五九九〜一六六七）やグァリーニ（一六二四〜一六八三）、それに十八世紀にかけてオーストリア、ドイツ、チェコなどで活躍したフィッシャー・フォン・エアラッハやディーンツェンホーファーらがあげられます。これに対して短軸の長さが大きくより丸みを帯びた楕円形を好んだ建築家として、十六世紀の後期ルネサンス、イタリアで活躍したヴィニョラ（一五〇七〜一五七三）や十七世紀のベルニーニ、それに十八世紀ドイツで活躍したノイマンやツィンマーマン（一六八五〜一七六六）らがあげられます。そしてこの楕円の縦使いを好んだ建築家もおりますし、ベルニーニのようにあきらかに横使いを好んだ建築家もおります。そして楕円形をいくつか組み合わせて空間を形成した建築家も多くおります。こう見ますと、十七〜十八世紀の建築家たちは楕円を偏愛したといってもよいくらいです。そしてたいへん力動的な魅力的な空間が多いですね。

楕円形の定義は数式でいいますと $x^2/a^2+y^2/b^2=1$ と難しいのですが、幾何学的には円錐曲線のひとつで、一平面上で二定点（F,F´）からの距離の和（FP+F´P）が一定であるような点Pの軌跡となります。この場合二つの定点F,F´は楕円の焦点となります。こうした「真の楕円」に対して、いわば擬似楕円形というものをバロックの建築家たち、また私たちも描いてきたようです。

ハドリアヌス帝　そなたが知っているかどうかはわからないが、紀元前三世紀、アレクサンドリアの幾何学者、天文学者アポロニオス（紀元前約二六〇〜一七〇）がその主要著書『conicorum libri（円錐曲線論八巻）』において、そなたが言うような楕円の定義をすでにしている（第三巻、命題52）。

アポロニオスは小アジアの南地方パンフリアの小都市ペルゲ（今日のトルコ、ペルゲ）に生まれ、アレクサンドリアの王立ムセイオン（今日の科学アカデミー）において、その著『幾何学原論』によって幾何学を大成したエウクレイデス（英語読み：ユークリッド）に数学を学んだといわれている。このアポロニオスの業績は、アルキメデスより詳しい円周率の計算であるとか、円積曲線、螺旋、直線と円の平面の軌跡等々、実に多方面にわたる研究であるが、そのなかでもっとも重要なものは円錐曲線の研究であろう。円錐の載円として導かれた楕円、放物線、双曲線について、「命題の内容の定義」「命題の証明」というかたちで八巻の大部の書において、実に詳細にそれらについて定義と性質について述べているのだ。

建築家　その『円錐曲線論』八巻のその後のことですが、初めの七巻は残存し、最後の八巻のみ行方がわからないようです。そして第一から四巻はもともと書かれましたギリシア語で、第五から七巻はアラビア語に訳されたものが十七世紀に発見され、ラテン語に訳されました。近年ギリシア語、ラテン語訳を経たフランス語訳からですが、日本語にも翻訳されました（竹下貞雄訳）。

アポロニオスの定義、証明は近代のごとく式を用いない、まだ記号法が発達していなかったギリシア時代の記述ですが、実質的には斜交軸を用いての楕円方程式を得ている、という数学者の見解が一般的なようです。そして後世におきましては解析幾何学の先駆者といわれるように、幾何学者としてのアポロニオスの評価はたいへん高いものです。

ところで、陛下の時代の円形闘技場の楕円形の作図法はどのようなものだったのでしょうか。

ハドリアヌス帝　アレーナの長軸の長さ AB がまず決定される。観客収容能力は BI の長さ（BI は長軸方向観客席の長さ）によって左右される。次に AB を直径、O を中心とする円を描き、直線 AB に点 O で直交する線を引く。この直線と円の交点を V とし、直線 OB の上に BC=CD=DO となる二点 C,D をとる。V から D を通る直線を引き、VD の中点 E から C を通る直線を引く。これらの補助線をもとに、C を中心として円弧 BF,IL をコンパスで描き、同様に E を中心とする円弧 FG,LM、それに V を中心とする円弧 GH、MN を描くことによって楕円形の四分の一ができあがる（青柳正規訳）。このように楕円形を描くのだが、AB の長さはアレーナの大きさを、それにすでに述べたように BI の長さは観客収容能力を決定するわけだ。

建築家　十七〜十八世紀のバロックの建築家たちはそれぞれ簡易作図法を工夫しています。陛下が説明されました作図法に統一されていませんから、いろいろな楕円形が描かれたのですね。

広場—階段—ポルティクス—ドームの内部空間 ——パンテオンのローマ的空間構成

パンテオンはギリシア語の名のついたローマで唯一の神殿だといわれていますが、空間構成を見ますと高い基壇の上に立ち、階段によってアプローチし、明快な軸線を有するといった、たとえば、紀元前一世紀にアグリッパによって建造されたとされるフランス、プロヴァンスのネマウスス（今日のニーム）にありますいわゆる「メゾン・カレの神殿」と同じような、決してギリシア神殿ではなく、明らかに伝統的なローマの神殿に特徴的な点を具えていますね。

ハドリアヌス帝　むろんパンテオンはギリシア神殿を意図していない。ローマ帝国を象徴させる神殿なのだ。

建築家　今日では残念ながら、高い基壇の上に立つようにはなっていません。陛下はパンテオン建造に先立って、この辺り一帯をテヴェレ川の氾濫に備えるため地盤を三メートルほどあげるかさ上げ工事を命じましたが、その後一〇〇〇年以上もの間の度々の氾濫により土砂が次第に堆積し、中世以降、陛下の命によるかさ上げ工事後の地盤面より、さらにまた四メートルほど上がったためです。ですから、パンテオンのポルティクスにアプローチする五段の階段は地中に埋まってしまうこととなりました。

今日ではパンテオンの前は、中央に十六世紀の建築家ジャコモ・デラ・ポルタ（一五三九〜一六〇二）の設計による噴水がある広場となっています。市民の楽しい憩いの場ともなっていますが、本来はポルティクスの外側部分を囲むように幅約五〇メートル、長さが約一〇〇メートルの、列柱廊によって囲まれた長方形の前庭があったのですね。この列柱廊は六段の段状にあがった基壇の上に立っていたといわれています。

列柱廊によって囲まれた前庭のパンテオンにアプローチする階段下に立つ人には、三角破風屋根の堂々たるポルティクスしか見えなかったわけですね。その背後にある緩衝体部分の破風と円筒の壁体は、階段上の基壇の上に立つポルティクスに隠れて見えませんし、後方南側には陛下によって再建されたアグリッパの公共浴場が、また少なくとも東側には選挙時の投票所でありますサエプタ・ユリアがパンテオンに接して立っていたわけですから、人に見えるパンテオンのファサードといえば、正面ファサードであるこのポルティクスのファサードのみなのですね。

ハドリアヌス帝　そうだ。

建築家　幅員は約三三・一メートル、ポルティクスの列柱の前列の柱と階段の間隔は四・六メートル――堂々たる五段の階段の下から仰ぎ見る破風部分が彫刻群に飾られたポルティクスは、今日見るよりはるかに壮大・壮麗に見えたことと思います。比較するものとして、背後の円筒の壁体は見えなかったわけですから、円筒の壁体の付け足しのようなものとしてではなく、ポルティクス自体が壮大に、今日よりより壮大に堂々と目に映ったはずです。十七世紀の建築家カルロ・フォンターナ（一六三八～一七一四）は、このポルティクスは当初のパンテオンには存在せず、後に付け加えられたものだと主張しました。ローマのコルソ通りに面して立つ聖マルチェロ教会のファサードなどの設計で知られるフォンターナは優れた建築家でしたが、これなど、円筒の壁体とポルティクス部分のマッスのプロポーションの関係のみから性急に判断してしまったのではないかと思います。

ハドリアヌス帝　私もそして私の建築家たちも当初より、その点に気づいていた。だから基壇の高さと、ポルティクスの幅や高さといったスケールについては時間をかけて慎重に検討した。階段の下に立つ者にとってポルティクスの陰に隠れて、後方の円筒壁体部分が見えないようにとも――。またこれと関連して前庭を取り囲む列柱廊の立つ基壇列柱廊のスケールについても検討した。

建築家　あの偉大な空間を内包する円筒の壁体は、コンクリート造や煉瓦造の発展もありまして、ローマに固有な壁造であるのに対して、ポルティクスは柱と梁から構成される骨組み造（ラーメン造）でギリシア的であり、壁造と骨組造という二つの種類の構造・構成を統合したのがパンテオンであり、そうした興味深い建築構成を始めたのが陛下である、といった主張をする人もおりますが。

ハドリアヌス帝　そんなことはない。ドミティアヌス帝の時代の先に話題になった例のパラティヌス丘の皇帝宮殿のうちアウレア・レギア（皇帝謁見の間）における壁体から離れて立つ列柱もそうだといえるし、いわゆる皇帝広場の一角を占め、アウグストゥス皇帝広場の隣に位置するフォルム・トランシトリア（通り抜け広場）の塀壁もそうだ。ここでも塀壁と結合しながらもそこからやや離れて独立柱として列柱が立ち並び、うねるように連続する壁体が形成されている。私はこれを好ましく思い、私の建築に採り入れてみたいと思っていた。そしてドミティアヌス帝以前にそうした試みがあったかどうか、私には記憶がないが、いつそしてどの人物が始めたのかといった詮索はあまり意味がない不毛な議論ではあるまいか。好ましいと思ったものを、自分でも採り入れ、そして建築の目的をよく考え、これを充足させるため、さらに工夫してつくる――建築の創造とはそんなものではあるまいか。

建築家　それは建築に限らず音楽でも、文学でも美術でも、共通するものだと思います。オリジナリティとは何か、よく考える必要があります。無からの創造などあり得ないのですから。

逆光のなかのパンテオン

ところで、パンテオンのポルティクスのファサードは北向きですね。階段の下の中庭から仰ぎ見ますと、抜けるような青空と強い太陽の光のもと、そのファサードは見るものにとっては逆光ですから、パンテオンの全体像の輪郭はあまり明快ではなく、茫としています。逆光のなかにあって空気遠近法のごとく、背後にあるポルティクスと円筒の壁体の輪郭はよりおぼろげで、強いていえば、ポルティクスの三角の破風屋根のシルエットとしての輪郭と、そして林立する列柱のみがおぼろげななかにも輪郭を現しているといえます。

陛下と陛下の建築家たちは、この逆光のなかでのパンテオンの見え方を十分計算して計画したことと思われます。これと関連しまして、十八世紀初期ウィーン郊外に建築家ヒルデブラント（一六六八～一七四五）の設計によって建てられたベルヴェデーレ宮が思い起こされます。

南北方向に広がる矩形の広大な敷地は南から北へと下るゆるやかな勾配を示し、その敷地のほぼ両端に、ひとつは丘の上に（上宮）、そしてもうひとつは丘の下に（下宮）と、二つの宮殿が中庭を挟んで対峙するように立っております。南の丘の上に立つ上宮からは、ウィーンの市街からドナウ川まで一望できます。眺めの良いところから Belvedere《ベルヴェデーレ》 宮殿と名づけられましたが、同じように名づけられた見晴らしの良い別荘や宮殿がヨーロッパ各地にあります。

下宮から見ますと、仰ぎ見るかたちで南の丘の上に、庭園越しに上宮が青空に見事なシルエットを見せながら立ちはだかっています。それが南に位置することから、逆光のなか、淡い光の霞のなかに浮遊しているかにも見えますし、また庭園中央にある噴水が空高く噴出しているときなど、その水飛沫の向こうに見え隠れするさまは、優雅というほかはありません。

陛下もご存知のごとく、南の国と比較してウィーンのような北の国での太陽の日差しはか弱く、陰影は明快ではありません。逆光のなかでは大気そのものが淡い光の霞のようで茫としていますが、ヒルデブラントは南に立つ宮殿を北側の庭園側から逆光のなかで見られることを意識して、それを分節し小さなさまざまな屋根形とし、逆光のなかのその美しいシルエットが淡い光の霞のなかで浮かぶ――このようにシルエットの効果を意図したものです。

パンテオンでは、こうして逆光のなか、周囲と比較してやや暗いポルティクス――人間の目はまだこの暗さに慣れていません――の列柱を通り抜けて、ドームに覆われた内部空間に足を踏み入れる者にとって、天窓から射し込む光の束はより強く、効果的です。そしてポルティクスの半円筒ヴォールト天井（これは今日では扉口上に残すのみで、ポルティクスの半円筒ヴォールト天井は残念ながら失われてしまいましたが――）、それに扉口をくぐると同じように連続する半円筒ヴォールト天井、これと呼応するように、内部空間の正面奥にはこれと同じ形の円弧を描くエクセドラが見え、人はこれに向かって歩を進めるように促がされます。

このように列柱に囲い込まれた長方形の中庭（北側中央の主要入口門）―階段―ポルティクス―内部空間正面奥、中央のエクセドラ、と軸線が設定されています。あまり明快な軸線とはいえませんが――。

ハドリアヌス帝　私はギリシア贔屓《びいき》だと人の噂があるようだが、ローマ帝国の皇帝だから、円形にもかかわらず軸性を有するローマ神殿を意図したのだ。

規格標準化され、石切り場で加工された石材

建築家　ところで十六世紀に描かれましたパンテオンの——アテネのパルテノン神殿と同じく——八本の円柱が屹立する堂々たる北側正面ファサードの絵図を見ますと、向かって左側、すなわち東側のポルティクスの二本の円柱の上部分がアーキトレーヴから屋根までそっくり欠けていることが認められます。左側前列の柱頭がなくなってしまった灰色の花崗岩円柱は支えるものがなく、自立しているように見えます。なんとも痛々しい無残な姿ですが、これがきっかけとなったかどうかはわかりませんが、教皇ウルバヌス八世は十七世紀初期、ポルティクスの小屋組みと屋根を取り壊し、青銅製の露出梁と半円筒ヴォールト天井とを取り外して持ち去り、その青銅を溶かしてサン・ピエトロ大聖堂内部の天蓋の鋳造に再利用してしまったということです。

ハドリアヌス帝　なんたる高慢なキリスト者か。私をはじめ歴代の皇帝は、狂信的ともいえるユダヤ教徒やキリスト教徒には手を焼いたものだ。

建築家　教皇ウルバヌス八世はブロンズを奪った後、ポルティクスの復元工事を始め、その後の教皇アレキサンダー七世がそれを完成させたといわれています。私たちにとって興味深いのは、その復元工事において、失われていて復元されました東側左列の三本の花崗岩の円柱のうち、少なくとも後列の赤色の花崗岩の二本の円柱が、近くの当時廃墟となっていた三世紀初期セプティミウス・セウェルス帝の時代に建設された公共浴場から転用したものだという事実です。ギリシア、アテネ近郊のペンテリコン産の白い大理石のコリント様式の柱頭を戴き、またこれも白い大理石の柱礎にのる、高さ一四・一四メートル（四〇ローマ尺）、直径一・四八メートルのエジプト産の花崗岩の一本石からなる円柱は、他の建築から転用したとなりますと、長さと直径といった柱の寸法は規格標準化されていたのでしょうか。

私が見たところ、事実、左側の三本の柱のみは他の柱と比較して、その色からしてやや異質であり、アカンサスの柱頭も相違し、柱礎は粗雑な仕上げとなっていました。そして私が実測しましたところ、この柱礎は他と比較して二〜三センチメートルほど高いようでした。つまり柱の高さ寸法はほぼ同じで、やや相違があっても柱礎の高さによって調整したものと思われます。

ハドリアヌス帝　われわれは紀元前六世紀もの昔から採掘されているギリシア、アテネ近郊のペンテリコン山、後に採掘が始まったパロス島、タソス島などの採石場などで採石を続けるだけでなく、主として大理石、花崗岩、それにアラバスターの採石場をエーゲ海諸島、小アジア、エジプト、それにヌミディア（今日のチュニジニア・アルジェリア）、それにイタリアやシチリアなど各地に求め、開発した。

そなたはマルクス・ウィトルウィウス・ポリオの『建築十書』を読んだことがあるか。

建築家　もちろん読みました。アウグストゥス帝に捧げたとありますから、その時代の建築家が書いた本ですね。建築の設計論から、材料、施工法に至る豊富な知識には驚かされます。紀元前八四年に生まれ、紀元前一〇年ごろに死去したとされるウィトルウィウスは、カエサルとアウグストゥス帝の率いる軍団の従軍技師であり、数々の兵器を開発したこと、またカエサルの下《もと》、ライン川に架けた大橋の建造にも参加したことも知られております。設計した建築としてはファヌム（今日のイタリア、アドリア海に面した地方都市ファノ）のバシリカが知られているだけです。

ハドリアヌス帝　そのウィトルウィウスの書にも出てくるが、当時、小アジア、エフェソスの市民は、ある神殿を建造するにあたって、大理石でつくろうとした。遠くはアテネのパルテノン神殿の例もあるし、近くはアケメネス朝ペルシアの属州カリアの首都ハリカルナッソスのサトラップつまり総督であったマウソロスの宮殿も白い大理石でつくった例があるなど、見聞きする例は少なくない。富が増大すると皆、青空のもと眩いばかりに白く輝く大理石を用いて、壮麗な建物をつくりたがるものだが、エフェソスの市民もそうであった。そして神殿をつくる白い大理石はエーゲ海上に浮かぶパロス島かあるいはタソス島の採石場で採れたものか、あるいはエーゲ海からヘレスポントス海峡を経てビザンティウム（今日のイスタンブール）へ続くマルマラ海に浮かぶプロコンネソス島（今日のマルマラ島）のプロコンネソスの採石場から切り出された石材を使用するよう民会で決議されたという。これらの採石場は白い大理石を産出するとして、当時の人びとによく知られたものだが、もちろんほかに多数あるし、いろいろな種類の大理石を含めれば、採石場の数は多い。

ある羊飼いの男がエフェソスの山で羊たちを放ち、草を食ませているとき、そのうちの二頭の子羊が駆けまわって遊んでいた折、勢い余って一頭が石にぶつけた。そして真っ白い石の破片が飛び散り、男はそれが大理石だとわかった。これがきっかけとなって、エフェソスにも大理石の採石場が拓かれた、とウィトルウィウスはエピソードを記しているが、こうした偶然的な出来事があるにせよなしにせよ、各地に採石場が拓かれていったのだ。

大理石、花崗岩それにアラバスターといった高価な石材に対する需要が飛躍的に増大し、また帝国の統治体制が一層整備された紀元一世紀になると、そうした石材の供給体制も次第に整えられた。主要な採石場の作業の合理化による大量生産と近くの港湾整備、近くに港がない場合はそこに至る道路の建設と整備、そして港から船による石材輸送の輸送網の整備だ。需要が多い大都市の港に各地から輸送されてきた大量の石材は港の石材置き場に保管された。

主要な採石場では、石塊として船積みしたが、そなたも知っているように石塊はたいへんな重量で、採石場から近くの港まで運搬するだけでもたいへんな労力がいる。また一本の柱として加工するにも大きな石塊からする。嵩と重量を減らすことがなによりも重要だ。それで一部は柱身、柱頭、柱礎用に完成品、半完成品と加工したうえで船積みされるようにした。柱身は四〇～五〇ローマ尺の長さ、それに直径も規格標準化し、円柱としてまったく完成させるか、あるいは石棒のような半完成品と加工したのだ（それでも一本の円柱の重量は約六〇トンもの重さだ）。柱頭についても、柱礎についても同様だ。そうした採石場では、多くの石工が加工作業に取り組み、柱頭などのデザインにあたる建築家たちも働いた。

かくして各採石場から送られてきた半完成、完成品の石材を用いて、各都市の神殿や公共浴場、円形闘技場などの、主として公共建築はより迅速に、高い建築的質を保ちつつ建造されたのだ。私は柱、柱頭、柱礎の完成品・半完成品の加工体制をより組織化することと品質管理を徹底させること、また、そうした石材の輸送体制のより一層の整備を促進させた。また河川が運んでくる土砂が原因で多くの港が船の入港に支障をきたしつつあるなかで、そうした港の掘削工事を命じた。

建築家　小アジアのペルガモンのトライアヌス神殿を訪れたとき、規格標準寸法で加工された円柱が使用されたことに私も気がつきました。ペルガモンは繁栄したペルガモン王国を偲ばせる丘の上に立つ壮大・壮麗な都市ですが、トライアヌス帝の統治のとき、市民によってトライアヌス神殿の建造が始められました。神殿自体は完成したものの、神域全体は未完成だったのですね。それで陛下はその工事完成を急ぐよう命じられておりました。その後、陛下がこの神域の工事現場を視察のため訪れたとき、この神域の建築が陛下にお気に召さなかったのですね。

ハドリアヌス帝　そうだ。私が訪れたときは、神殿は三方を塀に囲まれたかたちで神域が形成されていた。神殿の背後の北側のものだけが列柱廊だったので、東西の塀を列柱廊に改めさせ、より荘重な神域の空間とするよう命じたのだ。

建築家　それで陛下の建築家たちは、神殿が立つ基壇床のレベルよりより高いレベルに列柱廊を建て、既存の北側の列柱廊との調和を図ろうとしたのです。ところが発注した規格標準寸法で加工された円柱が採石場から送られてきた折、現場において、その円柱の高さが全体のプロポーションにおいて低すぎることに建築家たちは気がつきました。神殿を取り囲む神域が広くないため、三段の石段を積んだレベルにしか新列柱廊の床レベルを上げる（約七五センチメートル）ことができなかったためです。陛下の視察の日が近づいておりますし、いまさら大理石の円柱を再発注する時間的余裕もありません。それで柱礎と柱の下部が一体となったものを工夫してつくらせ、いわば柱礎を通常よりもよほど高くしてかさ上げし、その上に柱をのせたのです。そして神殿側に、さらに独立した礎石とその上に立像を設置するなど柱の接合部が見えにくいよう工夫して、苦境をしのいだようです。

そしてそうした建築部材の規格標準化というものは、ドアや窓枠、敷居、それに一般家屋用の梁や支柱、またコーニスなどにおいてもされていたのですね。

僧重源による規格標準化された東大寺大仏殿再建用の木材

日本におきましても中世において、建築部材を規格標準化し、建築を合理的に建設した例があります。仏教の僧重源（一一二一～一二〇六）による、十二世紀末、奈良の東大寺大仏殿再建の折のことです。

六世紀インドより中国を経て伝来した仏教は、日本の民衆に広く受け容れられ、厚く信仰されるようになりました。八世紀中ごろ聖武天皇によって、奈良、東大寺におきまして、座った高さが二三メートルもある巨大な大仏が鋳造され、それを覆う建築である巨大な大仏殿も造営されました。ところが十二世紀末になって戦乱が起こり、大仏殿があります南都奈良は戦火に包まれ、東大寺の伽藍が炎上し、大仏もろとも大仏殿も灰燼に帰してしまいました。

翌年から大仏様をはじめ、大仏殿の再建が始められました。仏教に帰依した全国各地の民衆から再建のための費用を集めるべく、勧進に任命されたのが僧重源でしたが、そのとき重源は六〇歳の老僧でした。

まずとりかかったのが大仏様の銅による鋳造です。蓮華の上にお座りになられる坐像ですが、それでも高さが七〇尺（約二三メートル）もある巨大なものでして、完成には四年を要し、一一八五年に大仏の開眼供養が執り行われました。次に取りかかったのが、この大仏様のお家である大仏殿の造営工事です。巨大な大仏様を収容する大仏殿は、その規模については八世紀天平年間に造営されたものをほぼそのまま踏襲されました。桁行（正面）一一間二八三尺（約八二メートル）、梁間（側面）七間一六六尺（約四八メートル）、高さ一二〇尺（約四〇メートル）と巨大な建築でして、通常の他の寺の仏殿の規模で一〇倍の大きさ、高さで三～四倍の高さがあります。パンテオンと比較しますと高さはほぼ同じで、横幅がひとまわり大きいといえます。これを木造で造営するわけですから、地震や大風にも耐えられるよう工夫を要する大工事です。

八世紀天平時代に造営された大仏殿の柱の直径は三尺五寸（一〇五センチメートル）の巨大な柱でしたが、それでも構造上、十分な太さではなく、造営後まもなく大半の柱に添え柱を施して補強をしなければならなかったし、また深い軒の出でありましたからその軒が下がってしまい、それを支えるため支柱を立てねばならなかったといわれています。僧重源は熟慮の末、柱の径を五尺（一・五メートル）前後と以前のものより太くし、長さを二〇～三〇メートルとして、この大材をとる大木を大量に確保できる杣《そま》を全国に探しました。径五尺（一・五メートル）前後の柱は陛下のパンテオンのポルティクスにおける花崗岩の円柱の径が一・四八メートルですから、ほぼ同じ太さです。これをとるには山の立木でその径は七尺（二・一メートル）、周囲の長さにしますと二一尺（六・三メートル）、長さ一〇丈（三〇メートル）が必要でして、それを一〇〇本以上確保し得る杣となりますと、見つけるのはたいへん困難なことで、ようやく見つかったのは、大仏殿建立の地、奈良から五〇〇キロメートル以上も離れた南西の周防（今日の山口県）の山奥でした。昔から良材を産することで知られた杣です。

一日でも早い大仏殿の完成を待ち望んでおります民衆の期待のなかで、僧重源はいくつかの賢い工夫をしました。そのひとつが、伐採地における建築部材の規格標準化とし、そして仕口加工は奈良の寺の木工場で行うとする分業化です。周防の険しい山奥で切り出した木材は川を利用し、瀬戸内海まで下ろし、そこから海を難波の津（今日の大阪）まで船で運搬し、またそこから川を上って奈良の木工場まで運ぶのですが、そうした運搬にあたって木の重量と嵩を減ずるべく、重源は伐採地での柱と梁の規格標準化を図り、立木からの加工を命じたのです。これは陛下の石材の採石場における柱・柱頭・柱礎への完成品・半完成品の加工と同じ運搬、供給、そして建設作業の合理化・能率化と同じだと思います。

柱につきましては、長さは一〇丈（三〇メートル）、九丈（二七メートル）、八丈（二四メートル）、それに七丈（二一メートル）の四種類、太さはどれも元口で五尺（一・五メートル）前後としました。梁につきましては、長さは七丈（二一メートル）、六丈（一八メートル）と五丈（一五メートル）の三種類、太さはいずれも元口で五尺（一・五メートル）としました。このように太さを五尺（一・五メートル）前後と吟味したうえで、柱用、梁用と長さを規格寸法で加工し、筏に乗せて海まで川を下らせ、そして瀬戸内の海上と難波の津からの川上りは船で運搬したのです。もちろん、加工の際の端材は、肘木材幅一尺（三〇センチメートル）、高さ一尺八寸（五四センチメートル）と垂木材幅五寸（一五センチメートル）、成六寸（一八センチメートル）として、ほとんど無駄なく使用し得たのです。ですが、こうした合理化を図ったとしても、長さ一〇丈（三〇メートル）、太さ径五尺（一・五メートル）の柱材の重量は三五トンぐらいになるとのことで、これ一本運ぶだけでも、ろくろを工夫しても六〇～七〇人の人夫が必要でして、合計一〇〇本以上の柱・梁材を運搬するには、大変な労力がかかったのです。

奈良の寺の近くの木工場に運ばれてきた柱・梁などの木材は仕口加工が施されました。そして現場で組み立てられるわけですが、こうした分業が行われない通常の仕事の進め方ですと、柱あるいは梁の取り合わせを現場で行いながら、仕口加工するわけでして、柱・梁材が伐採地から到着しないと仕事が進みませんので、周防の場合のように、諸事情が重なって、杣からの材の供給が円滑でないと工事が進捗しないのです。この杣の伐採地で加工する材を数種類に限ったことは、幅広く転用や互換の可能性に繋がったわけです。

僧重源はたとえば、梁を柱と同じ円形断面とすることで、柱材の梁への転用も可能とし、合理化をも図っています。梁は通常矩形なのですが、地震時の応力（どう力が働くかは予想できません）を考えて重源は円形断面を良しとしたといわれますが、円形断面の梁からなる他の寺（重源による今日の兵庫県南西部である播磨の別所、浄土寺浄土堂です）を私は実際見る機会がありましたが、白い錫丈彫りが施された他に類例を見ない丹に塗られた丸太の梁は力強く、美しいものでした。


僧重源は柱と梁の部材の規格標準化をしたうえ、伐採地で加工させたこと、木工場での仕口加工といった分業制の導入のほか、貫《ぬき》の使用による耐震性確保、それに差し肘木《ひじき》や遊離尾垂木《おだるき》の工夫、また長押を使わず座といわれます扉の軸受けを貫に取り付ける工夫、従来の平行繁垂木ではなく扇垂木の工夫、それに角垂木を一段として鼻隠し板を採用するなどさまざまな新工夫をして、各職人の技量の差があまり妨げにならないようにしたのです。なにしろ巨大建築ですから、これにとりかかる大工だけでも一〇〇人以上もの人が必要で、当然技量の差があるわけでして、それに左右されないような簡潔な構法を考案したのです。

大木の伐採を始めて、杣始めから九年後の一一九五年に竣工し、落慶供養が執り行われましたが、僧重源はそのとき七四歳でして、高齢にもかかわらずその知力、意欲、体力はたいへんなものだと思わずにはいられません。その竣工した壮大、壮麗だったに相違ない大仏殿は、十七世紀にふたたび火災に遭い焼失してしまいました。たいへん残念でなりません。今日立っております大仏殿はその焼失後、十七世紀に再建されたものです。

僧重源によって造営されたもので現存する建築は数少ないのですが、そのうちの播磨の別所の浄土寺や東大寺の南大門の力強い、迫力ある建築をみますと、大仏殿もまた壮大、壮麗であったに相違ないと確信の念すらもてるのです。

僧重源の建築は日本の建築史上、中国、宋の影響を受けた「大仏様」とされ特異なものとされるのですが、その後、残念ながら継承されることはありませんでした。繊細、優美さを好む日本人には受け容れ難い建築であったからでしょう。

それにしても十二世紀の日本の建築において、このように建築部材の規格標準寸法化を図り、建築の合理化がすすめられた事実があったことは興味深いことです。ただ古代ローマ時代、陛下の時代のそれとは違い、そうした合理化が広く普及したわけではなく、大仏殿建造という一回限りの建築で終わってしまいました。

ただその後、十五世紀ころより日本の住宅建築におきまして、稲と菰《こも》とを交互に四段に重ねてつくりました畳という床仕上げ材をてこにして、建築部材の規格標準化が進められた興味深い事実が指摘されます。昔から京や大阪を中心に栄えました関西地方のいわゆる関西間では、畳の寸法は六尺三寸（一九〇九ミリメートル）×三尺一寸五分（九五四ミリメートル）で規格標準化されました。その畳を何枚敷き詰めるか、たとえば一般的に（四・五枚の）四・五畳、（六枚の）六畳、それに八畳、十畳というようにいわゆる畳割りから、柱間、住居の各部屋の大きさが決められ、それが共通したということです。それは民衆が住まいを変えて他の住まいに移り住む引越しをするとき、各自畳を持ち運んだということから、わかります。

二〇世紀になりまして、建築部材の規格標準化と工場生産化（プレファブリケーション）が取り組まれ、人間の手だけではなくロボットによっても建築現場において建築部材が組み立てられ、建築が完成するといった建築生産の合理化が、今日においても進められつつありますが、ローマ帝国の例や日本の僧重源、それに畳寸法をはじめとする日本家屋の例などは、これを先取りする、(今日から見ますと) 近代的といってよいほど非常に合理的な思考の産物です。

このようなたいへん合理的な考えをする建築家のなかには、僧重源の場合もそうですが、他にもいろいろ人がおりますが、素晴らしい建築をつくる人がいますね。建築部材の規格標準化といった合理的な思考と、建築空間の質とは結びつきにくいように、一般的に考えられがちですが――。

ハドリアヌス帝　それは単なる合理的思考とはいえまい。建築部材の規格標準化による建設ということは、合理的思考だが、それを考え出したのは広い視野をもった考えだ。質の高い建築空間をつくりだすには、この深くそして広い視野をもった思考が欠かせないということではあるまいか――。

オスティアの港の石材置き場に保管された石材

建築家　先ほどお話しの、採石現場における主として柱の規格標準化、そのうえで完成品、半完成品の加工し、そして船積みする件ですが、そうした石材の需要が断然多いローマの石材置き場が、ローマのテヴェレ川沿いの各港、そうして湾口に位置するオスティアの港にあったわけですね。十九世紀から始まりました古代ローマ都市オスティアの発掘調査におきまして、当時の石材交易の実態が、石材置き場から見つかった交易記録文書などから、少しずつ判明しつつあるようです。

それによりますと、ある時点での石材置き場における在庫は、いろいろな色大理石のタイプについては、小アジアの色大理石が多く採れますテオスの採石場から六三個の石塊と九本の柱完成品、ギリシア・エウボイア島のカリュストスの採石場からチポリーノといわれます緑がかった大理石 (これは陛下のティヴォリの別荘の大浴室に使われました) が、三〇個の石塊と一七本の柱完成品、小アジア、プリュギアのシュナーダ近くの採石場からパヴォナツェットあるいはフィルギウムともいわれる灰紫色の縞模様のある大理石（これは陛下のティヴォリの別荘の列柱に使われました）が、一六個の石塊と三本の柱完成品、またアフリカのヌミディア（今日のチュニジア、アルジェリア）の採石場からジャロ・アンティコあるいはヌミディクムともいわれるイエロー・オーカー色の大理石（陛下のアテネにおける新図書館の広い中庭を囲む一〇〇本の円柱はこの大理石ですし、また陛下のローマのパンテオンの内部空間を飾る柱に使われました）が、一〇個の石塊と四本の柱半完成品（石棒）、それにエジプトの採石場からアラバスターが、八個の石塊と一〇本の柱半完成品、またさらにアルジェリアのアラバスター石塊一個、エジプトの花崗岩の石塊一個、等々です。

白い大理石のタイプのものの在庫としましては、ギリシア・エーゲ海のパロス島の採石場から二三個の石塊、小アジアのアフロディシアの採石場から七個の石塊、一本の柱完成品と一個の柱頭半完成品、そしてマルマラ海に浮かぶマルマラ島の採石場プロコンネソス（これは陛下の女神ローマとウェヌス神殿の列柱に使われました）から二個の石塊、一個の柱頭完成品と二個の柱礎半完成品、またギリシア・アテネ近郊のペンテリコン山採石場から三個の石塊と一本の柱半完成品、それにイタリア・トスカーナにおいてカエサルによって紀元前一世紀に拓かれたカッラーラ採石場のルニ大理石（これは陛下のティヴォリの別荘のニュンファエムに使われています）が、小石塊一個と柱半完成品一本、となっております。

各地の採石場から、石塊だけではなく、加工され完成された円柱、規格寸法の長さとされ石棒の状態の半完成品の柱、アカンサスなどの加工・細工され完成した柱頭、あるいはおよその輪郭をかたどったままの半完成品としての柱頭、そして半完成品としての柱礎がオスティアの港に輸送され、石材置き場に保管されていたことがわかります。需要に応じてここから出荷されたわけです。そしてこれらの採石場は全体からみまして一部といってよく、まだまだ採石場がエーゲ海のタソス島、キオス島、レスボス島をはじめとする島々、そして今日のスペイン、南フランス、シチリアなど各地にありました。またとりわけ美しい花崗岩の採石場はエジプト、ナイル川中流で、ナイル河畔ヘルモポリスあるいは陛下が創建を命じられた新都市アンティノオポリス辺りと紅海との中間に位置する山岳地帯に多くありました。

美しい大理石、花崗岩それにアラバスターの需要は多かったのですね。

ローマ社会へのギリシア文化の浸透――円柱によって建物の価値をはかる：円柱税

ハドリアヌス帝　共和政時代の紀元前三世紀よりシュラクサイ（今日のシラクーサ）、アクラガス（今日のアグリジェント）をはじめタレントゥム（今日のタラント）それにネアポリス（今日のナポリ）等々、シチリアや南イタリアのギリシア都市のローマへの併合（紀元前二一二、属州シキリア）によって、多くのギリシアの文物や人（征服されたため奴隷として）がローマに入ってきた。そうした人たちのなかには、知識人や職人たちも少なくなかった。ギリシア劇をラテン語に翻案したり、ホメロスの『オデュッセイア』をラテン語に翻訳したりして、ギリシア劇、ギリシア文学をローマの人たちに伝えたリウィウス・アンドロニクス（紀元前二八四～二〇四）はそのひとりだ。タレントゥムがローマ軍に敗れ（紀元前二七二）、多くの人たちが奴隷としてローマに連れてこられたが、まだ少年であったアンドロニクスもそのひとりで、ローマのリウィウス家に奴隷として仕える。その家の子息の家庭教師を勤めるかたわら依頼されて、ギリシア劇のラテン語への翻案を始めたという。後のローマ喜劇、ローマ文学発展への礎を築いたといえよう。

そして、われわれローマの領土がギリシア、マケドニア、あるいは小アジア、シリア、エジプトなど、主として東方に拡大していくと、書物、絵画、彫刻から家具にいたるまでギリシア、東方からの文物が多数ローマ社会に流入した。多くは戦利品として部将や兵士たちが持ち帰ったものだが、その量はそれまでの交易によるものとは比較にならないものだ。たとえば書物でいえば、カルタゴを陥落させた（小）スキピオの実父アエリアヌス・パウルスはペルセウス率いるマケドニアに勝利し（紀元前一六八）、マケドニア王の図書室にあった大量の蔵書をローマに持ち帰った。また将軍スラも、そしてかつてその部下であり、ポントスのミトラダテス王たちに勝利した将軍ルクルスも、戦利品として大量の書物をローマに持ち帰った。むろん、ギリシア文化に傾倒したパウルス、(小) スキピオたちの活動、その影響力は大きいが、それらの書物のローマ社会への流入もギリシア文化のローマへの浸透に大きな役割を果たした。

元来、農民であり、伝統的に質実剛健を旨として生活してきたローマ人も、それらの豪華な洗練されたものに次第に魅せられていった。ローマ人にとっては驚くべき高度に洗練されたいわゆるヘレニズムの文化がローマに浸透するには、それほど時間がかからなかったといってよい。哲学、文学、演劇をはじめ、洗練された装飾に飾られたモニュメンタルな建築も、彫刻や絵画、その他あらゆるものが入ってきた。もともとペルシアにおいて発明された床を飾る美しいモザイクも、主としてアレクサンドリアからの影響だが、これはアレクサンドリアから多数の職人たちがローマにやって来て、仕事をしたものだ。このように文物とともに東方から多くの人たちもローマ社会に入ってきた。

そうした哲学者も詩人も、それに彫刻家も建築家も、そして多くの職人たちもまた主としてギリシア人たちだ。

アレクサンドロス大王が死去して後、その大帝国のうち、エジプトはプトレマイオス王朝が、シリアはセレウコス王朝が、小アジアはリュシマコス王朝が、そして北のマケドニアはマケドニア王朝がそれぞれ統治した。

これらの王たちはアレクサンドロス大王の主たる部将であった者で、大王の後を継ぐかたちで地中海沿岸各地を治めたのだが、これらの王たちはもちろん、マケドニア人、すなわちギリシア語を母国語する人たちであり、ギリシア本土のギリシア人たちは多数これらの各地に移住した。地中海沿岸の多くの地域はギリシア語文化圏となったのだ。王たちはもちろん各地の伝統的な風習・文化をギリシアのそれを押し付けるのではなく尊重した（これはアレクサンドロス大王自身の影響であろう）。それなくしては異民族の統治は困難であろうが。

そうしたなかで、ギリシア・東方の洗練された装飾に飾られた豪奢な建築の白く輝くばかりの大理石をはじめ、美しいさまざまな色の大理石やアラバスター、花崗岩の円柱や壁、床を飾るモザイクにわれわれローマ人が魅せられたのも当然だ。カエサルが紀元前一世紀に拓いたイタリア、トスカーナのカッラーラの採石場から、美しい白い大理石（ルニ大理石）が採れるようになり、大理石がより身近な存在ともなった。小アジア、シリア、マケドニアなど戦勝した国々からの富がローマに集まり、豊かになったローマ市民が（――もちろん騎士階級以上や他の富裕な市民だが――）それを手に入れることが可能となった、そして奢侈《しゃし》にふけるようになったことも、もちろん大きな要因だ。

建築家　四～五層のインスラ（都市賃貸集合住宅）に住む市民は別として――騎士階級の人たちももちろん住んでいましたが――もっとも富裕な市民たちは都市内の自邸（ドムス、一戸建て独立住宅）や各地に有する別荘を、たとえば、床は大理貼りかモザイクタイル貼り、そして壁はスタッコ塗りにフレスコ絵画を描くか大理石貼りというように、高価な建築材料を使って豪奢なものとしたのですね。光庭といってもよいアトリウムと、さらにもうひとつの大きな中庭ペリステュリウムを囲むように各部屋が配置される住居形式でして、その中庭を囲むように列柱が立っていたわけですから、それらの円柱をできれば大理石や花崗岩などの一本石としたかったのです。

一般に、そうした円柱が何本使用されたか、円柱の大きさはどのくらいか、そしてその石の種類はどういうものなのか、といったことで建物の価値がはかられましたし、また税金はコルムナリウム（円柱税あるいは柱廊税）といわれ、そうした円柱によっても決められたのですね。

ハドリアヌス帝　そなたはキケロの書簡集を読んだことがあるか。キケロは各地にいくつもの別荘を所有していたが、いかに大理石の円柱にこだわったかがわかる。富裕なローマ市民とて皆同じだ。

建築家　紀元前一世紀に生きたカエサルと同時代の人、政治家であり弁論家でもあったキケロが、弟のクウィントゥスに書き送った書簡が、私たちにも知られています。ふたたび読んでみましょう。クウィントゥスはガリアとブリタニア征服をもくろんだカエサルの軍団に将軍として加わって戦地にいたので、ローマにおらず、以前に購入した別荘の改装に直接手を下すことができなかったため、代わって兄のキケロがその内装工事などの面倒を見るべく、立ち寄った折のことを書いたものです。

「（お前の）別荘の建物は、とりわけ柱廊がきわめて荘厳であり、おおいに気に入った。今まではそれほど感銘を受けなかったが、今度訪ねてすべてが見とおせるようになったこともあり、柱も見事で、はなはだ心を打たれた。（高田康成訳）。」キケロも柱廊の柱が見事だと喜んでいますが、一本石の大理石の柱であろうかと思われます。

ハドリアヌス帝　そなたは石の美しさに魅せられたことはないのか。石は、そしてその美しい色彩、そして石の表面に走るさまざまな色の縞模様はどのようにしてできただろう。石の生成は気が遠くなるような悠久なる自然の営みの結晶であるが、その石は偶然にも美しい、とてつもなく美しいのだ――これは驚異だ。ほかに私は言うべき言葉が見つからない。岩には神が宿ると昔からいろいろな民族によって信じられてきたが、そうした石の美しさを見ると、神の手が背後にあると思わざるを得ない。

中庭ペリステュリウムの列柱、その一本一本の円柱はそれぞれに実に美しい。ギリシアに滞在する友人を介してギリシアの美術品を大変な金をかけて収集し、自分の別荘に飾ったというキケロのことだから、円柱が見事で心打たれたと言ったのには、その円柱の美を美と感ずる美的感覚があったのだろう。他方、そうではなく、ただ高価な石材を使ったということを他人に自慢するだけの人も実に多いことは事実だが――。

建築家　円柱がこのように建物の価値をはかる主要な尺度でしたから、それほど経済的な余裕がない場合には、円柱を石ではなく、煉瓦でつくったのですね。その場合、湾曲した煉瓦を焼き、これを外周に一〇枚ほど組み合わせ、内部をモルタルなどで充填して円柱をつくった例が多く見られます。たいていはその上にモルタル漆喰を塗って、場合によってはフルーティング（溝彫り）を施し、立派な円柱としています。

この煉瓦ですが、円柱をつくるのに湾曲した煉瓦のほかに、建物のヴォールト構造の自重を軽減するために埋め込むパイプ状の煉瓦や雨樋（縦樋）に使うパイプ状の煉瓦、あるいは浴場建築で壁体内に温風を通す円形や箱型のパイプ状の煉瓦など、実用に役立つよう工夫した実にさまざまな煉瓦が焼かれたのですね。ローマ人の合理・実利の精神には驚くばかりです。

1・2 ラータ街のインスラ

インスラとドムス

建築家　ところで陛下はカンプス・マルティウスにおきまして、フラミニウス街道へと続くラータ街（今日のコルソ通り）沿いにインスラの建設を命じておられます。

陛下がそのいたいけな幼子をウェリッシムス（誠実な可愛い子）とよんでご自分の孫のように可愛がられました後のマルクス・アウレリウス帝の死去後、建立された帝の記念柱は、先帝トライアヌスの記念柱を想い起こさせる記念柱です。それと同じようにマルクス・アウレリウス帝によるゲルマンのマルコマンニ族やサルマタエ族の討伐場面などが浮き彫りとして螺旋状に描かれております。この記念柱が立つ広場の向かい側の、今日ではガレリア・コロンナが立っております周辺地下に、陛下の命により建造されました三棟のインスラの遺構が、近年の発掘調査によりまして、今日の道路より約四メートル下のレベルにて確認されました。

インスラとは都市の賃貸集合住宅ですね。先ほどは円柱税（コルムナリウム）なるものがあり、円柱の大きさ、数、石の種類などによって税金がかけられていたといった話がありましたが、これは元老院階級や騎士階級の人びとを主とした富裕な市民が住む独立住宅、すなわち、多くは光庭アトリウムと中庭ペリステュリウムとを有するドムスに関しての話であったわけです。このドムスには使用人を含めまして平均一〇〇人もの人が居住し、その平均敷地面積は一〇〇〇平方メートル程度で、広壮な邸宅であったのです。近代の研究によりますと、二〜三世紀の都市ローマではおよそ一八〇〇戸程度あったのではないかといわれています。

その算出根拠にはいろいろと疑義もあるようですが――。

　これに対しまして、下流の階層に属する一般市民は、インスラとよばれる賃貸集合住宅に住んでいたのです。むろん、騎士階級の人たちも多くの部屋がある高級なインスラに住んでいました。インスラとは語源的には島という意味でして、夏期にエジプトのナイル川が氾濫して、丘だけが姿を見せているのと同じで、島のように独立、孤立した――つまり四方を街路によって囲まれた街区を形成する賃貸集合住宅ということのようです。

　ローマの市民の大多数を占める一般市民は、こうしたインスラに住居や個室を借りて住んでいました。インスラの建物の規模は大小さまざまでして、五〇世帯二〇〇人以上も収容する大規模なものから、二～三世帯収容の規模が小さなものまであったようです。それに多数の部屋があり立派なつくりの高級なものから劣悪なものまでありました。基本的にはドムスが、やや複雑な構成で積層したものと考えられます。多くは一階部分が店舗や工房それに上階に通ずる階段室などからなり、上階部分は住居で、それらが中庭あるいは光庭を取り囲むようになっていたのですが、階数は四～五階と高く、この中・高層住宅が、近代の研究では、ローマに四万六千戸ほどあったといいますが、これにも疑義がはさまれています。いずれにせよこれらが密集して立ち、都市を構成したわけでして、今日の大都市の様相とほとんど変わりがありません。

ハドリアヌス帝　私だけではなく、先帝たちもまたローマ帝国の首都である都市ローマの、部分的ではあるにせよ、あまり芳しくないありさまには、頭を悩ませてきた。

　紀元前二世紀ころより、周辺各地から働き口を求めて人々はローマへ集中し始め、ローマの人口は急激に増加した。しかし、それに見合う住居の数は不足し、市民は住居難にあえいだ。そのために急ごしらえの粗末な住居が建てられ、スラムが現象するようになった。都市施設の整備が追いつけなかったためでもある。

　そんな状況にあって、インスラが盛んに建設されるようになった。その多くは金儲けを企む者たちの投機目的のものだ。賃貸する床面積を最大にするため、インスラの階数は五階を越えるものも多くなり、また建設費をけちるため、粗悪な建築材料といい加減な構造で、建設工事もずさんなものが少なくなかった。

倒壊するインスラ

建築家　街ではそうした劣悪なインスラが倒壊する地響きのような音で夜もおちおち眠れない、といったマルクス・ワレリウス・マルティアリス（約四〇～一〇四）のような諷刺詩人による詩もあります。またもう一人の諷刺詩人であるデキムス・ユニウス・ユウェナリウス（約五〇～一三〇）に次のようなエピグラム（諷刺詩）があります。

> 火事や絶えず頻発する家屋の倒壊や、この恐るべき都の無数の危険や、更にまた八月にも朗読する狂気じみた詩人ども――などを怖れているほど味気ない思いはまたとあるまい。これほど惨めな思いはまたとあろうか。（第3歌、ローマの禍：樋口勝彦訳）

この二人の諷刺詩人が詠っておりますように、都ローマではインスラがたびたび倒壊したのですね。また火事も多かった。そして熱波に包まれたような夏のローマにおいて、詩人たちが市民に聴くことを強制するように自分の詩を朗読するのは気違い沙汰だ、などと言っているのは面白いですね。

ハドリアヌス帝　そうだ。倒壊するインスラも少なくなかった。インスラにおいて低層部分は堅固な構造であっても、上階部分は建物の自重を軽減するため粗悪な建築材料を使うことが多かった。階段にしても、低層部分は石造ないしは煉瓦造であっても、上階部分になると木造階段で、それもたいへん急な階段が多かった。そして上階になるに従って、各住居の部屋数は減じ、個室に住む住民も多かった。

建築家「夕食会に招かれて、残り物をいっぱいナプキンに包んで、階段を二〇〇段上がって家まで運び、屋根裏の部屋に閂を下ろして閉じこもった（藤井昇訳）」などと、階段を二〇〇段も上らなければならない、と嘆いたインスラの屋根裏部屋に住む人の話が、同じく諷刺詩人マルティアリスのエピグラムに出てきます。階段の蹴上を低く見積もって一五センチメートルとして二〇〇段としますと、街路から屋根裏部屋のレベルまで高さ三〇メートルもあったことになります。

ハドリアヌス帝　騎士階級や一般の市民でも中流階級ともいってよい市民のための部屋数が多い住居があるインスラは別として、一般のインスラの住居設備は不十分なものであった。便所は一階部分に共同便所が一か所あるのみであるし、上水（飲料水）もまた一階の中庭あるいは光庭にある水泉のみだ。だから、水を汲んで上階の住居に配達する水汲みの職業もあった。ローマでも冬季は寒く、暖房設備が必要なのだが、炭をくべた火鉢で我慢をしなければならなかった。

また投機の対象として建設されたインスラの階数は、ますます大きくなっていった。これは倒壊の危険が増すことを意味するし、また狭い街路には、日中日差しが届かず、次第に街全体が不健康になっていった。こうして都市の一部は悲惨な状況を呈していった。

高さ制限などの建築法令

こうしたことを憂慮したカエサルは、インスラの建物の最高高さを七〇フィート（二〇・七二メートル）以下と定めた。これは階高を三・五～四メートルとすれば四～五階となり、六階はどうみても無理であろう。だがあまり守られることはなかった。

六四年のローマの大火後、ネロ帝は都市の計画的建設に意を注いだが、そのなかでインスラの建物の最高高さは従来より一〇フィート低い六〇フィート（一七・七六メートル）と制定したことが、それを物語るといってよい。ネロ帝はさらに防火対策としてインスラ間の壁の共有は不可とし、その隣棟間隔を一〇フィート（二・九六メートル）以上とした。また街路の幅員を大きくし、街路に面して柱廊を設けることなど、新たな建築法令を制定した。そしてこれらを早期に実現するために、奨励金制度を設けた。

だが、こうした建築法令の制定などいろいろ改善策が講ぜられたが、状況は一向に改善されなかった。その一つの大きな要因としては、もともと自然発生的に形成された都市ローマだが、その後の大都市への発展にあっても計画的な開発・整備が進められなかった点にある。ネロ帝時代のローマの大火は計画的都市整備のための好機ともいえたのだが、一部の区域に限られ、他は思ったほどうまくは進まなかった。人口一〇〇万人以上もの人びとが現実に生活するなかで、街路網の整備（街路幅員の拡張そして従来曲がりくねった街路の直線化等々）などをはじめとする大々的な計画的な都市整備を進めることなど、ほとんど不可能だ。ネロ帝後においても、そうした状況はほとんど変わることはなかった。

また、インスラのほとんどは投機あるいは金儲けの対象であって、都市を構成する重要な部分であるインスラ全体のありよう、また都市全体においてのありようといった社会的視点が欠如していたこともその要因のひとつだろう。

利潤追求の手段としての住居建設

建築家　インスラは、金儲けの対象であることを如実に物語るエピグラムがマルティアリスの詩にいくつかあります。次のエピグラムはそのひとつです。

「コラーヌスは一〇万、マンキーヌスは二〇万、ティティウスは三〇万、その二倍がアルビーヌス、サビーヌスは一〇〇万、もうひとつ一〇〇万わしに借りとるのがセルラーヌス、インスラと農地からまる三〇〇万があがり、パルマの羊からは六〇〇万のあがりじゃよ」と毎日ひっきりなしに、アーフェルよ、お前は私に語り、私は自分の名前よりよくお前のそいつを覚えちまった。私に辛抱させようってのなら、いくらか払うべきだぜ。この毎日の迷惑は現金で片をつけたまえ。お前のそいつは、アーフェルよ、無料じゃ聞けないよ。（藤井昇訳）

アーフェルというアフリカ出身を思わせる変わった名の成金男が、頭にあるのは金のことばかりで、知り合いのA、それにB、Cにこれこれの巨額の金を貸した。そしてインスラ、つまり賃貸集合住宅と農地を貸して、そこから巨額の金を、毎年儲けている。パルマの羊毛取引でこれもまた大儲けをしている、とマルティアリスに得意になって吹聴し、マルティアリスはうるさくてたまらない。聞いてあげるが無料じゃ駄目だといったエピグラムですが、インスラを建設し、それを貧しい人たちに賃貸して毎年大儲けしていることがわかります。

インスラの家賃は相当高かったようですね。紀元前二世紀、王位を剥奪されたエジプトのプトレマイオス六世（紀元前一八六〜一四五）はローマに来て、家賃が高いのに驚き、インスラの最上階に住んだことが知られております。広壮なインスラに住んだのでしょうけれども――。このエジプト王はシリアのアンティオコス四世との戦いに敗れて、その後王位を継いだ弟のプトレマイオス八世によってエジプトを追われ、ローマに亡命した（紀元前一六四）のですね。そして翌年には、ローマの介入もあり、帰国を許され、弟と王国の分割統治に応じ、エジプト王に返り咲いたのですね。

また、キケロの友人で政治家・弁論家カエリウス・ルフス（紀元前八七〜四八）は年間一万セステルティウス（真鍮貨）もの家賃を支払って、全財産の多くの部分を家賃に費やしたことが知られております。このカエリウス・ルフスは淫婦として有名であったクローディアとの恋愛騒動でも知られております。そしてあの政治家・将軍スラも青年時代には、年間三〇〇〇セステルティウスの家賃を払ってインスラに住んでおりました。

一般市民も高額な家賃に悩まされ、そして家賃の支払いが滞りますと、すぐさま家主から追い立てられます。このため借金を重ねる人が多く、社会問題となりました。見かねたカエサルは、ローマにおいては年額二〇〇〇セステルティウス（年収二万セステルティウスでつつましく暮らせたといわれます）、その他のイタリアの地域では五〇〇セステルティウスを超えてはならないと、「家賃の上限額の布告」をしました。

ところで、インスラという都市の賃貸集合住宅が金儲けの対象となること自体が問題なのだと思います。これは利益目的としての住宅建設一般についていえることですが、利益をあげることがつねに頭のなかにある以上、住宅建設にあたって、その住宅がもっとも良質なものであることを意図しないわけです。また売れるため、あるいは入居者を確保するために、建物の表面上の見かけや、それに使い勝手といった機能面にはある程度の意を注ぐのですが、建物の材質や構造強度、耐久性などといった建物の見えない実質的な部分はなおざりにする傾向が指摘されます。（貸せるあるいは売れる程度の）そこそこの質を有した住居を建設し提供するのであって、損をしてでも最良のものを求めるわけはないのでして、利益を追求する以上、当然のことだといってよいと思います。しかし、他の消費物ならいざしらず、住宅はそこで人びとが生活する器なのです。人が良質の住居に住むことは、近代の概念からしますと、基本的人権といってよいものです。そこが問題なのです。

では、どうすればよいかということになりますが、入居者にとってより良い住居が確保され得るのは、建設主体を、利益を求める民間人、民間企業にすべてを委せる——これはことの重大さから「野放し」という言葉が適切かと思います——のではなく、国・公共機関が主体的に建設するほかありません——すくなくとも過半数の住居は。それが国の仕事というものです。より良い住居を志向する場合、住居建設から利益をあげるのはほとんど不可能といってよいからです。

陛下は布告を出されて、アテネのディオニュソス劇団の役者や楽士、劇作家たちに税の免除をはじめいろいろな特権を与えられ、保護されました。

ハドリアヌス帝　前にも話したが、役者をはじめそうした人たちの収入は、劇場収入だけではとうてい賄えるものではない。舞台装置などだけでもたいへんな金がかかる。当たり前のことだが、それを保護するのが国の仕事だ。そうしてはじめて役者たちは演劇に打ち込むことができ、最良の演劇を市民に提供できるのだ。それが国の文化なのだ。

そなたは市民のための住居の建設、インスラの建設もそれと同じで国の仕事だと言うのだな——なるほどな……。

建築家　私の国日本などのように、今日、経済的に繁栄して文化国家を標榜しながらも、文化的な事業にはなかなか十分な金銭的援助をしたがらない国々もあり、困ったことです。

それに近年では、「市場の自由競争」の理念のもとに、国民のための住宅建設から国・自治体はほとんど身を引いてしまいまして、すべてを民間企業に委かせきりにするようで、国の仕事とは何かという自覚すら失いかけています。

都市住居と建築家のかかわり

ところで私たちにも伝えられていますアウグストゥス帝の時代の建築家ウィトルウィウスが著した『建築

十書』におきまして、第六書ではドムスについての詳細な記述があります。「私はできるだけかいつまんで都市の住宅の作り方を書き記し説明した（森田慶一訳）」と、都市の富裕な市民のための住宅ドムスについて述べていますが、そうでない一般市民の住宅であるインスラについてはまったくといってよいほど触れて述べておりません。都市の住宅としてのインスラの重要性を認識していないかのようです。

ただわずかに第二書、第八章におきましてインスラに触れている箇所があります。「――ローマ市では、都市が広大で人口が無限に集中しているから、無数の住居を開発する必要がある。それで都市内でそれほどの多人数を一階に住まわせることは不可能であったから、建物の高さの助けを借りるということにならざるをえなかった（森田慶一訳）」との記述だけでして、インスラという言葉を使っていません（他の木材に関する箇所で、不燃木材とインスラについて述べ、インスラなる語をウィトルウィウスは使っています）が、当然インスラを指しているものと思われます。

そのことから判断しますと、ローマの建築家たちは、すくなくとも建築家ウィトルウィウスは、インスラの設計は建築家が取り組む仕事ではないと考えていたのではないかと思われます。このことは十九世紀になりまして近代建築が展開するまで同じでした。王、教皇、領主をはじめとする権力層そして富裕層のための邸館や別荘それに教会、市庁舎などの公共建築だけが、建築家の仕事の対象だったのです。

ところが、十九世紀の市民の経済的文化的台頭による市民社会の形成と、近代建築は重なり合うように展開しました。建築家の仕事の対象は、市民の建築となりました。十九世紀イギリスにおける市民の個人住宅の計画が、近代建築展開へのひとつの大きなモーメントとなりましたが、そのことを物語ります。そして二〇世紀になりますと、主にドイツやオランダといった国を中心に、労働者を中心とする低所得者層の市民たちのための質の高い賃貸集合住宅計画が進められ、各地に実現し、そしてこれが二〇世紀近代建築運動の展開への大きなモーメントとなりました。建築家たちは社会意識に目覚め、建築家の仕事の意義を社会への貢献にあると自覚した画期的なことといえます。ただ残念なことに、二〇世紀後半になりますと、建築家のそうした社会意識は次第に薄れ、市民のためというよりは、支配的になりつつある消費社会における「消費される建築」としての建築に従事することになってしまいつつありますが——。

ラータ街のインスラ

ハドリアヌス帝　私は、そなたがウィトルウィウスを例にとって語ったような、これまでの建築家たちの意識に、つねづね疑問を抱いていた。——たとえ権力や財力に恵まれない一般市民でも、その者たちに働くことも建築家の務めではないか、と。私と私の建築家たちは、そういう認識で一致した。インスラの整備は都市の整備でもある。ローマのような大都市を大規模に改造するのはほとんど不可能に近いし、だから小規模ながら区域ごとに整備し、その整備を積み重ねていくほかはないのだ。

テヴェレ川右岸第十四区のトラステヴェレ地区は紀元前一世紀以来、市街地化が進みつつあった。私は都心に近いにもかかわらず、テヴェレ川の度重なる氾濫のため市街地としての開発が遅れていたカンプス・マルティウス地区の開発を進めた。前にも述べたように、この地区全体にわたって約三メートルの地盤のかさ上げ工事を命じ、整備した。この機会をとらえ、この地域にあるアウグストゥス帝による一四〇×六〇メートルもの巨大な扇形をした日時計（ホロロギウム）や平和の祭壇（アラ・パキス）などの移設・再整備も命じた。それでローマの主要街道たるラータ街（フラミニウス街に連なる街路）の整備をも兼ねて、質の高い都市空間形成に向けて、良質な三棟のインスラの計画・建設を私の建築家たちに命じたのだ。

建築家　ラータ街沿いに、長さ六二・四メートル、奥行き四八・五メートルのインスラが三棟、それぞれ九メートルほどの間隔をとって軒を連ねるように立っています。その九メートルほどの隣棟間隔はすなわち街路を形成するわけですが、三棟とも四方を街路によって囲まれ、まさにインスラ（島）のような都市賃貸集合住宅です。このインスラの一階部分は店舗とそれに付属する倉庫などとなっており、中庭を取り囲むように形成されています。今日の道路レベルより約四メートル下の地層で発見・発掘されました。

　このインスラを特徴づけるのは主要街路であるラータ街沿いに形成された幅九メートルほどのアーケード、列柱回廊です。煉瓦造の列柱ですが、その柱礎と柱頭はトラヴァーティンによって装飾が施されております。

ハドリアヌス帝　そなたは小アジアやシリアなどの東方オリエントの都市の街路空間を知っているか。都市のほぼ中央の東西を走るデクマヌス・マクシムスとこれと直行して南北を走るカルド・マクシムスなる主要街路のことだが、車道を挟むように両側に列柱が並び立ち、歩道は屋根に覆われ列柱回廊となっている。その両側背後に店舗、工房、神殿あるいは住居などが立ち並んでいるのだが、そうした列柱回廊の背後にある建物のファサードはほとんど意味をなさないといってよい。それはそれは壮大・壮麗な街路空間だ。

　街路空間は都市空間のなかでももっとも重要なものだ。私と私の建築家たちは、都市における列柱回廊、アーケードの意味について討議した。そしてローマにおける都市整備の一環として都市回廊の整備が有意義であると意見が一致した。建設させたのは幅員九メートル、高さ四メートルほどの都市列柱回廊で、東方オリエントの都市のそれの壮麗さは望むべくもないが――。これに範を得て、将来こうした都市列柱回廊が連続するローマの都市を意図してのことだ。ネロ帝の時代においても、都市の整備と火災の際の延焼を防ぐべく同じような列柱回廊が考えられたが、いたって小規模でしか実現しなかった。

建築家　乱雑な都市空間に、ある統一感を与えるとともに、耐え難い夏の強い日差しから市民を守る機能をも有しているのですね。

　陛下の命によって建設されたこのような都市の賃貸集合住宅インスラはローマの外港都市でありますオスティアにも多数、発掘調査がすすめられています。オスティアはこれらによって都市が整備され――多くは陛下の命によって建設されたものですが――、東西を走る主要街路デクマヌス・マクシムスをはじめとして堂々たる都市景観を呈していたことが想像されます。

1・3 女神ローマとウェヌスの神殿

フォルム・ロマヌムと円形闘技場との視覚的関係

建築家　ローマにあります女神ローマとウェヌス神殿は陛下による建造なのですね。陛下が後継者として指名されましたアントニヌス・ピウス帝による建造である、などともいわれておりますが。

ハドリアヌス帝　私の建造によるものだ。もっとも一三五年の四月二一日、ローマの建国祭の日に私が献堂式を執り行ったときは、神殿を取り囲む列柱廊の一部などに、いまだ手を加える必要がある箇所が残っており、だからまったく完成したともいえないが。

建築家　それで、そうした箇所を完成させたアントニヌス・ピウス帝が女神ローマとウェヌス神殿を建造したなどと、一部誤って伝えられることとなったのですね。

建造した場所はウェスパシアヌス帝が起工し、息子のティトゥス帝の治世のときにほぼ完成しました（八〇年）円形闘技場（アンフィテアトルム・フラウィウム）の西側に位置します。この円形闘技場はおよそ五万人もの観客を収容するローマ帝国最大の巨大円形闘技場でして、将軍ウェスパシアヌスと息子で将軍ティトゥス（両者とも後の皇帝）らが戦い勝利をおさめましたユダヤ戦争（六〇～七〇。七〇年にエルサレム陥落）における戦利品（金銀財宝など）によって、この円形闘技場建造の費用を賄ったのですね。

ハドリアヌス帝　ネロ帝の広大な黄金宮ドムス・アウレアはパラティヌス丘のドミティアヌス帝による皇帝宮殿辺りまで広がっていたが、どれも廃墟と化しつつあった。フォルム・ロマヌムからサクラ・ウィア（聖なる道）が一直線に延び、黄金宮に囲まれた広い中庭に繋がっていたが、ほぼその中庭にあたるところに、長年放置されてきた場所があった。闘技見物に円形闘技場を訪れた多くの観衆がこの辺りにたむろするような場所だった。だから整備する必要があった。

建築家　ローマの中心でもあるフォルム・ロマヌムから坂を登ってティトゥス帝凱旋門をくぐり、今度は坂を下って円形闘技場コロッセウムの脇に至る聖なる道サクラ・ウィア、（凱旋将軍がフォルム・ロマヌムを通ってカピトリヌス丘のユピテル神殿に向かって凱旋行進をした道「聖なる道」とは、ロムルスとサビーニ族の王タティウスがこの道上で講和を結んだことに由来、あるいは月の真ん中の日イドゥスに、司祭が生贄を捧げる儀式を執り行うためこの道を通ったことに由来する、といわれております）聖なる道の左側の、いわばフォルム・ロマヌムの西の隅の一角を占めるともいってよいところですね。

ハドリアヌス帝　そうだ。フォルム・ロマヌムから東南の方角を見ると、バシリカ・アエミリアに沿ってユリウス・カエサル神殿の間の聖なる道サクラ・ウィアが走る視覚的軸線上の向こうに外壁の高さが四八・五メートルにも及ぶ大円形闘技場の一部が見えることに、私はつねづね気になっていた。円形闘技場は巨大なスケールの建造物であり、フォルム・ロマヌムのスケールを壊してしまっていることと、フォルム・ロマヌムは神聖な空間であるべきだからだ。

建築家　陛下の建造による女神ローマとウェヌス神殿は、その長方形の広場に正面ファサードを向け、アイストップとしてフォルム・ロマヌムの一画に立っています。背後の円形闘技場は巨大な建造物ですから、神殿の背後に完全に隠れて見えないようにすることなどできませんが、それでも相当な部分が隠れ、その巨大なスケール感はフォルム・ロマヌムにとって影響がよほど少なくなりました。

テラスの造成工事と巨大なヘリオス（太陽神）像の移設

ハドリアヌス帝　それが女神ローマとウェヌス神殿の建造にあたっての建築的構想の一部だ。それで神殿の高さと、神殿が立つ地盤の高さがたいへん重要であり、それらの高さを綿密に検討した。そしてネロ帝の黄金宮ドムス・アウレアの遺構や瓦礫を利用し、それにかさ上げするかたちでテラスを造成することとした。およそ長さ一四五メートル、幅九〇メートルの神域としての大きなテラスとし、神殿はその上に建てるのだが、そのため大規模な造成工事が必要となった。工事期間が当初の予定より大幅に延びたのは、それが一因でもある。

建築家　そのテラスの造成工事を進めるにあたりまして、高い基壇の上に立っていました高さ三六メートルにも及ぶ巨大な青銅製の太陽神ヘリオス像が予定の工事部分に立っていたため、陛下の建築家のひとりデクリアヌスに命じ、これを移設させたと聞いております。デクリアヌスは象二四頭を使って円形闘技場の北西部に移設したのですね。

ネロ帝は自身の巨像（コロッスス）を立てさせましたが、その死後、ウェスパシアヌス帝はその巨像の頭部をヘリオス（太陽神）の頭部に替えさせていたのですね。またこれを移設させた陛下は、このヘリオスの巨像とバランスをとるために、ルナ（月神）の巨像をも立てさせたのではないか、といった憶測が後世に伝わっておりますが。

ハドリアヌス帝　月神ルナ像については私も一時考えたが、やめにした。フォルム・ロマヌムから続く聖なる道サクラ・ウィアとそれに続くアッピウス街道へと通ずる街道を考慮に入れると、円形闘技場前の広場を構成するうえでバランスが悪くなるからだ。

建築家　陛下のもとで働いた数多い優秀な建築家たちのなかで、そのデクリアヌスの名のみが後世に伝わっておりますが――。

ハドリアヌス帝　それは巨大な太陽神ヘリオス像を移設するにあたって、たくさんの象を使ったというスペクタクルな場面があり、物見高い多くの市民が集まり、これを見守ったが、この工事の指揮をたまたま私に命じられてデクリアヌスが執った。これに過ぎない。前にもそなたに言ったとおり、このような経緯から、工事を指揮していたデクリアヌスの名がたまたま市民に知られるようになったまでのことだ。

建築家　十六世紀後半、これは象ではありませんが馬を使って、それも一五〇頭もの馬と一〇〇〇人近くの人夫を使って、太陽神を讃える巨大なオベリスクの移設の指揮を執った建築家ドメニコ・フォンターナ（一五四三〜一六〇七）が知られております。陛下もご存知のテヴェレ川右岸、陛下の霊廟の裏手にあったガイウス・カリグラ帝・ネロ帝の戦車競争場の中央分離帯であるスピーナに立てられていたオベリスクは、アレクサンドリアからカリグラ帝が持ち帰ったエジプト産の花崗岩のオベリスクですね。オベリスクとはもともとエジプトにおいて太陽光線の象徴的な表現であり、太陽神ヘリオスに捧げたものであったのですね。この近くには、キリスト教の総本山としてヴァティカンの新サン・ピエトロ大聖堂が十五世紀以来建造されつつありましたが、廃墟となっていました戦車競争場から、その大聖堂前の広場にオベリスクを移設するというものでして、時の教皇シクトゥス五世が建築家ドメニコ・フォンターナに命じたものです。半年近くもかかったたいへん大掛かりな移設作業で、たくさんのローマ市民が見物に集まってきたこれもスペクタクルな大事業でした。

ローマで唯一のギリシア神殿──神殿建造の意図

ところで陛下のこの女神ローマとウェヌス神殿はとても大きな神殿ですね。短手方向正面に一〇本の柱、長手方向に二〇本の円柱が内陣を取り囲むかたちで立っています。ローマで最大の神殿であり、そしてローマで唯一のギリシア神殿だといわれています。──パンテオンはローマで唯一のギリシア語の名のついた神殿ですが。

女神ローマと女神ウェヌス、この二柱の女神に奉献された神殿ですね。女神ローマとはローマという都市を神格化したもので、紀元前二世紀ころよりこうした都市の神格化が人びとの間に始まったと聞いております。ローマという女神が玉座に座り、周囲の世界に君臨している当時の絵図を見たことがありますが、このことからしても女神ローマは「世界の首長」たる「永遠の都市ローマ」という都市そのものであり、ローマの守護神ともなったのだと思います。

また女神ウェヌス（ヴィーナス）とはギリシアの女神アフロディテと同じで、愛の女神です。伝説によりますとこのアフロディテは神々の神であるゼウスによって、小アジア、トロイアの近くに住む羊飼いで美しい青年アンキセースへの甘い憧れを掻き立てられ、愛を契り、子を宿します。その生まれた男子がトロイア戦争におけるトロイア軍の勇将アイネイアスで、戦いに敗れましたが、辛くも家族を率いて海上に脱出し、幾多の困難を克服してイタリアのテヴェレ河口に辿り着きました。そしてその子孫の一人ロムルスが双子の弟レムスを殺して、パラティヌスの丘に小さな町ローマを創建しました。紀元前七五三年四月二一日のことでして、都市ローマの創建、ローマの建国はこの日なのですね。

ローマの先祖であるアイネイアスは女神アフロディテ（ウェヌス）を母として生まれたとされるわけですから、女神ウェヌスもローマの祖先なのですね。カエサルは、自分の家系ユリウス家の祖先はそのアイネイアスだと伝わっているところから、母なるウェヌス神殿を建造、奉献しておりますが、一般的にいってひとつの家系の祖先ではなく、ローマ市民全体の祖先なのですね。

ところで都市ローマは「公式の名」であって、別にもうひとつの「秘密の名」があったといわれています。都市ローマ ROMA の綴りは後ろから読みますと AMOR（愛）となり、だからローマは「愛」という「秘密の名」を持ち、愛に満ち満ちた都市だ、などと多くのローマ市民は言ったようです。一種の言葉遊びなのでしょうが――。ギリシア人と同じようにローマの人たちも、対句とか語呂合わせとか、修辞学的技巧を好んだようですね。人を笑わせるギリシアやローマの喜劇では当然としましても――アリストパネスの喜劇の語呂合わせは面白いですね――、小説におきましてもそうした技巧が多くある、と読んだことがあります。

そういえばプラトンの『シュンポシオン（饗宴）』におきましても、語呂合わせの箇所がありますね。パウサニアスが少年愛について語り、そして二つの恋（エロス）があり、低俗な女神（パンデモス・アフロディテ）に属する恋ではなく、天上の性をもつ女神（ウラニア・アフロディテ）に属する恋は、それ自身天上に属するものであり、国家にとっても個人にとってもたいへん価値がある。なぜなら、恋をする者も、恋を寄せられる者も、ともに自分で自分に気をつけて、徳に向かって励まなければならないようさせられるからである――とパウサニアスは語り終えるのです。このシュンポシオンの仲間たちへの語り手であるアポロドロスは、「パウサニアスがぱたりと話をやめると――このように語呂合わせすることをその道の知者たちがぼくに教えてくれたのでね――と述べ、恋（エロス）についての次の話し手の話を続けるのです（鈴木照雄、朴一功訳）。パウサニウーとパウサメヌー（ぱたりと話をやめる）の語呂合わせということですが、これを聞いたアポロドロスの仲間たちは手を打って喜んだことでしょう。またこの文章からわかりますように、こうした語呂合わせは修辞学、弁論術の先生であるソフィストたちが、人びとにいろいろ教えたようですね。

ローマは「愛」という「秘密の名」をもつということですが、もとはといえばロムルスがローマの公式の名、秘密の名、フロールという祭司名、この三つの名を唱えたことから由来すると聞いております。

AMOR は愛ですが、となりますと愛の女神はウェヌス、ここに陛下建造の神殿の名、女神ローマと女神ウェヌスの神殿が結びつくような気がします。

ハドリアヌス帝　ROMA と AMOR、これには単なる言葉の遊び以上の意味がローマ市民の心に深く根ざしているのだ。女神ウェヌスを先祖に持つ神聖なる都市ローマ、そして母の愛に満ちた都市としてのローマ。母なる女神ウェヌス神殿を建造したユリウス家のカエサルとアウグストゥスの帝国統治の正当性と統治の継承を象徴させるという私のひそやかな意図もそこにはあるが——。

女神ローマを崇拝することは永遠の都市ローマの崇拝、ひいてはローマ帝国への忠誠につながる。またこの女神ローマをローマ市民が崇拝し、またかつて征服されたローマ属州の民も等しく崇拝する——ローマ帝国の民が一体となるのだ。女神ローマとウェヌスの崇拝はローマ帝国の民の融合・一体化を象徴する。これが私のローマとウェヌス神殿建造の意図だ。

建築家　ローマ帝国の際限なき拡大というそれまでの政策を転換し、今ある帝国の一体化、民の融和を図るという陛下の内政重視の統治の方針を表明するものでもあったのですね——女神ローマとウェヌス神殿の建造は。ある意味では、陛下がギリシア、アテネのイリソス川の畔に建造されましたギリシア諸都市の連帯を意図したパンヘレニオンの建物と同じ意味を有していたのですね。

都市ローマの聖なる境界ポメリウム

ハドリアヌス帝　これとほぼ同じ時期に、私は都市ローマの境界ポメリウムの境界石を新しい石と替えさせたが、この場合、ポメリウムは従来どおりの境界とし、拡大させなかった。これも私の帝国の統治方針を象徴させるものであった。

建築家　ローマの都市域は Urbs Roma（ウルプス　ローマ）、ローマの聖域であり、つまりポメリウムは聖なる境界を意味したのですね。

ロムルスがパラティヌス丘において町の周りに白い牡と牝の牛、二頭の牛に犂《すき》をひかせ、聖なる溝を掘らせた——これが聖なる都市の境界ポメリウムで、境界石を境界に沿って置いたのですね。

このロムルスのポメリウムはその後、次第に拡大されましたが、共和政の時代では、イタリアの諸地方がローマの勝利によってローマに組み入れられたときのみ、ポメリウムの拡大が許されました。ですが、イタリア各地がローマに編入された後では、外国の国土が属州化されたときに、ポメリウムの拡大が認められるようになったのですね。紀元前一世紀のスラの時代では、ポメリウムはほぼセルウィウスの城壁（紀元前四世紀のもの）とほぼ一致していましたが、一世紀中ごろのクラウディウス帝の時代に、ブリタニア（今日のイングランド）の属州化を理由に拡大され、またウェスパシアヌス帝のとき（七五年）カンプス・マルティウス地区とテヴェレ川右岸のトラステヴェレ地区にも拡大されたことが、その後の境界石の発見によって判明しています。それはローマ帝国の拡大をも示唆するものです。

興味深い点は、紀元前七年にアウグストゥス帝が制定した一四の行政区分にわかれた市域、すなわち、ローマ市民が住む実際の市街地はポメリウムと必ずしも一致せず、ポメリウムのほうが小さいことです。このことは人びとが住まう都市の意味について、深く考えられていたことを証明することだと思います。

ところで陛下が新しく取り替えさせられましたポメリウムの境界石の位置は、従来のウェスパシアヌス帝のときとほぼ同位置を示し（それは後に建造された三世紀後半のアウレリアヌス帝の城壁とほぼ一致するのですが）、ポメリウムの拡大をしないことで、異民族の征服による帝国のさらなる拡大を図るという従来の政策の転換を、陛下は象徴的に表明されたわけですね。

ローマ建国記念日に着工

ハドリアヌス帝　女神ローマとウェヌス神殿の着工、すなわち起工式はローマの都市の誕生の日でもあり、ローマ建国の記念日でもある一二一年四月二一日に執り行うよう命じた。そしてまたローマにおいてのみならず、帝国の民すべてが、この記念すべき日に祝う行事（パレースの祭）をより盛大に行うよう命じた。来たる一四八年のローマ都市創建九〇〇年祭に向けて、ローマの民も属州の民も、すなわち帝国の民すべてが帝国の民としての自覚を強め、帝国の民として一体となるためだ。

建築家　毎年四月二一日は帝国各地で、それも辺境の地においても都市ローマの誕生日、そしてローマ建国を祝う行事が行われたことが記録されています。そして陛下がご自分の養子として迎えられ、次の皇帝として指名されましたアントニヌス・ピウス帝の統治一〇年後の一四八年四月二一日には、建国と都市創建九〇〇年を祝う行事がローマ帝国全土をあげて盛大に行われました。

ところで女神ローマとウェヌスの神殿は、ローマにおける唯一のギリシア神殿ですが、なぜそうされたのですか。

ハドリアヌス帝　神殿が立つ場所性というものを、私と私の建築家たちは長い時間をかけて検討した。前にも話したように、その場所はローマの公共広場フォルム・ロマヌムを通って南東の方角に走る聖なる道サクラ・ウィアのほぼ正面にあたる。神殿はその広場の一角を形成し、これを閉じるかたちとするのだから、この広場からのアプローチが神殿への主要なアプローチであり、当然に神殿の正面となる。

他方、円形闘技場とこの敷地の間の場所は、円形闘技場において催される闘技見物に多くの市民が集うところであり、ティトゥス帝の凱旋門をくぐって緩やかな坂を下ってくる聖なる道サクラ・ウィアもここに至る。こうしたことから、ローマの都市において、この場所は大きな意味をもつと考え、広場として整備を計画した。工事のため移動を余儀なくされた巨大な太陽神へリオス像を広場の一角に設置させたのも、その整備計画の一環だ。——この女神ローマとウェヌス神殿を含む神域の建造は、こうした整備の一環として計画されたものだ。

フォルム・ロマヌムの重要性を考えると、ここからの神殿へのアプローチは重要であり、またこの円形闘技場前の広場から見て神殿の単なる背面にしたくなかった。私と私の建築家たちは、ここでまた長い時間、熟考した。

そなたはギリシア、アテネのアクロポリスの神域を訪れたことがあるか。

アテネ、アクロポリスの神域の空間構成

建築家　私は何度か訪れたことがありますが、訪れるたびに感動します。緩やかな傾斜地の上方にあって抜けるような青空のなか、基壇の上に品格と香気を漂わせ凛と屹立するパルテノン神殿、壮大な門であるプロピュライアの列柱の間からこれを仰ぎ見るかたちで見るこの神殿にはいつも心打たれます。十六世紀にここを占拠していましたオスマン・トルコ軍を狙って放ったヴェネツィア軍の砲弾がパルテノン神殿に命中して、無残にもその大部分が崩壊してしまいましたが、私たちが今日見るパルテノン神殿は、それを部分的に修復・復元したものでして、それを見るだけでも私たちは感動するのですから、陛下がご覧になられた完全なかたちでのパルテノン神殿はいかに壮麗なるものか、想像もつきません。

このプロピュライアから見るパルテノン神殿は、一つのファサードが見えるのではなく、北側ファサードと西側ファサードという二つのファサードが見え、いわば神殿の全体像が見渡せるように意図的に配置されているのですね。そしてアクロポリスの丘は破壊された旧城壁、城塞や古い神殿などの瓦礫を利用して拡張・整地されたといいますから、プロピュライアから見まして緩やかな斜面の上、そして基壇の上に立つパルテノン神殿を仰ぎ見るという効果もまた初めから意図されたものですね。

数年前にふたたび訪れたときのことです。プロピュライアから見まして、四人の優美な少女たちカリュアティデスがバルコニーの屋根を支えておりますエレクティオンとそしてパルテノン神殿の間は、いわば空地となっていまして、その空間を青空が満たしています。陛下が訪れましたときには、この空間の手前ほぼ中央に七メートルもの高さの巨大なアテナ・プロマコス（戦うアテナ）像が青空を突き抜けるように立っていたと思いますが、エレクティオン、パルテノン神殿それにこのアテナ・プロマコス像によって構成された空間

は絶妙であったと想像されます。（しかし、残念ながらその像は今日では立っておりません。）

この抜けるような青空に満たされたエレクティオンとパルテノン神殿の間の空間中を、緩やかな斜面に向かって歩を進めていきますと前方に、稜線がくっきりとしておおらかな曲線を描く雄大なヒュメトス山が次第に現れ出で、青空のなかでダイナミックに展開していくのです。背景に広がる山々、神々が棲むと崇められるヒュメトス山を神域全体の空間構成に取り込んだ景観です。驚きました。日本では、背景の山々などの風景を拝借した「借景」という手法がありますが、これは単に拝借しただけで、これとは違います。二つの神殿の間に意図的に空地をあけ、より積極的に景観の構図中に取り込んだものです。

ハドリアヌス帝　小高い丘を登っていくと二つの力強い構築性を示す石の建築の間に、明瞭な稜線を描く聖なる山々がダイナミックに広がっていく。大自然と人の手になる神殿とが交響する景観だ。

アクロポリスの神域の構成は、自由に歩きまわることを前提としたある種の動的な均衡感覚にもとづいている。歩を進めるに従って、さまざまな景観が展開していき、私はこの神域全体の空間中を自由に歩きまわり、この空間を生きている気がする。私はここから多くのことを学んだ。そして構想中の私のローマ郊外ティヴォリの別荘の計画に採り入れることができるか、たびたび考えた。いまだ皇帝位に就いていないころのことだが――。

建築家　アクロポリスの神域全体の空間構成については、建築群が直交座標軸上にないことから、一見すると乱雑に配置された印象を受け、何の秩序も意図も読み取れ難かったのでしょう。建築ひとつひとつはそれ自体で独立し、ギリシア人はこれに完璧性を求めるのに対し、建築相互の関係性についてはなにひとつ考慮しなかった、といった見方が長い間、二〇世紀に至るまで支配的でした。ですがそうではなかったのですね。それも軸線を有した左右対称的配置といった、いわゆる静的秩序・均衡ではなく、人が自由に歩きまわることを前提とした動的均衡ともいってよい空間構成なのですね。それも周囲の山々といった自然を取り込んだ──古代ギリシア人の綿密な思考には驚嘆する思いがします。

ハドリアヌス帝　そなたはエレクティオンとパルテノン神殿の間を上っていくとき、それまで見えなかったが次第に目前に展開してくるヒュメトス山の端から朝日が昇ってくるのを見たことがあるか。

建築家　今日ではそうした早朝には、アクロポリスの神域は錠がかかって閉ざされていまして、人は入れません。いつの時代からかはわかりませんが、ここにも近代において進む管理社会の影が忍び寄っているのだと思います。

ハドリアヌス帝　私はアテネを訪れると、何度かは必ず早朝訪れる。初めは夜明け前の青い空──美しい黒味がかった青の天空のもと、山の端から太陽の光が射し始める。天空の濃い青は薄青に変わり、周囲の世界は次第に明るみ始め、朝日が山の端から顔を出す。あくまで清澄な大気のなか、その昇り始めた朝日に向かって、歩を進めるのだ。右手のパルテノン神殿の東ファサードが、これが正面ファサードだが、朝日を浴びてそれは神々しいばかりに輝くのだ。感動で胸が熱くなる自分に気づく。

シチリア、エトナ山頂に登る、そしてペトラルカの近代的登山

建築家　陛下はイタリア、シチリアのエトナ山や、シリアのアンティオキア近郊のカシウス山などに側近らとともに夜間に登りはじめ、まだ暗いうちに山頂にお着きになり、東の海や大地から昇る朝日を遥拝されたことが知られています。

十四世紀、イタリアの詩人フランチェスコ・ペトラルカ（一三〇四〜一三七四）は、当時フランス、プロヴァンスのアヴィニョンにローマ教皇庁があった関係で、その近郊に住んでいました。一三三六年四月、ペトラルカはアヴィニョンの北東五〇キロメートルほどのところの聖なる山ヴァントゥー山（海抜一九〇九メートル）に登っています。夜明け前に弟とともに麓の田舎宿を発ち、やっとの思いで山頂に到着し、ただならぬ

爽やかな大気、ひろびろと打ちひらけた眺望に感動したペトラルカですが（近藤恒一訳）、持参した聖アウグスティヌスの『告白』の一節を読み、やがて目を転じて自己の内面に向け、沈黙のうちに内省し、瞑想に耽ったことが知られています。

有名な高山の頂から周囲の景観を見てみたいという願望に駆られたペトラルカの登山は、鉱石や鉱脈を発見するためといった、ある特定の実利的な目的をもたない、ただただ山頂に到達するという目的での登山でして、その意味で最初の近代的登山だ、などといわれています。

ですが、陛下はこれよりはるか一二〇〇年以上前の近代的「登山者」であったわけですね。

ハドリアヌス帝　東の山々から昇る朝日を山頂から遥拝する——崇高だ、世界が開けるのだ。いつも私は神々の気配を感じ、厳粛な気持ちになる。そして偉大な自然のなかにあると、普段は傲慢になりがちな人間だが、自分がいかに矮小な存在であるかに思いをいたすのではなかろうか。そして私は自己の内面に眼を向け、内省するのだ。

エトナ山頂では真っ赤に燃える火口を見、シチリア、アクラガス（今日のアクリジェント）の詩人・哲学者エンペドクレス（紀元前五世紀）に想いを馳せ、格別厳粛な気分になった。エンペドクレスは、民への贖罪としてこの火口に身を投じたのか、あるいは自分が神の顕現であることを示さんとしたのか——。

もしたまゆらの生命のものどもの誰かのために、不死なるムーサよ、私のこの努力のことを心にかけてくださるのをよしとされるようならば、ねがわくばわが祈りにこたえて、ここに今ふたたび現われきたり、至福の神々について私がすぐれた話を語り示すのをたすけたまえ幸いなるかな、神のごとき知恵の財宝を得し人。みじめなるかな、その心に神々についての晦い考えが宿るもの。神をわれわれの眼のとどくところまで近づけることはでき

ない。（藤沢令夫訳）

これはエンペドクスによる壮大な詩カタルモイ（浄め）の一節だが、私はエンペドクレスの詩を暗唱するほどまで愛した。雄弁家で、詩も詠い、医術にも長じ、政治家でもあったエンペドクレスは私にとってもっとも興味深い人物のひとりだ。

エトナ山火口中に身を投じた哲学者エンペドクレスと詩人ヘルダーリン

建築家　十八世紀から十九世紀にかけて生きましたドイツの詩人フリードリッヒ・ヘルダーリンのような、エンペドクレスについて、そしてそのエトナ山火口への投身による死の意味について考えた人もいます。

……英雄のあとについて、わたしも深い地の底へくだりたい、
もしも愛がひきとめなければ。（野村一郎訳）

といったエンペドクレスへの頌歌を詠い、エンペドクレスの自死をめぐる美しい悲劇詩も草案しています。

ハドリアヌス帝　それはいかなる悲劇詩か。

建築家

……（前略）……
真摯な大地
かの宿運に満ちみちた大地に向かって　己の心を
開け放ってきた　ああ　己は　誓ったのだ　大地にたいして

終始　誠実を失わず　若々しい悦びのうちに
最後まで　己の生命を　捧げることを――
かくして　いくたびか　打ち解けた折ふし　己はこの誓いを
重ねつつ　大地を　死の厳かな契りを　結ぶにいたった
すると　林苑を渡る　風のざわめきも　昔と異なり
山々の泉は　やさしい水音を　伝えて――
大地は　愛の花々を　己に贈り
小枝を組んでは
己の頭を飾ってくれた（谷友幸訳）

これはエンペドクレスが何故にエトナ山火口に身を投じるのかを語る数行です。神々たる聖なる自然に身を捧げ、一体となりたい。そして自然はこれによって、いっそう荘厳さを増すというのですが、宇宙、神々、聖なる自然、そして人間の存在のありようを語り、たいへん感動的な劇詩です。

神殿の正面ファサードとスケール

ハドリアヌス帝　ところでアクロポリスのパルテノン神殿において見たように、妻を見せる東側ファサードが正面ファサードである。その前に生贄を捧げる祭壇があった。他方プロピュライアから見る背面にあたる西側ファサードは、列柱が同じように二列に内陣を取り囲むように立っているところから、人の目には東側ファサードとそう大きな相違はない。

建築家　今日の人々には、プロピュライアから見る西側ファサードが正面ファサードであると勘違いしている人も多いようです。というより、正面ファサードというものがあるのか、といった意識がないように思えます。これは多分に、内陣部分が崩壊してしまっており、内陣との関係がわからないことにも起因すると思いますが——。

ハドリアヌス帝　高い基壇の上に立ち、正面ファサード前に階段があり、それを上って柱が並び立つポルティクス中央を進み内陣中央奥の崇拝像に進むという、一つの明確な軸線と方向性を有し、したがって明確な神殿の背面を有するローマ神殿とは、そうした点でギリシア神殿は大きく相違する。

フォルム・ロマヌムと円形闘技場前の広場からというこの二つの広場からのアプローチ、それにこれもおかしな言い方だが二つの正面ファサードをもつこと、こうした点を考えて、私と私の建築家たちは女神ローマとウェヌス神殿をギリシア神殿とした。

建築家　全体の神域の長手方向両側に列柱回廊が連なり、西北のフォルム・ロマヌムと東南の円形闘技場前広場に向かっては、この回廊が閉じることなく開かれており、階段で通じています。両側を回廊によって挟まれるかたちで長大なギリシア神殿、女神ローマとウェヌス神殿が立っていたのですね。

四世紀の初め火災で大部分が焼失し、マクセンティウス帝、ディオクレティアヌス帝がこれを当初のかたちで再建したとされていますが、今日では内陣の一部を遺すのみで、どのような神殿が立っていたのか残念ながら想像するほかありません。

フォルム・ロマヌムから見まして、聖なる道サクラ・ウィアが走る方向のアイストップともなり、その向こうに立つ円形闘技場をある程度隠すという陛下の当初の構想どおり、周囲を六段の階段がめぐり、二つの正面ファサードの円柱は一〇本、長手方向のファサードの円柱二〇本が内陣を囲むかたちで立ったおよそ五〇×一〇〇メートルの実に大きな神殿だったわけですね。その柱はビザンティウム（今日のイスタンブール）に近いマルマラ海に浮かぶマルマラ島のプロコンネソスの石切り場から採ってきました白い大理石円柱でして、むろん規格標準寸法ではありませんでした――それよりはるかに高かったわけですから。

ハドリアヌス帝　神殿の大きさについては他方、広場に面して立つ巨大な建造物である円形闘技場はむろんのこと、高い基壇に立つ太陽神ヘリオスの巨大な立像のスケールに対応させるよう私と私の建築家たちは検討した。

二柱の女神坐像を背中合わせのかたちで祀る、ROMA-AMOR

建築家　内陣は二つに分割され、西側部分には女神ローマがフォルム・ロマヌムを臨むように祀られ、他方コロッセウム広場に向かっては女神ウェヌスが祀られていたのですね。内陣はアプスの壁によって仕切られ中央内奥に、いわば背中合わせのかたちで二柱の女神坐像が祀られていたわけですが、左右の壁には各五つの窪みがくり抜かれ、その前にそれぞれ六本の独立円柱がアーキトレーヴ状のものを支えるように立ち並び、そこから半円筒ヴォールト天井が架かっていたたいへん力強い内部空間ですね――わずかに遺った遺構からでも、充分それが想像することができます。

柱に支えられたかたちの半円筒ヴォールト天井、またこれから発展しました四隅の柱に支えられた交差ヴォールトは陛下の時代の創意工夫であり、後の三～四世紀の内部空間形成に大きな影響を及ぼした、といわれております。

ハドリアヌス帝　そんなことはない。コンクリート造と煉瓦造を発展させて厚い堅固な壁とヴォールト・ドーム天井という紀元前一世紀ころから発展したいわばローマ的な壁造の建築に対し、壁の前面に列柱がおかれるごとく、いわばギリシア的な柱と梁の骨組み造を組み合わせ統合する建築をいっていることだと思うが、クラウディウス帝の時代に建造されたネマウスス（今日の南フランス、ニーム）の水の神を祀った神殿にもそうした例はあるし、ドミティアヌス帝の時代の建築にもいくつか見られる。つまり私や私の建築家たちの創意ではない。

建築家に求められている能力は、なにか新しいものを初めて創り出すことだけではない。なにか新しいものを発明したと主張しても、多くの場合、とうの昔に他の建築家が試みていたことだ、といった例が多いのだ。だから新しいものを初めて創り出すことより、むしろすでに存在するもののなかに意味を見出すこと、そしてそれを、目的を充足させるために最大限に利用しそして工夫すること——これが真に建築家に求められている能力だ。

私と私の建築家たちはよく連れ立って、私がローマにおいて住むパラティヌスの丘の皇帝宮殿やフォルム・ロマヌム、皇帝広場などに立つ建築をつぶさに観察した。そして皆でそうした建築にどういうような欠点があるのか、またどこに応用、発展の可能性があるのか議論した。

建築家　ドミティアヌス帝によるパラティヌス丘の上に立つ皇帝宮殿のうち、謁見の間であるアウラ・レギアは半円筒ヴォールト天井ですが、これらはいわゆる世俗建築であって、神殿などの聖なる建築ではありません。聖なる建築に採り入れたのは、なんといいましても陛下が最初です。

ところで内陣の中央奥、半円のアプシスの前、美しい二本の柱が左右に立ち、そこに巨大な女神ローマあるいは母なる女神ウェヌスの坐像が祀られていたのですね。陛下が建築家アポロドロスに神殿の設計プランを送られ、どうだ、お前の助けなどなくして素晴らしい建築ができるであろう、と人を介して言われたところ、アポロドロスは基壇の高さ——これは聖域全体のテラスのことだと思われますが——が低すぎる、それに女神像に関して、内陣の天井高に対して女神像は高すぎて、だから「もし女神が立ち上がり、内陣の外に歩いて出て行こうとしてもできません」と手紙にて陛下に答えた、という話が後世に伝わっています。これは三世紀初期に大著『ローマ史』を著したディオ・カシウスがそのなかで陛下の生涯と業績について述べたところにおいてでてきます。——パンテオンの建造はアグリッパによるものだと書いたあのディオ・カシウスです。

ハドリアヌス帝　そうか、そんな話が後世に伝わっているのか。だがそうした事実はない。歴史の記述というものがいかに主観的なものか、それを示す教材のようなものだ。むろん、この世界に客観的な記述など存在しないことは私もよく知っている。何事も誰かが判断する、その価値基準に従って判断するからだ。だが捏造となるとやや話が違ってくる。

前にも話したように、アポロドロスは先帝トライアヌスの建築家であって、私の建築家ではない。パンテオンの建造にも、そしてこの女神ローマとウェヌスの神殿の建造にあたっても私の建築家集団に加えていない。もっとも先帝トライアヌス広場とそれに関連したバシリカ・ウルピアやトライアヌス帝記念柱、ギリシア語本・ラテン語本図書館、それにトライアヌスのマーケット（市場）の建造にアポロドロスが従事していた関係で、その奥にあるトライアヌス神殿の建造にかかわらせたから、厳密にいえば一時の間、私の建築家集団のひとりであったというべきだが――。そうした者に私が何かを尋ねる理由はなんらない。

それに女神像の大きさについていえば、たとえば、ギリシアが誇る彫刻家フェイディアス作のオリュンピアのゼウス神殿におけるゼウス座像にしても、アテネ、アクロポリスのパンテオン神殿におけるアテナ像にしても巨大な像である。ギリシア人は神々の姿かたちは人間よりもはるかに大きいものと考えたからだ。

建築家　ホメロスの『諸神賛歌』中のアフロディテ賛歌におきまして、死すべき人間であるアンキセースと臥床をともにした後、

女神アフロディテはアンキセースに心地よい熟睡をそそぎかけ、みずからはその肌に美しい衣をまとうと、小屋の中にそっと立ったが、その頭は見事な造りの天井の梁にまで届き、うるわしい花冠戴くキュテラ女神のものである神々しい美しさが両の頬に輝いていた

（沓掛良彦訳）

とあり、女神は立つと天井の梁にまで届くと、その姿かたちは大きく詠われています。またデメーテル賛歌にも

女神が敷居に足を乗せると、その頭は天井にも届き、この世のものならぬ神々しい光が、戸口いっぱいに広がった。……（沓掛良彦訳）

とありますね。

ハドリアヌス帝　ギリシア神殿に祀られる神々の像の巨大さについては、ギリシア人であるアポロドロスのような建築家が知らないはずはないし、だからそうしたことを言うはずはない。女神ローマとウェヌスの神殿はギリシア神殿なのだ。――これでアポロドロスの件は、まったくの作り話であることがわかるのではあるまいか。

建築家　ローマでは紀元前二世紀ころからギリシア彫刻の模刻、コピーがつくられております。陛下がつくるように命じられた数々の模刻もそうですが、どれもたいへん精巧で、質が高いものが多かったですね。しかしながら、ギリシア神殿のコピーはローマ本土においてはつくられませんでした。陛下によるこの女神ローマとウェヌスの神殿を除きましては――。ただこの神殿の内陣が二分され、背中合わせのかたちで別々の神々が祀られるようなギリシア神殿は、ギリシアにおいても存在しないわけでして、ギリシア神殿のコピーとはいえません。

五〇〇年以上も昔のギリシア古典期のパルテノン神殿とくらべましても、天井は半円筒ヴォールト天井ですし、これを支える壁――この壁は半円筒ヴォールトの水平推力を受けるため非常に厚い壁となっております――もコ

ンクリート造となっており、構造が全然違いますし、プロポーションも違います。古典期のギリシア人は同じ内陣内において背中合わせのかたちで神々を祀るとは想像だもしえないであろう、とドイツの芸術史家ケーラー（一九〇五～一九七五）などが言っておりますが、神々を祀る平面形式も違いますのも、これは当然なことですね。

ハドリアヌス帝　女神ローマはフォルム・ロマヌムの方向に向かっているローマの守護神で、ローマ帝国の守護神でもあるのだ。そのローマ ROMA は逆から読めば（背中合わせで）愛 AMOR であるように、愛の女神ウェヌス、満ち溢れた母なる愛で広大な帝国を抱擁するのだ。これを象徴するのがこの神殿だ。

1・4　ハドリアヌス帝の霊廟マウソレウムとアエリウス橋

鷲に導かれてオリュンポスの山々へ向かう皇帝の魂

建築家　ところでテヴェレ川の右岸沿いに、今日、多くの観光客にとってはサン・タンジェロ（聖天使）城として知られています陛下のマウソレウム、すなわち霊廟が立っております。

サン・タンジェロ城という名のとおり、城塞のかたちをしています。もちろん、もともとは「ハドリアヌス帝のマウソレウム」であったということもよく知られていますが、すでに三世紀におきましてアウレリウス帝によって城塞に変えられ、その後もいろいろ改変が加えられまして、今日では陛下の霊廟マウソレウムがいったいいかなるものであったのか、想像するのも困難です。

陛下はご存命中に、何故にご自分のマウソレウムを建造されたのですか。

ハドリアヌス帝　アウグストゥス帝はカンプス・マルティウスにおいて、紀元前二八年に自分のマウソレウムを建造、完成させている。帝は七六歳で崩御され、長命であったが、マウソレウムを完成させたのは三五歳のときであった。アントニウスとクレオパトラの追討の折、アレクサンドリアにて、アレクサンドロス大王のマウソレウムに詣でたとき、自分のマウソレウムの建造を思い立ったと伝えられている。

崩御後、（特別の場合を除いて）皇帝の遺体がおさめられた象牙の棺架は、元老院議員たちに担がれて、アウグストゥス帝のマウソレウムの近く、フラミニウス街（ラータ街）沿いに建造された四周を塀と列柱廊に囲まれた広大な火葬場（ウストリヌム）に運ばれ、そこで荼毘《だび》に付された。

建築家　幾層にも火葬用の薪が積まれ、その上に金糸と紫紅糸で織った被いに包まれた皇帝の棺が安置され、その周囲は芳しい香気を放つ花草木で満たされ、そして香が焚かれました。そしてコロス（合唱隊）が歌う荘重な歌の響きのなか、火が放たれますと、皇帝の遺体の傍らにおかれていた鳥かごから神々の神ゼウスの聖鳥であります鷲が飛び立ち、いずこともなしに天高く飛び去るのですね。

ハドリアヌス帝　そうだ。神々の列に加えられた皇帝の魂は、その鷲に導かれるようにして、遠くギリシアの神々が棲むオリュンポスの山々へと向かうのだ。

そして遺骨はアウグストゥス帝のマウソレウムに安置されたわけだが、そこにはポンペイウス劇場の裏手にあったポンペイウスの回廊・議堂において暗殺された独裁官ユリウス・カエサルや歴代の皇帝だけではなく、皇帝家族の遺骨もまた安置された。それは相当な数にのぼるわけで、だからネルウァ帝の代において、アウグストゥス帝のマウソレウムの収容能力は限界に達した。

そなたも知っているとおり、ローマの都市の聖なる境界であるポメリウム内における人の埋葬は、いかなる場合にせよ、古来より伝統的に禁じられてきた。紀元前六世紀共和政初期、ローマで最初の執政官で、「民衆の友」として民衆に人気のあった政治家、ローマ市民の投票によってウェリア（パラティヌス丘とオピウス丘の間の小高い丘）に埋葬が決められたプブリウス・ウァレリウス・プブリコーラの場合が、唯一の例外として知られているだけだ。

建築家　先帝トライアヌスの遺骨は、ローマの中心といってもよいトライアヌス広場の奥に立っています先帝の記念柱の基壇部に安置されたと聞いていますが。

ハドリアヌス帝　そうだ。先帝は自分の死後の遺骨の安置場所については、表立って口には出さなかったが、心を摧《くだ》いたはずだ。ひそかに自身の記念柱の基壇が良いと考えていたのかもしれぬ。いずれ元老院にてそれを認めてもらおうと考えていたのかもしれないが、東方パルティアの動きが不穏となり、急ぎ東方に軍を進めざるを得なくなり、その機会を逸した。パルティアに勝利したのだが、戦いにつぐ戦いでの疲労のためか戦地で病を得、私に軍団の総指揮を任せて帰国の途についたのだが、病状は悪化し、小アジア、キリキアのセリヌス（今日のトルコ南沿岸のガジパシャ）の地にて、ついに死去してしまった。

先帝の皇后プロティナと皇帝位に就いた私は、先帝のひそかな遺志を察して、帝の記念柱の基壇部への遺骨安置の許可を得るべく、元老院にて画策した。ポメリウス内での埋葬は古来からの伝統という問題もあり、なかなか困難であったが、元老院はついにおれた。先帝トライアヌスの帝国への功績は偉大であり、また皇帝在位中、帝国の統治において、先帝はつねに元老院との協調関係に気を配ったこともあり、元老院は特別な配慮を示したというべきであろう。

先帝トライアヌスの遺骨の安置場所について、先帝の皇后プロティナと思案しているころから、アウグストゥス帝とそのマウソレウムを想い起こしつつ、私は私のマウソレウム建造を心に決めた。それは帝国全体の大きな問題でもあるからだ。

そして、その建造場所について綿密に検討を始めるとともに、マウソレウムの構想を私は私の建築家たちと練りはじめた。

ハドリアヌス帝のマウソレウムの場所

建築家　陛下がご自身のマウソレウムの建造場所として選定されましたのは、テヴェレ川が大きく西に蛇行するローマの西はずれの場所ですね。カンプス・マルティウスとテヴェレ川を挟んで接するいわば川向こうの右岸沿いの場所です。今日では陛下の時代よりもローマの市街地はくらべものにならないほど拡大し、またヴァティカヌスという当時の地名をうかがわせるローマ・カトリクの総本山ヴァティカン宮殿とサン・ピエトロ大聖堂が近くにありますから、世界からキリスト教信者や観光客で賑わう地域ですが、ガイウス・

カリグラ帝・ネロ帝の戦車競争場やトライアヌス帝の模擬海戦場などがありますものの、陛下の時代におきましてはあまり人目につきにくい場所であり、その意味ではやや突飛な場所の選定であるといえます。

といいますのは、ポメリウムを出た主要街道沿いに、たとえば、今日アッピウス街道沿いに見えますように多くの墓が築かれています。人通りの多い人目につくところであり、多くの人がそうした墓を見るあるいは詣でることによって、死者の記憶を永遠に保とうという人びとの意図があったものと思われます。

アウグストゥス帝のマウソレウムは、ローマから北に走るフラミニウス街道（ラータ街）から当時見えましたし、このカンプス・マルティウスやフラミニウス街道沿いには、もともとローマの上層階級の人たちの墓があったのですね。ですから、陛下のマウソレウムもそこに立地しても不思議ではなかったともいえます。

ハドリアヌス帝　人目につきにくい場所という意味では、そなたが言うようにやや突飛な選定かもしれないが、この地域にはアウグストゥス帝の時代からすでに墓があちこちに築かれていたのだ。

建築家　近年、ヴァティカンのサン・ピエトロ大聖堂前広場の北側地下に、アウグストゥス帝の時代から三世紀にわたる共同墓地が発見されまして、市民に公開されたと新聞に報じられていました。約二五〇柱の墓で、火葬と土葬のものがあり、なかにはポンペイウス劇場におきましてネロ帝時代に舞台監督を務めた有名な解放奴隷の墓もあるということです。

ハドリアヌス帝　そうか。私の後の時代では土葬となったのか。

建築家　だいたい三世紀ころからローマでは、ローマ市民も、そして皇帝も土葬となったと聞いております。

冥界の川ステュクスのメタファーとしてのテヴェレ川

ハドリアヌス帝　話を戻すと、この地域はブドウ畑が多くあったところであり、安価な陶器をつくる工房などもあったし、それにテヴェレ川沿いにいくつか別荘も立っていた。

そしてその一角にネロ帝の叔母ドミティア・レピダの広大な庭園があった。その死後、庭園はネロ帝の所領となり、やがてこれを含めて広範囲な地域が Ager Vaticanus なる皇室の所領となった。私がそこを私のマウソレウム建造の地と定めたのは、皇室の所領地故に元老院の特別な許可を得る必要はなかったこと、それにこの地域一帯は他の墓地も築かれつつあったこと、この二点が背景にある。

だがなによりも、そなたは先にテヴェレ川の川向こうと言っていたが、テヴェレ川は冥界を七巻きするという川、ステュクスのメタファーなのだ——死の帝国へ渡る川ステュクスの。そのステュクスの向こう岸に冥界としてのマウソレウムが立つのだ。

私はこの川ステュクスを渡る橋も同時に構想した。

建築家　それで陛下のマウソレウムとそれにアプローチする橋ポンス・アエリウスが一体として構想されたわけですね。

伝説では、ステュクスの向こう岸の地下の冥界に行くには、渡し守のカロンに駄賃を支払って船でもって渡してもらわねばならない。それで金、銀、銅貨と故人の資産に合わせて死人にコインを持たせたのですね。ヴァティカン内で発見され、発掘後、公開されました古代ローマの共同墓地におきましても、死人の歯と歯の間にコインを挟ませたものが見られるということです。

ところでアウグストゥス帝の霊廟も陛下の霊廟もマウソレウムとよばれ、大きな霊廟は今日においてもそうよばれています。

マウソレウムとは

ハドリアヌス帝　それは小アジアのハリカルナッソス（今日のトルコ、ボドゥルム）の地にあるアケメネス朝ペルシアの属州カリアのサトラップ、つまり総督であったマウソロスの巨大な陵墓に由来するのであろう。マウソレウムとはラテン語のいい方で、ギリシア語のマウソレイオンが本来的ないい方だろうと思うが――。その地方の王でもあった総督マウソロスが死して後（紀元前三五〇）、妻のアルテミシアが夫のためにプリエネ出身の建築家ピュテオスとパロス出身の彫刻家スコパスらに命じて、建造した陵墓だ。ピュテオスはアレクサンドロス大王の奉献によるプリエネのアテナ・ポリアス神殿を設計した建築家だ。そしてエフェソスのアルテミス神殿を支える高さ二九メートルにも及ぶ長大な一二七本の円柱のうち、三六本に浮き彫りが施されているが、スコパスはその一つを彫刻した名の知られた彫刻家であり、また建築家だ。

建築家　そのペルシアの総督マウソロスの大陵墓は、今日では廃墟となっており、発掘作業が進められましたが、その陵墓が全体としてどんなかたちをしていたのかおよそ見当がつきません。陛下の前の時代に生きましたあの（大）プリニウスの『博物誌』に、マウソロスの大陵墓についての記述がありますが、概略的でして、細かいところは不明です。

世界の七不思議のひとつといわれていますその陵墓の正面と側の全長は四四〇フィート、高さは二五キュービットで、三六本の円柱で内陣を囲む列柱廊があり、その柱廊の上に下部構造の二倍の高さのピラミッドがのっている。ピラミッド状に二四の階段が次第に狭くなっていって、先端には大理石でつくった四頭立ての戦車がある（中野定雄他訳）――と、このような大まかな記述となっておりまして、この（大）プリニウスのほかにはこれといった記述はないようでして、主としてこの（大）プリニウスの記述をもとに、これまで五〇に及ぶさまざまな想像復元図が作成されたほどです。

そのうちのひとつ、一九二三年にドイツの考古学者クリシェンによる想像復元図がデンマークの考古学調査団によって、ある程度正確だとされましたが、それによりますと、幅二五～三〇メートル、高さ二五メートルほどの直方体のいわば基壇の上に、高さ一〇メートル以上のイオニア様式のピラミッド状の構造物がのり、頂に四頭立ての戦車とそれを御するマウソロスと妻アルテミシアの像がある――そのようなかたちをした全体で高さが五〇メートルほどに及ぶ堂々と威容を誇る陵墓のようです。

これが「マウソレウム」として、後世の王や権力者の霊廟建造に大きな影響を及ぼしたのですね。

土盛りした円形の埋葬塚、トゥムルス

ハドリアヌス帝　巨大な、堂々とその威容を誇示する陵墓の建造を権力者や富める者たちが志向するようになった意味では、大きな影響を及ぼしたといえよう。

だが新しいかたちの陵墓を志向させたかといった点においては、疑問が残る。死者を葬るということは、死者に想いを馳せ、祖先を想い起こし祀ることに連なることでもあるのだ。その場合、古来の風習や伝統とわれわれは離れられない。

アウグストゥス帝は、自分のマウソレウムの構想にあたってトゥムルスとした。トゥムルスとは土を盛り上げて築いた丸い丘状の草木が生えた埋葬塚で、古来より、地中海沿岸地域に広く行われた伝統的な墳墓の形式だ。エトルリアの人たちの墓ももちろんそうだった。丸いかたちは死者の永遠の平安を象徴し、また土盛りした丸い丘の下のドームに覆われた空間は死者のための住まいを象徴するのだ。

私も自分のマウソレウムを構想するのにあたって、むろん、このわれわれローマ人にとって古来の土盛りした円形の埋葬塚、トゥムルスを考えた。

建築家　古代の中国や日本でも、貴人の墓にはそうした円墳が多かったようです。非常に美しい墓です。人間は死して土に還るという自然の摂理が、土盛りした円形の塚に象徴されているように思いますが、これは他の民族にも共通することだと思います。

アウグストゥス帝のマウソレウムは、直径八七メートル、高さ一二メートルの円筒形の基壇の上に土盛りされ、三二メートルほどの高さで丸い丘状の塚が築かれたのですね。そして塚には糸杉が植栽されていました。むろん、異なる直径の四重の円筒の構造がそうした土盛りを支えていたわけですが——。そして塚の中央の頂にはアウグストゥス帝の立像が立っていたのですね。

陛下のマウソレウムでは、アウグストゥス帝のそれの基壇が直径八七メートルの円筒形であったのに対し、基壇は高さが一二メートルで一辺の長さが八六メートルの方形であり、その中央に直径六四メートル、高さ二一メートルの周囲を列柱が立つ円筒の構造物が屹立し、その上に土盛りされ、丸い丘状の塚が築かれ、そしてアウグストゥス帝のそれと同じように、塚には糸杉が生い茂っていたのですね。そして中央には塔が立ち、その頂にはハリカルナッソスのマウソロの霊廟のごとく四頭立ての戦車が飛翔し、それを駆るのは陛下の像なのですね。

円形の土盛りされた塚を支えるために、その下部には三〜四層の円筒状の構造物があったわけですが、後世になりまして、陛下のマウソレウムが三〜四層にセットバックする円筒形の構築物として描かれたものがいくつか見られます。それは土盛りを支える下部の構造物がある時期に外観として見え、それが伝えられそのように描かれたということですね。つまり土盛りの部分が流出あるいは取り除かれた結果、下部の構造が露出してしまった、と。

ハドリアヌス帝　私の死後、私の遺骨を安置すべき玄室はどういう状態なのか。遺っているのか。

浮遊する荘厳な空間、玄室

建築家　陛下が冥界を取り巻く川ステュクスと見立てましたテヴェレ川を渡る新しい橋ポンス・アエリウスからアプローチしますと、正面に幅八九メートル、高さ一五メートル（竣工後にこのように拡張されたと聞いております）の白い大理石が貼られた巨大な壁があり（これが基壇部分であり、その中央に円筒形の建物が立ち、その上に糸杉が生い茂る塚が盛られています）、この壁の中央、橋の軸線上に入口門があります。ブロンズの門扉を開けて、正面通路を進みますと小さな玄関ホールに到達します。パンテオンの柱と同じイエロー・オーカー色のアフリカ、ヌミディア産のジャロ・アンティコの大理石貼りの空間で、正面のアプシスには陛下の立像がおかれていたといわれております。

この玄関ホールから右手に通路が延びていますが、螺旋状に上る斜路となっております。幅三メートル、高さ六メートルの半円筒ヴォールト天井で、壁は大理石貼り、床は黒白のモザイク仕上げで、螺旋状に上る上昇感をもつこの通路の空間は、なんとも魅力的な空間です。

この斜路を一二五メートル進みますと、三六〇度すなわち一回転して玄関ホールの直上部、一二メートルの高さのレベルに達し、そこから円筒の中心に向かう通路があり、八×八メートルの正方形の玄室に到達します。アウグストゥス帝のマウソレウムの玄室は、もっとも内奥の円筒壁が正確に南の方角から幅員三・五メートルのヴォールト天井をもつ通路としてくり抜かれ、そこからアプローチする正方形の空間で、地上のレベルにあるのですが、陛下と皇后サビナのご遺骨が安置されるべき玄室は土盛りされた塚の中央真下、塚を支える円筒の中心、つまりマウソレウムの中心の位置に存在する空間です。

平面形は全体として八×八メートルの正方形ですが、四面の壁にエクセドラが形成されており、ですから、ギリシア十字形の平面プランを示しているといってもよいかと思いますが、天井は半円筒ヴォールト天井となっており、この壁と天井ともトラヴァーティンの上にこれもアフリカ、ヌミディア産の大理石ジャロ・アンティコが貼られており、上部に二つの通風、採光窓があります。十五世紀末のルネサンス期において、アプローチ通路がつくられ玄室空間中にブリッジが架けられたり、壁仕上げの脱落等々改変が大きく、今日では、当初の形態を想像することはなかなか困難ですが、それでも、それが厳粛、荘厳な空間であったことは今日でもうかがわれます。

巨大な正方形の基壇上に屹立し、列柱や立像で飾られたこれも巨大な円筒形の構築物、その上に糸杉が生い茂る土盛りされた塚、そして陛下が駆る四頭立ての戦車が飛翔する——全体で五〇メートル以上もの高さの壮大なマウソレウムですね。アウグストゥス帝のマウソレウムと同じようにモニュメンタルで、ローマ的な建築です。全体としては非常にローマ的ですが、列柱や壁面構成に見られますように陛下の建築に特有な、ギリシア的洗練が加わっています。

この陛下のマウソレウムのまさに中心に、いわば浮遊するかたちで陛下と皇后サビナのご遺骨が安置されるべき玄室があります——その浮遊する玄室に螺旋状に上昇しつつアプローチする斜路。非常に印象的な建築です。

ハドリアヌス帝　私の魂は鷲に導かれて遠くギリシア、オリュンポスの山々に棲む神々のもとに行き、私の遺骨は私の側近達の肩に担がれ天上の住まいへ移される——。螺旋状に上昇する斜路と浮遊する玄室はそれを象徴的に表わす——これが私と私の建築家たちが意図したものだ。

マウソレウムと一体として建造されたアエリウス橋

建築家　冥界を七巻きするという川、ステュクスを隠喩とするテヴェレ川に架かる橋ポンス・アエリウスの軸線は、陛下のマウソレウムの正面入口と一致し、マウソレウムと一体として構想されたわけですが、この橋が建造される以前にも、カンプス・マルティウスと右岸のヴァティカヌス地区を結ぶ橋があったのですか。

ハドリアヌス帝　そうだ。私のパンテオン、ネロ帝の公共浴場それにドミティアヌス帝の競技場（今日のナヴォナ広場）の北側をほぼ正確に東西に走るレクタ街（今日のコロナリ街）の延長線上にネロ帝建造によるポンス・ネロニアヌス（今日のヴィットリオ・エマヌエル二世橋）があった。私が建造を命じたポンス・アエリウスもテヴェレ川右岸の市街地開発を促がすものでもある。

建築家　陛下はマウソレウムと橋の建造の着工をほぼ同時期に命じられたのですか。

ハドリアヌス帝　そうだ。そして橋は一三四年に完成したが、マウソレウムのほうはいまだ完成していない。

建築家　橋はテヴェレ川の水面より約九メートル上に、一八メートルのスパンで三つのメインアーチをもつものでして、両岸の地盤面が今日より約三メートルも下がっていたものですから、橋の通路レベルは斜路によって両岸の地盤面レベルに整合させたのですね。橋の両側欄干上には、片側四本ずつ合計八本の柱が並び立ち、柱の頂部には月桂冠を手にした勝利の女神たちが陛下のマウソレウムに向けて腕をかざして立っていました。

陛下によるこの橋を、十八世紀初めに描いた建築家がおります。一六年にわたってローマにおいて修行した後帰国し、オーストリア、ウィーンで活躍したヨハン・ベルンハルト・フィッシャー・フォン・エアラッハという宮廷建築家です。『歴史的建築への構想』と題する建築図集を晩年になってようやく完成させ、時の神聖ローマ帝国皇帝カール六世に献上しましたが、その建築図集のなかに陛下の橋が描かれております。

その建築図集は全部で五書からなり、ソロモンの神殿をはじめとして世界の七不思議といわれるような古代の建築をはじめ（第一書）、古代ローマの建築（第二書）、アラビアから中国に至る異民族の建築（第三書）、それにフィッシャー自身の設計になるいくつかの建築（第四書）、また古代エジプト、ギリシア、ローマとフィッシャー自身のデザインによる壷（第五書）等々の九五枚の図版からなる銅板画集です。古今東西の建築を、長年かけて収集した歴史書や記念メダル、それに遺跡調査等々をもとにしまして、また自分の想像力を駆使して図版にした世界最初の世界建築史図集といってもよい、非常に興味深いものです。

陛下のポンス・アエリウスは、第二書「古代ローマの建築」中の第八図「ハドリアヌス帝によって、その霊廟の傍らに建造された橋」と題して描かれたものでして、フィッシャーはその解説文中にて、フランス王室所蔵のハドリアヌス帝の記念メダルにもとづいてこれを描いた、と述べております。ブロンズの小さな記念メダルに描かれた橋の図と自身がローマで実際に目にした橋をもとに想像力を働かせて描いたものですが、記念メダルの図がそうであるように、橋の両側欄干上に並び立つ柱の高さそして柱脚の高さもともに、やや誇張されて描かれているにせよ、おおむね陛下が建造を命じられましたポンス・アエリウスの形態をしているように思われます。

ただ橋の向こうに描かれた陛下のマウソレウムは、十六世紀においてさまざまに試みられた想像復元図をもとに描かれたものか、糸杉が植栽された土盛りの塚もなく、中央の塔部も大きく異なったものとなっております。

ハドリアヌス帝　そのフィッシャーなる建築家はいかなる建築を設計したのか。

建築家　ハプスブルク朝のシェーンブルン宮などいろいろ設計しておりますが、ここで特に興味深い建築としましては、ウィーンのカール教会があげられます。カール広場に面して（当時、市街地を取り巻く濠の外から王宮と市街地に正面を向けて）立つキリスト教会でして、猛威をふるった黒死病ペスト終息に感謝して建立されたものですが、そのファサードがなんとも忘れ難い印象を人に与えるのです。

トライアヌス帝のフォルムの奥、ギリシア語本図書館とラテン語本図書館に挟まれて立つ対ダキア戦勝記念柱を思い起こさせる螺旋状に絵巻風に描かれた独立柱が左右に二本立ち、正面玄関ポルティクスは陛下のパンテオン神殿のようにギリシア神殿、そして中央後方にはイタリア、ルネサンスの彫刻家ミケランジェロによるローマのサン・ピエトロ大聖堂のドームを想起させずにはおかないドームが君臨するファサードの構成です。二〇世紀オーストリアの美術史家ゼードルマイアーが詳細にこのファサードの分析を試みていますように、哲学者ライプニッツらの助言を得て、神聖ローマ帝国の首都に相応しいシンボルとイコンを総収集して設計したものです。神聖ローマ帝国の首都として台頭しつつあるウィーンをあの古代ローマ帝国の栄光の都ローマ、永遠の都ローマにあやからせ、その首都の第一の教会たるカール教会をサン・ピエトロ大聖堂に、そして天上の都エルサレムのソロモンの神殿（左右に同様の独立柱があったといわれています）にあやかりつつ設計されたものです。

このように歴史的建築からフラグメントを自在に抽出し、それを自由に構成したファサードは、奇妙ともいえる異種なる要素の共存を呈しておりますが、そのあまりにも強いコントラストにもかかわらず、そのコントラストが解消され、それはグロテスクな共存とはまったく違う、新鮮な刺激を発ししつつ、華麗な不思議な美的魅力、美学を感じさせるのです。いわば異次元の美学が構築されているといってよいと思います。

『歴史的建築への構想』中の陛下によるポンス・アエリウスの図への解説文中で、フィッシャーは参照したカッシウス・ディオやスパルティアヌスらが著した歴史書や、その他の歴史書を掲げつつこの橋に関する興味深いエピソードを述べたりしておりますが、歴史への強い関心と勉強はたいへんなものですね。もちろん、歴史的建築に関する知識もたいへん豊富です。ただ知識が豊富なだけでなく、歴史的建築のなかに建築のありようを学んだのですね。でなければ、歴史的建築からそのフラグメントを抽出し、単に安易に再構成するフォルマリズムに堕した感のものが多い十九世紀の歴史主義の建築や、また二〇世紀後半に「流行」した「ポスト・モダン」といわれた陳腐な建築と相異して、異種なる諸要素が「不思議にも」すばらしいひとつの融合体につくりあげられたフィッシャーのカール教会のような建築にはなり得ません。

ハドリアヌス帝　建築の歴史をあるいは歴史的建築を一生懸命に勉強しない建築家は、いずれにせよ駄目だ。私たちの時代では、そんな者は建築家とは到底いえないが——。

建築家　カール教会は当時、都市を囲む濠の外に立地し、教会の正面ファサードは都市に向けられ（正確には王宮に向けられているようですが）、王宮や市街地に住まう人びとに語りかけるような建築です。

建築とは、人びとの心のなかに感覚・気分を喚起するものだとし、だから建築家に課せられた課題とは、そうした感覚・気分を厳密化することだ。家であれば住み心地良いような外観をしていなければならない。裁判所の建物は、隠れた犯罪に対して威圧的な表情をもっていなければならないし、銀行の建物は、ここにお前の金が誠実な者たちの手のもとに、しっかりと大切に保管されているのだと、町の人びとに語りかけなければならない、と二〇世紀初めのウィーンの建築家ロースは、建築のファサードの意味について述べていますが、おもしろいですね——建築は語りかけるものでなければいけないと。

ハドリアヌス帝　語りかける建築か——建築の外観、ファサードの意味を考えるうえで、ひとつの興味ある考え方だ。

一方で、ローマの都市を歩いてみてもわかるように、ローマの建築ではファサードはそう大きな意味をもたない。都市全体がいわば内部空間化されているといってよいのだから。

建築家　また小アジアやシリアなど東方の都市の列柱街路におきましても、屋根に覆われた列柱回廊が連なり、個々の建物はその背後に位置するのですから、ファサードはないも同然ですね。個々の建物の軸線も、列柱街路の軸線と直交しない場合でも調整されています。都市の公共空間が、個々の建物より断然優先されています。

よく街には「ファサード建築」が多い、つまりファサードだけが見どころであって、中身としての空間が駄目だといった建築が多いなどといわれますが、それは何かを語りかけさせるのではなく、ファサードの単なるかたちの面白さあるいは新奇さに堕しているからなのです。だから「ファサード建築」などと揶揄《やゆ》されるのでしょうけども。

ハドリアヌス帝　建築物は目的なしに建てられることはない。建築とは目的を充足させる空間だともいえよう。だからファサードだけでは当然、建築とはいえまい。ローマの建築においては、「ファサード建築」などおよそ考えられない。ファサードの有する意味はむろん、誰にも否定しえまい。ただ端的に言えば、都市全体をも内部空間化を志向するといってもよいローマでは、各建築のファサードは連続する内部空間のシークエンスでの断片化されたひとつの場面にすぎない。

アエリウス橋とマウソレウムのその後の改変

建築家　ところで陛下の橋ポンス・アエリウスは、フィッシャーも「歴史的建築への構想」中の解説文において指摘していますように、その後たびたび改変されました。大きな改変としましては、十八世紀にテヴェレ川の整備計画の一環としてなされたものです。陛下の時代にも、カンプス・マルティウス地区と同様、右岸のウァティカヌス地区もテヴェレ川の度重なる氾濫への対策として陛下の命によって三メートルほど土盛りし地盤をかさ上げしましたが、後の時代になりましてそれでも不十分となりました。陛下のマウソレウムの正面入り口部分のレベルは、今日の地盤面より三メートルも低くなっております。

主として川べりを整備し川の流れをスムーズにし、川沿いの地盤をかさ上げ整備する十八世紀のテヴェレ川整備の一環としてポンス・アエリウス――この時代にはすでにサン・タンジェロ橋と名が変わっていましたが――

は、両岸の地盤が上がったことによって橋両端部の斜路はほぼ水平になりまして、橋を飾る列柱とその頂の勝利の女神像にかわって、時の建築家であり彫刻家でもありましたベルニーニによる聖像や天使像が橋を華やかに飾ることとなりました。その後十九世紀に三連アーチを五連アーチとするような大きな改変がふたたび行われましたが、今日見ます中央の三つのアーチ橋部分は、陛下の当時のものを遺しているといわれています。

陛下の霊廟マウソレウムも、その後ポンス・アエリウスとはくらべものにならないほどに大きく改変され、今日では、いったいいかなる姿であったか想像するのも困難なほどです。

陛下のマウソレウムには、陛下の意図どおり、三世紀初頭のカラカラ帝（一八八〜二一七）に至るまで一二人の歴代皇帝とその家族の遺骨が安置されましたが、すでに三世紀後半、ローマ帝国内に侵入してきたゲルマンのゴート族の襲来に備えてローマ市域全体を取り囲む城壁の建設を命じたアウレリアヌス帝によって、川向こうの城塞として改変されてしまいました。

その後も近世十六世紀に至るまで繰り返される異民族の侵入、ローマ世界を支配するようになったローマ・カトリックの総本山ヴァティカン宮殿を巡る政争に巻き込まれた陛下のマウソレウムは、とりわけ円筒部分において、当初の姿を残さないほどの大きな改変を受けました。

それは陛下のマウソレウムと周辺地区が、ローマにおいて軍事上もっとも重要な要塞地と見なされたことです。六世紀中ごろ、東ローマ帝国ユスティアニス帝の軍とゴート族がイタリアの覇権を狙って争いましたが、ゴート族の王トティラは陛下のマウソレウムを取り込んだこの地を軍事基地としてブルク（ドイツ語で城塞の意）とよびましたが、今日までこの地をボルゴ地区とよぶのはその名残りです。

その後、陛下のマウソレウムは、有事におけるヴァティカン宮殿に住む教皇の最後の避難場所とされ、マウソレウム内に教皇の豪華な住居や教会などが整備されました。ヴァティカン宮殿からそこに逃げ込む避難通路としての八〇〇メートルにも及ぶ空中回廊パセット・ディ・ボルゴが十三世紀末に建設されましたし、十六世紀の神聖ローマ帝国皇帝カール五世の兵たちによる「ローマの略奪」の折には、時の教皇クレメンス七世が実際にこの空中回廊をつたって、陛下のマウソレウムに逃げ込み、一時期避難生活を余儀なくされたということもあります。

六世紀の大教皇グレゴリウスが、猛威を振るっていたペストの終息を告げ、剣を鞘に収めた聖天使ミカエルを陛下のマウソレウムの上に現れたのを見た、という伝説から、陛下のマウソレウムはサン・タンジェロ城（聖天使城）とよばれるようになりましたが、今日では主として当時の教皇の住居や、教皇による絵画や彫刻のコレクションを収蔵、公開する博物館となっています。

ハドリアヌス帝　私のマウソレウムには、カラカラ帝に至るまで歴代皇帝とその家族の遺骨が安置されたとそなたは言ったが、その後の皇帝もまたマウソレウムを建造したのか。

建築家　その後はアウグストゥス帝や陛下のような壮大なマウソレウムは建造されておりません。皇帝のマウソレウムですからむろん、そう小規模ではありませんが、自身とその家族、あるいはせいぜい子孫のための霊廟といってよいものです。

まただいたい三世紀ごろからローマでは、ローマ市民もそして皇帝も土葬に変わっていったと聞いております。それも漸次変わっていったと思われます。といいますのは、コンスタンティウス一世は四世紀初め三〇六年に死去したのですが、荼毘《だび》に付されましたし、三一一年に死去したガレリウス帝も同じく荼毘《だび》に付されたことがわかっているからです。

荼毘《だび》に付されることのない皇帝の遺体は、多くはたいへん硬質な斑岩からつくられた石棺におさめられたといわれます。また今日わかっているだけでもディオクレティアヌス帝（二四八〜三一六。スパラト〔今日のクロアチア、スプリト〕の別邸）、ガレリウス帝（二五〇〜三一一。ダキア〔今日のブルガリア、ロムリアーナ〕の別邸）、マクセンティウス帝（二七五〜三一二。ローマ郊外、アッピウス街道沿いの別邸）のように、安置するマウソレウムを自分の別邸が立つ敷地内に建造したことが知られています。

またキリスト教を公認した後は、コンスタンティヌス大帝以降多くの歴代皇帝はマウソレウムを教会の脇に建造しております。

2 ギリシア・アテネ

旅をしつつ統治する王

建築家　陛下は子供のころからギリシアに強い憧れを抱かれ、その学芸、文物への傾倒ぶりから、グラエクルス（小さなギリシア人）などと人びとからよばれていたことが知られています。とりわけ、陛下が青年のとき遊学されましたアテネがお好きなようです。皇帝位に就かれる以前の一一二年には、すでにその年のアルコン（執政官）職を務めておられます。

帝国を統治するにあたって、国境各地で頻繁化する蛮族の侵入にあって、防衛を強化することによって帝国の安定を図り、そして各属州の実情に合わせた統治を図るため、陛下はその広大な帝国をほとんど隈なくといってよいほど視察され、その視察旅行に今日まで十年以上もの長い年月を費やしてこられました。

ヨーロッパ、とりわけドイツ中世では、「旅をしつつ統治する王」が存在しました。それは領土内の各地に王宮をもち、王はある特定の王宮に定住して統治するのではなく、つまり首都なるものは存在せず、つねに国内を旅して、各地の王宮を巡りながら国を統治するものでした。それを旅する王と表現したのですが、陛下の場合はそれとはまったく相違します。パラティヌスの丘に定住する皇帝宮殿ドムス・アウグスターナをおもちになられ、統治機構がある帝国の首都であるローマから、皇帝である陛下が統治され、そこから帝国各地に視察に出掛けるのですから——。陛下は旅をしつつ統治する中世の王と相違して、旅先には陛下の皇帝宮殿ドムス・アウグスターナなどなく、まったくの旅人であったわけです。

視察旅行といいましても、国境各地に駐屯する軍団を視察したり、各属州の国情を視察するだけではありません。その地で人びとが飢饉にあえいでいるのを見れば食糧援助を命じられたり、税金の減免措置や納付の先送り措置を直ちに布告されたり、あるいは神域や神殿やバシリカ、フォルムそれに劇場や公共浴場、競技場等々の施設の建造や修復・整備工事、あるいは水道や港湾の工事を命じ、すぐさま着工させました。陛下の視察旅行には皇后サビナ、アンティノウス、近衛長官をはじめ各秘書官、裁判を行うこともありますことから法律の専門家を中心とする皇帝顧問会の人たち、それに政務を担当する側近たち、建築家や技術者たち、それに近くに駐屯する軍団から派遣された土木建築作業部隊などが随行したわけでして、それで陛下のご命令をすぐ実行に移すことができたのです。そしてそれらの仕事は、あのウィトルウィウスが『建築十書』中において、ローマの人びとを規定して「迅速を求めるに急なわが国の人びと（森田慶一訳）」と述べていますように、驚くべき速さで進捗していきました。こんなときに、神殿やバシリカ、公共浴場などの建設にあたって、各地の採石場で規格標準化され加工された柱頭、柱身、柱礎などの大理石や花崗岩の円柱などがすぐさま手配されて、建築現場に運搬、調達されたわけでして、建築部材の規格標準化はおおいに役立ったのですね。

このように、それぞれの地で陛下は政務を遂行したわけです。陛下のように長い治世の間の多くの年月を、政務といえども旅に費やした王は他に存在しないのではありますまいか。

アテネ：もっとも多く訪ね、もっとも長く滞在

ところで帝国の各地を巡り視察する陛下の旅行をみますと、ギリシア、アテネへの訪問はその回数の多さ、滞在期間の長さにおきまして、他の都市と比較して際立っているといってよいと思います。

一二四年の九月に、ダキア（今日のルーマニア）、パンノニア（今日のオーストリア、ハンガリー）からマケドニア、テッサリア（ともに今日のギリシア北部）、中部ギリシアを経てアテネに到着し、数か月滞在されました。その後、ミュケナイ、スパルタ、オリュンピア、コリントスそれにメガラなどギリシア、アカイア地方を中心とする各地を訪れました。このときですね、陛下はアンティノウスを伴われてアルカディアのマンティネイアの都市を訪れましたのは。アンティノウスはビティニアのビティニウム・クラウディオポリス（今日の

ボル）の出身で、陛下は前の年の秋にその都市で初めてその少年に会われました。そのビティニウム・クラウディオポリスはマンティネイアの植民都市として創建されたのですから、アンティノウスのいわば父祖の地を訪れたわけです。陛下はこの都市に特別に目をかけられ、都市の名を昔どおりマンティネイア（さまざまな外交上の理由から、それまでマケドニアと関連あるアンティゴネイアの名とされていました）と改めさせたり、郊外にある荒廃していたポセイドンの神域の整備を命じられたり、市民のためにさまざまな恩恵を施されました。

紀元前二世紀、アカイア同盟の中心的役割を果たしてきたコリントスはローマ軍によって徹底的に破壊されましたが、その後カエサルなどによって再建され、多くのローマ市民が移住し、ローマ的都市として復興しつつありましたが、陛下は他の都市と同様いろいろな援助や施策を考えられ、この都市には水道や公共浴場の建造を命じられました。

次の年の早春にアテネに戻られ、三月まで滞在されました。その間、開催された悲劇、喜劇が競演される大ディオニュシア祭において、それを主宰するアゴノテテスの役を務められました。

その後アテネを発たれ、デルフィ、ニコポリス、シチリアを経て、ローマには夏に帰っておられますが、アポロンの神託の地デルフィの神官の職を務めていたプルタルコスが述べていますように、陛下はここデルフィでもアルコン職を引き受けられ、やや衰退の翳りがあったギリシア世界の神域でも中心的役割を果たすこの神域の再興への措置を講じられました。

また、このローマへの帰途の旅においては、以前に話題にのぼりましたように、ニコポリスにおいて哲学者エピクテトスとお会いになられ、またシチリア島においてはエトナ火山に登山されたのですね。

ハドリアヌス帝　そうだ。私の年来の二つの念願がかなった帰国の旅ともなった。

建築家　陛下はこの三年後の一二八年の九月にローマよりアテネを再訪され、翌一二九年の春まで滞在されております。また、一三一年秋にアレクサンドリアからシリアを経て、ふたたびアテネを訪れております。そして、翌一三二年の春まで滞在されておりますが、これは第三回目のアテネ滞在ですね。

このようにある都市を三度も訪れ、そして比較的長期にわたって滞在されたのは、帝国の都市のなかでもアテネだけだといってもよいかと思います。

ハドリアヌス帝　アクロポリスの丘に立つパルテノン神殿をはじめ、われわれに感動を与える諸神殿に詣でることができ、またソクラテス、プラトン、アリストテレス、エピクロスらがこの地で思索をし、そして学園を開いたということだけでも、私はこの都市への愛と憧憬を禁じえない。他方、帝国内の広いギリシア世界の精神的支柱であり続けるこの都市を再興させることによって、ギリシア世界を束ね、ひいては帝国の一体化と安定を図るという広大な帝国を統治する者としての意図が無意識裡にあることは、否定し得ない。

建築家　陛下の青銅の甲冑中央に、頭髪は蛇、猪の歯、見るものを石と化すという爛々とした眼をもったおそろしい魔女メドゥーサの首が彫られていますが、アクロポリスのパルテノン神殿におわしますアテナ・パルテノス像の胸元にあるメドゥーサの首をモチーフとしたものですね。

二世紀後半にギリシア全土を歩き巡って各地の歴史や故事などを詳細に書き表わし、「ギリシア案内記」とも言うべき興味深い書を著したパウサニアスという人がいます。このパウサニアスは、陛下がアテネのために建造あるいは修復、再建させた神殿や図書館、ギュムナシオンあるいは水道施設等々について書き記し、「将軍スラ率いるローマ軍との戦いにおいて敗れたアテネの都市は大きな被害を受けたが、ハドリアヌス帝の時代になると、ふたたび栄えた（飯尾都人訳）」と陛下によりますこの都市アテネの再興へのさまざまな施策を称えております。

2・1 ローマン・アゴラの修復

建築家 アテネとローマ軍との戦いとは、黒海沿岸の王国ポントスのミトラダテス王とローマとの戦争の際に、アテネが一部の者たちに扇動され、反対者たちがあるにもかかわらずミトラダテス王に加担したため、将軍スラ率いるローマ軍にアテネは包囲され、市民の一部は虐殺され、街も徹底的に破壊されたのですね。紀元前八六年のことでして、市民を扇動した首謀者である僭主アリスティオンが、アクロポリスのアテナの神域へ保護を願って逃げ込んだにもかかわらず、そこから引きずり出して殺したスラの残虐な行為をパウサニアスはおおいになじっています。

ハドリアヌス帝 ローマ軍がアテネに対して行った行為は実に嘆かわしいことだ。幸いなことにアテネの街すべてが破壊されたわけではなかった。たとえば、アクロポリスやアテネ市民の中心的公共広場であるアゴラなどには手が付けられなかった。

建築家 紀元前六世紀ごろ形成されましたアゴラから東へ一五〇メートルほど離れたところに、カエサルとアウグストゥス帝によって新たにもうひとつのアゴラが建設されました。私たちはそれをローマン・アゴラ（ローマ人によってつくられたアゴラ）とよんでいますが、陛下はこのローマン・アゴラの床の舗装を全面、大理石貼りとしたり、そのほかアゴラを形成する建物の修復をはじめとして再整備を命じたことが知られております。

カエサルとアウグストゥス帝による商取引の中心地としてのローマン・アゴラ

カエサルとアウグストゥス帝によるローマン・アゴラの建設はなぜでしょうか。そしてなぜあの場所なのでしょうか。

ハドリアヌス帝　主として商取引の中心地としてのアゴラを新たに建設したのだ。厳密に言えば、それまで商取引が行われていた場を、大きな広場を囲む商店と列柱廊の建設によって整備したというほうが正しい。なぜならば、従来のアゴラは、アッタロスのストアによって東側を区切られた広場部分をアゴラと考えがちだが、実際には、そのアッタロスのストアの東側の地域にもいくつかのストアやギュムナシオンが立っており、そしてテセイオン（テセウスの神殿）も立っており、実際、主として商取引が行われるアゴラとして機能していたのだ。

これには次のような歴史的背景がある。従来のアゴラは紀元前六世紀ごろ形成されたが、それ以前、その辺りは墓地や陶工房などが立つ住宅地だったのだ。そしてこれらの墓地や住宅などを一掃してアゴラを形成したのだ。では、市民の中心広場としてのアゴラといえるものがそれ以前にどこにあったかというと、このローマン・アゴラが立つ東辺りにあったのだ。

建築家　それで紀元前一世紀の建設とされる興味深いアンドロニコスによる水時計の建物——今日、私たちは「風の塔」とよんでいますが——が、多くの人びとが行き交い、そして商取引が行われた地域に建てられたわけですね。そうでなくては、水時計という市民にとって重要な公共施設が、なぜあの場所に立てられたか説明がつきません。

ハドリアヌス帝　そうだ。

従来のアゴラは、南のストアとテセイオンと小さな中庭を形成するように建てられた長大な、いわゆる中央ストアと、それに東側部分を区切るペルガモンの王アッタロス二世の建設によるストアと、それに紀元前二世紀中ごろには多くのストアや（北側に立つ紀元前五世紀に建てられましたストア・ポイキレと紀元前四世紀のヘルメスのストアを含めまして）神殿、ブレテリオンなどの建築群によって囲まれた広場として、ほぼ完成したといってよい。
ところがカエサル、アウグストゥス帝の時代となると、その完成したといってよい広場のなかに、アグリッパのオデイオンやアレスの神殿、それにさまざまな祭壇が、残念なことに雑然と建てられるようになってしまった。また広場にはたくさんの彫像がところ狭しと立てられた。財政が逼迫したアテネは、一定の（莫大な）金額の納付と引き換えに、外国人にも彫像を立てることを許可したことがその要因のひとつだ。かくして、もともと商業の中心としての機能が小さかったこのアゴラは、ますますその機能を失い、アゴラ全体が博物館のような様相を呈するようになった。

建築家　アゴラのほぼ中央部分に、他を圧倒するようなスケールの大きなアグリッパのオデイオンが建てられています。アゴラをほぼ対角線上に横切るパンアテナイア祭の祭列の道を考慮するためではありますが、また広場はやや広大なことは確かですが、これなどどう見ても広場の空間構成上、思慮が足りなかったと言わざるを得ません。それにアレスの神殿の配置などを見ますと、陛下が言われますようにそれは文字どおり雑然、乱雑な配置ですね。

一見すると乱雑に配置された印象を受けるアクロポリスの神域の配置構成は、入口門であるプロピュライアから見ることを考慮した空間構成はもとより、実は人が自由に歩き回ることを前提とした動的均衡ともいってよい非常に緻密に考えられた空間構成なのですが、紀元前二世紀以降のこのアゴラはこれとまったく相違して、何の考慮もなしに単に付け加えられたごとくに建てられたもので、乱雑な構成なのですね。

ハドリアヌス帝　残念ながら、そうだ。そうじて紀元前五世紀のパルテノン神殿などが建造された時代の人びとの研ぎ澄まされたように鋭敏で、そして豊かな感性はもはや失われつつあるのだ。

建築家　そうですか、陛下の時代でもそう思われるのですか。近世から現代に至るまで、私たちはますますそうした感性を失いつつあるのですが。

建築を見ましても、近代以降、ますます理性が勝って、感覚的なものが排除されてきました。理性的建築あるいは合理的建築ともいわれますが、人間の理知を説いた十六世紀の哲学者デカルトの「私は考える、故に私は存在する」なる言を反映してか、その建築の多くは観念的な思考の産物といってよく、そこにはいきいきとした生が、そして自由が欠けているように思われます。近代合理の社会では、ますますそのような傾向が指摘されます。

2・2 新図書館

建築家　ところで商取引の中心地として、カエサルとアウグストゥス帝によって紀元前一世紀に建造されたローマン・アゴラは、従来のアゴラから一五〇メートルほど東の方向に位置するわけですね。

新たに発掘、発見されたパンタイノスの図書館

ハドリアヌス帝　アッタロスのストアの南端とパンタイノスの図書館の間の脇道を通って、アゴラの正門である西門に到達する。商店群と列柱廊によって囲まれたローマン・アゴラには、水時計の近くの東門と、それにニュンファエウムの脇の南出入口がある。

建築家　パンタイオスの図書館とは先帝トライアヌスの時代、哲学者などを輩出してきた名門の家柄であるティトゥス・フラウィウス・パンタイノスが建造したものですね。パウサニアスの記述にもなく、またプルタルコスをはじめ著述家たちによる言及は何もないことから、その場所に図書館が存在したことすら長い間知られていなかったのですが、二〇世紀になりまして、この辺りの発掘作業の際、パンアテナイア通りに面したある建物の正面入口の上部まぐさが見つかり、それに刻された碑文から、図書館が存在したことがわかりました。アゴラの南奥に小さな中庭があり、この中庭に面して小規模な図書室があったのですね。その碑文には「書物を外に持ち出してはならない、そして開館時間は第一時から第六時（日の出から正午ごろ）までとする」といった興味深い図書館の利用規則が書かれています。

ローマン・アゴラに隣接する新図書館の壮麗な正面ファサード

そのローマン・アゴラは東西方向一一一メートル、南北方向九八メートルの大きさのほぼ正方形をしており、屋根に覆われた幅一三メートルほどの建築（奥行きがそれぞれ七メートルの列柱廊と六メートルの店舗・集会室など）が大きな広場を囲うかたちとなっております。

陛下はこのローマン・アゴラの北側に接するよう――二〇メートルほどの間隔はありますが――に、ほぼ同じ規模の図書館の建造を命じております。

聖域エレウシスあるいはケラマイコス地区――陶工の工房が多くあった地区で、陶磁器を意味するケラミックの語源はここに由来します――と、壁にアテナイとスパルタとの戦いや、テセウス率いるアテナイ勢とアマゾン女族勢との戦い、それにマラトンにおけるギリシアとペルシアの戦いの絵などが描かれていることで知られますストア・ポイキレ（ポイキレ：彩色画）沿いに、従来のアゴラの北端を横切るかたちでアテネの東地区とを結ぶアテネの主要街路がありますが、ローマン・アゴラと陛下による新図書館は、この主要街路を挟むようにして立っているわけです。

陛下による図書館の大きさは、ローマン・アゴラとほぼ同じといってよいたいへん大規模なものですが、正確に言いますと東西方向の長さはローマン・アゴラのそれより四メートルほど大きく、これに対して南北方向の幅は七六メートルで、ローマン・アゴラのそれより二二メートルほど小さく、図書館は、したがって全体で長方形をしております。

正門はローマン・アゴラと同じく西にあり、従来のアゴラのほうに向いています。

ローマのパンテオンのごとく、破風屋根に覆われた列柱からなる正面玄関ポルティクスが中央にあります正面ファサードは、白いペンテリコン産大理石板で覆われた高い塀壁でして、ポルティクスの左右にそれぞれ七本の、これも白いペンテリコン産の大理石円柱が塀壁面から突き出て独立したかたちで並び立っています。それらの円柱上部は、エンタブラチュアにおいて塀壁から持ち送りで支えられていますが、その頂には立像が並び立ち、それは壮麗な正面ファサードですね。

全体としての図書館は、列柱廊が大きな中庭を囲み、正面の列柱廊奥、中央に図書室（開架式書庫ともいうべきものですが）があり、そして左右にそれぞれ各閲覧室と階段式アウディトリウム（講堂）が一つずつあるという構成です。

ハドリアヌス帝　カエサルとアウグストゥス帝の建造になるローマン・アゴラへは、アッタロスのストアの南端とパンタイオスの図書館の間の脇道を通るか、あるいはそなたが言ったアテネの西と東の地域を結ぶ主要街路から、正面である西門へアプローチする。

ところがアッタロスのストアとローマン・アゴラの間のこの地区一体は空地のような状態になっていて、整備する必要があった。

ローマン・アゴラの北側に並置するように図書館を建造したのは、このようにもう一つのアゴラを形成するように整備する意図があったのだ。だから図書館の西側ファサードは当然、このもう一つのアゴラに向かうポルティクスのある正面ファサードであるのだ。

建築家　それで、そのもう一つのアゴラに面さない東と南、それに北の三つの外壁は、質素な切り石積みとし、これと対比させるように西側のファサードでは中央にポルティクスを配し、左右に白い大理石の列柱を配した壮麗な正面ファサードとして強調したのですね。——もっとも背後の西側ファサードでは、六本の切り石積みのピラスター頂部に立像が並び立ち、質素なファサード構成とはいえませんが。

切り石積みのほうは、各石の縁を磨き仕上げ、中央部をルスティカ（荒削り）仕上げとし、重厚な感じを与えますね。クラウディウス帝によるローマのポルタ・マジョーレ（マジョーレ門）の粗い、未完とも思えるようなルスティカ仕上げの切り石積みの壁面を想起させますが、アテネの新図書館のほうがより洗練されています。――このようなルスティカ仕上げの切り石積みは、ずっと後の十五世紀ルネサンスの時代になって、建築家たちに好まれ、採用されることとなりましたが。

陛下はアテネに建造されたいくつかの建物の外壁の切り石積み仕上げにこれと同じ仕上げとされましたが、陛下の命によってアテネにおいて建造された建築に特徴的な点のひとつと思われます。

ところで陛下の建造になるこの図書館については、あのパウサニアスが「もっとも名高いのはプリュギア産大理石の一〇〇本円柱。これによって柱廊と同様に壁面もつくってある。金色の屋根に覆われた、アラバスタ大理石を使った建物。建物内は神像に加えて絵画で飾られ、書物が収められてある（飯尾都人訳）」と記していますが、これくらいの記録しかなく、十九世紀初めになってようやく陛下の図書館がどの場所にあったかが特定され、そしてその五〇年後の大々的な発掘調査によって、当初の図書館の姿がおぼろげながらもわかるようになりました。

図書館は三世紀中ごろ、蛮族の侵入の際、残念なことに一部破壊され、五世紀になって修復・再建されたものの、七世紀にはふたたび破壊され、中庭部分にキリスト教会が建てられ、十九世紀に至るまで、陛下の図書館は東と西の列柱を含むファサードの一部のみを遺構として遺すのみで、ローマン・アゴラを含めてこの一帯は廃墟の様相を呈していました。

今日では発掘作業がさらに進められ、これとともに正面玄関であるポルティクスなどの復元工事も進められています。

コンクリートによる基礎工事

発掘調査でわかりましたことは、建物の基礎がたいへん堅固であることです。ローマのパンテオンの基礎工事と同様に、コンクリート造で入念にしっかりとした基礎となっています。

コンクリート造に必要な火山灰セメント、ポッツォラーナはどこから調達したのでしょうか。イタリア、ローマにおきましては、南イタリア、カンパニア地方の火山地帯で産するポッツォラーナといういわば火山灰セメントを利用するのですが、ギリシアのアテネですと遠方ですし――。

ハドリアヌス帝　南イタリア、プテオリ（今日のポッツオーリ）の港から運ばせたのだ。

前にも話したとおり、私と私の建築家たちは、建築の基礎工事の重要性を何よりも認識していたから、基礎工事では基礎全体が一体となる堅固なコンクリート造とした。私が建造を命じたアテネのほかの建物も同様だ。

ギリシアにおいても良質な火山灰セメントがあるかどうか調査させたが、どこを探してもないことがわかった。それでプテオリから運搬させたのだ。

建築家　そうですか、ギリシアでは良質な火山灰セメントの入手が困難なため、イタリアから運ばせたのですか。

アテネの古代建築物の、今日での発掘調査におきまして、その建築物がいつの時代のものか、誰の建造によるものかなど特定が困難な場合、コンクリート造による入念な基礎工事が確認されますと、その建築物は陛下によるものだとほぼ断定できる、と聞いております。このアテネではおよそ見かけないコンクリートの基礎が、陛下の命による建造であると、遺構を特定する場合の有力な手がかりともなっているのです。

プリュギア産大理石の一〇〇本円柱からなる列柱廊

さて、頂に立像が立つ列柱に飾られた壮麗な西側正面ファサードの中央にあります（今日、復元されつつあります）正面玄関ポルティクスをくぐりますと、四周を列柱廊に囲まれた広い中庭に出ます。中庭の大きさは東西方向八一メートル、南北方向六〇メートルほどの大きさで、中央に細長い池と噴水があり、この中庭を取り囲む列柱廊の柱が、パウサニアスが記した「名高いプリュギア産大理石の一〇〇本円柱」なのですね。

私は手元にあります陛下の図書館の平面図において、その柱の数を一本一本数えてみましたが、約三メートルの間隔で正確に一〇〇本あり、やや驚きました。といいますのは、「一〇〇本円柱」という表現はいってみれば言葉の綾で、たくさんの円柱が立っている、といったほどの意味ではないかと思ったからです。プリュギア産大理石とは、小アジア、プリュギアのシュナーダ近くの採石場から切り出したパヴォナツェットあるいはフィルギウムともいわれる白地に灰紫の縞模様のある大理石ですね。

ハドリアヌス帝　そうだ。たいへん美しい大理石で、紀元一世紀ころから使われだしたものだ。

建築家　この大理石板が柱廊の壁面にも貼られ、そしてストア・ポイキレのように一部、壁には絵が描かれていたのですね。そして、この列柱廊には南と北の両側壁にそれぞれ二つの半円の窪みであるエクセドラと、一つの四角の窪みであるエクセドラがあります。そのエクセドラには、窪みに沿って座席が設けられていまして、そこで詩や書物が作家によって市民を前に朗読されたり、哲学者が若者たちに哲学談義をしたり、また市民が読書をしたり、談話に興じるのですね。ストアの列柱廊のようです。

ハドリアヌス帝　そうだ。私が図書館としては比較的広い中庭としたのは、市民が憩う静かな逍遥公園ともしたのだ。屋根に覆われた列柱廊は夏の強い日差しを避けられるだろうし、水が湛えられた池と噴水から涼がとれよう。

建築家　広い中庭と列柱廊とした意味がよくわかりました。またパウサニアスが述べています「金色の屋根に覆われた」とは、図書館の屋根が、ローマのパンテオンの屋根と同様に鍍金した青銅板で葺かれているということですね。

二層のギャラリーの図書室

そして中庭を囲む列柱廊奥中央に図書室があります。約二三・二メートル×一五・七メートルの中庭に面して幅が大きい、長方形の部屋です。

図書室はたくさんの書物を収めるため、二層のギャラリーがある天井高が高い部屋となっておりますが、今日でいうところの開架式図書室といったものですね。もちろん専門の司書がいるでしょうが、そういう人たちの助けを借りて、三方の壁面に規則的に付けられた幅約一・五メートル、奥行き約六〇センチメートルほどの窪み（正面中央の壁面に九か所の窪み、左右両側の壁面にそれぞれ六か所の窪み）に両開きの木扉がついた書棚から巻本（巻物）を取り出し、そこで読みたい本なのかどうか本の内容を確かめたわけです。パピルスは湿気に弱いため、そうした扉がついた木製の書棚に収められていたのです。

ローマ近郊ティヴォリにあります陛下の別荘の図書室——陛下にこのようにお話しをお伺いしております図書室——もそうですが、書棚の前に列柱が立ち——この柱は二層のギャラリーを支えています——、書棚と列柱の間は段状で座席のようなものとなっておりますから、一時腰を下ろして、ときには柱に身を寄せながら、巻本の内容を確かめたり、あるいは拾い読みぐらいはするのでしょう。そして本当に読みたい本なら、左右にあります閲覧室において読書するわけです。

ギリシア語本、ラテン語本の二つの言語に分けられた図書室

ローマにあります先帝トライアヌスのフォルム・ウルピウムの奥の一角に立っております先帝の記念柱の両脇に二つの図書館（ビブリオテカ・ウルピア）があり、一方はギリシア語本図書館、もう一方はラテン語本図書館となっております。ギリシア語本とラテン語本という二つの言語によって、図書館自体も区分けされております。このギリシア語本、ラテン語本に区分けすることを最初に考えたのはカエサルだと聞いておりますす。カエサルはローマにおいて図書館の建設を企て、書物の収集を高名な歴史家で言語学者であったマルクス・テレンティウス・ウァロに委任したのですね――ギリシア語本の収集、それにラテン語本の収集というように。残念ながら図書館の建設はカエサルの突然の死により実現しませんでしたが。

ところで他の言語による書物はどう区分けしているのでしょうか。

ハドリアヌス帝　他の言語によって書かれた重要な本は、ほとんどギリシア語に翻訳されている。紀元前四世紀以降の地中海世界においては、ギリシア語が共通言語なのだ。だからまずギリシア語に翻訳された。そして、とりわけアウグストゥス帝の時代から、ギリシア語の本の多くはラテン語に翻訳された。もっとも、教養あるローマ市民は、子供のときよりギリシア人の家庭教師からギリシアの教科書を使ってギリシア語を学び、まがりなりにもギリシア語を話せたので、ギリシア語本を読んだ者が多いと思うが――。

いずれにせよ、ギリシア語本とラテン語本とを区別して収蔵することは合理的でもあるので、図書館ではそうする。そして比較的規模の大きな図書館では、ギリシア語本図書館、ラテン語本図書館というように二つの図書館とすることもある。

私の命によって建造されたアテネの図書館の場合は、図書室の天井を高くして、上部は二層のギャラリー

とし、したがって全体で三層の吹抜け空間といってよい。一階と二階ギャラリー部分はギリシア語本を収蔵し、もっとも高い上部ギャラリーにはラテン語本を収蔵するようにした。これは、この図書館を主に利用するアテネ市民の需要に対応した処置だ。

ギリシア語を流暢に話す皇帝たち

建築家　ローマの裕福な家庭では、主にギリシア人の家庭教師について勉強した子供がある年齢に達しますと、アテネかアレクサンドリア、あるいはロドス、あるいは古くからのギリシア植民都市でギリシア風の都市マッシリア（今日のマルセイユ）などの都市に留学させると聞いておりますが、ギリシア語が日常に話されるその地で、ギリシア語がさらに上達したわけですね。そうでない場合でも、多くはギリシア人である修辞学者たちから教育を受けました。そしてそうした留学した人たちをとおして、ギリシアの文物もローマに流入し、ギリシア文化の影響が及ぼされたわけですね。

また、その時代の最高の教育を受けて育った歴代の皇帝は――たたきあげの軍人から成り上がった皇帝は別としまして――ほとんど、ギリシア語を母国語であるラテン語と同じように読み書きできたのですね。ギリシア語を母国語のように操る陛下は、そのなかでももっとも秀でていると、誰もが考えておりますが――。

ギリシア語とラテン語で詩を詠い、ギリシア語で書いた喜劇がたびたび上演されもしたティベリウス帝の養子ゲルマニクス（弟ドルススの息子）は、ギリシア語を自由に読み書きしたことで有名ですが、皇帝に限っていいますと、皇帝位をめぐる政略、はては自ら巻き込まれた政略結婚などに嫌気がさしたのか、エーゲ海のロドス島に八年間隠遁し、その間、歴史学者、地理学者としても高名なテオドロスをはじめ修辞学者たちの講義を熱心に聴講したといわれますティベリウス帝は、ギリシア語を流暢に話し、ギリシア語で詩をつくったことが知られています。

またギリシアに格別な関心と愛情を示し、ギリシア語にも秀でていた弟のゲルマニクスにも劣らない教養人クラウディウス帝などは、『ローマ史』など多くの書物を書き、歴史におおいに興味を示しましたが、さらには『エトルリア史』二〇巻、『カルタゴ史』八巻をこれはギリシア語で著作したことも知られています。

図書館の起源

ところで図書館はいつの時代から存在したのでしょうか。

ハドリアヌス帝　図書館をどう把えるかは難しい問題だが、古代エジプトの神殿においては、国の主な出来事を神官が記録し、それを保管する記録保管庫、すなわち文書館・図書館というべきものが存在したし、古代アッシリアの王たちが膨大な量の楔形文字で書かれた書——粘土の上に文字を書き、それを乾燥させた煉瓦板や皮の巻本——を収蔵した図書館を有していたことが知られている。

古代エジプトの文字がパピルスに書かれていたのは明々白々だ。（大）プリニウスが学者のマルクス・テレンティウス・ウァロの言として、パピルスの発明はアレクサンドロス大王がエジプトにアレクサンドリアを創設したときのことであって、それ以前にはパピルスは使用されていなかった（中野定雄訳）、とするのは明らかに誤りだ。

アレクサンドリアの大図書館

次に建設された図書館は、エジプトのプトレマイオス一世と二世によるアレクサンドリアのムセイオン付属の大図書館ではあるまいか。

紀元前五世紀にアテネを中心に、詩人ピンダロス、悲劇詩人アイスキュロス、ソポクレス、エウリピデス、それに歴史家のヘロドトスとトゥキュディデス、また喜劇詩人のアリストパネスが活躍するというようにギリシア文学は頂点に達した。それらは主としてエジプトから伝わったパピルスに書かれ、またそれらは書写され、流布していたに違いない。その後の時代の哲学者ソクラテスは、イオニアの哲学者アナクサゴラスの巻本が一ドラクマの値段で誰でも買えたと言っているし、ソクラテスと同時代の哲学者エウテュデモスは名高い詩人と哲学者たちの書を相当量所有していたと言っている。また前にも話題にのぼったアッティカ古喜劇の詩人アリストパネスによる喜劇『蛙』において、悲劇詩人エウリピデスはたいへんな蔵書家とされている。そしてクセノフォンの『アナバシス』中には、小アジアの北沿岸に難破した船の積荷のなかにたくさんの書物が発見された、と記されている。

これらのことは、当時アテネを中心に、相当多くの書物が存在し、安価で手に入れることができたことを意味する。そして歴史家のトゥキュディデスや哲学者のプラトンなどは相当量の書物を所有していたに違いない。だがプラトンの『パイドロス』――これは美について語り合った書で私の愛読書のひとつだが――のなかで、書物は記憶を新たにするには便利かもしれないが、教育の手段としては語られた言葉におおいに劣る（高津春繁訳）と、ソクラテスは言い、書物を読むことにあまり価値をおいていない。

その後のアリストテレスとその時代において、書物に対する人びとのこうした態度は変わったようだ。アリストテレスのあの広範囲にわたる研究には、多くの資料や書物は欠かせない。事実、アリストテレスには多くの蔵書があった。アリストテレスは自分の蔵書を自分の弟子のテオプラストスに譲った。このテオプラストスは自分の蔵書とともにネレウスに譲り、ネレウスは故郷のスケプシスに運んだが、その後相続人に渡った。そして、いつしかテオスのアペリコンに多額の金で売り渡され、最終的には、ローマの将軍スラがそれらの蔵書をローマに持ち帰ったことが、ストラボンの『地誌』に述べられている。だがそのくらいで、その時代の人の驚くべき量の蔵書についても、図書館の存在についてもあまり知られていない。

アリストテレスの影響のもと、プトレマイオス王たちによって創設されたアレクサンドリアの大図書館は、王によって各地からムセイオンに招かれ、そこで研究する学者たちのための図書館だが、プトレマイオス一世の命を受けてファレロンのディミトリウスが収集した書物の数は相当なものであった。これほど多量の書物が収集され得たことは、先ほど述べたように、相当多くの書物が流布していたということだ。そして、その後の歴代の高名な学者たちが就いた図書館長は、王の命により、蔵書目録を作成――カリマコスによる蔵書目録百二〇巻はよく知られていよう――したり、研究分野ごとに系統的に書物の収集に努めた。

建築家　書物の収集は徹底的で、あらゆる手を尽くして収集されたのですね。たとえば、アレクサンドリアの港に立ち寄る船舶はすべて探索され、一巻でも本が発見されるとそれを図書館に運ばせ、そこで検討され、所有者に返還されるか、あるいは適正な代価を支払って図書館の蔵書に加えるかどうか決定された（松本慎二訳）と伝えられています。

またアイスキュロスやソポクレス、それにエウリピデスらの悲劇詩人の作品の自筆原稿を手に入れるため、プトレマイオス三世は貸し出しが禁止されているにもかかわらず、途方もない高額の保証金の供託と引き換えに、保管されていたアテネの国立文書館から書写のために借り出し、アレクサンドリアで書写した後は、原書は図書館蔵とし、新たに書写したほうを保証金没収を覚悟にアテネに返却したといった、狂ったとも言うべき蔵書熱を反映したエピソードが伝えられています。

クレオパトラ（七世）とその弟であるプトレマイオス十三世との内戦において、クレオパトラに味方してカエサルが戦ったアレクサンドリア戦役（紀元前四八）におきまして、アレクサンドリアの港に近い王宮があります地域は火に包まれ、大図書館も焼失し、五〇万巻とも七〇万巻ともいわれる膨大な量の蔵書が失われてしまいました。このことに意気消沈したクレオパトラの機嫌を直そうと、後にマルクス・アントニウスは、小アジア、ペルガモンの図書館から二〇万巻もの書物を、焼失を免れたムセイオンに寄贈させたという話も知られています。

書物の材料としてのパピルス紙と羊皮紙

書物の材料としては古代エジプト時代の紀元前二〇〇〇年のころから、アレクサンドリアの図書館の蔵書を含めて、ローマ時代の紀元四世紀ころまで、パピルスが支配的であったわけですね。それ以前は動物の皮や樹皮や麻、あるいはメソポタミアの楔形文字のように粘土の上に文字を書いたことが知られています。

パピルス紙とは、ナイル川岸に繁茂・栽培されるヨシ科の宿根草であるパピルス草（学名 キペルス・パピルス）からつくられるのですね。（大）プリニウスは『博物誌』においてそのパピルス草からパピルス紙のつくり方を記述していますが、その記述の仕方にはあいまいな部分があります。（大）プリニウスはパピルス紙をつくる実際の現場を見ていないのでしょう。

二〇世紀のあるパピルスの研究者が、そのつくり方を詳細に記しています。それによりますと、パピルス草の茎をまず新鮮な状態で何本かに切り、髄が現れるまで皮をむく。その髄を薄くできるだけ幅の広い帯に切り裂く。次にそれらをあらかじめ水で湿らせた板の上に、少しはみ出すくらいに並べる。この層の上に第二の髄の層を、第一のとは直角に交差するように並べる。そして平らな幅広の石でその表面を叩いてゆく。その際、澱粉を含んだ髄の粘着性のおかげで個々の部分は互いに密着する。こうしてできた一枚の葉を陽にあてて乾かし、それから軽石または貝殻や象牙の棒で滑らかにする。次に接着剤（澱粉および酢）を用いて数枚の葉（通常は二〇枚）を貼り合わせて、巻物状とする。その際、植物の繊維がつねに同じ方向に並ぶようにする。つまり巻本の外側は垂直に、字を書く内側は水平になるようにする。パピルスはつねにそうした巻物状で取引されていた（戸叶勝也訳）、というのです。たいへん興味深いものです。

そしてこうしてつくられたパピルスが普及し、書物としての巻本が可能となったわけです。

そして紀元前二世紀に、もうひとつの書物の材料として羊皮紙が小アジアのペルガモンにおいて発明されました。この羊皮紙はローマ時代に普及しはじめ、四世紀以降よりヨーロッパ中世、ルネサンス期に至るまで、パピルスに取って代わって支配的になりました。そしてそれとともに巻本から冊子本へと書物の形態も変わっていきました。

この羊皮紙発明のエピソードは、図書館の蔵書競争と関連してたいへん興味深いものです。アレクサンドリアの大図書館が建てられた後、小アジアのアッタロス王朝の文化都市として栄えたペルガモンにも図書館が建設され、プトレマイオス二世とエウメネス二世という学問の擁護を自負する二人の王が図書館の蔵書数や充実ぶりにおいて競い合いました。そして当時、アレクサンドリア大図書館の館長であった文献学者アリストパネスを、エウメネス王はペルガモンの宮廷に招きいれようとしました。今日でいうヘッドハンティング、優秀な人材の引き抜きですね。これに怒ったプトレマイオス王は、アリストパネスを牢獄に閉じ込め、そしてパピルスの輸出を禁じました。それで、困ったエウメネス王は動物の皮から紙に代わるものをつくる方法の開発を命じました。それが羊皮紙の発明となった、というエピソードですね。

紀元前二世紀のことです。羊皮紙はペルガメヌムといい、ペルガモンで発明されたことに由来することがわかります。――もっとも、発掘調査をもとに、それ以前から羊皮紙は存在していた、とする説もあるようですが。

ペルガモンの図書館の蔵書はすべて羊皮紙ではないとしても、そのある部分はパピルスに代わる羊皮紙であることがわかっております。

羊皮紙とは、羊や山羊などの皮をなめすのではなく、石灰液で処理した後、それを強く張って乾燥させ、薄く削り取り、なめらかにするために軽石で磨き、そしてチョークで仕上げを施したものです。その羊皮紙がパピルスに全面的に取って代わるようになったのは四世紀ころからとされていますが、紀元前一世紀ころにはすでにローマに普及し始めたといわれます。

陛下の時代では羊皮紙の普及はいかがでしょうか。

ハドリアヌス帝　パピルスが大部分だといってもよいが、羊皮紙も一部使われている。パピルスの慢性的な不足のため、ますます多く使われだしているのが実状だ。メモ帳には羊皮紙が使われているし、また巻本の表装は羊皮紙が一般的だ。ただ書物や書類がますます増えており、将来を考えるとパピルスのそうした需要に対する供給不足は大きな問題であると私は認識している。

建築家　羊皮紙と比較してパピルスは湿気に弱いこと、虫食いが生じやすいこと等々いろいろ欠点がありますが、徐々に改良されていったのですね。ですから羊皮紙が発明され、普及しても、パピルスが多く使われていたのだと思われます。

ローマにおきまして、最高級紙は長らくアウグストゥス帝の名をとった「アウグストゥス紙」とされていましたが、クラウディウス帝はそれをさらに改良させました。これは「クラウディウス紙」としてもっとも上質なものとして好まれ、広く普及したことが知られています。

書物の書写

ところで印刷術は活版印刷術の発明によって、十五世紀以降おおいに発達しましたが、印刷術が発達していないギリシアやローマの時代においても、書物がたくさん市中に出回っていたことは、写本・書写をする人が多かったわけですね。ローマの書店ではそれを専門にする人が雇われていて、書店の奥の部屋では書写に精を出していたということが伝えられていますが――。

ハドリアヌス帝　その写本・書写のことだが、アレクサンドリアの図書館においても、そしてアンティオキアやペルガモンなどの東方の都市の図書館においても、書写が精力的に行われた。その際、原典かそれに近いものにあたり、それまでの巻本が綿密に検討され、余計な箇所は省き、幾行か誤って削除されていたものについては行を加えたりして校訂され、原典に忠実なテキストが、統一された標準本というべきものの作成が、図書館のひとつの重要な仕事となった。

建築家　それは従来、写本・書写は市中で誰でもやれたわけでして、その際、適宜自分がよいと思う文を加えたり、あるいは不注意から数行省いて書写する者が多かったためですね。むろん書写を生業としたいわば書写のプロも多かったわけですが、なかには無学な奴隷が書写を強制されて、そのためにずいぶんずさんな書写もあったということが知られております。

これに対して十一世紀以降、中世では、書写は僧院において組織的に、かつ綿密に行われたことが知られています。たいへん組織だった書写作業でして、書写にあたって字体も統一されることから、各僧院における書写・字体が異なり、そのため字体によってどの僧院において書写されたものか、おおよそ判読することができたともいわれています。

アレクサンドリアには、丘の上に立つ壮大なセラピス神殿に付属して、「娘の図書館」とよばれた市民に開放された小規模な公共図書館がありましたが、他方、大図書館は焼失後も、アントニウスによるペルガモンの図書館からの二〇万巻に及ぶ蔵書の移転を契機に、ムセイオン内の図書館が充実され、クラウディウス帝による増築、それに陛下の命によって「ハドリアヌス図書館」が建造されまして、ムセイオンとともに四世紀後半まで存続したことが知られております。

ローマの公共図書館

ローマの社会における図書館につきましては、東地中海地方のポントスのミトリダテス王たちと戦い戦功をあげた将軍で政治家のルキウス・ルクルスは、それらの戦いの戦利品として王たちの膨大な蔵書をローマに持ち帰りましたが、それらのたくさんの蔵書を優雅な隠遁生活を送っているローマから南西へ二五キロメートルほど離れた丘陵地帯のトゥスクルム（今日のフラスカーティー）の別荘に移し、一般の市民の閲覧に開放したことが知られております。公共図書館では、ガイウス・アシニウス・ポリオが戦利品から得た資金で建てたものが最初のものだとされています。

アウグストゥス帝はこのポリオに刺激されたのか、図書館建設を胸に抱きながら実現しなかったカエサルの遺志を継ぎ、二つの公共図書館を建設しています。一つはカンプス・マルティウスにあるオクタウィアの逍遥柱廊に、もう一つはパラティヌス丘の自宅近くのアポロン神殿に付属したかたちでと、それぞれカエサルの構想に沿ってギリシア語本、ラテン語本に分かれた公共図書館です。

その後、歴代の皇帝も公共図書館建設に務め、ティベリウス帝、ウェパシアヌス帝、そして先述のように先帝トライアヌス帝による図書館建設が知られております。ティベリウス帝のものはアウグストゥス神殿の近くに、そしてウェパシアヌス帝のものは平和の広場（フォルム・パキス）の神殿に付属したかたちでその両側にあり、トライアヌス帝のものはトライアヌス広場に面して立つバシリカ・ウルピアの奥の先帝記念柱を挟むようにして両側に立つ図書館です。

それにしましても、ローマ時代に公共図書館があり、そして付属施設としてのアウディトリウムにて朗読会がたびたび催されていましたことは、驚きでありますし、素晴らしいことですね。といいますのは、その後長く途絶えておりました公共図書館は、千数百年後の十七世紀になりましてイギリス、フランス、イタリアなどにおきまして、ようやく復活したのですから。それは国ではなく、貴族である学問・芸術の擁護者たちであるといわれております。ですが利用者は限られていたようで、十九世紀の市民社会になりまして、ようやく各地に公共図書館が建てられました。日本におきましても、公共図書館の成立は、ようやく十九世紀後半のことです。

書店、そして市民の蔵書熱

公共の図書館があったということは、市民がよく本を読んだということですね。一世紀後半の諷刺詩人マルティアリスに次のような詩があります。

君の求めるもの（マルティアリス作のエピグラム）なら、もっと近くで手に入れられよう。もちろん君はいつも（書店が多い）アルギレトゥム街に出かけるし、カエサルの広場に面して書店があって、あらゆる詩人の名をすぐに一覧できるように、玄関の柱のあちこちに、いたるところ本の名が書き出されている。あそこから私の詩集を求めてくれ。アトレクトゥス——これが書店の名だが——に尋ねるには及ばない。

一番目か二番目の書架から、軽石で磨きあげ、深紅の粋を凝らしたマルティアリス詩集を五デナリウスで売ってくれよう。

「お前はそんなに高価くない」と君は言うのか？

君はわけ知りだよ。（藤井昇訳）

このエピグラムによりますと、たくさん書店があったというアルギレトゥム街（フォルム・ロマヌムから通り抜け広場であるフォルム・トランシトリアを通り抜けて続く街路。今日のカヴール街辺り）だけでなく、カエサル広場など市内のあちこちに書店があり、そうした店先にはいろいろな新刊書の名が広告として張り出されていると詠われ、市民が足しげく書店に出入りする姿が眼に浮かぶようです。そして巻本の端は軽石で磨かれ、深紅に染めた羊皮で表装した比較的豪華な装丁の詩集は、銀貨五枚で買えた、とあります。二一世紀の今日と同じでして、巻本にはいろいろな装丁があり、巻本の端は軽石などで磨かれず、ぎざぎざで、その表面も普通ある羊皮の覆いもない安価本から、装丁を凝らした高価な豪華本があったことがわかります。

もうひとつ、これもマルティアリスのエピグラムにこんなものがあります。

私の小さな詩集よ、お前は誰への贈りものになりたいのかね？　はよう、身を守ってくれる者を拵えて、煤けた台所へすぐに引っさらわれ、紙もびしょびしょにされて鮪のフライを包むことになったり、香料や胡椒入れの紙袋になったりしないようにしなさい。

――（後略）――

そしてもうひとつ、

――（前略）――

なんとたくさんの口の廻る先生がたが蟲や油虫を飼っていることか。そしてそのひねくった詩を買うのはコックだけさ。（藤井昇訳）

書物は魚の包み紙や、香料や胡椒入れの紙袋になったり、つまらない詩集を買ったがよいが、書棚に置きっぱなしで、防虫除けに杉油で本の裏側を塗ったのにもかかわらず虫食いができていると詠まれ、多種多様な本が市中に大量に出回っている様子がうかがわれます。そして書物を読むのは――あるいは単に買うだけなのかもしれませんが――インテリ層に限らず、ごくごく市中の庶民もそうであったのですね。

さきほど、図書館がその蔵書の数で競ったと言われましたが、個人の蔵書熱も高かったようです。トゥスクルムの別荘の図書室を市民に開放したというルキウス・ルクルスのたいへんな量の蔵書も知られています。もっとも、その多くの書物はポントスのミトラダテス王たちとの戦いに勝利し、戦利品としてローマに持ち帰った書であったようですが――。

郊外での別荘における滞在では、読書に過ごす時間が多く、ローマ近郊のティヴォリの陛下の別荘もそうですが、比較的大きな別荘では、どれも図書室が備えられていました。そして市民が馬鹿げたように蔵書に熱を上げたのは、とりわけ、陛下がご自身の孫のように可愛がられた、後のマルクス・アウレリウス帝の時代だといわれております。陛下の若い側近であったコルネリウス・フロントなどの影響もあって、マルクス・アウレリウス帝は陛下と同じようにたいへんな哲学好きで、二一世紀の今日まで読み続けられている有名な『自省録』をギリシア語で著しています。

そして市民は――おおかた元老院階級か騎士階級の市民でしょうが――哲学者皇帝マルクス・アウレリウス帝に気に入れられようと、こぞって書物の収集に血眼になったということです。そしていったいどのくらいの量の書物を所有していたのかという問いには容易には答えられませんが、一例として――これは例外でしょうが、文献学者のマルクス・エパフロディトスは三万巻もの蔵書を誇ったといわれています。

充実した公共の図書館があり、個人の蔵書熱も高いとなりますと、ローマ市民はよく本を読んだと思います。何しろ一世紀後半あの浩瀚《こうかん》な『博物誌』を著した（大）プリニウスは、睡眠時間をも惜しんで読書し著作をしたという驚くべき勤勉ぶりを想い起こしますと、多くのローマ市民もまた熱心に読書に励んだと思いますが――。

ハドリアヌス帝　よく本を読んだ者は、それは多いだろうが、たとえば、ホメロスの叙事詩を読むにしても、エンペドクレスやプラトンを読むにしても、本当に理解し、愉しんで読んだかというと、そうとも言えない場合が多いのだ。

ギリシア社会でもそうだが、ローマの社会では刑事・民事を含めて訴訟を処理する裁判が実に多い。その法廷弁論やあるいは議会やそして市民を前にしての演説では、修辞的な装飾として、そうした古典文学や哲学からの気の利いた引用は、陪審員や傍聴する聴衆の心をつかむひとつの有効な手法なのだ。そして自分が、教養があると他人に見せかけるための、引用箇所を探し出し、身につけるための読書が多いのも確かだ。こうした実利・実益のための読書という残念な面もローマ人には多い。

また市民が書物をたくさん収集して、蔵書数が多いということは、必ずしも読書と直結しない場合がある、むしろ、そうした場合が多いともいえよう。自身ではろくに読まずに、単に壁面に収集した巻本を収め、教養人を装い、それを他人に見せびらかすだけの者も実に多い。

建築家　巻本を書棚に積んだだけで、壁面の装飾になるのかと疑問に思われますが、実際にはたいへんきらびやかになったのですね。

文字が書かれていないパピルスの裏側に虫食い防止のため杉油が塗られた巻本は、読まないときはその保護用として、つまり表装として羊皮紙に包まれていたのです。この羊皮の紙はマルティアリスの諷刺詩にありますように、深紅や紫、黄と、色とりどりに彩色されたものがありました。本の表題は最後に書かれるのが普通でしたから、わかりやすくするため表装としての羊皮紙に表題を書いた張り紙を貼り付けていたのですが、これに彩色をしたものもありました。また、巻本の端はたいへん念入りにカットし、軽石できれいに磨いてありました。そして巻本のなかには軸がついたものもあり、この軸に把手が突き出ていて、この把手部分が高価な象牙や銘木であったり、これに細工が凝らしてあるものもあったのです。

こんな巻本が書棚に積まれ並べられますと、その壁面は豪華に飾りたてられた感じになりますね。もっとも、木の戸扉が書棚に付けられていた場合は別でしょうが——。とはいいましても、そうした戸扉には豪華な装飾が施されていました。そしてまた書棚でない場合、巻本は豪華な細工がされた円筒の書物入れに収められ、そうした円筒の書物入れが部屋いっぱいにたくさん置かれる場合もありました。

陛下がお話しされたことと同じように、ろくに読みもしないのに、単に見せびらかしのために書物をたくさん買い求める者が多いのは嘆かわしい、とネロ帝の家庭教師でもあった哲学者のセネカも嘆いております。それだから見栄のために、個人の家のなかに図書室があるということは浴室——浴室をもつには大量の水を使います。水の確保とその給水設備、また湯を沸かすだけではなく、冷浴室や温浴室といった各浴室を備えたり、床や壁の暖房装置等々たいへんな金がかかりました——があるということと同じくらい重要であると、揶揄《やゆ》しています。

こうしたことは現代でもまったく同じです。私は学生時代、ドイツのある家庭で体験したのですが、書物の中身がない背表紙だけがついた紙箱——ゲーテ全集とかシラー全集とか背表紙に書かれています——が、家庭の居間の本棚を埋めていました。そうした「装飾としての書物」が、多くの家庭に出回っているという笑うに笑えない現象があります。

アテネの図書館のアウディトリウムにて、ハドリアヌス帝によるヘクトールへの墓碑銘詩の朗読・発表

ところで陛下によるアテネの図書館におきまして、中央にある図書室の両隣には閲覧室があります。そして、また二つの閲覧室に接して左右に二つのアウディトリウム(講堂)があります。部屋の大きさは一六・二メートル×一四・五五メートルほどでして、図書室と閲覧室と同様に、中庭を囲む列柱廊から直接アプロー

チします。アウディトリウムでは閲覧室側に演壇が設けられ、断面形はそれに向かうように階段室状になっており、中央と左右に通路がある一八列の机と座席が設けられ、おおよそ二五〇～三〇〇人が座れるようになっています。

陛下、この講堂で何が行われるのでしょうか？　この講堂とはアウディトリウムといわれるようですが、今日でも陛下の時代のそのラテン語がそのまま使われております。

ハドリアヌス帝　アウディトリウムはラテン語のアウディーオ、アウディーレ（聞く、語って聞かせる）から派生した語だ。この部屋では主として自作の詩や著書の朗読や、それに学者による講義が行われる。

建築家　それで三方の壁面には、ソクラテスやプラトン、アリストテレス、エピクロスなどの哲学者や、サッフォー、アルカイオスなど詩人の胸像が飾られているのですね。

このアウディトリウムにおいて、陛下によるいくつかのギリシア語による詩が朗読されたことが知られております。

ヘクトールよ、アレースの血享けし者よ、
地の下のありて聞き給わば、汝に幸あれ。
して、汝が祖国が為、暫し安堵の息吐きたまえ。
イーリオン今なお人棲まい、名高き都城たり、
汝にこそ及ばね、軍神の朋友なる
猛き士らをば擁したり。
ミュルミドン人らは滅び失せぬ。
アキレウスが傍に立ちて告げよかし、

テッサリアの地は全土、アイネイアスが末裔
これ領するところとなれり、と。（沓掛良彦訳）

これは「冥府のヘクトールに」と題して詠んだ陛下の詩です。ホメロスによって詠われたトロイア戦争において、ギリシア連合軍の勇将アキレウスとの一騎打ちにおいて、敗れて死んだトロイア軍の将で、今は冥府にあるヘクトールに語りかけるものです。灰燼に帰したトロイアの都（イリオン）は名高き都として今なお栄えている。そしてアキレウスによって率いられたテッサリア人（ミュルミドン人）は滅び、トロイア軍の将で辛くもイタリアの地へ逃げのびたアイネイアスの子孫であるわれわれローマ人が、そのテッサリアの地を征服し、われわれの領土である。だからどうぞ安堵してください――と。

陛下は紀元一二三年、小アジアへの視察旅行におきまして、マルマラ海に臨むキュジコスを経て、トロイアを訪れました。その折、ソポクレスの悲劇において詠われたサラミスの王でギリシア連合軍に加わり、不幸な出来事の因果により正気を失い自死した悲劇の将アイアースと、トロイア軍の勇将ヘクトールの墓に詣でましたが、陛下は荒れ果てたその二人の墓を見て嘆き悲しみ、その墓の修復を命じられたことが知られております。

陛下の「冥府のヘクトールに」と題するその詩は、その墓の修復の際、ヘクトールの墓碑銘としておつくりになったものですか。

ハドリアヌス帝　そうだ。

建築家　詩のひとつのジャンルとして墓碑銘詩があったようですが、ヘクトールに語りかけ、弔う詩としてたいへん感動的です。

そして陛下による冥府にあるヘクトールへ語りかけたこの詩が、この図書館のアウディトリウムにおいて

朗読・発表されたのですね――。陛下の側近による代読によってですが。

陛下がおつくりになったギリシア語による詩のうち、六つの詩が『ギリシア詞華集』に収められています。この詞華集とは、十世紀ビュザンティオン（今日のトルコ、イスタンブール）のケファラースによって、紀元前八世紀から十世紀に至るまでのギリシアのあるいはギリシア語による短詩を四千篇、全一六巻に収めたものです。この詩集という書物は、その後十五世紀の印刷術の発明により大量に印刷されまして、陛下の詩はもとより、そこに収められた実に多くの詩が世界の多くの人びとに知られるようになりました。日本でも、一部でありますが翻訳され、伝えられています。

ポンペイウスの墓の修復と墓碑銘詩

また陛下は一三〇年、エジプトへの視察旅行の折、ペルシオン（今日のエジプト、ポートサイトの近く）で殺害され葬られたローマの将軍ポンペイウス・マグヌス《大》の墓に詣でられ、荒れ果てた墓の修復を命じられたことが知られております。

ローマの将軍大ポンペイウスはギリシアの中部テッサリアにある小都市ファルサロス（今日のファルサラ）の郊外において、かつてクラッススとともに三頭政治体制をしいた同僚でもあり、娘婿でもあったカエサルと政治的に対立するに至り、雌雄を決する戦いをすることとなりました。紀元前四八年のことです。

兵の数でははるかに勝っていたポンペイウスの軍はよもやの敗北を喫し、ポンペイウスはわずかの手勢とともに、北東方面に逃れました。ラリッサを経て、テンペの谷を通って海岸に着きました。まずエーゲ海を挟んで対岸にあるレスボス島に赴き、その地で待つ妻（スピキオの娘）と次男と落ち合い、そして一緒にキプロスを経由してパルティア王国へ向かい、王の保護を求めようとしました。しかしシリアのローマ軍団はカエサル側につくことを表明したためそれもならず、しかたなくエジプトへと進路の変更を余儀なくさせられました。カエサルの追走を逃れて、かつての自分の部下たちもいるその地で体制を立て直そうと、エジプトのナイル川デルタの東端の町ペルシオンに着きました。この地は、かつてアレクサンドロス大王がここからナイル川に沿って陸路でヘリオポリスに向かい、そこで河を渡り首都メンフィスに向かったことが知られています。

ポンペイウスは、姉クレオパトラとの戦いのため、たまたまこの地にあったプトレマイオス王や駐在するローマの部将たちと今後の方策を講じようとしたのですが、カエサルに敗北を喫した事実をすでに知っていたプトレマイオス王は、ポンペイウスに味方するはずはなく、姦計を弄して、陸での会談を申し出て、ポンペイウスを小船に誘い込み、海岸についたところで、ローマの部将の手によって、ポンペイウスは背後から突き刺され、殺害されました。

ポンペイウスの首はその場で刎ねられ、その首は、その後ポンペイウスを追ってアレクサンドリアに着いたカエサルのもとに送られましたが、カエサルはローマの大将軍たるポンペイウスを、姦計をもって殺害した者たちに激怒し、それらの者たちの処刑を命じたといわれています。

ポンペイウスの遺体は、近くの小高い丘に円形の土盛り塚であるトゥムルスが築かれ、埋葬されました――紀元前四八年のことです。

陸下は、正確にはこの一七八年後にポンペイウスの墓に詣でられたのですね。

ハドリアヌス帝　私はポンペイウス・マグヌスの墓に詣でようとしたが、トゥムルスがあるとされた場所は海岸の近くでもあり、砂に埋もれてしまったらしく、見つからなかったのだ。私はおおいに狼狽し、部下たちに命じ、探させた。結局、砂に埋もれ荒れ果てたトゥムルスが見つかったのだが、私はそれを見て、悲嘆にくれた――これが東方オリエントにおいて戦勝を重ね、ローマに多大な貢献をし、カエサルにも劣らないローマの将軍ポンペイウス・マグヌスの墓か、と。私は部下たちに命じ、トゥムルスを新たにつくり直させた。

建築家　その際、陛下がおつくりになった墓碑銘詩が、今日知られております。

あまたの神殿に祀られ
栄光に輝いた
一人の将軍の墓としては
これでも、なんとみすぼらしいことか。（著者訳）

アフリカではヌミディア王に勝利し、またスペインを征服し、そしてまたミトラダテス王のポントス、カッパドキア、シリア、フェニキア、ユダヤ等々東方の国々との戦いにおいてことごとく勝利し、ローマにおいて三回の凱旋式の栄誉に輝いたローマの将軍大ポンペイウスの異国の地にある墓としては、どんなに壮大な土盛り塚トゥムルスを築いたとしても、とてもそぐわないという、陛下のお気持ちを詠ったものです。

大ポンペイウスの戦勝につぐ戦勝、そしてとりわけ東方の国々に勝利しローマの支配下とした三回目の凱旋式は伝説的でもあります。その凱旋式は壮大をきわめ、二日を費やしても終わりを見るに至らず、用意されたものの多くは公開される機会にめぐまれなかったが、その分だけでもゆうに一回の行列を盛大に行うことができるほどでありました。戦勝の対象となった被征服民族の名が行列の前をプラカードに明示されました。それはポントス、アルメニア、パフラゴニア、カッパドキア、メディア、コルキス、イベリア族、アルバニア族、シリア、キリキア、メソポタミア、フェニキアおよびパレスティナの諸族、ユダヤ、アラビアそれに鎮圧された海賊たち。戦争捕虜として凱旋行進に引き回された者たちは、海賊の首領たちのほか、アルメニアの小ティグラネスとその后および娘、大ティグラネスの后、ユダヤの王、ミトリダテス王の妹と五人の子供、スキュティアの夫人たち、アルバニア族およびイベリア族の人質、コンマゲ王の人質、これに戦勝記念柱も運ばれた（吉村忠典訳）、と伝えられております。

ローマの国庫に莫大な金銀の富をもたらしただけでなく、多くの国々をローマの属州とし、ローマに貢献したにもかかわらず、異国の地にて無残な死に方をした大ポンペイウスを、皇帝としての陛下は、その地でローマへの多大な寄与に感謝しつつ偲び、詩を詠ったのです。

書物、詩は朗読によって発表

今日では、書物の発刊をとおして詩や書物は公に発表されるのですが、陛下の時代では、印刷術が未発達なため、まず朗読という方法で発表され、後に書写され——巻本にして公にされたのですか。

ハドリアヌス帝　そうだ。

ギリシアでは紀元前五世紀に実に優れた多くの詩歌、悲劇や喜劇が、それに歴史書が生まれたが、それらはすべて口頭により発表されたのだ。祭礼や競技会での式典歌などといったものは音楽の伴奏とともに発表され、悲劇や喜劇は舞台で演じられることによって発表された。また、歴史を扱う書などは、祭礼の場で参集した市民の前で朗読された。このような方法によって発表されたのだ。——それらの書物については、むろんそれらの作の写し（ごくわずかだが巻本として書写された）が存在したことは確実だが。そしてその後はギリシアでは、人びとの前で朗読することによって自分の詩や書物を発表した。

建築家　ローマではそうした自作の詩や書物を朗読・発表する朗読会がずいぶんと盛んに催されたようです。

政治家で詩人でもあり、カエサルなどの友人であったマルクス・アンナエウス・ポリオが、朗読によって発表するというギリシアの慣習を受け継いで、人を集めて自らの詩を朗読したのが、ローマ社会において最初であるといわれますから、紀元前一世紀ころから行われ始めたのですね。
一世紀後半の諷刺詩人のユウェナリスのエピグラムに次のようなものがあります。

詩人スタティウスが朗読する日を約束して、
ローマ市中を喜ばすと、彼の快い発声と、
愛する彼の詩「テーバイス」を聞かんものと駆け集まる――
スタティウスは、それほど強い魅力をもって、人々の心を捉え、
公衆はそれほどの強い熱意をもって、
彼の朗読を聞いた――
彼は詩をもって座席を破壊した。（樋口勝彦訳）

これによりますと、たくさんのローマ市民が詩人スタティウスの詩の朗読を聞くべく、朗読会場に集まり、座席を踏み潰すほどだったと、朗読会の盛況ぶりを伝えています。

陛下がおつくりになりましたトロイアの勇将ヘクトールへの詩が、このアテネの図書館のアウディトリウムにおいて朗読・発表されましたように、歴代の皇帝もまた自作の詩や著書を朗読・発表しました。アウグストゥス帝は、陛下の秘書官であったスウェトニウスによる『ローマ皇帝伝』によりますと、いろいろなものを散文で書いたということです。そのうちのあるものを親密な人びとを集めて、ちょうど朗読会場でやるように、朗読したことがありました。たとえば『カトーについて。ブルトゥスに答える書』を朗読

しました。そしてその数巻を大部分読み終えたころ、帝はだいぶ老齢であったので疲労してしまい、ティベリウス（次の皇帝）に渡して、終わりまで読んでもらった（樋口勝彦訳）、といった微笑ましいようなエピソードが伝わっております。これによりますと、自宅などにごく親しい人たちを招いて朗読をした場合もあることがわかります。

歴史におおいに興味を示し、ローマ史やエトルリア史それにカルタゴ史などを著したクラウディウス帝は、そうした歴史書を多数の聴衆の前で、代読人に朗読させて、発表したことが知られております。またネロ帝も自作の詩を自宅においてばかりでなく、劇場などでも朗読したことが伝えられております。ドミティアヌス帝も自作の詩を公に朗読したといわれております。

朗読の本来の目的は、信頼のおける人に聞いてもらって批評してもらい、それをもとに自作をより良いものに訂正することでありましょう。ですから初めはごく内輪での朗読会であったのでしょうが、次第にたくさんの市民を集めての朗読会になっていったと思われます。そして、たとえば詩人はどんな朗読会場で、朗読会を何回催したのかが、その詩人の経歴《キャリア》につながるようにもなった、ともいわれます。

君もし、名声の甘味に憧れて、朗読しようとすれば、庇護者は汚れきった家しか貸してくれない。
その門たるや、あたかも包囲された城門のごとく、ぴたりと門をかけて、捨ておかれた、不便な遠方にある家を使えというのだ――。
どんな庇護者だって、長椅子に要する費用や、賃貸してくる木製の階段式の座席や、済めば返却しなければならない前方の特別席の椅子などに要する費用を出してくれるような庇

護者は一人だってありはしない。（樋口勝彦訳）

といったユウェナリスの諷刺詩にありますように、自分で多額の費用を負担して朗読会場を借り、そして椅子などを借りて会場作りをし、また招待状をあちこちに出して、たくさんの聴衆を集めての朗読会を催すことも多かったようです。

そして、クラウディウス帝が自分の皇帝宮殿があるパラティヌスの丘を散歩していたところ、どこからか喚声が聞こえてきたので、何事だと尋ねたところ、今、詩人のノニアスが朗読しているところだと人が伝えるや、早速、その朗読会場にあらわれ、朗読している者を驚かした、といったエピソードが伝えられています。その朗読会場とは、アウグストゥス帝が建造させた二つの公共図書館のうちの一つ、パラティヌスの丘のアポロンの神殿に付属した図書館だと思われますが、このように朗読による自作の発表は、図書館であり、あるいは戸外のフォルムや逍遥廊であり、あるいは公共浴場内でも行われました。

そしてこうした朗読会は頻繁に行われました。博物学者の（大）プリニウスの甥で弁論家、政治家（小）プリニウスはある書簡で、次のように書いております。

今年は非常に多くの詩人が輩出しました。この四月丸一か月というもの、誰かしら朗読しない日とて、一日もなかったくらいです。（樋口勝彦訳）

朗読会はローマのどこかで毎日のように催され、一種の流行となったことがわかります。そしてこうした朗読会は、ときには丸一日も続くこともあり、市民は退屈して閉口した、といった話も伝わっております。

アウディトリウムにおける講義

ところで陛下は、この講堂において市民を前にして詩、著書が朗読・発表されたほか、講義も行われたとお話しになりましたが――。

ハドリアヌス帝　そうだ。いろいろな学問分野の教授が講義をした。

ローマの社会において、ラテン語とギリシア語の修辞学教授職を創設したのはウェスパシアヌス帝だ。そのラテン語修辞学教授の第一号が、かの高名な修辞学者、私が少年のころ弁論術を習った先生でもあるクインティリアヌスだ。この教授職とは、俸給を与え、そして納税を免除し、また頻繁に行われた国家的儀式や祭礼時での各種（たとえば剣闘士の闘い）の自己負担を免除するという特別措置を構じ、身分保障するものだ。私はいくつかの属州において、こうした教授職を創設した。

この教授職とは、プトレマイオス王によって紀元前三世紀にアレクサンドリアにおいて創設されたムセイオンにすでにあったものだ。ムセイオンとはアテネのアカデメイア（プラトンの学園）やリュケイオン（アリストテレスの学園）を範として創設された学芸の女神ムーサの殿堂のことだが、王は学者や文人を各地からムセイオン会員、すなわち教授として招聘し、そこに住まわせ、俸給を与え、納税を免除し、大食堂での食事を提供するといった身分と生活の保障をした。そして研究に専念させた。

建築家　陛下はそのアレクサンドリアのムセイオンの長に陛下の秘書官であったルキウス・ウェスティムスを任命されるなど、その発展に尽力されました。またムセイオンにおいてシンポジウムを開き、各教授たちと討論をされたことが知られています。そして小アジア、スミュルナのストア学者ポレモン――この人は陛下の命によって完成したアテネのゼウスの神殿オリュンピエイオンの奉献の式典において記念演説をやりました――と、詩人パンクラテスをこのムセイオン教授に任命されたことも知られております。

陛下はこのアテネにおきまして、教授職を創設され、その身分と生活を国庫からの歳出によって保障した陛下の布告が知られております。

またアテネの大デュオニュシア祭で演ずる役者や演奏者、詩人、そしてその他の演劇・音楽関係者にも、教授職と同じような特権を与えられました。

ハドリアヌス帝　プラトンの学園であるアカデメイアも、アリストテレスの学園であるリュケイオンも、そして他にいろいろな学園がアテネ市中や、アテネ郊外にあり、学者たちも多かった。そして私が見るところ、その者たちの身分や生活の保障がとても充分とはいえない状況であった。

エピクロスの学園に関する先帝トライアヌスの皇后プロティナによるハドリアヌス帝への書簡

建築家　陛下はアカデメイアやリュケイオンのほかに、いろいろ学園がアテネにあると言われました。哲学者エピクロスが紀元前三〇六年に、アテネに学園を開いたことも知られています。

先帝トライアヌスの未亡人である前皇后ポンペイア・プロティナが、この学園に関して一二一年に陛下にあてた手紙が知られております。

私がエピクロス派の哲学にどれほど関心を抱いているか、陛下、貴方はよくご存知のことと思います。

この学園の後任の問題で、貴方の助力が必要です。といいますのは現行の規則では、学園長を継ぐ者はローマ市民権を有している者でなければならないとありますが、それでは人選の幅が狭くなります。

それで貴方にお願いしたいことは、アテネの現在の学園長であるポピリウス・テオティムスに、学園長の後任に関する措置の条項をギリシア語で公にすることを許可されることと、そして後継者の人選にあたって、それが適切ならば外国人の身分であっても後継者として任命できる権限をテオティムスに与えていただきたいことです。
そしてさらに将来にわたってエピクロスの学園長には、貴方がテオティムスに与える同じ権限をお与えくださるようお願いします。
学園長となる者はローマ市民権を有する者でなければならないとする規則ができて以来、その人選は失敗続きです。学園を運営する主たる者たちが審議を重ねて、もっとも適格な者を学園長に選ぶ、そしてその場合、現在より広い範囲から選ぶことができたら、これはより容易に達成できることとなると思います。

この前皇后プロティナの手紙に対する陛下の返書が知られています。

私はテオティムスに、今後のエピクロスの学園長の後任に関する意見をギリシア語で公にすることを許可する。また次の学園長を選ぶにあたって外国人の身分の者から選ぶこともできることを、彼にも、そして将来の学園長にも許可する。すなわち学園長になる資格は外国人にも、ローマ市民権を有する者にもあるものとする。（著者訳）

エピクロスの学園長はローマ市民権を有する者でなければならないとしたならば、優れたエピクロス派の哲学者が学園長となるにはたいへん限られるわけでして、この学園の発展はない、とは私も同感です。この例にも見られますように、前皇后プロティナとご一緒に陛下はアテネの学問・芸術の発展に細心の注意をはられわれ尽力されたことがわかります。

アテネの大学、文化センターとしての図書館

かつてギリシア世界であらゆる意味において一大中心地であったアテネは、商業経済中心地としてはアレクサンドリア、ロドス、デロスなどにその座を奪われましたが、精神的な中心地として、つまり文化・学問の都市としてより強固となるように陛下は努められたのです。ローマ帝国の実に多くの部分を占めるギリシア世界を束ねるのは、物質的経済世界の中心地ではなく、精神的世界の中心こそがその役割を担えるのだと私も思います。

ローマン・アゴラに比するような大規模な陛下によりますこのアテネの図書館は、このように見てきますと、単なる図書館ではなく、アテネの大学、あるいは文化センター的な役割を果たすものだということがよくわかります。陛下は、ローマにおきましてもアテネウム、すなわちアウディトリウムと学習室などを備えたギリシア文化センター的なものを建造されました――残念ながら、今日までその遺構は発見されておらず、したがって、発掘調査はされておりません――が、これなども、紀元前二世紀以来ローマ社会において受容し、浸透したギリシアの文化・学問が、陛下の時代でも、なお綿密な吟味のうえでの受容と再検討がローマの文化・学問の発展に大きな意義があるとお思いになったわけですね。

図書館はローマの「平和の神殿」のコピーか？

ところで陛下の命によって建造されましたこのアテネのこの図書館は、ウェスパシアヌス帝によるローマの平和の神殿の綿密なコピー（a very close copy）である、と二〇世紀イギリスの建築史家J・B・ウォード・

パーキンスは著書『ローマ帝国の建築（Roman Imperial Architecture）』（一九八一）のなかで指摘しております。ウォード・パーキンスはイタリアをはじめ北アフリカ、小アジア、イギリスなど各地で古代ローマ建築の発掘調査を手がけ、古代ローマ建築についての博識な専門家ですが、研究を進めるなかで、この二つの建築が酷似していることを発見し、そこに奇異な感を抱いたのか、他のローマ建築に関する著書においても同じことを繰り返し指摘しております。

ローマの平和の神殿とは、東方エルサレムにおいてユダヤの反乱が起こり、総司令官として長い戦いの末、その暴動を（息子の将軍ティトゥスとともに）鎮圧した将軍ウェスパシアヌスが皇帝位に就いた後、帝はローマ帝国にふたたび平和が到来したことを祝い、帝国の長い安寧を祈って平和の神殿（テンプルム・パキス）の建造を命じられたのですね――元老院がアウグストゥス帝に献じた平和の祭壇（アラ・パキス）と同じように。

ローマの平和の神殿はいわゆる「皇帝の広場群」のひとつでして、フォルム・ロマヌムの北東のバシリカ・アエミリアの裏手、あるいはフォルム・アウグストゥスの南東、あるいはより直接的にはドミティアヌス帝によって建設工事が始められ、次のネルウァ帝の時代に完成したフォルム・トランシトリアに接して、その東側にあります。このフォルム・トランシトリアとは通り抜け広場を意味し、この広場ができる以前は、市民が住むスブラ地区から例の書店が多く並ぶ街として知られますアルギレトゥム街の一部であったわけでして、フォルム・ロマヌムとスブラ地区とを結ぶこの街路に面して、平和の神殿への正面入口がありました。

この正面入口がある高い塀壁には、――アテネの陛下の建造によります図書館正面ファサードと同じように――塀壁とは独立してはいますが、円柱上部はエンタブラチュアにおいて塀壁からの持ち送りによって支えられた六本の円柱が並び立っています。――フォルム・トランシトリアの完成後は、この塀壁全体にわたって同様の独立円柱が並び立つようになりましたが。
この正面入口を入りますと、両側と正面の三方を列柱廊で囲まれた広大な公園のような中庭が広がり、正面の列柱廊の奥には、中央に神殿、そして左右にそれぞれ付属室と図書館があります――その付属室には、後の皇帝セウェルスの時代に、大理石板の上に描かれたローマの都市図が展示されていたことでも知られております。また、左右の列柱廊にはそれぞれ二か所、座席が設えられた四辺形の窪み、エクセドラがあります。

建築史家ウォード・パーキンスが指摘するように、このローマの平和の神殿と陛下の建造によりますアテネの図書館とが、屋根形をはじめ全体の構成とプロポーションにおいてよく似ていることは確かです。二つの建築に共通する正面ファサードの塀壁から独立して立つ列柱が、それを強く印象づけるともいえます。ただそれが綿密なコピーといえるかどうかはわかりませんが――。

ハドリアヌス帝　コピーというと模造、模倣のことだと思うが、われわれローマ人はギリシアの優れた彫像をコピーしてきた。スケールにおいては相違することがあるとしても、形態は完璧にコピーしなければコピーとはいえない。ここではコピーの定義についてはあまり立ち入らないこととして、私が命じて建造したアテネの図書館は、ウェスパシアヌス帝によるローマの平和の神殿の綿密なコピーとはとていいえないのではあるまいか。

建築家　二つの建築を見比べてみますと、細かな点で相違するところが多いですね。
まず正面入口ですが、平和の神殿では塀壁に三つの扉口が付けられているのに対し、アテネの図書館では塀壁から突き出たかたちでローマのパンテオンのような破風屋根に覆われた正面玄関ポルティクスとなっております。また、塀壁から独立して立つ列柱を塀壁上部から持ち送りで支えているいわばエンタブラチュア部分が、ローマの平和の神殿の場合では立ち上がり、浮き彫りによって豊かに装飾されているのに対し、アテネの図書館では簡素化され、その代わりに各柱頭上に立像が設置されています。
正面入口を入りますと、広い中庭を囲む列柱廊は、ローマでは左右と正面奥の三方向にあるだけで、エクセドラは左右二か所ずつあるのに対し、アテネの図書館では四周ぐるりと列柱廊に囲まれており、エクセドラは左右に三か所ずつありますし、何よりも正面建物の中央部分がアテネでは図書室となっていますが、ローマの平和の神殿では神殿となっておりますから、それが中庭に突き出るかたちで列柱廊を覆う片流れ屋根の先端庇の線は破られ、高さも形態も違う破風屋根の神殿ポルティクスとなっております。
それに平和の神殿では左右にそれぞれギリシア語本、ラテン語本図書室と二つに別れていますが、アテネの図書館では一つの図書室に統合され、またアウディトリウムはアテネのほうには二つありますが、ローマの平和の神殿にはありません。

ハドリアヌス帝　この図書館計画の構想にあたって、むろんウェスパシアヌス帝によるローマの平和の神殿は、私と私の建築家たちの頭のなかにはあった――いくつか脳裏に浮かんだ建物のひとつとして。アテネの図書館は単なる公共図書館ではなく、大学あるいはそなたが言うようにギリシア世界の精神と文化の中心であるアテネの文化センターであるべきこと、この目的を充足させるためには、隣接する主として商取引が行われるローマン・アゴラの建築とは、おのずと性格において相違する。そこでは静謐《せいひつ》で、心の平安が得られる空間が求められる。
私と私の建築家たちは、私たちが知るいろいろな建築を検討した。静謐《せいひつ》で気品があるローマの平和の神殿がそうした観点から、また規模のうえでも検討に値する最良の建築のひとつであると、意見が一致した。そなたは（大）プリニウスのこの建築に関する言を存じているか。

建築家　はい。プリニウスは、自分にとってローマの建築においてフォルム・ロマヌムのバシリカ・アエミリアとフォルム・アウグストゥス、それに平和の神殿、この三つの建築がもっとも美しいものであると

『博物誌』のなかで述べています。

ハドリアヌス帝　私と私の建築家たちは、そこでこの平和の神殿をより綿密に検討した。アテネの図書館では、正面奥の中央部に神殿ではなく、そして神殿を建造することなく図書室を配置した。これは普通思うより大きな決断である。なぜならば、図書館と学芸の神アポロンやムーサを祀る神殿と結びつけるのが、ローマの図書館の一般形式だからである。

たとえば、雄大な野外円形劇場の上方に立つペルガモンの図書館は、アテナ神殿を取り囲むようにしてできているし、ローマのパラティヌス丘に立つアウグストゥス帝による図書館も、アポロ神殿と一体となって構成されているといってよい。こうしたことから、そのことが理解されよう。

またローマの平和の神殿と相違して、中央の図書室の左右に一つずつ二〇〇〜三〇〇人程度の市民が聴講し得るアウディトリウムを配置した。列柱廊から直接出入りすることができるこのアウディトリウムがもつ大きな意義については言及する必要もあるまい。

中庭とそれを取り囲む列柱廊についても、検討を重ねた。「ストア学派哲学」といった語句があることからもわかるように、列柱廊（ストア）は学問にとって大きな意味を有してきた。南の国の耐え難いつよい夏の日差しを遮ってくれる列柱廊を逍遥しつつ思索する、あるいは若者たちに講義をするのだ。静かな中庭の池、噴水は涼をとるものであり、平和の神殿のごとく三方ではなく四方を取り囲む列柱廊は回遊型で、思索するに最適であるし、壁面に沿って座席を有するエクセドラの数も増やし、規模も講義の場ともなるように大きくした。池や噴水がある穏やかな中庭を眺めながら聞く野外での講義は、市民や青少年たちにとって愉しい時間となるであろう。

私と私の建築家たちは、このように構想においてはローマの平和の神殿が頭のなかにあった、そしてそれをよくよく検討した。そしてアテネの図書館の設計を進めるにあたって、その目的を充足すべく手を加え、よりよいものとなるようにした。建築の設計においては、前例となるものをよく検討し、その欠点を是正し、目的をさらに検討し、目的を充足すべく、より良いものとする——これが重要なのではあるまいか。

建築家　建築史家ウォード・パーキンスが著書において、陛下によるアテネの図書館はローマの平和の神殿の綿密なコピーであると指摘するのは、形態的類似性を指して述べているのでしょうが、他の著書においてもその点を繰り返し指摘しますのは、この建築史家にとって、そこにある種の違和感あるいは抵抗感といったものが拭いきれないのだと思います。

ルネサンス時代以降だと思いますが、建築に限らず芸術において、芸術の一回性あるいはオリジナリティ・独創性というものが大きく前面に出てきまして、芸術作品のコピーあるいは模倣が大きな問題となってきております。それはオリジナリティの源の芸術家・建築家がかかわってくるからです。

ところでローマの社会におきましては、建築の分野だけではなく、彫刻や絵画の分野におきましても、コピーが多いですね。おびただしい数の彫刻がローマに存在し、それはローマ社会における需要がいかに多かったかを示すものですが、それらの彫刻のほとんどすべては、ギリシア彫刻の摸刻でありますし、また彫刻ほどではないのですが、建築でも多いと言ってよいと思います。たとえば、ここで思いつきますものでも、ベネウェントゥム（今日のベネヴェント）のトライアヌス帝記念門はローマのティトゥス帝凱旋門のコピーでありますし、フランス、ナルボネシス（今日のニーム）のマルクス・アグリッパの建造になる神殿メゾン・カレはローマのマルチェロ劇場（アウグストゥス帝が完成したマルケルス劇場）裏にありますアポロンの神殿のほとんどコピーといえます。また陛下による建物に関しましては、小アジア、ペルガモンにあります医神アスクレピオス神域のゼウス・アスクレピオス神殿はローマのパンテオンの縮小コピーでありますし、アントニヌス・ピウス帝が建造を命じられたアテネ近郊エレウシス聖域にあります二つの門は、アテネにあります陛下のハドリアヌス帝記念門のコピーであるといえます。

こうした建築のコピーの存在は――このことは彫刻についても、まったく同じことがいえますが――、ローマ社会における建築家の無名性ということと大きくかかわっていると思います。ローマ建築において、たいへん質の高い建築あるいは有名な建築におきましも建造主の名は知られていますが、設計者である建築家の名はほとんど知られていない、という建築家の無名性と――。

ハドリアヌス帝　むろん、そうだ。

ふたたびローマにおける建築家の無名性について

建築家　ローマにおける建築家の無名性などの問題につきましては、以前に陛下からいろいろお話しをお伺いしました。

ローマ社会においては、修辞学者のクインティリアヌスの言に代表されますように、一般に建築とはマイナーなもの（ars minor）であり、建て主は建てるにあたって建築家にオリジナリティなど要求しません。目的、必要性を充足させる堅実なプランを求めるのであって、一方の建築家は、設計はもちろんするのですが、豊富な建築的知識をもち、かつたいへん主体的な建て主の要求に従った設計であります。そして建築家の設計になる――設計の主要な点としての構造的に堅固な――建物の躯体内外の装飾的な仕上げ、いわば意匠デザイン的なことは他の芸術家に任せたわけです。では建築家の主たる仕事は何かといいますと、建築現場での作業の指揮、統括、監督であります。技術者としての一面が強く前面に出ているわけですね。

ですから誰が設計したかといった建築家の名などは問題ではなく、建築自体の質が重要なわけです。名は初めから問題にならない、実質が問題なのだということだと思います。ローマの人たちの強い現実主義あるいは実質主義といったものが、反映しているものと思います。

ローマの人たちの実質主義ということに関しまして、たいへん強く感じたことがあります。それはガリアのアウラシオ（今日の南フランス、オランジュ）の野外円形劇場でのことです。とりわけ舞台背景としての巨大な壁が印象的な、たいへん保存状態が良いこのローマ時代の建築遺構――遺構といいましても、今日でも夏のシーズンなどには演劇などが演じられていますが――を見学しましたとき、観客席から見まして、舞台背景の壁の中央上部に窪みエクセドラがつくられ、そこに皇帝の立像が設置されていました。よく見ますと皇帝像の頭部のみがすげかえるようにできているのです。皇帝がかわるたびに、（皇帝であるにもかかわらず）皇帝像全体ではなく、頭部のみをすげかえたことは、ローマの人たちはなんと現実的・実質的に考えたのかと、強い印象を受けたことを思い出します。

　このように、建築、彫刻、絵画の分野においてさえ、誰がつくったのかといったことは問題にせず、つくられたもの自体を問題にする実質主義がゆきわたったローマの社会におきまして、作品のコピーの意義がわかるような気がします。

ハドリアヌス帝　だが、それは当たり前のことなのだ。たとえば農村で、家を建てようとする人が、その村であるいは遠くの町で気に入った家を見て体験して――たまには美しい家もあるだろう――、ぜひああいった家を建てたい、というのと同じだ。そしてそうした村には建築家など存在しないから、家を建てる大工の（あるいは石工の）棟梁と相談しながら建てるのだ。ただその場合、建てる目的である住まう空間とか働く空間が、まずなによりも大事であって、建物の外観の美しさは二の次であることは経済的にも当然だ。

建築家　それがあるがままの世界だと思います――アノニマス《無名性》な世界です。

ハドリアヌス帝　ただ、他に存在する建築のコピーといっても、彫刻などと相違して建築においては、完全なるコピーはほとんど存在しまい。建て主の目的・要求がまったく同じだということはほとんどありえないし、建物が建つべき場所、敷地の状況も建築材料も地方、地方によって異なるからだ。そうしたことが建築の形態に微妙に現れる。建築におけるコピーとは、主として形態の同一性をいうのだろうから。

建築家　そうですね。陛下のアテネにおける図書館において綿密なコピーをしたと指摘されましたローマの平和の神殿にしましても、それがオリジナルかというと決してそうとはいえません。それはギリシアから受容し、ローマにおいて発展させましたペリステュリウム、すなわち列柱廊によって囲まれた中庭をもつ住宅ドムスあるいは別荘建築と、その構成、形態においてほとんど変わりありません。ただ規模の点で相違があるだけだといってもよいように思います。

それで、先ほどローマ社会における建築のコピーの例としてお話しましたものは、実際には、神殿だとか記念門といった目的が一義的で、敷地の状況や土地の建築材料とか、それに経済的な条件などに比較的左右されない建築が多いわけですね。モニュメントあるいは記念建築物です。

ハドリアヌス帝　建築とは相違して、用あるいは目的に拘束されない自律的芸術としての彫刻のコピーでは、コピーにあたってその本質より形態が大事だ。つまりコピーは装飾的性格が大きくなる。ローマの人たちは——残念ながらギリシア人より芸術的センスの面で劣っていると認めざるを得ないが——彫刻の本質など見ようとはしない。コピーしたギリシア彫刻を装飾として用いたのだ——壁面を飾るものとして。

建築家　ローマの建築において多くコピーされました記念建築物は、そういわれてみますと、都市空間を飾るものといってよいかもしれません。

ルネサンス以降、建築と設計者の名がふたたび結びつく

ところでイタリアで起こりましたルネサンス以降、建築は建造主の名より、設計した建築家の名と結びつくようになりました。キケロは、建築とはあまり名誉をもたらす芸術ではないと言い、そしてクインティリ

アスが、建築はマイナーな芸術だ、という言葉に代表される陛下の時代の一般の建築観が大きく転換しました。芸術としての建築が前面に出てきたわけです。これはレオナルド・ダ・ヴィンチやミケランジェロをはじめとする芸術家たちが、そしてその名が、依頼主、施主に対し「ある権威」を有するようになり、依頼主、施主の要求ではない芸術作品の表現すべきもの――テーマ――を芸術家自身が決められるようになったことが背景にあるように思われます。

建築家はその名を高めるべく、オリジナリティを競い合うようになりました。となりますと、おおむねその形態です。

そしてその後、建築家にとって形態がそしてそのオリジナリティがいかに大きなテーマとなり、その場合、建築の目的、必要性あるいは機能の充足といった建築の実質的な部分がいかになおざりにされたかは、十九世紀末より二〇世紀初めにかけましてオーストリア、ウィーンで活躍しました建築家オットー・ワーグナーの言を見ればわかります。十九世紀の歴史的建築からの形態的断片の単なる寄せ集めあるいは折衷という歴史主義の時代にあって、台頭しつつあった市民のための建築である近代建築を切り拓いたワーグナーは、近代建築への五つのテーゼというべきものを標榜しましたが、その第一に、

建築の目的をできるだけ厳密に把握し、これを細部にわたるまで完全に充足させること

と言っております。建築の目的を把握すること、そしてそれを完全に充足させること――建築家の仕事としてまったく当たり前のことと思われますから、ワーグナーがことさらこれを第一のテーゼと取り上げたことは不思議なほどです。ですが、実はこれがたいへん難しい問題なわけです。建築の目的は、浴場建築、劇場建築の場合のように比較的明快に規定し得ることがありますが、多くの建築の場合では、よくよく思考しな

ければ、その目的は充分把握し得ないからです。まして建築家の名など問題にされないローマの社会のようなアノニマス《無名性》な世界でない、ルネサンス以降のオリジナリティを競うかのような近世・近代社会ではそのように思われます。

それは、どちらといえば地道な努力といってよい建築の目的あるいは機能の充足によってでは、建築家として名を高めることが困難なわけでして、やはり人びとの目をみはらせる形態がもっとも手っ取り早い方法だったのです。建築に設計者の名が結びつくこと自体には特に問題があるわけではないのですが、問題があるとしましたら、自己の建築家としての名をあげようとするあまり、建築の目的をなおざりにして、あまりに、形態やオリジナリティ・新しさに目を向けようとする傾向ではないでしょうか。

2・3　アテネのパンテオン

建築家　さて、陛下がアテネのために建造されました建物で、長い間その建造場所がわからないものがいくつかありました。

一つは陛下の名がついたギュムナシオン、これは青少年のための学校施設です。それは前述のようにイリソス川の南側の地に建造されたものだと、二〇世紀後半に行われた発掘調査によって、その場所が特定することができました。

もう一つは、パウサニアスによって「すべての神々に共通の神域（飯尾都人訳）」と記されております建物、パンテオンです。

陛下はローマにおきまして、あの感動的な空間、パンテオンを建造されましたが、パウサニアスらの記述によって、陛下はアテネにおきましてもパンテオンを建造されたことが知られておりました。ですがアテネの何処に、どのような規模とかたちをしたパンテオンを建造されたのか長い間わからず、たいへん興味深かったのですが、これも二〇世紀後半の発掘調査におきまして、その全貌とはいかないまでも、そのごく一部ですがわかってきました。

パンテオンの建造場所

アゴラからローマン・アゴラと陛下による図書館の間を通ってアテネの東地区を結ぶ主要道路沿い、ローマン・アゴラの東側の起伏に富んだ地区がそのパンテオン建造の場所なのですね。

アクロポリスの丘の北側の麓にあたるこの辺りにはマケドニア出身の建築家アンドロニコスによる八角形

の水時計の館（いわゆる風の塔）や小さな公共トイレ、それにプトレマイオス王が建造したギュムナシオン、またロマイオスの建造になるストア、そしてディオゲネスが寄進したギュムナシオン、また（ローマン・アゴラの南側に）テセウスの神殿などが立っていました。この一角の主要道路――今日では、陛下のお名前を拝借しましてハドリアヌス街（Adrianou St.）と名づけられております――沿いにパンテオンは立地していたのですね。今日では住宅などが立ち並び、およそ想像がつきませんが――。

パンテオンの規模と空間構成

今日では、その遺構はわずかしかなく、また廃墟のようになっておりますので、陛下による建造当時のパンテオンの姿は想像するほかありません。発掘調査によりますと、道路に沿って長さ約八三メートル×幅三六メートルほどの矩形の神殿だったのですね。ここはアクロポリスの北の麓に位置しますが、ここから見上げるアクロポリスの丘の上に立つパルテノン神殿の床面ステュロバテスが六九・五メートル×三〇・八八メートルの大きさですから、このパルテノン神殿より大きな神殿です。

東側に正面入口でありますポルティクスがあり、それを入ると奥行き六七メートル、幅三六メートルの大きな内陣ケラとなっております。

ポルティクスは正面前列に八本の柱、そして側面に三本の柱、合計一六本の柱が立ち、幅三六メートル、奥行き一六メートルほどですから、ローマのパンテオンのポルティクスと規模、構成はおおよそ同じだといってよいと思います。アウグストゥス帝の事蹟は、死後青銅板に刻まれ、ローマのカンプス・マルティウスに築かれましたアウグストゥス霊廟の正面入口の両側に立てられた二本の大理石柱にはめ込まれました。パウサニアスが「ハドリアヌス帝の事蹟は一切、アテナイにある神々共通の神域内に記してある（飯尾都人訳）」と記しておりますように、陛下の事蹟はこのパンテオン・ポルティクス正面扉の両脇の壁面に刻されました。

ケラ内部は中央奥に向かって柱が二列立ち並び、ケラを形成する大理石の外壁にはピラスター（付け柱）が並び立ち、基壇部分は切り石積みルスティカ仕上げとなっております。この基壇壁の切り石積みルスティカ仕上げは、陛下による図書館の外壁の仕上げ、それにゼウスの神殿オリュンピエイオンを囲む塀壁仕上げと同じでして、陛下がアテネにおいて建造された建築物の特徴的な点のひとつであると思われます。

このように見てきますと、陛下によりますアテネのパンテオンは、ローマのパンテオンと比較しまして大きく形態が異なります。ケラの平面形が、ローマではまず円形であるのに対し、アテネでは矩形であることです。それに正面ファサードがローマでは北側であるのに対し、アテネでは東側です。ギリシアの神殿の正面ファサードは東側ですから、その意味でギリシアの神殿形式を採っているといってよいかと思いますが、ケラの外周には列柱がありません。列柱が立つポルティクスがあり、ケラの外周壁には付け柱が並び立つ外観のみから見ますと、強いていいますれば、南フランス、プロヴァンスのナルボネンシス（今日のニーム）にありますマルクス・アグリッパの建造になる神殿メゾン・カレと同じ形式です。

パンテオン建造の意図

ハドリアヌス帝　円球を内包する、半円球のドームを戴くローマのパンテオンにおいて、私は蒼穹《そうきゅう》にまたたく星辰のもとに広がる（ひとつの完結した世界としての）ローマ帝国を象徴させようとした。帝国属州のさまざまな民族が信ずる神々を等しく祀る円形のパンテオンにおいて、属州のさまざまな民族の自治を尊重し、その独自の行き方を尊重し、同時にまた帝国の諸民族が融合し、結束し統合されるという、皇帝としてのローマからの帝国の統治方針を象徴的に表明しようとした。

だが、この属州アカイアの首都アテネにおいて、ことさら帝国を、帝国の統治を強調する必要はない。

私が意図するものは、属州アカイアも――むろん各属州も――、その首都アテネもある一定の自治を得、独自の生き方を尊重しなければならない。そしてそうした上での、帝国の一員として帝国全体への融和、結束を図るのだ。

だからアテネのパンテオンの構想においては、ローマのパンテオンのような円と半円球のドームは採用しなかった。帝国と、帝国統治をことさら強調したとするなら、属州の人びとの感情を逆撫ですることともなり、それは逆効果となることは必定だ。

ローマにおいてもそうだが、その国古来の神々への信仰心は、今の時代では薄れた。そして東方のシリアやペルシアやエジプト、各地の神々に人びとは目を向けつつある。アテネにおいてもその状況は変わらない。

以前、そなたに話したことだと思うが、ギリシア語でパンアテイアとは汎神を意味する。この神々が集うところをパンテオンというが、シリアのアンティオキアやエジプトのアレクサンドリアにおいてもパンテオン神殿があったという。それで私はアテネの市民にも、それぞれ信ずる神が、神々が集うパンテオンの建造を命じたのだ。これも帝国のさまざまな民族の融合とひいては結束につながるであろう。

建築家　ローマのパンテオンのような建築形態をとらないことがよくわかりました。

アテネのパンテオンは、三世紀中ごろ外敵の侵入に備えて、ウァレリアヌス帝によって、アテネ防衛のためアテネを取り囲む都市壁の建設時に、残念ながら破壊されてしまいました。

2・4　ゼウスの神殿オリュンピエイオン

プラトンの狂気について

ハドリアヌス帝　そなたはプラトンの『パイドロス』を読んだことがあるか。

建築家　はい、学生時代に一度読んだことがあります。フランスの詩人ポール・ヴァレリーによる例の『エウパリノスあるいは建築家』を読んだころです。そのなかで建築について、ギリシアの建築家エウパリノスについてなど語り合うのは冥界にあるソクラテスと弟子のパイドロスですから、ヴァレリーはプラトンによる『パイドロス』に想を得て、エウパリノスを書いたわけでして、それでプラトンの『パイドロス』を読みました。

プラトンのものでは『ソクラテスの弁明』や『シュンポジオン（饗宴）』などが日本では一般によく読まれておりますが、『ポリティア（国家）』や『パルメニデス』『プロタゴラス』『パイドン』それにこの『パイドロス』等々になりますと、読者層は限られていると思います。私が学生時代に『パイドロス』を読んだときは、『ソクラテスの弁明』などとくらべて、修辞学・弁論術とか真実在としての知とか美などを問題にして、やや難しい——といったような情けない読後感しか残っておりませんでした。

ハドリアヌス帝　私はプラトンの著作のなかでも、たいへん好きなものの一つで、青年のころからよく読んだものだ。

ギリシアでもそうだが、ローマ社会においてはなにより修辞学は必須の学問だ。法廷における弁論においても、議会や民衆を前にしての演説においても、それを聞く聴衆をひきつけねば、人びとの上には立てない。

私も修辞学を授業で熱心に学んだが、ちょうどそのころ、プラトンの『パイドロス』を読んで、たいへん考えさせられた。

当時のギリシアでは修辞学に多くの人びとが関心を抱き、学ぼうとした。その当時の評判高い修辞学者リュシアスによるエロース（恋）に関しての弁舌が引き合いに出されたが、「どうもリュシアスは、同じことを二度も三度もくりかえして話したようだった。おそらくこの種の主題にはぜんぜん関心がないかのように。で、彼の話しぶりは結局、同じ事柄をああも言いこうも言いしながら、どちらからでも誰よりもうまく話せるのだぞということを得意になって見せている、といった印象をぼくにあたえた（藤沢令夫訳）」とプラトンはソクラテスに言わせている。高名な修辞学者リュシアスは話の主題つまり内容などたいして考えもせず、ただただ聞く人をひきつけるための技術としての修辞法を問題にする、とプラトンは言う。修辞学とは人に感動を与え説得するに、修飾的な語句を巧みに用いて表現する技術であるから、そのとおりなのだが、プラトンは何故それを言うのかというと、修辞学も大切だが、修辞学に夢中になるあまり、話の本題を考えず内容をおろそかにすることほど愚かなことはない、とするのだ。そうした社会の風潮もあったのだろう。私も修辞学を勉強するにあたって、プラトンに教えられたこのことを肝に銘じた。

だが私が『パイドロス』において、もっとも興味を抱き考えさせられたのは、神々から授かったマニアー（狂気）に関することだ。

狂気とは正気の対語で、一般に恥ずべきもの、批難すべきものとされるが、狂気というものがあのように積極的な意味を有するものであることが明快に説かれ、私は同感もし、感銘を受けた。それは私も子供のころから、ギリシア、デルフィーのアポロンの神託や南イタリア、クマエのシビュラの予言などにおいて、神に憑かれた巫女による予言などに興味をもち、子供心になんとはなくだが、そうした狂気には何がしかの意味があるまいかと、心の片隅で思っていたからだ。

ソクラテスは言う。不死なるプシュケー（魂）は――その似姿を、翼をもった一組の馬と、その手綱をとる翼をもった御者とが、一体となって働く力であるというように、思い浮かべよというのだが――、穹窿《きゅうりゅう》のきわまでのぼりつめ、天球の外側に進み出て、その天の外の世界を観照する。そこで真実在としての正義を、節制を、そして知識を観得する。そうしたプシュケーが生まれながらにして誰にでも宿るのだが、そうした人間のなかで、一人知を愛し求める哲人の精神のみが、天上の真実在としての知識を想起する。ただそういう人のみが、言葉のほんとうの意味において完全な人間になるというのだ。だが、そのような人は、人の世のあくせくした営みを離れ、その心は神々の世界の事物とともにあるから、多くの人たちから狂える者よと思われ批難される。しかし神々から霊感を受けているという事実のほうは、多くの人びとにはわからないのである、とソクラテスは言う。

建築家　それを狂気というのですね。美でいいますと、真実の美、すなわちイデアとしての美を想起し、それに達しようとするけれども、それができずに、鳥のように上のほうを眺めやり、下界のことをなおざりにするとき、人は狂気だというのですね。

ハドリアヌス帝　そうだ。そしてソクラテスは言う。その狂気こそはすべての神がかりの状態のなかで、狂う者にとって、もっとも善きものであり、またもっとも善きものから由来するものである、と（藤沢令夫訳）。私は感銘を受けた。そして狂気とはそういうものかと深く考えさせられた。

建築家　陛下は年若いころにお読みになったのですか。昔の人は一般的に早熟だったのですね。私も近年読み返してみまして、感銘を受けました。よく青少年のころ、「古典を読みなさい」と先学の方々からいわれますが、このころこうした年齢になりまして読んでみますと、その意味がよくわかる気がします。もっと青少年のころから読んでいればよかったと、反省しきりですが。

私も陛下と同じように、狂気についての言にたいへん興味をもちました。霊感のもつ神的狂気をプラトン以上に雄弁な言葉で賛美した哲学者は他に例がない（高階秀爾訳）と二〇世紀イギリスのヴィントという美術史家は述べていますが、私も同感です。プラトン以後の哲学者で、この狂気の問題にプラトンほど思考を重ねた人を私も知りません。

哲学者プラトンは詩人でもあったのですね。青年時代に盛んに詩を詠んだということが知られています。そしてプラトンのいくつかの詩が、陛下の詩と同じように『ギリシア詞華集』に収められていますが、なかでも有名なものは、紀元前八世紀エーゲ海に浮かぶレスボス島に生きた女流詩人サッフォーを十番目のムーサ（詩女神）と称えた詩ですね。

ムーサらは、数え上げれば九柱おいでだ、などと言う人もあるが、
何と迂闊な！
ほれ、レスボスのはぐくんだあのサッフォーにお気付きなさらぬか、
あれこそは十番目のムーサなるものを。（沓掛良彦訳）

ハドリアヌス帝　それは「十番目のムーサ」と題したプラトンによる詩だな。詩人でもあるプラトンは『パイドロス』において、ムーサの神々から授けられる狂気というものがある。この狂気は、柔らかく汚れなき魂をとらえては、これをよびさまし熱狂せしめ、抒情のうたをはじめ、その他の詩のなかにその激情を詠ましめる、と言っている。そしてもし技巧だけで立派な詩人になるものと信じて、ムーサの神々の授ける狂気に預かることなく詩作の門に至るならば、不完全な詩人に終わるばかりでなく、正気のなせるその詩は、狂気の人びとの詩の前には、光を失って消え去ってしまう（藤沢令夫訳）というプラトンの言は、自身詩人としての体験からでた言葉に違いない。

建築家　プラトン自身、詩人でしたから、神々から授かった狂気と詩作の秘儀についてしか述べていませんが、詩作だけに限らず、他の芸術の創作と狂気の秘めやかな関係についてもいえるわけですね。

十六世紀近世以降の理性の偏重の時代にありまして、狂気とか偶然性――陛下に一度、偶然性と建築についてお話しをお伺いしたいと思っておりますが――とかいった概念は批難、否定されるものであり、ますます脇に追いやられていくことになりました。近世以降の建築を表現するものとして理性的建築という言葉がありますが、それがよく表わしていると思います。理性の優位を確保しようとするものですが、十八～十九世紀の哲学者ヘーゲル（一七七〇～一八三一）が言っております。芸術が、建築が狂気を避け、理性という安全な領域に移されてしまったあとでも、やはり優れた芸術、建築であることは可能だ、だがわれわれの実存そのものに対するその効果は消え失せてしまう、と。これはヘーゲルの深い洞察ではないかと思います。

ハドリアヌス帝　そうした理性的な芸術、建築が人間の実存に迫らないとは、神々から生きる人間の身体にそして根源的生に授けられた狂気を避けたため、プシュケーを呼び覚まさないからではあるまいか。

建築家　ところでプラトンの言う神々から授けられた神懸り、狂気について考えますと私は、建築においては――否、ほかのものごとすべてにおいても、もののけに憑かれたように建築に打ち込まねばならない、少なくともそうした時期がなければ、建築をものにすることはできない。人の心を動かす建築はとうていできないのではないか、と思います。

シラーの言葉

ここで思い出しますのは、私が高校生でドイツ語を習っていたころ、ある日本人のドイツ語学の大家が語学を習得する心構えとして引用した、十八世紀末のドイツの作家シラー（一七五九～一八〇五）の言葉です。

Wer etwas Grosses leisten will , muss
tief eindringen ,
scharf unterscheiden ,
sich vielseitig verbinden
und standhaft beharren .

大望を遂げんとする者は、
徹するに深く、
辨ずるに鋭く、
猟るに広く、
持するに剛なる、を要す。
（関口存男訳）

このドイツ語の先生（関口存男）は、あるひとつの外国語を「本当に」ものにするというのは大望である。語学そのものは小望だが、「本当に」ものにするのは大望だ、何となれば本当にものにするためには、たとえ語学のごときものといえども、もはや単なる語学ではなくなってくるからだ、と言うのです。このシラーの（ドイツ語での）言葉は、奇妙なことに今日でも私の頭のなかに残っています。たぶん、それは当時自分なりに「本物の」言葉だと思ったからではないかと思います。

そしてシラーによるはじめの語句「徹するに深く」とは、建築でいいますと、先ほど申しあげましたように、まるで何かに憑かれたように建築に打ち込むこと、建築に熱中し建築に深く入り込むこと。つまり建築に関するあらゆることを知り尽くすことでありますまいか。少なくともこのように憑かれたように建築に打ち込み、深く入り込む時期がないと、建築を「本当に」ものにすることはできない。

ハドリアヌス帝　プラトンの言うところのものとややずれがないともいえないが、建築に限らず何事においても、本当にものにするには、憑かれたようにそれに打ち込み、熱中しなければ到底かなうまい。シラーなる詩人がまずはじめに掲げたように、それがまず第一の条件であろう。そしてその条件を満足させるだけでは、不充分であるということは、シラーが言うとおりだ。

シラーなる詩人のその言葉は、私を考えさせるなかなかの名言だ。たとえば、第三の語句である「猟るに広く」だが、それは建築家なら建築だけではなく、哲学、数学、詩、音楽、文学をはじめあらゆる分野のことを知らねばならないという意味であろうが、たとえば、ホメロスやサッフォー、エンペドクレスやプラトンなどを読んだことがない建築家など、私は信用しないし、何よりも、人の心を深く動かす建築など設計できるわけがないのではあるまいか。

イリソス河畔――ソクラテスとパイドロスの語らいの場、オリュンピエイオンの立つ場所

建築家　ところで陛下がアテネにおきまして、未完成のまま打ちすてられていたゼウスの神殿オリュンピエイオンの完成を命じられましたが、そのゼウスの神殿オリュンピエイオンが立つ場所は、プラトンによる『パイドロス』のなかでソクラテスとパイドロスが語り合ったイリソス川の畔なのですね。
イリソス川は当時のアテネの都市壁の外、南東を流れる川です。その川の流れ――今日では残念ながら暗渠化されてしまって、川の流れは見えませんが――は、清らかで、澄み透っており、川辺にはプラタナスをはじめいろいろな大きな樹木が鬱蒼と生い茂り、夏には文芸音楽の女神ムーサの使いなる蝉たちの歌声が響きわたります。そして春から秋にかけては花々が咲き乱れます。普段は都市壁の外へとは出ないソクラテスですが、たまたま出会ったパイドロスを誘って、そのイリソス川沿いを歩き、畔の巨樹の下、草の上に腰を下ろし横になって、二人は語り合うのですね。
ソクラテスは、この憩いの場所のなんと美しいことよと嘆声をあげ、この辺りには神像や彫像が捧げられ、ニュンフや河の神アケロオスが居ます神聖な土地だと言っています。
ハドリアヌス帝　私はアテネに滞在すると、朝早く、そのイリソス川沿いを散歩するのが愉しみだ。川の流

れは澄みわたり、樹木も鬱蒼として静寂が支配している。神聖な気配も漂う。詩作の場としてこれ以上のところはあるまい。私が好ましいと思う場所のひとつだ。

建築家　プラトンの『パイドロス』の冒頭において、ソクラテスとパイドロスはアテネの街で偶然に出会います。ソクラテスがパイドロスにどこから来たのかと尋ねると、パイドロスは高名な修辞学者、弁論家リュシアスが「オリュンポスの神殿」のそばにあるこれも弁論家のエピクラテスの家にいたので、そこで会ってきたところです、と答える場面があります。

このオリュンポスのゼウス神殿が、陛下が完成を命じられたゼウスの神殿オリュンピエイオンの前身であるわけですね。

紀元前六世紀初めにアテネの僭主ペイシストラトスが神殿の建造を開始したのですが、政争に敗れ、アテネから追放されたため、工事は中断し、そのまま放置されてしまった、と聞いています。プラトンが『パイドロス』を書いたのは紀元前三七〇年代とされていますから、工事が中断されて基礎部分などが遺っており、その上に仮神殿のようなものが建てられていて、それをプラトンの時代の人たちが目にしたのでしょうか。

ハドリアヌス帝　確かなことはわからないが――、プラトンが、パイドロスに立派な神殿が立っているとか神殿についてあまり言及させてないということは、たぶんそんなことではあるまいか。

僭主ペイシストラトスと黒絵式、赤絵式陶器産業

建築家　僭主ペイシストラトスが神殿の建造を命じたといわれますが、この僭主とはティラノス（暴君、圧政者）のことです。紀元前六～七世紀のギリシアの貴族政から民主政へと移行する過度期にあって、旧体制を維持しようとする貴族たちと、それに反抗する市民たちの抗争の合間をぬって、非合法的に政権を奪取した独裁者を僭主と呼称するようですが、ソロンの改革後、紀元前五四〇年代に安定した僭主制政権を樹立・

維持したペイシストラトスは、僭主すなわち暴君・圧政者といわれましたが、しかしながら、一方ではさまざまな文化的事業をも推進したようですね。

陶器はこの時期におおいに発展しました。紀元前七世紀にはすでに黒絵式陶器の制作と絵付け技術は高度に発達し、ソロンは法律を定めてエジプト、シチリア、小アジアなど各地から絵師をメトイコイ（ポリスの在留外人）としてアテネに呼び集め、多くは神話を題材とした見事な絵付けをして陶器の価値を高め、各地に輸出したわけですね。

トロイア戦争において合戦の合間をぬってチェスに興じる勇将アキレウスとアイアースを描いた紀元前五四〇年代の作とされる有名な左右に取っ手のついた壺アンフォラ——今日、ローマのヴァティカンの美術館に収蔵されています——は実にすばらしいですね。古代ギリシアの偉大な画家のひとりとされるエクセキアスによる絵ですが、その絵の構成、描写力はたいへんなものです。

ギリシア人は子供のころから、字を書くことと絵を書くことは同じで、日々、つねに手を動かしてこの二つのことをやっていたということですし、ですからこの二つの行為は「グラペイン」という一つの語で表わしていたということです。美のセンスと描く習練、技術には驚くべきものがあります。

このアンフォラが制作されたのは、まさに僭主ペイシストラトスの政権の安定した時期である紀元前五四〇年代ですが、ちょうどその時期に赤絵式陶器が発明されたのですね。

黒絵式装飾法による陶器といいますのは、素焼きした壺の表面にきわめて薄く釉薬を塗って、人物像ならば大まかな人物像の絵を描き、細部は尖筆で引っ掻いて描く（女性像の手や足部には紫か白の彩色をすることが多い）のです。この黒絵式陶器の特徴は、その釉薬を酸化させるところにあり、酸化によって釉薬はけっして褪色することのない艶やかな黒色に変わる（草皆伸子訳）のですね。この釉薬を塗らない部分は粘土を焼いた赤褐色なのです。

これに対して赤絵式装飾法による陶器といいますのは、人物像を描くならば、その輪郭部分を地肌のままに残して、背景を釉薬によって塗りつぶし、人物像の細部は細い絵筆か毛糸などを用いて青やピンク、緑色などで丹念に描く手法です。この赤絵式陶器も人びとからたいへん好まれ、アテネの陶器工房にて盛んにつくられ——この陶器工房がたくさんあったアテネの地区はケラマイコスといい、ケラミック、陶磁器を意味する語はこの地区名から由来するのです——黒絵式陶器ともども地中海沿岸の各地に輸出され、アテネに大きな富をもたらしました。

僭主といいますと圧政者という否定的な面が前面に出てきますが、「僭主ペイシストラトス」はこうした陶器産業の育成、奨励とともに、酒神ディオニュソスへの祭礼——後に悲劇や喜劇が競演形式によって奉納劇として演じられることとなる壮麗な大ディオニュシア祭を創設（紀元前五三四）しているのですね。文化的な側面をもつ僭主でもあったわけです。

僭主ペイシストラトスによる神殿の建造

僭主ペイシストラトスがすすめた文化政策のもうひとつの事業として、ゼウスの神殿オリュンピエイオンの建造があったのですね。太古の昔から、その場所にゼウスの神域、神殿があり、その由緒ある神殿の建て直しの構想です。

アンティスタテス、カライスクロス、アンティマキデスそれにポリノスという四人の建築家の設計によって、正面八本、側面二一本のドリス様式の大理石による列柱が林立する、四一メートル×一〇七メートルの大きさの神殿の建造が始められました。

それにしても大きな神殿ですね。ギリシア最大の神殿といわれますが——。何しろ柱の直径が二・五メートルにも及んだとの説もあります。

ハドリアヌス帝　そのころ、小アジアの各地に競うようにして、途方もなく大規模な神殿が建造された。国政が安定し、ギリシアだけでなく、外国の多くの人びとから好まれ需要が高かった黒絵・赤絵のさまざまな陶器の生産と輸出などによって経済的発展が著しかったアテネの僭主ペイシストラトスもまた、これらの諸都市の大神殿に負けないくらいの大きな神殿の建造を思い立ったのではあるまいか。

建築家　巨大な神殿の建造ブームといってよいような時代であったのでしょうか。

紀元前六世紀には、小アジアの都市エフェソスにおいて、（後期の）アルテミス神殿が建造されました（紀元前五六四〜五三〇）。奉納文から多くの部分は悲劇の王として知られるリュディア王国のクロイソス王の奉納によるものと知られておりますこの神殿は、高さが一九メートルのイオニア様式の柱が正面八本、側面二〇本、合計一〇六本の柱が並び立つ壮大な神殿で、「世界の七不思議」のひとつとされています。設計した建築家はクノッソス出身のケルシプロンとその息子のメタゲネスですが、巨大な柱の運搬機械の工夫・発明、あるいは一九メートルもの高さの柱の柱頭上に、長さ九メートル、重さ二〇〇トンものアーキトレーヴの石塊をいかに持ち上げるか、その建設機械を工夫・発明し、それらを含めた主として神殿の建設工事について詳述した書を著した建築家としても知られています。

またサモス島の僭主ポリュクラテスのもと、都市サモスに同じころ（紀元前五七〇〜五四〇）建造されたヘラ神殿もまた壮大さでは、エフェソスのアルテミス神殿に劣らないといわれております。側面二一本、正面八本、背面一〇本のイオニア様式の柱が林立する神殿で、設計はサモス島出身のロイコスとテオドロスという二人の建築家によるものとされています。

二人は建築技術にたいへん秀でた建築家で、そしてそのうちの一人テオドロスはヘラ神殿建造に関する書を著しており、また彫刻や金銀細工の技術にも優れ、青銅彫像の制作における鋳造技術の発明者であるともいわれています。

アテネのゼウス神殿オリュンピエイオンは、紀元前五一五年に工事が開始されたという記録があるようですが、そうしますと国政を安定させ、経済的にも発展させ数々の文化事業を推進した「良識ある僭主」ペイシストラトスは紀元前五二七年に死亡しましたから、その息子のヒッピアスが父の後を継いだ時期ですね。

ハドリアヌス帝　そうなるかな。

ペイシストラトスには二人の息子ヒッピアスとヒッパルコスがいたというから、神殿建造の構想を胸にあたためていた父の遺志を継ぐかたちで、この二人が建造の工事を開始させた、ということになるな。

これが紀元前五一五年とすると、翌年の事件によって、弟のヒッパルコスが殺害されたことは、そなたも知っているな。

建築家　はい。プラトンの対話篇『シュンポスィオン（饗宴）』におきましてパウサニアスによる話としてでてきますから、少し知っております。アリストゲイトンとハルモディオスという二人の相愛の青年が、僭主ヒッピアスと弟ヒッパルコスを殺害しようと陰謀を計ったが、ヒッパルコスの殺害しか成功しなかったのですね。この二人の青年は結局殺されました。

その後の僭主ヒッピアスは、人が変わったようにすべてにおいて疑り深く陰湿な性格となり、罪もない市民を殺害、処刑したり文字どおり圧政をしいて、ついにはこれに抗して立ち上がった貴族のアルクメイオン、イサゴラス、クレイステネスたちが、スパルタの援軍を得て、ヒッピアス率いるアテネ軍を打ち破り、ヒッピアスは小アジアに逃げのび、ついにはペルシア軍に救いを求めました。そしてアルクメイオン家のクレイステネスがアテネにおいて民主政を樹立した、ということですね。

ヒッピアスが敗れて、小アジアに逃げたのは紀元前五一〇年ということですから、神殿の建造工事は四～五年続き、僭主政が倒れた後、むろん基礎と土台、床ができ上がった程度で、未完成だったわけですが、そのまま放置されました。その後の民主政の時代に完成させる者がいなかったのは、神を敬う心はあり、したがって神殿建造を願う気持ちは心の底にはあったのだが、自らは憎むべき僭主が始めた神殿建造に手を貸したくないという気持ちの現われなのではないか、と思います。

シリア王による神殿建造の再開

そしてそれから三〇〇年以上もの歳月を経た紀元前一七四年に、シリアの王アンティオコス四世エピファネスが、このゼウスの神殿オリュンピエイオンの建造の再開、その完成を決意し、ローマの建築家コッスティウスに設計を命じました。

コッスティウスはローマ市民であり、偉大な創造的精神と深い専門知識を有した建築家であったと、ウィトルウィウスは述べていますが、ヘレニズムの伝統的建築をよく習得し、イタリア人としては、イタリアの国外において建築を遺した最初の建築家といってよいようですね。なにしろこの時代――陛下の時代以降になりましても、建築家の多くは、そして芸術家の多くはギリシア人あるいは東方オリエントの人たちであったのですから。

コッスティウスによる設計案では、神殿の床面積は一〇七・七五メートル×四一・一〇メートルで、高さ一七メートルのコリント様式の長大な柱が側面二〇本二列、正面八本三列の合計一〇四本がプロナオス、内陣ケラを取り囲むように林立する巨大な、いわゆる二重周柱式神殿でして、ギリシアでは最大の神殿です。長大な柱は、ペイシストラトスの命によって建造が始められた当初のものはドリス様式でありましたが、コリント様式にあらためられ、近くのペンテリコン山から採石した白い大理石が用いられています。なぜコリント様式が採用されたかは、ドリス様式と比較して、すらりとした優雅なコリント様式のほうが、時代の好みに合ったからであると思います。まして建造主は東方のシリア王ですから、当然だと思われます。遠くペルシアの影響もあって、豪奢とそして優雅を好む東方の国の人たちの王ですから——。

このコッスティウスの設計案をもとに、ペイシストラトスの時代の基礎の上に建造工事が再開されましたが、その約一〇年後の紀元前一六四年に、依頼主であるシリア王アンティオコス四世の死によって、ふたたび工事が中断されました。

約一〇年に及ぶ工事の期間で、どの程度工事が進んだのでしょうか。

ハドリアヌス帝　少なくとも神殿の東部分とケラとアーキトレーヴ部分までは完成していたのではなかろうか。つまり詳しくはわからないということだ。

それはローマの将軍スラがアテネを攻略し破壊した際（紀元前八五）、工事が中断され放置されたままになっていたこの神殿から、八本の円柱を戦利品として略奪し、ローマに運ばせ、紀元前八四年に焼失したカピトリヌス丘のユピテル神殿の再建工事に利用しようした。このいわば略奪行為の際、神殿は一部破壊された。だから、以前どの程度まで工事が進んでいたかという点については、今となってはよくわからないということだ。

建築家　陛下は未完のまま放置されていましたゼウスの神殿オリュンピエイオンの完成を命じました。僭主ペイシストラトスの神殿建造の構想から数えますと、実に六〇〇年以上もの歳月を経て、ようやく完成、奉献することができたわけですね。

フェイディアス作になるオリュンピアのゼウス神殿のゼウス像——陛下によるこのオリュンピアのゼウス像の修復作業が知られています——を模して、陛下の命によって黄金と象牙からなるゼウス神立像を完成し、ケラ内に奉納、安置されました。

神殿周囲は長さ東西方向二〇三メートル、南北方向一三〇メートルの長大な塀壁で囲まれ、その塀壁の東北隅部にこの神域への入口玄関プロピュライアがつくられ、そして神域中庭は敷石で敷きつめられました。神域内四周の塀壁沿いに並び立つ柱の頂には、もともとギリシア人によって地中海沿岸各地に創建された各植民都市から寄進された陛下の像が並び立ち、そして神殿の背後には――正面ファサードが東側ですから、神殿の西側背後になりますが――、アテネ市から寄進されました巨大な陛下の立像が立っていました。

それにしましてもこのゼウスの神殿オリュンピエイオンは壮大な神殿ですね。ギリシア国内で最大の神殿ですが、林立する列柱はとてつもなく高いものです。アクロポリスの丘の東南の麓にこの神殿は立っておりますが、ここからそのアクロポリスの丘に立つパルテノン神殿が仰ぎ見られます。この上方のアクロポリスの丘に立つパルテノン神殿の列柱に拮抗するかのように、ゼウスの神殿オリュンピエイオンの列柱は天空に向かって立っています。この両者の神殿は、ちょうど対峙するかのように立ち、ある種の緊張感を孕んでおります。

陛下は、オリュンピエイオンの柱の高さが有するこの景観構図上の意味を読み取られて、この神殿完成に手をお貸しになられたのではありますまいか――むろん陛下には、ほかにもいろいろな動機がおありになられたと思いますが。

ハドリアヌス帝　むろんそなたが今言ったことは、私も考えた。未完のままとなっていた神殿がこの場所に立地しているという位置関係が――景観構図上の意味が完成への決断において大きな役割を占めたことは確かだ。

アレクサンドロス大王は東征の途上、往時のリュディア王国の首都サルディス（今日のトルコ、サルト）の近くの丘の上に、オリュンポスに座すゼウスの神殿を建造している（紀元前三三四）。私がアテネのアルコン

（執政官）職に就いていたころ――むろん名誉職だが（紀元一一二）――未完のまま誰も手をつけようとしなかった、この由緒深いゼウスの神殿オリュンピエイオンをあらためて目のあたりにしたとき、そのサルディスにおけるアレクサンドロス大王の所業に想いを馳せ、私もいつの日か完成させてみたい、と心に決めたことも確かだ。

またこの辺りは、以前そなたにも話したと思うが、私がたいへん好ましいと思う土地だ。イリソスの清流が流れ、樹々が生い茂り、古来、神々が祀られ、神々の気配がする静寂な土地だ。プラトンが、ソクラテスとパイドロスがこの地の大樹の下で腰をおろし、エロースについて、美について語らせたが、それには私も共感を抱く。

だから私はイリソス川の向こう岸の地に、青少年のための学校施設ギュムナシオンの建造を命じたし、また神殿から東北へと広がる土地にアテネの市街地の拡張（新市街地――ハドリアノポリス）を命じたが、ゼウスの神殿オリュンピエイオンはこの新市街地に住まうであろう人びとの安寧を願っての守護神殿となるものである。

オリュンピエイオンの奉献式におけるポレモンの記念演説

建築家　紀元一三一年の秋、陛下が三度目のアテネ訪問をされましたが、この年に完成したゼウスの神殿オリュンピエイオンの奉献式が陛下の命によって翌年一三二年の春に、陛下のご列席のもと執り行われました。この式典を陛下の命によって取り仕切ったのは、陛下の知己の一人で、側近の一人といってよい小アジア、スミュルナ（今日のイズミール）のアントニウス・ポレモンですね。哲学者であり、ソフィストです。

ソフィストとはもともと紀元前五世紀後半ころより、アテネを中心に諸都市を巡って、若者をはじめ一般の人びとに修辞学・弁論術を教授し報酬を得ていた職業教師のことですね。青少年の教育において、とりわけ修辞学・弁論術に重きをおいたローマの社会において、このソフィストは教育や文化の面――ウェスパシアヌス帝はギリシア語とラテン語の修辞学教授職を設け、最初のラテン語の修辞学教授は、かのクインティリアヌス（子供のころ教わりました陛下の先生ですね）――のみならず、陛下から秘書官として登用されたり、あるいは大競技会や今日のような国家的式典を取り仕切ったり、また各都市の使節として皇帝に謁見して請願したり、社会、政治の面で重要な役割を果たし、しだいに力を占めるようになったわけですね。

ポレモンはゼウスの神殿オリュンピエイオンの扉口の敷居の前から――この敷居というものは古来より占い師が都市創建の儀式などの場合、ここから方角を決定するなど、大きな象徴的意味をもっていました――、陛下や列席する多くの市民や遠く海外の旧ギリシア植民都市の代表者たちを前にして、神々の神であるゼウスとその神の家を讃える演説を見事にやってのけました。この神殿建造はかつて栄華を誇ったギリシアの再興の象徴であり、アテネだけではなく、全ギリシアにとって大きな意義を有するものだ、とポレモンは述べたのです。そして陛下はいにしえのギリシアの再興者である、と陛下を讃えました。

ハドリアヌス帝　そうだったな。ポレモンの式典演説はユーモアをまじえつつも、格調高く見事なものだった。

建築家　三世紀中ごろウァレリアヌス帝（在位二五三～二六〇？）のとき――この帝はペルシアとのメソポタミアをめぐる戦争において、ペルシア軍の姦計にあってエデッサにて捕らえられ、その後、奴隷として生きたといった不名誉な逸話によって知られますが――、ゲルマン民族の一部族であります強力なゴート族がアテネに向けて南進してきまして、ウァレリアヌス帝はこの戦に備えるためアテネに強固な都市壁を築きました。このとき、他の多くの建築物とともに、このゼウスの神殿オリュンピエイオンもまた残念ながら破壊され、都市壁建設のために転用されてしまいました。その後も破壊と略奪が繰り返されまして、今日では、神殿の東部分つまりシリア王アンティオコスの時代に建てられました円柱が一六本遺っているのみです。

2・5 パンヘレニオン

二〇世紀後半の発掘調査によって、わかった建造の場所と規模

建築家　ところでゼウスの神殿オリュンピエイオンから一〇〇メートルの隔たりもないすぐ南側に——まさにイリソス川沿いに——、パンヘレニオンという建物の建造を陛下は命じられております。

この建物が存在したことは知られておりましたが、どこに立っていたのか、場所の特定は長い間され得ませんでした。ですがようやく二〇世紀後半になりまして、綿密な発掘調査によってそれが可能となりました。

外周壁が幅四五・二六メートル、長さ六五・四メートルの矩形の、コリント様式の列柱廊が中庭を囲むもので、列柱廊には二か所エクセドラがあります。中庭には一一・四〇メートル×一五・五〇メートルの大きさの神殿ないし集会所が立っていたのですね。

建物の基礎は入念な工事による堅固なコンクリート造であり、アテネにおいては陛下の建造による建物以外にコンクリート造の基礎構造がないことから、陛下の命によって建造された建物だと特定することができました。外壁は切り石積みですね。

全ギリシア都市同盟パンヘレーネ——ギリシア世界の結束

この建物はオリュンピエイオンの完成とほとんど同時期に完成しております。陛下はずっと以前から、地中海沿岸、そして黒海沿岸に至るまでのギリシア植民都市を含めました全ギリシア都市同盟パンヘレーネと

いうものを構想されていました。同盟都市となる条件としましては、(A)もともとギリシア都市、すなわち祖先がギリシア人であること、(B)ギリシア精神を高揚、拡大する意志があること、(C)近年、ローマと友好的関係を保っていること、などが知られています。ギリシアにおきましては昔からアイトリア同盟(紀元前三六七)とかアカイア同盟(紀元前二八〇)といった諸都市国家ポリスの同盟が、政治力、軍事力を増すべく結成されましたが、陛下の構想の全ギリシア都市同盟パンヘレーネはもっとゆるやかな、同盟というより連合体といったものなのでしょうか。

ハドリアヌス帝 そなたが言ったアイトリア同盟やアカイア同盟は明らかに複数の都市国家ポリスによる政治的同盟だ。だが私が長年心のなかに抱いてきたものは――皇帝位に就いて、一二五年のアテネ訪問時よりより具体的な構想となってきたが――、ギリシア社会の結束を促し、そしてギリシア世界の意味を互いに自覚し、ひいてはふたたび文化的にも、経済的にも繁栄させたいということだ。そしてこのことが帝国の一体化と安定につながるのだ。

建築家 それで陛下は、基金を創設しましてそうした諸都市に経済的援助をしたり、また全ギリシア的な規模で運動競技や詩や演劇などの競技会が催されるパンヘレーネ祭を、毎年アテネにおいて開催させるように、組織・運営を命じられたのですね。そしてパンヘレーネ祭はその後一〇〇年以上にもわたって開催されました。

ゼウスの神殿オリュンピエイオンの奉献式に列席した全ギリシアからの諸都市の代表たちは、式後、このパンヘレニオンという建物に参集し、全ギリシア都市同盟パンヘレーネの結成を祝ったわけですね。それでオリュンピエイオンとパンヘレニオンが同時期に完成されたことがわかります。そうしますと、列柱廊に囲まれた中庭に立つ神殿はヘラとゼウスの神殿ではありますが、一方では全ギリシア都市同盟パンヘレーネの集会ホールという機能をもっていたわけですね。パンヘレニオンは全ギリシアの都市の代表者たちが参集する建物であるわけです。

ハドリアヌス帝　パンヘレニオンの機能はそなたの言うとおりだ。

建築家　戦乱などで荒廃したアテネ、そして属州アカイアは陛下の時代にふたたび文化的にも経済的にも栄えましたが、アテネの市民たち、そして陛下の布告によりましてローマ市民権を得ることとなったギリシアの人たちは、「パンヘレニオス」と陛下を讃えましたが、その事情がよくわかりました。

2・6　アテネの新市街地拡張とハドリアヌス帝記念門

建築家　陛下の命によって、ゼウスの神殿オリュンピエイオンにほぼ隣接するように北東へ、アテネの市街地からいえばその東の地域に、新しく市街地ハドリアノポリスが拡張されました。哲学者アリストテレスが創設したリュケイオンの学園を含む地域ですね。

プラトンが創設した学園アカデメイアは、アテネの市街地を取り囲む都市壁の外、その西北部分にあったわけですが、アリストテレスの学園リュケイオンは同じく都市壁の外、イリソス川とはそう遠く離れてはいない東部分にありました。

その新たな都市壁に囲まれた新市街地は、ノウァエ・アテナエあるいは陛下の御名をとりましてハドリアノポリスといわれていたのですね。この新市街地拡張の背景には、アテネの（ある程度）の復興とそれに伴う人口増があったわけですか。

ハドリアヌス帝　むろんそうだ。

建築家　紀元前五世紀のペロポネソス戦争を契機として、その国力と繁栄に翳りが生じ始めた都市国家アテネでしたが、アレクサンドロス大王の死後、大王が遺した大帝国の領土を分割、継承した部将たちの王国エジプト、シリア、マケドニア、ペルガモン、それにそれら王国の主だった都市、なかでもアレクサンドリアやアンティオキア、ペルガモンやエフェソス、ミレトス、それに貿易によってロドスやデロスが繁栄したのに対し、相対的にアテネは衰退していったわけですね。そんなアテネでもギリシア世界のなかで精神的文化的な中心的地位を失うことはなかったわけでして、アレクサンドロス大王の部将たちは、そんなアテネを手中に入れんものと、ときにはアテネを舞台として相争いました。こうしたこともアテネのよりいっそうの衰退、人口の流出につながったのですが、とりわけ紀元前八六年にアテネを攻略した将軍スラ率いるローマ軍による破壊と略奪は、アテネの荒廃と人口減に拍車をかけたのです。

ところがその後、ローマの人びとのギリシア、アテネの学芸・文化への憧憬が大きな力になったのでしょう、カエサルやアウグストゥス帝をはじめ歴代の皇帝たちはアテネの復興に尽力しました。なかでも陛下の御尽力は最大のものでしたが、それによってアテネは経済的にもやや復興し、ふたたび発展の兆しを見せ人口が増加し始めたということですね。

陛下の命によって完成されたゼウスの神殿オリュンピエイオンは新市街地ハドリアノポリスの守護神殿であったのですが、その神域を形成する周壁の北側のすぐ近くに、ハドリアヌス帝記念門がアテネの市民の手によって、「フィルヘレネス（ギリシアを愛する人）」として陛下の栄誉を讃えるため建造されました。

陛下のこの記念門は二層の構成となっています。下層部分は幅約一二・九メートル、高さ一〇・二メートルに対し、上層部分は幅約一〇・三メートル、高さ六・四メートルでして、中央に開口幅五・五メートルのアーチがあり、構造壁体と独立円柱からなる重厚な下層部分の上に、破風を戴き、華奢な角柱と円柱からなる小さく軽快な上層部分がのったかたちとなっておりまして、上層部分の軽快さは、下層部分の重厚さによってより強調されております。

そしてアテネの市街地と新市街地ハドリアノポリスとを結ぶ主要街路の境界に立つこの陛下の記念門には、次のような二つの碑文が刻されています。西に向かった既存の市街地側には「ここはテセウスのつくりしアテネなり」、そして東に向かった新市街地側には「ここはハドリアヌスのアテネなり。テセウスのものにあらず」。

テセウスのつくりしアテネ

テセウスとは、民衆に味方し、王制を廃して都市国家アテネをつくったとされる伝説上の人物ですね。ヘラクレスの従姉妹の子とされ、ヘラクレスに劣らず武勇伝に富んだ人です。父アイゲウスが存命のとき、アテネの若者で男七人、女七人がクレタ島のミノス王へ貢物として送り出される折、その若者の一人を装ってクレタ島へ同行し、貢物の若者たちを喰らうという半人半牛の怪物ミノタウロスが棲む王宮内の迷宮ラビュリントスに入り、この怪物を退治し、王妃アリアドネの助けで迷宮より脱出した話や、アテネを襲撃したアマゾン女族と戦った話などが伝わっています。

父のアイゲウスの死――クレタ島の怪物ミノタウロス退治への出航の折、父はテセウスと船長に、無事帰還のときは白い帆をあげ、そうでなかったら黒い帆をあげ悲しみを表わせと命じたにもかかわらず、帰還する船でテセウスも船長も喜びのあまり白い帆をあげることを忘れたため、父アイゲウスは絶望のあまりアクロポリスの岩の上から身を投げて自死したのです。その父アイゲウスの死後、「民衆よ、すべての人はここに来たれ」とアッティカに住む人たちを一つの町に集住させ、一つの国家の一つの民衆（デーモス）としました。すべての共通の一つの公会堂と議事堂をつくり、その国家をアテネと名づけ、共通の祭典パンアテナイア祭を創始した（太田秀通訳）のですね。そして後に、ヘラクレスに負けじとポセイドンを讃えるため、古代ギリシアの四大競技会――オリュンピア、デルフィのピュティア、ネメア、イストミア――の一つであるイストミア競技会を創設しました。

また、テセウスはメガラ地方をアッティカに併合した後、アッティカとペロポネソスを隔てる地峡イストモス（今日のコリントス地峡）の地に石柱を立てたことが伝えられています。

ハドリアヌス帝　そうだ。伝承によると、その石柱に次のような碑文を刻みつけ、二つの地域の境界を確定したという。

　東へ向かった碑文は
　「ここはペロポネソスにあらず、イオニアなり」
　西に向かった碑文は
　「ここはペロポネソスなり。イオニアにあらず」

イオニアとはやや奇異な感を与えるが、当時アッティカをイオニアとよんだためだ。テセウスが刻ませたというこの韻をふんだ三脚の詩を想起し、私は私の記念門にも

　西の既市街地に向かった碑文は
　「ここはテセウスのつくりしアテネなり」
　東の新市街地に向かった碑文は
　「ここはハドリアヌスのアテネなり。テセウスのものにあらず」

と私の三脚の詩を刻ませた。

建築家　そして陛下のその記念門の上層部、中央の破風の下の角柱・円柱の間には大理石の仕切り壁が鏡板のように嵌め込まれていますが、その鏡板を背に、二つの立像――西のアテネの市街地側にはテセウスの像、そして新市街地ハドリアノポリス側には陛下の像――が背中合わせのように、それぞれみずから創設した都市を慈しみ眺めやるように立っているわけですね。

記念門と凱旋門

ところで陛下のこのアテネの記念門のような記念門というものが、紀元前二世紀ころよりローマ人たちによって各地に建造されましたが、一見しますと戦いに勝利し故国に凱旋し、その将軍と兵たちを人びとが歓呼で迎えるあの凱旋門ではないかと、その形態からも思われますが、凱旋門とは相違するのですか。

ハドリアヌス帝　戦いに勝利したローマ軍が帰国し、凱旋将軍がローマの市中とフォルム・ロマヌムの聖なる道サクラ・ウィアを凱旋行進し、最後にカピトリヌスの丘の上に向かって行進し、そこに立つユピテル神殿に白い雄牛を生贄に捧げ、勝利の報告を行う――これを行うにはローマの元老院の許可が必要だ。元老院はその戦勝がローマという国にとって大きな功績であると認めた場合のみそれを許可し、元老院が凱旋門を建造し、その凱旋祝典を執り行う。したがって、凱旋門は都市ローマにしか存在しない。

建築家　凱旋行進は、ローマ市中の目抜き通り、そして聖なる道サクラ・ウィアの沿道を埋めた物見高いたくさんの市民が、勝利に酔いしれ歓呼するなか、長い行列をつくって進みます。その殿を務めるのは大勢の兵士たちです。月桂冠を頭にかぶり胸を勲章で飾った兵士たちは、前に進む四頭立ての戦車に乗った凱旋将軍の悪口を、ときには猥雑にふざけて大声で歌いながら行進したのですね。陛下の秘書官であったスエトニウスは、カエサルによるガリア戦役の勝利を祝う凱旋式におけるそうした兵士たちの歌声を伝えております。

カエサルはガリアを、ニコメデスはカエサルを押さえつけた。
みよ、ガリアを押さえ込んだカエサルがいまや凱旋式をあげるのに、
カエサルを抑えたニコメデスは凱旋式を挙げ得ないとは。

都の人たちよ、女房を守れ。いま、われわれは、やかん頭の女たらしを連れ帰った。
カエサルよ、あなたはローマで借りた金をガリアで放蕩に使い果たした。(国原吉之助訳)

前者は、カエサルが一九歳のとき、将軍、政治家スラの迫害を受けて、小アジアに亡命中、ビテュニア(今日のトルコ黒海にのぞむ西北地方)の王ニコメデス四世の宮廷に逗留したおり、王と男色関係にあったという噂にもとづくものです。また後者はエジプトの女王クレオパトラの容色に狂ったことでもわかりますように、カエサルは人妻であろうが若い娘であろうが、次々と女性を誘惑する女たらしであったという噂にもとづくものですね。

たとえ凱旋式という祝賀の場でも、こうした上官を揶揄罵倒する無礼講といったものが、どうして許されるのか、興味深いことです。

凱旋将軍の頭上に大きな黄金の冠をかざす奴隷が「汝が人間に過ぎぬことを忘れるなかれ」と将軍の耳元でくりかえし囁いていた(松原国師訳)そうですが、こんなことから、将軍を揶揄罵倒する兵士たちのときに猥雑な歌も、有頂天にある人の思い上がりを戒める意味があったのでしょうか。

ハドリアヌス帝　それもあろうが、もともとは神聖な祭列の魔除けのような呪術的なものであろう。凱旋将軍が乗る戦車のなかには、悪魔除けのため将軍の守護神としての男根像ファスキヌスが取り付けられるのも、やや違ったかたちながらその名残りであろう。またギリシアのエレウシス秘儀の祭礼である大エレウシア祭の祭列の行進の際、見物の人たちを野次る一団があるが、これなどもそれで、これが転じたかたちで多くの市民が見守るなか、淫猥野卑な戯れによって祭礼を盛り上げることとなったのではあるまいか。

ところで話を戻すが、記念門とは記念柱と同じで、戦勝して領土を拡大したとか、統治によって繁栄をもたらしたとか、あるいは大きな公共建築物などを建造、寄進したとか、都市に多大な功績をもたらした者の栄誉を讃えて建造されたアーチの開口を有する門だ。多くはその上にその者の立像などがおかれた。だから凱旋門は当然その記念門のひとつだといえよう。凱旋門はすべて記念門であるが、すべての記念門が凱旋門であるとは限らないということとなる。

建築家　記念門に相当する語は、はじめはfornixで、通り抜ける開口の天井がアーチ状となっているという、いわば構造形態的特徴を言い表わす語が使用されていました。ですから初期の記念門にはピラスター（付け柱）や付け梁といった装飾的要素はなく、比較的平滑で、質素で量塊が前面に出る重厚な形態をしたものでした。

ですが時代が下がって共和政後期になりますと、fornixに代わってarcusという語が使われるようになったのですね。この語はアーチを表わす同義語ですが、arcus triumphalis（凱旋門）を、すなわち、戦勝に人びとが喜び歓呼する華やかな凱旋祝典を想起させます。その後、記念門はピラスター、付け梁あるいは独立柱などさまざまな装飾的要素が付加され、次第に複雑な、そして美的に洗練された構成のものとなっていきました。そして記念門は都市空間を彩るモニュメントとなり、その配置には都市空間形成上の配慮がなされるようにもなりました。都市景観を形成するひとつの重要な構成要素となったわけです。

それにしても記念門とは建築の新しいジャンルでして、たいへんローマ的な建築です。後の時代にはほとんどなくなってしまったジャンルといってよいと思います。

陛下のアテネのハドリアヌス帝記念門にしましても、テセウスのアテネと陛下の新市街地との境界に立つものですが、他方、ゼウスの神殿オリュンピエイオンが陛下の命によってようやく完成をみて、陛下の功績を讃える記念門でもありますし、これを祝う盛大な祝典の場を華やかに演出するものであったのですね。

こうした古代ローマ時代の記念門は、ヨーロッパ近代におきましてその都市空間形成における意味が見出され、たとえば、フランス、パリにおいて、都市計画の一環として再整備された放射状街路の基点となる広場に「凱旋門」が建てられたり、あるいは仮設の記念門が都市の祝祭空間を演出するものとして建造されたりしております。

たとえば、十九世紀末オーストリアの首都ウィーンにおきまして、ルドルフ皇太子との結婚のためウィーンへ輿入れしたベルギーの王妃シュテファニーの歓迎祝典のため、都市を華やかに装った祝典の舞台へと変える設計を建築家オットー・ワーグナーはしました。ワーグナーは馬車に乗った皇太子と未来の皇太子妃や、正装した兵隊たちが行進する街路に、片側に堂々とした列柱を立て、もうひとつの側にはさまざまなデザインがされた緑の大壁を立て、街路中央には王冠を戴く黄金と深紅の記念門をつくり、華やかな街路空間を演出しました。これらすべては祝典のためだけの仮設建築であり、祝典が終われば、ただちに取り壊されるものでした。木の柱や梁で骨組みをつくり、板で覆いその下地の上に塗装して描いたりした「張りぼて」ですが、人びとにはそんなことはわからず、大理石の列柱と大理石の記念門が忽然と街路に出現したと思ったことでしょう。

ハドリアヌス帝記念門の構成——異種なるものの共存

それにしても、アテネの市民たちがオリュンピオスあるいはパンヘレニオスと陛下を讃えて建造した記念門の形態は、たいへん興味深いものです。

前にもお話しましたように、記念門全体は二層の構成になっておりまして、それぞれを取り出して個々に見ますと、構成そしてプロポーションとも完璧で、たいへん美しいですね。アーチ躯体の下層部分は、中央にアーチ天井の通路が一つで、これを単通路式というようです——アーチ天井の通路が二つのものを二通路式、それにシリアのゲラサ（今日のヨルダン、ジェラシュ）を陛下が訪れましたとき、ゲラサの市民が歓迎して建造した陛下の記念門のように三つの通路があるものを三通路式記念門というようですが、後の時代に行われた記念門研究によりますと、単通路式がもっとも建造例が多く、次に多いのが三通路式のもので、二通路式はたいへん少ないようです。プロポーション、バランスの点からも当然でしょうね――。

陛下の記念門におきまして、アーチの迫元は迫もち柱が、そしてアーチ躯体の外側部分に四角の柱が、それぞれコリント様式の柱頭を有する付け柱として礎石の上に立っています。そして大理石の切り石積みによるアーチ躯体の左右それぞれ中央部前面に独立円柱が高い台座の上に立ち、前方へ突出したエンタブラチュアによって柱の上部が支えられるかたちとなっております。これはローマのウェスパシアヌス帝による平和の神殿のアルギレトゥム街側の塀壁、あるいは陛下によるアテネの図書館の正面塀壁の構成と同じです。この記念門の独立柱とそれを支える前方へ突出したエンタブラチュアの採用は、むろん陛下の記念門が最初ではありませんが――東方オリエントの建築に遡るといわれております――、単なるアーチ構造体の当初の記念門に次第に付け柱、付け梁、アッティクが付けられた構成の記念門になり、さらにアーチ構造体壁面に凸凹と陰影を刻するものとなっていきました。

上層部分は破風屋根に覆われて細身の独立する角柱が四本並列して立ち、左右の柱間は透けて、中央部分は薄い大理石板が柱と柱の間に鏡板のように嵌め込まれたかたちとなっております。そして左右に――下層部分と同じように前面に独立円柱が立ち、前方へ突出したエンタブラチュアによってその柱の上部が支えられています。

下層部分と上層部分は、それぞれ個々に取り出して見ますとプロポーションも形態も完璧なものだといえますが、この二つの部分の大きさ（下層部分…幅一二・九メートル、高さ一〇・二メートル、上層部分…幅一〇・三メートル、高さ六・四メートル）と、そしてなによりも形態が相違しています。この異種といってよい二つの構成部分が組み合わされて、全体として一つの記念門が形成されています。下層部分のどちらかといえば重厚さによって上層部分の軽快さは強調され、他の記念門には見られない形態でして、不思議な魅力ある記念門です——そして真っ白なペンテリコン産の総大理石からなる陛下のこの記念門は、なにか爽やかさを感じさせる造形でもあります。

いずれにせよ、この記念門から西方に仰ぎ見ることができますアクロポリスの丘の上に立つパルテノン神殿をはじめとする、いわゆるギリシア古典建築の美学とは大きく逸脱していることは確かです。ヘレニズム時代の建築、ヘレニズム芸術の系譜の上に立つ建築といってよいかと思います。

ハドリアヌス帝　ヘレニズムの時代とは何か。聞いたことがない言葉だが——。

ドロイゼンによる「ヘレニズム」の概念

建築家　ドイツの歴史学者ヨハン・グスターフ・ドロイゼン（一八〇八～一八八四）が十九世紀初期に提唱した歴史概念でありまして、アレクサンドロス大王の死後（紀元前三二三）よりエジプトのプトレマイオス朝クレオパトラ七世の死（紀元前三〇）によるエジプト王国滅亡に至る約三〇〇年の期間をいいます。そしてドロイゼンは、この時代とその文化に従来のごとく否定的ではなく、積極的な意味を見出そうとするのです。

アレクサンドロス大王が自らの帝国の首都と定めたバビロンにおいて、あの若さで崩御されましたが、大王の主たる部将たちは、大王が遺した大帝国の領土を己がものにしようと相争いました。こうした部将間の長年にわたる抗争の後、最終的にはプトレマイオスはエジプトを支配し、セレウコスはシリアを、アンティゴノスはマケドニアを——そして後に、アッタロスが小アジアを——支配するというように、アレクサンドロス大王の帝国の広大な領土は分割され、それぞれ王国を築いたのです。

そしてこれらの王たちはアレクサンドロス大王の部将ですから、マケドニア人（すなわちギリシア語を母国語とする人たち）だったわけで、それぞれ王国を統治するにあたって「親ギリシア政策」をとり、公用語はギリシア語とし、多くのギリシア人をギリシアから移住させ、あるいはギリシア的植民都市を創建したり、あるいは地方の官吏に登用したりしました。アレクサンドロス大王の影響もあるのでしょう、支配される東方オリエント各民族独自の生活習慣や社会制度、宗教や文化を尊重し、融和政策にたいへん心をくだきつつも、王国の統治にあたっての制度においては社会、生活習慣、文化の面においてギリシア化が進められました。

東地中海を取り巻くこうした王国の諸都市は経済的にも文化的にも栄えました——エジプト王国の首都アレクサンドリアをはじめ、シリア王国の首都アンティオキア、ペルガモン王国の首都ペルガモン、それにエフェソス、ミレトス、ロドス、デロス等々といった諸都市です。

なかでも目をみはるような発展を遂げ、経済的にも文化的にも最大の繁栄を誇ったのは、アレクサンドロス大王の創建になる地中海に臨むエジプトの都市アレクサンドリアです。

ヘレニズム都市アレクサンドリア：都市と文化

陛下が初めてエジプトの地を踏みましたのは、一三〇年パレスティナのガザを経て、ナイル河口のペルシオンですね。ローマ皇帝としましては、アウグストゥス帝、ウェスパシアヌス帝以来三人目です。

アレクサンドロス大王も陛下と同じように、パレスティナのガザを経て、エジプトの地を踏んだのはペルシオン（ローマの将軍大ポンペウスが殺され、陛下の命によって修復された墓トゥムルスがある地）です。陛下はそこから海路、アレクサンドリアへ向かわれましたが、アレクサンドロス大王はそこからナイル川沿いに南下し、太陽神ラーを祀る神殿があるヘリオポリスにて川を渡り、長年のペルシア人による支配から開放されたエジプト人たちの歓呼のなか、古来からのエジプトの王都メンフィスに入城しました。そこでエジプト人が崇拝するアピス神に生贄を捧げ、そして体育と音楽の競技を催したのですね。そしてナイル川を下り、海に出てリビアに向かいました。リビア砂漠のシウァ・オアシスにあるアモン祭祀所に詣で、名高い神託を伺うためです。

陛下の側近でありますアリアヌスが著しました『アレクサンドロス大王東征記』には、メンフィスからナイル川を下り、河口の港町カノプス（今日のアブキール）――陛下がアンティノウスたちと川遊びなどをされて、愉しい日々を過ごされた思い出の地ですね――に着いて、マレオティス湖を岸沿いに周航したアレクサンドロス大王は、今日アレクサンドリアがある辺りの地で陸に上がりました。上陸してみますとその場所は、都市を建設するに最適の地でありました、そこに建設された都市は将来、きっと繁栄するだろうと思われました（大牟田章訳）とやや簡潔に書かれておりますが、前面にファロス島があり、天然の良港をなし、そして背後にマレオティス湖が五〇キロメートルわたって細長くひろがるというこの地の地理的、地形的条件の良さを見抜いたアレクサンドロス大王は、都市の創建を決意します。側近であるマケドニア出身の（あるいはロドス出身ともいわれております）建築家デイノクラテスに測量と都市プランの立案を、そして建築家で水道技師でもあるオリュントス出身のクラテスに水道供給計画の立案を命じます。

その都市プラン立案にあたって、大王自身が都市広場であるアゴラとギリシア神やエジプト神を祀る神殿の位置について、それに都市の境界線である都市壁のおよその輪郭などについて積極的に指示をした、また供儀を執り行って都市創建についての神意を伺い、吉と出たなどと、アリアヌスの著書には記されています。

大王と建築家デイノクラテスの都市プランによりまして、大王の名にちなんで命名された都市アレクサンドリアの建設は紀元前三三一年一月二〇日に起工されましたが、翌年エジプトを発って東方へ進軍したアレクサンドロス大王は、その後この都市の完成した姿を見ることはありませんでした。そしてその二六年後の紀元前三〇五年に、アレクサンドロス大王の部将プトレマイオスがエジプト王国を築きまして、首都をメンフィスよりこのアレクサンドリアに移し、その後、王国の首都として経済的にも、文化的にも急速な発展を遂げることとなったのです。まさにヘレニズムの時代に発展したヘレニズム都市です。

アレクサンドリアの都市プランはグリッドプラン、つまり格子状の街路網で整然とした街区を形成し、紀元前五世紀以降に建設された多くのギリシア都市に見られるものです。そしてローマの属州に組み入れられた後は、東西を走る主要街路デクマヌス・マクシムスと南北を走る主要街路カルド・マクシムスが建設され、ローマ都市として整備されていきました。小アジアのミレトスやプリエネがその典型例として引き合いに出されますが、この二つの都市の場合のように起伏に富んだ自然の地形でさえも、それに関係なくグリッドプランが採用され、単調な都市空間がイメージされますグリッドプランにもかかわらず、起伏に豊み、変化に富んだ都市空間を呈するところに特徴があります。

アレクサンドリアはエジプトの地に、ギリシア都市として建設されたわけですが、住民はギリシア人とエジプト人だけではなく、シリア、エチオピア、カルタゴ、パレスティナ、フェニキア、メソポタミアそれにインド人などもおり、多種多様で、海の交易都市であることもありまして、人種の坩堝のような国際都市でした。

王宮専用の港を前にひろがる広大な王宮より東の地区はユダヤ人が多く住む地区——ユダヤ人の度重なる暴動は陛下のお心を悩ます大きな問題でして、暴動によって破壊された建物や都市の一部の修復が、陛下の命によって行われたことが知られています——と、白いトゥニケを着たギリシア人の居住区で王宮を中心とするルケイオン区、そして都市の西南の、丘の上に壮大なセラピス神殿が立ち、青い上着を着たエジプト人の——そしてストラボンによれば、多くの守備兵たちも住む——居住区でありますラコティス区、この三つの地区から成っておりました。

都市の東西軸を形成する主要街路カノプス通り（今日のファウド通り）は、都市の東端のカノプス門と西の漁港であるエウノストス港を結び、この主要街路沿いあるいは大港ポルトス・マグヌスとの間に市が立ち、商取引の場であるアゴラやポセイドン神殿、イシス神殿、クロノス神殿などや劇場が、そして大港はいくつもの埠頭に分かれ、そして倉庫群が立っていました。また南北軸を形成するこれも幅員三〇メートルの主要街路は、都市のやや東側に立地する王宮の中心軸と一致し、つまり正面入口門に通じていました。

エジプト王となったプトレマイオスの統治の目的は、まず第一に、自分と同じくアレクサンドロス大王の部将たちが築いた諸王国を凌駕する強力な王国を築き、地中海世界——ヘレニズム世界における覇権を握ることにありました。

この王国の特色は行政、経済、財政、軍事にわたる厳しい統制をしいた中央集権国家にありました。国土を三六州に分け、それぞれにギリシア人の総督を任命し、地方を治めさせる一方、国内の農産物をはじめ製油、製紙、製塩、麻、羊毛業などの、もともと盛んであった産業を統制しつつ、更なる振興を図ることにありました。そして収税法を確立することによって、税を隈なく取り立てることが可能となり、王室の金庫には莫大な税収が年々入りました。

かくしてエジプト王国は、プトレマイオス二世、三世の時代となりますとヘレニズム諸王国のなかでもっとも繁栄し、もっとも富める王国、王家となりました。王国、王家の繁栄とともに首都アレクサンドリアも発展しました。

エジプトの地におけるギリシア人（マケドニア人）の王朝であることもあって、プトレマイオス王はギリシア本土より商人、職人、農民などのギリシア人の移住を積極的に進め、各地に植民都市を建設しました。そして行政をはじめとする各分野でギリシア人を多く登用しました。

また初代のプトレマイオス王だけでなく、歴代の王たちはギリシア文化の移入にたいへん意をそそぎました。その象徴的なものがムセイオンと付属大図書館です。一人の祭司が司る学芸の女神ムーサの神殿を中心にアウディトリウム、大食堂、それに講義、読書などのための座席が設えられたエクセドラがある列柱廊などから形成されるムセイオンを王宮内に建造し、広く地中海世界から高名な学者たちを招き、厚遇し、ムセイオンで自由に研究に従事させたのですね――このムセイオンは、誤解もありましてムゼウム・ミュージアム（博物館）の語源ともなりましたが、今日の言葉で表現しますと、王立文芸・科学アカデミーといってもよいかと思います。アレクサンドロス大王の家庭教師であったアリストテレスの影響か、天文学（プトレマイオスら）、数学（エウクレイデス、アポロニオスら）、医学など主に自然科学の分野において高い研究業績が得られましたが、このムセイオンに学者として迎えられる（ムセイオン会員、教授職）ことは、食（大食堂での学者一同の会食）をはじめ衣と住の保障と、さらに俸給が支給されたうえで自由に研究に打ち込めるということを意味し、ヘレニズム世界の学者たちの間でたいへんな栄誉だとされました。陛下はミレトス生まれのディオニュシオスとスミュルナのポレモン、それにアンティノエを詠った詩人パンクラテスをこのムセイオンの会員に任命されております。

陛下をはじめとしてローマ皇帝たちも、このムセイオンの維持、発展に尽力されました。一三〇年アレクサンドリアを訪れられました陛下は、ムセイオンにて学者たちと各学問分野のテーマについて討論されたことが知られております。

ムセイオン付属の大図書館につきましては、すでに陛下とのお話しに出てきました。ただし、陛下のお名前を冠した「ハドリアヌス図書館」がそこに陛下の命によって建造されたことも知られております。またエジプト人が多く住むラコティス地区に小高い丘があり、そこにギリシアの建築家パルメニオンによる壮大なセラピス神殿が立っていました。そしてこの神殿に「娘の図書館」とよばれた小図書館があったことが知られております――ムセイオン付属の大図書館に対し、こちらは小規模であることから、その名がついたのでしょう。ムセイオン付属の大図書館は研究者専用の図書館でしたが、この「娘の図書館」は一般市民に開放された公共図書館であったのですね。わが日本では十九～二〇世紀になってようやく公共図書館が創設された事実を考えますと、驚くべきことのように思います。

このセラピス神殿ですが、高さ二五メートルの赤い花崗岩の巨大な柱が今日、一本だけ立っていますが――なぜか、ポンペイウスの柱と称されています――その巨大な柱を見ますと、アレクサンドリアのどこからでもこの聳え立つ神殿が見えたといわれ、その壮大さがよく想像されます。

この神殿の内陣ケラに祀られた巨大なセラピス神像は黒海沿岸の都市シノペの神殿から移送されましたが、このセラピスとは、新来のギリシア人と土着のエジプト人とが許容し受容し得る新宗教として、オシリス神とアピス神とを習合させたプトレマイオス朝の守護神ですね。陛下のローマ郊外のティヴォリの別荘にも、カノプスとよばれます水路に面して、セラピス神殿を想起させるかたちをした食事の間があります――半円形ドームと洞窟のようなかたちをしたその建築を、人びとは当初、セラピス神殿であると考えていました。

ところでアレクサンドリアは、前面に浮かぶファロス島とは約一キロメートルもの長さのヘプスタディオン（七スタディオンで、約一・三キロメートル）とよばれる突堤によって結ばれていましたが、そのファロス島の突端、船が大港ポルトス・マグヌスへ入る港の入口に、世界の七不思議の一つに数えられます高さ一三〇メートルにも及ぶといわれます灯台が立っておりました。建築家は小アジアの海岸沿いの都市クニドス出身のソストラトスです。ソストラトスは代々建築家を輩出した裕福な家庭に生まれ、父親は建築家として突堤建設工事に携わったといわれています。

一辺が三四〇メートルの正方形の中庭を囲むかたちの防波堤状の塀を巡らし（外からは基壇のように見えます）、その中央に立つ灯台は三層の構成となっており、最下層部は一一〇メートル×一一〇メートルの正方形、これが上にいくにしたがい細まり、中層部は八角形、最上部は円筒形となりまして、この最上部に油脂を多く含んだ木を燃やして金属製の凹面鏡に反射させ、光を遠くとどかせる装置があります。頂部には巨大なポセイドン像がのっていました。しかし、このファロスの灯台は中世の（八世紀と十四世紀の）大地震のため崩壊してしまいました。そのため――これは陛下のローマにおけるマウソレウムと同じですが――以来、この灯台がいったいどういうかたちをしていたのか、どのくらいの高さであったのか誰にもわからず、十八世紀ウィーンの建築家フィッシャーによるものをはじめ、いろいろな想像復元案が提出されております。またその高さ、かたちに関してだけではなく、灯台が白い大理石造であったとか、あるいは石灰岩と赤い花崗岩からできていた、とか諸説紛々です。紀元前一世紀にアレクサンドリアの地を踏んだストラボンは『地誌』におきまして、白大理石造りであると述べているのですから大理石造説が有力かと思われます。

わかっておりますことは、プトレマイオス一世が灯台建造の構想をし、二一トンの銀に相当する巨額を建設費用として用立てたこと、そしてこのプトレマイオス一世が死去し、プトレマイオス二世の代になって建設工事が始まり（紀元前二九九）、一二〇年の歳月を経て完成したことです。

湾口に築き、航行中の船にその位置を示すという機能をもつ灯台としては壮大、壮麗なヘレニズム建築ですが、この建築家ソストラトスによるもう一つの豪華な建築が知られています。

それはアレクサンドリアにおいて催された大ディオニュソス祭を祝うため、プトレマイオス二世が設けた大宴会場のテント建築です。二六メートルもの高さの木造の柱が周囲に立つ三二メートル×四五メートルの広さの大空間で、その三方を、多数の客のサービス用廊下が囲む大宴会ホールですが、金糸銀糸で縫われた緋色のテントが張られ、テント屋根の四隅に置かれたゼウスの聖鳥である黄金の鷲が四方を睥睨《へいげい》し、大広間の周囲には多くの大理石像が並び立ち、さまざまに装飾された豪奢な仮設建築です。

このような建築ひとつをとってみましても、地中海世界における最大の富を背景に繰り広げられたオリエントに典型的な豪奢な王宮を中心とする宮廷生活をうかがわせます。そしてこうした王室を中心とする豪奢、華やかな宮廷文化が育まれていったのです。そこには、アレクサンドロス大王につき従った部将として体験したであろうペルシアの豪奢な宮廷文化の影響ももろんありましょう。

ニコポリスにローマ軍団を視察

陛下はアレクサンドリアを後にしまして、東へ六キロメートルほど離れた新市街地ニコポリスに駐屯するローマ軍団を視察されました。国境各地に駐屯する軍団の視察は、陛下の帝国各地を巡る視察旅行のなかでも、もっとも重要事項の一つです。帝国各地の国境を越えていつ攻め入ってくるやも知れぬ蛮族の侵攻に備えて、兵士たちに実践訓練を課し、規律を守らせ兵士たちの気が緩まることなくローマ軍がつねに臨戦態勢にあることが、帝国にとってたいへん重要であることが、軍務経験豊かな陛下がもっとも認識するところであります。それなければ帝国の存続の基盤が揺るがされかねないからです――このことは北方の蛮族の帝国を越境しての攻勢が盛んになり始めることによって、帝国の繁栄、否、存続自体に翳りが見え始めたマルクス・アウレリウス帝の時代（およそ二世紀後半）から、はっきりとわかります。陛下はそうした軍団視察におきましては、ときおり、兵士たちに混じって兵士たちとともに食事し、兵舎に寝ることもおありのようですね。そして軍団の兵士たちの演習を視察した後、属州総督、軍団長、司令官、百人隊長それに兵士たちを前に、訓辞を与えております。

このニコポリスの軍団視察においてではありませんが、他のアフリカの軍団視察の際の、陛下のそうした訓辞がいくつか碑文として遺されています。それらは軍団長、司令官たちとの懇談後、兵士たちの実践演習を視察しての後の訓辞ですが、陛下の豊富な軍務経験にもとづいた具体的な演習の講評であります。演習を視て、批判すべき点は批判し兵士たちを叱責する一方、よくやった点は兵士たちをおおいに褒め称える陛下の訓辞は、兵士たちの士気を高め、軍団と陛下との絆を強くするものです。兵士たちの心理を知りつくした陛下の言葉のレトリックにおきましてもたいへん見事で、印象的です。

あるアフリカ駐屯軍団の騎兵部隊への訓辞

諸君はすべての演習を、規律正しくやり遂げた。すべての訓練事項において、諸君の訓練の成果を見せてくれた。なかでも槍投げは優美であったし、槍を短く、きちんと持ち、諸君の多くは長槍を巧みに投げる技術を有していることを示してくれた。もし何か欠けたことがあったとしたら、私はそれをしっかりとやってくれと要求したことだろう。もし何か疑わしいことがあったとしたら、私はそれを指摘していたことだろう。欠けたところも、首を傾げるところもなかった。それぞれの演習において、諸君は私をたいへん満足させてくれた。軍団長であり、たいへん誠実な男であるカトゥリヌスは、やるべき軍務のあらゆる点に等しく注意を向けて、励んでいる。——諸君の属州総督は、諸君の安全のために、つねに気を配っている。諸君が通行許可を申請しさえすれば、軍団演習地内に限って、平時の乗馬が許可されるであろう。（著者訳）

陛下による訓辞がもう一つ遺されています。

ある軍団騎兵部隊への訓辞

兵隊の訓練には、それなりに限度があろう。難しいことを課したり、あるいは手抜きすれば、訓練はより困難なものとなるか、やっても意味がなくなる。むろん無理な訓練を課したとすれば、それを考慮に入れて評価しなければならない。諸君は困難なるもののうちもっとも困難な訓練を成し遂げた。実践の重装備のままで、投槍訓練をして見せてくれた――諸君の戦闘精神に拍手をおくりたい。（著者訳）

陛下による訓辞が他にもまた遺されています。

ある軍団騎兵部隊への訓辞

諸君、実践に即した訓練方法を採り入れ、兵士たちを訓練する軍団長のやり方に私は賛同する。そしてそれを実行した諸君たちを褒めたい。諸君の属州総督であるコルネリアヌスは自己の責務を充分果たしており、私は満足している。ただし諸君の側面攻撃は、私には充分であったとは思えない。――騎馬は敵に見られない態勢から攻撃に出、そして用心深く敵に攻撃を仕掛けることが肝心である。何故ならば、敵勢が前方に何も見えないか、あるいは馬を制御して後退できなくなれば、必然的にわれわれの策略に陥りやすいからだ。（著者訳）

遊興の地カノプス

そしてニコポリスの軍団を後にして、陛下はアレクサンドリアから東へ二四キロメートルほど離れたカノプス（今日のアブキール）へ向かわれました。

カノプスはナイルデルタのもっとも西に流れるナイル支流の河口の港町でして、病の治療で有名なセラピス神殿がありますが、またこのカノプスとアレクサンドリアとを結ぶ運河はアレクサンドリアの王室や貴族の人たちのみならず市民の遊興の地としても知られています。また、カノプスの例大祭に詣でる多くのアレキサンドリア市民たちは、一日一夜を通して、男女ともども小舟のなかでアウロス笛を吹きならし、歌舞に興じながら、みさかいもなく乱痴気騒ぎを続け、またカノプスに宿を取る人もいて、宿は運河の岸辺、この種の気晴らしや娯楽に興じるには格好の位置にある、とストラボンは『世界地誌』において記していますし（飯尾都人訳）。近くのマレオティス湖沿岸は上質の酒の産地として知られておりますし――、ローマの近くの別荘地でありますフォルトゥナ・プリミゲニアの神域の地と知られるプラエネステ（今日のパレストリーナ）にあります美しいモザイク画などに、ローマ兵も含めてエジプトの人びとが音楽を奏で、ダンスに興じるナイル川での川遊びの情景が描かれておりますが、プトレマイオス王家の人たちが川遊びのための王宮のような船を造らせナイル川に浮かべて、遊びに興じたことも知られております。

陛下はこのカノプスの地でアンティノウスや側近たちと川遊びに興じ、そしてその後、ナイルを上って古都メンフィスへと向かわれたのですね。

ハドリアヌス帝　思い出深いアレクサンドリア、そしてカノプスだが――。その後、アレクサンドリアはどうなったのだ。

建築家　ヘレニズムの世界からローマ世界において第一の商業都市・学芸都市として栄えたアレクサンドリアですが、七世紀にイスラム軍によって占領され、その際都市の多くは破壊され、その後、イスラム人の都市となりました。

なによりも八世紀中ごろに襲った大地震と、それに伴う地盤沈下による大港ポルトス・マグヌス沿岸の王宮を含む地域の被害が大きいものでした。

王宮が広がり、王宮専用の港がありましたロキアス岬の西部分、マルクス・アントニウスがその先端に宮殿ティモニウムを建造させたといわれます大港に突き出たポセイディウム半島、また王家の所有でクレオパトラ七世の宮殿が立っていたといわれますアンティロドス島、それに沿岸の地域などは、海岸線にありました王宮ともども、ことごとく海中に没してしまいました。（またカノプスの町の東部分と、それにその東へ六キロメートル、海岸近くにプトレマイオス三世の建造になるヘラクレス神殿があったことからヘラクレイオンとよばれる港町はすべて水中に没しました）

今日、エジプト第二の商港都市として発展しておりますものの、破壊や大地震による被害、それに昔のアレクサンドリアの上に重層するように都市が形成されたりしまして、ヘレニズムの時代、ローマの時代の昔日の栄華は、今日ではほとんどうかがい知ることはできません。発掘作業はほとんど進まず、ラコスティス地区の丘の上に立つセラピス神殿と娘の図書館、それにそこからやや港の方向へいったローマ時代のオデオン、公共浴場、アウディトリウム群、住宅などの遺構が発掘されたのみです。大図書館につきましても、いまだ全容はわかっておりませんが、近年、その大図書館を想起して、新しい近代的な大図書館がアレクサンドリア図書館として建設されています。

ただ八世紀の大地震によって海中に没しました大港ポルトス・マグヌスと王宮を含む沿岸地域の海底発掘調査は、近年、本格的に進められつつあります。海底に埋もれ、あるいは横たわっていました海底遺跡の発見、発掘、そしてその保存と修復でして、巨大な神像、女神像、円柱、石碑をはじめ、水差しやアンフォラなどの土器から鍋、皿などの日用品、金銀の貨幣にいたるまでの遺品が発見され、引き揚げられております。

ヘレニズムの世界

このアレクサンドリア、そしてアンティオキア、ペルガモンなどのオリエントの諸都市、それに経済的には遅れをとるも、なお学芸の都市として一定の地位を占め続けましたアテネをはじめとするギリシア本土の諸都市によって、ギリシア語を共通語として、東地中海周辺地域に（ある程度）一体化したギリシア的世界が形成されたわけです。ドロイゼンはこれをヘレニズムの世界といい、そしてこの約三〇〇年にわたる時代をヘレニズムの時代と規定したのです。

ヘレニズムの世界は、ギリシア人であるアレクサンドロス大王の部将たちがオリエントで王国を築き、統治するなかで、ギリシア世界と東方オリエントのさまざまな民族の世界とが出会った世界で、その文化は多様な国際的文化でして、古典期のギリシアのポリス的文化とは質的に相違します。視野が広く、さまざまな東方オリエントの文化という異質の文化に出会い、もうひとつの異なった美の様相が存在することに気づき、それに価値を見出し、そうした影響を受けつつ形成された文化といえましょう。

従来、紀元前六〜五世紀のいわゆるギリシア古典期の文化が時代の最盛期とすれば、その後の文化は、時代を経るごとに衰退に向かったと捉えるのが一般的でした。

しかし、この時代の包括的な研究に取り組んだドイツ、ベルリン大学歴史学教授のドロイゼン——著書に『ヘレニズム史』があります——は、ヘレニズム文化が古典ギリシア末期の文化的衰退の単なる延長線上にあるのではなく、古典期と比較してそれはなんら劣ったものではなく、異質な文化であり、異なる時代の状況にあって、その趣向において時代と時代の人たちに要請された新しい文化であるのだと、そこに積極的な意味を見出すのです。

ハドリアヌス帝　ドロイゼンとかいう歴史学者が提唱したヘレニズムという概念は、達見だ。ギリシア語を共通語として、東方オリエントを巻き込んで、東地中海沿岸地域があるまとまりをもつヘレニズムの世界、ヘレニズムの文化圏が形成されたというが、その世界はせいぜいエーゲ海を挟んで小アジアのイオニアの世界を取り込んだそれまでのギリシア世界とは大きく異なることは確かだ。より視野が拓かれ、より多様で、活発で自由だ。

ただそなたは東地中海沿岸地域が一体化した世界だと言ったが、そんなに大雑把に捉えてはたしてよいのかとも思える。なにしろ東方オリエントを融合したといっても、エジプトとシリアとは伝統においても大きく相違するように、個々の地域の融合の様相は異なるからだ。

そしてヘレニズムの時代の捉え方、ヘレニズムの時代の文化の捉え方には、私は当然だと思うし、文句なく賛成する。時代と人とその趣向は、時代の流れとともに変わる。「行く河の流れは絶えずして、しかも、もとの水にあらず。よどみに浮かぶうたかたは、かつ消えかつ結びて、久しくとどまりたるためしなし。世の中にある時代と人と趣向と、またかくのごとし」とそなたの国のいにしえの文人が言うたではないか。

後世において、アレクサンドロス大王の死後三〇〇年あまりの時代の文化が、何故にギリシア古典期の文化の（文字どおり）末期的なものとして長い間否定的に捉えられてきたのか、なかなか理解しがたいが――。ギリシア古典期の厳格な規範の呪縛からようやく解放され、ある意味で自由で進取な時代なのだ。

ヘレニズムと近世バロック

建築家　ながらく否定的に捉えられ、そしてようやく歴史において市民権を得、認知されました文化的現象ということでは、近世十六〜十八世紀マニエリスム・バロックの文化と共通するように思えます。

バロックといいますのは、十四〜十五世紀ルネサンスの後の文学、音楽、造形美術に及ぶ広い芸術様式をいいますが、たとえば、建築に限っていいましても、それが「バロック様式」と認知されるのはようやく十九世紀末になってからですから、それまでには何世紀もの歳月がかかりました。

バロックという語の語源はといいますと、ポルトガル語の小石とか歪んだ形の真珠であるとか、いろいろいわれますが、結局のところ確かなことはわからない、ということのようです。

この円形でなく歪んだ円である楕円の真珠から連想されますように、風変わりな、奇妙な、あるいは誇張されたといった語がバロックのキーワードであるといってよいかと思います。ルネサンスすなわち古代ギリシア・ローマという古代の文芸復興期——正確にはギリシアは、そのころまではいまだ「発見」されておりませんでしたから、古代ローマの文芸復興といったほうがよいかもしれませんが——の建築様式は、古代ギリシア・ローマ建築を範としたもの、古典主義建築ですが、この厳格な規範をもつ古代ギリシアの建築から自由で絵画的なものへ、形式的なものから無定形な建築への移行（ハインリッヒ・ヴェルフリン）、これがバロック様式の建築です。

ルネサンスの建築、つまり古代ギリシア・ローマ建築の規範から意図的に逸脱した表現形式、恣意的な形態の扱い、あるいは誇張された表現形式はルネサンスの建築と比較しまして、まさに「風変わりで、奇妙な、あるいは表現の過剰、誇張」と感ぜられ、多くの人びとはこれになかなか馴染めず、否定的に捉えられたのです。そのため、この建築的傾向がひとつの建築様式として認められるのには長い年月を必要としました。ドイツの芸術史家のコルネリウス・グルリット（『バロック様式、ロココ及び古典主義の歴史』一八八七）やヴェルフリン（『ルネサンスとバロック』一八八八）等々が、十九世紀後半になりまして、ようやくそれらの建築に積極的な意味を見出したのです。

私自身、バロック建築にたいへん興味を抱きまして、長年勉強してきましたが、それが「風変わりで、奇妙な、あるいは表現の過剰、誇張」などとは一度も感じませんでした。とりわけ陛下の時代の、古代ローマの建築に劣らないような、湾曲しうねるように連続する（たいへん豊かな）内部空間を示しております。表面的には装飾過剰なところがあるところは否定しえませんが、それも単に恣意的で勝手気ままなものではなく、無定形といいましても基本的にはルネサンス様式、つまり古代ギリシア・ローマの建築の規範から大きくは逸脱しておりません。規範と逸脱・自由との拮抗があり、そこにバロック建築の魅力があるように思えます。

ハドリアヌス帝　ルネサンス建築が古代ギリシア・ローマ建築を範とした古典主義建築であり、バロックはその建築的規範から意図的に逸脱した建築だとそなたは言うが、となると、ヘレニズムの建築はそのバロック建築とある共通性が指摘される可能性がありそうだが——。

建築家　実はそうなのです。『古代におけるバロック建築』とか『古代建築におけるバロック的現象』といった著書や論文が、十九世紀以降いくつか書かれております。その古代あるいは古代建築とは、『ヘレニズムのバロック的特色』という論文がありますようにおよそヘレニズムの時代の、あるいはヘレニズムの建築といってさしつかえありません。

ところが歴史的にみましたバロック現象は逆でして、近世のバロック建築は、ヘレニズムの建築、そしてその延長線上にあります陛下の時代に至るローマ建築から大きく影響を受けまして、成立したというのが真相のようです。つまり十六、十七世紀の建築家たちは、ローマ建築を含めたヘレニズムの建築に——陛下の建築に、とりわけティヴォリの別荘の建築にも——共感を抱き、そこから多くを学び、そして「バロック様式」と大きく捉えることができる建築思潮が形成されていったといえましょう。

ハドリアヌス帝　そうか。十七、十八世紀という途方もなく後世のバロック建築の成立に、私の建築も影響及ぼしたとは、興味深いことだ——。

ヘレニズムの美——古典の規範の呪縛からの解放

建築家　苦悩に歪んだ表情を浮かべて横たわる「瀕死のガラテア戦士たち」あるいはその一部としての「ガラテア戦士とその妻」は、ヘレニズムの時代の代表的彫刻作品として知られています（今日、ローマのカピトリーノ美術館蔵）。紀元前三世紀、ガラテア人がペルガモン王国に侵攻したとき、これを打ち破ったペルガモンの王アッタロス一世が、その勝利の記念としてつくらせたものだと伝えられています。戦いに利あらず、軍が全滅の危機に瀕して、一人の戦死が絶望のあまり妻を刺し、倒れ込む妻の腕を掴みながらすぐさま自死すべく自分の胸に剣を突き刺した瞬間を捉えた彫刻ですが、筋骨たくましい戦士は敵軍をにらみながら、自死する激情にかられた表情は、傍らの崩れ落ちるように死にゆく優美な襞の衣服をまとった華奢な体の美しい妻との対比もあって、見るものの感覚を揺さぶるような作品です。

このようにヘレニズムの時代を代表する彫刻作品を見ますと、ヘレニズムの芸術の特徴がよくわかります。古典芸術の理知的美に対して、ヘレニズムのそれは感覚的美といってもよいかと思います。

そしてこれらの彫刻家たちは、古典の彫刻家たちになんら臆することなく、その古典の理知的な美に対抗する気概が感じ取れます。

それ以前のいわゆる古典末期におきましては、古典の規範に縛られる意識が次第に強くなり、芸術は硬直し始めていったのですね。

ハドリアヌス帝　その古典の規範に縛られる、縛られている自分という意識が大きな問題なのだ。それは創造的意欲の減退に直接つながりかねない。

そんな文化的に閉塞した状況の時代が続いた後、ヘレニズムの時代になって徐々にそうした古典の規範の呪縛から解放されていったのだ。ヘレニズム中・後期になると、芸術家たちはそれまで支配的であった古典の規範に縛られる意識は解消され、逆にそれに反抗する気概すら有するようになった。そなたは、例としてあげた彫刻に、そうした芸術家の気概や自信といったものを感じ取ると言ったが、私も同感だ。

こういったことの背景には、小さな狭い都市国家ポリスから抜け出して、アレクサンドロス大王の大帝国を築いた進取の精神、東方オリエントとの出会い、広い視野の獲得、それに新しい価値観と、これまで述べてきたような実にさまざまな要素が当然に考えられよう。

建築家　陛下は、そのようにして時代と人とその趣向は久しくとどまることはない、とお話しされました。ギリシア古典期の将軍・政治家ペリクレス（紀元前四九五ころ〜四二九）の言が知られています。ペロポネソス戦争が始まって一年目の戦いにおいて戦死したアテネ市民を悼んで、アゴラから北西へ五〇〇メートルほどの、エレウシスの聖域に通ずる聖なる門の裏手にありますケラマイコスの墓地において、ペリクレスが行った葬送演説です。

――（前略）――

われらは質朴なる美を愛し、柔弱に堕することなく知を愛する。われらは富を行動の礎とするが、いたずらに富を誇らない。また身の貧しさを認めることを恥とはしないが、貧困を克服する努力を怠るのを深く恥じる。そして己の家の家計同様に国の計にもよく心を用い、己の生業の熟達に励むかたわら、国政の進むべき道に十分な判断を持つように心得る。ただわれらのみは、公私領域の活動に関与せぬ者を閑を愉しむ人とは言わず、ただ無益な人間とみなす。そしてわれわれ市民自身、決議を求められれば判断を下しうることは もちろん、提議された問題を正しく理解することができる。理をわけた議論を行動の妨げとは考えず、行動に移るまえにことを分けて理解していないときこそかえって失敗を招く、と考えているからだ。

――（後略）――（久保正彰訳）

こう語る政治家が指導的立場にある都市国家のために働く芸術家の仕事と、アレクサンドリアの王宮において働いた建築家の仕事、たとえば、豪奢な大宴会用のテント建築を見ましたように、ヘレニズムの各王宮――王をはじめとする王宮の人たちのために働く芸術家の仕事は、おのずと性格が相違するといってよいかと思います。

ヘレニズムの芸術家たちは、各個人のため、王や王宮の人たちや富裕な市民のために働いたのですね。そういう人たちの要求に応えつつ豪華な王宮を建て、彫刻や絵画は王宮や富裕な人たちの家の部屋を飾るようになりました。

芸術家たちは、そうした人たちの趣向と要求に応えねばなりません。ペリクレスが掲げる都市国家の要求とは、なんと対照的なものでしょう。

ヘレニズムの建築の形成――ピラスターの採用

ところで、ヘレニズムの建築形成の端緒となったものに、イオニア様式の柱とピラスター（付け柱）の採用を指摘する二〇世紀フランスの建築史家（マルタン）がおりますが、私も同じ考えです。

プリエネの建築家ヘルモゲネスは、柱のオーダーにおいて、ドリス様式と比較してイオニア様式の優位性を主張したといわれますが、たしかにイオニア様式の柱はドリス様式のそれより細身で優美でありますし、柱頭の渦巻きのかたちとともに、装飾的傾向を孕むものといえましょう。このイオニア様式の優位性を主張したところに、ヘレニズム建築の形成の背景が読み取れます。

そしてピラスター、つまり柱型、付け柱ですが、たんに内壁ではなく正面ファッサードや側外壁といった壁面を装飾的に構成する付け柱の大々的な採用が、ヘレニズム建築を特色づけるひとつの要素となっております。それは、「付け柱」という名のとおり、柱があたかも立っているかのように壁面に柱型を施すのですが、建築あるいはその部分を支えるという構造的機能を有しておりません。柱、梁、壁、小屋組・屋根というように構造的部材を明快に分節することが造形の手がかりとなるギリシア古典建築におきましては、そうした付け柱の採用はありませんでした。古典建築を理知的、ヘレニズム建築を感覚的といいますならば――これは芸術一般にも共通しますが――、真に構造的機能を有する柱のみを採用することは、当然に、理知の領域に属するのでしょう。

むろん、厳密には古典建築におきましても、神殿の内陣ケラにおいて付け柱の採用がみられました。バッサイのアポロンの神殿がその代表的な例とされます。ですからヘレニズム期に突然、付け柱が工夫され採用されたのではなく、古典期――それも装飾的傾向が認められますその後期において、その萌芽があったということですね。

ハドリアヌス帝　付け柱の公然たる、そして大々的な採用は、古典の規範からの逸脱である、その呪縛から解放されるひとつの大きな契機となったというのだな。その付け柱の採用は広く人びとに受け容られ、そしてこれをきっかけとして箍《たが》がはずれたように、古典建築ではおよそ考えられないような、梁や屋根破風が中途で寸断されるといった事態となっていった――。

建築家　破風屋根や梁、エンタブラチュアは中途で寸断され、そして付け柱と前面に突き出た独立柱によって壁面は自由に構成されるようになり、凹凸のある壁面では陰影が強調され、そして動的な構成が好まれるようになりました。小アジア、ミレトスの南市場への入口門やエフェソスのケルススを記念した図書館の正面ファッサードがそうした例として知られています。

劇場の舞台背景である書き割やニュンフェウム（泉水のある洞窟状建物）などにもよく見られます。構造的な意味を有していない部材ですから、そうした部材の形態は自由に操作できたわけですね。その場合、オリジナルな形態を求めるのではなく、過去の古典建築の形態の操作をしたわけです。

そしてそうした部材の操作はとどまることなく、一つの建築におきまして、たとえばペルガモンのアテナ神殿を取り囲むようにして立つ図書館建築では、下層部分の柱はドリス様式、上層部分の柱はイオニア様式となっておりまして、上層部分の階高は下層部分のそれよりはるかに低い、といったように異なるオーダーを重層させたり、あるいは上層と下層の階高が相違する、あるいは円柱と角柱とが並列するといったことが行われるようになりました。

こうした建築は「異種なるものの共存」といってもよいかと思います。古典建築の代表的なものであるアテネのパルテノン神殿においても、ドリス様式とイオニア様式の混在がありましたが、イオニア様式は前面に出てはおりません。したがって全体としては形態上、異種なるものの共存とはいえません。ヘレニズム建築では、その共存はより積極的です。

比例と構造的整合性をもとに部分と全体の調和を志向した古典建築と相違して、ヘレニズム建築が意図したものは、古典建築の形態言語を駆使し操作した絵画的構成といってよいかと思います。そして柱やエンタブラチュアなどに豊かな装飾的彫刻を施した華麗な建築です。

ナバテア王国の首都ペトラの都市入口を象徴する神殿

ヘレニズムの華麗な建築で想い起こされますのは、アラビア、ペトラ（今日のヨルダン、ペトラ）の都市の入口を象徴する神殿アル・ハズネです。

陛下は一二八～一三四年の東方視察旅行におきましてアンティオキアを発たれ，パルミュラ、ダマスカス、それに属州アラビアの首都ボストラ（今日のボスラ）を経ましてエルサレムへ向かう折（将軍ウェスパシアヌスとその息子ティトゥス（後に二人とも皇帝）率いる軍団によりまして破壊され、そのまま放置されたままになっていましたエルサレムの都市を陛下は再建され、ギリシア人たちを移民させて、都市の名を陛下の氏族名アエリウスをとりましてアエリア・カピトリナと改めさせました。そしてユダヤの地には異教の神殿の建造を命じられましたが、これがユダヤ人たちを大いに憤慨させ、暴動が起こり、その状況視察のために陛下はエルサレムに向かわれたのですね。――その数年後、拡大した暴動の制圧のため、陛下自ら軍団を率いて出陣されました。）、ナバテア人の都市ペトラを訪れられました。このときペトラの市民は陛下の来訪を記念して自らの都市をハドリアネ・ペトラ・メトロポリスと名づけました。周囲を墳墓、神殿群のファサードが彫られた美しい砂岩の断崖に囲まれた都市ですが、この都市の入口を象徴するといってよい神殿アル・ハズネのファサードはたいへん印象的ですね。

この岩壁に囲まれた都市ペトラへ通ずる道はただ一つ、シークとよばれる断崖に挟まれた険しい峡谷しかありませんが、このシークを一・二キロメートルほど行きますと、アル・ハズネの神殿が岩壁のスリットの間に垣間見えてきます。期待感に促され歩を進めますと、視界が一気に拓け、深緋色の岩壁に彫られた神殿が眼前に現れます。都市を訪れる者の正面方向にファサードが向き迎え入れるように小広場に立つこの神殿は、ペトラの入口を象徴する建築といってよいかと思います。

ハドリアヌス帝　その神殿の見せ方がよい。シークの岩壁のスリットから垣間見える神殿は真正面部分ではなく、中心軸をやや右にずれた部分のみである。つまり神殿の全体像は把握し得ない。が、下層部分の列柱と上部のトロス（円形建築）のわずかな部分が見え、もう少しのところで全体像が把握し得る。それを把握しようと期待感に促されて歩を進める。すると小広場に達し、視界が一気に拓け、左斜め前方にある神殿の全体像に視線が向く。息をのむ瞬間である。この場合、神殿は見回し凪になる。青空のもと、一〇〇メートルもの高さの巨大な美しい色彩を見せる砂岩の断崖絶壁という自然景観と、美しい神殿とが交響する。

峡谷のスリットから見る神殿が中心軸の真正面であれば、その全体像は容易に予測され、期待感は薄れる。それに視線が集中してしまい、岩壁との関連、すなわち雄渾なる自然景観との関連における見方が曖昧になってしまう。

建築家　そうですね。この神殿の見え方は絶妙ですね。かかわった建築家の緻密な計画には驚きます。神殿のファサードですが、高さが同一（それぞれ約二〇メートル）の下層部分と上層部分の二つの部分からなる二層構成です（幅は約二五メートル）。下層部分は破風屋根を列柱が支え、神殿内奥への入口を象徴する正統な古典期のギリシア神殿のファサードであり、左右のエクセドラには風化がすすんでいますが、五メートルの高さの騎士と馬の彫像が読み取れます。それに対し上層部分は破風が中央で中断し、そこにトロスが立ち、頂部に丸い壺を戴いております。その左右のエクセドラには手斧をふりかざしたアマゾン女族の女勇者の像が、また中央トロスの柱の間のエクセドラにはエジプトの女神イシスの彫像が、おぼろげながら読み取れます。この二つの層の形態自体はそれぞれ完結し、プロポーションもよいのですが、明確に異なっています。異種なるものが共存しているといえますが、二つの層の高さが同じであること、列柱がコリント様式で統一されていることもあってか、全体として破調といわざるをえないプロポーションのなかにも奇妙なバランスがあり、また異種なるものが競い合うためか華麗さが前面に出、にもかかわらず香気と品格とを漂わせる不思議な魅力をもつファサードですね。

神殿の列柱をくぐって室内に足を踏み入れますと、左右と奥に直方体の室内空間ケラがあるだけでして、さほど広くありません。しかし、壁と天井を構成する砂岩の肌の微妙に変化する色彩、横縞の文様の美しさには眼を見張る思いです。美しい空間ですね。

質の高い、華麗なヘレニズム建築の代表的なもののひとつですね。

ハドリアヌス帝　私もこの神殿の前に立ったとき、心打たれた——。感動したことを想い起こす。優れた建築家——それもギリシア人建築家の手になるものに違いない。
建築家　余談になりますが、そうしますと、陛下がこのペトラを訪れられたときには、都市の守護神を祀り、都市の入口を象徴するこの神殿がすでに立っていたのですね。
と申しますのは、この神殿の建造年代につきまして、いまだ尽きない論議があるからです。ナバテア王国時代（とりわけ紀元前一世紀）とする説、あるいはその後のローマ帝国の属州アラビア編入（紀元一〇六）後の二世紀前半だとする説、否、その後半だとする説、いろいろあります。
このごろは後者の説が有力になってきたようでして、なかには前皇帝であられるトライアヌス帝のダマスカス出身の建築家アポロドロスの手になるものではないか、といった説を唱える者もおります。私はそれを知りまして、陛下が陛下の建築家たちとローマやティヴォリ、アテネなど各地に数々の興味深い建築を実現されましたことを思いますと、アポロドロスなどではなく、陛下がペトラを訪問されました折、陛下の指図のもと、陛下の建築家たちがこの神殿の設計・建造したのではないかと夢想したくなる、と述べたことがあります。
それはそれとしまして——、陛下のペトラ訪問時には、すでに立っていたことから、アル・ハズネの神殿はナバテア王国の時代の建造のものとしてよいわけですね。
ハドリアヌス帝　それでよい。
ただ建造年代それに建築家の特定は難しい。ナバテア王のなかでもギリシア好きといわれたアレタス三世（在位八四～六二）の時代かもしれないし、あるいはまたやや時代が下がって、ユダヤのヘロデ大王の宮廷建築家が委託を受け、設計し、建造を指揮したともいえよう——。
建築家　ポンペイのある広壮な住宅ドムスの壁画のなかに、この神殿の上層部分の中断された破風屋根とその中央にトロスがあるというほぼ同じ絵が存在しますことから、こうしたモティーフはアレクサンドリアや東方の世界ではすでにヘレニズム後期に流行しており、また紀元前一世紀~紀元後一世紀には、イタリア半島を含む西方社会においても広く行き渡っていたのですね。こうしたことから、私はナバテア王国時代のものであろうとする説に加担しております。岩山によって隔離された都市ペトラにも、ヘレニズムの高い文化がシークという細い孔を通して浸透したというべきですね。

ところで、このペトラの都市の外れにあります岩山の上部に、アル・ディールといわれます神殿があります。この神殿も上層部分では中断した破風屋根に挟まれるようにトロスが立っておりますが、これと呼応するように下層部分はうねるように湾曲し、たいへん力動的なファサードです。これも質が高い、たいへん興味深いヘレニズムの建築ですね。

ハドリアヌス帝　古典建築では、構築される過程から成立した形態が本質であり、言葉を換えていえば、各フォルムは本質的であるといえよう。だがヘレニズムの建築では、そうしたフォルムの本質をまったく考慮しない、というより幾世紀も以前の事柄であってそれを知らない、といったほうがよいかもしれない。

建築家　そうしますと「古典の本質から、ヘレニズムのフォルムへ」という言い方が可能なように思われます。

ヘレニズム芸術を受容

アテネの陛下の記念門におきましては、破風屋根に対するアーチ、細身の角柱と円柱の軽快な構成に対するアーチと両袖壁の重厚な構成、幅と階高が異なるといったスケールの大小――上層部分と下層部分はそれぞれ別個に見ますとプロポーションも形態も完璧なものでありますが、そして下層部分について特にいいますと、アーチの両袖に立つ繊細な独立円柱の存在が効果的です――、といいますように上・下層のコントラストはたいへん顕著でして、これまで見てきましたヘレニズム建築の特徴をすべて備えているといってよいかと思います。

そうした異種なるものの共存によるコントラストは、にもかかわらず不思議と解消され、全体のなかで融合されております。（そしてこれはヘレニズム建築には類例は少ないようですが）装飾的要素は極力抑えられていることもありまして、洗練された端正な、気品がある建築ですね。陛下と陛下の建築家たちの高い美意識がうかがわれます——。

この陛下の記念門建築には、西方に仰ぎ見ることができるアクロポリスの丘の上に立つパルテノン神殿をはじめとする古典建築の美学とは、大きく異なる洗練された美学があることは確かですが、十九世紀ドイツの歴史学者ドロイゼンがヘレニズム建築に、ヘレニズム芸術に積極的な意味を見出し、評価したことは炯眼《けいがん》というべきですが、今日から見ますと、長い間、何故に評価されなかったとも思います——。バロック様式の評価という同様な問題を思い合わせまして。

ハドリアヌス帝　人の価値観が変わるのは、そう簡単なことではない。相応の時間の経過が要るということであろう。

建築家　陛下の時代はヘレニズムの時代とはいえません。そうなりますとローマはギリシアの建築といいましてもヘレニズムの建築を、そしてヘレニズムの芸術を受容し、それを発展させたということですか。

ハドリアヌス帝　そうだ。だが発展させたといっても、ローマに固有な、著しくローマ的発展といわねばなるまいが。

建築家　ヘレニズム建築には優れた建築も多いのですが、他方、首を傾げたくなるようなものもあることは事実ですね。絵画的構成をヘレニズム建築のひとつの大きな特徴だとしますと、構造的な拘束がないことから、恣意的な形態操作が、その技巧性が前面に強くでるきらいがある、ということがいえると思います。つまり建築家の主観的な、単なる思いつきといいますか、作為的な作品になり、人の心を打つことにはならない場合が往往にしてあるのではないのでしょうか。

ただ、ヘレニズム建築におきましては——これは近世バロックの建築においても同様なことがいえますが——用いる造形言語は古典建築のそれであり、そのため根底にある古典の規範からの大きな逸脱はありません。だからでしょうか、これはと目をふさぎたくなるような建築はほとんどないといってよいですね。

ヘレニズムの建築の魅力は、そうした古典の規範とそれからの逸脱・自由との拮抗にあると思います。

伝統を否定した二〇世紀の近代建築運動

そんな場合、そのような規範となるべきものがまったくないとしたら、いったいどうすればよいのでしょう。二〇世紀に形成された近代建築がまさにそれなのですが——。

ハドリアヌス帝　そんな事態があるのか。私には想像もつかないが。

建築家　十七〜十八世紀は経済力を背景に市民が台頭しはじめた時代です。そして十八世紀末のフランス革命を契機に専制封建体制は崩壊し、しだいに市民社会となりました。そしてイギリスで起こった産業革命を背景に、鉄、ガラス、鉄筋コンクリートが新しい建築材料として大量に使用され始めました。

ローマ時代に発明されました優れた建築材料としてのコンクリートは、中世初期に至るまで一部使用されたようですが、イタリア、カンパニア地方に産するポッツァラーナ（一種の火山灰セメント）のような優れた天然の材料の供給が限られ、それで使用されなくなったものと思われます。

そして産業技術の発展によりまして、大量のセメントの生産、供給が可能となり、コンクリートの建築材料としての欠点（圧縮力には強いが引張り力に弱い）を補う鉄筋と組み合わせることによって、鉄筋コンクリート材はたいへん優れた建築材として登場しました。

こうした鉄、ガラス、鉄筋コンクリートといった新しい建築材料の使用とともに、飛躍的な人口増、都市化、それに産業発展を背景に大衆市民社会が台頭し、これらの市民社会のための合理主義をもととした近代建築が十九世紀に形成され始めたのですが、とりわけ二〇世紀になりまして、いわゆる「近代建築運動」によって、市民のための近代建築の形成は加速化されました。

「アール・ヌーヴォー（新しい芸術）」「ユーゲントシュティル（青年様式）」「ゼツェシオーン（既体制からの分離）」を標榜する運動は十九世紀末からありましたが、その近代建築運動は近代建築への変革をラディカルに、そして性急に推進するあまり、アーキテクチュアという古代ギリシア以来の建築概念を否定したことに象徴されますように、それまでの（ヨーロッパの）建築の伝統を否定したのです。合理主義を標榜して、たとえば円柱を否定しました。そして建築的装飾を否定しました。今日、円柱の単純な構造計算をする場合、その円に内接する正方形の角柱と同じであると仮定し、計算を進めることからもわかりますように、単に合理的構造という観点からのみ円柱を否定し、角柱を採用したのです。ですが、柱とは荷重を支持する単なる部材では決してないわけでして、円柱は初めから高度な荘重形式であり、人間を動物以上に高めているところの世界に対する精神的態度、人間がまっすぐに立っていることの真の象徴なのです。なかでもギリシアオーダーの円柱は、ギリシア精神の結晶であり、したがって、ヨーロッパの文化と深いかかわりがあります。ヨーロッパ世界において大きな意味を有するこうした円柱と、いとも簡単にきっぱりと決別したことは、まことに一〇〇〇年に一度の出来事ともいうべきことだと、オーストリアの芸術史家ゼードルマイアーは述べております。

装飾につきましては、すでに陛下とお話しましたが、そのとき陛下は装飾の単なる否定は浅はかな思考であると述べられました。近代建築はあらゆる伝統的建築的造形言語を否定したといってよいでしょう——その否定のうえで新しい建築のありようを模索しました。

ハドリアヌス帝　そうした変革の運動においては、一般的にいえば、目的を単純、明快にする必要がある。

そうでなければ運動態として力を獲得し推進することができないからだ。それゆえに建築を含めた文化においては、そうした大きな変革の運動は馴染まないというべきであろう。またそうした運動は変革のための変革になりやすい、変革が自己目的となるのだ。そしてまた運動の持続ということはたやすいことではなく、それを自覚しているからこそラディカルに性急に目的を実現しようとするのであろう。その近代建築運動において、伝統の否定という事態が実際にあったとしたら、そうした背景が考えられよう。

建築家　ヨーロッパにおける近代建築運動は一九二〇年代の一〇年間ほど、一九一〇年代を含めたとしてもせいぜい二〇年間程度でした。主導的役割を果たしたドイツでは、ナチス・ヒットラー政権が一九三〇年代初めに樹立され、そしてやがて第二次世界大戦へと世界が動くなか、近代建築運動は中断を余儀なくされました。

ハドリアヌス帝　繰り返すようだが――ここに私の驚きの念がこめられているが――、伝統を否定する、あるいは伝統と断絶するといったことは、私にはおよそ想像も及ばない事態だが、もしそうだとしたら、建築家は設計するにあたって頼るべき建築造形の法則はない。建築的伝統とは本来そういうものなのだ――。だとすると、自身で建築造形の法則を発明しなければなるまい。そのうえで自身の法則に頼らざるを得まい。

建築家　建築家が自身で発明した建築造形の法則は、非常に恣意的にならざるを得ません。そこが問題なのではありますまいか。ヘレニズム建築のひとつの特徴的な点としての絵画的構成におきまして、目立つ各建築家の恣意性といいましても、そこには古典の規範がありました。近代建築においては、その恣意性はこれと比較にならないほど大きいわけです。

自身で建築造形の法則を発明する以前に、単なる皮相な思いつきに終始することは往往にしてあることですが、それは論外としましても、非常に恣意的な建築造形の法則は、作為につながるのではないでしょうか。つまりわざとこしらえた「つくりもの」になりかねない。ひろく人びとの共感を得るものはごくわずかなものですね。

ハドリアヌス帝　わざとらしさが鼻につく、と言うが、つくった本人の得意然とした顔を思い浮かべると、憐憫の情がおきかねない。

建築家　それは、凡庸な人間が小さな自我を言い張る（柳宗悦）ということでしょうか。

ハドリアヌス帝　そういうことだろうな。

建築家　近代建築運動が展開される時代にありまして、その運動の伝統をも否定するラディカルさの故か、あるいは時代精神から取り残された鈍感さの故か、その運動に参加しなかったあるドイツの建築家は、設計の当初から美を問題とする近代建築家の恣意性を、ましてや無思慮な思いつきを戒めています。本当に小さな人、あるいは実際よりもより以上に見せたがる人、こうした人たちは意味のないおしゃべりで、真に偉大な人たちが語るのを邪魔する。そして、このように実際よりより以上に見せようとするのは、まさにこの時代の建築のひとつの特徴的な点だといえる。このことは建築の堕落の原因であり、芸術一般についても同じことがいえよう（パウル・シュミットヘンナー、一八八四〜一九七二）と、たいへん手厳しく言っております。

二〇世紀初めのウィーンの都市の建築について、あきれたドンチャン騒ぎにも、くだらない冗談ににも、もう飽き飽きした――昔は街のなかではひときはモニュメンタルな建築があったとすると、周りの建築はそれなりに目立たぬよう、おとなしく引っ込んでいたものだ。ある建築は雄弁に語りかけ、他の周囲の建築は沈黙を守っていた。それが今日ではどうだ、どんな建築でも、大声で叫びあって、うるさくて、ひとつとしてその声がよく聞き取れない、などと当時のウィーンの一人の建築家はこう語っていますが、この二人の建築家の言は共通しています――近代の建築家というものは実際よりより以上に見せたがり、自分だ自分だと主張する、と。つまり自分が発明した（と思い込んだ）建築造形の法則が最良のものだとする、といってもよいかと思います。

ハドリアヌス帝　ところでその近代建築運動を推進した建築家たちは、何故そう簡単に無思慮にも過去の建築の伝統、ひいては文化的伝統を否定し得たか。

建築家　それまでの建築の変革のために、単に否定のための否定をした、またそうすることが都合がよかった——そういってよいかと思います。

ウィーンの建築家たち

ところで目の前に立ちはだかる過去の伝統を否定するのではなく、対峙しつつ、その伝統を乗り越えるべく、近代建築の形成を進めた建築家たちがおります。二〇世紀初めオーストリア、ウィーンのオットー・ワーグナーやロース、ヨーゼフ・ホフマンそれにヨーゼフ・フランクといった建築家たちです。これらの建築家たちは近代建築の形成に大きな役割を果たしましたが、近代建築運動の建築家たちは、これを受け継ぐかたちで展開させたといってよいでしょう。

むろんウィーンだけではなく、ヨーロッパ各地で建築家たちが近代建築を標榜し、近代建築形成に大きな役割を果したのですが、なかでももっとも近代建築思考として尖鋭化し、そして質の高い空間をつくったウィーンの建築家たちの建築が、もっとも大きな影響力を及ぼしたといってよいでしょう。ウィーンという宮廷文化の厚い伝統があったからこそ、先鋭化し得たのです。

そうした近代建築を標榜した建築家たちは、芸術の革新運動の一環として活動したのですが、その革新運動はフランス、ベルギーなどの国ではアール・ヌーヴォー（新しい芸術）、ドイツなどの国ではユーゲントシュティル（青年様式）などの旗印のもとに推進されました。ウィーンではゼツェシオーンとよばれました。

陛下はすでに御推察されたと思いますが、そのゼツェシオーンなる語は、古代ローマの平民たるプレブスが貴族と袂を分かち、アウェンティヌスの丘に新たに国をつくろうとしたという国家分離運動——セツェデーレあるいはその名詞形のセツェシオ——という故事に因むものです。

ウィーンの芸術革新運動は「新しい芸術」とか「青年のように若々しい芸術」などといわず、「体制からの、過去からの分離運動」といった背景には、革新運動の前に立ちはだかり、超克すべき過去の厚い伝統と、それを体現するようなアカデミーの体制があったからです。

市民階級の台頭があるにせよ、なお封建体制が強固で、幾世紀にもわたるハプスブルグ朝の華やかな宮廷文化が続くなか、近代建築を標榜する建築家たちはさまざまな障害にぶつかりました。

ウィーンの建築家ワーグナーは、近代建築を標榜した書におきまして、芸術の創造的活動の出発点は現代生活しかありえない、として、次のような近代建築へのテーゼを表明しました。（1）目的をできるだけ厳密に把握し、これを細部にいたるまで完全に充足させる、（2）材料の適切な選択（入手、加工が容易で、耐久性が大きく、経済的な材料であること）、（3）単純で経済的な構造であること。そしてこれらの三つの点を十分考慮したうえで、（4）これらの原則から生成する形態。この「処方箋」に従って成立した建築は、つねにわれわれの時代の建築様式である、と。

ワーグナーの明快な合理的な思考ですが、近代建築運動を推進した建築家たちは、ワーグナーのテーゼ（4）の「これらの原則から生成する形態」を、それらの原則からおのずと生成する形態と観念的に捉え、それを合理的形態としました。合理的構造体を明快に表現するという建築造形の法則は単純、明快でわかりやすいことから、図式的、教条主義的なものとして世界に広まり、この近代建築は「インターナショナル・スタイル（国際様式）」として確立していきましたが、建築としてはその多くは脆弱だといわねばなりません。

もっとも、実現される建築の量、そして建築家の数も以前と比べものにならないほどに増大し、そんななか教養と専門知識・技術を具えた建築家といえる人の存在はごく限られている、といった背景を考慮に入れる必要がありますが——。

ハドリアヌス帝　それがなぜ脆弱なのか。たとえば建築の美しさとは、単純に構造的に合理的な構造体とは直接結びつかない、とそなたは言いたいのであろう。それは当然のことだ。構造的に合理的な構造体とは、芸術創造においてのいわば素材にすぎないものといえるからだ。むろんこの素材を知悉する、すなわち素材のあらゆることを徹底的に知ることなく、これをないがしろにしては創造などできようもないのだが——。

作為と作意

建築家　ところでさきほど、設計行為の当初から美を求めようとする近代建築家の恣意性と、これにつながる作為ということが問題になりました。

「作為」とは一般的に、ことさらに手を加えること、わざとこしらえること、という意味ですが、これに対して「作意」という言葉もあります。作意とは、芸術作品を制作する意図、創作上の意向、趣向を意味しますが、また辞書には、変わった思いつき、たくらみ、などの意味もある（広辞苑など）としています。作意とは芸術作品に限って使うようですが、作為と作意との差異はあいまいで、紙一重の差のようであるといってよいかと思います。

あまりに恣意的で、作為的であると、その「わざとらしさが鼻につく」と陛下は以前にお話しになりましたが、しかし、ものをつくる以上はなんらかの作意があるわけでして、作者の「我」が出ることは避けようにも避けられません。しかしながら、紀元前四世紀、ギリシアの哲学者アリストテレスは、悲劇の詩作におきまして、あまりの作意を否定していますね。

十八世紀の偉大な作曲家モーツァルトの音楽について、ある音楽評論家は語っております。その人はある不幸に見舞われ、長い間、音楽を聴く気分になれなかったのですが、時が経ち、ようやく音楽を聴く気になって、聴いてみると、好きなモーツァルトの音楽にでさえ「自分が」「自分が」という声が聞こえ、「わずらわしかった」と語っております（吉田秀和）。この音楽評論家は、文学のもつある種の人間くささに対し、音楽のもつ清らかさといったことと関連して語ったのですが、作者の作意、そして「我」と作品との間の事情に光をなげかけているように思われます。

ハドリアヌス帝　わざとらしさが鼻につく、などは問題外だが、「自分が」「自分が」と我を言い張ってわずらわしさを感ずるか――私もたびたび経験することでもあるが。その「自分が」というのは、美を追求する自分、美に執着する自分ということだが、これは作意と密接に関係し、たいへん難しい問題でもある。それは建築について言えば、建築における美しさの追求とはいかにあるべきか、ということと直接つながるからだ。

建築とは、はじめから美しさを追求するものではない。建築の目的は美ではない。必要性の充足だ。だから本物の建築家は、美なるものをはじめから問題にしようとしない。まず必要性があり、それを充足させようとするからだ。だから建築においては、美しさとは結果として自明に現象するものだ、と言わねばなるまい。

建築家　私なき仕事、美醜もなき仕事――これこそ真の美が得られる、という非常に興味深いことを言う人がおります（柳宗悦）。

ハドリアヌス帝　神の手になるもののようだ。

建築家　以前にも話題にのぼったかと思いますが、近世初期、朝鮮の名もなき無学の陶工たちがつくる民衆の日常生活に使われる雑器のなかに、ときおり、眼をみはるような名品がつくられるのは何故か、と考えたものです。

日常の生活に使う安物の雑器ですから、毎日、大量に陶工房にてつくられます。陶工たちは生活の糧を得るために、毎日、毎日同じ器を手早く、たくさんつくらねばなりません。このことから陶工たちの技術は非常に熟達し、そのことはつくるという行為において、つくる意識を超えさせ、無心につくる、「只《ただ》つくる」こととなるのです。そこでは美しいものをつくろうとか、醜いものをつくることを避けようと工夫するとか、意識する以前に造作なく、たやすくできあがってしまう、というのです。そこには自分、「我」が入る余地はなく、美への執着もない――私なき仕事、美醜もなき仕事というのですが、それは「仕事が仕事をする」、あるいは十三世紀の仏教僧一遍上人の「念仏が念仏する」境地であるといいます。

陶工が美しい器をつくろうなどと思う以前に、無心に、只つくって、できあがったものであり、そこには作為も作意もありません。美を追求しようとするその瞬間、すでに美を捕捉することはできない、といいます。抽象論ではなんとでもいえましょうが、このように陶工たちの器づくりにおいて具体的に言われますと――。おおいに考えさせる言でもあります。

ハドリアヌス帝　非常に興味深い話だが、建築の場合など考えるとどうか――。難しい問題でもある。

建築の目的の発見的思考

ただ、はじめから美しい建築をつくろうとすると、美にとらわれて「我」がでる。そして建築の目的を把握し、充足させるということがおろそかになることは確かだ。

建築家　それでワーグナーは、近代建築へのテーゼとして第一に、建築の目的のできるだけ厳密な把握とその完全な充足、ということを掲げたのですね。ワーグナーは弟子のヨーゼフ・マリア・オルブリヒとヨーゼフ・ホフマン（二人とも当時高く評価された有名な建築家です）の建築につきまして、建築のポエジーに心を砕き過ぎると嘆いていました。ですが、建築のポエジーにではなく、目的の把握と充足に心を砕くことは、どの時代の、どの建築においても建築家にとって当然なことと思えますが。

ハドリアヌス帝　ところがそうではない。当然なことだが、それが当然になされることは少ない――そこに難しさと、そして問題が潜んでいるのではなかろうか。

建築においては、はじめから形態とか美の問題など考えるものではない。前にも述べたように、建築の目的は美しさではない。必要性の空間的充足だ。はじめから美なるものを問題とするような者は本物の建築家では決してない。そうではなくまずその目的あるいは建て主の要求──建て主はいろいろ要求があっても、言葉によってそのすべてを表現できない。そうした言葉で表現し得ない建て主の心と身体が要求するものを建築家が聞き取ることが大事だ──あるいは必要性あるいは機能といったことを徹底的に把握する。ただ従来考えられてきた目的だけではなく、目的を発見的に思考するのだ。これが重要だ。

建築家　目的を発見的に思考するとは、一方では、目的をより深く掘り下げて考えることでもありますね。それで、そのひとつの具体例として思い起こされますのは、ある建築家が小・中学校建築を計画したとき（一九五六）のことです。

従来の学校といいますと、教室（群）とそれをつなぐ廊下、それに教員室、事務室などの管理施設から構成されています。この建築家は、学校とは従来のように、教員が教室において生徒たちに一方的に知識を授けるだけの場ではない。生徒たちは自主的研究も行い、その発表と（教員を交えた）討論、それに生徒間のより緊密な交流、生徒と教員とのより緊密な交流──こうしたことこそ、学校における大切な教育であると考えました。

そこで、従来は教室と教室などをつなぐ狭い通路でしかありませんでした廊下の空間に着目し、これを広くし、ところどころにアルコーヴを設けまして、生徒たちの自主的研究の、また制作しました作品の発表、展示あるいは討論の場とし、またベンチなどを設え、交流、コミュニケーションの空間としました。

学校における教育とはどうあるべきか、何故なのか等々、学校の真の目的、必要性を掘り下げて考えたものです。（まだまだ具体例はあると思いますが）学校建築のひとつのありようを示すものだと思います（ハンス・

シャロウン（一八九三〜一九七二）の学校建築）。

ハドリアヌス帝　そうか。そのように建築の真の目的――課題の本質――とは何か、発見的に思考する――そなたの言い回しに従えば、深く掘り下げて考えるのだ。

そして目的を最大限に充足させる場を、空間を深く考える。その空間を成り立たせる理に適った構築形態は如何なるものか、木造か石造か煉瓦造かコンクリート造か、建築材料とその構造形態（純粋に構造的理論から生成する形態は存在しないとしても）などを配慮しつつ、その空間を如何に構築するか、思考を重ねる。

これを徹底すれば、そこに「我」や恣意性が入り込む余地は限定される。あれこれと技巧を弄して「こしらえごと」をする余地はなかろう。

建築とはまずもって、その目的・必要性を充足させるものだ。

建築家　建築を内部の必要性・要求から考えることですね。言葉を換えていいますと、見かけの調和より内面の真実を優先させるということかと思います。それを標榜しました近代の建築家L・ミース・ファン・デア・ローエ（一八八六〜一九六九）は、十三世紀イタリアの神学者トーマス・アクィナスによります「美は真実の輝き」の言を、しばしば引き合いに出したといわれます。

ローマの公共浴場建築

浴場の建築は、ギリシアの起源（体育・学校施設であるギュムナシオンに多く浴場が併設されていたといわれます）ですが、それを受容しましたローマ人によって公共浴場建築として――さまざまなヴァリエーションがあるものの――定式化され確立されました。

日の出から昼前まで働いたローマの人たちは、朝食兼昼食の食事と午睡の後、夕食までの午後の余暇《オティウム》の時間を入浴にあてました。市民に余暇《オティウム》を愉しむということが社会的に容認され、そしてその余裕ができたということです。

まずは着替えをしまして、体育館あるいは屋外の運動場でレスリングや体操などの運動。その後マッサージなどをしてもらって、いよいよ床と壁が暖められた微温浴です。それがすんだら熱浴室へ、そして発汗室へと進みます。そして水浴プールへ。その後、中央大広間（フリギダリウム）へ行って、知り合いや友人たちとの談笑、あるいは庭で散策をします。その後、ふたたび微温浴、熱浴……へと繰り返すわけですが、ローマ皇帝の命によりまして建造された巨大ないわゆる皇帝浴場では、浴場を取り囲む塀沿いにアウディトリウム（講義室）、図書室などがありまして、それは健康余暇センターでもあり、文化センターとしての性格をもつに至りました。

ハドリアヌス帝　ローマにおいて最初の大きな公共浴場は、パンテオンの近くのアグリッパの公共浴場だ。

建築家　そうした多くの市民が余暇施設として利用します浴場建築の発展には、紀元前一世紀にセルギウスによる浴室の床下暖房装置の発明があったのですね。床下だけではなく壁中にも温風が通され、焚き口で沸かした湯も鉛の配管を通じて各浴室へと給湯されました。

浴室の床下の暖房装置は、技術者セルギウスの発明によるものとしても、ローマの建築家たちは床下だけでなく壁中にも温風を通すことを考え、その壁の構造を工夫することによって、快適に入浴するという目的を最大限に充たす浴室を考え出しました。

そして更衣―微温浴―熱浴―発汗等々、各室の機能的配置を考えたのですが、たいへん機能的な平面計画もさることながら、熱気や蒸気が充満することも多い浴室の空間は、半円筒ヴォールト天井やドーム天井としたり、よく考えられております。紀元前二世紀に建造されました、もっとも古い浴場でありますポンペイのスタビアエ公共浴場では、天井は半円筒ヴォールトですし、陛下が保養のためたびたび訪れられました港町プテオリの近くの名高い温泉保養地バイアエのいわゆるメルクリウスの浴場は、頂に丸い開口があるドームとなっております。それらは今日でも遺っておりますが、訪れてみますとたいへん美しい空間です。

ローマ建築に固有な無名性としての建築家が、つまり自我を言い張ることに意味を有さない建築家たちが、美しい浴場の建築空間を意図せず、技巧を弄することなく、浴場建築という目的を厳密に把握し、そしてその目的をただただ最大限に充足させる建築空間を思考したのです。結果として美しい空間が生成したのですね。

公共浴場建築は、役所の建築や学校それに病院建築などと同じで、他の建築と比較しまして、目的が比較的単純、明快に規定し得ることから「目的建築」などといわれることがあります。それは建築家の恣意性や「我」が入り込む余地が限定される建築ですが、無名性としてのローマの建築家たちの手によって優れた建築がつくられたということは、建築とはどうあるべきかという点でたいへん考えさせられます。

実利的・合理的思考に秀でたローマの人たちは「目的建築」である浴場建築、劇場建築、水道建築などを建築のひとつの分野ジャンルとして確立させたのです。

美、そして目的と建築空間

ところで、目的を最大限に充足させた建築であっても、それがすべて美しい建築とは限らないですね。先ほどの朝鮮の陶工がつくる陶器にしましても、そのうちのごくわずかなものだけが無上に美しい——といいますように。

ハドリアヌス帝　それは難しい問題でもある。およそ美しさとは何か、ということ自体難しい問題だからだ。プラトンが十番目のムーサ（詩女神）と詠ったレスボスの女流詩人サッフォーは、この世でもっとも美しいものとは何か、という問いに詩によってひとつの答を与えている。

ある人は言う。騎士こそがもっとも美しいものだ、と。
他の人は言う、歩兵だ、と。
多くの人たちは、軍船こそ暗きこの地上で
もっとも美しきものだ、と。だが私は言う、
人が愛するものこそが、もっとも美しいものだ、と。（著者訳）

サッフォーのこの詩による答からも、美しさとは、美しいものとは、人それぞれの見方によって相違し、それをきっぱりと規定し得ないことがわかろう。

建築家　日本では、「うつくしい（美しい）」の古い形の「いつくし」は「いつくしむ（慈しむ）」に由来する、といわれております。サッフォーの言葉に通じるところがありますね。

ハドリアヌス帝　そうか。美しさとは本来、慈しむことから由来したと言うのか――。この美しさとは何かということには、私もいろいろ考えるのだが、難しい。プラトンにとっても難しかった。そのプラトンの対話篇「ヒピアス（大）――美について」において、「美しさとは難しい、という格言がいったいどういう意味なのか、今ではわかるように私は思う」と最後にソクラテスに述べさせているように――。

そして、建築とは美しさの観点からのみ議論することはできない。建築とは目的と切り離すことはできないからだ。そなたは浴場建築あるいは劇場、水道といった類の建築を「目的建築」というと言ったが、その意味では、建築とはすべて目的建築であるといってよかろう。

建築の空間の質は、美しさというより、目的とのかかわりにある。やや抽象的な言い方だが、建築空間は目的と内的にかかわりを有しながら、その質を獲得するのだ。だから、本物の建築家かどうかということ

は、目的を空間たらしめ得るかどうか、ということにかかっているのではあるまいか。目的を充たすことのない内容のない空疎な建築は、劇場の舞台の書き割りのようなものだと極言できよう。

建築家　今日ではそれは、より完璧なファサードを有するという意味で、映画のセットのようだ、とも表現します。

2・7 青少年のための学校ギュムナシオン

建築家 また、陛下はアテネの青少年のために心と体の育成の場ギュムナシオンの建設を、イリソス川の南側の地に命じておられます。ギュムナシオンといいますと体育場であると思いがちですが、紀元前二世紀ころから実際はそれだけでなく、修辞学などの教科もまた教えられていて、青少年のための学校であったのですね。そこにも小さな付属図書館があったわけです。パウサニアヌスの記述によりますと、陛下は建設を命じられたそのギュムナシオンには陛下のお名前がつけられていました――つまりハドリアヌス・ギュムナシオンという名の学校です。

ギュムナシオンの建造を伝える帝の書簡

ところで、陛下が皇帝金庫からの費用負担でギュムナシオン、すなわち青少年のための学校施設の建造を決め、その旨をアテネ市当局に伝えた陛下による書簡が知られております。

「そちたちも知っているように、私はあらゆる口実をもうけて、アテネ市とアテネ市民に恩恵を与えようと務めてきた。このたびは、ギュムナシオンをアテネ市のために建設することにした。アテネ市はそれによってより栄光ある都市となろう。それとまた、学校維持のための費用は当方で負担することとする。草々」（著者訳）

陛下はすべてのギリシア人にローマ市民権をお与えになり、またこれはすでに触れましたが、デルフィやコリントをはじめ多くの都市に、さまざまなかたちで恩恵をお与えになりました。ですが、陛下によるこの書簡中に書かれていますように、陛下はあらゆる口実をもうけて、（とりわけ）アテネ市とアテネ市民に恩恵を与えてこられました。そしてこのことは紀元二世紀後半の『ギリシア案内記』において、著者のパウサニアスが証言しております。

2・8 水道の建設、食糧援助など

華麗な水道橋

建築家 陛下は、これまでに触れました図書館、アテネのパンテオン、それにゼウスの神殿オリュンピエイオン、パンヘレニオン、また新市街地ハドリアノポリス、それにギュムナシオンなどなどたくさんの建物を建造され、アテネ市とアテネ市民に恩恵を施されました。これだけではありません。アテネ市民に新鮮な飲料水を供給するために、リュカベトス山の南西斜面を水源（海抜一三六メートル位置の二六メートル×九メートル、深さ二メートルの大きさの貯水槽）とする水道の建設を命じられたことが知られております。その水道は部分的にはイオニア様式の列柱に支えられた水道橋となっており、およそ水道橋とは考えられないほど華麗な建築ですね。今日そのアーキトレーヴの一部が遺っています。そして、その水道と水道橋は十五世紀まで使用されたことがわかっております。

エジプトからの食糧援助

またアテネ市民に小麦を主とする食糧援助を、陛下がたびたび命じたことが知られております。アテネは紀元前七〜八世紀の昔から小麦などの穀物供給を、主として黒海沿岸の穀倉地帯に頼ってきました。したがって、この地域がアテネにとってどれほど重要なものかは、紀元前五世紀、ボスポロス王国への軍事的示威を意図して、アテネの将軍・政治家ペリクレス自ら艦隊を指揮して黒海沿岸の地に赴いたことからもわかります。

そして、この黒海沿岸地域での穀物凶作の年には、陛下は南の属州エジプトから穀物のアテネへの輸出を許可され、食糧難に喘ぐアテネ市民を救われたのです。

ハドリアヌス帝　エジプトからの穀物の輸出の許可をすることは、そう簡単なことでは決してない。なぜなら人口一〇〇万を数える首都ローマ市民の小麦などの食糧の大半は、エジプトやシチリアからの供給に頼っているからだ。したがって、ローマにおける食糧備蓄庫において充分な量の食糧が保管されているか、など綿密な調査が必要だからだ。

建築家　首都ローマ市民に小麦などの食糧供給が滞るようなことになりますと、帝国全体が揺るぎかねない事態となるのですね。

漁民の保護など現地の実状に即した政策

また食糧に関しまして陛下は、属州アカイアへの布告として、市民に魚を売ることは漁民にのみ許可し、仲買業者の介入を禁止したことが知られています。魚の売買に仲買業者が介入すれば、魚は買い叩かれ、そして魚の値段が上がり、漁民にとっても、市民にとってもよい結果につながらない、と陛下はその布告において述べられておりますが、漁民と市民ともどもに配慮した施策を実行に移されております。

また、農民はオリーブ油の収穫の一定量をアテネ市に売却すること、という布告も陛下はされております。それはアテネ市における公共施設を照明するための灯油を確保するためですが、これなどを含めまして、広大な帝国の地域ごと現地の実情に対応したきめ細かな施策は、陛下の帝国統治におきましてたいへん特徴的な点であります。各地方の繁栄、これが広大な帝国の安定につながる――これこそ、その統治の大きな部分の歳月を費やして、広大な帝国の隅々まで視察された陛下の意図でもあるのだと思います。

2・9 エレウシスへ通ずる「聖なる道」の補修工事など

建築家　ところで、陛下はアテネの西方およそ二〇キロメートル、サラミスの海を見渡す高台にありますエレウシスの聖域に通ずる「聖なる道」の補修工事と、エレウシスのケフィスス川に懸かる橋の架け替え工事を命じられたことが知られております。

ハドリアヌス帝　毎年ボエドロミオンの月、すなわち九月にはエレウシスの大祭が催され、エレウシスの聖域とアテネのアゴラの東南端にあるエレウシニオンの間を祭列が往還する。その祭列が通る「聖なる道」は、紀元前五世紀のギリシアの技師デモメレスによるレイトス川のかさ上げ工事など、大胆かつ見事な道路工事以来、十分な手入れがなされてなかった。したがって、祭列に参加する人がつまずいたり、あるいは迂回せざるを得ない場合もあり、祭列に進行に不具合な箇所もあったことから、「聖なる道」全体の大規模な修復と、それに伴って「聖なる道」である古い橋の架け替え工事も命じた。

エレウシス密儀とハドリアヌス帝

建築家　陛下は一二四年の九月に、皇帝として初めてアテネを訪問された折、大エレウシニア祭に参加され、エレウシス密儀に入信されたのですね。

ハドリアヌス帝　そうだ。……（沈黙）……。

建築家　大エレウシニア祭に参加してエレウシス密儀に入信し得るには、入信の準備段階として、アンテステリオンの月、すなわち三月にイリソス川近く――陛下が完成をお命じになられたゼウスの神殿オリュンピエイオンの近く――のアグライの聖域にて催されます小エレウシニア祭に参加することが条件であると聞きましたが――。

ハドリアヌス帝　それは、私が皇帝になるずっと以前、アテネのアルコン職に就いた当時、すませた。

建築家　殺人とか、神殿泥棒などの罪を犯した者は除外して、ギリシア語を話せれば誰でもエレウシス密儀に入信できたといわれ、開かれた密儀だったわけですが、たとえローマ皇帝といえども、途中の儀式を端折って入信できるような特権はなかったのですね。

ハドリアヌス帝　……（沈黙）……

建築家　陛下はエレウシス密儀に関しましては沈黙しがちですが、密儀に与らないものたちには絶対に他言をしてはならない、それは死罪に値するという厳しい掟があることが、このエレウシス密儀のひとつの大きな特色です。ですから密儀の詳細につきましては、今日に至るまで伝わっておりませんし、よく解明されておりません。

全ギリシア的密儀宗教とデメーテル讃歌

エレウシス密儀と申しますのは、神話伝説の大地女神、穀物女神でありますデメーテル女神とその娘、娘神ペルセフォネーにかかわる宗教ですね。紀元前十二世紀以前のミケーネ時代の聖域の遺構が発見されたといいますから、それ以前からあった密儀宗教でしょうが、紀元前六世紀のソロンの時代にエレウシスがアテネに併合されて以来、アテネの国家宗教として盛大に祀られてきました。そしてアテネが強大な都市国家ポリスになりますと、全ギリシア的な密儀宗教となっていったわけですね。

ホメロスの諸神讃歌に、讃歌第二番としてデメーテルの讃歌があります。

おごそかな女神、髪うるわしいデメーテルを歌い始めよう。

かの女神と、細やかな踵もつその娘神とを。
重々しく雷鳴轟かし、遠方まで見はるかすゼウスにより与えられ、
冥王ハーデスがこの娘神を奪い去ったのであった。

と讃歌は歌いはじめられます。娘神ペルセフォネーは母デメーテルと離れて、牧場で花を摘んでいたのですが、

するとき、路広い大地はニュウサので大きく口を開け、
多くの者迎える主、多くの名もつクロノスの御子なるハーデスが、
不死なる馬を駆って処女の前にあらわれ出でた。
して、抗う処女を捕らえて黄金の馬車に乗せ、
泣き叫ぶのもかまわずに、無理に拉し去った。
処女は甲高い声をあげて叫び、至高至尊の父神なる
クロノスの御子ゼウスの名を呼んだ。
だが、不死なる神々も死すべき身の人間も、
唯一人その声を耳にした者はいなかった。

その叫び声はヘカテと太陽神ヘリオスのみが聞きつけたのですが、ハーデスによる娘神の拉致は、実はゼウスが唆したのです。

さて、連なる山々の頂も、大海の奥深い底も娘神の叫びを谺し、
母御なる尊き女神はその声を聞きのがした。
激しい痛みが御胸を貫き、女神は御みずからの手で
神々しい髪を束ねた帯を引きちぎり、青黒いヴェールを両肩に撃ちかけると、
わが子の姿を求めて、硬き大地と海面の上とを、
野の鳥さながらにすばやく駆け巡った。
神々も死すべき身の人間も、唯一人とて真実の出来事を語ろうとせず、
鳥さえも一羽として真実をつげる使者としてやって来はしなかった。
それより九日にわたって燃えさかる炬火を手にして、
尊い女神は地上をさまよい歩いた。
悲嘆にくれて神食も甘い飲料の神酒も口にせず、
御肌を沐浴で清めることもしなかった。

ですが、十日目になりましてヘカテがこの女神に、誰が娘神を略奪していったのかわからないと話すのです。

髪美しい女神は、それに一言も答えることなく、ヘカテを従えて
あかあかと燃えるたいまつを手にして道を急いだ。

太陽神ヘリオスに出会って問うデメーテルに、娘神ペルセフォネーをハーデスによって薄暗い冥府へとさ

らわさせたのは、ゼウスその人だとヘリオスは告げるのです。

それからというものは、女神は黒雲を呼ぶクロノスの御子に怒りを抱き、
神々の集いからもオリュンポスの高嶺からも遠ざかり、
身をやつして、人間たちのまちや肥沃な畑地を長いこと巡り歩いた。
それで、男たちもゆったりと腰帯をした女たちも
女神の姿を眼にしても、唯一人それと気づかぬままに、
ついにデメーテルは、かぐわしく香るエレウシスの地を
王として治めて心聡きケレオスの館へとやってきた。
そして、悲しみ疼くその胸を抱えて、道の傍らにあって町の者たちが水汲みに来る
「処女の井戸」のほとり、オリーブが繁って陰なすところに座り込んだ。
その姿は、もはや子も産めず、花冠愛でるアフロディテにも見捨てられた
老婆にも似ており、法を布く王の子供らの乳母とも、
声谺する館に立ち働く侍女かとも見えた。

こうしてエレウシスに来た老婆のような姿のデメーテルは、ケレオスの末子の乳母として育てることになりました。

その子は食べ物も口にせず、乳も吸わないで、
神のようにすくすくと成長していった。

デメーテルは神の子にでもするように、神油を擦りこみ、
胸に抱いてはかぐわしい息をそっと吹きかけてやっていた。
夜ともなると、両親には気づかれぬようにして女神はその子を
燃える火のなかに炬火のように埋めておいた。
わが子があまりにもすみやかに成長し、
神にもまがう姿となってゆくのが、両親には大きな驚きであった。

訝った母親はある夜、女神の寝室を覗き見し、そしてわが子が火中に投ぜられているのを見、驚愕するのです。それに気づいた女神は、激しく怒ります。

われこそは誉れ担うデメーテル、不死なる神々にも死すべき身の者たちにも
これに過ぐるはなき益をもたらし、喜びである神なるぞ。
いざ、まちと聳え立つ城壁の下、カリコロンの井戸を見下ろす小高い丘の上に
わがために民人こぞりて大いなる社殿を築き、その下に祭壇を設けよ。
爾後、皆々の者が祭儀をうやうやしくとりおこない、わが心を宥めるよう、
祭儀はこの身みずから教え授けることとしましょうぞ。
こう言うと、女神は老いた姿を振り捨てて、背丈と姿を変えた。
するとその身辺には、えも言われぬ美しさが立ちこめた。
薫りを放つ長衣から心地よい芳香がただよい出で、
女神の不死なる肌は遠くまで輝きを放ち、

黄金なす髪は両の肩まで豊かに波打ちかかっていた。
がっしりと造りなされた館は、稲妻にでも照らされたかのように
眼もくらむばかりのまばゆい光にみたされた。

女神の言葉に従って、エレウシスの人たちは社殿と祭壇を建立しました。

黄金なす髪のデメーテルは
その社殿に鎮座し、浄福なる神々すべてから遠く離れて
ゆたかな腰帯をした娘を思い焦がれて、やつれ果てていった。
そして多くのもの育む大地の上に、
人間たちにとってこの上もなく恐ろしくまた呪わしい一年をもたらした。
大地は播かれた種子の一粒とて芽を出させはしなかった。
みごとな花冠つけたデメーテルがそれらを隠してしまったからである。
畑で牛どもが曲った犂を幾度曳いても無駄だったし、
白い大麦をどれほど地に播いても実を結びはしなかった。
もしもゼウスがそれに気づいて心のなかで思慮をめぐらさなかったら、
言葉をもつ人間の族は残らず酷い飢えに責められて死に絶え、
オリュンポスに宮居する神々も、捧げ物や供犠を受ける栄誉を失うところだった。

そこで困ったゼウスをはじめ神々が、デメーテルに翻意させようと説得したのです。

だが、胸底深く憤怒を抱く女神を、誰一人として説き伏せて
意を翻させることはできず、神々の申し出でを女神がすげなく撥ねつけた。
その眼で美しい顔容の娘をしかと見るまでは、決して
かぐわしく香るオリュンポスへ登りゆくつもりはなく、
大地に穀物を実らせもしない、と幾度も口にした。

それを聞いたゼウスは、ヘルメスを冥府のハーデスのもとに送り、娘神ペルセフォネーを闇の世界から地上に連れ出させ、母神の怒りを解くよう説得させ、ハーデスもその命に従いました。娘神ペルセフォネーに母神のもとに帰ってもよいというハーデスは、それを聞いて喜びあふれるペルセフォネーに柘榴の実の一粒を、自らの手で食べさせたのです。そしてペルセフォネーは黄金の馬車に乗って地上の母神のもとへ駆けるのです。

こうして進みゆき、みごとな花冠をつけたデメーテルのいます、
かぐわしく香る社殿の前に馬車を止めた。女神はそれを眼にして、
狂信女さながらに、樹々がほの暗い陰なる山を駆け降りてきた。
一方ペルセフォネーは、母の美しい顔を見るや、
馬車をも馬をも捨てて、降り立って走りより、
母の頸に手をかけてしっかとすがりついた。

こうして互いに喜び合う二人ですが、母神は気になることを娘神に問うのです。冥府において、何か食べ物を口にしなかったか、と。

もし何かを口にしたのなら、また地下の奥底へと翔って立ち戻り、
一年の三つの季節のうちの一つをそこで暮らすこととなり、
残りの二つの季節をこの私と他の神々のもとで暮らすことになるのです。
地上にあらゆる薫りゆたかな春の花々が、色とりどりに咲き乱れる時がくると、
お前はあいあいとした闇の世界からまた上がってきて、
神々にも死すべき身の人間たちにも、大いなる驚きとなるでしょう。

ペルセフォネーは、ハーデスが柘榴の実を嫌がる自分に無理やりに食べさせたこと、そしてハーデスが自分を地下の世界にさらっていった経緯をも母神に話すのです。

さて、重々しく雷鳴轟かせ遠方まで見はるかすゼウスは、
黒衣をまとったデメーテルを神々の族のなかへ連れ戻そうとして、
髪うるわしいレイアー（ゼウスとデメーテルの母）を遣わし、不死なる神々の間で、
女神が望むかぎりの誉れを授けようと約束した。
また娘神には、一年がめぐる三つの季節のうち、一つの季節は
あいあいたる闇の世界で過ごすことを割り当て、残る二つの季節は
母神や他の神々のもとで送ってよいとの許しを与えた。

デメーテルに母神レイアーはそれを告げるのです。

仰せに従いなさい。
黒雲を呼ぶクロノスの御子に、いつまでも仮借ない憤怒を抱いてはなりませぬ。
生命を育む実りの芽を、人間たちのためにただちに生い出させなさい、と言った。
するとみごとな花冠をつけたデメーテルはその命に従い、
ただちに肥沃な畑地から実りの芽を生い出させた。
広々とした大地は、一面に木の葉とさまざまな花におおわれた。
そこで女神は法を布く王たちのもとへ赴いて、
トリプトレモスと馬御するディオクレースと
威を振るうエウルポスと民人らの長なるケレオスとに、
祭儀の次第を教え、うるわしい密儀を開示した。
その密儀は怖れ畏むべきもので、これを侵すことも、
それについて問うことも洩らすことも許されない。
神々に対する大いなるつつしみゆえに、声に出すこともできないのである。
幸いなるかな、地上にある人間の身にしてこれを見し者は、
密儀を明かされず、祭儀に与ることなき者は、死して後、
暗く湿った闇の世界で、これと同じ運命を享けることはかなわぬ。
さて、祭儀の次第をあまさず授けると、いとも尊い女神デメーテルは

娘神をつれて他の神々の集うオリュンポスへと向かった。（沓掛良彦訳）

ハドリアヌス帝　いわゆるホメロスの諸神賛歌中に収められているデメーテル讃歌だな。たいへん美しい詩だ。

建築家　大叙事詩『イリアス』や『オデュッセイア』を詠ったあの盲目の吟遊詩人ホメロスによる神々の誉め歌ではないようですね。

ハドリアヌス帝　むろん違う。紀元前五世紀ころまでは、ホメロスによる詩だと思われていたらしい。だが、アリストテレスをはじめ諸々の学者が、それはホメロスによる詩ではありえない、と異説を唱えて以来、それが今日まで定説となった。

私もその説に肩をもつひとりだが、ではそうなると誰がその詩を詠ったのかという問題が残る。それについては今日まで未解決である、としかいいようがない――。

建築家　この諸神讃歌中では、このデメーテル讃歌が紀元前七世紀ころのもので、一番古いもののようですね。

大エレウシニア祭

密儀の核心となる部分につきましては、このデメーテル讃歌に詠われていますように、密儀にあずかった者は侵すことも、それについて問うことも洩らすことも許されませんから、当然なことながら今日に至るまでよくわかっていません。

アウグストゥス帝は密儀に入信したことで知られています。ローマでのある裁判の折、デメーテル神官の特権について審理された際、祭儀の秘密も証拠として提出されました。そこでアウグストゥス帝は陪審員団を含め他のすべての者たちを裁判の場から追い出し、訴訟当事者とアウグス帝のみで係争についての審理を進めたことが知られていますが、このこともエレウシスの密儀を他人に洩らさないことを、いかに人びとが固く守ったかを示しております。

しかしながら、大小のエレウシニア祭の進め方、そして背景などにつきましては、デメーテル讃歌から、多くを読み取ることもできるようです。

大エレウシニア祭はボエドロミオンの月、すなわち九月の十四日から、九日間挙行されるのですが、なぜ九日間なのかは、女神デメーテルが、娘神ペルセフォネーが行方不明となり、娘を探しさまよった日数である九日間と関連するわけですね。

第一日（九月十四日）：信者たちがエレウシスの聖域の前庭にある祭壇にて、両女神に供物を捧げる。そしてデメーテル神域の女神官を先頭に、祭列は「聖なる道」をアテネのアクアロポリスの麓、アゴラの南東端にあるエレウシニオン（エレウシス神殿）に向かう。（パン・アテナイア祭列が進む「聖なる道」沿いにありますこのエレウシニオンは紀元前六世紀ソロンの時代に創設されました。聖域内にある神殿の規模は一一・〇メートル×一七・七メートル。三世紀に蛮族によって破壊されましたが、二〇世紀になって発掘・調査がすすめられました。）

第二日（九月十五日）：エレウシス祭儀を執り行う大祭司が、アゴラのストア・ポイキレにて、大エレウシニア祭の公式開催を宣言。殺人犯、神殿泥棒犯、そしてギリシア語を話せないものの参加の禁止を布れる。

第三日（九月十六日）：信者たちはすべてファレロンの海辺へ行き、沐浴の儀式に参加し、子豚を犠牲に捧げる。

第四日（九月十七日）：アテネのエレウシニオンにて犠牲式が執り行われる。

第五日（九月十八日）：入信式に遅れて参加した医神アスクレピオスの例にならって、特定の人物はこの時点でも入信式に備えた準備を始めてもよい。

第六日（九月十九日）：信者たちによって曳かれる聖なる象徴が乗った輿の祭列がふたたび「聖なる道」をエレウシスに帰る。輿が先頭に進むこの祭列はイアコスとよばれている。「聖なる道」の途中、祭壇や聖域があるところでは、祭列に加わるものが、小麦、豆、蜂蜜、ぶどう酒それにオリーブ油などの供物をケルノス（素焼きの捧げ容器）から献じ、讃歌を詠う。祭列はエレウシスの聖域の前庭にて、神官たちに迎えられ、終わる。その後、この前庭において、女神の徳を讃えて、夜を徹してカリコロンの井戸の周りを女たちが輪舞する。

第七日（九月二十日）：第一段階の入信の密儀が授けられる。（この密儀については知られていません。ただわかっていることは次のことだけです。ある出来事、たぶん娘神ペルセフォネーの拉致という「行為」が演じ示され、また秘密の教義という「語り」が再現され、そして聖なる象徴という「示されるもの」が開示されます。）

第八日（九月二十一日）：第三段階の最高度の入信の密儀、すなわち「エポプティア」という「見ること」が授けられる。（この密儀に参加を許されるものは、前の年に入信した者だけです。神官は最高の秘義として、「沈黙のうちに収穫された穀物の穂」を見せます。）

第九日（九月二十二日）：入信したものたちは、とりわけ死者たちのために水差しを捧げ、そして献金する。

翌ボエドロミンの二十三日に、信者たち、入信者たちは、至福に満ち、死を恐れず、よりよき来世の期待を胸に抱いて、帰宅する。

ボエドロミンの月に九日間にわたって繰り広げられる大エレウシニア祭は、およそこのように伝えられています。

死後の再生と来世における至福の生

そして第七日と第八日の日に、入信の密儀が授けられるものとはいったい何なのでしょうか。デメーテル讃歌において「密儀を明かされず、祭儀に与ることなき者は、死して後、暗く湿った闇の世界に」居続ける、と詠われていますように、死後の再生と至福の生を約束されるのではありますまいか。娘神ペルセフォネーの冥府の王ハーデスによる地下の冥府への略奪は死を、そして許されての地上への帰還は死後の蘇りを、再生を象徴するのです。そして娘神の略奪にゼウスの意があったことを知った穀物の女神デメーテルは、神々から遠く離れて、ひとり神殿にひきこもり、その後、最愛の娘との再会を果たすも、相変わらず播かれた大麦の種すべてを隠してしまい、一粒たりとも芽を出すことはありませんでした。これに困ったゼウスの命によって遣わされた母神の懇願により、ようやく心をひらいたデメーテルは、大地から実りの芽を生い出させ、大地一面が豊かに実った麦穂と花におおわれたのも、密儀に入信しそれを「見た」者の死後の再生と来世における至福の生を象徴するのです。

それで――幸いなるかな、地上にある人間の身にしてこれを見し者――と詠われるのです。

密儀が執り行われる聖殿：テレステリオン

信者と入信者への密儀が執り行われるのは、テレステリオンという聖殿においてです。エレウシスの聖域は、サラミスの島が浮かぶ海を見渡す小高い丘の東斜面にあります。

アテネのエレウシニオンを結ぶ「聖なる道」は、この聖域の北東にある入口門であります大プロピュライアから始まりますが、このプロピュライアの前には、夜通しその周りを舞い踊られるカリコロンの井戸もある前庭があり、大祭の日にはここで神々への供儀の後、祭列はここから出発するのです。この前庭の北西にはメガラへと通ずる門があり、南東にはエレウシスの港へと通ずる門がありますが、この向き合うように立つ二つの門は、陛下の次の皇帝アントニヌス・ピウス帝によって建造されたもので、スケール・かたちともアテネの陛下の記念門とまったく同じで、コピーといってよいと思います。

エレウシスの聖域はここから丘の麓、南東に延びる帯状の区域およそ二五〇メートル×一〇〇メートルです。そして小プロピュライアを通り抜けますと前方に巨大な聖殿テレステリオンが立っています。

約五六メートル×五四・五メートルのほぼ正方形の平面形で、内部は四方を九段の段状の座席が取り囲むかたちとなっております。その踏面は約三〇センチメートル、白装束に身をかため、かがり火を手にした二五〇〇人以上もの信者や入信者たちが、ここから祭司によってによって中央で執り行われる密儀を（おそらく立った姿勢で）「見た」のです。

この巨大な内部空間は林立する七二本の、中間部に梁がわたされた二層の円柱によって支えられていましたが、そのほぼ中央にアナクトロンという矩形の至聖所（五・六メートル×一四・二メートル）があります。これはもともと、ミケーネの時代からデメーテル女神の家としての神殿であったものが、至聖所へと変化したもので、実際は祭祀の道具などの保管庫ですが、女神の存在を象徴するものでもあります。そして密儀を執り行う祭司以外は絶対に立ち入り禁止の場です。この上部に通風、採光のための開口がつくられておりました。

東側ファサードはギリシア神殿に共通して正面入口ファサードですが、ここエレウシスの聖殿も同じで、一二本のドリス式円柱が屹立する列柱廊となり、破風が示すように建物全体は切妻屋根によって覆われておりました。入口は北側二か所、東側二か所、それに南側二か所と合計六か所あります。ちなみに北側は小高い丘に接し、それも接するというより一部岩山をくり抜いたかたちとなっております。

陛下が入信の密儀に臨まれる際、万が一、多数の信者、入信者のなかに不届き者が居たらと、不測の事態を憂慮した陛下の側近たちが、入室にあたってすべての信者、入信者の帯刀を禁じたことが伝えられておりますが、陛下が密儀に臨まれた聖殿はおそらくこの聖殿かと思われます。

紀元前五世紀、アテネの政治家ペリクレスの死後、建築家イクティノスの設計案をもとに、それをやや変更したかたちで、コロイボス、メタゲネスそしてクセノクレスの三人の建築家たちの手によって紀元前四世紀に完成した聖殿です。

矩形の至聖所アナクトロンは、もともとミケーネ時代（紀元前一二〇〇年以前）に遡る女神デメーテルの神殿とほぼ一致するのですが、ソロンの時代のこのアナクトロンを奥室とした聖殿は小さく、また矩形でした。アテネの僭主ペイシストラトスの時代（紀元前六世紀前半）になりますと、増大した密儀の信者と入信者を収容すべく、聖殿の規模は拡大され、平面形は正方形とされ、そして三方に段状の座席が設けられました。これはむろん密儀を信者、入信者たちが「見る」ためです。ですが全体で二五本の円柱が密集して林立するところから、密儀を「見る」ためには少々、障害となります。そしてキモンの時代（紀元前五世紀初期）に、再度、規模が拡大され、柱数やその間隔も小さくなりましたが、聖殿自体の平面形はなぜか矩形という以前のかたちをとることとなります。

そして紀元前五世紀の後半、ペリクレスの時代に聖域は北東方向に拡大されるとともに、聖殿は新たに建造されることとなりました。アクロポリスに立つパルテノン神殿の設計者であるイクティノスが新聖殿の設計にあたったのですが、イクティノスは大きく改革します。密儀が執り行われる至聖所アナクトロンをほぼ中央に、五六メートル×五四・五メートルのほぼ正方形の巨大な空間とし、四周の壁沿いに九段の段状の座席を設けたこと、そして柱の数が少ない、大スパン（ほぼ九メートル間隔）の二〇本の柱によって支えるという構想です。密儀が執り行われる中央に、空間として集中性が増し、信者、入信者が「見」やすくするためです。そして東面に（一部、北面と南面も含めた三面という説もあります）列柱廊を設けました。

たいへんモニュメンタルな集中式大ホールでして、ギリシア世界において屋根に覆われた最大の祭祀空間ですが、イクティノスの計画案そのものは、ペレポネソス戦争の勃発により、四本の柱の基礎工事が完成した段階で、残念ながら工事が中断されてしまいました。

そしてその後、イクティノスの計画案をもとに——林立する円柱群に変更された程度で——完成されました。イクティノスの計画案の円柱と比較しますと細く、円柱の間隔が小さい感じがしますが、それにしても二層の円柱が林立する巨大な空間とは如何なるものであったでしょう。八世紀、スペインのコルドバにおける、アラブ人によるモスクは、同じように円柱が二層になって幾重にも幾重にも重なって林立するたいへん幻想的ともいえる空間ですが、それを想起させる空間です。

エレウシスの密儀宗教は、陛下の時代を中心としますローマ帝国期に、帝国の隅々から入信者が後をたたず、最後の華をさかせた後、紀元四世紀末テオドシウス帝によって禁止され、そしてその二〇年後には侵入した西ゴート族によってエレウシスの聖域は破壊されてしまいました。

今日では、荒れ果てた遺構としてのみ、遺っております。

ハドリアヌス帝　……（深い溜息と、長い沈黙）……。

3 東方の国々　小アジア・シリア・エジプト

3・1 新都市ハドリアノテラエ

熊狩りの地に新都市の創建

建築家 陛下は一一二一年から一一二五年の四年間もの長期にわたる第一回の視察旅行に出られました。一一二三年には小アジアの属州ビテュニア・ポントスに入られ、その首都ニコメディア（今日のトルコ、イズミット）を経て、ミュシア地方の山がちの奥地に熊狩りに出掛けたことが知られております。

馬に乗った皇帝は、駆歩《ギャロップ》で右方に向けて走り、右手に持った槍で、右方へ逃げる熊に電光石火の早わざで、一撃を加えた（著者訳）

という、馬上の陛下が巨大な熊を仕留めた瞬間を描き記した碑文が今日でも、遺されております。

ハドリアヌス帝 そうか。その熊狩りのことは、今でも忘れ得ない思い出だ。ミュシアの山中、奥深くわけ入ったところ、一頭の巨大な雌熊がちょうどこちらに向かって歩いてくるところに出会い、驚いた熊は私たちに襲いかかろうとした。恐怖に一瞬ひるんだが、私たちは散り散りに逃げるふりをして、その熊に目標を失わせた。そして態勢をたてなおした私たちは、今度は逃げようとする熊を追った。全速力で熊と並走し、そして横手方向から近づき、私が槍でもって間髪をいれずに一撃を加えた。これが熊の危険から避け、熊を仕留める最良の方法だ。

建築家 仕留めた熊を馬の背にのせ、山から降りてきた陛下たち一行を見た土地の人たちは、歓呼して迎えました。そして、それまで見たこともない巨大な熊に、皆、目を見張りました――。

そして土地の人たちは、巨大な熊を仕留めた陛下の快挙を記念して、その地に「ハドリアノテラエ」すなわち、陛下のお名をおとりして「ハドリアヌス帝の狩猟の地」と名づけた新都市の創建を陛下に願い出したのですね。

ハドリアヌス帝　そうだ。なにしろ稀に見る巨大な熊だったので、土地の人たちも何か記念になるものを残したいという気持ちがあったのであろう。

建築家　この都市のほかにも、周辺地域に陛下の御名を冠した新都市――ハドリアーニ（今日のオルハネリ）、ハドリアニア（今日のバラトン）など――が創建されましたが、土地の人たちは新都市創建によって、陛下から経済的援助をはじめとするさまざまな恩恵を受けたいという下心があったからでしょうか。

ハドリアヌス帝　私はそうしたことを充分、認識したうえで、私の名を冠した新都市創建を許可した。そして私の熊狩りが新都市創建のきっかけとなったことを伝える貨幣鋳造、発行も許可した。

私のさまざまな援助で、そうした都市が発展し、そうすればこれらの地方の諸都市の結束に中心的な役割を果たすだろうし、そうすることによって、その地方の安定につながることを考えたからだ。

建築家　そうして創建されましたハドリアノテラエは、今日では「バルケスィル」という都市名で、この地方の中核都市として立派に発展しております。大学や博物館も立地する文化都市といってもよいかと思います。また周辺の山間部には、今日でも熊が多数生息しており、熊狩りも行われているようです。

コンスタンティヌス凱旋門にはめ込まれた円形浮き彫り画

ところで、狩猟好きな陛下の狩猟記念建造物にあったとされます直径二メートル大の円形浮き彫り画が、八つ転用され、ローマのコンスタンティヌス帝の凱旋門を飾っております。

その一つをみますと、たいへん興味深いことに、まさに後の新都市ハドリアノテラエ近郊の山中にて、馬上の陛下が右手に持った槍で大きな熊に一撃を加えるその御姿ではないかと思わせます光景が、いきいきと描かれております。

ハドリアヌス帝　コンスタンティヌス帝の凱旋門とは何処に立つものか。

建築家　陛下の建造になります女神ローマとウェヌス神殿と、ティトゥス帝の時代に完成しました大円形闘技場との間に、小さな広場があります。その広場に面して北側に、これも陛下の命によって太陽神ヘリオスの巨大像が移設され、立てられましたが、その同じ広場の南側に、このヘリオスの巨像に対峙するように立つのがコンスタンティヌス帝の凱旋門です。

コンスタンティヌス帝（二七二〜三三七）は、陛下より約二〇〇年後の三〇六年に、ブリタニアにて帝位に就いた皇帝です。ですが当時、四人もの皇帝がおりまして、この四帝による共同統治制をしいておりましたが、やはり折り合いが悪く、帝国のうちイタリアを統治していましたマクセンティウス帝を討ち果たすべく、コンスタンティヌス帝は軍を率いてイタリアに入り、トリノそしてヴェロナにてマクセンティウス軍を破り、首都ローマに進軍しました。そして両軍の決戦の場となったのが、ローマから発するフラミニウス街道がテヴェレ川に架かるミルウィウス橋を渡ったところでして、マクセンティウス帝率いる軍は敗れ、マクセンティウス軍が橋を引き返して敗走するなか、多勢の兵士たちの重みで橋は崩壊し、兵士たちとともにマクセンティウス帝もテヴェレ川にて溺死した、と伝えられております。

マクセンティウス帝は生前、市民に重税を課したり、暴動の際、数千人もの市民を虐殺したなどの悪政をしいていたなどとも伝えられますが、やはりいつの時代においても日和見の元老院のずる賢い思慮でしょうか、マクセンティウス帝を討ったコンスタンティヌス帝を悪政からの解放者として歓呼してローマに迎え、凱旋門の建造を決議し、三年後の三一五年に完成、奉献式を挙行したことが知られております。

高さ二一メートル、幅二五・七メートル、そして側面の幅が七・四メートルもあります、ローマにおきましても最大規模の三通路式の堂々とした美しい凱旋門です。躯体は上部アティックの煉瓦造を除きまして、すべてトラヴァーティン造で、表面は白い大理石で仕上げがなされ、片面四本、全部で八本の独立円柱はヌミディア産大理石ジャロ・アンティコです。

この凱旋門は全体として美しいプロポーションをしているのですが、細部は過剰といえるほど浮き彫りなどによって装飾が施されています。そして興味深いことに、先ほど申し上げましたように、中央のアーチではなく両脇の小アーチ上部に、南面と北面の両方にそれぞれ四つ、合計八つの直径二メートル大の円形浮き彫りパネルがはめ込まれていることです。

そして小アジア、ハドリアノテラエ近郊の山中にて、騎馬の陛下が巨大な熊を仕留める瞬間を描いていると思われます円形浮き彫り画は、凱旋門の南面――すなわち三つのアーチを通して、陛下の建造になる女神ローマとウェヌス神殿と円形闘技場などが望まれます――の、右側小アーチ上部にはめ込まれています。ただし、コンスタンティヌス帝を顕彰する凱旋門のためか、陛下のお顔の部分のみコンスタンティヌス帝の頭部とすげ替えられたとみられ、今日では剥離しております。

そしてこれと対をなすように、もうひとつの円形浮き彫り画が右側にはめ込まれています。そこには陛下が女神ディアナに供儀を行う光景が描かれております。中央の基壇のうえに、右手に槍を持った女神が立ち、その両側には二本の樹木が繁り、一方の樹木の枝の上には陛下が仕留めたと思われます巨大な熊の頭部がのっております。三人の従者を従えた陛下が、女神像の前に据えられた祭壇に右手を差しのべ、供儀を執り行っていると思われます。

狩猟の女神ディアナあるいは女神アルテミス

女神ディアナは、ギリシア神話では女神アルテミスでして、狩猟の女神といわれております。

ハドリアヌス帝　エーゲ海に浮かぶデロス島でアポロン神と双子として生まれた女神アルテミスがアテネに来て、初めて狩りをした地は、私が再建を命じたゼウスの神殿オリュンピエイオンが立つイリソス河畔とされる。だからか、その地に「狩場に座す女神アルテミスの神殿」があり、そこには弓を持つ女神アルテミス像が座している。アルテミスは野山に住む狩猟の女神であり、また野山の動物たちの守護神でもある。

建築家　ホメロスも女神アルテミスを讃えて、

アルテミスをば詠わん。
黄金の矢たずさえ、獲物追う叫びをあげる女神、
鹿射る女神、矢をそそぎかける畏き処女神、
黄金造りの太刀帯びるアポロンのまことの妹君を。
女神は蔭なす山々、風吹きわたる頂巡って狩を楽しまれ、
黄金の弓引き絞って、呻き声生む矢を射たもう。
されば高き山々の頂は震え、鬱蒼として蔭なす森は
獣たちの吠え声によりおどろおどろに鳴り轟き、
大地と魚棲む海原は震えおののく
女神は猛き心もちたまいて、野の獣たおしつつ、
縦横無尽に馳せ巡りたもう。

……（後略）……（沓掛良彦訳）

と詠っておりますね。

陛下はこのホメロスによるものより、紀元前五世紀、小アジアの都市コロフォンの詩人アンティマコスによる女神アルテミス讃歌を好まれるといわれておりますが――。

陛下が小アジア、ミュシアの山中にて巨大な熊を首尾よく仕留め、そしてこのことを狩猟の女神アルテミスに感謝して祭壇に捧げものをしているところを、その二つの浮き彫り画に描かれているのですね。

歴代のローマ皇帝のなかで、最たるニムロデ（狩猟狂）は陛下であろう、ということは衆目の一致するところです。ニムロデとは古代バビロニアの王で、たいへんな狩猟好きであったことが知られ、それで狩猟狂の人を「ニムロデだ」などというのですね。

こうしたことから推察されますように、生業としての狩猟ではなく、個人の趣味・スポーツとしての狩猟はもともとオリエントの起源のものでして、ライオン狩りの光景をレリーフに刻んだニネベの宮殿の「ライオンの間」がひろく知られておりますように、とりわけ古代アッシリア、ペルシアでは王の愉しみごとでありました。それがギリシアに伝わったことは、ライオン狩りで知られますアレクサンドロス大王の例からも知られます。

そしてローマ社会に狩猟に興じることがもたらされたのは、紀元前二世紀にアフリカ、カルタゴを陥落させた（紀元前一四六）ことで知られます将軍・政治家スキピオ・アフリカヌス（小）（紀元前一八五～一二九）によってだといわれますが――。このスキピオ・アエミリアヌスはローマ軍の軍規を厳しくし、それまで兵器を使うことだけに頼っていたローマ軍を、はじめて鍬とシャベルを使って（つまり兵士による大規模な土木工事によって土塁や壁壕を築く作戦によって）戦わせたといわれております。ローマ軍の無敵といってよい強さの秘密ですね。

ハドリアヌス帝　名を継いだスキピオ・アフリカヌス（大）ではなく、実の父であるアエミリアヌス・パウルスは、マケドニアにてペルセウスを敗った英雄だ。たいへん評判の高く、ギリシア文化に深く傾倒した人で、息子の教育のためにギリシアから修辞学や哲学の教師だけでなく、画家、彫刻家やそれにまた乗馬や狩猟、狩猟犬の訓練の教師なども招いたことで知られている。こうして狩猟の教育をも受けたスキピオは、スペインやアフリカの任地などで狩猟に大きな愉しみを見出したのであろう。

そなたは八巻からなる浩瀚《こうかん》な『歴史』を著したポリュビオス（紀元前二〇三～一二〇）を知っているか。

建築家　はい。ほんのわずかですが――。ポリュビオスが自身述べていますように、人の住むかぎりのほとんど全世界が、いったいどのようにして、そしてどのような国家体制によって、わずか五三年にも満たない間に征服され、ローマというただひとつの覇権のもとに屈するにいたったのか（城江良和訳）という点をテーマにしまして、紀元前三世紀半ばの第一次ポエニ戦争から、紀元前二世紀半ばのアカイア戦争とコリントス破壊、それにカルタゴ陥落に至る約一〇〇年の歴史を記述した歴史家ですね。

ハドリアヌス帝　ポリュビオスはメガロポリス出身のギリシア人で、アカイア連邦における指導者のひとりであった。ところが第三次マケドニア戦争において、アカイア連邦が組したペルセウス率いるマケドニア軍はローマ軍に敗れた。そしてアカイア連邦の反ローマの指導者約一〇〇〇人もの者たちが、ローマに連行された。そのなかのひとりにポリュビオスがいたわけで、ポリュビオスは一〇年以上にわたる長いローマ滞在中――正しくは抑留中というべきだろうが――、若きスキピオ・アフリカヌス（小）と知己となった。スキピオがスペインやアフリカの任地に赴った折、ポリュビオスも同行した。ポリュビオスもまた狩猟がたいへん好きなことから、スキピオはそれらの地で一緒に狩りに出掛けたことも多いのであろう。そうしたこともあってスキピオは狩猟狂になったのであろう。そしてこのスキピオは人物、そして将軍としての功績も優れ、軍団はもとよりローマ市民のなかでもたいへん人気が高かったし、このスキピオを通してローマの社会に狩猟が広まったといえよう。またギリシア文化に傾倒した実父の影響もあってか、ギリシア文化を深く理解したスキピオは、ローマ社会にギリシア文化を浸透させるのに大きな役割を演じた。文武ともに優れたローマが誇る人物のひとりだ。

建築家　紀元前一世紀の共和政後期には、富裕な家庭の若者たちの間で、狩りが流行したといわれますが、そうした狩猟は騎馬術や勇気を養うことから、若者が兵役につく準備段階として最良のものだといった人びとの声もその背景にあったのですね。

ところでこの狩猟とならんで、魚釣り、魚漁もたいへん好まれたようですね。ローマの将軍マルクス・アントニウスはエジプトのナイル川での魚釣りにすっかり夢中になり、一緒に暮らしていたプトレマイオス朝の王女クレオパトラに、魚釣りをしていたところ一杯喰わされたことが知られています。それはナイル川で魚釣りをしているアントニウスの釣り針に、クレオパトラは密かに潜水夫に命じて、魚の代わりに小さな黄金の冠を川底の釣り針に引っ掛けさせ、てっきり魚がつれたと思ったアントニウスに地団太を踏ませた、という逸話です。

アントニウスだけでなく、歴代皇帝のなかでは、アウグストゥス帝がローマのテヴェレ川で魚釣りに興じ、ネロ帝は、同じくテヴェレ川で黄金の魚網を使って魚獲りにしばしば興じたことが知られております。

ところで陛下は魚釣りはお好きですが。

ハドリアヌス帝　私は狩りのほうが断然好きだ。魚釣りはやったことはあるが、子供のころのことでもあり、あまり愉しい記憶はない――。

建築家　ところで、従来狩猟といいましても、自然の野山に獣を追いかけるのではなく、檻のなかで飼育していた獣を柵が巡らされた森に放ち狩る狩猟の形態が、古のオリエントから多かったようですね。スキピオを通して、東方やギリシアから伝わりました狩猟にしましても、富裕な人たちの別荘には猛禽類、鳥小屋や養魚池もあったわけですが、柵が設けられた広大な森に飼育された獣が放たれ、それを狩ることが知られています。

ところが（小）プリニウスが、「トライアヌス帝は自分の趣味・スポーツのために、たったひとりで山野を駆け巡り、野獣を追った」と先帝を褒め称えていますように、先帝でありますトライアヌス帝は、初めて自然の森中に野獣狩りに出掛けた皇帝であることが知られております。

ハドリアヌス帝　そうだ。私もたびたび先帝の伴をして、野山に狩りに出掛けたものだ。先帝は私に劣らないほど狩猟狂であったが――。野獣が多いスペインで生まれ、子供時代を過ごし、親たちに連れられて狩りをした体験は、二人に共通する。狩猟が好きなのは、そんなことに由来するのではなかろうか。

弓による狩猟とドイツの哲学者ヘリゲルの『弓と禅』

建築家　狩りは野山を騎馬にて二手あるいは三手にわかれ、猟犬を駆使して熊や猪、そしてライオンなどの獣をいかに仕留めるか、というスポーツですが、狩りにおける危険に身を投じての勇気や男らしさが称賛され、あるいは狩りは戦術の学習の最良の学校ともされ、戦争と比較されたりします。身体の鍛錬にもなりますし、（ですからローマでは、狩猟は若者たちの兵役の準備段階に行うものとして最良とされました）狩りを行うことは主としてそうした観点から評価された、といってよいかと思います。

ところで狩りには、陛下のように馬上から槍を用いての狩り、あるいは女神アルテミスのごとく弓矢を用いての狩り、近代になりましては銃を用いての狩り等々、いろいろな形態がありましょう。

ここで興味深いものに、日本の弓術があります。弓で矢を放って獣を射止める狩猟なり、戦いにおける武器として弓を射る術、弓術は、銃などの近代兵器が発明される以前までは、どの民族においても用いられるものでした。ですが、そうした近代兵器が発明された後は、狩猟にも戦争においても用いられることはなく、弓術は多くの国では単なるスポーツになりました。ところが日本におきましては、弓術は「一射一生」という言葉がありますように、生死をかけた一大事として、精神修養、克己心を養うことと結びついて、弓術の修行が行われました。

二〇世紀初め、日本の大学に哲学講師として招かれたドイツの哲学者オイゲン・ヘリゲル（一八八四～一九五五）は、約六年にわたる日本での滞在中、たまたま興味が惹かれた日本の弓術を習い始め、修行に励みました。その修行のなか、弓術は単なるスポーツではないと悟るのですが、その修行の体験を記したのが『弓と禅（原題：弓術における禅）』です。

日本の弓術についてヘリゲルは次のように説明しております。まず、かたわらに跪座（ひざまずいて座る）しながら自己集中をし始めた射手は、厳かな歩調で標的に向かい、丁寧にお辞儀をした後、（竹でできた長さ二・二メートル、幅二四ミリメートルほどの）弓と長さ九六センチメートル、直径八ミリメートルほどの矢を供物のように捧げもち、次に矢を番《つが》えます。そして矢を高く捧げてこれをいっぱいに引き絞り、最高の精神的覚醒状態で満を持して射るのです。そして電光のようにすばやく射放すると同時に緊張を解いて、射手は射の直後の姿勢のまま、射手が長く引き伸ばして息をはいた後、ふたたび空気を吸い込まねばならなくなるまでの間、じっとしています。そこではじめて両腕をおろし、的に向かってお辞儀をし、落ち着いて後方に退くのです（稲富・上田訳）。ここでは弓術はひとつの厳かな礼法となっています。

ヘリゲルは六年に及ぶ日本滞在中、ほぼ全期間を弓術の修行に打ち込みましたが、まず最初の一年間は弓を引くことを練習します。弓の許すかぎり弦がいっぱいに引っ張られると、弓は自身のなかに「一切」を包摂するのです。だからこそ、正しい弓の引き方を習得することが大切なのだ、と師範は言います。弓を引くとき大事なことは、全身の力を働かせるのではなく、両手だけにその仕事を任せ、腕と肩の筋肉はどこまでも力を抜いて、まるでかかわりのないようにじっと見ていること。そしてそれができてはじめて、引き絞って射ることが「精神的に」なるためのひとつの条件を満たすことだ、と教えるのです。そしてそのときの呼吸法がまたとりわけ大切で、精神を集中させるのだと強調します。「吸気は結合し、接合する。息をいっぱいに吸ってこれをぐっと止めるとき、一切がうまくいく。また呼気は、あらゆる制限を克服することによって、開放し完成する」と。

この大事な基本的練習——力を抜いて弓を引くことができるまで一年間を費やすのです。

ハドリアヌス帝　弓の弦を引く練習に、一年間も費やすのか——。

建築家　次に練習するのは、引き絞った矢を正しく射放することです。正しく射放することは、射を放とうという意志をまったくもたないで放つ、ということで、これがなかなか難しいのです。ヘリゲルにはうまくいきません。

正しい射が正しい瞬間に起こらないのは、自分が自分自身から離れていないからです。ヘリゲルは充実を目指して引き絞っているのではなく、自分の失敗を待っているのです、と師範はヘリゲルに言うのですが、ヘリゲルには理解できません。どうしてもうまくいかないヘリゲルは、自分から弓を引き射放すのは、的に当てるためで、弓を引くのはそれゆえに目的に対する手段です。この関係を自分は見失うわけにはいきません、と師範に告白するのです。すると師範は、正しい弓の道には目的も、意図もない。ヘリゲルがあくまで執拗に、確実に的に当てるために矢の離れを習得しようと努力をすればするほど、ますます放れに成功せず、的へのあたりも遠のくでしょう。ヘリゲルがあまりにも意思的な意志をもっていることが、自分の邪魔になっているのです、と師範は言うのです。

　この自分自身からの離脱とはたいへん難しいものでして、ヘリゲルはなんとか「私をなくして」「放とうとする意志をまったくもたないで」正しく射放するようになるまでの修行に三年がかかりました。弓術を習い始めて四年後のことです。

　そして修行が五年目に入りまして、的に向かって射る練習が始められました。それまでは、X状に組まれた木台の上の巻わらといいます直径四〇センチメートルほどのわらを米俵のように巻き束ねたものを標的として、二メートルほどの近距離から矢を射放する練習をしてきたのです。ところがこれからは、およそ三〇メートルほどの距離をとって、土を山形に築いた垜《あずち》に置かれた紙を張った円形の的を標的とするのです。垜の周囲は塀に囲まれ、的が置かれる垜の背後の塀は美しい屋根瓦によって覆われています。

　ヘリゲルはこの練習を始め、矢を的に当てようとしますが、なかなかうまくいきません。ところが師範は、的を当てようと練習して、それがほとんど命中するようになり満足するような人は、見世物の曲芸射手にすぎない、と言い、的など見ないで、当てようとしないで練習しなさい、と教えるのです。

ハドリアヌス帝　ほう——。的を見ないで、的に当てようとしないで練習するのか——。考えさせるな。

建築家　ヘリゲルはそうした教えに素直に従い、的に狙いをつけずに、的に当たろうが当たるまいが気にしないで射放していましたが、時を経るに従い、ヘリゲルはそのでたらめの射放に我慢ができなくなり、その旨師範に告げました。

　すると師範はヘリゲルに、念頭から的に当てようとすることを追い出しなさい。たとえ射がことごとく当たらなくとも、弓の師範になれるのです。的への当たりは、頂点に達した自分の無心、無我、沈潜の状態の外面的な証拠、確認にすぎないのです。師範たることにも段階があります。そして最後の段階に達した師範にしてはじめて、外面的な目標をも、もはや射損じることがありえないのです、と言う。

そのことが理解できないとヘリゲルは述べ、師範は的を見ないで射るなら、目隠しをしても的に当てられるに違いないでしょうね、と師範に口をすべらしてしまうのです。

それを聞いた師範は、ヘリゲルにその晩、道場に来なさいと言います。

その晩のことです。しばし無言のまま向かい合って茶を愉しんだ後、師範は立ち上がってヘリゲルについてくるよう目くばせします。道場は明るく灯がともされているものの、的が置かれています垜の辺りは真っ暗闇で、ヘリゲルには的が見えません。師範は的の砂場に灯の付いた蚊取り線香を差し込むようヘリゲルに命じ、師範は厳かな礼法にのっとって弓を引き絞り、二本の矢を射放します。

垜に灯をともし、ヘリゲルは的に近づいて見ますと、なんと最初の矢は的の黒点（中心円）の中央に当たり、そして次の矢ははじめの矢の筈（矢の末端）を砕いてその軸を少しばかり裂き割って、その矢と並んで黒点に突き刺さっているではありませんか。ヘリゲルはこれにはたいへん驚愕しました。

師範は驚いているヘリゲルに言います。最初の矢のほうは別にたいした離れ業ではなかったと考えるでしょう。なにしろこの垜とは数十年来馴染んでいるので、真っ暗闇の的ですら、的がどこにあるか知っているに違いないと考えましょうが、そうかもしれません。またそれに対して言い訳をしようとも思いません。しかし、最初の矢筈に当たった矢――これをどう考えますか。とにかく、この射の巧は「私」に帰せられるべきものではないことを知っています。「それ」が射たのです。そして的を当てたのです。仏陀の前でのように、この的に向かって頭を下げようではありませんか（稲富・上田訳）。

この晩の出来事から、別人のようになったとヘリゲルは告白します。以来、師範が身をもって範を示したその教えになんら疑いを抱くことなく、ただただ修行に励みました。そして長い修行の後のある日、ヘリゲルが矢を射放した瞬間に師範は叫びました。「それが現れました。お辞儀をしなさい」と。その矢は的に命中せず、的の端をかすったに過ぎないことを、ヘリゲルは認めたにもかかわらずに、です。ヘリゲルが弓術の修行を始めて、実に六年目のことだといいます。

ハドリアヌス帝　たいへん興味深い話を聞いた。戦や狩りの道具・手段としての意味を失った弓術というものが、無我とか無心とか心身離脱とか、極端にその精神面を強調している、とも思えるが――。

建築家　礼法も尊ばれ、精神修養のひとつの手段とも考えられます。それで弓術は剣道、柔道などの武道のひとつとして「弓道」とよばれています。それは弓の修行をとおして、武士の守るべき道、人の道を修行するという意味もあろうかと思います。

ハドリアヌス帝　そうか。弓術ではなく弓道か――。「その術の達人」というより、「その道の達人」という言い方もよいかもしれない。何事においても達人となるには、精神面が関係してくるからだ。

弓術を究極的にきわめる修行に関しては、私たちとそうたいした変わりはない、といってよいのではなかろうか。なるほど、的を射る練習をするとき、的を見ないで、そして的に当てようとする意志をもたないで射よ、などとは教えない。

だが練習を重ねて上達するにしたがい、的に向かって射、単に的に当たることが多くなったとしても、向上心のある者はそんなことは偶然であると悟るに違いない。弓に矢を番《つが》える動作から、矢を射放するときの精神の集中がことのほか大切だと気がつくようになる。その場合の、そなたが述べた日本の弓術の呼吸法については、私たちは正確には知らないといってよいかもしれないが――。おそらく弁論術などでは、私たちは同じ呼吸法を試みているのだと思うのだが。

以前に、向上心ある者は、と言ったが、それは練習に熱心な者のことだが、日本の弓道と相違するのは私たちの場合、矢を番え、弓を引く姿勢、そして精神を集中して矢を射法する練習に、それほど長い年月をかけないことだ。それは単なる相違ではなく、決定的な相違だと私は思う。

すぐに的を射させる術を会得するのではなく、まわり道でも、長い年月をかけた修行によって、極意をきわめることを身体に覚えさせるのではあるまいか。

建築家　日本における弓術の教授法は、切磋琢磨、反復、そして反復したことをまた反復することによって、不断に進歩向上し、はるかなる修練の道程を歩むところにその特徴があるとヘリゲルは述べていますが、日本におきましては、それを「行」という言葉で表わします。

師範は、規則正しい稽古をどんな口実のもとにも放棄しないように、よしや弓矢なくとも礼法を行じ、または少なくとも正しく呼吸することなしに、一日たりとも過ごさないよう、ヘリゲルに毎日の練習がいかに大事か教えるのです。

ハドリアヌス帝　長い年月をかけて徹頭徹尾、弓を射る術を身体に覚えさせるのだな。だから造作なく弓を引き絞ることができ、そして的を射ようとする心に惑わされることなく、的を射ることができるのだな。それが無心ということだ。

そなたは以前、朝鮮の名もなき陶工が、生きるために毎日毎日たくさんの雑器をつくらねばならず、そのために技術が練達し、その陶工が美しいものをつくりたい、あるいは醜いものをつくりたくないなどと思う以前に、ただつくってしまう、そうした陶器のなかに、ときおり、後世において名品とよばれるものができる、と私に話してくれたことがある。美醜を考えずにこの「只《ただ》」つくるということと、弓術において的に命中させようとしないで「それ」が射る、といったことはどうも共通しているな。

それにしても三〇メートルの距離から、第二矢で直径八ミリメートルほどの第一矢の矢筈に当てるとは、それもつねに外すことはないとは、驚くべきことだ。何十年にもわたる毎日の厳しい修行の賜物としかいいようがない。

アレクサンドロス大王と狩猟

建築家　ところで、ペルシア軍に勝利し、スサを占領したアレクサンドロス大王のことですが、この勝利の後、大王の周囲の者たちはすっかり贅沢になり、安楽な生活に浸るようになりました。そこでアレクサンドロス大王は、安楽な生活をするのは奴隷の生活で、厳しい生活をするのが王者の生活であることがわからないのかと、その者たちをたしなめました。

そしてアレクサンドロス大王はますます狩猟に艱苦《かんく》を冒し、危険に身を投じて自らを鍛錬し、同時に人の勇気を鼓舞した（井上一訳）ことが伝えられています。

狩猟はローマの社会では、男らしさVIRTUSを培い、発揮するものとみなされましたが、このアレクサンドロス大王の例を見ますように、たいへんな危険に身を冒し——なにしろ主として巨大な熊や猪やライオン狩りなのですから。アレクサンドロス大王の部将の一人が、熊狩りにおいて大熊にかみつかれ、たいへんな傷を負ったことが知られています——心身を鍛錬し、安楽な生活でなく、自己を節制する厳しい生活をする手段であったわけですね。そしてラテン語辞典を見ますと、VIRTUSという言葉には「男らしさ」の意のほかに、「勇気」「不動の信念」「優れた倫理性」「高徳」などの意があります（国原吉之助編『古典ラテン語辞典』）。狩りはそうした概念と結びついていました——日本の弓道と通ずるところがあります。

騎馬の陛下がライオン狩りをされている場面が描かれた青銅の記念メダルを陛下は発行させましたが、そこにはVIRTUTI AUGUSTI（皇帝の勇気、高徳）と刻されています。狩りにおけるVIRTUSは、帝国の統治者である皇帝の資格があることを証明することでもあるのですね。

エトルリアの大猪狩りにて肋骨と鎖骨を骨折

以前にお話しに出てきましたコンスタンティヌス帝凱旋門を飾る陛下の狩猟の光景が描かれています円形浮き彫り画は、二つずつ組になっており全部で八枚です。そのひとつの組の一方の円形浮き彫り画に、二人の従者を従えた馬上の陛下が、巨大な猪を槍でつく光景が描かれております。

もう一方の円形浮き彫り画には、中央の基壇の上に、右側に頭と翼が鷲で胴がライオンの怪獣グリュフスを従え、三脚机に置かれたキタラに左手をそえたかたちで立っているアポロン像が描かれております。その前に置かれた祭壇の脇に、左手に槍をかかえた陛下が二人の従者を従えお立ちになっております。

遠矢射るアポロンのことを想い起こし、忘れはすまい。
この神がゼウスの館へ足を踏み入れると、神々は震えおののく。
して、アポロンが近くに寄って輝く弓を引き絞ると、
神々は皆々急いでその座から立ち上がる。
だがひとりレトーのみが雷鳴を悦ぶゼウスのそばから動かない。
女神はわが子の弓を緩め、箙の蓋を閉じて、
そのたくましい肩から弓を外してやって、
それを父神が坐す柱に打たれた黄金の釘にかける。
そしてアポロンの手を取って導き、御座に坐らせる。
すると父神はいとしい息子を喜び迎え、
神酒を黄金の杯に注いで与える。その後で他の神々は初めて席につく。

されば尊き女神レトーは、弓矢もつ強い息子を産んだことを喜ぶ。
……（後略）……（沓掛良彦訳）

とホメロスの『諸神讃歌』に詠われておりますように、アポロンは弓の神ですね。

それにしましても、円形浮き彫り画に描かれております騎馬の陛下が仕留められました猪は巨大ですが、猪狩りへは主にどこに出掛けられるのでしょうか。

ハドリアヌス帝　ライオンは別として、猪や熊は帝国内の山中あちこちに生息している。ライオンは紀元前一世紀ころまで、ギリシア本土にも生息していたと聞くが、その後、絶滅してしまったから、帝国内に限るとしたら主に北アフリカ、それにシリアの一部にしか生息しない。

私は猪狩りには、エトルリアへ出掛けることが多い。多数の猪がその山中に生息しているから、巨大な猪に出くわす確率も高い。

建築家　今日でも、エトルリア（今日のイタリア、トスカーナ地方）には、多数の猪が生息しているようです。そしてエトルリアにての猪狩りの折、陛下は落馬され、肋骨と鎖骨とを骨折される目にあったことが伝えられておりますが――。

ハドリアヌス帝　それはまだ若いころのことだ。利口な大猪であった。突然、想定しなかった方向に走り出し、慌てた私は馬を制御できなく、不覚にも落馬してしまった。そのことは今でもよく覚えている。――落馬して、軽い怪我にあうことは、ときおりあることだが。

南フランスにて逝った愛馬ボリュステネスへ捧げる詩

建築家　狩りでは馬を御して狩りをする者の技量はむろんのこと、馬の能力と猟犬たちの能力も大きくものをいいます。そして「人馬一体」という表現がありますように、乗り手と馬との相性もたいへん大事ですね。

相性のよい、優秀な愛馬と乗り手にまつわる逸話はたくさん伝えられております。ヘラクレスの愛馬アリオンもよく知られております。女神デメーテルはポセイドンとの間に娘と馬「アリオン」を産んだとの伝説もありますが、英雄ヘラクレスはエリス人たちと戦ったとき、雄馬一頭を求め、この神馬アリオンに乗って戦場に出掛け、エリスに勝利した、と伝えられております。

ハドリアヌス帝　私はそれを想起し、マンティネイア近くに、新しい神殿「馬を御すポセイドン」の建造を命じたこともあった――。

建築家　アレクサンドロス大王の愛馬ブケファルスもよく知られております。狩り好きのアレクサンドロス大王がいつも一緒に狩りをした名馬でして、東征のインドの地にて、病にて死んでしまいました。嘆き悲しんだ大王は、愛馬を偲び記念として、その地に新都市を建設するよう命じました。

陛下にも、狩りに出掛けるときはいつも一緒だった名馬ボリュステネスがおりました。

ハドリアヌス帝　そうだ、ボリュステネスだ。私が今まで出会った一番の名馬だ。どうしてあの馬のことを忘れることができようか。そしてたびたびエトルリアで、ボリュステネスとともに猪狩りをしたことを――。

一二一年のことと思うが、私の四年にわたる第一回視察旅行の途次、ブリタニア（属州ブリタニアにおいては、ブリガンテス族がいまだたびたび蜂起し、駐屯するローマ軍がそのつど制圧してきた。私は一二一年春、ゲルマニアを経てそのブリタニアを情況視察のため訪れ、半年間ほど滞在した。そしてこの好戦的なブリガンテス族とのこれ以上の紛争を避けるためには、ゲルマニアなどの地に築いた堅固な防衛線リメスの築造の必要性を私は認識し、一二二年秋、防塁・防壁ヴァルム・ハドリアニの築造を、総督アウルス・プラトリウス・ネポスに命じた。それはブリタニアとカレドニア（今日のスコットランド）との国境を定めるもので、東はタイン川の河口から西はソルウェイ湾に至る八〇ローマン・マイル（約一一七キロメートル）の防塁だ）、ガリアを抜けてナルボネンシス（今日のプロヴァンス地方）に入り、アヴェーニオ（今日のアヴィニョン）へ着いた折、そこから東の山地へ入って、従者を従え猪狩りへ出掛けた。アルプスの麓といってもよい奥深い山地だが、そこで私の馬ボリュステネスは急に病をえて死んでしまった。ローマを発し、ガリア、ゲルマニア、そして遠く海を渡ってブリタニアの地を踏み、またガリアへと帰る私に同行した長旅と、その途次での数々の狩りの疲労がたまったのであろう。ボリュステネスの急な死には、私はたいへん狼狽し、深い悲しみに襲われた。

建築家　その地はアプタ、今日の南フランス、プロヴァンス地方の都市アプト近くの山地ですね。今日ではリュベロン自然公園として保護された自然豊かな土地です。ローマ時代の円形劇場跡などもある地方都市アプトの近くには、アウグストゥス帝時代の建造になる美しい小さな石造のユリウス橋が今日でも遺っております。

十六世紀に、陛下が死した愛馬ボリュステネスを偲んで建てさせた墓石が発見されました。そしてその墓石には、陛下がおつくりになられた次のような墓碑銘詩が刻されていました。一緒に狩りをした愛馬への愛情あふれる詩です。

ボリュステネス・アラヌス

皇帝の狩猟馬

幾川、幾湿原を
そしてエトルリアの山野を
疾走した。
パンノニアの地の狩りでのこと
白い泡を尾の先にまでふき飛ばしつつ
猪を追った。
だがどんな白い牙をむき出した猪も
ボリュステネスを怖れて
飛びかかろうとはしなかった。
それは稀なことではなかった。
若さを失うことなく
骨折することもなく
運命に抗えず死んだ
そしてこの野に眠る。（著者訳）

死んだ愛馬への墓碑銘詩を詠うとは、あまり聞いたことはありません。陛下のその愛馬への深い想いが伝わってきます。

ハドリアヌス帝　ボリュステネスとともに、山野に狩りをした思い出は、今でも私の脳裏を去ることはない——。

ヘラクレスとライオン狩り

建築家　コンスタンティヌス帝の凱旋門を飾るもう一組の円形浮き彫り画には、陛下が仕留められました、死して横たわる巨大なライオンを陛下と従者たちが誇らしげに見やる光景が描かれております。もうひとつの円形浮き彫り画に描かれておりますのは、従者を従えた陛下が英雄ヘラクレスに供儀を執り行う光景です。祭壇の上方に、左右に鎧を置き――そのひとつの鎧の上には勝利の女神ヴィクトリアの小像が立っています――岩に腰掛けたヘラクレスが描かれております。

ライオン狩りとヘラクレスとの結びつきは、やはりギリシア神話中におきますヘラクレスのライオン退治からですか。

ハドリアヌス帝　それはそうだ。

退治したライオンの皮をはぎ、毛皮を鎧がわりに身にまとい、またライオンの開いた口の頭部を兜としてかぶるヘラクラスのユーモラスなしぐさは、さまざまなギリシアの赤絵式や黒絵式陶器に描かれた。そうした絵のほうが、ライオンを退治するヘラクレスを人びとにより強く印象づけたのではあるまいか。

建築家　ヘラクレスは神々の神ゼウスとペーバイのアンピトリュオンの妻アルクメネとの間に生まれた子で、大きくなったヘラクレスは、身体の大きさにおいても力においても、すべての者にたちまさっていました。見ただけでもゼウスの子であることが明らかであったそうで、身体は六尺あり、目からは火の光が輝いていたからです。矢で射ても投槍で射ても、命中しないことがありませんでした（高津春繁訳）。

そして十八歳のときに、ライオンを退治しました。その後、妻をめとり、六人の子供に恵まれ幸福な生活をおくるヘラクレスにゼウスの后ヘラは嫉妬し、そのためヘラクレスは気が狂い、自分の子供たちを火中に投じてしまいます。そしてヘラクレスは罪を悔い、デルフィに赴き、神託を伺います。エウリュステウスに一二年間奉仕して、命ぜられる一〇の仕事を行い、その功業が完成した後に、ヘラクレスは不死となるであろうと、巫女はヘラクレスに神の御言を告げるのです。

エウリュステウスによって初めに命ぜられた仕事は、ネメアのライオンの皮を持ってくることです。ヘラクレスはペロポネソス半島中部のネメアに行ってライオンを探し出し、まずアポロンからもらった弓を射ました。しかし不死身であることを知って、自らつくった棍棒を振りかざして追いました。ライオンが二つの入口のある洞穴に逃げ込んだときに、ヘラクレスは一方の入口をふさぎ、他の入口からライオンに向かって行き、頸に手を巻きつけて窒息させるまでしっかと持って絞めました。そして死したライオンを肩に担いで町に運びました。

このようにして「十二の功業」をはじめ、ヘラクレスのさまざまな武勇伝が語られるのです。

これはギリシア神話にでてきますヘラクレスのライオン退治ですが、そうしますと、太古のギリシアにはライオンが生息していたのでしょうか。

ハドリアヌス帝　そうだ。そうでなければそうした神話は生まれなかったであろう。ミケーネ時代の絵画において、ライオン狩りの場面が描かれているし、ヘロドトスはトラキア（今日のブルガリア地方）にライオンが生息していることに言及している。

そしてヨーロッパ大陸においてライオンが生息した最後の地域は、ギリシア北部沿岸のアルカニア地方であり、それも紀元前一世紀には絶滅したとされている。

ライオンは、そのアルカニア地方も含めてダルマティア（今日のバルカン半島）から、アラビア、インド中部にかけて、それにアフリカに多数生息したが、私の時代では、今述べたように、ギリシア本土からは完全に姿を消してしまった。だが、帝国内では小アジアには少数、シリアやアフリカには数多く生息している。私自身も、ビテュニアとシリア、アフリカにてライオン狩りをした。

建築家（大）プリニウスは『博物誌』において、動物たち、なかでもライオンについて興味深い観察を記述していますね。それらはアリストテレスの記述を典拠としていますが、アリストテレスの観察といいますと、アレクサンドロス大王の協力によるところが大きいといわれます。アレクサンドロス大王が、諸動物の性質を知りたいという欲望に駆られ、その研究を科学のあらゆる分野でもっとも優れた自分の少年時代の師アリストテレスに委託しました。大王は全アジア、ギリシア中の数千人の人びと、猟師、鳥打ち、漁民、兎飼育所、畜舎、蜜蜂飼育所、養魚池、小鳥飼場をなどを管理している人びとは、その種類、出生地の如何を問わず、すべての動物についてアリストテレスが確実に報告を得られるよう、その指図に従えという命令を出されました。これらの人びとへの照会の結果つくりあげられたのが、アリストテレスの動物学に関する著述です（中野定雄他訳）。

ライオンはもっとも勇敢で、もっとも高貴な性質の動物であり、「百獣の王」といわれます。ある囚われの身の女が逃亡し、森の中にさまよい歩くうちにライオンに出会いましたが、助命をライオンに乞うとライオンはなんら危害を加えなかった、といわれます。女、子供といった弱者を襲わない精神的に気高い動物とされる由縁です。

ライオンに戦車を引かせたアントニウス

またローマの将軍マルクス・アントニウスはライオンを飼い馴らし、その首に首木をかけ、引具をつけて二輪戦車を引かせたローマにおける最初の人である、といわれております。

そして初めて円形闘技場において一〇〇頭もの雄ライオンと剣闘士と戦わせたのは独裁官のスラであり、将軍大ポンペイウスは三一五頭、カエサルは四〇〇頭もの雄ライオンと剣闘士に戦わせた、といわれております。こうしたことからアフリカには多数のライオンが生息し、それらの捕獲を生業とする狩人たちが存在し、ローマの各都市にライオンをはじめさまざまな動物を売る動物商人の存在があったといえましょう。

ハドリアヌス帝、キレナイカの地でライオンを狩る

陛下はビテュニアやシリアにて、ライオン狩りをされたお話しをされましたが、では誰でもライオン狩りをしてもよろしいのですか。

ハドリアヌス帝　そうではない。昔からライオンは、皇帝の所有だとされている。象もそうだ。私有は許されない。だから皇帝以外の者には、ライオン狩りは許されない。

建築家　だからでしょうか、陛下が可愛がられた後の皇帝マルクス・アウレリウスの子、皇帝コンモドゥスは、ライオンを殺した者を絞首刑に処したことが知られています。

また中世以降のイギリスでは、白鳥は女王陛下の所有である、とされたことが知られています。

ところで陛下は、アレクサンドリアへの視察旅行の折（紀元一三〇）、キレナイカ（今日のリビア）へ足をのばされ、美少年アンティノウスをはじめ従者を従えまして、その砂漠地方へライオン狩りに出かけたことが知られております。

ハドリアヌス帝　キレナイカの諸都市には当時、一頭の巨大なライオンが出没し、人びとに危害を加え、大きな問題となっていた。それを聞いた私は、そのライオンを懲らしめようと思いついたのだ。むろんスリル充分な巨大なライオン狩りへの思いはいやましに募った、というほうが正直だが――。

建築家　南方に生息するライオンより、北方に生息するライオンのほうがよほど大きいといわれ、体長が三メートルをゆうに超す巨大なものがいるのですね。

アレクサンドリアの詩人パンクラテスは、そのライオン狩りの様子を詩において描き、それをもとにエジ

プト、ナオクラティスのアテナイオスがパピルス紙に記述したものが砂漠にて発見されました。

アンティノウスは槍を手に、襲いかかろうとするライオンを待ち構える。
陛下はすでにそのライオンに槍にて一撃を加えていたのです。
ですがアンティノウスがどれほど正確にライオンに槍を投げられるかを試すために、
陛下は故意にライオンの急所を外していたのです。
傷を負ったライオンは怒り狂って陛下とアンティノウスに襲いかかろうとします。
尾は激しく大地を叩き、目は烈火の如く燃え、大きく開けた口は泡を吹き、
歯軋りし、毛は恐ろしいように逆立っています。
ライオンがアンティノウスの乗った馬に襲い掛かろうとする刹那、
陛下はその間に割って入り、ライオンの背にとどめの一撃を加えます。
かくしてアンティノウスの身は救われたのでした。（著者訳）

巨大で獰猛なライオンを狩ることは、もはや単なるスポーツなどではありませんね。銃ではなく、槍で一撃を加えるのですから、ライオンと接触するほどに近づかなければなりません。

アレクサンドロス大王が大きなライオンを倒すところに居合わせたスパルタの大使が、「お見事、アレクサンドロス大王、王位をライオンと争わせるとは」と言った（井上一訳）と伝えられていますが、キレナイカでの陛下のライオン狩りも、皇帝位をかけた危険なものであったのですね。

ライオンの血を吸った大地に咲く薔薇色の蓮の花「アンティノエイオス」

沼地に生育し、夏に花を咲かせます蓮の花の色には青い色とそれに薔薇色の二通りあります。詩人パンクラテスは、陛下がアンティノウスたちと仕留めましたライオンの赤い血を吸ったキレナイカの大地が育み、咲かせた薔薇色の蓮の花を、「アンティノエイオス」と名づけるように陛下に奏上しました。

これはパンクラテスの詩を読んだ三世紀の人、アテナイオスが『ディプノソピスタイ（食卓の賢人たち）』において語っていることでもあります。

ハドリアヌス帝　そうであったな。美しい詩であった。私たちが仕留めたライオンの血を吸った大地が育てた薔薇色の蓮の花をアンティノエイオスと名づけたパンクラテスの機知に私は感心した。そして優れた詩人として、私はパンクラテスをアレクサンドリアのムセイオンの教授、会員に推した。

それにしても、キレナイカでのアンティノウスとともにしたライオン狩りは、脳裏に焼きついて、一日たりとも私から離れることはない。

それだからか、私はライオンに襲われる夢を、ときおり見るようになった。

3・2 キュジコスのゼウス神殿

建築家　陛下はニコメディア方面からミュシアの山中奥地に入り、熊狩りを愉しまれました。その後、キュジコス（今日のバルツィク）の都市に向かわれたことが知られております。

キュジコスは、エーゲ海が北東へヘレスポントス海峡を経て奥に入り込んだプロポンティス海（今日のマルマラ海）に浮かぶキュジコス島にあります。紀元前一世紀、この島は二本の橋で本土に繋がっており、その橋のそばに、二〇〇を超す船庫が並ぶ二つの港をもつ都市がキュジコスで、小アジアでも有数のこの大都市は、法秩序も整っており、ロドスやマッシリア（今日の南フランス、マルセイユ）、そしてスキピオによって破壊される以前のカルタゴなどの都市に比肩し得る美しい瀟洒な都市として知られております（ストラボン、飯尾都人訳）。

ローマの建築家ウィトルウィウスはその著『建築十書』で、個人の住宅のつくり方について述べています「第六書」におきまして、たびたび「キュジコス風」の食堂と絵画室にふれています。「北に面し、特に緑樹を眺めるように配置されていて、中央に両開き扉をもち、二台の食事用臥床が周囲に余裕をもって互いに向き合うように置かれ、食事をとる者は横になったまま、扉窓をとおして緑樹が眺められることができる（森田慶一訳）。」キュジコス風オエクス、食堂とは、すなわち北側前面に庭園がひろがり、繁茂する緑樹を眺めつつ食事をするたいへん優雅で贅沢な食堂、そして絵画室ということでして、キュジコスの都市の住まいの暮らしぶりは、たいへん豊かで豪奢であったことがうかがわれます。

ポントスのミトリダテス王が大軍を率いてこの都市を攻めてきたとき、市民は皆こぞって徹底抗戦し、ローマの将軍ルクルスの援軍を得て、辛くもミトリダテス王の軍を敗退させたことが知られています。ローマはこの都市の栄誉を称え、自由都市としました。豊かで、マルマラ海に臨む美しい都市であることから、ローマ人の憧れの都市のひとつでもありました。

この島の北西方向すぐ近く、一〇数キロメートル沖に、白い大理石が採れる大規模な採石場があることで知られるプロコンネソス島（今日のマルマラ島）があります。白い大理石の採石場は、彫刻用にもなります良質な大理石のパロス島あるいはタソス島、それにアテネ近郊のペンテリコン山、そして紀元前一世紀にカエサルによってイタリア、トスカーナに拓かれましたカラーラなどがよく知られておりますが、このプロコンネソス採石場は、これらの採石場に劣らない良質の、それも大量の白い大理石が採れることで知られています。

さて、この都市には、ペルガモンの王の命によって紀元前三世紀に工事が始められ、その後完成されることなく、工事が中断のまま放置されていましたゼウスの大神殿がありました。ペルガモンの王、アッタロス一世の后アポニスはこのキュジコス出身でして、そうした関連からか、ゼウス神殿の建造が始められたものと思われます。

陛下はこれを見まして、アテネのゼウスの神殿オリュンピエイオンと同じように、キュジコスのゼウス神殿の工事再開と完成を命じられました。

正面に六本の柱、側面に一五本の柱が並び立つ約三〇メートル×一〇〇メートルの周柱式神殿でして、近くのプロコンネソス島の採石場から採ってきた輝くばかりの白い大理石からできています、古代においてもっともモニュメンタルな神殿のひとつです。五段の基壇の上に立つこの神殿の全部で六〇本の円柱はコリント様式でして、その直径は四キュビット（約二メートル）、高さは五〇キュビット（約二五メートル）に達する大理石の一本石でして、アテネのゼウスの神殿オリュンピエイオンのそれより高いとされています。列柱はまた正面六本五列、背面同じく六本三列となっており、内陣ケラ内部には内壁に沿って柱が並び立ち、天井を支えております。

陛下はここにおきまして、「一三番目のオリュンポスの神」として叙され、神殿正面の切妻屋根棟部にアクロテリオンとして陛下の巨大な胸像が設置されました。

このゼウス神殿は細部において完成していませんでしたが（マルクス・アウレリウス帝の時代に完成したといわれます）、奉献式が陛下のご列席のもとに執り行われました。その奉献式記念演説を行ったスミュルナ（今日のイズミール）の市民でソフィストであるアエリウス・アリスティデスは、あらゆる神殿のなかでもっとも壮大で、豊かに装飾された壮麗な神殿であると称えました。プロコンネソスから採れた眩いばかりの白い大理石からなる壮大・壮麗な神殿は、遥か遠くの船上からも望まれ、多くの人びとが揺拝し驚嘆したといわれています。そして当時、世界の七不思議のひとつにも数えられていました。

ハドリアヌス帝　アリスティデスはポレモンの弟子でもあるが、師ポレモンが行ったアテネのオリュンピエイオンの奉献式の際の記念演説に劣らないほど、たいへん若いアリスティデスの記念演説も見事であった。そしてこのゼウス神殿建造にキュジコスの市民たちはおおいに喜び、誇りをもち、都市の名を私の名にちなんだ「ハドリアネ」とするよう強く要請したので、許可した。そして「ハドリアネイア」という名の競技会を毎年催すことも、市民たちに許可した。

ところでこのゼウス神殿のその後は如何がしたか。

建築家　十一世紀におきました大地震によって、神殿は一部崩壊したことが知られております。十五世紀にイタリア、アンコーナのある商人であり、そして古代の遺物に興味を抱く旅人がこの神殿を見、三三本の柱その他が遺っていることを報告しております。そして柱などの詳細部分のスケッチを描いております。そのときの、神殿の奉献式の際の奉納文をコピーして持ち帰り、それから工事を指揮したのは、ギリシア人の建築家アリスタイネトスであることが知られるようになりました。

3・3　ペルガモンの医神アスクレピオスの神域、トライアヌスの神域など

トロイアにてアイアースとヘクトールの墓の修復を命ずる

建築家　陛下は美しい都市キュジコスを後にしましてペルガモンへと向かわれました。その途中、三万の歩兵と五千の騎兵を率いてヘレスポントス海峡を渡ったアレクサンドロス大王が、キュジコスの近くのグラニコス川を挟んでペルシア軍と対峙し、初めてこのペルシア軍を敗った古戦場を、陛下は感慨を込めて検分しました。そしてこの偉大なアレクサンドロス大王の足跡を辿るようにして、トロイアの地を訪れました。

ハドリアヌス帝　アレクサンドロス大王はトロイア（イリオン）において、アテネ・イリアス（トロイアのアテネ）に生贄を捧げ、自ら着用していた武具一式を神殿に奉納して、その代わりにトロイア戦争当時から伝わる神殿所蔵の武具を取り下ろし、それを乞い受けた。そしてギリシア連合軍の猛将アキレウスの墓に詣で、花冠を捧げた。アレクサンドロス大王は、このときアキレウスの幸せを祝福して、アキレウスには自分のことを後の世までも忘れさせないホメロスという名声をもつ伝達者がいたのだから、と言ったとも伝えられている。

私はこうしたアレクサンドロス大王の故事を想い起こしつつ、密儀の地エレウシスの向かい側の紺碧の海に浮かぶ島サラミスの王で、ギリシア連合軍に加わり、不幸な出来事の因果により正気を失い自死した悲劇の将アイアースと、トロイア軍の勇将ヘクトールの墓に詣でた。荒れ果てたその二人の墓を見て、私は深い嘆きに沈んだ。涙を禁じえなかった。

建築家　陛下は二人の墓の修復を命じられております。そしてその際、陛下が詠われましたヘクトールへ

のたいへん感動的な墓碑銘詩が今日伝えられておりますが、この詩がアテネの陛下建造になります図書館付属のアウディトリウムにおきまして朗読・発表されましたことは、先に見ましたとおりですね。

丘の上に築かれた壮麗なペルガモンの都市

建築家　トロイアを後にしまして、エーゲ海の沿岸の道を、哲学好きの僭主ヘルメイアスによって招かれたアリストテレスが、しばらく滞在した絶壁のような急斜面に立つ美しい都市アソスを経まして、そして七〇〇年前もの昔、詩人のサッフォーやアルカイオスが生きたレスボス島を右手に見ながら、ペルガモンへ向かわれました。

海岸線から二五キロメートルほど陸地に入った丘の上にペルガモンの都市は築かれましたが（外港はエライア）、丘といいましても周囲の平坦地との標高差が七〇〜二五〇メートルもあります。山岳の上に築かれた山岳都市といってもよいかと思いますが、大きな中庭を取り囲むように形成された下町のアゴラ、そしてギュムナシオン群、デメーテル神域、上町のアゴラ、壮大な大祭壇、絶壁のような急斜面に築かれた野外円形劇場、最上部の都市を形成するものとして女神アテナ・ポリアス神殿とそれを取り囲む図書館、トライアヌス神殿そして王宮群が、実に一七五メートルの高低差でもっとも高いアクロポリスに向かって北上するように、尾根づたいに高低差を克服すべく大土木工事によって築かれた、幾重にも重なるテラスの上に屹立する壮大、壮麗な都市ですね。

ハドリアヌス帝　そのような険しい丘の尾根づたいにペルガモンの都市が築かれたのは、都市創建にまつわる歴史的背景があるが——。

建築家　アレクサンドロス大王のバビロンにおける死後、その広大な帝国の領土争いに大王の部将たちはあけくれました。その部将の後継者のひとりで、もともとマケドニアの将軍でトラキア地方の領土を勝ち取り、トラキアの王となったリュシマコスは、ヘレスポントス海峡を越えて、東のペルガモンを含むミュシア地方に勢力を伸ばし、ペルガモンの丘の上の要塞をその拠点としたのです。

トラキア王リュシマコスは、部下の将校であるフィレタイロスにこの要塞の監視と、戦利品である王の九〇〇〇タレント（今日に換算しますと一八〇トン）にのぼる銀の財貨の管理を命じたのです。

命じられたフィレタイロス（紀元前三四三～二六三）は黒海沿岸の都市ティエイオンに生まれたのですが、家系はマケドニア出身でして、その後、二〇年近くにわたってペルガモンの総督として、この地を治めたのです。ところがトラキアとシリアとの戦いが始まり、また王家の内紛に乗じて、フィレタイロスはこの地方でもっとも重要な要塞であるペルガモンの要塞と膨大な戦利品とともに、トラキア王リュシマコスの敵対者であるシリア王セレウコスに寝返ってしまいます。リュシマコスはその戦いで戦死し、死んだリュシマコスの未亡人の画策によってセレウコスもまた暗殺されてしまいます。

そしてこの機に乗じて莫大な銀の財貨と地の利を背景に、ペルガモンの独立――小アジアとシリアを支配するセレウコスの後継者アンティオコスからの完全な独立とはいえませんが――を計ったのがフィレタイロスです。

このときからペルガモンの都市の建設が始まりました。それ以前にはアテナ神域と要塞とそれを取り囲む城壁とがありましたが、フィレタイロスは市壁を拡張して、自からの母のためのデメーテル神域や住居など新市街地を建設し、険しい丘の上の堅固な要塞都市として拡張、整備していきました。

フィレタイロスには子供がいないことから、弟の息子を養子として後継者としましたが、これがエウメネス一世ですね。エジプトのプトレマイオス二世がミレトスやエフェソスなどの小アジアの都市を攻めたとき、このエウメネス一世はセレウコス朝アンティオコス王を攻め、これに勝利し、領土を拡大して完全に独立した王国としました。

この王家は家族の絆が強く、その後の王たち――アッタロス一世（在位紀元前二四一～一九七）、エウメネス二世

（在位紀元前一九七～一五九）、アッタロス二世（在位紀元前一五九～一三八）、アッタロス三世（在位紀元前一三八～一三三）――はすべて同じ一族から出た者ですが、王国はその後一三〇年近く繁栄し、王たちは次々と壮麗な王宮や神域、アゴラやギュムナシオンなどを建造したのです。そして都市建造がもっとも活発だったのは、紀元前二世紀前半のエウメネス二世の治世のころのようです。あの壮大な大祭壇の建造を命じたのはこの王ですし、またこの王の治世には市街地は丘の上だけではなく、丘の下にも大きく拡張し、新しく市壁を築かせたのですね。

ペルガモンの王たちのギリシア、アテネへの貢献

ハドリアヌス帝　そなたはペルガモン王国の王家は家族の絆が強いと申したが、これは歴代の王たちの母への愛の深さにも現れている。フィレタイロスは弟とともに、デメーテル神殿と神域を母のために建立しているし、またエウメネス二世の息子で、アッタロス二世の王位を継いだアッタロス三世は彫刻に打ち込み、亡くなった母のための墓碑の制作に日中、野外の仕事場で熱中するあまり、日射病にて死去してしまったことが伝えられている。

建築家　ところでアテネのアゴラに立っておりますアッタロスのストア（柱廊）――今日立っていますのは一九五六年に復元・再建されたものです――は、アッタロス一世の建造によるものですか、それともアッタロス二世でしょうか。

ハドリアヌス帝　アッタロス二世の建造によるものだ。そのことは、ストアのアーキトレーヴに銘文が刻されている。

アッタロス一世の時代に、アテネの外港ピレウスの目と鼻の先に浮かぶエギナ島をペルガモン王国が買い取り、そこを王国の艦隊の基地としたから、歴代の王たちはアテネを訪れる機会が多かったのであろう。

アッタロス二世はまだ王位に就く以前（王は六一歳の高齢で王位に就いたが——）、兄のエウメネス二世とともにアテネを訪れ、開催されていたパンアテナイア祭にて戦車競技に兄弟二人で出場し、勝利した。それを顕彰する二人の立像が、アクロポリスの丘の斜面に立てられた。

そうしたこともあってか、エウメネス二世はアクロポリスの丘の斜面に立つディオニュソス劇場の脇に、実に一六二メートルの長さに及び、二層からなる壮大なエウメネスの柱廊ストアを建造し、アテネ市に贈った。

弟のアゴラに立つアッタロスのストアも長さ一一二メートルと長大だが、兄のアクロポリスの丘の斜面下に立つエウメネスのストアはそれよりさらに長大だ。この二つのストアはいずれも二層で、同じタイプのものだが、これらを建造するには莫大な資金が必要だ。ペルガモン王国の富と繁栄を裏づけるものともいえよう。

建築家　陛下もよくご存知の哲学者ファウォリヌスの弟子で、アテネの富裕な哲学者ヘロデス・アッティクスが、亡くなった妻を追想してアクロポリスの丘の斜面に自費を投じて建造したオデオン（音楽ホール）とディオニュソス劇場との間に立つストアですね。今日では遺構として、基礎部分やヴォールト構造が露出した擁壁が遺っています。オデオンの建造においては、オデオンの聴衆が階段を介して、このエウメネスのストア上階のテラスへと行けるよう考慮されたようですね。

そして自ら彫刻に打ち込んだアッタロス三世は、動植物の研究に従事し、薬草の栽培に力を注いだこと、また農業に関する著書があり、その著書は広く読まれ、引用されたことも知られております。

このアッタロス三世だけではなく、アッタロス一世は地理に関する書を著し、またエウメネス二世は学問の擁護を自負し、図書館の蔵書を充実させ、そしてアッタロス二世はカルネアデスに哲学を学んだことが知られておりますが、こうした歴代の王たちは、国の文化の推進に力を入れたことは、ペルガメヌムといわれました書物の材料としての羊皮紙の発明、アテナ・ポリアス神域における多大な蔵書を誇る図書館、それに青少年のための教育施設ギュムナシオンがこのペルガモンの都市だけでも六か所もあったこと、これらのことが示しています。アレクサンドリアと並んでヘレニズム文化の中心地といわれています。

ペルガモン：ローマの友好国

ところでこのペルガモン王国はローマと強い友好関係にあったこと、そして最後の王アッタロス三世が遺言として、ローマに王国自体を遺贈したこと、その背景には何があったのでしょうか。

ハドリアヌス帝　まずローマとの友好関係だが、これは第一次マケドニア戦争（紀元前二一五〜二〇五）にて、ペルガモン王国アッタロス一世がローマ側に援軍を送ったことが契機となったのであろう。

カルタゴのハンニバルと同盟を結んだフィリップ五世のマケドニアに対抗して、ローマはギリシア北西部の諸都市からなるアイトリア連邦と同盟関係を結ぶ。どういう事情があったのかわからない（今日のおいてもいまだ解明されていない――）が、このアイトリア連邦と友好関係にあったペルガモン王国は、このアイトリア連邦を援助することとなり、こうしたことからローマ・アイトリア軍に援軍を送ることとなったのだ。ちなみにアテネ、ピレウス港に近いエギナ島をペルガモン王国が買い取ったのはアイトリア連邦からで、そしてここにペルガモン王国の艦隊の基地を設けたのだ。

以来、第二次（紀元前一九七）、第三次（紀元前一七一〜一六八）マケドニア戦争や、ローマとスパルタとの戦いをはじめ、ローマの東方進出におけるさまざまな戦いにおいて、ペルガモンの王たちはローマに協力した。これはむろんペルガモンが、セレウコス朝シリア、東のガラティアのガリア人などの隣国の脅威に備えるためもあったろう。つまり、戦争の際にはローマの援軍を期待してのことだ。

ペルガモンの使節団がローマを訪問し、またローマの使節団もペルガモンを訪問したりして、当時の小アジアでは、ペルガモン王国がローマにとってもっとも友好的な国といってよいだろう。ペルガモンの王たちは、次第に東方進出を目論む強国ローマに上手く立ちまわりつつ、自国の領土を拡大し、繁栄させ、平和を維持しようとしたのだ。賢明な王たちであったといってよかろう。

そしてアッタロス三世による王国のローマへの遺贈についていうと、自分の王国を他国に譲り渡すという遺言状を書くということほど大きな苦渋な決断が、国王にとってあるだろうか。

前王の臣下でもあった老練な臣下たちが、国政に関してやかましく口を出すのに腹を立てたこの若い王は、その臣下たちを家族ともども虐殺したなど、その性格に異常な面があったともされるが、その後、王宮の奥に引きこもり、政治に関心を示さず、国民の前に顔を出さなくなった。そして薬草や動植物の研究に没頭し、彫刻の仕事にも熱中したという。

だが、たった五年の短い治世の後、死に直面した王が、自分の王国をローマに譲渡するということはたいへん苦渋な決断だが、もっとも賢明な選択・決断であったのではなかろうか。強国ローマが東方の国々を次々と征服し、属州とするなかで、いずれにせよ、ペルガモン王国も遅かれ早かれローマの属州となるのは必然の情勢にあった。

王はそうした情勢を冷静に分析し、その事実を認めることで、王位継承問題などによって国を混乱に陥れることなく、平和裡のうちにローマの庇護下にして、自国の繁栄と平和を維持するのが国民のためであると思い、そう決断したに相違ない。まことに不幸なことだが、賢明なる決断をした王であったといえよう。

未完であったトライアヌス神域の工事完成を急がせる

建築家　ペルガモンにおきまして、先帝トライアヌスの時代に工事が着工され、いまだ完成されていいなかったトライアヌス神殿とそれを取り巻く神域（トライアネム）の工事を急ぎ完成させるよう陛下は命ぜられました。ペルガモン市がゼウス・フィリオスと皇帝トライアヌスを崇拝するべく、アジアの諸都市によびかけて資金を集め、神殿・神域の建造を決議しました。神殿自体はほぼ完成されたものの、神域全体としては、先帝の治世の間には完成されなかったのですね。

先帝トライアヌスの神殿・神域は、観客席から下のオーケストラを見下ろしますとおそろしくなるような急斜面に築かれました野外円形劇場の上方、背後に王宮群があり、そしてアテナ・ポリアス神殿とそれを取り囲むように立つ図書館に隣接して立つものでして、険しい丘の上に築かれたペルガモンの都市でももっとも高い位置、アクロポリス（標高三三五メートル）に立つものです。

神殿を中心に三方を列柱廊で囲まれ、一方はテラス状に丘の下に広がる市街地を見渡すように開かれた神域です。この辺りはペルガモンでももっとも傾斜が大きいところから、高さ二三メートルものアーチが連なる大掛かりな基礎構造に支持されたテラスの上に、神域が形成されています。高さ三メートルの基壇の上に立つ神殿正面は、東西方向に向けられています。つまり丘の麓に住む多くの市民たちが、抜けるような青空のもと、丘の上に高く屹立する白い大理石の神殿の正面を仰ぎ見るように計画されています。

一二四年にペルガモンを訪れました陛下が、工事現場を訪れましたときには、神殿の背後の北側だけが列柱廊で、東西は単なる塀であったのですが、それを列柱廊に改めるよう、陛下は命じられました。

ハドリアヌス帝　丘の上のこの神域を遠望することを考えると、左右の塀では神殿のスケールとおよそ合致しないし、また荘重であるべき神域として整っていない。それで私は塀に替えて、列柱廊とするよう計画の変更を命じた。

建築家　陛下の建築家たちは、神殿が立つ基壇床のレベルよりより高いレベルに列柱廊を建て、既存の北側の列柱廊との調和を図ろうとしました。ところが発注した規格標準寸法の長さで加工された円柱が採石場から送られてきました――各地の採石場からは石塊だけではなく、規格標準化され、採石場において加工され完成された円柱、あるいは規格寸法の長さとされた石棒の状態の半完成品、あるいは加工・細工された柱頭や柱礎、その輪郭をかたどったままの半完成品としてのものなどが船積みされ、各都市に輸送されたこと、これによって遠い地方都市においても神殿や闘技場、公共浴場などがより速く、高い質をもって建造され得たことについてはすでに話題にのぼったことです――が、現場において、それらの円柱の高さが全体のプロポーションにおいて低すぎることに建築家たちは気づきました。神殿を取り囲む神域が広くないため、三段の石段を積んだレベルにしか新しい列柱廊の床レベルを上げる（約七五センチメートル）ことができなかったためです。

ハドリアヌス帝　そうであったな。一二九年、先帝トライアヌスの神域の奉献式を執り行うべく、ペルガモンを再訪し、建築現場を視察した折、列柱廊側から見て円柱のやや不自然な接ぎ目に気づき、私の建築家たちに詰問した。

建築家たちの答はこうであった。私の視察の日が近づいているし、いまさら大理石の円柱を再発注する時間的余裕がない。それで柱礎と柱の下部分が一体となったものを工夫してつくらせ、つまり柱礎を通常より高くしてかさ上げしたかたちとし、その上に柱をのせたのだ、と。そして神殿側に、さらにそれとは独立した礎石と、その上に立像を設置するなどして柱の接合部が見えにくいように工夫した、のだと。

建築現場で工事が始まれば、やり直し、つくり直しはまずできない。パン職人のつくるパンや服職人がつくる服と違って、たいへんな手間と費用と時間がかかるからだ。計画、設計の作業には時間をかけて、よくよく考え検討しなければならない。完成模型を制作して検討することも、そうした作業の一環だ。建築の仕事とはそうしたものだ。たとえ一本の円柱にしても、採石場に発注する際に、よくよく注意をはらって検討することが大切であることを、私は私の建築家たちに言い含めたが、今回のことに関しては、建築家たちの努力、工夫を多として、大目に見ることにした。

医神アスクレピオスの神域の再整備を命ずる

建築家　丘の上に築かれましたペルガモンの都市の南西方向の麓、約二キロメートル離れた平野の地に、病の治療で広く人びとに知れわたり、信仰をあつめた医神アスクレピオスの神域があります。ペルガモンの都市の麓に近い下町からこの神域に通ずる街路が「聖なる道」とよばれ、一キロメートル以上に及ぶ部分がアーチの屋根に覆われていました（ウィア・テクタ）。それは夏の強い日差しを遮るためであり、冬の冷たい雨を避けるためでもあります。

病に冒された人たちと、それに医神アスクレピオスを信仰する人たちがひきもきらずこの神域を訪れるのですが、さまざまな施設が乱雑に、所狭しと立ち並び、また手狭になったことから、陛下はこの医神アスクレピオスの神域の拡張と全面的な再整備を命じられました。

アスクレピオス伝説とエピダウロスの医神アスクレピオスを請来し、分祠

アスクレピオスはエピダウロスにおいてアポロンの子として生まれたと伝えられています。あるアルカディアの市民がデルフィにおいて、次のようなアポロンの神託を聞いたとパウサニアスは語っています。

アスクレピオスはすべての死すべき者どもに大いなる喜びを産み出すもの、プレギュアスの娘がわたしとの愛の交わりによって産んだ子、あの愛らしいコローニスがエピダウロスの固い地で。（飯尾都人訳）

プレギュアス王はペロポネソスに着いたとき、一人の娘を連れていましたが、その娘は父に内緒のうちに

アポロンの子を身ごもっていました。エピダウロスにて出産し、山に捨てたのですが、山で飼われていた一頭の雌山羊がその捨て子に乳を飲ませ、犬が見張りをしました。

あるとき羊飼いが、その子を見つけ、抱き上げようとすると、その子は光り輝いており、神だと思ったのです。

そしてその子のことは、あまねく遠い地まで伝わり、病人のための治療法をつぎつぎと見つけるとか、死者たちを生き返らせた、といった話が伝えられました。

ホメロスの『諸神讃歌』では、アスクレピオスは次のように歌われています。

病の癒し手、アポロンの子、
アスクレピオスを歌い始めよう。
フレギアース王の娘なる貴きコローニスが、
ドーティオンの野でこの神を産んだ、
人間にとっての大きな喜び、
おぞましき苦痛を和らげる者として。
ではこれにてさらば、君よ、
わが歌もて御身に祈る。（沓掛良彦訳）

デメーテル讃歌をはじめ、アポロン、アフロディテ、アルテミスなどの讃歌と比べますと格段に短いアスクレピオス讃歌ですが、デルフィのアポロンの神託に伝えられるものなどと、ほぼ内容は同じです。

ただ、アスクレピオスがアポロンの子とされたのはホメロス以後のことであり、ホメロスに詠われるアスクレピオスは医神ではなく、死ぬべき者としての人間であり、テッサリアのトリッケを領土とする王である。そして「非の打ちどころなき医師」とされていた（沓掛良彦）ようですね。
医術に長じた王が、いつしか医神として、アポロンの子の医神として伝説上の人物となっていった、といってよいかと思われます――。

エピダウロスのアスクレピオス信仰は紀元前六世紀ころ始まったとされますが、紀元前四世紀に最盛期を迎え、この聖地を訪れる多くの病に冒された人たちのために、神殿だけでなく、音楽ホール、体育館、運動場、図書館、それに宿泊施設などが順次整備されていきました。
規模、大きさではメガロポリスのそれが一番だが、調和に満ちた美しさの点では、このエピダウロスのものが一番だ、とパウサニアスが述べました野外円形劇場は、神域の外れの小高い山の裾が始まるところにあり、十九世紀に発見、発掘されるまで長く地中に埋まっていたためか、今日、もっともよく保存されているものです。自然の大地に馴じむように山の斜面を利用しました観客席（テアトロン）からは、舞台と円形のオーケストラで繰り広げられる劇とともに、その向こうの神域、そして背後に幾重にも稜線が重なる雄大な山々の景観も見渡せます。

さてアスクレピオス神域ですが、神殿内の内陣ケラには、象牙と黄金づくりのアスクレピオス像が、杖を握って玉座に座り、もう一方の手をアスクレピオスの神獣巨蛇の頭の上においております。この神殿に向かい合って、神に病の治療を祈願する人びとが参籠する場所があります。ここで人びとが一夜を過ごし、眠っている間に病気の治療について夢のお告げを受けたのですね。そしてこの神域には、トロス（円形の建物）やアルテミス神殿などさまざまな神殿が立っておりました。

ペルガモンの地へ医神アスクレピオスを請来しました背景には、アルキアスがペルガモン北方のピンダソス山一帯で狩りをしていて裂傷を負い、エピダウロスで治してもらった。そこで、この神をペルガモンまで請来した、という話がパウサニアスによって伝えられていますが――。

ハドリアヌス帝　その話も聞いたことがあるが、医神のペルガモンへの請来に関しては、ほかにさまざまな話が伝わっている。

アスクレピオスの聖域の核をなす部分は、小さなアスクレピオスの神殿とその周囲にある三つの聖泉だ。この聖泉は今日でもなお遺っていて使われており、この泉に（何らかの含有成分からか）人びとの病を治す力があったのではないか。人の病を治す霊験あらたかな聖水・聖泉ということで、人びとに知られるようになった。そしてそのひとつの聖泉を取り込むかたちで小さな祠が建てられた。

そしてエピダウロスの医神アスクレピオスのたいへんな評判を聞いて、その威を借りるように、このペルガモンの地に医神を請来し、分祠したのであろう。

建築家　古来より立っていた小さな祠を、アスクレピオスの神殿として建て直し、以後、評判が高くなるにしたがい、アスクレピオスの神域としてだんだんと拡張、整備されていったと、おっしゃるのですね。それが紀元前四世紀のことでして、エピダウロスの市民もそれに積極的に援助、加担した、と伝えられています。

エピダウロスの医神アスクレピオスは、アテネやコス島、それに後になってローマなど各地に請来され、分祠されました。そこでは医療施設が次第に充実され、医師が養成され、医学の中心として人びとに奉仕しました。なかでもコス島に生まれ、医学研究施設を開設し医学の祖といわれました紀元前四世紀の人ヒポクラテスと関連しまして、コス島のものがギリシア医学の中心として有名ですが、ペルガモンの神域もそれに劣らず、多くの人びとの信仰を集めました。

ここペルガモンの医神アスクレピオスの神域は、紀元前四世紀ころより順次拡張、整備され、紀元前二〇〇年以前、アッタロス一世の治世にはほぼ完成されました。しかしながらアッタロス一世のペルガモンとロドスとの連合軍と、フィリップ五世率いるマケドニア軍との戦いでペルガモンは敗れ、アッタロス王は王都に逃げ帰ったものの、市壁はマケドニア軍に包囲され、そのときに市壁外にあるこのアスクレピオスの神域は破壊されてしまいました（紀元前二〇一）。その後再建されたものの、その約五〇年後、アッタロス二世の治世のとき、ビテュニアの王プルシアスの軍に攻められ、ふたたび神域は破壊されました。このときに、アスクレピオス像が略奪されたことが知られています。

医学に関心を示し、自ら薬草の研究と栽培で知られますアッタロス三世の時代にはふたたび隆盛するも、ペルガモン王国がローマに併合された後はやや廃れました――このように栄枯盛衰を繰り返してきたのですが、ここで陛下が大掛かりな拡張、再整備を決断され、命じられたのです。

「聖なる道」とアスクレピオス神域への入口門前の小広場

前にお話しがありましたように、ペルガモンの都市の麓に近い下町から、この医神アスクレピオスの神域に至るまで「聖なる道」が続いていました。夏の強い日差しを遮り、冬の冷たい雨を避けるために、アーチの屋根がかけられたウィア・テクタでした。

陛下はこの「聖なる道」の神域から約一五〇メートルの部分の全面的な再整備を命じられました。敷石が敷き詰められました幅員九メートルほどの車道を挟んで、左右にイオニア様式の列柱が立ち並び、この列柱の背後には屋根で覆われた幅員四メートルほどの歩道、そして店舗などが入った建物群が立つ、といった実に堂々とした列柱街路がそれですね。

この列柱街路から正面やや左手、丘の上に築かれましたペルガモンの都市の偉容が列柱廊越しに遠望されます——ペルガモンの都市は丘の尾根の西側に、頂点のアクロポリスに向かって北上するように築かれてきましたから、高低差を克服するように幾重にも築かれたテラスの上に堂々たる建物群が立ち、その全容が遠望されます。当時は神域を訪れる人たちが、このすばらしい都市景観を目にし、感動したことが容易に想像されます。

陛下が命ぜられましたこの神域の全面的な再整備におきましては、小神殿、聖泉、参籠所などの古来の神域を残しつつ、これを取り込むように九〇メートル×一二〇メートルの広場を取り囲む列柱回廊が形成されました。そして「聖なる道」がこの新たなる神域に到達するところに入口門前広場（二二メートル×二二メートルの正方形の、周囲を屋根に覆われた列柱廊に囲まれている広場）を設け、そこから入口門を抜けて神域へと人は足を踏み入れるのです。

東北——南西と走る「聖なる道」と南北方向にほぼ直角の矩形の新しい神域との角度は約四〇度、この二つの軸線が（直角、九〇度ではなく）交わる点を調整するのが、この入口門前小広場ですね。「聖なる道」を歩んできた人たちは、いったんこの広場において滞り（無意識裡に今まで歩いてきた角度を変えて）、スムーズに入口門を通り抜けて神域に足を踏み入れるのですね——見事な設計手法だと思います。

シリア、ゲラサの楕円形広場——都市軸を調整

この二つの軸線が（直角、九〇度ではなく）交わる点を調整する広場といいますと、先帝のトライアヌス帝によって属州アラビアに編入された地方都市ゲラサ（今日のヨルダン、ジェラシュ）の楕円形広場が想い起こされます。

ハドリアヌス帝　私がボストラ（今日のボスラ）からフィラデルフィア（今日のアンマン）を経てエルサレムに向かう折、その年の冬（紀元一二九）を過ごした都市だ。都市の南の外れ、競技場の近くに私の記念門が建造された。

建築家　ゲラサはもともとヨルダン、シリア一帯を安定して支配すべくアレクサンドロス大王の命によって創建された都市でして、デカポリス（一〇の同盟都市――ただし、どの都市が一〇の都市を構成するのか、今日まで解明されていないのが実状のようです）のひとつで、紀元前六五年、将軍大ポンペイウスによって征服され、その後、再整備されたローマの植民都市ですね。

そうしたローマ都市はおおよそ正方形で、南北を走るカルド・マクシムスと東西を走るデクマヌス・マクシムスという都市の中央で直交する主要街路によって、都市は四つの区域に分かれていました（ローマ・クワドラータ）。

ゲラサの都市では、東方の都市に共通して、そのカルドとデクマヌスの主要街路（幅員一二・五メートル）は、中央の車道と歩道とを分ける列柱が立ち並び、それは壮大な列柱街路ですね。

楕円形広場は、その南北に走る都市軸であるカルド・マクシムスと都市の南にあるゼウス神殿（北東―南西軸）と、それに陛下の都市訪問を記念する記念門へと向かう街路の軸（北西―南東軸）、この三つの都市軸を実にうまく調整しています。楕円形広場周囲には、イオニア様式列柱が立ち並び、床の敷石も楕円形に沿って丹念に並べられた美しくまた堂々としたフォルム（長軸方向約一〇〇メートル、短軸方向約七〇メートル）ですね。この楕円形広場はドミティアヌス帝の治世に建造されたとされています。

ハドリアヌス帝による医神アスクレピオスの神域――古来の小神殿、聖泉、参籠所などを取り込むさて列柱廊によって囲まれました広場を経て入口門をくぐり抜けますと、三方を九メートル幅の列柱廊によって囲まれた大きな中庭がある神域に足を踏み入れます。

中庭にはアスクレピオスの神殿（約五メートル×一二メートル）が立っています。内陣ケラには黄金と象牙でつくられました医神アスクレピオス坐像が安置され、そして聖水が湧き出ています。また近くには水浴のための聖泉と飲む聖水・聖泉（井戸）、それに塀に囲まれた御籠もりのためなどの施設（約一八メートル×四五メートル）があります。これらが古来ありました神域の核となる部分です。

病に冒された人びとは夜そこで眠り、病の治療について医神アスクレピオスより夢のお告げを聞くのです。また医師たちの指導の下、治癒力があるとされる聖水を飲んだり、水浴治療を受けたり、泥浴したり、また薬草――ペルガモン王アッタロス三世は薬草を研究、栽培したといわれますが――を煎じて飲んだりしたのですね。

以前に話題にのぼったことと思いますが、陛下の側近のひとりでありますす哲学者、ソフィストであるポレモンは近くのスミュルナの有力市民ですが、関節炎を患ったとき、このペルガモンに医神アスクレピオスの神殿に詣でました。ここで一夜を過ごし、神様が夢のなかにお出ましになり、つめたい飲み物を飲まないように、と告げたとのことです。するとポレモンは「これが牛の治療の場合でしたら、どうなさるのですか」と神に向かって言ったという逸話が伝えられていますが、なかなかユーモアのある人ですね。

またこのポレモンの弟子であります、アイリオス・アリスティデス――キュジコスのゼウス神殿の奉献式において陛下の命により記念演説を行ったあのソフィストのアリティデスですが、病気がちで、スミュルナに学園を開き、若い人たちに講義をしたり、著述、演説などで生計を立てていましたが、このアスクレピオスの神域に療養のためたびたび滞在しました。そして夢のなかで医神アスクレピオスが語ったお告げの内容を記した『Hieroi Logoi（聖なる教え）』六巻を著したことが知られております。――残念なことに私にはいまだ手にとって読む機会に恵まれていませんが。

ハドリアヌス帝　そうか。そんな書をアリスティデスが著したのか――。私は知らないが。

建築家　ずっと後のことと思われます。

またこのペルガモンの地に生まれた有名な医師としましてガレノスがおります。――陛下の時代よりやや後の、マルクス・アウレリウス帝、コンモドゥス帝のころにローマに招かれましてローマで活躍した人です。解剖学をはじめ生理学、医薬というように医学全般に通じた医師でして、このペルガモンのアスクレピオスの神域におきましても短期間ではありますが、医療に従事したのではないかといわれております。

いずれにしましても医術は相当、発達していたわけですね。

なお療養のため長逗留する人たちも多く、そういう人たちのために、神域の外の南側斜面一帯には住居施設があったのですね。今日ではそれをうかがわせるわずかな遺構が地中から発掘されました。

以前には、先に申し上げましたアスクレピオス神殿や聖泉それに参籠所などのほかに、さまざまな施設が所狭しと立ち並んでいましたが、古来の神域の核となる部分は残し、その他の施設は撤去しました。

そして神域は大きな広場を囲むように建造されました。広場側に片流れの屋根がかかった列柱廊の南側には、それに接して外部に約三〇〇〇人の観客を収容し得る野外円形劇場が建造されました。西側には既存の長大な柱廊（店舗などが入っていました）、それに列柱廊の南西隅部には一四メートル×一六メートルの大きさのホールがあります。

ハドリアヌス帝　そのホールは講義や、詩や書物の朗読、ときには宴会にも使われた。

建築家　そしてそれに隣接して、男女別のトイレがありました。男子用のものはそれぞれ大理石の大きな一枚板からなる便座四〇人用、女子用のものは同じく大理石でできた便座一六人用、下には汚水の排水溝があります。中央の四本の円柱によって支えられた屋根に覆われ、中央上部に開口があります。またこれらのトイレの入口は、講義ホールからやや離れた南側列柱廊にあり、入口は男女共通ですが、すぐに男女別々となり、それぞれ小さな入口ホールと座席のある待合室が備えられていたのですね。よく考えられた計画です。

ローマのパンテオンの縮小コピーとしてのゼウス・アスクレピオス神殿

神域の広場は北側、西側それに南側の三方は列柱回廊によって囲まれておりますが、東側はそうではなく、広場に面してゼウス・アスクレピオス神殿と入口門、それに図書館とが並ぶように立っております。それぞれ広場からアプローチします。

もっとも興味深いのはゼウス・アスクレピオス神殿です。ゼウス・アスクレピオスとはいわば「万神」を意味するのですね。広場に面して幅が広い階段、それに列柱と破風屋根の正面玄関ポルティクス、そしてドーム屋根に覆われた円形の神殿でして、その内径は約二四メートルで、ローマにありますパンテオンのおよそ二分の一のスケールのコピーといってよいかと思います。

内部には七か所のエクセドラが、ドーム頂部には丸いオクルス（天窓――その直下の床下に配水管が発見されています）があり、壁、床とも多色の大理石仕上げが施されていました。

むろんポルティクスのコリント様式正面柱は、ローマのパンテオンの八本に対して四本であるとか、正面奥の半円形エクセドラ（ここにゼウス・アスクレピオスの立像が安置されていました）の背後には壁厚が薄くなったその部分の外壁を支えるように階段塔――ドームの屋根の修理時のためのものですね――があるといいますように、細部におきましては少し異なる部分が指摘されますが――。

ハドリアヌス帝　この神殿の建造にあたって資金を出し寄進した者は、ペルガモンの富裕な有力者だ。

建築家　陛下はその者を以前からよくご存知で、ローマの元老院議員に推挙されております。

ハドリアヌス帝　その者が元老院議員としてローマに赴いた折、当時工事中であったパンテオンの建築現場を訪れ、私の建築家たちからパンテオン完成予想のスケッチなどを見せられたのであろう。そのパンテオンに強く印象づけられ、ペルガモンに帰国した後、友人たちにそれを話したのであろう。そしてゼウス・アスクレピオスの神殿はパンテオンを模範として、否、パンテオンと同じものにしたいと、その者たちの要望が強かったから、私が許可した。

建築家　今日、ゼウス・アスクレピオス神殿はその礎石しか遺っておりませんが、美しいプロフィールを形成する丸く削られた切り石群からなる堅固な礎石から、その円の平面形がはっきりと読み取れます。ローマの社会における建築家の無名性と、建築のコピーあるいはそのオリジナリティの問題につきましては、以前に陛下からお話しをお伺いしましたので、ここで繰り返すことは控えさせていただきます。

充実した豪華な図書館

広場に面して並んで立つ次の建物は、正面四本のコリント様式柱が立つ、破風屋根に覆われたポルティクスのような入口門プロピュライアです。動線あるいは軸を調整する見事な計画手法といえます。この背後の列柱廊に囲まれた正方形の小広場に関しましては、すでに話題にのぼりました。

そしてこの入口門に隣接して（広場の東北隅部になります）、図書館が立っております。広場に面したその入口は、つましいものですね。これは広場の北側の列柱回廊からも入口があるためだと思われます。

ペルガモンの有力な市民で富裕な婦人が寄進しましたこの図書館の大きさは、幅一六・五メートル、奥行き一八・五メートルで天井高が高く、四方の壁に列柱が立ち、その間に窪みがつくられ、その間に書棚が組み込まれていました。書棚はそれぞれ幅一・六メートル、奥行き六五センチメートルでして、湿気を避けるためたぶん木製で、これも木の両開き扉で開閉し得るものでした。そしてその位置は床から一・七メートルです。利用者が書棚の巻本を手に取ることができるように、この高さの位置に木製のギャラリーが回っていました。そして書棚の上方に開口が規則正しく設置され、明るい室内となっていました。

壁に沿って大理石のコリント様式柱が並び立ち、壁と床は多色の大理石仕上げでして、天井は木製格天井となっており、正面奥中央の半円形エクセドラには陛下の立像がおかれておりまして、たいへん豪華な室内空間です。

この図書館は特に医師のためというものではなく、神域を訪れた一般療養者——それにここを療養ために訪れましたマルクス・アウレリウス帝やカラカラ帝をはじめ帝国内の社会的地位の高い人びとのためだったのですね。

また陛下の後の時代になりまして、ゼウス・アスクレピオス神殿の北隣、すなわち列柱回廊に囲まれた広場の外、南東隅部に六つの半円形エクセドラをもった円形の比較的大きな治療・療養施設が増築されました。

かくして帝国内におきましても、もっとも大きな信仰を集める医神アスクレピオス神域となりました。

3・4　新都市アンティノオポリス

カノプスよりナイル川を遡上する

建築家　アンティノウスらとキレナイカの砂漠でライオン狩りを愉しまれた後、ふたたび属州エジプトの首都アレクサンドリアに戻られた陛下一行は、視察のためエチオピアと国境を接するナイル川上流地域のシュエネ（今日のアスワン）に向けて、カノプスより船にてナイル川を遡上されました。一三〇年、夏期に増水したナイル川の水位が下がり始める秋のことです。

ギリシア人の都市ナウクラティス——詩人サッフォーの兄と遊女

陛下一行は、まずカノプスから六〇キロメートルほどナイル川を遡ったところに、小アジアのミレトスの人たちが建設しました植民都市ナウクラティスに立ち寄られたのですね。

ハドリアヌス帝　ヘロドトスが述べているように、ギリシア贔屓《びいき》のエジプト王アマシスが、たくさんの船でこの地にやってきたミレトスの者たちに都市創建を許可したのだ。だからナウクラティスのメトロポリス（母都市）はミレトスだ。

ギリシア人の都市としてはエジプトでもっとも古いナウクラティスと関連して、レスボスの女流詩人、プラトンの詠う第一〇番目のムーサ、サッフォーによる愉快な詩があるが、そなたは知っているか。

それは「カラクソスの無事帰国を祈って」と題する詩だ。

キュプリスさま、またネーレイスたち、
わが兄上を、つつがなくこなたへ還らせたまえ。
して、兄上が心希うものは、
何とても成就せしたまえ。

兄上がそのかみのあやまちをすべて償い、
信じあう友らには、ふたたび喜びとなり、
あがらう者らには苦しみとなりますように、
誰ひとりわれらの敵となりませぬように

また妹には名誉をもたらそうとの心を
わが兄にいだかせたまへ、
以前のつらき悩みより救いて
……（欠落）……
兄上が、ここな都人らの
口端にのぼるうわさ耳にすれば
顔もあからむべきに。して、二度とふたたび
よりみじめなる苦境に……

いまはさて、キュプリスさま、

以前の憎みたもう御心をすてたまいて、
兄上をまがまがしき苦難より
救わせたまへ……（沓掛良彦訳）

建築家　レスボスの詩人サッフォーにはカラクソスという名の貿易商の兄がいまして、その兄はエジプトのナウクラティスに住むギリシア人たちとの、名高いレスボス産のワインの商いによって、莫大な財を築きました。ところが、ナウクラティスという都市は美しい遊女を産することで有名で、兄のカラクソスはそのなかのひとり、ドリカという美しい遊女にうつつを抜かし、財産をすべてその遊女に貢ぎ、身請けまでしてしまいました。故郷のレスボスの都にもそのうわさが伝わり、妹のサッフォーはじめ家族の者たちは赤恥をかいている。どうか目を覚まして、遊女のことは忘れ、無事レスボスに還ってきてください、と海の女神キュプリス（キュプロスで生まれたとされるアフロディテ）とネーレイスにお願いする詩ですね。

そんな兄をもつサッフォーの困惑した顔が目に浮かぶようです――。詩の出来栄えとしてはたいしたことはないといわれますが、愉快な詩ですね。紀元前八世紀という時代に、海を越えてこんな遠方の地にまでワインを売りに行ったこと、そしてその地に住むギリシア人たちは、レスボス産の美味なるワインには目がなかったことをも伝えています。

サッフォーの詩のほとんどは残念ながら失われてしまいましたが、十九世紀になりまして、詩が書かれたパピルスがエジプトで発見されました。それもわずかな断片のみのようです。

ハドリアヌス帝　ヘロドトスにその話の続きがある。

そうして自由の身となったロドピス（ドリカのことだ）はエジプトに留まったが、誠に妖艶な女であったので、莫大な財をなした。――そしてギリシアに自分を記念するものを何か遺したいと思い、ほかの誰も思いつかず、また神殿に奉納したこともないようなものをつくらせ、これを自分の記念物としてデルフィへ献納した。自分の財産の一〇分の一を費やして、牛の丸焼きに使えるほどの鉄串多数を金の許す限りつくらせ、これをデルフィに送った（松平千秋訳）ということだ。

こうした風聞をヘロドトスは著書『歴史』に書いたのだが、読み物としては面白くするが、他方、歴史書としては疑問を抱かせることともなった。

ナイル川におけるアンティノウスの死

建築家　そしてこのナウクラティスを後にして、陛下一行はさらにナイル川を遡り、太陽神が祀られた有名な神殿が立つヘリオポリス、それに古代エジプト王国の首都メンフィスなどの都市を経まして、アレクサンドリアからおよそ四〇〇キロメートル、ナイル中流地域の都市ヘルモポリスの近くまで航行したときことですね。陛下といつも行動をともにしていましたアンティノウスがナイル川において溺死体として発見された事件が起きましたのは――。このことにつきまして陛下にお伺いするのはなんとも心苦しいのですが――。

ハドリアヌス帝　アンティノウスの姿が前日の晩から見えず、不審に思っていたが、翌朝、ナイル川に溺死体として発見されたとの、息せききって私のもとに駆けつけた側近からの報告を聞いて、私はわれになく狼狽した。

船から落ちた事故死だとする者たちもいたが、私はアンティノウスがナイルの川に身を投げて自ら死を選んだことを直感した。数日前メンフィスに立ち寄った折、私はイムヘテプ神殿に詣でた。イムヘテプとはヘリオポリスの祭司で、優れた医者でもあり、建築家でもあった興味深い人物だ。プトレマイオス王朝になるとギリシアの医神アスクレピオスと同じ医神とされ、神殿に祀られるようになった。詣でたのはその神殿だが、そのころ私は、ときおり、体調に不調を感じ、秘かに無病息災を祈念して詣でたのだ。私はそんな素振りを見せることなく、イムヘテプに敬意を表わすべくイムヘテプ神殿に参詣するのだと皆に言い含めたのだが、私の体調のわずかな異変に、賢いアンティノウスは病の兆しを見たに相違ない。

愛する人のために自己を犠牲すれば、その対象となる人はそのぶん長生きする、というこの東方の地の言い伝えがある。それを信じたアンティノウスは、けな気にも私のために ナイルの川に身を投げ、自己を犠牲にしたのだ。私はそんなアンティノウスに深い慈しみを感じ、そしてとてつもない悲しみに襲われた。

建築家　ローマ皇帝が人前をはばかることなく、女のように泣いた、と伝えられています。それほど陛下のお嘆きは大きかったのですね。

鷲座の星として輝くアンティノウス

そしてアンティノウスの死に打ちひしがれておられる陛下に、エジプトの司祭は告げられたのですね、「その若者の死した時刻に、鷲座のなかに新しい星が輝きました」と。

ハドリアヌス帝　そうだ。それは私にとってまさに啓示であった。アンティノウスはオリュンポスの神々のなかに、神として叙せられたのだ――と。

建築家　そして司祭はその鷲座のなかのアンティノウスの魂が宿り、輝き出した南の星々を「アンティノウス」と名づけては如何かと、陛下に奏上したのですね。

ハドリアヌス帝　そうだ。

建築家　鷲座のなかのそれらの星々は、今日でも「アンティノウス」として知られております。

アウグストゥス帝の時代の博識の詩人オウィディウスは『祭暦（ファストルム）』のなかで次のように詠っ

ております。

六月一日：

六月最初の日は、カルナ女神よ、あなたに捧げられています。この女神は枢の女神です。女神のお力が閉じたものを開き、開いているものを閉じます。……

この日はまたマルス神の祭日であります。カペナ門から城壁の外を眺めると、屋根のある通りに接して、この神の神殿が見えます。

嵐の神テムペスタスよ、あなたにも神殿を捧げられる十分なお力があったと申し上げます。あのときコルシカの海でほとんど一艦隊が壊滅したのですから。さてこれらの人びとの建てた記念物は自由に見ることができますが、

もし星座をおさがしなら、この日にはユピテル大神に仕える鉤爪鋭い鳥が昇ります。

（高橋宏幸訳）

枢《くるる》の女神であるカルナ女神の祭礼の日であり、軍神マルスの祭礼の日でもある六月一日に、神々の神ゼウスに仕える鉤爪鋭い鷲の星座が、晩の空に昇るのですね。

ハドリアヌス帝　アクイラすなわち鷲座は夏から秋の夜空を彩る星座だ。南天を見ると、美しく流れる天の川の東の岸に、アルタイルを中心に三つの星がひときわ明るく輝く、等しい距離を保って冬のオリオン座のごとく直線を描いている。この三星が鷲の首で、その左右に輝く星々が鷲の両翼であると、天文学の発祥の地、古代バビロニアの人たちは想像力を飛翔させて見なした。この鷲座の主星であるアルタイルとはアラビア語で、飛ぶはげ鷲という意味だが、その後一〇〇〇以上もの恒星の位置と輝く等級を表わす正確な星表を

つくったアレクサンドリアの天文学者ヒッパルカス（紀元前二世紀）は、このアルタイルを一等星としている。

建築家　鷲座の上方には西方のヘラクレス座が放った矢座、そしてその上方に白鳥座、さらに東方には海豚座が輝いておりますが、これらが神話と関連づけられていまして、このように夜空を見ますとたいへん愉しいですね。

鷲座の主星アルタイルは、中国そしてこれが伝わりました日本でも牽牛（あるいは彦星）といわれ、そして天の川を挟んでその北の岸にこれまたひときわ明るく輝くリラ（琴）座の主星ウェガは美しい星で、織姫といわれまして、この二つの星が七月七日の七夕の夜に逢瀬を愉しむという伝説があります。

ところで鷲の頭部に見立てられましたアルタイルを中心として三星の南に下りますと、五つほどの星々がありますが、それらの星は神々の神ゼウスが鷲に命じて（――あるいは鷲に変身して）、トロイアの羊飼いである美少年ガニュメデスを口にくわえて神々がおわすオリュンポスに連れてこさせた、そのガニュメデスだという言い伝えがあります。

ただそのなかの中心となる星は、およそ七日の間に四・七等から三・五等に輝きが変わる短周期変光星といわれています（野尻抱影）が、エジプトの司祭は、アンティノウスが死んだ時刻に、その星がいつになく輝くを増したのを見て、「新しい星が輝きました」と陛下に告げたのだと思われます。以来、それらの星々は鷲にくわえられたアンティノウスであるとか、あるいはガニュメデスともいわれています。

ですが、二〇世紀の『現行星座一覧表』（一九六二、佐伯恒夫作成）におきまして、「鷲座：鷲とアンティノウス」とうたわれていますように、アンティノウスがより一般的なようです。

そして十八世紀に出版されたフラムスティード星座図譜には、大鷲にくわえられ、天上へと飛翔するかわいらしい裸体の子供アンティノウスが描かれています。

ハドリアヌス帝　そのフラムスティード星座図譜とは何か?

建築家　十七世紀後半から十八世紀に生きたイギリスの天文学者 J・フラムスティード（一六四六～一七一九）は、ロンドン郊外のグリニッチ天文台の開設を国王に進言し、開設後初代の天文台長となった人でして、多年にわたって星を観測し、近代における最初の精密な恒星目録と星座図譜を作成しました。そこには、眼に見えます星にはすべて名が与えられておりまして、鷲座のなかのそれらの星々は子供のアンティノウスの姿として描かれ、それはアンティノウスであると明記されています。

新都市アンティノオポリスの創建

そしてアンティノウスが死した地点近く、ヘルモポリスの対岸にあたるナイル川右岸のベス神が祀られている小集落ベサ辺りに、陛下は神となったアンティノウスを守護神とする新都市の建設を命じられました。そしてアンティノオポリスと名づけられました。

アンティノオポリスはギリシア都市といわれています。それは住民の大半がギリシア人であり、また都市の組織、それに法制などはギリシアのものであるからだ、というのではないでしょうか。ですが、創建にあたっての都市プランはローマの都市プランであるといってよいかと思われます。

ハドリアヌス帝　そなたは整然とした格子状の街路網からなるギリシアの都市街区であっても、カルド・マクシムスとデクマヌス・マクシムスという二つの直交する主要街路の存在から、それをいうのだな。

建築家　そうです。

カルド・マクシムス（南北軸）に走る主要街路——両側にドリス様式の柱が立ち並ぶ堂々たる列柱街路と、これと直交するナイル川河畔の港からデクマヌス・マクシムス（東西軸）に走る列柱街路が認められます。

もっとも、南北軸と東西軸とは正確には一致してはおりませんが――。これはナイルの流れを考慮し、これと平行するようにしたためでして、ローマの人たちは、このようになにもかも杓子定規に自分たちの都市プランをあてはめようとしたのではありません。河川や海に面する場合は岸に平行させ、また等高線に沿わせるなど、実際の土地の状況を考慮したのですね。実利的なものを重んずるローマ人の考え方は、ここにも反映されています。

ローマの人たちは都市創建にあたりまして、都市を無秩序な混沌のなかで、秩序ある宇宙としてイメージしたのですね。祭司（鳥占い）が執り行う儀式によって、都市の中心をまず定めます。この中心点において東西、南北の方角を特定し、これを交点として東西（デクマヌス・マクシムス）と南北（カルド・マクシムス）に走る主要街路によってほぼ正方形の都市を四分します（ローマ・クワドラータ）。交点には四脚門が立ち、市場が開かれました。

そして細街路は中心より東に向かって右前、左前そして右後、左後というように精確に規則的に設定されまして、都市全体としては格子状街路網（グリッドプラン）です。そしてこれも格子状街路網を示すギリシアの都市プランとの大きな相違点は、都市の形がほぼ正方形であり中心点があること、そこで交差する二本の主要街路があること、それに四分された都市組織であること、この三つの点と思われます。

ハドリアヌス帝　ギリシアの都市プランにも共通するグリッドプランの採用は、たとえ高度な測量技術がなくとも（遠隔の地ではそうした測量技師は求められない）、容易に道路を設定し建設ができたこと、土地の公平な分配が可能であること、すなわち都市建設が迅速にできたことであり、またそれに後の都市の拡大が容易であることなどがあげられよう。

ローマの都市プランに関しては、戦時の軍事的意味合いが大きかろう。二本の直交する主要街路にしても、そして都市の形が正方形だといっても、その四つの隅部は四分の一の円を描いているが、これなどは戦時における兵士と戦車の迅速かつ円滑な移動を想定しているし、四分された都市組織も、市民兵の招集や各持分の都市壁を防衛するに明快、容易といった点であろう。

建築家　ヘルモポリスの対岸にナイル川がやや入り込んだ天然の良港がありますが、アレクサンドロス大王によるアレクサンドリア創建時と同じように、この良港の存在がアンティノオポリス創建の地の選定にあたって大きな役割を果たしたのですね。

このアンティノオポリスの港には、デクマヌス・マクシムスの列柱街路に通ずる都市門が立っていました。列柱に飾られ、その上に騎馬像がのる堂々たる三通路式の都市門です。そしてこのデクマヌス・マクシムスの列柱街路は都市の東端にある戦車競技場に通じております。

またこれと直交するカルド・マクシムスの列柱街路はおよそ一・六キロメートルの長さで、都市の南にある野外円形劇場に通じています。

都市の北西部、都市とナイル川を見渡す丘の上には、オシリスと同格の神としてのアンティノウスを祀る神殿（オシリス・アンティノウス神殿）が建造されました。そして公共浴場やギュムナシオンなども建造され、またアンティノウスを記念して、毎年、歌や演劇のコンテスト、そして戦車競争や運動競技が開催されました。

ところで新都市の住民はどこから集められたのですか。

ハドリアヌス帝　ナウクラティスとナイル上流のプトレマイスの両ギリシア都市の一部住民と、それにローマ軍の退役兵（ウェテラヌス）を入植させた。

建築家　この新都市アンティノオポリスが発展するように、陛下はあらゆる方策を講ぜられております。

新都市の部族と住区に、皇帝自ら命名する

まず、住区の構成と住民組織ですが、アテネに範をとりまして一〇区とされ、それぞれの住区に陛下と皇室に関連する名を与えられました。

ハドリアヌス帝　正確に言うと、やや違う。

そなたはアテネの政治家クレイステネス（紀元前五六五～五〇〇ころ）を存じているだろう。

僭主ペイシストラトスには二人の息子がいて、後を継いだ兄のヒッピアスは、はじめは善政をしいてよかったのだが、弟のヒッパルコスが暗殺されると人が変わったように誰も信用できなくなり、罪もない人を処刑したり、次第に圧政をしくようになった。その結果、アテネ民衆によって僭主政は打ち倒された。その後、クレイステネスやイサゴラスら貴族たちの間で抗争が続いたが、民衆を味方につけたクレイステネスが勝利し、クレイステネスはアテネ民主政の基盤となる大改革を推し進めた（紀元前五〇八）。

その主たるものが、陶片追放オストラキスモスの導入であり、またアッティカ部属制ピュレーと住区制デモスの改組だ。それまで貴族の権力基盤であった血縁的四部族制を廃し、これを地制的一〇部族として、各部族をいくつかの住区に区分し、市民には居住する住区デモスに登録させるようにした。

建築家　大きな民主化改革のひとつですね。それでプラトンの対話篇などを読みますと、（たとえば『饗宴』では）（アテナイの）ミュリヌス区のパイドロス、キュダテナイオン区のアリストデモスなどと登場人物は……区に住む人と紹介されるのですね。

陛下は、新都市アンティノオポリスを一〇部族制ピュレーとし、各部族をそれぞれ二～六の住区デモスに区分し、これを都市構成単位、住民組織とされました。そして各部族と各住区の名は、陛下ご自身で考えら

れ、命名されました。

ハドリアネイオス、アエリエウス、アテナイエウス、
マティディオス、ネルウァニオス、オシルアンティノエイオス、
パウリニオス、サビニオス、セバスティオス、トライアニオス

「なんと意味深い名が、各部族につけられたことだろう。そして、なんとよく考えられた構成であろう。皇帝がこの部族名と住区名のリストをつくった折、皇帝の頭のなかを巡ったことすべてが手に取るように追体験できるようだ」と、ドイツの歴史学者W・ウエーバーは著書『皇帝ハドリアヌスの歴史の研究』(一九〇七)において述べております。

まずこの新都市の主守護神は、神格化されたオシリス・アンティノウスであり、一部族にオシルアンティノエイオスの名が与えられております。

そのほかの部族名は、陛下と皇室と密接に関連している名ですね。トライアニオスとはむろん陛下を養子とされた前帝のトライアヌス帝、ネルウァニオスとはトライアヌス帝の前の皇帝でありますネルウァ帝(陛下と同様、戦争より平和を標榜した、神格化されたネルウァ帝)ですし、サビニオスとは陛下の令夫人ウィビア・サビナ、マティディオスとは陛下の令夫人の母上、すなわち陛下の義母サロニア・マティディアス(陛下はこの義母の死去後、神格化され、ローマのパンテオンの東脇にマティディア神殿を建造され、奉献されております)、パウリニオスとは陛下の妹君のドミティア・パウリナですし、またアエリエウスとは、もちろん陛下の氏族名アエリウスです。そしてアテナイエウスですが、アンティノオポリスの創建にあたって、陛下がお好きな都市アテネを賛美し、それを模範として、ギリシア都市としたのですが、これを象徴すべくアテネの守護神アテナを

部族名としたのですね。

陛下はこうした各部族名を自ら命名することによって、この新都市アンティノオポリスがローマ帝国にとっていかに重要な都市であるか、そしてその発展、繁栄をいかに願っているかを帝国中に示されたわけです。

こうした部族制、住区の構成をはじめ、また住民には人頭税をはじめ、各種の収益所得に対する税が免除されました。また貧しい子供たちの養育のための基金（アリメンタ）が開設されました。

そして新都市の収入源となるよう、近郊のアラバスターの採石場が立地する地域を新都市に編入させました。

ハドリアヌス街道の新設

また新たにアンティノオポリスから紅海の港町ミュオス・ホルモス（今日のアブシャール）に至る街道の新設を陛下は命じられました。このミュオス・ホルモスもそうですが、ここから紅海沿いに五〇〇キロメートルほど南の港町ベレニケはアラビア、インドとの交易が盛んな港町であり、これらの港町とアンティノオポリスを結ぶことによって、ナイル川を下ればナウクラティスやアレクサンドリアに至るアンティノオポリスはアラビア、インドとの通商の中継地となり、それからモンス・クラウディウスなどの花崗岩採石場からの石材の運搬の中継地ともなり、したがって商業都市としての発展をもくろむものです。

ミュオス・ホルモスまでおよそ三五〇キロメートル、砂漠のなかを走る新街道には等間隔に宿駅が設置され、そこでは真水の井戸が掘られ、馬や警備隊などが配備されました。

またさらにアレクサンドリア、ナウクラティス、プトレマイスのギリシア都市と同様、さまざまな特権と優遇処置が施されたアンティノオポリスへの妬みから諍《いさか》いを起こさないために、対岸の都市ヘルモポリスには神殿や公共浴場の建設を陛下は命じられておりますし、また属州エジプト総督にアンティノオポリスが発展するべく特別に注視、配慮するよう命じられております。

時のエジプト総督マルクス・マメルティヌスは一三五年、プトレマイス市から移住させられた住民が苦情を訴えた手紙を同封して、アンティノオポリスに入植した住民が平穏に暮らせるべく配慮するよう、この地方の行政長官に送った書簡が知られています。（そのパピルスが十九世紀に発見されました。）

このように新都市アンティノオポリスの発展に、陛下が細心の配慮を払われたことが知られております。

ローマ、ピンチオの丘に立つオベリスクはアンティノオポリスに立っていたものか、
それともティヴォリのハドリアヌス帝別荘に立っていたものか？

南天に輝く鷲座の星となりましたアンティノウスを祀る神殿は、アンティノオポリスの都市とナイル川を見渡す丘の上に立っており、白い大理石でつくられた神殿はまばゆいほど輝き、神殿の周囲をスフィンクスや彫像そして列柱が取り囲んでいたのですね。

このことがヒエログリフ、すなわち聖刻文字で刻されたオベリスクが、今日ローマのピンチオの丘に立っております。

そのオベリスクの一側面に二行にわたって古代聖刻文字をなぞってローマ時代に刻された碑文は次のようなものです。

アンティノウスはここに眠る。エジプトの神々のなかの神として迎えられた。アンティノ

ウスのために神殿が建てられた。エジプト中の卜占官、司祭から、そして住民たちから神として礼拝されている。都市にはアンティノウスの名がつけられ、その住民はギリシア人の退役兵であり、またアンティノウスを祀った神殿があるいくつかの都市から移ってきた。住民には土地が与えられ、幸せに暮らしている。この神はオシリス・アンティノウスとよばれているが、この神のために建てられた神殿は良質な白い大理石でつくられており、古のエジプトのそれに古のギリシアの神殿と同じようにスフィンクスや彫像、列柱がこの神殿の周囲を取り囲んでいる。すべての神々はアンティノウスに生命の息吹をあたえ、アンティノウスは再生、復活した。（著者訳）

以上はおおまかな文意でして、十九世紀と二〇世紀のエジプト学の学者たちがその碑文の解読に取り組んできたのですが、精確な解読はなかなか難しいようです。

オベリスクの他の側面には、およそ次のようなことが刻まれています。再生復活したオシリス・アンティノウスを讃えよう。そして最高の神を讃えよう。［――］エジプトとリビアの王（陛下）のためにしたアンティノウスの行為に償いをしよう。［――］ナイルと神々に愛される王（陛下）は健康に、若さを保ち永遠に生きる。そしてその王妃サビナは健康に、永遠に生きる。そしてナイルを氾濫させ、畑を肥沃にする。（もうひとつの側面には）［――］アンティノウスは死にあたって、神々の命を受けた。オシリスの生涯がアンティノウスのなかで繰り返される。その仕事は神秘であり、書いたものは人びとの間に広まる。このようなことはこれまでなかったことだ。アンティノウスは人びとの心のなかで畏敬される。［――］アンティノウスはハーデスのオシリスの裁きの場に座り、人びとはアンティノウスの言葉を地上に刻む。人びとはそれによって喜びを与えられるからだ。人びとはハーデスの国への門を開ける、それも永遠に。［――］（そしてもうひとつの側面には）アンティノウスの名が与えられたこのエジプトの都市では、競技の祭典が催される。国中から屈強な若者たちが、その競技に集う。ボートレースも行われる。勝者の頭には花冠が飾られる。トート神はその栄誉を称える。神は全国の神殿へ赴き、祈りを捧げる者たちの要求に耳を傾ける。病に冒されているものには、夢でお告げをする。［――］（著者訳）

このオベリスクはアンティノオポリスのオシリス・アンティノウスを祀った神殿の正面を荘厳していたものであると、これまで長い間考えられてきました。もっとも陛下のティブル（今日のティヴォリ）の別荘に立っていた、と主張するH・ケーラーなどの学者もおりましたが。

ハドリアヌス帝　そのオベリスクはおそらく、ティヴォリの私の別荘の一角に、オシリス・アンティノウスを祀る神殿が立つ神域アンティノエイオンに立てさせたものであろう。

私はナイル河畔の新都市アンティノオポリスとそれとティヴォリの別荘の一角に、それぞれオシリス・アンティノウスを祀る神殿の建造を命じた。神域アンティノエイオンを荘厳するべく、向かい合うように立つ神殿の正面中央にオベリスクを立てるのだ。したがって、合計二基のオベリスク建造を命じたこととなる。

建築家　近年、ティヴォリの陛下の別荘におきまして、正面玄関への通路西側脇に、新たに遺構が発見されまして、発掘調査が始まりました。これまでわかりましたのは、それはアンティノウスを祀る神殿とその神域である、ということです。

そうしますと今日、ローマ、ピンチオの丘に立っておりますオベリスクは、地理的理由から、ティヴォリの陛下の別荘の一角、神域アンティノエイオンに立っていたオベリスクである可能性が高いようですね。

陛下が建造を命じられましたラータ街のインスラより、フラミニウス街道の方向（今日のコルソ通り）へ一キロメートルほど行った地点、そこに十六世紀におきましてポポロ門（昔のフラミニウス門）前にポポロ広場がつくられましたが、ここから右手東方向になだらかなピンチオの丘が始まり、今日ではその一帯は大きな樹木が鬱蒼と繁り緑豊かな広大な公園となっております。オベリスクはこの公園の一角に立っております。台座の上に立っておりますが、オベリスクそのものの高さは約九・二五メートルでして、今日ローマ市内に立っております総数一三基のオベリスクのなかでは、四番目に低いものです。もっとも高いものはクラウディウス帝を祀った神殿の向こう、カエリウス丘にありますサン・ジョヴァンニ・ラテラーノ教会前の広場に立つ高さ三二・一八メートルのオベリスクでして、これと比較しますと小規模なものといってよいですね。

太陽神の象徴としてのオベリスク

オベリスクは太陽光線を意味するらしいと、（大）プリニウスが『博物誌』において述べていますように、太陽神の象徴といわれております。エジプト王が死後、太陽に向かって昇る階段を象徴するのがピラミッドですが、オベリスクの頂部はこの小さなピラミッド型となっておりまして——ピラミディオンとよばれており、金箔などが施された場合が多いようです——、このことが太陽神との深い関連を示しています。

そして太陽神信仰の中心地はヘリオポリスでして、オベリスクが最初に立てられたのは、太陽神を祀る神殿の正面を荘厳するものとしてこのヘリオポリスであると考えられております。ただ、「オベリスク」の名は——古代エジプト人は「テケヌ」とよんだそうですが——ギリシア語の「小さな焼き串」を意味するオベリスコから由来し、ギリシア人はオベリスクの形が高くて細長いところからその名をつけた（吉村作治訳）というのは、たいへん愉快な話ですね。

さて、ティヴォリの陛下の別荘の（あるいは、これまで長い間考えられてきましたようにアンティノオポリスの）オシリス・アンティノウスを祀った神殿正面を飾っておりましたオベリスクが、いつの時代に、どのような事情でローマに運ばれ、そしてピンチオの丘に立つように至ったのか、ボートライトという女性史家がこれまでの調査、研究をふまえて総括していますが、それによりますと今日よくわかっていないというのが実状のようです。

アウグストゥス帝がエジプト、ヘリオポリスのオベリスクをローマのキルクス・マクシムスのスピーナに移設

ハドリアヌス帝　ローマのキルクス・マクシムス（大競技場）においては四頭立て二輪の戦車競争が行われるが、中央分離帯であるスピーナの周囲を七周してその速さを競う。戦車競争は四つのチームに分かれ、それぞれ騎手と馬をもっていた。チームはそれぞれ馭者の着る服装の色によって赤、白、青、緑の色名でよばれ、市民は贔屓《ひいき》するチームをそれは熱狂的に応援する。法では禁じられていたが、競技に金を賭けることもあ熱狂的な応援への要因のひとつだ。贔屓《ひいき》のチームの応援に熱中するあまり、諍《いさか》いがたびたび起きることがある。

そのスピーナには伝統的に、小さな祠や立像などが設置されていたが、アウグストゥス帝はそこにエジプトのオベリスクを立てさせた。アクティウム沖の海戦において、アントニウスとプトレマイオス王朝の王女クレオパトラの軍に勝利し、二人を追ってアレクサンドリアに着いた。そして二人が自殺しプトレマイオス王朝が崩壊した後、アウグストゥス帝（当時はオクタウィアヌスであったが）はエジプトを帝国の属州として併合した。そのとき、アウグストゥス帝はヘリオポリスの太陽神殿の正面に立っていたオベリスクがたいへん気に入り、幾基かのオベリスクをローマに移送させた。それらはどれも巨大な花崗岩のオベリスクだから、エジプトからローマへの移送のために、わざわざ特別な船を建造せねばならなかった。

そしてローマについたオベリスクのうち一基は、カンプス・マルティウスに設置された大日時計ソラリウム・アウグスティの影を落とす柱針グノーモンとして立てさせた。またもう一基の、ラムセス二世が完成させた長さおよそ三二メートル、重さが二三五トンもあるオベリスクは、キルクス・マクシムスのスピーナに立てさせたのだ。紀元前一〇年のことだ。――二〇万人もの大観衆を収容する大戦車競技場キルクス・マクシムスのスピーナに立てることは、両方とも巨大だからスケールからいっても合うし、またエジプト征服の記念柱といってよいものが大観衆の目に触れる場所として、もっとも相応しいと考えたのであろう。

建築家　それで、そのことが先例となりまして、戦車競走場のスピーナにはオベリスクや祠をはじめ、噴水や塔それに彫像や青銅製の棕櫚の木などいろいろなものが設置されるようになったのですね。このオベリスクは、十六世紀になるまで長い間その存在が忘れ去られておりました。キルクス・マクシムスとともに土砂に埋もれていたのです。なにしろパラティヌス丘とアウェンティヌス丘とのいわば谷間にキルクス・マクシムスは位置しているのですから、長い年月のうちに雨水とともに大量の土砂がたまったのでしょう。

それが十六世紀になりまして、その地中からオベリスクが偶然発見されました。教皇シクトゥス五世の命によって、今日立っておりますように、ポポロ広場に移設されました。

もうひとつの高さ二二メートルのオベリスク、カンプス・マルティウスに設置されました大日時計のいわば針として立てられましたオベリスクは、同じく十六世紀に発見され、移設されまして、今日ではイタリア下院議事堂になっておりますモンテチトリオ宮前の広場に立っております。

エラガバルス帝がアンティノウスのオベリスクをローマの自分の戦車競走場のスピーナに移設

さてアンティノオポリスではなく、おそらくティヴォリの陛下の別荘の一角にありますオシリス・アンティノウスを祠る神域アンティノエイオンに立っておりますオベリスクですが、陛下もよくご存知のクラウディウス帝が完成させた水道橋を利用してつくられましたポルタ・マジョーレの市壁外近くにおきまして、これまた偶然に十六世紀に発見されました。そしてその発見場所は最近の調査、研究によりますと、エラガバルス帝（在位二一八～二二二）の戦車競走場キルクス・ウァリアヌス（今日のロディ広場を挟んでアチレアーレ街とオリスターノ街が、キルクスのスピーナの位置に相当）であるとのことです。

エラガバルス帝はシリア人でして、太陽神を崇拝する司祭の家系で、陛下の建造になります女神ローマとウェヌスの神殿と聖なる道サクラ・ウィアを挟んで向かい側に、太陽神を祀る神殿「エラガバルス神殿」を建造したことが知られております。ただ、エラガバルス帝の死後、その後継者アレクサンデル・セウェルス帝の時代になりましてユピテル・ウルトル神殿となりましたが——。

そうしたことから、太陽神の象徴であるオベリスクにとりわけ関心を示すエラガバルス帝の命によって、オベリスクはその戦車競走場のスピーナに設置されたのではないかと、推測されます。そしてオベリスクはその後、何人かの貴族の手に渡った後、最終的には一八二二年にピンチオの丘の今日の場所に立てられました。

4 ローマ近郊ティヴォリのハドリアヌス帝別荘

4・1 別荘の図書室にて

建築家 この図書室におきまして、これまで陛下よりいろいろお話しをお伺いしてきました。むろん陛下お一人のための図書室でして、およそ八・三メートル×八・三メートルの正方形の部屋です。夏の強い日差しを遮るように三方は壁になっております。そして北に向いた壁に唯一、幅三メートルの両開き戸の開口があり、両方の戸を開け放ちますと、前面にブドウ棚を支える柱が林立し、緑陰をなすパーゴラとなっており、その向こうに庭が広がっております。

そして図書室の三方の壁ですが、戸口から見まして、左右両側の壁面には、幅一・五メートル、奥行六〇センチメートル、高さ二メートルほどの窪みがそれぞれ三か所ありまして、そこが両開きの木扉がついた木製の書棚となっております。パピルスの巻本は湿気に弱いので、木製の書棚となっているわけです。向かって正面の壁面中央は幅一・五五メートル、最大の奥行きが七五センチメートルほどの湾曲した窪み、アプシスとなっており、このアプシスには文芸の女神アテナの立像が据えられております。そしてその左右の壁は二か所、両側の壁と同じ大きさの木扉がついた書棚となっております。

陛下が建造を命じられましたギリシア、アテネの図書館もそうですが、書棚の前には、全部で一〇本のコリント様式の大理石独立円柱が、部屋の周囲を廻るアーキトレーヴを支えるように立ち並んでおり、書棚と列柱の間は段状となっております。大理石の床面から初めの段は高さ一二センチメートル、次の段は三〇センチメートル（奥行き三七センチメートル）となっており、ですから座高約四二センチメートルでちょうど座席のようになっております。陛下は書棚から巻本を取り出され、木扉を閉められ、（夏には）冷やりとする心地よい大理石の段板に一時腰を下されて、ときには柱に御身を寄せながら巻本の内容をお確かめになったり、ときには拾い読みをなさるのですね。

天井高は高く、東と西の壁上部に穿たれた開口を通して光が採り入れられておりますこの部屋の、中央に設えられました机で読書をされるのですね。ヘレニズムというより古典古代ギリシアの建築空間でして、図書館に相応しい静謐な気品ある空間です。この辺りは側近たちも立ち入るのを遠慮する陛下の私的な空間で、物音ひとつせず静寂が支配しています。

陛下のこの別荘におきまして、他にいくつか図書室が存在すると主張する人がいるようですが、環状の水路に囲まれた円形の島のウィラには、中央の噴水泉を挟んで浴室の向かいに、両脇に書庫がある図書室がありますね。

ハドリアヌス帝　そうだ。図書室というよりは読書室で、私はこの小さなウィラに一人引き籠もり、読書に耽ることが多い。

図書室といえる場所は、この二か所だ。

建築家　私たちが今おりますこの図書室とパーゴラの北側に広がるペリステュリウムに面して、従来からありました泉の洞窟を、陛下はニュンフェウムのある小さな祠として改築されましたが、これを挟むように軸線を前方の山に向かってそれぞれ三〇度と四五度ずらした二つの建築空間的に興味深い建物を、ひとつはギリシア語本図書館、もうひとつをラテン語本図書館とみなされることがありましたが、図書館などではないのですね。

ハドリアヌス帝　それらは北に広がる庭園に臨む広間だ。主として夏の夕方に、ときおり客を招いて宴が催される。庭園背後に展開するアニオの谷とコルニコラーニの山々の景観も良い。

建築家　そうしますと、先に述べられました環状の水路に囲まれた円形の島のウィラに接して立っております建物も、湾曲した壁上部に窪みがあるところから、図書室であるとか、あるいは謁見の間であると主張されることがありましたが、それも図書室ではありませんね。

ハドリアヌス帝　それは休息のための部屋だ。それに隣接して正確に東西に走る長さ約一八〇メートルの、屋根に覆われた長大な壁を中心として両側に柱が並び立つ列柱廊があるが——高い壁面に絵を描かせ、私は戯れにアテネのアゴラにあるストア・ポイキレと、ここで哲学を講義したゼノンを思い浮かべて「ポイキレ」と名づけた——、それは医者の指導のもと、健康維持のために壁に沿って歩く歩行訓練の場だ。壁の南側、暑い日差しの下、早足で歩いたり、反対に壁の北側、日陰となっている歩行路を早足で歩いたりして、これを繰り返すのだ。だから歩く向きをスムーズに一八〇度変えられるように、周壁が円弧を描いていることがそなたにもわかるであろう。そして歩いた後しばらく休息する。そしてまた歩き始めるのだが、その休息の場がその部屋だ。湾曲した壁上部の窪みには、そう多くはないが巻本を保管し、たまには休息時に読書をしたが、主目的は歩行訓練後の休息だ。

別荘に欠かせぬ図書室

建築家　公務に忙しい都ローマを離れまして、別荘の生活では好きな読書をして過ごすことが多いのでしょうね。ですからどの別荘でも、比較的大きな別荘では図書室が備えられていました。

ハドリアヌス帝　ひとりの私人にかえって、解放された気分で過ごせる別荘では、読みたい書物を自由に読み、没頭できる。それが別荘生活の醍醐味だ。読む書物も、ローマの住居で読む書物とはおのずと違う——。

建築家　自分の別荘ではエピクロス派の哲学書のみを読んだ人が知られております。

陛下がまだ三歳の御幼少のとき、ウェスウィス火山が大噴火し、麓の都市や集落が火山泥の下に埋まってしまいましたが、そのうちのひとつヘルクラネウム（今日のエルコラーノ）が、十八世紀初めに井戸掘り職人によって偶然発見され、発掘され始められました。その発掘された建物のなかに、「パピルスの別荘」と名づけられた別荘があります。たくさんの彫像で飾られた二つのペリステュリウム（そのうちのひとつは九〇メートル×三〇メートルもの大きさです）をもつ広壮なものですが、そこで一八〇〇巻もの書物（パピルスの巻本）が書架に収められている図書室が見つかりました。そうしたことから「パピルスの別荘」と便宜上この別荘は名づけられました。

そしてその一八〇〇巻の書物の大部分がギリシア語で書かれたエピクロス派の哲学書でして、なかでもエピクロス派の哲学者ピロデモス（紀元前一一〇～三七）の著作が多かったということです。ピロデモスはシリア出身でローマに来、哲学者でもありまた詩人としても評判が高い人ですね。きっとこの別荘の住人——共和政末期の政治家で、娘をカエサルに嫁がせ、この政略結婚によって執政官となったルキウス・ピソ（紀元前一〇五～四三）だとする説もあります——は、エピクロス派哲学の信奉者で、好きなエピクロス派哲学書だけをこの別荘に持ち込んで読書し、気ままな別荘生活を愉しんだことが窺われます。

ハドリアヌス帝　エピクロス派の哲学には、先帝トライアヌスの皇后であるプロティナが相当入れ込んでいたことが思い出される。アテネにエピクロスが開いた学園を良くしようとたいへん骨を折ったものだ。学園長の後任の問題で、プロティナは私にたびたび相談を持ちかけてきた。そして私たち二人で問題を解決した。

建築家　またある別荘の図書室がたいへんな量の蔵書を誇り、その書物を一般の人びとに開放した、ということも知られております。

それは東地中海地方のポントスのミトリダテス王たちと戦い、戦功をあげた将軍、政治家ルキウス・ルクルスの別荘ですが、ルクルスはそれらの戦いの戦利品として、王たちの膨大な蔵書をローマに持ち帰りました。その後ローマで政争に敗れ、ポンペイウスに司令官の職を奪われて政界から退いたルクルスは、コリス・ホルトゥロルム（今日のローマ、ピンチオの丘）にあった豪壮な邸宅より、トゥスクルム（今日の、ローマ南東二五キロメートルの丘の上のフラスカーティ）の別荘に住むことを好み、隠遁生活を送りました。戦利品として持ち帰った膨大な書物を別荘に移し、図書室を充実させ、柱廊や談話室とともに図書室を一般に開放したのですね。

そのころの政治家、弁論家キケロは同じくトゥスクルムに別荘を所有していましたが、その別荘にて執筆した折には――著書『トゥスクルム荘談義』が知られております――、どうしても必要な場合、そのルクルスの別荘に出向いて、図書室から書物を借り出した、という話が伝わっております。

冬はローマ、パラティヌス丘のドミティアヌス帝建造の皇帝宮殿に住む

ところで陛下は、主として夏はこのティヴォリの別荘で過ごされ、冬はローマ、パラティヌス丘の、ドミティアヌス帝建造による皇帝宮殿ドムス・アウグスターナ（その官邸部分は特にドムス・フラウィアナとよばれています）において過ごされるのでしょうか。

ハドリアヌス帝　そうだ。

夏のローマの暑さとその喧騒には耐え難いものがある。だからカンパニアの海浜の温泉保養地バイアエの皇帝別邸に赴くこともあるが、だいたいはこの別荘で過ごすようにしている。冬はローマでも寒い日が続くこともあるが、おおかた建物と人口が密集し、寒い北風が街を通り抜けることも少ない。街の喧騒も冬には不思議とそう気にはならない。大都市ローマで過ごすほうが快適だ。むろん公務の関係で、ローマに住むほうが都合がよい。

皇帝位に就いた後、私は冬はローマで、それもパラティヌス丘の皇帝宮殿に住むことにした。その皇帝宮殿は長らく誰も住まうことがなかったため荒れ果てていた。ドミティアヌス帝の後を継いだネルウァ帝も、先帝トライアヌスもこの皇帝宮殿に住まうことはなかった。

そなたも知っていると思うが、ドミティアヌス帝は皇帝宮殿内の自身の寝室にて、親衛隊副隊長や執事、寝室係といったいわば帝を守り、世話をするべき者たちによって刺殺された。

後を継いだネルウァ帝もトライアヌス帝も、その皇帝宮殿に住まうことがなかったのは、そうした事件があった皇帝宮殿に住むことに気味悪さを感じたとか、将来、自分の身の上にも生じるかもしれない不吉を感じたとかいったたぐいのことが理由ではないだろう。何よりも、ドミティアヌス帝は賢明な統治をした治世初期と相違して、一転して、後期には性格が変わったように猜疑心が強くなり、多くの人たちを流刑に処したり、処刑したりして恐怖政治と非難され、圧政者の烙印を押されたが、圧政者の豪奢な館というイメージがある皇帝宮殿に住まうことに、前の二人の皇帝は大いなるためらいを感じたのであろう。

しかし私は皇帝位に就いたとき、この皇帝宮殿に住むことにためらいはなかった。なにしろあの忌まわしい事件から二〇年以上もの長い歳月が経っていることだし、そうした理由から住まわれることなく宮殿が荒廃していくのは理不尽だ。またそれに、私は皇帝宮殿の建築空間に興味を抱き、前々から住まってみたいと思っていた。

建築家　ネルウァ帝は皇帝宮殿を「アエデス・プブリカ（市民の住まい）」とし、一般に開放しましたが、訪れる人びとの数もしだいに減り、荒れ果てていきました。このため陛下がこの皇帝宮殿にお住まいになるにあたりまして、基礎工事がしっかりしていないために傾きかけていた建物の部分、数か所の基礎補強工事をはじめ、順次必要な外装、内装の修復工事、それに冬季の寒さ対策のための床暖房工事などを命じられたことが知られております。

トライアヌス帝が住んだアウェンティヌス丘と二〇世紀初めの新芸術運動「ゼツェシオーン」

次に皇帝位に就きましたネルウァ帝は、パラティヌス丘のドミティアヌス帝建造による皇帝宮殿を華美に過ぎるといい、そして圧政者の館としてのイメージが残るその皇帝宮殿に住まうことを嫌って、ローマの皇帝別邸ホルティ・サルスティアニに住み、死去されるまでそこに住まわれました。

では先帝であるトライアヌス帝もその皇帝別邸に住まわれたのですか？

ハドリアヌス帝　そうではなく、トライアヌス帝はアウェンティヌス丘に住んでいた。パラティヌス丘の南西、大競技場キルクス・マクシムスが位置する谷間の向こうの丘で、先帝の良き側近で、三回も執政官を務めたルキニウス・スラ——私が帝の秘書官たる皇帝財務官クワエストルとして、元老院などでの帝の演説の草稿をしたためる仕事を、このスラが以前やっていたのだが——もまた、このアウェンティヌス丘に住んでいた。特に丘の麓テヴェレ川沿いのローマの港と市場エンポリウムを見下ろすことのできる南西の傾斜地は、ローマでも有数の高級住宅地である。スペイン出身のローマ市民の家も多く、私もローマに来て以来、ずっとこの丘にある親類の家に住んでいた。

建築家　アウェンティヌス丘といいますと、昔は比較的貧しい市民が住む地域でして、紀元前五世紀末、貴族階級の横暴に反旗を翻した平民であるプレブスが、神殿を建造したり、独立国家を打ちたてようとして立て籠もった丘ですね。

ハドリアヌス帝　そうだ。いわば平民たるプレブスの牙城ともいうべき丘だが、それが皮肉にもいつしか貴族が住む高級住宅地となったともいえよう。

パラティヌス丘には多くの貴族たちが居《ドムス》を構えていたが、ティベリウス帝やドミティアヌス帝による皇帝宮殿の建造のために、移住を余儀なくされ、やむなくこの丘に移り住んできたのだ。

建築家　十九世紀末から二〇世紀初めの時代に、ヨーロッパにおきまして新しい芸術運動が展開しました。それはフランス、ベルギーではアール・ヌーヴォー（新芸術）、ドイツではユーゲントシュティル（青年様式）、そしてウィーンを中心とするオーストリアではゼツェシオーンと称せられました。アール・ヌーヴォー、ユーゲントシュティルと聞きますと新しい芸術運動の標語としてわかる気がしますが、ゼツェシオーンと聞きますと、どう関連するのかすぐには理解しがたい語です。

プレブス、すなわち平民が体制側の貴族階級と袂を分かち、アウェンティヌス丘に新たに国を建設しようとした行為は、既体制からの分離・独立運動——ラテン語でSecedere、その名詞形はSecessio——なのですが、オーストリアの新芸術運動は既体制である保守的アカデミーに反旗を翻し、つまり過去の様式から分離・独立し、新芸術を標榜するところから、古代ローマの故事を思い起こし、その言葉ゼツェシオーンを借用し、運動の標語としたわけですね。またその機関誌を刊行しましたが、その名をローマにおきまして春の初物を供える神事でありますver sacrum（ウェル・サクルム）と名づけました。

日本におきましても、一九二〇年代に建築を中心に、主としてオーストリア、ウィーンのゼツェシオーンなどの影響を受けまして、新芸術運動が起こりましたが、その場合、ゼツェシオーンの日本語訳である「分離派」を名のりました。若い建築家たちによって「分離派建築会」が結成され、「われわれは起つ、過去の建築圏より分離し、すべての建築をして真に意義あらしむる新建築圏を創造せんがために」と宣言しました（一九二〇）。明治時代においてヨーロッパ、アメリカから移入された様式建築をよしとする体制・アカデミーから分離し、主としてウィーンの新建築に範をとった新しい建築運動を標榜したのです。

ハドリアヌス帝　二〇世紀の新芸術運動において、われわれローマの故事が思い起こされ、われわれの言葉が運動の標語となったとは——。興味あるめぐり合わせだ。

ローマにおける皇帝別邸ホルティ・サルスティアニ

建築家　ところでネルウァ帝は、パラティヌス丘のドミティアヌス帝建造になる皇帝宮殿ではなく、アウェンティヌス丘でもなく、皇帝別邸ホルティ・サルスティアニに住まわれていたのですね。

ハドリアヌス帝　そうだ。ローマの北東、サラリア門近く、クィリナリス丘の向こう側北西斜面にある（今日のディオクレティアヌス帝浴場跡、ローマ国立博物館近くのサルスティーノ地区）広大なホルトゥスで、もとはサルティウス・クリプスの所有であったが、その死後、遺言により皇帝家の所領となったものだ。

建築家　養父サルティウス・クリプスは政治家として失脚後、歴史の著述に専念し、歴史家として大成した人ですね。アフリカのヌミディア王ユグルタとローマとの戦いを記した『ユグルタ戦記』などの著書で知られています。その人がそのホルトゥスを所有し、養子となったサルティウス・クリプスが相続しました。このサルティウスはアウグストゥス帝の側近として、またティベリウス帝の治世下においても、自身は元老院議員でもないにもかかわらずたいへん大きな影響力を有し、他方、マエケナスと同じように文人たちを庇護したことでも知られています。

皇帝家の別邸となったそのホルティ・サルスティアニには、ウェスパシアヌス帝そしてネルウァ帝が住み、また歴代の皇帝たちも短期間にしても好んで滞在したことが知られています。そして陛下がこの皇帝別邸の一部の改築を命じられたことも知られております。

ホルトゥスとは、菜園、庭を意味しましたが、都市壁内において、中心市街地よりやや離れた広大な敷地に庭園と菜園と住居とが一体となったものを指すようになり、（大）プリニウスが『博物誌』のなかで、今日では人びとはホルトゥスという名のもとに、都市そのもののなかに本式の農園と別荘をもって楽しんでいる（中野定雄他訳）と述べておりますように、庭園、菜園という概念が大きいのは確かなのですが、いわば都市の別荘という概念をも含んでいるのですね。

そしてそうした住まい方をギリシア、アテネの都市に持ち込んだのは、紀元前三～四世紀の哲学者エピクロスといわれております。エーゲ海、サモス島出身のエピクロスはアテネ市中に庭園を購入して学園を創設し、その庭園で弟子たちに哲学の講義をしましたが、エピクロス派が「庭園派」ともいわれます由縁はそこにあるのですね。プラトンの学園「アカデメイア」も、アリストテレスの学園「リュケイオン」も、いずれもアテネの都市壁外にありますが、エピクロスの学園はアテネ市中にあったのですね。

こうしたエピクロスの都市のなかの住居と庭園がある住まい方が、あるいはローマの人たちに影響を与えたのでしょうか。ローマの中心市街地から離れて都市壁近くの東北、西北の地域、それにテヴェレ川右岸沿いにホルトゥスが点在しております。ユリウス・カエサルがエジプトの女王クレオパトラをローマにてしばらく匿ったのは、そうしたホルトゥスで、ホルティ・カエサリス（今日のトラステヴェレ南地区）です。クレオパトラはカエサルとの間に生まれたカエサリオンを伴って一年半近くそこに滞在しましたが、カエサルが暗殺された直後、エジプトに帰ったようです。このクレオパトラのローマ滞在中の暮らしぶりなどについては、ほとんど記録がないようですね。市民の好奇な目で見られ、格好な噂の種になったはずですが、大きな権力を有する独裁官カエサルの私事でもありますし、話題にするにはたいへん微妙な問題でもあったのですね。

別荘の成立と背景——大農場主の住居

別荘とは、もともと地方にあります大農場主の住居に起源があると聞いております。農場は畑地と住居と作業小屋から構成されますが、しだいに小農場が消滅し、大農場が支配的となりました。その大農地の所有者であり、農場経営者がローマに住む貴族、富裕層であり、自分の経営する大農場の視察と管理のためローマから訪れ、短期間滞在するための都市住居の快適を備えさせた農場住居ウィラ・ウルバナが、時が経るとともに今日の別荘となったというわけですね。

ハドリアヌス帝　そういえるだろう。

だからローマ（イタリア）における農業の変革とおおいに関係している。もともとイタリアにおいては小農が支配的であった。だがそうしたわずかな土地を耕す農民は、ローマの国内外の戦争に兵士として駆り出されるようになり、その間、農地は放置された。働き手を失った小農場、小農地は、結局は仕方なく手放す羽目となった。そして兵役から解放され、農地を手放した農民たちは、都市ローマに移住し労働者として働いた。

ローマに住む貴族、富裕層はそうした小農地を次々と買い足し、大農場とした。大土地所有制への移行である。そこでは作物も限定し新しい農耕機も取り入れ、合理的で集約型大農場を経営していった。管理人を含めて、その労働力は主として奴隷や季節労働者たちだ。

建築家　H・ミールシュなどの今日の研究者によりますと、それは紀元前三世紀初めの第二次ポエニ戦争より、国内外の戦争を経て内乱に至る紀元前一世紀後半の時代とされていますね。

ハドリアヌス帝　だから別荘は本来、大農場経営と切り離せないといえよう。今日でも多くの別荘では、収益をもたらす動物小屋があるのが普通だ。羊、山羊、牛などの家畜小屋、鵞鳥や鶏、鳩、鶴それに特に大きな収益をもたらす孔雀——紀元前一世紀の夕の宴では、孔雀の丸焼きが出ない宴などおよそ考えられなかった——などの鳥小屋、それに淡水魚や海水魚の——海浜の別荘では、海水魚を飼っておく海に突き出した——養魚施設などが付属するのは、その名残であろう。その目的は自分たちの食用と収益が一番だが、鳥小屋や養魚池のごとく鑑賞用でもあった。

建築家　そしてローマに住む貴族、富裕層は、小農が手放した農地を次々と買い足し大農場としたばかりではなく、できるだけ気候が相違した地方にあちこち農場を獲得、経営しました。（大）プリニウスが述べていますように、農場を散在させることによって、気候の変化による不作の危険性を回避するためですね。

そうしてあちこちに所有する大農場のなかでも、いつしか気候のよい快適に過ごせる農場住居での滞在がより好まれ、住居は浴室や図書室、体育施設、貯水槽などの都市的施設を備え、ペリステュリウム形式の豪壮なものとなっていきました――。ローマの貴族が別荘に滞在した初期の記録としまして、ハンニバルを破った将軍（大）スキピオ・アフリカヌス（紀元前二三六～一八四）がカンパニア地方のリテルヌム（今日のリテルノ）の――そんなに豪奢ではなく、より質素な――別荘に引き籠り、そこで死去するまで生活したことが知られておりますが、別荘が成立し始めたのはこの時代といってよいかと思います。

4・2　皇帝たちの別荘

建築家　別荘地や別荘での生活を詠った一世紀の諷刺詩人マルティアリスの詩が知られています。

おお、美しき浜辺、あたたかきフォルミアエよ、なんじこそは、アポリナリスが、
厳しき軍神マルスの町ローマを離れて、
疲れし身として安けからぬ心患いを捨て去り、
あらゆる場所よりもよしとする町だ。
彼は徳高きおん妻のゆかりの地美しきティブルにも、
はたトゥスクルムやアルギドゥス山の静寂にも、プラエネステにも、
アンティウムにも、かくまで目を見はって驚嘆はしない。
また魅惑のキルケイ岬、はたトロイアにゆかり深きカイエタ、
さらにはマリカの杜もリリスの川も、リクリヌスの水に棲めるはニンフ・サルマキスも、
フォルミアエほどにはなつかしがられはしない。
ここでは海面をばやさしい風が撫でるように吹き、それでいて海は死んではいず、
海のいのちある静寂が、彩られたヨットをば微風の援けをかりて走るのだ。
そのさまはあたかも暑熱を好まぬ乙女の、
深紅の雉の羽の扇にて心地よき涼風が来るのにも似ている。
さらにはまた、釣り人も遠く沖に出て獲物を求めるのではなく、

はるか上から澄んだ水を通して見える魚が、
臥床やソファから垂らした糸を引くという静けさだ。
たとえ海神ネレウスが風神アイオロスの権能を感じるときがあっても、
自ら持てるものによりて安泰なる食卓はかえってその嵐をば嗤うのだ。
水槽には子飼いのかますが飼ってあるし、
上等なうなぎもご主人のアポリナリスのもとへ泳いで来る。
魚の名を呼ぶ奴隷の一声で、珍味として知られたぼらも寄って来、
年を経た赤ぼらもそばへ来いと言いつけられれば、その姿を現すのだ。
されど、ローマよ、なんじはかくのごとき楽しみをいつ許すというのか？
都の事繁き生活に縛られている人々にとって、
年に何日かフォルミアエで過ごすような日々が数えられているのだろうか？
おおフォルミアエにいる玄関番や、土地管理人は恵まれていることよ！
こんな楽しみは主人たちには用意されているだけだが、
君たちはいつも楽しめるのだもの！（藤井昇訳）

ハドリアヌス帝　別荘の所有者である批評家で名のとおったドミティウス・アポリナリスは、ローマでの仕事が忙しいため、そんなに素晴らしい快適なフォルミアエの海浜の別荘へは年に数日しか行けず、別荘の管理人たちが愉しむばかりだ——と皮肉をこめて詠ったものだな。

建築家　愉快なエピグラム、諷刺詩ですね。

この詩を読みますと、紀元前二世紀以降、いかに多くの貴族や裕福な人たちが——否、そうした人たちだ

けでなく、この詩を詠った貧乏詩人マルティアリスでさえも、セネカよりもらったローマ東北の郊外のノーメントゥム（今日のノメンターナ）の別荘生活を愉しんだようですし——、山や海、各地で別荘生活を愉しんでいたことがうかがわれます。そして人びとに人気があった別荘地もわかります。

都ローマでの忙しい仕事とうだるような暑さと喧騒を離れて、短期間過ごす別荘の地は、ローマ周辺の内陸、山岳地方——山の別荘——と、ティレニア海の海岸地帯——海浜の別荘——、この二つの地方に大きく分けられるように思われます。

山の別荘はローマから馬車に揺られて行くわけですから、多くはローマからおよそ半径五〇キロメートル内にあるようです。これに対して海浜の別荘はローマからテヴェレ川を下って船で行くことから、それより遠く、ローマから一〇〇キロメートル以上の地に立地することも多く、なかにはナポリ湾沿岸のように二〇〇キロメートル以上にも及ぶ遙か離れた海岸地帯（あるいは島）にもあるようですね。それまで地中海全域に出没していた海賊をポンペイウス・マグヌス（大ポンペイウス）が退治（紀元前六〇年代）して以来、海上の航行が安全となり、そのため海浜の別荘が各地に多数建設されるようになり、またローマとこれらの海浜の地を結ぶ定期船が運航されたといわれています。

ハドリアヌス帝　そうだ。ローマよりテヴェレ川を下ってオスティアを経、各港を経由してプテオリまで運航している。

建築家　山の別荘ですが、これは熱波に包まれるような夏のローマを離れて、山の涼しさを求めた夏の別荘というべきものですね。また山々の眺望を愉しむ——。

ローマの東南二〇～二五キロメートルほどのところのアルバニ山麓（今日のカステリ・ロマーニ地方）のトゥ

スクルム（今日のフラスカーティ）には、ティベリウス帝の別荘をはじめ昔から多くの人たちが別荘をもっていましたが、ラヌウィウム（今日のランヴィオ）にはアウグストゥス帝の別荘が、またドミティアヌス帝のアルバヌム（今日のカステル・ゴンドルフォ）のアルバーノ湖を臨む壮大な別荘が知られております。

このドミティアヌス帝の別荘は、アッピウス街道沿いに大きな入口玄関ホール棟がありまして、そこから三〇〇メートルほど奥まって、眼下に広がる火口湖に向かって擂鉢状の急斜面に、等高線に沿って横長に一キロメートルも伸びる三層のテラス棟が段状に形成されたものです。幅二〇〇メートルもある中央のテラスはいくつかのペリステュリウムを囲む皇帝の住居部分でして、その西先端には多色大理石を使用した豪華な数千人収容の野外劇場があります。また上部のテラスには皇帝自身が競技に参加されたといわれます戦車競技場、それに地下通路を通ってアプローチする展望台などがあります。また皇帝謁見のため、そして集会にも使用されたと思われます長さ三五〇メートル、幅七・五メートルもの大きな半地下のホール、クリュプトポルティクスがありますように、ドミティアヌス帝個人が使用する別荘というより、元老院議員をここに招集したり、戦車競争や音楽や詩のコンクールを催したり、公的性格を帯びたものと思われます。別荘に滞在するにしましても、皇帝として公務から離れることは難しいのですね。

なお今日、この別荘は十六世紀ルネサンス時代、教皇が建てた別荘の一部となっておりまして、発掘調査は、いまだ充分には進んでいないのが実情です。。

ローマの東四〇キロメートルほどの、運命の女神フォルトゥナ・プリミゲニアの神域がありますプラエネステ（今日のパレストリーナ）にはアウグストゥス帝の別荘が、そしてそこから東北に二〇キロメートルほどいった山間の地スビアコ（今日も同名）近郊にネロ帝の別荘があったことが知られております。深いアニエネ峡谷に覆いかぶさるように張り出した岩盤の上に立つ別荘です。山々と峡谷と流れるアニエネ川を見下ろす眺望を愉しめ、夏には心地よい冷気に包まれる地です。どの別荘も、別荘の立つ地を選び取る眼識には驚きます。

ローマの東二五~三〇キロメートルのここティブル（今日のティヴォリ）には、陛下のこの別荘のほか、アウグストゥス帝やクラウディウス帝の別荘が知られております。

また海浜の別荘は夏日中、日差しが強いものの、夕方ともなると涼しい海風が吹きます。また避寒の地ともなります。都ローマは内陸に位置していますから、ローマに住む人は海に魅かれるのでしょうね。

ローマの外港オスティアから海岸沿いに、五〇キロメートルほど南に下ったところの港町、アンティウム（今日のアンツィオ）にはカリグラ帝、ネロ帝の、岬の絶壁から砂浜の波打ち際に広がる広大な別荘が知られております。岬の突端に位置し海風がつねに吹き、また海を見渡す風光明媚なところから昔から好まれた海浜の別荘地で、多くの別荘が立っていました。そしてそこから一五キロメートルほど南に下ったところのアストゥラ（今日のトッレ・アストゥラ）にも、岬から海に突き出て、海上に浮かぶような豪壮な別荘（橋によってつながれております）でありますカリグラ帝の別荘（?）が知られております。

またさらに三〇~四〇キロメートルほど海岸線を南に下ったところ、ホメロスの『オデュッセイア』に出てきます魔女キルケが棲んでいたという伝説がありますキルケイ岬（今日のチルチェオ岬）を見渡すキルケイ（今日のサバウディア）のドミティアヌス帝の別荘が知られています。

白い砂浜と青い松林の美しい砂州――その向こうに海が見渡せます――に囲まれた静かな内海に臨むこの豪壮な別荘は、敷地が四六ヘクタールと広大なもので――今日では豊かな植生と動物保護のため、国の特別自然保護区に指定された地域の一部となっており、人の立入りは制限されています――、海から船で上陸します。海風に吹かれ、海と魔女が棲んだという岬を眺めながら逍遥するための列柱廊が、海岸線に沿って八〇〇メートル以上続き、この列柱廊沿いに浴場、食事・宴会の間、休息室、図書館・読書室――列柱廊越しに海が眺められます――

などの、海に向かって凹状に湾曲したエクセドラが連続するものです。そして浴場の奥にペリステュリウムが形成され、皇帝の住居部分となっております。豊かな自然の森のなかには九〇メートルもの長さの巨大な貯水槽──これらは半円筒ヴォールト構造の、なんとも美しい建物です──が三つ見られます。

今日、一部のみが発掘されただけですが、訪れた人びとに薬を盛り、魔法によって豚や狼などの動物に変えて自分の召使にしてしまうという魔女、髪麗しい女神キルケが棲んでいたキルケイ岬という神話的景観を取り込むように計画されています。

ここからさらに海岸線を下ったところ、海を臨む断崖絶壁の上に屹立するユピテル・アンクスル神殿で名高い港町アンクルス（今日のテラチーナ）にもまたドミティアヌス帝の別荘が、そしてまたさらに二〇キロメートルほど南に下がったスペルンカ（今日のスペルロンガ）には、ティベリウス帝の別荘が知られております。

ティベリウス帝海浜の別荘──神話の世界に遊ぶ

このティベリウス帝の別荘は、テラチーナよりガエータに向かって走るアッピウス街道のすぐ下、海に突き出した岩山を海波が洗う地にあります。

岩山に寄り添うように奥まって立つペリステュリウムを囲む寝室、浴場などの皇帝の住居部分、それに海に突き出るように立つ食堂、海岸に沿って伸びる逍遥のための列柱廊、それにこれも海に突き出た岩山に自然にできた大きく口をあけた形の巨大な洞窟から別荘は形成されております。

この洞窟の奥には、酷暑でもひんやりするちょうど三人の客が横臥するくらいの小さな食事の間トリクリニウム──床と天井には美しいモザイクが貼られ、壁には画が描かれています──が、岩山を掘削してつくられ、また洞窟内に入り込む海水を利用して円形の池（養魚池）とし、この周りにこれも岩山を掘削して座席を設《しつら》えるなど、自然の洞窟には人の手が加えられております。

とりわけ興味深いことに、この洞窟内には、(海より洞窟に向かって) 中央に、足が一二本と三列に並んだ歯がある首を六つもつ怪物スキュラが英雄オデュッセウスの船を襲う場面の彫像群、右奥にオデュッセウスと従者たちが一つ眼の巨人キュクロプスの眼に火で真っ赤に熱したオリーブの丸太を突き刺す場面の彫像群、それに手前左右に、略奪したトロイアのアテナ神殿に安置されていたパラス・アテナの木像をオデュッセウスとディオメデスが奪い合う場面の二人の彫像と、死んだアキレウスの武具を自分のものとするオデュッセウスの像、そして洞窟の頂部に神々の神ゼウスの聖鳥である巨大な鷲によってオリュンポスへとまさに連れ去られようとするトロイアの羊飼いの美少年ガニュメデス――これらの大理石の彫像群が据えられ、神話的景観が形成されていました (つい最近の一九五〇年代に洞窟内で発見されました彫像群を接ぎ合わせました結果、彫像群の人物、内容がわかりました。そこでこの別荘全体の発掘調査が進められました)。

そして洞窟前の円形の海池には、海池に浮かぶように小さなテラスがつくられました。食事・宴会の間でして、小さな船に乗ってこのテラスに渡った皇帝たちは、ここで神話の世界に浸たりつつ宴を愉しんだのですね。

この沿岸地域一体にそうした伝説が伝わっていることもありますが、とりわけギリシア神話に興味を抱き、神話の研究をしたといわれますティベリウス帝ならではの発想ですね。

またティベリウス帝がこの洞窟前の海池に浮かぶテラスで皆と夕食中、突然、巨大な岩石が大量に天井から崩れ落ち、饗宴仲間や給仕たちが多勢打ち砕かれたのに、ティベリウス帝は思いもかけず九死に一生を得た (スエトニウス、国原吉之助訳『ローマ皇帝伝』) といった話も伝わっております。

さらに南に下ったトロイアの将アイネイアス (トロイアの陥落後、イタリアへ渡り、ローマ建国の礎を築いたとの伝説があります）の乳母の墓があるとされるカイエタ（今日のガエータ）にも、ドミティアヌス帝が別荘を所有していたことが知られています。

またさらに海岸線を下ったところにあります――あの仮借ない諷刺の詩人マルティアリスのエピグラムのなかで、アポリナリスがあらゆる別荘地より良しとする――海浜の別荘地としてたいへんに人気が高いフォルミアエ（今日のフォルミア）を経まして、およそ七〇キロメートル南のカンパニアの地、ナポリ湾とウェスウィウス火山を望む風光明媚なミセヌム（今日のミセーノ）、ローマ海軍の艦隊基地がありますこのミセヌムの丘の上には、ティベリウス帝の別荘――帝はこの別荘にて死去されました――が知られております。これは以前ローマの将軍ルキウス・ルクルス所有の広大な別荘であったものですが、岬の丘の別荘からは、西南の方向にティレニア海に浮かぶプロチダ島とイスキア島、南のほうにはカプリ島、そして目を東に転ずれば、ナポリ湾とウェスウィウス火山を眺められ、ほぼ三六〇度パノラマの絶景を楽しめます。

そしてナポリ湾沿いにミセヌムから五キロメートルほどのところに、昔から温泉保養地としてたいへん有名なバイアエ（今日のバイア）があり、四月になって元老院が休暇の期間となりますと、ローマの貴族たちはこぞってこのバイアエへ、あるいは周辺のクマエ・ルクリヌス（今日のクマとルクリーノ）やローマ最大の港プテオリ（今日のポッツオーリ）に所有する別荘を訪れ、温泉保養しました。

バイアエはナポリ湾とウェスウィウス火山を一望する傾斜地に皇帝別邸がありました。幾重にも重なるテラスが形成され、そこにペリステュリウムが連なる住居、浴室、庭園、健康保持のための遊歩道等々、温泉保養施設を備えた皇帝別邸です。それらはすべて海に向かって開かれていますが、その海の見え方はナポリ湾、ウェスウィウス火山の景観を柱や開口によって切り取るように、あるいは軸線を設定して、そうした方向へ視線が向かうように巧みに設計されていることが、発掘されつつある遺跡から読み取れます。

カプリ島のティベリウス帝ジョヴィス（?）の別荘

またナポリ湾に浮かんでいますカプリ島には、アウグストゥス帝とティベリウス帝の別荘が知られております。アウグストゥス帝がギリシアの風習が残り、風光明媚なこの島が気に入り、ナポリ市より購入したといわれますが、このカプリ島には、今日では多くの人びとが観光に訪れています。

ティベリウス帝はこの島にいくつかの別荘を所有していたとされますが、そのうちのひとつ、たいへん豪奢な別荘は、島の東端、海面より三〇〇メートルもの高さで切り立った断崖絶壁の上に立つもので、上水の確保のため三〇メートル×三〇メートルの大きさの地下二層の貯水槽を有し——その地上部は、列柱廊が取り囲む中庭ペリステュリウムとなっております——、その周囲に、東側には断崖絶壁の向こうに朝日が昇る海と背後にポジターノ、アマルフィへと続く半島を見渡す広間とエクセドラ、北側には食堂や寝室群、南側に浴室などがあります。これらの皇帝のための住居部分に対し、北側にはそれと明確に区分されたかたちで帝の側近、随員たちや多くの使用人たちの部屋、それに大きな厨房などが配置されています。また食堂と寝室群があります北側、下方に長さ九五メートル、幅七メートルほどの遊歩テラスがあり、これは帝の健康保持のためのものです。食堂・寝室群からもそうですが、このテラスからはナポリ湾とウェスウィウス火山を一望できる絶景を愉しめます。これが反対側の南側にありましたなら、ただただ広い海原を眺めるだけで、夜になりますとまっ暗な海で怖くなるような光景ですが、（今日では特に）遠くナポリ湾岸沿いの街の灯やウェスウィウス火山の火などが見渡せるよう——また夏の強い日差しを避けるように——北側に食堂やテラスを配置したことは、よく考えられた計画といえます。

ティベリウス帝は紀元二七年、六七歳のときこの別荘に居を構え、以来一度も首都ローマに帰ることなく、一〇年の間ここから帝国を統治したのですね。

ところでこのティベリウス帝の別荘は今日「ヴィラ　ジョヴィス（ジョヴィスの別荘）」とよばれております。ドイツの古典考古学者ミールシュによりますと、十六世紀のころ、この名がつけられたようです。イオウィスあるいはジョヴィスはローマの最高神ユピテル（ギリシアではゼウス神に相当。今日の一般語でジュピター）ですから、ユピテルの別荘ということです。これは陛下の秘書官でありましたガイウス・スエトニウスが、カエサル、アウグストゥス帝よりドミティアヌス帝に至る一一人の皇帝の伝記を著した『デ・ウィタ・カエサルム（ローマ皇帝伝）』のティベリウス帝の伝記のなかで、この別荘につきまして「イオの別荘とよばれていた館（国原吉之助訳）」の記述があります。この「イオ」につきまして、コルネリウス・タキトゥスによる『アナリウム（年代記）』なかに「ティベリウスは、それぞれ呼び名の異なった一二の広大な別荘でもって、この島を独り占めしていた」との記述があることから、ティベリウス帝はこのカプリ島に一二の別荘を所有し、ギリシア、オリュンポスの一二の神々の名をそれぞれの別荘に名づけ、それでこの別荘にはユピテルと命名されたのであろうと解釈し、スエトニウスの「イオ」を「イオウィス」と読み替えられるようになりました。

その結果、十六世紀以来「ジュピターの館とよばれる別荘」となったわけですが、しかしながらしぶしぶ皇帝位に就くことを承知し、「インペラトル（最高司令官）」の個人名も、「パテル・パトリアエ（国父）」の添え名も拒否し、「アウグストゥス」の尊称すら、属国の王や君主に宛てた親書以外では決して加えなかったティベリウス帝の性格や、その他もろもろの帝の事蹟からして――晩年は数々の残忍非道な行為で誹謗されましたが――、自らをローマの最高神ユピテルになぞることはないと思われます。

ハドリアヌス帝　マルティアリスのエピグラムには先帝であるトライアヌス帝をユピテルとよんでいるが、それは先帝自身がユピテルになぞっているのではないし、それはまた別の話だ――。

建築家　東方の属州では、人びとがローマ皇帝をユピテル（ゼウス）と歓呼することはよくあったようですね．たとえば、エフェソスで発行されました貨幣の表側には「ハドリアヌス・アウグストゥス。執政官三回」、裏側には「イオウィス・オリュンピオス」とあり、陛下はオリュンポスのユピテル（ゼウス）とされております。これも陛下ご自身が自らをユピテルになぞっているわけではありません。

ですから「ジョヴィス（イオウィス）の別荘」より、スエトニウスの記述のごとく「イオの別荘」のほうがより適切であると、私も思います。

イオとはギリシア神話においてイーアソスの娘でして、ゼウスはヘラの祭官の職にあったこの少女を犯してしまいました。これを見た妻のヘラに詰《なじ》られ、ゼウスは少女に触れて白色の牝牛に変じ、以後、少女と交わることはないと誓いました。ヘラによってゼウスから乞い受けられた牝牛は、まずその名よりイオニア湾とよばれるところに来、そしてハイモス山を越え当時トラキア海峡とよばれていましたが、今は彼女によってボスポロス（牝牛の渡し、の意）とよばれる海峡を渡りました。そして広大な地域をさまよい、ヨーロッパとアジアの広い海を泳ぎ渡って、ついにエジプトに至り、そこで元の姿にかえって、ナイル川辺において子供エパポスを産みました。姿が見えなくなった子供を探してシリアをさまよい、そこで子供に出会い、エジプトにふたたび赴いて、エジプト王と結婚します。そしてデメーテル像を立てました。エジプト人はデメーテルをイシスとよび、またイオをも同じ名でよんだ（高津春繁訳）、といった神話が伝承されていますね。

ティベリウス帝は神話にたいへん興味をもち、神話の研究に打ち込んだ人ですが、自分の別荘になぜこのイオの名をつけたのか、今日では知るすべもありません。

ハドリアヌス帝　そなたもよく知っているように、ナポリ湾岸沿いにギリシア人の都市ネアポリス（今日のナポリ）を経て南に下がったヘルクラネウム（今日のエルコラーノ）、ポンペイ、スタビアエ（今日のスタビア）、ソレントなど、この地帯は多くの人びとに好まれた海浜の別荘地でもあったが、ウェスウィウス火山の大噴火（七九年八月）以来、——火山灰の堆積によって姿を消したポンペイやヘルクラネウムは論外としても——また噴火するのではないかと人びとは恐れをなし、別荘地としては衰退してしまった。

それから、各別荘地で複数の皇帝の別荘があるとそなたは述べたが、その多くはひとつの皇帝の別荘だ。皇帝家所有の別荘は売却することもあるが、多くはそのまま皇帝家所有として存続し、歴代の皇帝の多くが使用した――たとえば、私も温泉保養地バイアエの皇帝別邸のほか、アンティウムのネロ帝建造による海浜の別荘が気に入って、そこを訪れ滞在することがある。また皇帝の別荘は広大な敷地に立つ別荘であることから、皇帝は別棟の別荘を建てたり、既存の別荘を増改築することはむろんある。そのネロ帝の海浜の別荘では、私もエクセドラのある食事の間を増築させるなどした。

建築家　そうですか。後代の人たちには記録がありませんと、なかなかはっきりとは断定できません。

チヴィタヴェッキアのトライアヌス帝別荘における皇帝顧問会

そしてまた時代によって別荘地の好みも変わるのですね。

アントニヌス・ピウス帝以降は、それまでの人気のあった別荘地ではなく、ローマより比較的近い、また他の別荘などが立っていない、わずらわしさのない地を選ぶようになりました。

ローマの西、一八キロメートルほどのアウレリア街道沿いのロリウム（今日のカステル・ディ・グイド）の山の別荘では、アントニヌス・ピウス帝がブドウ畑に手入れをしたり、一日中畑仕事に精を出したことが知られています。帝はそこで生まれ、また死去しました。

海浜の別荘では、オスティアから海岸線を北に二〇キロメートルほど上ったところにありますアシウム（今日のパーロ）、そしてそこからさらに二五キロメートルほど上ったところのケントゥムケラエ（今日のチヴィタヴェッキア）のトライアヌス帝の別荘が知られています。

トライアヌス帝は、クラウディウス帝が建造、開港しましたオスティア港の内奥に続く六角形の新港、トライアヌス港を築造し、オスティア港を大規模に整備したこと、またさらに海浜の別荘地でもありますアンティウムとアンクルスの小港を整備したことが知られています。そしてこのケントゥムケラエに新しく港を築造、開港させました。

この（築造中の）新港の北東、四キロメートルほど内陸に向かった温泉が豊富に湧き出す地に、先帝でありますトライアヌス帝の広大な別荘がありまして、海浜の別荘というより山の別荘といったほうが適切だと思いますが、温泉保養へ先帝は出掛けられたのですね。この別荘での生活につきましては、（小）プリニウスによるコルネリアヌスに宛てたとする書簡によって少しく知ることができます。トライアヌス帝はこの別荘にて皇帝顧問会（コンシリウム　プリンキピス）を催し、皇帝顧問のひとりであった（小）プリニウスが招集され、この別荘を訪れたのです。四日にわたる皇帝顧問会の会議では、日中、裁判やさまざまな重要な国政の案件が議論、処理され、そして夕には晩餐会が開かれ、ときには朗読や音楽も催されました。

美しい別荘で、緑でいっぱいの農地に囲まれ、海岸に迫っている（国原吉之助訳）とありますから、別荘の敷地はたいへん広大で、海近くまで広がり、トライアヌス帝は海岸近くにも別棟を建てたのかもしれません。そこから築造中の港が見渡せるとも記述しております。公務から解放されひとりの私人にかえって静かな別荘生活を送るべき皇帝ですが、ここでも公務から離れられず、別荘には公務を執り行う空間が居住部分とは別にあったことがうかがわれます。

別荘の立つ場を選び取る眼識の高さと景観の見え方の意図的演出

皇帝たちの別荘をみてきましたが、他の貴族、富裕な人たちの別荘を含めまして言えますことは、海浜の別荘を例にとってみますと、海の眺望を最大限に愉しむように計画されていることです。海に向かって別荘が広がる、あるいは海を見下ろす傾斜地では幾重にも重なるテラス状の居住部分と逍遥柱廊ポルティクスとする、あるいは日中の暑い日差しを避けるように半地下のポルティクスであります地下柱廊クリュプトポルティクスとしたり、あるいはコンクリートを使用したローマの高い土木・建築技術を駆使して海に突き出すように広間をつくる、展望台をつくる――眼前に広がる海、ときには三六〇度の海のパノラマ景観を愉しむためですが、他方、漠然と海を見渡すだけではなく、軸線を設定し、開口による枠組みを設けて海の景観を切り取り、食堂や広間やポルティクスからの海の景観の見え方を意図的に演出したものが多いですね。

またティベリウス帝のスペルロンガにおける別荘のごとく、海水がひたひたと入り込む自然の洞窟を利用した食事の間は、ホメロスの『オデュッセイア』に出てきます人肉を食らう一つ眼の巨人キュクロプスが棲む洞窟と見立て、オデュッセウスが巨人キュクロプスの眼を刳り抜く場面の彫像などで飾りまして、その前に海に浮かぶようなテラスをつくり、涼をとりながら食事を愉しむ宴の間としています。また、ホメロスの『オデュッセイア』に出てきます魔女キルケが棲んでいたとされるキルケイ岬を見渡すドミティアヌス帝の別荘にいたしましても、こうした伝説が伝わる地域だからこそ、その見立て――神話的世界に遊ぶ、そして神話的景観を愉しむ――が可能となるわけでして、こうしたことを含めまして別荘が立つ場――夕日が沈む水平線、荒波に洗われる絶壁、洞窟等々、海のさまざまな眺望が可能となる別荘が立つ場を選び取る眼識の高さには驚くばかりです。

4・3 ティヴォリの地と別荘の着工

ハドリアヌス帝の図書室は以前に存在した別荘のタブリヌムを改築したもの

建築家　陛下と私が今ここにおります図書室と周辺建物は、広大な陛下の別荘におきまして、陛下と皇后が主として住まわれる居住部分ですが、陛下がこの別荘の建造に取り掛かる以前に、ある別荘がすでに存在していたことが知られております。

近世に始められました発掘調査におきまして、煉瓦の積み方、あるいは使用された煉瓦に押された押し印には生産工場や生産年代（執政官の名からわかります）が示されておりますが、その押印などから、そのことが判明しています。

ハドリアヌス帝　そうだ。私がこの別荘を建造する以前に、この敷地部分にはすでに別荘が立っていた。もっとも長い間使用されずに、やや荒廃しかかっていたが——。

それはずっと以前から私たち夫婦の親族が所有していたものだ。私たちが相続したときには、土地はほぼこの部分とその周辺に限られていたが、私が皇帝位に就いて、この別荘の建造に本格的に取りかかるころに、土地を買い足した。

以前に立っていた——おそらく共和政時代からの——別荘は、それほど規模は大きくなく、そして従来の別荘建築と比較してとりたてて変わった点はないといってよいだろう。

西北端と東南端にある二つのニュンフェウム（泉水堂）があり、これを結ぶ軸を中心軸として構成された建築だ。西北端のニュンフェウムと建物群の間に塀で囲まれた広い庭があり、その中心軸の左右に寝室群、それに中央にタブリウム、その奥に列柱で囲まれた中庭ペリステュリウム、またさらに奥の東南端にニュンフェウムがある。また西側にこれと隣接するかたちでもうひとつの、副次的といってよい軸をもつ中庭がある建物群があった。

この別荘における私と皇后サビナの居住部分は、この既存の別荘を改築し、そして少々増築したものだ。だから建物群が立つ敷地規模としては、以前のものとたいして変わりはない。

建築家　陛下のこの別荘の居住部分は、ドミティアヌス帝建造になるパラティヌス丘の皇帝宮殿にならいまして「宮殿」とよぶ人びともおりますが、この居住部分は以前から存在した別荘を少なからず利用したものですね。

ローマ海軍の艦隊基地がありますミセヌムの、四方の海を見渡す岬の丘の上に立つティベリウス帝の別荘は、実は以前、ローマの将軍ルクルスが所有し住んでいた別荘であったこと、それにローマにおける皇帝別邸ホルティ・サルスティアニは、以前はその名のとおりサルティウス・クリプスの所有であったものです。こうした例に見られますように、皇帝の別荘におきましても、以前に他人が所有していた別荘をそのまま、あるいは少々、増・改築して利用したものもあるのですね。

ローマ皇帝の別荘、別邸といいますと、その権力と財力からして、――あるいは皇帝家の格式を重んずる意図から、といったほうがより適切かもしれませんが――当然に他人が住んでいたものでは満足できなく、まったく新たに建造したに相違ないと一般的には思いがちですが――。

ハドリアヌス帝　そなたも以前に申したように、別荘を建てるにあたっての先人の場所を選び取る眼識は驚くほど高い。そうして実現した別荘では、山の別荘なら山の景観を、海浜の別荘なら海の景観をただ漠然と見渡すのではなく、軸線の設定や開口という枠組みを設けて、景観の見え方を意図的に演出したものも多い。たとえ他人が以前使用したものでも、夏あるいは冬の間ローマを離れて、そうした別荘に暮らすにあたってあまり不満な点はないだろう。たとえあったとしても、少し手を入れさえすればよい。わざわざ取り壊して、新たに建て直す理由は見つからない。

建築家　ローマの人たちの実利的な考え方が、こんなことにも表われているように思われます。

この別荘の居住部分が、以前に存在した別荘を改築・増築したものであるとしましたなら、陛下に私がいろいろとお話しをお伺いしておりますこの図書室は、以前はどんな部屋であったのでしょうか。

ハドリアヌス帝　タブリヌムであった。

タブリヌムとは通常ドムスにおけるアトリウムとペリステュリウムとの間にあるドムス中心軸上に位置するもっとも大きな部屋で、したがってドムスの主室といってよい。来客時には食堂として使われることも多い。

このタブリウムは、だから南東端と北西端の二つのニュンフェウムを結ぶ中心軸上にあり、私はこのタブリウムを改築し、私の図書室とした。そして北西側にあった寝室群を取り壊し、周囲を列柱廊に囲まれた小さなペリステュリウムとした。その中庭は列柱に支えられたパーゴラとした。そこではぶどうの木の枝が蔦い緑陰を形成し、しばしば読書の場であり、また夏の夕には私たちの食事の場ともなる。

北西端のニュンフェウムと大きな庭はそのままペリステュリウムとし、また南東端のニュンフェウム部分にやや手を加え、屋根で覆われた夏用の客との食事の空間とした。

また緑陰を形成するパーゴラのあるペリステュリウムに隣接して、私たちの寝室群と付属施設を加え、中庭を挟んで南西端に、新たに、夏期のこれも主として客との食事の場として涼風をよぶニュンフェウムをつくらせた。

建築家　その奥に、白いイタリア、カラーラ産ドリス様式の大理石柱群に囲まれたホールがあります。列柱廊を形成する柱は長方形（三三五ミリメートル×四七五ミリメートル）でして、中央ホールより見た柱の幅が細くなっており、細身に見えるよう工夫されております。またこれに対して、四隅の柱は四七五ミリメートル×四七五ミリメートルの正方形となっております。それぞれ五本と七本のフルーティング（縦溝彫り）が施され、アーキトレーヴとドリス様式の柱頭とともにプロポーションも良く、洗練され、たいへん美しい柱群ですね。またホールも美しいものであったことが想像されます。陛下の高い美意識がうかがわれます。また隣接して裁判や会議などが行われるバシリカがあります。これは陛下の公務の場でしょうか。

ハドリアヌス帝　そうだ。やむを得ず設けたというべきであろう。

都ローマの夏の厳しい暑さと喧噪を逃れ、そして忙しい仕事から解放されて、つかの間の休息の日々を過ごす別荘は、本来的には私的空間である。それはそうなのだが、皇帝ともなると、広大な帝国の統治にかかわる仕事が山積している。私は皇帝位について以来、帝国の隅々まで各属州、各地方の実情に即した統治を可能とすべく、騎士階級身分の有為なる者たちを官僚へ登用し、統治機構のさらなる整備に意を注いだ。だが私自身は公務から解放されることはない。

この別荘から馬に乗れば、ローマまで三時間程度で行ける。それでたまには緊急を要する元老院会議のため登院したり、必要な政務を遂行するためローマまで出掛けることもあるが、私と政務官たちだけで処理し得る行政上の案件が多い場合などには、往復に要する時間を考えると、この別荘で処理するほうが合理的だ。それで私はこの別荘の居住部分に隣接して、皇帝顧問団それに政務官たちと公務を行う空間、それにまた外国の使節や属州諸都市からの使節たちを謁見する空間をまず設けた。

建築家　アルバ湖を臨むアルバヌム（今日のカステル・ゴンドルフォ）のドミティアヌス帝の別荘には、元老院議員を召集し会議を開いたり、あるいは外国使節を謁見したりするための大きな広間がありますし、また野外劇場や戦車競走場などもありまして、ドミティアヌス帝個人の別荘のなかに公務と関連する公的性格をもつ施設部分が多くあります。

また（小）プリニウスの書簡によって知られておりますように、先帝でありますトライアヌス帝のケントゥムケラエ（今日のチヴィタベッキア）の別荘において、四日間にわたって皇帝顧問会が開かれ、裁判などをはじめ必要な案件が処理されました。つまり先帝の場合、別荘におられても公務から解放されることはなかったのですね。そして毎夕晩餐会が開かれ、食卓を囲みながら皆で、ときには帝国の統治施策などについても話し合われました。

陛下のこの居住部分の南端にありますニュンフェウムの食事の空間は、こうした公的な晩餐会の場ともなったのでしょうか。

ハドリアヌス帝　そうだ。当初は居住部分のこのニュンフェウムの食事の空間で催していた。だが当然こうした宴会の間が必要なことから、次の建造の対象部分として案を練っていた。

場に立ち、場を読む――思考する

建築家　陛下はお話しのように、すでに立っておりました別荘を改築し増築するかたちで、敷地の大きさはほぼそのままの規模で、まずご自分と皇后陛下の居住部分を建造されたわけですね。

ハドリアヌス帝　そうだ。

私は皇帝位に就く以前から、この別荘の建築についてあれこれと構想を練っていた。私は若い時分は、軍務に就いていた期間が長く、あまり長くローマに滞在――そう、住むというより滞在という語が適当であろう――することがなかった。が、そんななかで先帝、トライアヌス帝の秘書官である皇帝財務官クワエストルとして執務するようになって以来、法務官としてもまた執政官として、比較的長くローマにおいて執務することとなった。この間、第一次、第二次ダキア戦争に従軍した期間があったが――。そんなときにこのティヴォリの別荘を訪れ、相続の問題が解決された後、この別荘を将来どのようなかたちにするのか、ときおり考えた。

その後、東方オリエントのパルティアとの戦いが起き、先帝の後に付き従って従軍した（一一四～一一七）。そんなとき、砂漠の幕舎のなかでも、あるいはその後先帝によって属州シリア総督に任ぜられたが、アンティオキアの総督府においても、暇を見つけてはこの別荘の建築の構想を練った。

皇帝位に就いた翌年夏、ローマに戻った私はパンテオンの建造を命ずる一方、この別荘についての具体的な計画を、私は私の建築家たちをまじえて進めた。

私と私の建築家たちは、このティヴォリの地にたびたび足を運び、すでに立っている別荘と周辺の土地を歩きまわり、つぶさに観察した。買い足すことが可能であることを確認したうえで、南側に敷地を広げ、別荘全体の敷地としてはどうか、と考えた。この部分を含めた敷地全体は、北東と南西に小川が流れる二つの谷に挟まれた小高い丘で、北西に向かって緩く傾斜している。高低差が（敷地を小さく限定しても）思いのほか大きく一五メートル程度あるいは場所によってはそれ以上あり、また起伏に富んだ、いわば北西から南東に延びる幅四〇〇～六〇〇メートルの帯状の複雑に起伏しつつ傾斜する丘で、巨視的には南東にあるプレネスティニ山地の麓に位置するといってよかろう。

敷地が緩やかに傾斜する北西―北方向にアニオの谷、そしてその向こうに広がるコルニコラーニの山々が、そして北ないし北東方向にはティブルティニ山地中腹のティヴォリの街と背後にそびえる（今日の）ジェナロ山々とアペニン山脈が遠望され、眺望がよい。また西の方角にはローマの平原が遠望される。

私と私の建築家たちは数日間この小高い丘を歩きまわり、しばしば立ち止まっては四方の景観を確認した。そして水源については、ローマ市へ供給されるアニエネ水道を分岐して、給水し得ることなども確認した。

そして以前、私がたとえばシリアの総督府で思い描いていた別荘の構想が、「この場所」と離れたものだったことに気がついた。いわゆる製図机上で観念したものではないか——と思った。

また既存の別荘を、平面計画やそれにその基礎や壁、その他さまざまな角度から綿密に検討した。北西方向に向いているこの別荘の向きについては、北西に位置する谷とその向こうに広がる山々の眺望の確保の点からも、夏の強い日差しを避ける点からも、私と私の建築家たちは肯定的だった。また別荘が緩やかな傾斜と高低差に沿って建てられていること、つまり自然の地形を尊重していくつかのテラスを段状に造成し、大きな造成工事をやってないこと——造成工事部分の北西の中庭と私が図書室前のペリステュリウムの中庭をパーゴラとした居住部分には段差が設けられ、これを利用して地下柱廊クリュプトポルティクスが設けられている点にも肯定的であった。またこれは大規模な別荘でないことから当然なことかもしれないが、各建物のスケールが小さいこと——こうした点についても私と私の建築家たちは肯定的だった。

またこの別荘では地下にサービス通路が走っていることに気がついたが、この点についても私たちは大きくうなずいた。敷地の大きな部分は比較的掘削作業がしやすい凝灰岩の岩盤に覆われているため、この地下通路を延長するのはそう難しいようには思われなかった。私の建築家のひとりは、そうした地下通路は、私が住まっているなか工事を進めざるを得ない場合、差し障りが少なくなるように建設資材の搬入・運搬用通路あるいは資材置き場として好都合であるし、また水泳プールやワインを冷やす夏期の雪氷の冷蔵庫にもなるとのアイディアを出した。するともうひとりの私の建築家は建設資材の運搬に使役する牛や馬、ロバなどの家畜小屋を夏でも涼しい地下通路につくってはどうだろうと提案し、私と私の建築家たちはふたたび大きくうなずいた。

こうして別荘の改築・増築の計画が始められたが、私と私の建築家たちは時間の許す限り現地に出掛け、そしてその場に身をおき、既存の建物と増築部分との関係性を考えつつ計画を進めた。その場合、そなたも申したように、たとえば皇帝顧問会が開かれた後の出席者や各国使節、属州各都市の使節たちなどを招いた宴会のためのホールや、そうした賓客のためのゲストルーム、浴室など公務と関連する建物部分がさしあたって必要であり、それをどのように配置するか、およその全体のイメージを心に描きつつ考えた。

別荘地としての「涼しきティヴォリ」

ところでティヴォリの地には、紀元前二世紀ころからすでに別荘が建て始められたと聞いております。カエサルそしてアウグストゥス帝、クラウディウス帝をはじめ多くの人たちが、この地で別荘を営んでいたことが知られています。

都ローマからおよそ三〇キロメートルと比較的近く、無理すればティブルティナ街道を馬車に乗って一日で往復できるところですね。

諷刺詩人マルティアリスは

涼しきティブルの、ヘラクレス神祀る高みに道が通い、
アルブラの泉が硫黄の水に白く煙るあたり、
近きローマの都より第四の里標がしるすは、農園と聖なる杜、
ムーサイに愛されるひろき土地……（後略）……（藤井昇訳）

とティヴォリの地を詠っております。ここはティブルティニ山地の中腹、海抜二〇〇～二五〇メートルの高さに位置しておりますから、夏は涼しく、西方にはローマの平原が広がり、眺望も良く、夏の避暑地として

好まれたわけですね。

そしてアニエネ川がここで大きく蛇行し、崖が切り立ち、川は大きな滝となってごうごうと瀑布をとどろかせ、見るからに涼を愉しむ景勝の地ですね。

切り立った断崖の上には円形のヘラクレスの小さな神殿（今日ではウェスタの神殿ともいわれております）が立っております。周囲を一八本の（今日ではそのうち一〇本しか遺っておりませんが）コリント様式の柱が並び立ち、たいへん美しい神殿です。そしてこれに隣接するようにティブルヌスの神殿が立っております。ティブルトゥス（ティブルヌス）とは、アルゴスの予言者であり王でもあったアンフィアラオスの息子で、ティヴォリの建国者である、と（大）プリニウスはその『博物誌』で述べています。しかし一般には、ウェルギリウスが『アエネイス』で述べていますように、部族の名は兄のティブルトゥスにちなんでいますが、ラティウムの諸都市と昔戦った双子の兄弟カティルスとコラスの三人（岡・高橋訳）の父親カティルスがティヴォリの創建者であるという伝承が信じられているようです。

アルブラの泉とは、ティヴォリよりローマの方向でありますす西へティブルティナ街道を八キロメートルほど行ったところにある硫黄鉱泉で、今日でも「アクウェ・アルブレ」として人びとに親しまれております。諷刺詩人マルティアリスは次のような愉快な詩を詠っております。

ヘラクレスさまのティブルの町に、
色黒のリュコリスが引っ越した。
あそこへ行けば何でも白くなると
思い込んでいるもので。（藤井昇訳）

色黒に悩む遊女リュコリスが、その硫黄泉の湯気で肌が白くなると信じて、ローマからティヴォリへ居を移した、という切ない思いの女の諷刺詩ですね。

トラヴァーティンの採石場

ところでこの硫黄泉「アクウェ・アルブレ」の近く、ティブルティナ街道沿いにあのローマの石材「トラヴァーティン」の大きな採石場があります。

ウィトルウィウス（『建築十書』）も（大）プリニウス（『博物誌』）も、この石切り場で採れますトラヴァーティンを「ティブルの石（ラピス・ティブルティヌス）」としてほんの数行しか述べず、たいへん詳しく述べ扱う大理石と比較しますと、およそ軽んじられているように思いますが、「ローマの建築」といいますと、このトラヴァーティンでできておりますローマの円形闘技場、いわゆるコロッセウムのような堂々たる建築が思い浮かべられますように、ローマ建築とは切っても切り離せない、実に大きな役割を果たしている建築材ですね。今日でも、ここティヴォリの採石場からトラヴァーティンが世界に輸出され、日本におきましてもいろいろな建物の内・外装材としてあるいは床材としても使用されております。

トラヴァーティンは沈殿石灰岩で、また凝灰岩であるトゥフォとともに、地元ローマ近郊で採れます主要な建築石材として、紀元前二世紀以前より使用されてきました。トゥフォの採石場も「アニオの採石場」としてこの近くにもありまして、この両方の石材は、陸路をとればティブルティナ街道を、水路をとればアニエネ川とテヴェレ川を継いで、ローマへと運ばれました。

この二つの石材は、切り出した当初は柔らかく、加工が容易で、その後徐々に硬度を増すことからそれほど強度はないものの、良質な切り石として使用され、はじめはトゥフォの使用が多かったのですが、風雨にさらされると劣化しやすいという欠点があります。それでより強度があり、またそうした点に対しても劣化しにくいトラヴァーティンが柱や梁に、そして床材としても用いられるようにもなりました。もっとも珍重され、アウグストゥス帝の時代には属州化されたアカイア（ギリシア）や小アジアの採石場から盛んにローマに運ばれ――イタリアのカラーラの大理石採石場もカエサルによって開発されましたし――、公共建築だけでなく富裕な人たちのドムスにも使用され始めました高価な大理石は別格としましても、トラヴァーティンは多孔質で、縞紋様を呈し、白というより銀灰色のなんとも味わいのある美しい石ですね。

ユリウス・カエサルはフォルム・ロマヌムの床をすべてトラヴァーティンで舗装することを命じましたが、それによってフォルム・ロマヌムは壮麗な公共広場になりました。またローマの円形闘技場いわゆるコロッセウムのファサードはすべてトラヴァーティンでして（内部はコンクリート造・トゥフォの切り石となっておりますが）、この巨大、壮大な建物をなんと壮麗にしていますことか。それに陛下の命によりまして、陛下の霊廟と一体として建造されましたテヴェレ川に架かるアエリウス橋にもトラヴァーティンが使用されておりますが、テヴェレ川の川面に映えて、たいへん美しい橋ですね。このトラヴァーティンという建築石材は建物に壮麗さと品格を与えます。

ほかにトラヴァーティンが大々的に使用された建造物では、先帝であるトライアヌス帝の記念柱におきまして、見事な彫刻が施されています大理石の仕上げ材によって被覆されました躯体には、実に三〇万トンに及ぶトラヴァーティンが使用されたことが知られておりますし、陛下の命で建造されましたラータ街（今日のコルソ通り、ガレリア・コロンナ辺り）の都市賃貸集合住宅インスラの煉瓦造によるアーケードの柱の柱頭と柱礎には、トラヴァーティンが使用されております。

ティヴォリのトラヴァーティン採石場での生産は、陛下の時代あたりまでが最盛期でして、毎年五五〇万立方メートル以上の産出量がありましたが（F・コルプ）、しかし五世紀以降は生産が停止されました。しかし近世になりまして採石が再開されまして、今日まで続いております。

この地を帝の別荘の地として最終的に決める

ところで諷刺詩人マルティアリスなどが「涼しきティブル」あるいは「美しきティブル」と詠いますのは、陛下の別荘がありますこの地より標高が高い山地の山腹でして、海抜二〇〇〜二五〇メートルあります。それに対してこの地は海抜およそ八〇〜一〇〇メートルですから、だいたい一二〇〜一五〇メートルの標高差があります。

紀元前二世紀ころからティヴォリの地に別荘が立ち始め、一五〇もの別荘が立っていたことが今日の考古学的調査によって明らかにされております。そしてそのほとんどの別荘は、ティヴォリの涼しさと西方に広がるローマ平原の眺望を満喫すべく、標高の高い、いわゆるティブルティナ山地の山腹に点在していました。ティヴォリの地には、多くのスペイン出身の貴族たちが別荘を構えていたことが知られております。ローマのアウェンティヌス丘には、スペイン出身の貴族たちが多く住んでいたことが想い起こされます。スペイン出身の陛下のご親族がここに別荘を営んだのも、こうした経緯と関連するのではないかと推測されますが、そうしたスペインの貴族たちの別荘もまた標高の高いティブルティナ山地の山腹に点在していました。

近世におきましても別荘地として好まれ、とりわけ十六世紀に北イタリア、フェラーラの枢機卿デステ家のイポリト二世によって建造されました別荘が知られております。修道院を改築した豪壮な建物が傾斜地の上に立ち（遺憾ながら、その後荒廃した陛下のこの別荘において、その時代に発見されました数々の美術品を持ち去り、この建物を飾ったことが知られております）、そこから段状にテラスが幾重にも重なり、そこに噴水、池などが配された庭園がある別荘（ヴィラ デステ）です。ティヴォリ公園と名のつく公園が世界各地にありますが、それらは公園のようなこの別荘の庭園を想起して名づけられたものです。

ここで、何故に陛下は山の麓といってよいこの地をご自分の別荘の地と選び取られたのか、すなわち何故に標高のより高い、より涼しく、より眺望がよいティブルティナ山地の山腹を別荘の立つ地とされなかったのか、という疑問が生まれます。従来から陛下のこの別荘の研究者たちも、同じような疑問を投げかけてきました。

ハドリアヌス帝　私の建築家たちのなかにも一度、どこかほかに敷地を求めたら、と進言する者もいたが――。

建築家　研究者たちは、陛下のこの地を選び取ったことに対し訝りながらも、静かでのどかな地だから休息に適し、山腹の傾斜地より別荘の増築・拡大の余地が大きい、すなわち広大な土地の確保が可能であったためだろうとか、あるいは山腹周辺に点在する別荘の住人たちと距離を保ち、煩わしさから逃れたかったためであろうなどと、いろいろ陛下のお心を推測しております（マクドナルド・ピントなど）。

ハドリアヌス帝　そのどれもがあたらずといえども遠からず、といってよかろう。もうひとつ、私を動かしたものがある。それはローマから交通の便が良いという点だ。たとえばティヴォリの山腹の地と比較しても、この地からのほうが格段に便利だ。そなたも申したように、馬に乗って約三時間でローマ市中へ行ける。

建築家　ローマから一九ローマン・マイルですね。元老院議員はローマ市中か、あるいはローマから半径二〇ローマン・マイル（三二キロメートル）以内に住居を構えること、とされていたことが知られております。

ハドリアヌス帝　帝国の将来を考えると、皇帝として私にはやらねばならない仕事が山積している。若いときから軍人として、また属州総督として帝国の辺境でこれまでの人生の大半を過ごしてきた私は、帝国が抱える実に多くの問題を知っている。属州民のもめごとを平等に、正義にもとづいて裁く法の整備は急務であるし、属州民のそれぞれの土地での生き方を充分に尊重した統治を基本とする統治機構、官僚機構の整備も急務であるし、また帝国の長大な国境地帯での安定を維持するのもたいへんな仕事だ――和平の策を講じたとしても、東方の狂信的なユダヤ、あるいはパルティア、ドナウ川向こうのゲルマン、とりわけクワディ族などの好戦的な民族などとはつねに一触即発の情勢といってよい。

ローマのパラティヌス丘の宮殿にて住まい、執務する冬の間はともあれ、夏が問題だ。夏の間にもおおいに仕事をしなければならないことは、皇帝位に就いた当初より私は自覚していた。夏に比較的長く別荘に滞在するとしても、そう問題が生じないように私は熟慮した。別荘においても、皇帝顧問会の開催や政務官たちと政務の案件を処理し得るバシリカや、彼らや外国からの賓客らをもてなす宴の間などを備えることは当然だとしても、毎月二回、ローマでの定例の元老院議会への出席がある。また国境地帯などで緊急を要する問題が生じて、ローマにおいて特別に元老院議員を召集し、これに対処する事態は充分予想し得る。そう考えると私の別荘はローマに近く、容易に迅速に駆けつけ得るところでなければならない。ティブルティナ街道は以前、建築石材トラヴァーティンの輸送のため整備されたが、私はこの街道の再整備を命じた。

また、この地を私の別荘とするに私を動かしたものが、もうひとつある。これがもっとも大きなものだといってよいだろう。

相続した既存の別荘は、私たち、私と皇后の親族が営々と築いてきたものだが、基本としてはこれを大切にして、発展させたいということは、そなたにすでに述べた。そして私と私の建築家たちはたびたびこの地に足を運び、ときには数日間滞在して実にさまざまな観点から観察し、調査した。そして既存の別荘の肯定的な部分について認識をもした。これらのことについてもそなたにすでに述べた。そして既存の別荘の改築・増築の計画を進め、北西端のペリステュリウムとニュンフェウムの背後に皇帝顧問団や外国使節、属州各都市使節団をはじめとする公務に関連する者たち、あるいは友人たちを招いての夏の宴会のための庭園広間を考えているうちに、およその全体構想が私の頭のなかでまとまってきた。

建築家　それは従来、ラテン語本図書室とギリシア語本図書室というように誤解されてよばれていました、北の方角に向かって並び立つ二つの宴会のための庭園広間ですね。東側の庭園広間は、既存の別荘の主要軸に対し四五度ずれてほぼ北に向かっており、西側の庭園広間は六〇度ずれて北西に向いております。四五度ずれてほぼ真北に向いた庭園広間は、ティヴォリの背後のジェロナ山々とアペニン山脈を望み、六〇度ずれて北西に向いた庭園広間は、眼下にアニオの谷とその向こうに連なるコルニコラーニの山々を眺望します。

ハドリアヌス帝　そうだ。夏の宴会のための広間であるから、夏の強い日差しを避ける意味から、当然北向きでなければならないとしても、私はその場に立ち、そして周囲の山や谷を見渡ししばし考えた。そしてひとつは北─北東に連なる山々を、もうひとつは北西に広がる谷とその向こうの山々を眺望するよう、それぞれ角度をずらして配置しようと考えた。

建築家　山の眺望を考慮しました配置計画には、陸下に以前に一度お話しをお伺いしましたアテネのアクロポリスをはじめ、ギリシアの都市や神域の配置計画が思い起こされます。とりわけ南イタリアにおけるギリシアの植民都市ポセイドニア、ローマが併合し軍事植民地とした（紀元前二七三）後は、パエストゥムといわれますその都市のヘラ神殿とポセイドン神殿の二つの神殿の配置が印象的です。都市の街路網は整然とした格子状でして、ギリシア都市のグリッドプランですが、この二つの神殿のみがグリッドの軸線とは明らかにずれていまして、そのずれは東の方向にあります聖なる山々に向かっているためです。

ハドリアヌス帝　場を読み、ひとつひとつ目的を充足する固有の建物──建築複合体といったほうがよいだろう──を建てる。そしてその場合、既存の建物や建物群との関係性を充分考え、そして増築していく、という考え方だが、そうしたこの別荘の全体構想が私と私の建築家たちの間で固まってきた。どこまで増築しても、その増築を可能とする広大な敷地の確保が可能であることを確認させたうえで、私はこの地を私の別荘の地と決めた。

そして早急に計画を進め、工事に取りかからせた。

4・4　別荘の全体構成について

全体の統一的プランはない

建築家　陛下のこの広大な別荘のプランを見ますと、たとえば（十七世紀後半、パリ郊外にルイ十四世によって建てられましたヴェルサイユ宮殿のように）明快な中心軸が別荘全体を貫徹し、これを軸に左右対称に規則正しく構成するといった、全体の統一的プランではありません。

そうではなく、大きく分けて六つの軸がありまして、それぞれを軸として、あるまとまりのある建築複合体が形成され、これらの建築複合体が隣り合わせに加算された全体構成となっております。そしてその建築複合体はそれぞれたいへん固有的です。全体を統一するものがありませんから、別荘全体の構成として明快でなく、複雑で多様です。ですが、なによりも全体として豊かでいきいきとしていますね。

ローマ社会では規模のたいへん大きい別荘が知られておりますが、そのうちでもアルバーノ湖を臨み傾斜地に立つドミティアヌス帝の広大な別荘でさえも、明快な軸線を有しておりますなかで、陛下のこの別荘のような全体プランは、他の別荘にはおよそ見られないものです。

ハドリアヌス帝　既存の別荘をすべて取り壊すことなく、これを活かし、改築・増築しようと考えた段階で、およそのそうした全体構想――というよりおよその内的イメージ、内的ヴィジョンといったほうがよいが――は私の頭のなかに浮かんでいた。そしてこれについて私の建築家たちと議論した。

私たちの親族が暮らした別荘をひきついで、今度は私たちが暮らすことにした。いわば生き続けることにしたのだ。自由に生き、考えることのできる別荘という住まう空間とは、そなたが言うひとつの中心軸が別荘全体を貫徹し、それを軸に左右対称に規則正しく構成されるといった統一的プランとは相容れないのではあるいまいか。それにそうしたものを実現するには、傾斜地全体を削り取ってしまうような大規模な造成工事が必要となろう。それはナンセンスというものだ。そうした単なる外面的な統一と静的秩序は、住まい手の心に強制的にはたらくといわざるを得まい——住まう空間とは人が形式に縛られることなく、自由に、だが自制しながら生き、そして内省し、考えることができる空間なのだから。

建築家　陛下のそのお言葉と関連して思い起こされますのは、十八世紀初めオーストリア、ウィーン郊外に建造されましたハプスブルク朝皇帝の夏の別荘シェーンブルン宮殿です。マリア・テレジアの皇帝一家の住まいとして「生きられる」ことによって、シェーンブルン宮の当初の左右対称的構成が崩れていったという事実です。

フィッシャー・フォン・エアラッハという建築家——陛下がローマにおいて建造を命じられましたテヴェレ河畔に立つマウソレウムの想像復元図を作成しましたあのフィッシャーの計画案によって、シェーンブルン宮は躯体工事まで工事が進みましたが、建造を命じた皇帝レオポルド一世、それに皇帝位を継いだヨーゼフ一世も相次いで死去してしまい、次の皇帝カール六世は工事を中止させ、他所に夏の別荘を求めました。その後、帝位を継いだ娘のマリア・テレジアは、宮廷建築家パカッシーの手を借りて、「女帝一家の住まい」としてシェーンブルン宮の改築を進めました。一家の主婦・母親としての眼差しでもって、政治の場そして皇帝の富と権力を人びとに見せつけるための宮殿としてだけでなく、住まいとしての居住性を追求したわけです。

フィッシャーの計画案を見ますと、各部屋は大きく、それらの配置関係におきましても、たとえば南の広大な庭に面した広間を両翼とも謁見の間としたり、正面入口中庭に面して「皇帝の階段」なる壮大な階段室の空間を設けるなど堂々たる外観・内観を優先させ、全体として、外観を含めて内部においても左右対称的構成でして、格式を重んじるあまり形式主義に陥っているともいえましょう。

ロートリンゲン公である夫との間に一六人もの子供を産んだマリア・テレジアは、実利的に住まいとしての宮殿のありようをも思考しました。壮大な階段室の空間を取り壊し、必要な数の小さな、天井高も低い家族の間としました。また南の庭に面した謁見の間を廃し、いくつかの小さな部屋、子供部屋、朝食室、サロン、執務室などにしました。宮殿の、大きく広い、天井高も高い部屋ばかりでは、住まいの居心地の良さ、親密性は得られないからです。

こうして皇帝の夏の別荘、離宮としての格式を保つ一方、マリア・テレジア一家に「生きられる」ことによって、左右対称性という形式は崩れていった、と申せましょう。

ハドリアヌス帝　そうか、「生きられる」ことによって建築の形式が崩れていく――か。同じことが都市についてもいえよう。生と硬直した形式とは相容れ難いところがある。

建築家　ところで、陛下のこの別荘では軸線がいくつか――大きく分けまして六つですが――ありまして、それぞれあるまとまりのある建築複合体が地形に沿うように形成されておりますが、それらの建築複合体はそれぞれ固有性を有していますね。

ハドリアヌス帝　以前に話したと思うが、既存の別荘とその立つ地を私の建築家たちと調査した折、私たちが好感をいだき、学んだ点も多くあるが、そのひとつは、敷地は高低差があり比較的変化に富んでいるが、その自然の地形を、場所を尊重している点だ。つまり地形に沿うように建て、大規模な造成工事はしていないということもそのひとつだといえよう。

場所を、地形を尊重するということからすると、建築するにまとまった比較的平坦な地を選ぶことは限られてこよう。そのためそれぞれ地形に沿うように、いくつかの建築複合体が形成されたわけだ。

そして建築複合体がそれぞれ固有性を有するというのは、それぞれの場を尊重し、また建築の目的が住居施設、宴会用の施設、浴場などと、それぞれ相違するところから、当然といえよう。

そして――前に話したように――居住部分の北側に、必要な宴会のための二つの庭園広間――眺望を考慮して、既存の別荘の軸とそれぞれ四五度、三〇度ずれている――の計画を考え始めたとき、私たちにはそうした全体構想が固まりつつあった。

建築家　それぞれの建築複合体は、地形に沿うように計画されております。大規模な造成工事は西側部分の屋根に覆われたポイキレとよばれております歩行訓練の場と、池・公園のあるテラスの部分に限られております。その庭園テラス部分を支える下層部分は四層になっており、兵士たちの宿舎などになっております。

ところでひとつの軸線を共有する建築複合体は、ほぼ同じ時期に計画され、そして建造されたといってよいでしょうか。

ハドリアヌス帝　だいたいそうだ。

建築家　だとしますと、先ほどのお話しの、既存の別荘（あるいは陛下の居住部分）の軸と三〇度ずれている宴会のための庭園広間の軸を共有しますヘリオカミヌス――ドーム天井にうがたれた無数の孔から太陽光が射し込み、また床、壁が暖められました円形の発汗室――や屋外水泳プールを含む浴室部分と、環状の水路に囲まれた円形のウィラなどは、計画におきましても建造におきましても、ほぼ同時期だと考えてよろしいでしょうか。

ハドリアヌス帝　そのとおりだ。

建築家　それぞれの建築複合体が共有します各軸線は方向が相違し、ずれがありますから、それが重なったり衝突しないように、環状水路に囲まれた円形のウィラのような方向性を有しない円形の建物や、中間的な軸を有する小建築、あるいは地形（高低差）を利用するなどさまざまな工夫が周到にされていますね。

ハドリアヌス帝　建築家ではない私にはそれはできない。が、私の建築家たちは思考を重ね、計画する。私の建築家たちは、優秀だ。

増築を重ね、完成することはない

建築家　一気に大規模な別荘全体の建築が計画されたのではなく、ある時間をおいて、それぞれまとまりをもった建築複合体が計画され、建造されたのですね。

私たちはそうした場合、第一期工事、第二期工事というように工期と工区を分けて計画・建造を進めるのが一般的ないわゆる「計画的な」やり方ですが、そうではないのですね。

ハドリアヌス帝　ちがう。

ある一定の時間をおいて——これは私の帝国統治のための視察旅行とも大きく関連するが——順次、各建築複合体が計画され、建造されたといってよいだろう。

建築家　それぞれ建築複合体は、ある一定の時間をおいて、次々と増築された、ということですね。

ハドリアヌス帝　そうだ。

ある建築複合体の建築の際、全体のイメージを心のなかで描きつつ、すでに建てられた建築複合体との関係性を考慮しながら、建て（られ）る場を選ぶ——場を読むことが重要だ。そして、既存の建築物との関係を思考し、全体の動線、自然の地形や周囲の景観を考慮に入れ、必要とされる建物、建築複合体を増築していった。

建築家　敷地に余裕ある限り増築し、これで完成ということはありませんね。

ハドリアヌス帝　そうだ。

建築家　十四世紀の高名な歌人で、吉田兼好という僧が書き残しました『徒然草』という随筆のなかの一節が思い起こされます。

すべて、何も皆、ことのととのほりたるはあしき事なり。しのこしたるを、さて打ちおきたるは、面白く、生き延ぶるわざなり。（第八二段）

ハドリアヌス帝　その僧の言、なかなか興味深い。完成し、完全なものそして完結とは、生のある生成過程においては終末であり、死であるといえようが、それと同じで完成した完全な状況には発展の余地はなく、生き延びる余地はない、と言っているのだろう。

この別荘では私たち、私と皇后が住まいつつ増築を繰り返していったのだが、増築計画をするたびごとに新たな視点の発見がある。住まうことにおいて、新たな視点が発見されるからだ。そして全体として新たな視点による空間が展開していく。

建築家　陛下のこの別荘の遺構調査から、幾たびか工事が中断され、計画の変更がされたことが知られております（H・ケーラーなど）。その計画の変更は、増築計画の際に、そうした新たな視点を発見されたことと関連するのですね。

ハドリアヌス帝　そうだ。その場合、私と私の建築家たちは新しい視点は如何なる意味を有するのか、夜更けまで議論した。そしてつねにより良い計画に変更した。

建築家　ところで先の兼好法師は、

一部とある草子などの、同じようにもあらぬを（世間の人たちは）みにくしといえど、（友人の）弘融僧都が「物を必ず一具（一揃え）に整えんとするは、つたなき者のする事なり。不具なる（不揃い）こそよけれ」言いしも、いみじく覚えしなり

と、同じ段におきまして、友の弘融という僧はなかなかよいことを言う、と述べております。ものを必ず一揃いに整えんとするのは、拙き者のすることといいますが、二〇世紀初めウィーンの建築家ロースも住居のあり方について同様の主張をしております。建築家は住まいを設計するとき、食事のテーブルから椅子、食器棚それに照明器具等々、家具調度品に至るまで、すべてデザインしようとするが、そうした何から何まで統一してデザインするのはよくないと——。

ハドリアヌス帝　美しく調和のとれた室内空間は感心しないというのか。

建築家　そうした室内空間は美しく調和がとれているであろう、だがどうにも退屈で、つまらない、というのです。椅子について言えば、あるデザイナーによる椅子だけではなく、たとえば祖父や父親が愛用した椅子、自分がどこかで見つけて気に入った座り心地の良い椅子、そうしたそれぞれ個性をもった椅子などがあるほうがよほど良い。なんら（一人のデザイナーの作品たる椅子を）一揃いにして統一することもない、と主張するのですが、そこには建築家・デザイナーひとりの個性だけが存在するというのでしょうね。陛下が先にお話しされたように、自由に生き、自由に考えることのできる空間が住まいであるとしましたなら、そうした空間構成はもとより、家具調度品に至るまで何もかも建築家のたった一つの個性が支配しているのでありまして、息が詰まってしまうようなある強制として働くのでしょうか。

ハドリアヌス帝　ひとつの個性だけが支配する空間では、本質的にはあらゆるものが同様であって、した

がって退屈だというのだろう。私のこの別荘にはギリシアの彫刻や絵画など美術品――その多くは精確なコピーだが――があるが、たとえばそれらすべてがたった一人のギリシアの美術家の手になるものだとしたら、退屈きわまりないであろうことは、容易に想像し得る。ひとつの個性がつくったものに統一するということもひとつの形式だと思うが、住まいを生きる人間の生はそうした形式とはなかなか相容れ難いのではあるまいか。

芸術における未完成の問題

建築家　陛下は兼好法師の言を、完成したものそして完結したものとは、生ある生成過程では終末であり死であり、そこには発展の余地はなく、生き延びる余地はないと言っているのであろうと解し、共感も示されておられます。一方、陛下のこの別荘は、（あるまとまった建築複合体の）増築を繰り返し、その敷地――途方もなく広大であります――に余裕がある限り、増築によって増殖していきますので、別荘全体としてこれで完成ということはありません。

陛下はこの別荘全体におきまして完成することを志向されない、といってよいわけでして、この非完成ないし非完結性の問題は看過できない問題です。といいますのは、近世ヨーロッパ十四世紀以降、彫刻家で画家のレオナルド・ダ・ヴィンチ（一四五二～一五一九）やミケランジェロ（一四七五～一五六四）をはじめ画家のレンブラント（一六〇六～一六六九）やあるいは彫刻家のロダン（一八四〇～一九一七）、あるいは音楽家のシューベルト（一七九七～一八二八）らの作品には未完成のものが見られ、そして未完成であっても「作品の完全と美を妨げない（ルネサンスの美術家コンディヴィ）」、あるいは「未完成のもっとも崇高な効果（ドラクロワ）」などとされるからです。

芸術家は何故、完成させなかったのか、あるいは完成できなかったのか、芸術作品の創造の過程と関連して、作品の未完成——ノン・フィニト——の問題は興味深いことでもありますし、また建築家や彫刻家、画家が基本的には無名性であったローマの社会ではこうした問題があったのかどうか、興味深いところです。

その彫刻作品の多くが未完成でありました十六世紀の彫刻家ミケランジェロの場合を見てみますと、ミケランジェロの最初の伝記の著者でルネサンスの美術家コンディヴィは「ミケランジェロはたいへん雄大な構想力の人であった。彼は自分の作品にほとんど満足せず、心のうちで練りあげた理念を手が達成したとは思えないので、自分の作品をたえず軽視したのはそこに由来している（浅井朋子訳）」と書いております。このことはミケランジェロが何故に、自分の彫刻作品の多くを仕上げることなく未完成のままにしたのかを解明するヒントを与えてくれます。

十三世紀から十四世紀にかけてイタリアに生きた詩人ダンテ（一二六五〜一三二一）の詩篇『神曲』のなかに次のような一節があります。

材料がいうことをきかないために、
しばしば形が芸術の意向に
そぐわないことがあるのと同じように……（天国篇、第一歌。浅井朋子訳）

ここでいわれております芸術の意向とは、芸術家が心のうちで描いた構想（コンセプト）——内的イメージ、内的ヴィジョンあるいは理念（イデー）といってよいかと思います。芸術作品の制作とは、そうした心に描いた主観的な構想があるいは内的ヴィジョンが客観的な世界での対象、つまりかたちになることですが、その現実化された形象、作品が構想を充分表わしていない、これに充分到達できないことがある、とダンテは言っているのではないのでしょうか。

心に描いた大きく豊かな構想、内的ヴィジョンがこれを具体化した際の不完全な形象、――心のうちの構想と具体化した形象――この二つの落差が大きい場合、そしてこのことを芸術家自身が客観世界の批判的な眼でもって認識するとき、作品は完成されることなく、未完成に終わることがあるのです。それは意図的ではなくやむを得ず必然的に未完成のままとなるのです。

しかし一歩進めて、芸術家が単に自らの作品を批判的に眺めるだけではなく、自分自身を制作の全課程のなかで観察し、その過程を分析的に解明し、創造とは何かを明らかにしようと試みる場合、やがてそれが本来与えられた姿のままでは形成されないことを悟ります。と同時に、作品の完成が努力目標であることもなくなります。なぜなら完成が到達し得ないものであることを認めるからですが、ここでは未完成は必然ではなく、意図的となってくるのです（クラウス・コンラート、野村太郎訳）。

ハドリアヌス帝　芸術作品の創作過程についてはたいへん興味深いものとしても、いったい未完成のものがそれをつくってくれと依頼した発注者に、そして社会の人びとに芸術作品としての価値がほんとうに認められ、受け容れられたのか。ローマの社会においては、およそ考えられないことだ。

建築家　ミケランジェロの場合におきまして、たとえば「聖母子」の円形浮き彫り作品にしましても、「アポロ像」にしましても、未完成にもかかわらず、発注者たちによって芸術作品としての価値が認められ、作品として受け容れられたことがわかっております。そして社会の人びともそれを認め、受け容れていたようです。当時の彫刻家や画家それに建築家たちの肖像を記したヴァザーリは『ルネサンス彫刻家建築家列伝』のなかで次のように述べています。それはミケランジェロのイタリア、フィレンツェにあるメディチ家の廟の聖母子像についての箇所で、「この像はあらゆる部分にわたって完成されていない。それにもかかわらず、この未完であり、わずかに輪郭を描いただけの粗彫りのなかにこの作品の完璧な卓越が認められる」と述べていることからも、そうしたことが推察されます。

ハドリアヌス帝　私たちローマの社会では、彫刻といえばギリシア彫刻を模刻したものが多いが、「完璧な美」を具現していると考えるそうしたギリシア彫刻（の模刻）を神殿やバシリカ、ドムスあるいは別荘の室内外に装飾としておく。このことはそれらの装飾的価値が重要であることを意味し、だから未完成の彫刻にはなんの価値もないとされ、見向きもされない。

また彫刻作品（の模刻）にしても、絵画、建築においても、まず依頼主のさまざまな要求を聞き入れ、満足させねばならない。そうでなければ芸術家には仕事の依頼はないし、生きていけない。だいたいにおいて芸術家、そして建築家のオリジナリティといったものがローマの社会においてそれほど尊重されないことは、そうした依頼主と芸術家（――ローマ社会では職人といってよいが、そして多くは職人階級に属しているが――）の関係が背景にある。

芸術家の内なる理念あるいは内的ヴィジョンと具象化したかたちあるいは作品との落差というが、未完成な作品であっても可とするのは芸術家の主観であって、それは依頼主の要求ではない。芸術家自身の判断で未完成で可とするのは、ローマの社会ではとうてい通用しない。

未完成の芸術作品が受け容れられることは、ローマの社会ではおよそ考えられない、と私が言ったのはそうした理由からだ。

そなたが言ったルネサンス期以降、未完成な作品に価値が認められ、そして社会に受容されたということは、芸術作品の表現すべきもの（テーマといってもよいが）について芸術家自身が決められるようになった、ということではあるまいか。

建築家　そうですね。そうしたいわば決定権が権力や富を有する者から芸術家自身の手に移ったということですね。ルネサンスは主観主義の時代ともいわれております。レオナルド・ダ・ヴィンチやミケランジェロの「権威」がそうさせた、という言い方をする美術史家（A・シャステル）がおります。高名の芸術家が、ある「権威」を有するようになったのです。

このように、ローマ社会と相違しまして建築家がある権威を有し、施主の要望なり判断より自己が判断し得るなったことが、建築家が自己の名、名声を高めるべく、建築の目的を充足させることより造形、形態に力を注ぐようになった要因のひとつであると私は思います。地道に目的を充足させることより、（目的と関連が薄い）形態の工夫のほうが世間の目を引くからです。

ハドリアヌス帝　ところでそなたは彫刻家ロダンのトルソと申したが、トルソとは何か。私たちが知らない概念だが――。考えてみれば、私たちにも torosus（節くれだった、筋骨隆々たる）といった言葉があるが――。

建築家　たぶん陛下が言われましたその言葉が語源だと思われますが、トルソとは人体の頭部と四肢が欠けている胴体部分のみの彫刻でして、十九世紀の彫刻家オーギュスト・ロダン（一八四〇～一九一七）は、このトルソを生命力に溢れた人間存在の源泉であり住処であり、生命力に満ちた実存の象徴として多くつくりました。その生命力に溢れたロダンの彫刻以来、トルソは彫刻芸術のテーマとなりました。そしてむろん、未完成の芸術の範疇に入るものとされております。

ハドリアヌス帝　頭部や手足のない人体の彫刻か――。私たちの時代においては、そうしたトルソを自律した彫刻とはとうてい認められないが――。そして価値あるものとしても――。なんらかの理由で頭部がなくなり、手足が欠けてしまった彫刻だ、としかローマの市民たちは思わないのではあるまいか。また若い彫刻家あるいは彫刻家の見習いが、部分習作として胴体部分のみを制作することはあるだろうが、私自身がいまだ目にした記憶はない。

建築家　そうでしょうね。

実はそのトルソは、そうしたところに源初が見られるようです。十四世紀以降だと思いますが、陛下の時代（古代ローマ）の建築遺構の発掘調査が始められ、思いもかけなかった素晴らしい建築や芸術品が見つかり、建築家をはじめ芸術家は大きな刺激を受けました。そのなかに、かつて建築空間を飾ったであろうギリシア彫刻（そしてその模刻）があります（陛下のこの別荘は廃墟となってしまいましたが、陛下が摸刻をさせられましたギリシア彫刻を含めまして、ここから多くの価値の高い芸術品が発掘されました）。それらの多くは長い間土砂に埋もれいていたものですから完全な姿ではなく、あるいは頭部だけのもの、あるいは頭部と胴体部分はあるものの四肢は失われたもの、そしてあるいは頭部と四肢部分も失われ胴体部分のみのものもありましょう。

この後者のもののなかに、たいへん生命感溢れた素晴らしいもの――たとえば「ベルヴェデーレのトルソ」とよばれ、今日ローマのヴァティカン、ピオ・クレメンティーノ美術館に収蔵されている如きもの――があり、そしてルネサンス期より彫刻家や画家の習作の対象となっていきました。ロダンにおきまして、そのトルソは彫刻芸術の一つのジャンルとなったのです。

ハドリアヌス帝　頭部が欠け手足部分も失われてしまった状態で土のなかから発見されたギリシアやローマ彫刻が、一五〇〇年以上もの後になって芸術のテーマあるいはジャンルとなる契機となったとは、思いもよらないことだ。だが体の一部分であるトルソの表現によっていきいきとした生命感を象徴させることなど、たいへん考えさせ、興味深いことでもある。

空間のかかわり合いは偶然的

建築家　ところでこの陛下の別荘におきまして、それぞれ軸を有し、まとまりのある建築複合体が増築され、いわば隣り合わせに加算されていくわけですが、そうした建築複合体は多くは中庭を囲い込むように内部空間化されております。

ハドリアヌス帝　そこでは、たとえばその空間を支配するような建築は一つとしてない。ローマの伝統的な空間構成だといってよいだろう。

建築家　そして建築複合体はそれぞれ固有な形態を呈していますね。

ハドリアヌス帝　建築複合体はそれぞれ目的、機能を有しているのだから、それを充足し、それ自体完成していなければならない。その点は彫刻や絵画などと相違するところだ。また各建築複合体は屋根に覆われた歩行訓練の場とか、宴会のための広間、浴場、エントランスホール等々、それぞれ異なった目的を有するのだし、立つ場も違うのだから、形態も異なったものとなるのは当然だ。

建築家　立つ場が違うと言われますのは、たとえば庭園に臨む宴会のための二つの広間が既存の別荘の軸に対して、眺望を考慮してそれぞれ三〇度、四五度と向きが違うというように、場を読むことによって平面計画も形態も相違する、ということですね。

ハドリアヌス帝　そうだ。場を読むことが重要であると、あらためて認識した。

建築家　起伏に富んだ地形に対応しつつ、つまり大規模な敷地の造成工事を——別荘西側部分の屋根に覆われた歩行訓練場と庭園・池を囲むテラスを唯一の例外として——せずに、建築複合体が建設できる場を選び取るのですね。ですから、別荘の南東部分に立つ池のある中庭を囲む建築複合体（俗称「ピアッツァ・ドーロ」）はほぼ等高線に沿って、すなわち地形に対応させた結果、最初に建設されました既存の別荘の住居の増・改築部分の軸と微妙なずれが生じているわけですね。

およその別荘全体のイメージを心のなかで描きつつ、そしてすでに実現している建築複合体との関係性を考慮にいれながら、内部空間化された建築複合体が増築され、加算されていくのですが、その加算あるいは接合の仕方、関係性は偶然としかいいようがありません。

ハドリアヌス帝　すでに立つ建築複合体との距離・間隔あるいはおよそのつながりなど、関係性をある程度考慮にいれる――これがないと全体として別荘は成立しないが――のだが、その接合の仕方は意図的ではない。恣意が入り込む余地はないから、偶然だ。そして各建築複合体の間にできる空間、いわば余白の空間も偶然に形成されたものだといえよう。

建築家　以前、陛下より伺いましたギリシアの空間構成、たとえばアテネ、アクロポリスの神域全体の空間構成では、各建物の配置はなんの秩序もなく一見乱雑とも思えますが、実は周囲の景観をも取り入れながら非常に周到に考えられたもので、いわば動的均衡といってよいですね。

ですが、陛下のこの別荘全体の空間構成においては、偶然に委ねられた部分も多いですね。それぞれ固有な、内部空間化された建築複合体が増築、加算されて、別荘全体としては、いわば偶然に形成されたモザイク状の内部空間の集積であり、たとえばローマの都市空間のありようと同じだといってよいかと思います。ここではいわゆる建物のファサードはあまり見えるところがないですし、無意味ですね。

陛下の別荘では、人はある建築複合体の内部空間から隣接したもうひとつの内部空間に移動するにしても、偶然に形成された余白の空間を通り、偶然に接合されたもうひとつの建築複合体の空間へと、いわば自由に移動するわけですから、そこには恣意が介在せず、全体を見通すことはできませんし、予期し得ない空間の体験の連続である、といってもよいですね。

近代理性の時代において排除されてきた偶然性と狂気

まとまりのある各建築複合体は計画されたものですが、その接合の仕方、空間のかかわり合いは偶然であり、またその間に現象する余白の空間は偶然に生成したものであるというように、ここに偶然という概念がでてきました。そしてそこで予期せぬ空間の連続というように「偶然性」の働きとして「予期し得ない」ことの生起とも指摘されましたが、偶然性について思考を重ねた日本の哲学者九鬼周造（一八八八〜一九四一）は芸術と偶然性についても、興味深いことを述べています。

芸術は内容としても、形式としても偶然性を重要な契機として有しています。芸術の内容についていえば、たとえば文学では偶然性に伴う驚異が劇的な効果をもっているため、ひじょうに重要なものとなってきます。戯曲や小説で偶然性をとり入れていないものはないといっていいくらいでしょう。（『偶然性の問題』）

ハドリアヌス帝　以前にそなたと話し合ったエウリピデスとゲーテによるギリシア悲劇『タウリケのイピゲネイア』の場合においては、アガメムノンの息子オレステスは、デルフィのアポロンの神託に従って女神アルテミスの木像を手に入れるべくタウリケの地に辿り着く。そしてその地のアルテミス神殿の女祭司であるイピゲネイアと出会い、この二人が実は本当の姉弟であることがわかり、二人は抱き合って喜ぶのだが、オレステスがタウリケの地に赴いたのも偶然であるし、姉がその地のアルテミス神殿で女祭司として女神に奉仕していたのも偶然である。この二人の驚きの再会の場面は、この劇の大きな山場に違いない。

建築家　ほんとうにそうですね。偶然による驚きが、劇の効果をあげています。

また芸術の形式についていいますと、詩においては音韻上の偶然の一致、すなわち同音異義の語を利用してこの芸術の形式を構成します。いわゆる韻ですね、詩はその偶然を生かそうとします。十九〜二〇世紀フランスの詩人ポール・ヴァレリー（一八七一〜一九四五）は詩を定義するに、言語の偶然の純粋なる体系だと述べております。

また芸術が偶然性に対して有する内的関係について指摘しています。それは第一に芸術そのものの構造的性格が偶然的であるということです。これは、芸術作品はひとつの完成態として小宇宙的構造であり、他から独立して直観され、いわば偶然性を終局のかたちとしております。また、芸術における自由とは、いっさいの必然性からの自由であるのです。

第二に芸術は偶然を対象内容とすることを好みます。この点について文学・劇においては『タウリケのイピゲネイア』に照らし合わせてすでに見てきましたが、陶器の制作におきまして――これは主として東洋の陶器制作にいえるようですが――、偶然性が大きな役割を果たします。すなわち、土をかたちにして窯の火のなかに投じますが、その窯のなかの火が制作に参加し、かたちが歪んだり、色と味がにじみ出たりする窯変が現象します。この窯変がつまり偶然が陶器芸術に大きな意味を有するのです。

ところで以前、プラトンの言う神々から授かったマニア（狂気）について陛下よりお話しを伺いました。そこにおいて、ムーサの神々の授ける狂気に預かることのない正気の詩人のつまらぬ詩は、狂気の詩人の詩の前では光を失って消え去ってしまう、と言われました。そして詩作だけに限らず、他の芸術の創作と神々から授かった狂気の秘めやかな関係について考えました。

そして、十六世紀近世以降の理性の絶対主義の時代にあっては、狂気という概念は非難、否定される対象で、ますます脇に追いやられていくことになり、芸術におきましても（とりわけ建築の領域において）理性が優位に立つようになりました。しかし、そうした理性的芸術あるいは建築はたとえ優れたものであっても、人間の実存に迫ってこないのですね。それは神々から生きる私たち人間の身体に、そして根源的生に授けられた狂気を避けたため、プシュケー（魂）を呼び覚まさないからなのですね。

必然性の否定である偶然性の概念もこの狂気と同じでして、この理性主義の時代にあって、まったく否定されることはないとしても、排除されるものです。それは原因とそれによって生ずる結果という因果関係、論理の外にある事柄であり、偶然性とは哲学の対象となり得ても、自然科学の対象とはなり得ないからです。たとえ二〇世紀量子力学における「不確定性原理」や、数学におけるたとえば瞬間ごとに偶然の要素が介入する現象を問題とする「確率微分方程式」にしても、偶然の存在を容認するのですが、しかし偶然そのものを対象とした研究ではないのです。

偶然性と建築：作意の限界

こうして十六世紀以降、近代の理性の偏重の時代において否定の対象であり、その除去を推し進めてきた偶然性の意味をもう一度よく考えなければいけないのではと思います。

偶然性について、偶然性と芸術について思考した日本の哲学者九鬼周造は、偶然に伴うあるいは偶然に対する驚異の感情とそしてまた偶然には生命感が伴うと述べております。この生命感が伴うという指摘は興味深いですね。

ハドリアヌス帝　偶然には生命感を伴うとは、自然界・生物界において予知や法則などにとらわれず、それから逸脱した自由奔放なさまざまな自然・生命現象が存在し、そこに感じとれる生命感をいうのではあるまいか。

建築家　近代の理性主義におきましては、理性を絶対視するあまり、生が法則などによって規制、抑圧されることが多いのでしょうね。

十七世紀の哲学者デカルト（一五九六〜一六五〇）は、次のように述べています。

いくたりもの棟梁の手でいろいろと寄せ集められた仕事には、多くはただ一人で苦労した者に見られるほどの出来栄えはない。

いわば一技術者が図面を描き、これを完成させた建物はおしなべて一層美しく、一層良く整っている。同様に、そのはじめは小さな城下でしかなかったものが、時が経つにつれて大都市となった古い市街は、ただ一人の技師が広い野原で思うままに整然と設計した規則正しい都市と比べてひどく不均整なのが一般的だ。（『方法序説』落合太郎訳）

何もない広大な地に一人の計画家、建築家が都市プランを立案して、都市をつくったほうが規則正しくよく整っていると主張しますが、近代の理性・合理思考の地平を拓いたデカルトらしい考えです。そこには秩序よく整っていることが重要で、このことはまた美しさに通ずる、という思考が読み取れます。

実際、生硬な秩序を志向する理性主義・科学的思考様式が支配的である近代社会にあって、都市は次第に単調となりました。そしてまた次第に伝統も失われてきました。

以前に、ヘレニズムの建築について陛下にお話しをお伺いしたおり、ヘレニズム建築の造形言語はギリシア古典建築のそれであり、規範となるものがあるということと関連しまして、十九〜二〇世紀に伝統を拒絶ないし否定し形成されました近代建築運動にはそうした規範がない、ということに陛下はたいへん驚かれました。そんな事態があるのか、想像もつかないことだ——と。

ハドリアヌス帝　近代建築運動は伝統的建築的造形言語を否定したというが、そうした変革の運動は、——社会の変革であれ、芸術の変革であれ——それまでの事態を否定し、変革の目的をできるだけ単純、明快にして、ラディカルに性急にその目的を実現しようとするものだ。とはいっても、建築の伝統を否定したとは、変革を性急に推進するあまりに思慮が足りなかったと言わざるを得まい。

建築家　本当にそうですね。

伝統をもたない建築家には、設計するにあたって頼るべき建築造形の法則はない。建築の伝統とは本来そういうものだ、と陛下は指摘されました。だとしますと、自身で建築造形の法則を発明しなければなりません。そのうえで自身の法則に頼らざるを得ないわけですが、そうした法則はたいへん恣意的にならざるを得ません。

ハドリアヌス帝　そうした法則は自身のためにも他人にも、わかりやすく単純、明快でなければならない。そしてその法則は厳格に守らねばならない。だから少々の逸脱もヴァリエーションも許されない——その種の法則とはそうしたものだ。

建築家　二〇世紀、近代建築の造形の法則に通底するのは、合理的秩序をもとに構築された（いわばワーグナーが近代建築へのテーゼとして掲げました「単純で経済的な」）合理的構造体を明快に表現するというものです。これは単純、明快でわかりやすいことから、図式的、教条主義的な原則として世界中に広まり、その近代建築は「インターナショナル・スタイル（国際様式）」として確立していきました。

またそうした生硬な近代合理の秩序が隅々にまで貫徹して計画され、生硬なかたちの郊外の新都市あるいは新興住宅地、街路あるいは家々の単調さと無味乾燥さにはやりきれない感じがしますし、また息が詰まるような閉塞感があります。

人は誰しも、なんらかの意図のもとに計画された強制的な秩序においては、真に自由であるとも、また快適であるとも感じないのですね。

ところで住まいであれ、街路であれ、都市であれ、私たちが心地良く、好ましいと感ずる場所は偶然に生成したものであり、はじめから意図的に計画されたものではない、と二〇世紀オーストリアの建築家ヨーゼフ・フランク（一八八五〜一九六七）は主張します。

このことはいくつかの広場をくらべてみますとわかります。一人の建築家によって計画された広場でありますローマのサン・ピエトロ大聖堂前の広場（十七世紀、建築家ベルニーニの設計）やパリのヴァンドーム広場（十七世紀、建築家マンサールの設計）は、美しい広場に違いありませんが、その場で過ごす時間の経過とともに退屈に感じます。これに対したとえばイタリア、ヴェネツィアのサン・マルコ広場は九〇〇年以上にもわたって、その時その時の要求を満たすかたちで建設が続けられました。つまり広場のかたちが次々と変わりました。誰が建築を続けたのか、その設計委託を受けたのかは偶然です。つまりその広場は偶然に生成したものです。今日その広場は不整形ですが、変化に富み、いきいきとして絶妙なかたちをしており、私たちは美しく、また心地良く好ましいと感じます。サン・マルコ広場のようによく知られた広場でなくとも、旅をしますと、都市計画家や建築家が計画したのではない自然発生的な、アノニマス《無名性》な小さな集落にも、美しく好ましいと感ずる偶然に形成された広場に出会うことがよくあります。

フランクという建築家は人間の計画意図、作意に限界を感じとり、偶然を、つまり意図の外部から何かが不意に生まれることを期待しつつ、私たちを取り巻く環境、つまり住まいや都市は意図的に計画するのではなく、偶然に形成されたというようにかたちづくるべきだと主張するのです。

偶然性の概念の導入の必要性ないし意義を建築の分野ではフランクがこのように主張していますが、音楽の分野においてもフランスの現代作曲家ピエール・ブーレーズ（一九二五〜）もまた主張し、実際にいくつかのそのような作曲をしております。

この問題と関連してふたたび思い起こされますのは、近世初期、朝鮮の名もなき無学の陶工たちがつくる、民衆の日常生活に使われる雑器のなかに、ときおり、目を見張るような名品がつくられるということです。

日常の生活に用いる安物の雑器ですから、毎日、大量に陶工房でつくられます。陶工たちは生活の糧を得るために、毎日、毎日同じ器を手早く、たくさんつくらねばなりません。このことから陶工たちの技術がひじょうに熟達し、そしてこのことはつくるという行為においてつくる意識を超えさせ、無心につくる、「只《ただ》つくる」こととなります。そこでは美しいものをつくろうとか、醜いものをつくることを避けようと工夫するとか意識する以前に、造作なく、たやすくできあがってしまう。そこには自分、「我」が入る余地はなく、美への執着もないのです。私なき仕事、美醜もなき仕事——そこにこそ真の美が得られる、というのです(柳宗悦)。そこには作意も、もちろんわざとらしい作為もありません。

ハドリアヌス帝　以前にも言ったと思うが、はじめから美しい建築をつくろうとすると、美にとらわれ「我」がでる。そうした者は本物の建築家では決してない。そうではなく、まず建築の目的、あるいは建て主の要求、必要性といったことを徹底的に考え、把握する。ただ、従来考えられてきた目的だけでなく、目的を発見的に思考するのだ。そなたが申したように、目的を深く掘り下げて考えるのだ。

そして目的を最大限に充足させる場を空間を考える。その空間を成り立たせる理に適った構造形態は如何なるものかを。そしてそれを如何に構築するか、思考を重ねる。むろん建築の材料、構造、地盤と基礎などについての専門的知識と豊富な経験——つまり熟達した高い技術がそこでは欠かせない。

それを徹底すれば、「我」や恣意性が入り込む余地は限定されよう。

建築家　ウィーンの建築家ロースは、住居の設計において、住まい手である建て主との打合せにおきまして、住まい手の要求を聞きながらその場で設計を進めました。これなども陶工と同様に「熟練の住宅設計職人」としてのロースが美しい住居を設計しようと考える以前に「只《ただ》つくった」住居ですが、住の各機能・要求にそれぞれ対応した高さと大きさとかたちをもつ小空間がそれぞれ関係性をもちながら、全体の空間中に場を獲得していく力動的な住空間です。建築家はそれを「ラウムプラン」といっております。だがそれは結果として力動的な住空間であって、あくまでも住まいと離れない居心地の良い住空間といえます。

ところで好ましく心地良いと感ずる場所は偶然に生成したものであり、だから私たちの環境は偶然に形成されたというようにかたちづくるべきだと提唱したフランクは、自ら偶然に生成したように住居を設計しております。あまりに秩序と合理を志向して計画された空間に、人間への強制を見るのです。隅々まで意図的に計画・規定されたのでは行動が限定され、息が詰まってしまいます。気がおけない自由さと居心地の良さはそこではおのずと限られてしまいます。

そのフランクによるある住居案は二層で、地上階は特に眺望や方位を重視した居間の領域（暖炉を囲む空間、食事の空間、音楽を愉しむ空間）とそれに家事の領域（厨房とユーティリティ）で、上階は寝室の領域とテラスというように、大まかな領域を設定するだけで住の機能、使い方を細かく規定していません。そして四角い部屋はどこにもありません。何も考えることなく曲線（と直線）で平面プランを描くほうが、機能的な思考をする建築家が計算しつくした四角い部屋からなる平面プランよりよほど良いのではないか、と主張するフランクの住居プランには気がおけない自由さがあります。日本で珍重される名品を「只《ただ》つくった」朝鮮の陶工のように、ここでも「熟達した住宅設計職人」フランクがごく短時間のうちに、外観や空間の美など考える間もなく、「只《ただ》つくった」住居案です。

意図的に計画するということは、人間の心理・行動の合理的な、つまりできるだけ科学的な予測をもとに計画することなのでしょう。そこに予測、法則から逸脱した行動、突発的な行動は計算されません。偶然性とは、その意味では計画し残した、いわば余白の空間のありように積極的に意味を見出そうとするのです。空間にいきいきとした（偶然性に由来する）生命感が溢れるように――。

4・5　別荘の各建物について

各建物などに名称

建築家　陛下のこの別荘におきまして、いくつかの建物に名称がつけられていることが知られております。図書室とか宴会の間とか浴場といった使用目的を表わす建物の名称ではなく、風雅な名をつけたものです。「リュケイオン」「アカデミア」「プリュタネイオン」「ポイキレ」「テンペの谷」「カノプス」などの雅びな名が建物や周囲の谷につけられていたことが、陛下の生涯について記した四世紀の人アエリウス・スパルティアヌスによる書からうかがわれます。その書とは陛下から始めまして――カエサルそして皇帝アウグストゥスから皇帝ドミティアヌスまでの皇帝伝は、陛下の秘書官であったスエトニウスがすでに著しておりますから――ヌメリアヌス帝（在位二八三～二八四）まで歴代のローマ皇帝の伝記を、六人の人たちが分担して執筆し、集大成した『ヒストリア・アウグスタ（ローマ皇帝群像）』なる書でして、陛下の伝記の部分はスパルティアヌスが著したのです。

建物にそのような風雅な名称をつけるということは、通常あったことでしょうか。

ハドリアヌス帝　なんら特別なことではない。ただし、日常暮らす建物につけることはごく稀で、別荘などの建物につけることが多い。

以前にも話題にのぼったことだが、ローマの外港であるオスティアから南に下がったナポリ湾に至る海岸線一帯は、一つ眼の巨人キュクロプスが棲んでいた洞窟があるとか、魔女キルケが棲んでいた岬があるとか、ホメロスが詠った『オデュッセイア』にまつわるいろいろな伝説が伝わる地だが、ティベリウス帝のスペルンカ（今日のスペルロンガ）の別荘やドミティアヌス帝のキルケイ（今日のサバウディア）の別荘では、洞窟や岬をそうした伝説の世界に見立て、彫像群を配置して神話的、伝説的景観を形成し、その前の海に浮かぶテラスで食事をして愉しんだりした。そうした神話的、伝説的世界に遊んで、別荘での余暇を過ごしたのだ。仕事に多忙なローマの都を離れて余暇を過ごす別荘の生活における愉しみ方は、読書、散策、狩り、魚釣り…いろいろあろうが、そんなとき、遊び心からといおうか、自分の別荘の列柱に囲まれた中庭ペリステュリウムに「アカデミア」（アテネにプラトンが創設した学園）だとか、あるいは池や水路に「ナイル」（エジプトのナイル川）や「エウリプス」（ギリシア本土のボイオティア地方とエウボイア島の間の一五〇キロメートルにわたる海峡）といったように、風雅な洒落たあるいは憧れの地や建築の名を、いわば戯れにつけて愉しむことは、なんの不思議なことではあるまい。

建築家　陛下の秘書官であったスエトニウスの『ローマ皇帝伝』によりますと、アウグストゥス帝は誰からも邪魔されずに隠れて仕事をしたいと思ったときには、パラティヌス丘の自邸の天井裏にある小部屋に籠もって仕事をしました。そしてアウグストゥス帝はその小部屋を「シュラクサイ」とよんでいた（国原吉之助訳）ようですね。なぜ「シュラクサイ」と名づけたのか、よくわかっていないようですが——。

ハドリアヌス帝　シチリアのシュラクサイ（今日のシラクーサ）は紀元前八世紀にギリシア、コリントスの市民が植民、創建した都市だ。そこは当初シチリア本島とやや離れたオルテュギア島に限られていたが、ずっと後になってシチリア本島と橋、堤防、埋め立てなどによって結ばれ陸続きとなり、都市は拡大していった。

そのオルテュギア島において当初、僭主ディオニュシウス一世は紀元前四世紀に宮殿を建て、島の周囲に城壁をめぐらせ、また本島と島の間の海峡には取り外し可能な木橋を架けた。この島の宮殿はディオニュシウス一世が引き籠もることができる隠れ家的なものだったといえよう。それでアウグストゥス帝は、パラティヌス丘の自邸の屋根裏の小部屋を「シュラクサイ」と名づけたのであろう。

建築家　そうですか、そういう背景があったのですか。

別荘に限らず自分の特別に愛着ある部屋や建物に、いわば戯れに雅な名をつけることはごく自然なことだと思われます。

わが国におきましても別荘や山荘、それに茶室などにそうした風雅な名をつけることが多く、たとえば「待庵」（京都山崎の利休の茶室）、あるいは「月波楼」「松琴亭」「笑意軒」（いずれも京都桂離宮の庭の休処）等々、枚挙にいとまがないほど多く思い浮かびます。そしてまた、たとえばこの陛下の別荘と同じく増築を重ね、雁行型の住居と庭園とが一体となった美しい桂離宮におきましては、庭の松を「住吉の松」、池の先端部分を「亀の尾」「天の橋立」などと詩歌や伝承の世界の事物に見立て、雅な名前をつけ愉しむなど、ローマの社会とまったく同じであるといってよいと思います。

陛下のこの別荘での「アカデミア」とは前述のように、プラトンがアテネ郊外に開いた学園でありますし、「リュケイオン」とはアリストテレスがこれもアテネ郊外に創設した学園です。「プリュタネイオン」とはアテネのアゴラにありました（伝承によりますとアテネの創建者テセウスがブーレウテリオン、すなわち議事堂と一緒に建造した）公会堂、迎賓館です（竈の女神ヘスティアの像が安置されていますことから、本来は公共の炉とその火が消えないよう守る建物でして、植民都市創建の折は、母都市メトロポリスのこの火を新都市へと運びました。また後に、外交使節などを饗応もしました）。

また、「テンペの谷」とはギリシア、テッサリア地方のオリュンポス山とオッサ山に挟まれた峡谷でして、切り立った岩を木蔦の群が覆っています。谷のいたるところで水が湧き出ており木浴するのによく、あちこちで小鳥が歌っています。この谷の中央を川がゆっくりと穏やかに流れ、涼をとる船遊びができます。付近の住民が集まり生贄を捧げ、酒を酌み交わして歓を尽くします。まるで聖地のようだと、このギリシアの景勝の地は述べられています。紀元前四八年、カエサルとポンペイウスというローマの両雄が戦った地であるファルサロスはこの近くですね。敗れたポンペイウスはテンペの谷を海岸に向かって敗走しました。また陛下が一二四年にこのテンペの谷を訪れましたことが、発行された貨幣によって証明されています。

「カノプス」とは、エジプト、アレクサンドリア近郊、ナイル河口の港町でして、名高いセラピスの神殿が立ち、また船遊びに興ずる遊興の地として知られております。陛下がアンティノウスらと愉快な時間を過ごされたと、以前に陛下からお伺いしました。

そして「ポイキレ」とはアテネのアゴラの北東の一角を形成する柱廊ストアでして、紀元前五世紀に建造されました。その壁面にはアテネ軍とスパルタ軍とがアルゴス地方のオイノエで陣を構えている図や、テセウス率いるアテネ軍がアマゾン女族軍と戦っている図、それにギリシア軍と非ギリシア軍とがマラトンにて戦っている図が描かれています。画家ポリュクノトスが描いたといわれております。そうした彩色画（ポイキレ）が描かれているところから、ストア・ポイキレと名づけられているのですね。

ハドリアヌス帝　正確に東西に走る約一八〇メートルに及ぶ屋根に覆われた長大な壁を挟んで両側に柱が並ぶ列柱廊は、私と皇后サビナのための歩行訓練の場であるが、その高く長大な壁面に絵を描かせた。そしてこの歩行訓練の場を私は戯れに「ポイキレ」と名づけた。それはその昔、アテネのアゴラの北東の一角を形成するストア・ポイキレにおいてゼノンが弟子たちに哲学の講義をしたが――それゆえにゼノンの哲学は「ストア学派」とされる――、私が敬愛するゼノンとゼノンが講義したストア・ポイキレを想起してのことだ。

建築家　そうしますと、帝国の統治のため各地への視察旅行に長い年月を費やされた陛下が、旅の思い出として、その地で気に入られた建築や世界の有名な建築物などを、この別荘に建てたのだと考える人たちも多いのですが、そうではないのですね。

ある程度、目的や特徴が重なることからそれらを想起するものとして、建物に風雅な名をつけられたのですね。ギリシアを愛される陛下らしく、この別荘でそのように名づけられたものは、エジプトのカノプスを例外として、すべてギリシアを想起するものです。

発掘者などによる安易な命名

ところで建物の名称といいますと、陛下が名づけられました上記のような風雅な名とは別に、いくつかの建物に名がつけられております。それらはルネサンス期以降のこの別荘の発掘関係者――初期は盗掘者といったほうが適切ですが――によって命名されたものですが、安易で勝手な命名が多く、疑問を感じます。後世の人たちに誤ったイメージを抱かせることが多いからです。

ハドリアヌス帝　たとえばどういう命名か。

建築家　「テアトロ・マリティモ（海の劇場）」「ピアッツァ・ドーロ（黄金の中庭）」「カジノ」「ラテン語本図書室」「ギリシア語本図書室」「サラ・ディ・フィロソフィ（哲学者の間）」……と数えあげましたらきりがありません。

ハドリアヌス帝　はて――。私のこの別荘にはそうした建築はないが。

建築家　たとえば「テアトロ・マリティモ（海の劇場）」と名づけられた建築は、陛下がお一人引き籠もられ、読書や瞑想に耽り、あるいは仕事をされる場であります水路に囲まれた島のような円形のウィラのことです。劇場とはまったく関係ありませんが、何故にそうした名をつけたのかわかりません。発掘関係者が一目見まして、（古代のギリシア劇場は円形のオーケストラが中心となっていることから）まるで海に浮かぶ劇場のようだといった第一印象からそのように命名したと思われます。もっともそれ以前は「水泳プール」とも名づけられていたようですが――。

このように建築物の使用目的をよく検討、考えることなく安易に勝手な命名をしたわけでして——命名した発掘関係者の「洒落た名をつけた」と得意げな顔が目に浮かぶようです——、後の人たちに誤解を生じさせかねません。

ただ、各建築物に名称がありませんと、たとえばこの陛下の別荘の建築的構成を説明する場合には不便で難しいこともあることは確かでして、それで適切な名称が定着するまでは、「（いわゆる、あるいは俗称）テアトロ・マリティモ」などとされることが多いようです。各建築物の使用目的にそったよりニュートラルな適切な命名が建築研究者などによって試みられておりますが、これにもまた難しい点があるようです。

たとえば「ピアッツァ・ドーロ（黄金の中庭）」と十七世紀ころより名づけられております別荘の東南部に位置し、ペリステュリウムを二重の遊歩廊が取り囲むあの素晴らしい建築複合体には、「Water Court（池と中庭のある宮殿）」といった建築史家（W・マクドナルド）による命名もありますが、これとても最適であるとはいえませんし、今日に至るまで定着してはおりません。それでいまだもって「（俗称）ピアッツァ・ドーロ」といわれております。ちなみに、発掘時にここから素晴らしい遺物などが発見された、あるいはこの華麗なペリステュリウムから、「ピアッツァ・ドーロ（黄金の中庭）」なる命名がされたようです。

陛下の居住部分の北側部分にあります庭園に臨み宴が催される二つの広間は「ギリシア語本図書室」「ラテン語本図書室」と従来されてきましたが、今日からみまして、発掘調査・研究がまだ充分進んでいない段階での誤った見解による命名には、しかたがない点がありますが、それにしても多くの安易な勝手な命名は混乱をひき起こします。

水路に囲まれた円形のウィラ

ところで従来「テアトロ・マリティモ（海の劇場）」と誤解をよぶような名称の、水路に囲まれた島のような円形のヴィラですが——陛下はお一人ここに引き籠もり、読書や瞑想に耽られましたので、陛下のこの広大な別荘ヴィラのなかの小さなヴィラという意味で、こうよんでよいかと思います——、陛下がお住まいになられる居住部分と庭園に臨む宴会のための広間などの、この別荘で初めに完成されました建築複合体と隣接して立っております。

高さ九メートル、幅九〇センチメートルのコンクリート造の厚い堅固な壁によって周囲を囲まれた直径約四四・二メートルの円筒状の空間でして、その環壁に沿って半円筒ヴォールト天井に覆われた幅四・三メートルの環状の列柱廊、その内側に幅五メートルの環状の水路、そしてその環状の水路に囲まれた水に浮かぶような円形（直径二四・五メートル）の島のヴィラです。

環状の列柱廊の壁——すなわち外周壁——は、下部は大理石貼り、上部はスタッコ仕上げで赤色と黒色で塗り分けられ、大理石に縁取りされた六枚の大きな絵（幅二・九メートル、高さ三・六メートル）が描かれ、高さ七メートルの半円筒ヴォールト天井と床は黒と白のモザイク仕上げとなっております。また環状の水路に沿って、これを囲むように二・七メートル間隔で合計四〇本のイオニア様式の美しい大理石円柱が立ち並んでおります。

高い堅固な環状の壁によって囲まれたこの空間への出入口は、陛下がお住まいになられる居住部分へ通ずる出入口、そして北側の正面玄関ホール、それに（後につくられました）陛下の健康維持のための歩行訓練の場と休息室へと通ずる出入口とこの四か所しかなく、外界と隔たれておりますが、さらに陛下がお過ごしになられる円形の島のヴィラの周りを囲む水路には、取り外しが可能な木造の橋が架かっております。この橋を取り外せば、陛下はまったくお一人、ここに引き籠もられ、読書や瞑想あるいは仕事ができたのですね。

ハドリアヌス帝　その木造の可動橋だが、島の北側入口ホールに通ずる二か所にあった。幅約二・二メートルの橋は中心線から二つの部分（幅一・一メートル）に分かれ、それぞれ左右にローラの上をウィンチでもって四分の一の円弧を描くように島側に引っ張り、固定するようになっていた。当初はそうしていたのだが、数年してウィンチなど稼働部分に不具合が生じ、取り外しが機能しないときもあり、面倒になって取りやめた。そして東側の橋は、橋そのものを取りやめ、西側の橋はコンクリート造大理石貼りの固定橋に換えた。

環状の水路は水泳プール

建築家　島のウィラは中央に噴水があります湾曲した菱形のペリステュリウムを囲むように、北側に入口ホール、東側にギリシア語本図書室とラテン語本図書室とを両脇に備えた読書室、それに西側には更衣室、フギリダリウム（冷浴室）とカルダリウム（熱浴室、焚き口はその奥、下部）などの浴室となっております。そして南側は、正面奥に陛下が食事を摂られたり、休息されるベッドが備えられたトリクリニウムとなっております。

冷浴室フリギダリウムには、幅一・六メートル、長さ二・九メートルの浴槽が床から一・二メートルほど下がったところにあり、この浴槽にて冷浴された陛下はたびたびそこから階段を上って外に出られ、環状の水路に入られて泳がれたのですね。この水がはられた深さ一・五メートルの水路の床もモザイクで美しく仕上げられており、陛下がお一人でこの水路にて水泳しているお姿を想像しますと、愉快になります。

正方形と半円形の組合せによる平面計画で、湾曲した壁と円柱による空間構成は、他に類例を見ないたいへん興味深いものですね。そして南の周壁に穿たれたアルコーブ（窪み）―陛下が休息されるベッド―ペリステュリウム中央の噴水―入口ホール―そして周壁外、北側の正面玄関ホール―それに北端の庭園に面した泉、というように明快な南北の中心軸が認められます。陛下がお休みになられるベッドから見ますと、北端の庭園に面した泉が見とおせます。ローマに固有な空間構成ですね。

南端のアルコーブ（幅五・三六メートル、奥行き二・一メートル）は、もともとはこのウィラの南側にありますへリオカミヌスがあります浴場棟に通ずる出入口であったのでしょうか。

ハドリアヌス帝　当初はそうであった。土地の高低差に従ってレベル差があるので、周壁の外に階段があった。後に壁でふさいで、黒大理石を貼り、ニュンフェウム状とした。

建築家　南に隣接して立つヘリオカミヌスがあります浴場棟の軸線は、この小さなヴィラの南北軸と一致します。これら二つの建物は、そうしますと、ほぼ同時期に計画され建設されたのでしょうか。

ハドリアヌス帝　そうだ。

建築家　東側の陛下の居住部分と庭園に臨む宴会のための広間などからなる建築複合体と西側の（東西に正確に走る）歩行訓練の場、庭園、そして宴会大広間などからなるもう一つの建築複合体の間に、この水路に囲まれたヴィラは位置しております。ヴィラは円形であることから、これら二つの建築複合体のそれぞれの主要軸線のずれ、衝突を巧みに調整しております。同じように都市軸を調整するシリア、ゲラサの列柱廊に囲まれた美しい楕円の広場が想い起こされます――。

プラトンが言及した伝説の島アトランティス

ところで陛下がお一人引き籠もられ、読書や瞑想に耽られたこの建築は、環状の水路に囲まれた円形でして、たいへん印象的でありますことから、哲学者プラトンが二つの対話篇『ティマイオス』や『クリティアス』において言及したアトランティス島の、それも環状の水路によって囲まれた円形の都市と王宮がある島や、それにユダヤのヘロデ大王建造による円形の要塞の宮殿（紀元前一世紀）などとの関連があるのでしょうか。

プラトンが言及したアトランティス島の都市とは、紀元前六世紀のアテネの政治家、詩人ソロンがエジプト、ナイルデルタの都市サイスの神官から聞いた話として伝えられるものです。ヘラクレスが両岸に一本ずつ柱を立てたという伝説から「ヘラクレスの柱」とよばれた大洋（今日のアトランティック・オーシャン、大西洋）への入口（今日のジブラルタル海峡）の向こうに大きな島があり、そこには複数の王国があって、これらは強大で、海峡を越えて地中海の一部の国々を支配するに至りました。いにしえのアテネはこれと戦い、勝利し、地中海の国々を解放したのです。ですがその後、大地震と大洪水が度重なって起き、一昼夜の間にアテネの戦士はすべて一瞬にして大地に呑み込まれ、またアトランティスの島も海中に没し姿を消してしまいました。

これまでは『ティマイオス』において述べられておりますが、神々の国土分配においてアトランティス島を受け取った海の神ポセイドンが創建した都市とは、ポセイドンが妻とした女が住む丘の周りの大地を砕きとり、海水と陸地からなる大小の環状帯を交互にめぐらして、アクロポリスと王宮がある丘の周りを囲みました。つまり王宮のある島を中心として、どれも幅が同じの二つの陸地の環状帯と三つの海水環状帯を輪のようにぐるりとめぐらし、環状の水路には橋を架けたのです。宮殿を建てました中央の島には付属施設が次第に整備され、しまいにはその規模と出来栄えの素晴らしさといい、驚くほど見事な住まいとなった（田之頭安彦訳）と『クリティアス』において述べられております。

アクロポリスと宮殿がある中央の島は直径五スタディオン（約八八八メートル）の円形でして、その周囲を幅一スタディオン（約一七七・六メートル）の環状水路が囲んでいるとしますと、陸下のこの「水路に囲まれた円形のウィラ」とよく似ております。

ハドリアヌス帝　プラトンのその対話篇『ティマイオス』『クリティアス』は、私は若いとき熱心に読んだ。とりわけ『ティマイオス』に述べられている、この宇宙万有の優れた善き構築者がいったいどのような原因によってこれを構築したのか。自分に似てすべてが善きものであること、そしてできるだけ劣悪なものは一つもないことを望み、そしてその無秩序な状態から秩序へと導いた（種山恭子訳）……と始まる宇宙の生成について、そして宇宙、自然のなかで本来の人間の本性とはどういうものなのか、私は興味を抱き、熱心に読み、そして考えた。

そして『クリティアス』では、アトランティス軍を破った理想国家としての古き善きアテネの詳述が始まるところで突然、中断してしまったのが残念でならなかった。何故にプラトンがこの『クリティアス』を未完とせざるを得なかったのか、学友たちと議論したものだ。

そなたが言う『ティマイオス』と『クリティアス』において言及されているアトランティス島の都市と中央の王宮の島についても、むろんたいへん興味をもった。記述からだけでは都市と王宮の島の構成はどうなっているか、いまひとつわからないので、暇を見つけては何度も図にして思い描いたものだ。

建築家　後の研究者たちもそうですね。そもそもアトランティスの島は存在したのか、存在したのならいったい何処なのか、そしてまたその島の都市と王宮の島はプラトンの記述に従ってどんなかたちをしていたのか研究し、いろいろ自説を発表しております。今日でも謎が多く、たいへん興味深いですね。

ユダヤ、ヘロデ大王の宮殿ヘロディオン

またユダヤ王国のヘロデ大王（在位紀元前三七～四）建造によります要塞の円形の宮殿ヘロディオン（紀元前二三～一五）は、エルサレムの東南一二キロメートルほどのところにあります。

ヘロデ大王はアントニウス、後にアウグストゥス帝を後ろ盾に王国を治めましたが、エルサレムのソロモンの神殿の修復をはじめ、壮大な宮殿を建設しました。また地中海沿岸に港湾都市カエサレアを創建しましたが、難工事の末、アテネの外港ピレウスをも凌ぐという港湾をつくり、港の前には広場をつくり、アウグストゥス帝と女神ローマに捧げられた神殿や広大な宮殿などを建造、この都市の名をアウグストゥス帝に捧

げてカエサレアとしました。またマサダやアレクサンドレイオンそれにイェリコなど、ユダヤ各地に要塞の宮殿を建造したり（とりわけ難攻不落のマサダの要塞の北端の断崖絶壁の上に立つ、ヘロディオンと同様の円形の宮殿は「天空の宮殿」といってよいほど印象的です）、そして領土の外のダマスカス、トリポリなどにも競技場、柱廊、神殿など多くの建築をしました。ヘロデ大王は陛下と同じく「建築好きの王」だったのですね。

アントニウスとオクタウィアヌス（後のアウグストゥス帝）との争いでは、年来の知己であったアントニウス側についたヘロデ大王ですが、アントニウスの敗死後、その申し開きのためローマに赴いてアウグストゥス帝に謁見を請い、これを赦されました。そして堂々と申し開きをするヘロデ大王に立派な人物を帝は認め、以来、アウグストゥス帝からも親しく遇せら、引き続きユダヤ王国の王位をアウグストゥス帝ならびに元老院から承認されました。たびたびローマを訪れたヘロデ大王と大王に付き従う宮廷建築家たちは、ローマの建築に学び、従来の土着の日干し煉瓦造とともにローマのコンクリート造によるヴォールト、ドーム構造などの技術を採り入れ、この地の伝統的な建築とヘレニズム・ローマ建築を折衷した魅力的な建築を多く遺したといってよいかと思います。それらの遺構の発掘調査はようやく近年始まりました。

さて、ヘロディオンですが、ローマ軍とも戦ったユダヤの人で、ローマの将軍ウェスパシアヌスが皇帝位に就くことを予言し、これが的中したことでウェスパシアヌス帝の寵愛を得、ローマへも招かれましたフラウィウス・ヨセフスの著書『ユダヤ戦記』において次のように述べられております。

ヘロデ大王は自分自身の記念を遺すことも忘れてはいなかった。そこでアラビアとの国境にある丘の上に砦を築いて自分の名をとり、ヘロディオンとよんだ。またエルサレムから六〇スタディオン（約一〇・七キロメートル）離れた乳房の形の人工の丘にも同じ名がつけられたが、この方はもっと手の込んだ工事であった。丘の頂に円形の塔をめぐらし、その中に豪華な宮殿を建てた。その壮観は内部のみではなく、外壁も、矢倉も、屋根も贅を尽くした華美なものであった。ヘロデ王は莫大な費用を投じて遠くから豊富な水を引くとともに、純白な大理石でつくった二〇〇段もある緩やかな階段を設けた。この丘はまったく人工の丘であったが、かなりの高さをもっていた。丘の麓には、友人を泊めるための宮殿が別にあった。このように設備が整っている点では、この砦は一つの町のようでもあり、まとまりのあるということでは一つの王宮でもあった（新見宏訳）。

砂漠のような荒涼とした丘陵地に（ヘロデが王位に就く前、ユダヤ人たちとの戦いに勝利したこの地を選びました）、まず乳房あるいは円錐形の人工の丘を築き、そしてその丘の頂上部分に、東西南北四つの丸い塔をもつ厚い壁に囲まれた直径約六三メートルの円形の要塞を建造したのです。外部からはトンネル状の階段通路のみからしか到達できないのですが、その周壁に沿って幅三・五メートルの環状の段状通路をつくり、また厚い壁をつくって囲まれた内側の円形内に、ペリステュリウムを有する豪華な宮殿が立っているのです。——イェリコにおいて死去したヘロデ大王は、ここへロディオンにて埋葬された、とヨセフスは伝えています。

ここには環状の水路こそありませんが、堅固な環状の周壁に囲まれた宮殿という点では、この陛下の環状の水路に囲まれた円形のウィラと類似点があるといってよいと思います。このことを指摘するある建築史家は、陛下がこの建築を実際に御覧になったのだろうか、たとえそうでなくともこの建築について人づてに聞いて、ご存知なのだろうか（W・マクドナルド）、と問うております。

ハドリアヌス帝　ヨセフスの『ユダヤ戦記』を読んだそなたなら、よく存知ているであろう。ユダヤ戦役に勝利して、ローマにてウェスパシアヌス帝が凱旋式を挙行しているころ、総督代行としてローマから派遣されたルクリウス・バッススは、ヘロディオンの要塞を攻め落とし破壊してしまった（紀元七一）。

むろん私は、エルサレムに赴いた折、廃墟となったヘロディオンを見た――。

建築家　近年そのヘロディオンの発掘調査が進められておりますが、ヨセフスの記述はほぼ正しいということがわかっております。

ハドリアヌス帝　帝国を統治する皇帝としての仕事は政務、軍務、法務と広範囲にわたり、煩雑で激務だ。そなたは先帝トライアヌスによって属州ビテュニアの総督に任命された（小）プリニウスの、任地よりの先帝への書簡を存知ておろう。各属州統治についての各総督の報告を読み、また問題の解決策が求められれば返答を考え、秘書官に返書をしたためさせねばならない。

耐え難い暑さと喧騒のローマを離れてこの別荘で過ごす夏の期間は、別荘といえどもこの別荘の一部は政務の場ともなる。

だから私はたとえ皇后サビナたりとも、また私の側近中の側近たりとも、他人に邪魔されず、ただ一人になれる場所を必要とした。帝国のありよう、帝国内の各民族の融和は如何に達成され得るか、あるいはプラトンをはじめ哲学者たちのいう皇帝の徳とは何か、そしてどう実践すべきか、私自身に照らし合わせて沈思黙考する場・空間が――。そして広大な帝国の視察旅行の疲れを癒す真の休息の場が――。

そのような私が必要とする空間を計画するにあたって――すでに東西に走る長大な歩行訓練の場の構想がかたまりつつあったから――既存の居住部分との軸線の調整の問題から、円形のウィラがひとつの解決法として、私と私の建築家たちは考えた。そんな場合、そなたや後世の研究者たちがその類似性を指摘するヘロデ大王の円形の要塞宮殿や、プラトンのアトランティス島の海水に囲まれ王宮の島等々（そのほかにもいろいろある）が、私たちの脳裏に浮かんだことは確かだ。そしてシチリア、シラクーサのディオニュシウス一世の宮殿がある島とシチリア島本土とを分かつ海峡に架かる橋が可動橋であった故事も――。

私と私の建築家たちはそうした事例の検討だけではなく、ときには『ティマイオス』に語られたプラトンの自然思想、それにディオニュシウス一世の業績とシラクーサのその後の運命、あるいはヘロデ大王のローマにおける足跡、あるいは将軍ウェスパシアヌスとその子息の将軍ティトゥス（二人とも後の皇帝）が制圧したにもかかわらず、いまだ頻発するユダヤ人の暴動とその背景等々について話を交えながら、私と私の建築家たちは設計の議論を進めていった。

円形建築とエクセドラ――新しい空間形態への手がかり

建築家　陛下のこの環状の壁と水路に囲まれた水に浮かぶような円形のウィラの平面計画は、正方形と半円形の組合せによっております。中庭に向かって湾曲し、小さな空間でも広がりをもつ室内の各空間は、廊下を介して菱形状に曲線を描く中庭に収斂して一体化しています。ここでは中庭の中央にあります涼をよぶ噴水の音がかすかに聞かれるだけです。そのかすかに聞かれる水音がいっそう静寂とし、中庭の静寂がこの円形のウィラ全体を支配しています。中庭の存在が大きいですね。陛下はこの静寂の空間、時間をとりわけ尊ばれます。

このような新しい空間形態の形成には、円形建築や半円形の（そして矩形の）窪みエクセドラが大きな手がかりになったといえます。――円形建築といいましても単に平面形だけではなく、円形ドーム天井や半円筒ヴォールト天井を含めてのことですが。

陛下のこの別荘の小浴場や（南西部にあります）アカデミアの建物におきましても、陛下と陛下の建築家たちは円形をさまざまに組み合わせることによって、連続する空間形態を追求しております。大きな円と小さな円を組み合わせたり、円と円を並列させたり、重なり合わせたり、円と円とが相互に切り取るかたちとしたり等々、実にさまざまな試みをしております。

ここに近世十七、十八世紀のバロックの建築家たちが同じように（この場合は円ではなく楕円形ですが、そして多くはキリスト教会の建築ですが）、楕円形のさまざまな組合せによる空間形態の模索をしたことが想い起こされます。楕円形には二つの焦点がありますことから、方向性を有し、長軸方向を軸線とする楕円の「縦使い」、あるいは軸線に対し楕円の長軸方向と直交させるいわゆる「横使い」、あるいはその二つの組合せとがありますように、実にヴァリエーションに富んだ組合せがあります。それを建築家たちは熱心に試み、連続する新しい空間形態、豊かな内部空間がつくり出されました。たとえば楕円が重なりつつ幾重にも連続するだけでなく、それも平面形のみでなく、楕円のリブヴォールト天井が平面上の（床と壁によって形成される）楕円と位相的にずれながら上下の空間が反響し合う、いわばシンコペーションするといった空間形成など緻密な工夫があります。床と壁、上と下の空間がシンコペーションし呼応し、反響し合いながら空間全体が力動的に祭壇に向かって連続する、――たとえばドイツ・バロックの建築家ヨハン・ディーンツェンホーファー（一六六三～一七二六）による南ドイツ、バンツの僧院教会（一七一三）はそうした空間です。

ハドリアヌス帝　建築家たちは、円のさまざまな組合せによって空間の相互貫入、連続を模索したが、それとともに壁に窪みをつける半円形、矩形のエクセドラ（アプスあるいはアルコーヴとも表現するようだが）の工夫が大きな意味を有していた。矩形の空間にも、円形の空間にもエクセドラをつけることによって方向性、あるいは軸線が形成される。ギリシア、アテネにおいて、私が建造を命じた図書館の大きな中庭においては、中庭を囲む両側の列柱廊外壁にそれぞれ直径あるいは幅が約一〇メートルの半円形のエクセドラ、矩形のエクセドラを設けたが、その目的は、各エクセドラの壁沿いに座席を設え、そこに座る青年や市民たちが哲学の講義を聴講したり、詩の朗読を聞いたり、あるいは読書や語らいをするためだ。

だが他方、室内空間において寝台やテーブルを置いたり、扉口のために設けられるようになった小さなエクセドラは人びとに愛好された。それは天井高も高く、広い室内空間において、小さなスケールの片隅のエクセドラの空間は休息の間、語らいの間などとして、住まいに相応しい親密性を獲得するからだ。

そしてそうしたエクセドラには開口がつけられたり、またさらに、より小さなエクセドラが設けられたり、エクセドラは部屋に方向性、軸線を与える契機となった。そしてそうして形成された軸線を手がかりとして、連続する空間形態が考えられるようになった。

軸線を手がかりに空間を連続させるということでは、二〇世紀初めの近代建築家ロースによるたいへん興味深い「ラウムプラン」のイデーを思い起こします。それは住居でいいますと、部屋割りを従来のように各階ごとに平面で考えるのではなく、三次元の空間、立体において考える。つまり部屋割りを三次元の空間中において考えるということは、居間、食堂、各寝室、それに便所など各室は、それぞれ異なる要求を直接満たすべく、形と広さと天井高がそれぞれ異なる固有な空間を獲得し、そしてそれら断片としての小空間が軸線を手がかりとして連続し、そして統合され、住居全体として豊かな空間となる、といった思考です。そこではエクセドラや窓の開口、あるいはその方立、暖炉、階段といったエレメントによって周到に形成された軸線を手がかりに、小空間は連続していくのです。

三つのエクセドラがある庭園の間――空間の重なりと見とおし

陛下の歩行訓練の場でありますポイキレとその南側に、これも正確に東西に走る列柱廊によって囲まれるように池がある広大な庭園（幅約九〇メートル、長さ約二二〇メートル）があります。その庭園の東南端に、庭園に臨むように三つのエクセドラがある庭園の間が立っております。またこの東側のエクセドラに隣接し、さらに小さな広間を中心とした七つの部屋がある建物が、またさらに東に（これら東西軸を形成する建物に対して直交する南北軸を形成する）競技場のかたちをした細長い庭園（幅約一二〇メートル、長さ約一三〇メートル）と、従来、いわゆる冬の宮殿と名づけられてきましたプールがあるペリステュリウムがあります。

これらは同じ軸線（正確に東西、南北）を形成している建築複合体といってよいかと思います。このことから、この建築複合体はほぼ同じ時期に計画され、建設されたのですね。

ハドリアヌス帝　そうだ。

建築家　三つのエクセドラがある庭園の間も、たいへん興味深い建築です。

約二四メートル×一七メートルの矩形の広間の東、西、南側に半径一三メートル～一五メートルの大きな円弧を描くエクセドラがあり、北側は池となっており、この池越しに広大な庭園に臨んでおります。エクセドラは半円形の中庭を囲むように屋根に覆われた列柱廊となり、南側のエクセドラのみは壁によって閉じられていますから、夏の強い日差しを避ける北向きの広間なのですね。エクセドラの柱沿いの細い水路に水が流れ、また各半円形の中庭には噴水がありますから、中央の広間にはそうした水によって冷やされた冷気が三方の開口から入り、そして噴水の音が聞こえ、特に夏の宴会のための広間として計画されていることがわかります。ティヴォリでもこの辺りは比較的低い地でして、夏には耐え難い暑さの日が続くこともありますことから、各建物では夏期、涼をとることに細心の注意がはらわれておりますね。

（小）プリニウスが先帝であられるトライアヌス帝のチヴィタヴェッキアの別荘において数日にわたって開かれた皇帝顧問会議に招かれ、会議の後、毎夕、先帝によって晩餐会に招かれたことが、（小）プリニウスによる書簡によって知られていますように、陛下のこの別荘におきましても、皇帝顧問会の人たち、外国や属州の諸都市からの使節団、あるいはローマ上流階級である元老院議員の主たる人たち、陛下の側近、あるいは知人たちを招いての晩餐会がたびたび催されました。

ローマの統治におきましては各都市を単位としましたので、請願のため諸都市からの使節が多いですし、また陛下はトライアヌス帝までの戦争によって領土を広げる対外拡張政策を転換し、外国との和平外交によって帝国の安定と維持を図る政策をすすめられることから、とりわけ外国大使あるいは使節団がたびたびローマを訪れ、謁見とその後の接待が大事であり、またこの別荘でもたびたび行われたのですね。そしてそうした晩餐会あるいは昼食会には、喜劇や悲劇が演じられたり、詩の朗読あるいは音楽が奏でられたりしたわけでして、広い宴会の間が必要とされました。それも幾日にわたって宴が催されることもあるわけですから、そうした客たちをもてなすに、毎回、同じ庭園の間で食事をとるとはいきません。当然、異なった場所での広間が必要とされたわけでして、それで陛下のこの別荘にも、複数あるわけですね。陛下の居住部分の南端にありますニュンフェム前のドームに覆われた野外の広間（これはやや私的ものといってよいでしょうが）や、北側の庭園に臨む二つの宴会の広間、それにカノプスと陛下が名づけられました細長い水路を臨むセラピス神殿のような小宴を催す間――実際、長い間この建物はセラピス神殿だと信じられてきました――、等々がさしあたって頭のなかに思い浮かびます――。

北向きとなっております中央の庭園の間の南を背にした正面北側は、大きな開口があけられ、前面に噴水が設えられた台形の島（そこに噴水がありますり）がある池があります。そしてポイキレがある広大な庭園を囲む長大な壁にも、庭園の間の幅と同じ幅の開口があけられ、その間の両脇に二本の独立柱が立ち、庭園の間から広大な庭園を臨むことができます。この開口と柱によって枠取られたかたちでの庭園の景観です。

左手西側に眼を向けますと、エクセドラ中庭と屋根に覆われた柱廊の外壁に穿たれた西軸線上の開口をとおして、天気がよい日には遠くローマを見渡すことができるのですね。

このように景観を切り取る開口の位置、大きさ、かたちなどに綿密な検討が加えられております。

また右手東の方向に眼を転じますと東軸線上、エクセドラの（明るい）中庭、この中庭の中央にある噴水の飛沫越しに屋根に覆われた（やや暗い）柱廊、その柱廊の湾曲した外壁に穿たれた開口、（天窓から採光するやや暗い）広間、広間のエクセドラ、それに競技場のかたちをした（明るい）庭園、そしてその向こうのプールがありますいわゆる冬の宮殿ペリステュリウムの正面ファサードへと、実に約七〇メートルの距離にわたって、列柱や壁の重なりのなか見とおすことができます。明暗が交互に支配する空間中を見とおし、最奥、正面に立つ輝く大理石の堂々たるいわゆる冬の宮殿の正面ファサードを見るのですね。

ハドリアヌス帝　そなたはその東西軸に直交する幅約二八メートル、長さ約一三〇メートルの細長いかたちをした庭園を、ポイキレの壁に囲まれた池と花壇があるような庭園といっているように思えるが――。

建築家　そうではないのですね。パラティヌス丘の皇帝宮殿にありますような「競技場のかたちをした庭園」といいますのは、南端が円弧を描いておりますことから、あたかも競技場のようだということでして、その湾曲した部分は、実際には競技場の観客席のように段状となっており、上段のニュンファエムから水が流れ、カスケード（段状の小滝）のようになっております。

そして庭園の中央は広場となっておりまして、その南と北部分にはカスケードから流れ出る水に囲まれたギャラリーとなっております（A・ホフマン）。そこには陛下によって選び抜かれた芸術作品としての彫像や絵画が展示されておりまして、陛下はお一人で、あるいは皇后サビナや側近たちを伴って、散策がてら鑑賞しているのですね。またときには、北端の緑樹と池に面したギャラリー部分は、食事の間ともなりました。

ポンペイのドムスの壁画における虚構の空間――遠近法的な奥行きと見とおし

ところで陛下の三つのエクセドラをもつ庭園の間から、東軸線上にリズミカルに明暗の空間が重なり、開口をとおして眺めるいわゆる冬の宮殿の（日が沈み暗くなりますと松明に照らし出された）正面ファサードの姿はたいへん印象的で、宴に招かれた客たちの眼をおおいに愉しませたことは想像に難くありません。

虚構の空間ではありますが、そうした空間の奥行き、そして重なりと見とおしを、室内の壁に遠近法的に描かれたポンペイなどにおける富裕な市民の個人住宅ドムスの壁画は興味深いですね。

ハドリアヌス帝　ポンペイだけではない。ローマをはじめ各地の富裕な者たちの住宅ドムスの室内の壁には、たいてい絵画が描かれている。

建築家　現代の私たちの目にふれます壁画の多くはポンペイやヘルクラネウム（今日のエルコラーノ）、オプロンティス（今日のトッレ・アヌンツィアータ）、スタビアエ（今日のスタビア）、それにボスコレアーレなどの富裕な人たちのドムスの壁画です。そしてローマでもパラティヌス丘のアウグストゥス帝のドムスや皇后リウィアのドムスや、同じく皇后リウィアの郊外プリマ・ポルタの別荘、それにネロ帝の広大な宮殿ドムス・アウレア等々の壁画が、私たちに知られておりますが、その数は残念ながら多くありません。陛下がお話しされますように、富裕な人たちのドムスの壁には絵画が描かれていたのでしょうけれども、よほど条件が整わなければ、湿気などが原因で、何百年もの長期にわたって良好な状態で絵画が保たれていくことは困難です。

ポンペイなどの富裕な市民のドムスの壁画と申しましたら、陛下はやや怪訝な様子をされました。陛下は紀元後七六年のお生まれですから三歳になられた年、七九年八月にカンパニアのウェスウィウス火山が大噴火し、ポンペイをはじめ麓の多くの都市・集落が降り注ぐ火山灰のため一夜のうちに埋没してしまいました。このことは陛下もよくご存知のことと思います。

その後、これらの都市・集落のことはいつしか忘れ去られ、その上の地層に集落が形成されるなどして、存在したことすら知られなくなってしまいました。ところが十六世紀末になりまして、サルノ川の運河建設工事の際にポンペイの都市の一部が発見されたり、また労働者が井戸を掘っていたところ、埋まっていた都市の建物につきあたって発見された（エルコラーノ、一七〇九）等々、十七〜十八世紀にかけまして埋もれた都市が偶然のきっかけで次々と発見され、十八世紀半ばに発掘調査が始められました。そして十九世紀になって本格的な科学的な発掘調査が行われました。

こうして発掘されたポンペイなどの都市の個人住宅ドムスから壁画が発見されましたが、壁画の多くは火山灰などに深く埋もれていたせいか、一六〇〇年以上の時が経っているにもかかわらず、驚くほど良い保存状態でして、その見事さに人びとは感嘆の声をあげたのです。

ハドリアヌス帝　そうであったのか——。話しには聞いていたが、私自身、実際に見たこともないポンペイやヘルクラネウムの都市やその住宅ドムス、そしてその壁画などが、そんな後の世になって日の目を見たのか——。

建築家　第Ⅱ様式とされます、描かれた壁の向こうに建築的虚構空間が展開する壁画は興味深いですね。

ハドリアヌス帝　壁画の第Ⅱ様式とは何か。

建築家　十九世紀になり壁画の研究が進みまして、当時知られていました壁画例を、構造的、様式的な分類にもとづいて、ドイツの研究者アウグスト・マウ（『ポンペイにおける壁装飾絵画の歴史』一八八二）によって分類されました。

紀元前二世紀から紀元前一世紀初頭にかけての様式を第Ⅰ様式、スラの時代からカエサルの時代にかけての様式を第Ⅱ様式、それにアウグストゥス帝の時代の帝政初期の様式を第Ⅲ様式、それにウェスウィウス火山噴火直前のネロ帝よりウェスパシアヌス帝に至る時代の第Ⅳ様式がそれです。

漆喰塗り仕上げの室内の壁に目地を施して、あたかも外壁のように切り石が積まれたように見せる壁画装飾法が初期様式でして、これを第Ⅰ様式とし、年代的には紀元前一五〇年ころ、すなわちローマが世界支配に向けて動きだしたころからとするのが妥当であろう、とされました。

としますと、それ以前にはドムスの壁画は描かれなかったということでしょうか。

ハドリアヌス帝　そうだ。それ以前まではたしかに個人住宅ドムスでは壁画はなかった。

ローマの社会は、文化・芸術においてはギリシアの強い影響を受けた。そのギリシアにおいても、壁画は神域と墓地だけに限られ――エトルリア人の墓にも壁画はあった――、個人の住宅には壁画がなかったからだ。

建築家　いわゆる第Ⅱ様式では、あたかも室内の壁が切り石積みとなっているように見せるという第Ⅰ様式のイリュージョニズムが、さらにラディカルにすすみまして、壁面に神殿など建築的形態を、遠近法を用いて描き、あたかも壁の向こうに神域が存在するかのような錯覚を起こさせるイリュージョニズムですね。建築とは何か、どうあるべきかと考えます私にとって、たいへん興味深い壁画です。

第Ⅱ様式は壁面を絵画と彫塑と建築の、彩色による総合芸術に変えたという芸術史家（K・シェーフォルト）もおりますが、こうした建築的形態を遠近法的に描いて奥行き感を出すイリュージョニズムの第Ⅱ様式の成立の背景には、どういうことがあるのでしょうか。

ハドリアヌス帝　それはギリシアで演じられる劇に欠かせない舞台背景だ。それを描く舞台画家が存在した。演じられる劇の演目によって相違しようが、都市的・建築的景観が描かれることが多い。むろん遠近法によって描き、臨場感を演出するのは当たり前だといってよいだろう。その遠近法の理論は、舞台画家であるアガタルコスが考え出したといわれる。

建築家　近世ルネサンスの時代では、建築家もそうした舞台の背景画を描いています。「一点を視点とし、物体を遠近法によって私たちの目に映ると同様の状態に描く画法」であります図学的に正確な線遠近法あるいは透視図法によって、精密な都市背景図などが描かれたことが知られております。

ハドリアヌス帝　ギリシアの舞台画家は、それぞれの演目に対応した舞台背景図の見本、下絵などを板図のかたちで保管していたのが普通だ。そして、それらの舞台背景図の板図が、マリウスやスラなどの戦役の際、戦利品としてイタリアに持ち帰られ、利用されたのであろう。

建築家　主としてポンペイなどカンパニア地方にもたらされたのでしょうか。

ハドリアヌス帝　それは違う。まずもって首都ローマにもたらされた。そなたが言う第Ⅱ様式の壁画は、初めにローマの個人住宅ドムスの壁にギリシア人の画家によって試みられ、その後、各地に広まったのだ。

建築家　ところで第Ⅱ様式による、たとえば発掘されましたポンペイのいわゆるラビュリントスの家（この家は床に描かれたラビュリントス「迷宮」において半人半牛の怪物ミノタウロスと闘うテセウスが描かれたモザイクから「ラビュリントスの家」と名づけられました）のある寝室クビクルムにおける保存状態が良い壁画です。ポンペイの由緒ある一族所有のもので、ポンペイ市街の街路に面し、間口約三〇メートル、奥行き約五六メートル、面積一六八〇平方メートルほどの大きさのドムスです。街路の玄関口を入り、四本の柱に囲まれたアトリウムを抜けますと、明るい列柱廊に囲まれた中庭ペリステュリウムに至ります。このペリステュリウムに面して奥に、ほぼ正方形（六・七メートル×六・八メートル）のオエクスという南向きの広間（居間や客間などとして機能しました）があります。この広間には白いスタッコが塗られた一〇本のコリント様式の円柱が立ち並んでいますが、東と西の壁中央には列柱に支えられた中央部が切断された三角破風屋根ペディメントと、その間にトロス（円形の小神殿）とそれを囲む列柱廊が遠近法的に描かれております――トロスは薄く描かれ、いわゆる空気遠近法の描き方も採り入れています。

実際、このオエクスの中央に立つ（あるいは座る）者にとっては、現実に立っている白い円柱の向こうに、あたかも破風屋根を支える円柱、そしてその向こうにトロスが立つ神域が存在するように思えます。壁の向こうに神域の空間が広がるかのように――。虚構の空間です。

ところでこの壁に描かれている中央部が切断された三角破風屋根ペディメントの中央にトロスが立つ神殿は――以前にヘレニズム文化のバロック的傾向と関連して陛下に伺いました――険しい岩壁に囲まれたナバテア人の都市ペトラ（今日のヨルダン）にあります都市の入口を象徴します（巨大な岩山をくりぬいてつくられた）アル・ハズネの美しい神殿とたいへん似通っております。たいへんな驚きですね。この壁画に見られます建築のバロック的傾向は、アレクサンドリアや東方の世界ではすでにヘレニズム後期に流行しており、西方の社会においても広く行きわたっていたことを示すものである、といってよいかと思います。

この小さな部屋の壁の向こうに神域の空間が広がっています――イリュージョンで、虚構の空間です。壁画では、破風屋根ペディメントを支える柱は腰壁の上の柱座の上に立っているように描かれておりますから、現実の部屋の空間自体は限定されたものとして認識され、眼だけが空間の連続を認識するのでして、空間が連続する力動的な機能はないと指摘する芸術史家もおりますが、かえってそれらの部屋の空間を限定するものが存在するほうが、より一層、連続する空間という想像力を掻き立てるのではないかと思います。

そしてこうした壁画の成立が人びとの、そして建築家の空間感情を刺激し、後のネロ帝の時代からドミティアヌス帝、トライアヌス帝そして陛下の時代の建築空間の発展へのひとつの大きな契機となったのではありますまいか。

ハドリアヌス帝　住まい手の要求、構造、建設費等々いろいろな制約がある建築より、より制約が少ない、だからより自由にイメージを表現し得る絵画が、そうした空間感情を先取りし表現する、ということだ。

建築家　そうですね。二〇世紀初頭の画家ピカソたちのキュービズム（立体派）の絵とその後の建築の場合でも同様のことが言えます。

パラティヌス丘の皇帝宮殿ドムス・アウグスターナ

ところで、パラティヌス丘の皇帝宮殿におきまして、明暗の空間の連続と見とおし、遠近法的に奥行き感の強調された玄関ホール棟が知られております。

アポロン神殿の裏手、宮殿北部分の謁見の間アウラ・レギアと南部分の食事・宴会の間とともにペリステュリウムを形成する西部分の幅一二メートル、長さ六〇メートルの玄関ホール棟ですが、中央入口を入りますと八角形の玄関ホール（一二メートル×一二メートル）となっております。

ハドリアヌス帝　その玄関ホールはなかなか興味深い空間だ。その八角形の玄関ホールの対角線上の四隅は半円形のエクセドラとなっており、採光はドーム天井の天窓からとっている。この八角形の玄関ホール自体、正面ペリステュリウムに向かう方向性と、左右の方向性をもつ緊張感のある素晴らしい空間だ。だが、ホール中央から左右の扉口をとおして、軸線上に幅一二メートル、奥行き六メートルの（やや明るい）半円形のエクセドラ、その湾曲する壁に穿たれた（あまり明るくない）矩形のエクセドラと開口、それに反転したかたちの（明るい）半円形のエクセドラとその奥は（明るい）矩形の空間（下部は池となっている）が連続するのがわかる。――この軸線上に明暗の空間の連続・重なりをとおして、約三〇メートル向こうの最奥の壁に描かれた壁画を見とおせる。

建築家　この玄関ホールを通り抜けて、正面ペリステュリウムの列柱廊を右手に歩きますと、陛下のこの別荘の庭園の間とある類似性が指摘されます二つのエクセドラがある食堂・宴会の間ケナティオ・イオウィスがありますが、このもともとはウェスパシアヌス帝によって起工され、ドミティアヌス帝が建造・完成させた皇帝宮殿はたいへん興味深い建築です。以前、陛下からお話しをお伺いしましたように、ドミティアヌス帝はこの宮殿で暗殺され、帝位を継ぎましたネルウァ帝もトライアヌス帝も、この圧政者が住んだ豪奢な宮殿に住まうことをためらわれたのか、この宮殿に住むことはなかったのですが、酷暑が続く夏の期間を除きまして、陛下はローマにおきましてはためらうことなくこの宮殿で住まわれました。

パラティヌス丘には、これも陛下から以前お伺いしましたように、紀元前二世紀から紀元前一世紀にかけて、共和政の時代に多くの貴族たちが居を構えていました。その共和制末期には、マルクス・アントニウス、スラの甥のプブリウス・コルネリウス・スラ、アウグストゥス帝の甥であるマルクス・プサニウス・アグリッパ等々の政治家、将軍、それにガイウス・リキウス・カルウスやクィントゥス・ホルテンシスら弁論家たちの豪奢なドムスが立っていたことが知られております。ホルテンシスの土地を買い取ったアウグストゥアス帝と皇后リウィアはドムスを建て——これは皇帝の住居としては比較的簡素といってよいものですが、アウグストゥス帝がシュラクサイとよんだ素晴らしい壁画がある部屋も遺されております——、また丘の北部分にティベリウス帝の宮殿（ドムス・ティベリアーナ）が建てられ、これは皇帝カリグラによって増築・整備され、それとともに帝国統治のための機構・行政官庁の建物群が整備され始めましたが、こうしたことから、貴族たちは次第にパラティヌス丘から他所に移り住まざるを得なくなっていきました。

その後、ネロ帝はパラティヌス丘とオッピウス丘を結ぶ細長いドムス・トランシトリア（丘を横断する家？）を建造しましたが、六四年のローマ大火で焼失してしまい——その遺構の一部がドミティアヌス帝による皇帝宮殿の下で発見・発掘されております——、その後パラティヌス丘からエスクィリヌス丘に至る地域を占める大規模なドムス・アウレア（黄金宮）を建造したのですね。先帝であられるトライアヌス帝建造の公共浴場下に、興味深い建築空間を示すその遺構の一部を今日見ることができます。

さて、ふたたびローマの多くが灰燼に帰した八〇年の大火の後、そして兄のティトゥス帝の死（紀元八一）の後、ドミティアヌス帝（在位八一～九六）はパラティヌス丘に皇帝宮殿（ドムス・アウグスターナ）の建造を命じられました。

共和政時代からもともと傾斜地に立っていた貴族たちのドムスやアウグストゥス帝のドムスの一部、それにネロ帝のドムス・トランシトリアなどを埋め立てて——ドムス・トランシトリアとともに、頭と翼が鷲で胴体がライオンの怪獣グリフィンがスタッコ装飾で描かれていることや美しい壁画で有名な、共和政時代の貴族のドムスがここで発見、発掘されました——新しい地盤を造成し、その上に建造された皇帝宮殿は、大きく分けて公務と、それに私的な居住部分という二つの部分から成っております。公務のための部分とは皇帝謁見の間であるアウラ・レギア、皇帝顧問会会議や法廷などに使われるアウディトリウム（あるいはバシリカ）と、それに近衛兵詰所、それに列柱に囲まれた中庭ペリステュリウムを挟んで皇帝の食堂で宴会の間でもあるケナティオ・イオウィスなどの、宮廷のセレモニーのための西のいわば公的な建物部分と、東の皇帝と家族の居住部分である私的な建物部分から構成されております。

この皇帝宮殿については、プルタルコスが『英雄伝（プブリコラ）』において、次のように述べております。

しかし、カピトリウムのユピテル神殿の豪奢に感嘆する人は、ドミティアヌスの宮殿を訪れ、柱廊なり謁見の間なりあるいは浴場、あるいは妃たちの居間など、どのひとつでもよいから見るとよい。すると（シチリア生まれの紀元前六～五世紀の喜劇作家である）エピカルモスが浪費家に対して言った言葉「そなたは親切なわけではない。病気があるのだ、与えて喜ぶ病気が」をそのままドミティアヌスにむかって言いたくなるだろう。「陛下は敬虔なわけでも、名誉心が強いわけでもない。病気があるのだ、建築をして喜ぶ病気が。あのミダス王のごとく、自分が触れるあらゆるものが金と大理石になればよいとお思いだ」

（河野・柳沼訳）

これほど豪奢な宮殿を建てるとは、ドミティアヌス帝には建築をして喜ぶ病気がある、と揶揄《やゆ》されておりますが、お見受けしますと、陛下にも同じ病気がおありのよう思われますが――。

ハドリアヌス帝　……（苦笑）……

建築家　実際、ドミティアヌス帝は一五年にわたるその治世の間、首都ローマにおきましては、パラティヌス丘の皇帝宮殿のほかに、（ローマの大火で焼失した）カピトリヌス丘のユピテル神殿、ドミティアヌス競技場（今日のナヴォナ広場）、屋根に覆われた音楽ホールであり講演なども行われましたオデオン、アウグストゥスのフォルムと平和の神殿・フォルムの間の空地に、ミネルウァ神殿とそれを取り囲むフォルム・トランシトリア（フォルム・ロマヌムと繁華街アルギレトゥムそれにスブラ地区とを結ぶ通り抜け広場。このフォルムはネルウァ帝の時代に完成）、それに生家の跡にフラウィウス一族を祀る神殿等々、多くの施設・建物を建造しました。ですが、これだけにとどまりません、父ウェスパシアヌス帝および兄ティトゥス帝が建造を始めました大円形闘技場コロッセウム（二人の皇帝によって七九年と八〇年に奏献式が執り行われていますから、一部分を残してほとんど完成していたのでしょうが）、フォルム・ロマヌムのウェスパシアヌス神殿、ティトゥス凱旋門、ティトゥス浴場、それにミネルウァ・カルキディカ円形神殿等々を完成させました。

そのほかさらに、八〇年のローマ大火によって破損しましたカエサルのフォルムをはじめポンペイウス劇場、マルケルス劇場、サエプタ・ユリア、（陛下がまったく新たに建造される以前の）アグリッパのパンテオン、それにアグリッパの浴場等々の修復工事を命じられ、ドミティアヌス帝が関係したローマにおける建造物は数えきれないほど多いといっても過言ではありません。そしてさらに帝はアルバーノ湖畔やキルケイなどに壮大な別荘を建造されており、「建築をして喜ぶ病気がある」といわれても仕方がないように思われます。

またドミティアヌス帝によるパラティヌス丘の宮殿の豪奢についてのプルタルコスの言はすでに見てみましたが、同時代の人といってよい諷刺詩人マルティアリスも次のように詠っております。

ピラミッドを偉観とする王者をば、カエサル（ドミティアヌス帝の意）よ、嗤いたまえ。
すでに夷狄の市メンピスはその東への制覇を語りませぬ。
マレア（の湖もつエジプト）のなしたことなど、（陛下の）パラティウムの宮殿の何分の一でしょう。
天が下これほど輝かしきものは世界にその比を見ませぬ。
ローマの七つの丘を積み重ねたにひとしいと思われるほど、
オッサの山にペリオンの山を重ねたというテッサリアの山々はまだ低いでしょう。
かく天空に突き入るさまは、あたかも輝く星々の中に隠れたその頂上が、
下には雲あって雷轟けども、清澄にして、
太陽神アポロンのはかりしれぬ神意をば、
（その娘）キルケイが生まれ出ずる父神の顔を見るよりさきに享くるごとくであります。
されど、アウグストゥス（ドミティアヌス帝の意）よ、その頂、星に触るるこの宮殿も、
天にはひとしき家居なれど、主上《きみ》に比ぶれば劣ります。（藤井昇訳）

ドミティアヌス帝がアルバヌムやキルケイの別荘に向かう折、皆と一緒に来いと召されることもあった諷刺詩人マルティアリスは、たびたび帝へのお追従の詩を詠っておりますが、マルティアリスもまた帝のパラティヌス丘に高く聳え、輝く宮殿には、本当に驚いたのでしょう。

皇帝宮殿と（丘の西部分に）行政官庁の建物群によって占められるパラティヌスの丘――パラティウムの語は、後世、「宮殿」を表わす語〔パラッツォ（イタリア語）、パラスト（ドイツ語）、パレス（英語）、パレー（フランス語）等々〕となりました。

皇帝謁見の間から妃たちの私室にいたるまで、贅を尽くしてつくられた豪華な宮殿であるわけですが、建築空間的にもたいへん興味深いものですね。ネロ帝の黄金宮ドムス・アウレア（六四～六九）以来、ローマ建

築におきまして革新的な建築空間が展開されはじめましたが、これをこのドミティアヌス帝皇帝宮殿（紀元九二）に見ることができます。ネロ帝のドムス・アウレアが完成して二五年にも満たない短い期間に展開していったのですが、トライアヌス帝のフォルム北東部分のマーケット（市場の建築として）、それに陛下の建造になりますパンテオンやこの別荘建築におきまして、さらに展開していきました。およそ一〇〇年も前に、あたかも壁の向こうに建築空間が広がるかのように、富裕な市民の個人住宅の壁面に建築的空間が遠近法的に描かれた第Ⅱ様式の壁画が先取りした空間感情が、ここに実際のコンクリートという建築材による建築空間として実現しつつあるのですね。

ところで十八世紀の発掘関係者によって王の間アウラ・レギアと名づけられております謁見の間ですが、南北の中心軸を有し、幅三〇・五メートル、奥行き三八・七メートル、正面中央奥はエクセドラとなっており、そこは皇帝の玉座となっております。周囲の壁には、壁からは独立してはいますが、上部においてその壁からの持ち送りによって支えられた合計一二本の大理石円柱が並び立っております。これはフォルム・トランシトリアの塀壁沿いに立つ列柱と同じで、持ち送りで支えているいわばエンタブラチュア部分が周囲の壁に連続し、この空間に波打つような力動感を与えています。天井はコンクリートの半円筒のドームの格天井となっております。スパンが三〇・五メートルとたいへん大きいことと、東西の壁厚から、後世の研究者たちのなかには構造的にとうてい無理だ、だから木造の屋根に覆われていたと主張する人もおります。ですが、この謁見の間の左右に隣接していますアウディトリウム（あるいはバシリカ）と近衛兵詰所の建物が、ちょうど補強のため控え壁の役割を果たしておりますので、大丈夫ですね。

ハドリアヌス帝　ところがその東西の建物が、その荷重に耐えきれなくなったらしく、亀裂が見つかったので、私は私の建築家たちと検討のうえ、東側の建物には控え壁によって、西側の建物には内壁に添え柱を新たに付け加える補強工事を行った。
また、そなたにも申したとおり、共和政時代から立つ貴族のドムスやアウグストゥス帝のドムスの一部、それにネロ帝のドムス・トランシトリアなどを埋め立て、いわば新しい人工の地盤を造成して、その上に皇帝宮殿ドムス・アウグスターナを建造したものだから、私はもしや基礎工事に不備があるのではと疑い、綿密に調査させた。そしてその基礎工事において、欠陥がところどころに見つかったので、その補強工事も併せて命じた。
ラビリウスは優秀な建築家だが、その点不注意であった。基礎工事は特に念入りに行わなければいけない。

建築家　そのラビリウスですが、建物の設計者である建築家の名が知られていないという「建築家の無名性」なるローマ建築に特徴的な面がありますなかで、名前が知られている数少ない建築家の一人ですね。名前が知られているといいましても、諷刺詩人マルティアリスの諷刺詩エピグラムに次のように詠われているからだけでして、ほかに記録がないようですね。ドミティアヌス帝の宮廷に出入りすることもあった二人は、そこで知り合いになったことと思われます。

ラビリウスよ、畏くもあなたは星辰ひかる天空の構想をもって、
驚くべき技術にてパラティウムの宮殿を建てられた。
フェイディアス刻めるユピテルに、もし相応しき神殿を備えむとするならば、
かの（エリスの町）ピーサもわが雷の神（ドミティアヌス帝）に、
（あなたの）この手腕《わざ》を乞うことであろう。（藤井昇訳）

八角形の空間の意味：新たな空間形態の展開

ところで、アウディトリウム（あるいはバシリカ）に続く南側にあります幅一二メートル、長さ六〇メートルに及ぶ西側入口玄関ホール棟――この左右に奥行きと見とおしがあります素晴らしい空間につきましては、陛下にお話しをすでにお伺いしました。その入口玄関ホールも八角形ですが、宮殿の皇帝が住まわれます私的な居住部分の一階（下階）ペリステュリウム――このペリステュリウムの中央には、半円形を組み合わせた興味深いデザインの池があります――に面した部屋もまた幅八・五メートルの八角形をしております。その各辺東西・南北の軸線方向は矩形の、対角線方向は半円形のエクセドラとなっており、天井はドームで頂部の丸い天窓から採光しております。矩形と半円形のエクセドラは室内空間に方向性と伸張性を与え、たいへん興味深い空間です。

前述の入口玄関ホールもそうですし、ネロ帝の黄金宮ドムス・アウレアの大広間もまた同じように八角形でして、頂部に丸窓のドーム天井を有する空間形態です。

ハドリアヌス帝　そうだ、八角形だ。

この八角形の空間に大きな意味がある。円形の空間がある浴場建築は別として、従来平面形において四角形、矩形の空間が一般的であったが、この八角形の空間の出現は、いくつかの空間が相互に関連を有し、連続するといった建築思考の手がかりともなった。

八角形の空間の、直交する軸線上の各辺には、通常、矩形のエクセドラ（窪み）が、対角線上の各辺には半円形のエクセドラがあるが、これらのエクセドラが、そなたも申したとおり、方向性と伸張性を与える。矩形のエクセドラの中央にさらに小さな半円形のエクセドラが付け加えられたり、その両脇にさらに小さな矩形のエクセドラが付け加えられたりする場合もある。そうすることによって方向性と奥行き感を、空間の伸張性を獲得するわけだから、このエクセドラの果たす役割は大である。そしてこの場合、なによりも、対角線上の四辺における半円形のエクセドラが、大きな役割を果たした。空間意識としての対角線上への方向性だ。だからそこに八角形のもつ大きな意味があるのだ。そしてここでも円形の――そなたは以前に円形と十八世紀のバロック時代における楕円形が果たした役割を話したが――果たす役割も大きい。

これらのエクセドラによって空間の方向性と奥行きが強調されるとなると、それらのエクセドラに開口をあけたり、扉口にしたりして空間の重なりと見とおし、あるいは隣接する空間との相互連関性の獲得への歩みはわずかであるといえよう。

建築家　八角形の空間が有する意味がわかりました。この八角形の空間形態それ自体としましても、興味深いですね。空間が八方に伸張するという空間感覚のなか、天井ドームは中心の頂部の丸窓に収斂しておりますから、漸次円形の中心へ向かう力も働き、この外への外延性と中心への集中という拮抗があります。またあるリズム感が感ぜられる空間でもあります。

皇帝宮殿内の宴会の間ケナティオ・イオウィス

そしてペリステュリウムを挟んで謁見の間であるアウラ・レギアの真向かいにあります――中心軸を共有しています――大きなトリクリニウム（食堂・宴会の間）もまたたいへん興味深い空間です。このペリステュリウムを囲む各棟は宮殿の公的な部分でして、外国や属州各都市からの使節たちをはじめ、国にとって重要な賓客をもてなす宴会の間です。

諷刺詩人マルティアリスに次のような詩があります。

パラティヌス丘の宴席と、アンブロシアの神饌を容るるには、もとはそのところではありませんでした。
いまやゲルマニクス（ドミティアヌス帝）よ、聖きネクタルと、
ガニュメデスの手もて混ぜし酒盃を乾さるるにふさわしいのです。
願わくは、雷の神（ユピテル）の宴客となるに遅きことを望みたまえ。
されど、ユピテルよ、なんじ急がば、みずから、来れかし。（藤井昇訳）

この宴会の間はケナティオ・イオウィス（ユピテルの食堂）と当時の人びとによばれ、不老不死をもたらす神々の食物であるアンブロシアと神々の飲み物であるネクタルが、すなわちたいへんなご馳走と美酒とがふるまわれたのですね。

幅約三〇メートル、奥行き約三二メートルとほぼ正方形のこの大広間は、北側に大きく開口をあけ、ペリステュリウムに列柱をとおして臨んでおりますことから、北向きといってよいかと思われます。
南側は壁によって閉じられ、中心軸上に小さなエクセドラになっております。背後に、アウグストゥス帝によって建造、奉献されましたアポロン神殿と（ローマでは最初の公共図書館である）ギリシア語本・ラテン語本図書館が立っているため、南の壁を閉じたのですね。夏の間、皇帝は別荘に出掛けることが多く、主として冬期を中心に使用されることを考えますと、谷に位置します戦車競走場キルクス・マクシムスと、その向こうのアウェンティヌス丘を見渡す眺望の良い南側に、大きな開口をとりたいところですが、そうした理由から壁でふさいでおります。陛下は冬を中心として秋から春までの間、ローマのこの宮殿で過ごされました。冬には寒い日が続くこともあるのですね、この大広間の床に暖房を施す設備工事を命じられたことが知られております。

そしてペリステュリウムに向かって左側と右側、すなわち東側と西側は屋根に覆われた湾曲するエクセドラの柱廊になっておりまして、その柱廊に囲まれた明るい中庭には楕円形の池があります。波打ち際を象徴するようにその池の縁はデザインされており、美しい池ですね。広間からは、列柱の間に設けられた開口をとおして、前面にこの庭が、そして奥に湾曲したエクセドラの壁に飾られた彫像群が眺められます。晩餐をとりながら優雅というほかはないときを過ごす——ケナティオ・イオウィス（ユピテルの食事の間）と人びとにもてはやされるに相応しい広間です。

ところで近年の発掘調査におきまして、この宴会の間の下にこれを横切るかたちで、ネロ帝建造のドムス・トランシトリアの一部が発見されました。半円筒ヴォールト天井で壁には絵が描かれ、スタッコは金箔塗りとなっており、それは豪華なものでして、歴史家タキトゥス（『年代記』）や陛下の秘書官であったスエトニウスによる記述を裏づけるものです。陛下は宴会の間の下にネロ帝のドムス・トランシトリアが存在したことは、ご存知ですか。

ハドリアヌス帝　むろん、存在したことはよく存知ている。だが地中に埋まっていることだから、その後、どうなったことかは知らないし、実際に見たことはない。

建築家　ところで、この宴会の間は池のある中庭を囲む二つのエクセドラがあり、もう一方はペリステュリウムの庭を臨むことから、陛下のティヴォリの別荘の庭園の間とのある類似性が指摘されます。

ハドリアヌス帝　この宴会の間に限らず、ドミティアヌス帝の建造による皇帝宮殿には、建築空間的にたいへん興味深いものが多い。私はときおり、私の建築家たちを私が住むこの宮殿に招き、一緒にそのコンクリート構造とその可能性、骨材と強度、型枠としての煉瓦、その施工法において留意すべき点、スタッコ仕上げと大理石貼り、あるいは機能と建築形態などについてつぶさに観察してまわった。夕食のときなど、皆でこの宮殿の建築論議に熱中することもあった。

池のある中庭を囲む建築――うねるように連続する力動的な空間

陛下がこの別荘におきまして、最初に改・増築を始められました居住部分の南側、「テンペの谷」に臨む建築複合体――十六世紀よりピアッツァ・ドーロ（黄金の中庭）とよばれておりますが、誤解をさけるため「池のある中庭を囲む建築」とよびたいと思います――は、もっとも遅い時期に計画、建造されたものですね。

ハドリアヌス帝　そうだ。

建築家　居住部分の主軸線と微妙にずれておりますが、これはほぼ等高線に沿って建てた、すなわち自然の地形に対応させた結果といってよいですね。

ハドリアヌス帝　むろんそうだ。

建築家　この建築複合体も中庭を囲むように構成され、それ自体独立、完結しておりまして、たいへん固有的で、興味深い建築です。

居住部分の南裏手、塀沿いに列柱廊をさらに南に向かって三五メートルほど歩きますと、この建築複合体の中央玄関ホール（あるいは入口門）に到達します。そして左右にはアエディクラ（小祠）が立っているのが見えます。玄関ホールを通り抜けますと――これが南北中心軸を形成しています――、幅五一メートル、奥行き六一メートルのペリステュリウム、つまり二重の列柱廊に囲まれた大きな中庭となっており、その中心軸線上に沿って幅五メートルほどの三つの細長い水路のような池があります。そしてその向こうにこれまた中心軸線上に、あの建築空間的に素晴らしい広間と付属室が広がっているのですね。

その広間は主として公式の集会の場として使われたのでは、と推測する人もおります（青柳正規）が、どういうように使用されたのでしょうか。

ハドリアヌス帝　いろいろな目的に使われた。夏期にたまたま外国や属州諸都市からの使節団が訪れたときには、謁見の間となったし、元老院議員を集めての集会や皇帝顧問会議もそこで行ったりした。

建築家　ところで玄関ホールは堂々とした威厳ある空間です。入口門には違いないのですが、単に通り抜けのためではなく、訪問者たちがいったん滞る空間ですので、玄関ホールといったほうがよいかと思います。

この玄関ホールの空間はたいへん興味深いですね。平面形は八角形をしており、軸方向とこれに直交する方向には矩形のエクセドラ（上部は開口窓）、そして対角線方向には半円形のエクセドラ（下部は水盤）となっております。そして八角形の各隅には柱礎にのった細い八本の柱が、八隅に膨らみをもった「かぼちゃ型（あるいは傘状の）」ドーム天井（頂部に丸い天窓）を支えております。事実は、天井ドームは壁体と結合されており、たとえ柱がなくとも構造的に問題はないのですが、壁体と独立した八本の柱が天井ドームを支えるという建築形態が、後の建築形態の展開に範を示したといってよいと思われます。

それにしても「かぼちゃ型の」ドームとは、陛下が先帝であられるトライアヌス帝の側近であられたとき、トライアヌス帝の建築家アポロドロスと諍《いさか》いを起こし、アポロドロスが「トライアヌス帝との打合せの邪魔をしないでくれ。どこか離れたところに行って、君はその得意なかぼちゃの画でも描いていればいい。私たちが打合せをしている建築については、君は何ひとつ知識がないのだから」と、陛下に言い放ったことが思い起こされます。陛下は当時から、手すさびに八角形の平面形で、かぼちゃ型のドームを考え、スケッチしていたのですか。

ハドリアヌス帝　……（無言、苦笑）……。当時知り合いの建築家とそんな建築形態の可能性について議論したことを覚えているが――。

建築家　そしてこの玄関ホールが立つ中心軸線上の中庭の向こうにある中央広間ですが、中心軸である縦方向とそれと直交する横方向の長さが同じであります、いわゆるギリシア十字の平面形をしており、この軸方向は凸型、対角線方向は凹型の円弧を描き湾曲し、それが連続して全体として波のようにうねる力動的な空間です。

平面プランをよく観ますと、基本形は八角形ですね。八角形の角部の壁柱とそれぞれ中央に立つ二本の一対の円柱によって支えられたエンタブラチュアが、凸型凹型に湾曲しつつ連続しており、また天井は丸いドーム天井となっておりまして、広間中央頂部に穿たれた丸い天窓をとおして天空の光が射し込んできます。また南北の中心軸方向の奥には湾曲したニュンフェウムの壁――六つの小さなエクセドラがこの壁に穿たれ、アフロディテの女神たちの彫像が飾られていました――と、これも湾曲した池があることから、このうねるような力動的な空間には冥界な方向性があることがわかります。

ところがニュンフェウムへと向かう明快な方向性をもつこの主軸と直交する横軸の各方向に、矩形の部屋がありまして、その中央にそれぞれ一対の二本の柱が立ち、広間の中央から見ますと（広間の凸部分の二本の柱と合わせて）二対四本の柱によって遠近法的に分節された空間が見とおせ、最奥の壁の半円形のエクセドラがそれを強調しています。ここに明快な軸と方向性とが形成され、主軸方向とこの横軸方向への二つの拮抗する方向性とによって、広間全体は緊張感ある空間となっております。また対角線上の広間内部に向かっての凹型湾曲に対し、二本の柱によって分節されましたもう一つの小空間は、水盤がある半円形のエクセドラによって形成されて――つまり凸型に湾曲しています――おりますことから、この小空間にも拮抗する方向性が働き、広間全体の空間の力動感に、膨らみとリズム感を加えております――。力動感といいますと重い印象を与えますが、そうではなくて、この空間は透明な清澄性と、そしてリズム感が加わって軽快な空間です。

ローマ建築が到達した革新的な空間形態のひとつだと思いますが、平面プランにおきまして八角形が基本形であることは、たいへん興味深いですね。ネロ帝の黄金宮ドムス・アウレアの広間、ドミティアヌス帝によるパラティヌス丘の皇帝宮殿の入口玄関ホールや居住部分の広間は、すべて八角形です。矩形から新しく考えだされた八角形の（空間の）意味は、空間形態の新たな展開にあたりまして、想像以上に大きなものなのですね。

屋根の問題：有蓋説か無蓋説か

ところで陛下、この広間が屋根に覆われていたのか、そうではないのか、研究者たちによって長い間論争になっておりまして、いまだ決着しておりません。

ハドリアヌス帝　はて、何を言っているのか私にはわかりかねるが――。

建築家　一九二〇年代までは、この広間にはなんらかの屋根――おおかたはドーム天井ですが――で覆われていたと思われていたのですが、一九三〇年代になりましていく人かの歴史家、研究者が構造的観点からとうてい無理だ、屋根は架かっていなかった――つまり無蓋で、露天といいますか、天空に向かって開かれていたのであろう（ゲルカン、グリックら）、と主張しました

これに対して屋根に覆われていたことは確実だと主張し、自分の復元案を示した芸術史家がおりました（ケーラー、一九五〇）。その復元案とは、基本形としての八角形に沿ってベースが形成され、そのベースの上に（片持ち状に）丸いドーム天井がのるというものです。

ですがその後、その復元案は検討され、構造的に不可能であるとされたのです。凹凸状に湾曲しつつ連続する大理石のエンタブラチュア（成は一・〇五メートル）は、大理石のコリント様式一六本の円柱（柱礎を含めて高さ四・二メートル）と八角形の角部の壁柱（両側は付け柱状となっています）とによって支えられており、これがベースとドームの荷重すべての支えることは構造的に不可能だ、と学者たちは主張しました（F・L・ラコブ、一九六七。ウォード・パーキンス、一九七四、など）。そして今日の構造上の計算や当時の建築技術の水準などさまざまな点を勘案しますと、この広間にはドームが架かっていない、屋根に覆われていなかったことが証明さ

れたとされ、以来、無蓋説が有力なようです（青柳正規）。ただラコブによります論文はドイツ、カールスルーエの工科大学に提出された博士論文でして、この若い学者が当時の建築技術に精通したことにはやや疑問が残りますが——。

と言いましても、この中央広間に屋根が架かっていない、というようなことはあり得るのでしょうか。明暗の異なる空間の重なり、連続と見とおしということを重視しましたローマ建築におきまして、およそ考えられませんが。

ハドリアヌス帝　円形ドームの屋根が架かっている。ただし、そのケーラーとやらの復元案によるドームと構造とはやや違ったかたちで——。

八対一六本の独立円柱が凹凸に湾曲しながら連続するエンタブラチュアを支えているが、それらは構造的にはさして意味はない。それはローマのパンテオンと同様だ。

ここではドームの荷重は、構造的には八角形の角隅の壁柱（厚さ約六五センチ、長さ一・五メートル）の上に架かっている。ただし、この両側が大理石付け柱となっている壁柱部分だけでは支えきれない。対角線上のエクセドラのある建物部分、そなた指摘した遠近法的な見とおしを意図した東西軸線上の建物部分、それにニュンフェウムの部分（これはそのために部分的に屋根が架けられていた）、これらの中央広間の周囲の建物全体が、壁柱で支えきれない荷重に対し、いわば控え壁として機能し、壁柱を支え安定させているのだ。ところがドームの建設工事を進めるなかで、ドームの水平推力に壁柱が耐えきれず、南側のニュンフェウムに面した二つの壁柱に亀裂が生じることが判明し、これに袖壁を付け加えて補強した。

建築家　壁柱に添えるように工事中に付け加えられましたその厚さ六五センチメートル、長さ一・二メートルほどの袖壁は、発掘調査におきまして、明瞭に認められております（H・ケーラー）。

ハドリアヌス帝　では何故に、無蓋説が有力というのだ。

袖壁による補強工事が認められたということは、有蓋説を証明しているのではないのか。

建築家　それは、中央広間の上部一六本の円柱に支えられた床から高さ約四メートル、幅約一メートルの凹凸に波打つように湾曲する大理石のエンタブラチュアにドームの荷重がかかり、これは構造的に無理で支えきれない、という見方をするからではないでしょうか。

実際は、陛下がご説明されたごとく、円形のドームは、凹凸に湾曲する部分はアーチとなっており、アーチは八角形の角隅の壁柱のみにかかり、したがって、エンタブラチュアには最小限度にしか荷重がかからないのですね。そして陛下が建造を命じられたローマのパンテオンのように、ドームの建設にあたってコンクリートの骨材に軽石を使用し、またドーム厚を薄くして、円形ドームの自重の軽減を図ったのですね。軽快な流れるような空間ですから、これを覆う円形ドームも軽快なものなのですね。

ハドリアヌス帝　そうだ。

建築家　この中央広間は、古代でももっともすばらしい空間のひとつだと私は思います。

近世バロックの建築家ボロミーニと遺構調査をとおしてのローマ建築の研究

ところで、陛下のこの湾曲し、うねるように連続する内部空間に感嘆しておりますと、近世十七世紀バロックの建築家ボロミーニによりますサン・カルロ・アッレ・クワトロ・フォンターネ教会という、ローマの小さなキリスト教会の内部空間が想い起こされます。これも湾曲し、うねるように連続する空間でして、陛下のこの中央広間と空間構成において共通性が否定し得ないからです。

その教会とは、陛下の時代でいいますと、ローマのクイリナリス丘の麓、クイリヌス神殿やドミティアヌス帝建造のフラウィウス一族の神殿が立つ辺りでしょうか、今日のキリナーレ通りとクアトロ・フォンターネ通りが交差し、この辻の四隅に泉水がある場所に立つ、聖人カルロ・ボロメオに捧げられた小さな教会です。マドリッドに本部をおくスペイン系三位一体修道会がローマにおける布教活動の拠点として――資金に乏しい小さな修道会ですから、ごく小規模な修道院と教会を建造するものでして――、フランチェスコ・ボロミーニ（一五九九～一六六七）という北方イタリア出身（生まれたルガーノ湖畔ビッソーネという国境に近い村は、当時政争の関係でスイスに属していたようです）の、石工の修行をした建築家に設計の依頼をしました。

はじめに修道院部分（一六三四～三五）、次に教会の内部空間（一六三八～四六）が建造され、最後に教会のファサード部分（一六六五～七六）が完成しました

修道院とファサード部分――これにつきましてはヨルダン、ペトラの都市の入口を象徴する神殿アル・ハズネやいわゆる第Ⅱ様式のローマの壁画との関連で以前に話題にのぼりました――もたいへん興味深いのですが、ここで教会の内部空間を見てみますと、平面形は祭壇に向かって縦長の不等辺八角形を基本形とし、入口と正面祭壇がある辺には半径が小さい半円形のエクセドラ、左右の辺は半径がより大きい半円形のエクセドラ、いずれも凸型のエクセドラでして、対角線方向の四辺はいずれも小さな半径のわずかに凹型の曲線を描いています。壁面と、壁面に沿って立つ一六本の円柱に支えられているかのように見えるエンタブラチュアは凹凸に湾曲しうねるように連続し、天井部分はエンタブラチュアから立ち上がる四つのアーチによって支えられた楕円形のドームとなっており、頂部の開口ルミネットから天上の光が降り注ぎます。

陛下のこの中央広間の空間と同じく、一六本の円柱――陛下のこの空間も一六本の円柱です――によって支えられるエンタブラチュアと柱と周壁は、波打つように凹凸に湾曲しながら連続し、（比較にならないほど小さいながらも）力動的な魅力的な空間です。基本形が八角形であること、円柱が一六本であること、その柱頭がコンポジット様式であること、エンタブラチュアが空間全体に湾曲しながら連続すること等々、空間構成に共通する点が多く、たいへん興味深いですね。

建築家ボロミーニは、この修道院・教会だけでなく、当時、ローマ大学の教会であるサン・ティーヴォ・デラ・サピエンツァ教会やコレジオ・プロパガンダ・フィデ館など、数々のたいへん興味深い建築を完成させた十七世紀ローマ・バロックの大建築家のひとりですが、ひとつの興味深い事実が伝えられております。

ボロミーニは古代ローマの建築に興味を抱いた――これは十四世紀ころから、多くの建築家たちに共通します――のですが、とりわけ陛下のこの別荘の建築群にたいへん興味を抱き、新たな発掘調査の報が伝わると早速、発掘現場を訪れ、建築遺構を熱心にスケッチし、また熱心に研究をした、とのことです。ボロミーニによるそうしたスケッチ類が多数遺されております。

ボロミーニが生きた十七世紀は、とりわけ陛下のこの別荘の発掘調査に興味を抱いた人たちが多かったようでして、たとえば、バルベリーニ家に仕えた建築家フランチェスコ・コンティーニ（一五九九～一六六九）は調査結果として、陛下のこの別荘の配置全図を作成しておりますし（一六六八）、その調査にはボロミーニの設計案の模型制作者として知られますベルティなど友人たちが手伝ったといわれます。また、ボロミーニには古代建築の研究家として関連蔵書が多く、モンタノによる柱頭のディテール集なども所有していたことが知られており、たとえば、サン・カルロ・アッレ・クアトロ・フォンターネ教会のコンポジット様式柱頭に、陛下のこの中央広間の柱頭を参考にしていることからもわかります。

ボロミーニ自身、設計した聖フィリッポ・ネーリのオラトリオ会僧院の計画についての書『オープス・アルキテクトニクム』（一七二五）におきまして、

古代の人々はヴォールトを壁の上にじかに載せるようなことはしなかった。そのかわりに大小の部屋の隅に柱や付け柱を配し、その上に交差ヴォールトをかけていっさいの重みがそこにかかるようにした……ティヴォリのハドリアヌスのヴィラやディオクレティアヌス

の浴場がそうなっているように……（横山正訳）

と述べていますが、これは陛下のこの別荘の、先ほど見ました池のある中庭を囲む建築の入口玄関ホールや、それに大浴場の空間についての言であるように思われます。ただし、陛下によります交差ヴォールト天井を四隅の柱で支持するといいますのは初期の試みでして、いまだ完全には柱のみによって支持しているのではなく、壁体もこれにかかわっておりますが――。

ボロミーニは次のようにも述べております。

古代ローマの建築には多くを学んでいる。それらをコピーするのではないが、おおいに刺激をうけている。（著者訳）

以前陛下から、紀元前二～三世紀ヘレニズムの時代の中・後期におきまして、それまで支配的であったギリシア古典の厳格な規範の呪縛から解放されて、感覚的美を求めるといってもよいヘレニズムの芸術についてお話しをお伺いしました。後世におきまして、それはギリシア古典期より衰退に向かった文化であると長い間否定的に捉えられていましたが、十九世紀中ごろドイツの歴史学者ドロイゼンなどの提唱によって、そうではなく異質の文化であるとし、そこに積極的な意味が見出されたのです、と。

そのヘレニズムの建築そしてこれを受容し、その延長線上にあるローマ建築におきましては、異種なるものの共存あるいは様式の混在、それに破調への傾きや、湾曲するファサード、つまりギリシア古典の建築的規範からの意図的な逸脱が指摘されます。

一方、古典様式としてのルネサンスの建築、つまりは古代ギリシア・ローマの建築の規範から意図的に逸脱した表現形式、自由で絵画的なもの、より恣意的な形態の扱い、あるいは湾曲するファサードや内部空間のように誇張された表現形式でありますバロック建築は、十七世紀ローマにおいて成立しました。そしてこのバロック建築も「風変わりで、奇妙な、あるいは表現の過剰、誇張」と感ぜられ、また長い間否定的に捉えられ、ひとつの建築様式として認知されるのには長い年月を必要としました。

ハドリアヌス帝　そうであったな。ヘレニズムの建築とバロックの建築とには、ある共通性があるということであった。

建築家　そうですね。「古代建築におけるバロック的現象」とか「ヘレニズム建築のバロック的特色」といったことがたびたび指摘されますが、歴史的にみたバロック現象は逆でして、十六、十七世紀の建築家たちは、古代ローマ建築を含めたヘレニズムの建築に共感を抱き、そこから多くを学び、そして「バロック様式」と大きく捉えることができる建築思潮が形成されたのではないでしょうか。そのことは、都市ローマに立っておりますサン・カルロ・アッレ・クワトロ・フォンターネ教会やサン・ティーヴォ・デラ・サピエンツァ教会、ダイナミックに波打つようなファサードのプロパンガンダ・フィデの館の建築家ボロミーニをはじめバロックの建築家たちが、この陛下の別荘の建築をはじめ、古代ローマの（そしてヘレニズムの）建築から多くを学んだという事実から、言えそうな気がします。

カノプス——小宴の間

さて、カノプスと名づけられた建物と水路ですが、建築と水とが一体となった、これも興味深い建築です。

中央入口玄関ホール、そして大浴場、小浴場、それにカノプスの軸線は同じですから、計画時期も建設時期もほぼ一緒の、ひとつの建築複合体といってもよいわけですね。

ハドリアヌス帝　そうだ。そして、次に建設した建築複合体はその南西側の、アカデミアや庭園を挟んで立つ展望塔となる。

建築家　軸線上に幅一八・六メートル、長さ一二一・四メートルの水路があり、その正面に直径約一七メートルのかぼちゃ型のあるいは傘状の半円形ドームが口をあけたようなファサードの奥に、水が流れ出る細長い洞窟のような建築がありますが、カノプスと名づけられましたのは、やはりエジプトのナイル河口の港町カノプスを想起したものですね。

水路はナイル川を、また水路の中央に台座の上にのった口から水飛沫を噴き上げる石でできたワニもナイル川を想起させます——今日ではそのワニは水路の縁石の上にあぐらをかいていますが。

ナイルデルタのもっとも西に流れるナイル支流の河口の港町カノプス（今日のアブキール）につきましては、今までたびたび陛下よりお話しをお伺いしました。病の治療で有名なセラピス神殿（プトレマイオス三世による建造。紀元前二四六〜二二一）があり、巡礼の地でもありますが、他方、この一帯のナイル川、そしてカノプスとアレクサンドリアとを結ぶ運河は、王室や貴族の人たちのみならず、多くの市民が舟を浮かべて音楽やダンスに興ずる遊興の地としても知られております。

陛下はエジプトに視察旅行をされた折（紀元一三〇）、アンティノウスや側近たちと川遊びに興じた思い出の地でもあるのですね。

ところでかぼちゃ型あるいは傘状の半円形ドームとその奥の洞窟のような建築は地上よりある程度露出していましたが、土砂に埋まっていた水路部分はようやく一九五〇年代初めの発掘調査におきまして、水路を飾る列柱や彫像とともに発見されました。その後まもなくして列柱とともに水路は復元され、水が張られ、今日、陛下の時代の美しい建築景観が偲ばれるようになりました——もちろん断片的ではありますが。

その後、発掘調査がさらに進められるにつれ、およそのことがわかりかけつつあります。傘状の半円形ドームと奥の洞窟のような建築は従来、カノプスと関連させてセラピス神殿であろうとされてきましたが、奥の洞窟のようなところは実は、食事の間であったのですね。

水路と中心軸を同じくし南に位置する半円形ドームの壁体には半円形、矩形と交互に小さな窪みエクセドラが穿たれ、半円形の窪みには彫像が飾られ、矩形の窪みエクセドラからは水が滴れ落ち、その水は床に刻まれた半円環状の溝ないし小水路に流れ、さらにその水は床下に組み込まれたパイプを通って、前面の矩形の池、さらには北に位置する水路へと流れ出ていたのですね。傘状の半円形ドームに近い水路の南端は水深一・五メートル、半円形を描く北端部分のそれは三メートルと水路の底には傾斜がつけられ、一・五メートルの高低差があります。ですから水路の水は淀むことなく、つねに澄明で、水路の周囲に立つ彫像や列柱を美しく優雅に映していたのですね。ちなみにそのコリント様式の大理石列柱の上部は、交互に円弧を描くアーキトレーヴと水平に走るアーキトレーヴで繋がれておりますが（復元されました）、この交互に円弧と水平のアーキトレーヴが列柱を繋ぐ典麗な形態などは、陛下好みといってよいかと思います。これと同じ形態では、小アジアの美しい都市エフェソスにあります陛下の訪問を記念してエフェソス市民たちが建てましたハドリアヌス帝神殿の門や、陛下がアテネにおいて建造を命じられた壮麗な水道橋の貯水槽ファサード等々が、想い起こされます。

さて半円形ドームの正面奥、中心軸上に幅四・五メートル、奥行き二二メートルの洞窟状の空間があります。そのつきあたりの壁は湾曲し、上部に小さな半円形エクセドラがありまして、また周壁にもところどころ小さなエクセドラがあり、そこから水が滴り落ちてきます。そして床はそうした水を受けるいわば水槽となっており、中央部に長さ八メートルにわたって大理石板が貼られたコンクリート床板が渡され（下部はアーチ状となっております)、そこが食事の間となっているのですね。横臥する臥台の跡が今日でも遺っております(W・マクドナルド)。この食事の間へは、東側の脇の部屋を通って行くことができます。この洞窟のような空間は屋根に覆われていませんから、天空から光が降り注ぐのですが、この食事の間の上部のみが日中の強い日差しを遮るように半円筒ヴォールト天井によって覆われております。この半円筒ヴォールト天井は美しいモザイクで仕上げされ、また左右の壁にもいろいろな色の大理石が貼られております

陛下は、夏の暑い日中、静寂が支配するなか、上部の壁から床の水槽に滴り落ちる水の音に耳をすませ、そよ風が吹けばひやりとする水に浮かんだこの食事の間で、ごく少数の親しい友人、あるいは賓客を招いて小宴を張ったのですね。天上から射し込み、そよ風と水滴が起こす波紋のように揺らぐ水面に反射した光が、美しいモザイクの天井と大理石貼りの壁を映し出す。ゆらぎたゆたう光の天井・壁はえもいわれぬように美しいでしょうね。むろん、ときには音楽も奏でられ、詩も朗読されたのでしょうが、興にのれば、居合わせた側近のアリアヌスなどはアレクサンドロス大王の知られざる逸話や、長年学んだ哲学者エピクテトスの私生活の一端を語って、居合わせた人たちの身をのりださせ、またフレゴニウスが語る東方の世にも不思議な奇譚に耳をそばだて、身が凍る思いをし、また皆で笑い転げたことでしょう。むろん帝国の各地の情勢、ゲルマンやパルティア、それにユダヤの動き、あるいは法学者ケルススやユリアヌスらによる法整備の進捗などについても語られたのですね——。

夏の猛暑で知られる京都では、北の貴船神社近くの山間の地、貴船の清流の上に床を組み、毛氈を敷いて、その川の流れの上で涼をとりながら食事を愉しむところがあります(貴船の川床)。川のせせらぎの音、森の緑樹の香り、夏の強い日差しにもかかわらず、緑樹を通して吹く冷しい風と柔らかい光、床組の青い竹、赤い毛氈、これらを五感で感じながら、冷気が充満する自然のなかで涼みながら食事を愉しむのです

――。

陛下のこのカノプスにおきましては、洞窟のような空間の食事の間と水路とは一体となっております。湾曲する半円形ドームの空間と呼応するように、水路の北端も湾曲しております。水路のレベルより床が一・五メートルほど高くなった食事の間からは――この床を高くした計画がすばらしいところです――、陛下たちが横臥しておられても、緑がかったチポリーノ産の大理石二本の円柱の間をとおして、水路中央の台座に据えられた六頭一二足の女怪物スキュラや、天高く水の飛沫を噴き上げるワニや、それにはるか向こうに聳えるモンテチェリオの山々などを眺めていたのですね。

ハドリアヌス帝　ギリシアの人びとにとって山々は神聖であるように、私たちにとっても山々は神々が棲む聖なるものだ。

家の作りようは、夏をむねとすべし

建築家　陛下のこの別荘をつぶさに拝見しますと、ふたたび吉田兼好という僧の言が思い起こされます。十四世紀の高名な歌人で、『徒然草』という随筆のなかの一節です。

家の作りようは、夏をむねとすべし。冬はいかなるところにも住まる。暑きころ、わろき住居は、堪えがたきことなり。（第五五段）

冬はどんな住まいでも住むことができる、と述べていますが、なるほどそうですね。（陛下の時代におきましても）冬の寒い日には手をかざして暖をとる火鉢があります。日本では古来、火櫃あるいは火桶ともいい、木製や金属製のものがありますが、陶器製のものがよく見かけられます、かたちは箱型、円筒形、丸形などさまざまです。陛下の時代のローマでは、直径五〇センチメートル、高さ三五センチメートルほどの大きさの円筒形をしており、内側は鉄の薄い板、外側はライオンの頭などで飾られ、ライオンの脚で支えられた青銅製となっているのを博物館で見かけたことがあります。底の部分は鉄板にモルタルが塗られていたようでして、灰を入れなかに炭火などを入れて使用したのは、日本の火鉢と同様です。ライオンの頭には把手の輪がついていまして、家のなかをあちこち持ち運んで使用したようですね。こんな火鉢にも「用と美」といえます素晴らしいものが陛下の時代のローマにあったのですね。驚くばかりです。

ハドリアヌス帝　冬期の暖をとるための火鉢は、広く普及している。そうした装飾が施された青銅製のものは、富裕な人たちのドムスなどで用いられているが、一般市民のインスラの住居ではむろん鉄製だけのより簡素なものが多い。

建築家　また、これはごく限られた富裕な人たちの個人住宅ドムスでしょうが、公共浴場のごとく、木を焚やして温かい空気を床下と壁の中（壁の中空部分）に送り込み、いくつかの部屋の床と壁に暖房を施し、部屋の空気を暖めることも実際にやられたのですね。陛下のこの別荘のいくつかの部屋や、ローマ、パラティヌス丘の皇帝宮殿の宴会の間ケナティオ・イオウィスにおいて、陛下がそうした暖房設備工事を命じられたことが知られております。

それに冬は、どんどん着重ねすれば、なんとか寒さは我慢できるわけですね。それで兼好法師は、冬はどんな住まいでも住まうことができる、と言ったわけです。

ところが暑い夏の日中では、そういうわけにはいきません。服を一枚一枚脱いでいってたとえ裸になったとしても、たまりません。だから「わろき住居」にならないよう家のつくりには夏の暑さを考えに入れてさまざまな工夫が大事だ、と言うのですね。

別荘が多く立地していますティブルティニ山地中腹の標高が高い地と比較しまして、陛下のこの別荘は避暑地としての「涼しきティヴォリ」といえども、その麓に立っていますことから、それほど涼しくはありませんね。ですから陛下のこの別荘の図書室にしましても、数多くあります宴会の間にしましても、建物のほとんどは北向きとなっておりまして、また南側には開口がとられておりません。そして多くは東西、それに北側に開口をとることによって、通風が確保されております。この風のとおりでいいますと、この一部屋での二か所以上の外気に面した開口による通風の確保が肝腎な点ですね。

また建物の中庭や周囲に池、水路、噴水などを配し、水によって冷やされた風、冷気を建物内に採り入れ、また流れる水音、噴水の水音などによって涼をとる工夫がされております。

「カノプス」の洞窟状の空間の水槽の上にわたされた大理石張りのコンクリート床の食事の間——陛下が親しい友人や賓客を招いて小宴を張った間などは、兼好法師の言、

深き水は涼しげなし。浅くて流れたる、はるかに涼し（第五五段）

をそのまま実践しているかに思われます——陛下の時代は一〇〇〇年ほどはやく、時代的にはまったく逆ですが。上部壁から滴り落ちる水を受ける水槽は緩やかに流れ、その水に浮かぶような小宴の間で、うだるような酷暑のなかにもかかわらず、冷気が充満するなかで、親しい友人や賓客を招いて横臥しつつ食事を愉しみ、彫像で飾られたナイルの水路や背景の山々の景観を賞でたのですね。

また半地下の空間でありますす地下柱廊クリュプトポルティクスを設けたり、地下通路網に連絡して地下倉

庫をつくり、アペニン山脈から運んできました雪氷を貯蔵し、夏期その雪氷によってワインを冷やしたり、円形のウィラを取り囲む環状水路は陛下の水泳プールでもありましたが、その雪氷によって水泳プールを冷やしたり、部屋に冷気を取り入れたり、いろいろ工夫したことが知られております。

ハドリアヌス帝　兼好法師が言うのと同じで、私の別荘も夏をむねとしてつくってある。そなたは私と私の建築家たちの夏の暑さに対するいろいろな工夫を述べたが、それでも、風が凪ぎ、午後のうだるような暑さは黙って耐えるほかはない。

地下のサービス通路網

建築家　陛下は、ご親族が共和政の時代からこの地に所有されていた小規模な別荘を増・改築することによって、ご自分の別荘として整備するご決心をなされるころ、そのすでにあった別荘と土地を陛下の建築家たちと一緒に綿密に調査されました。そのとき、この辺りの土地は凝灰岩の岩盤に覆われており、そして地下柱廊クリュプトポルティクスが存在し、また地下にサービス通路が走っていることを認められ、この地下サービス通路のもつ大きな意味について、陛下と陛下の建築家たちは意見の一致をみたことについて以前にお話しをお伺いしました。

ハドリアヌス帝　この敷地を含めた辺り一帯は凝灰岩（トゥフォ）の岩盤に覆われている。火山灰が堆積し固まってできたのが凝灰岩だが、太古の昔、この辺り一帯の低地は海であったという。その後、海面は次第に低下し、そして（今日の）アミアータ山々などの大規模な火山活動により火山灰が大量に降り、堆積し、浅い海をどこかへ追いやった。こうして火山灰が堆積し、固まってできた凝灰岩の岩盤が、この地方一帯を覆うこととなったのだが、凝灰岩は比較的やわらかく、したがって掘削しやすい。

建築家　凝灰岩の岩盤の上に立つ都市、たとえば、ここから比較的近くのエトルリア人起源の都市オリヴィエートなどでは、中世に貯水槽やワイン、農産物を蓄える倉庫群を地下に岩盤を掘ってつくり、それらをつなぐ地下の通路網が形成されております。

この陛下の別荘におきまして、地下に全長四・八キロメートルにわたって縦横に走る通路網が形成されておりますが、その地下通路網を大きく分けますと、馬車も通行する幅三メートルの幹線通路と、そして、ここで働く多くの使用人たちのためのいわば歩行者用サービス通路から成っております。これらの地下通路の多くの部分は凝灰岩岩盤をトンネル状に掘削したものですが、一部分はコンクリート造による人為的なヴォールト構造となっております。そして天井の上部か側壁に開口をあけ、採光しております。

馬車も通ることができる地下幹線通路の大きな目的のひとつは、建設資材の搬入、運搬それに工事職人たちの移動のためですね。この別荘全体では、いわゆる建築複合体が順次、増築されていきますので、陛下が住まわれつつ（――帝国を巡る視察旅行のため留守をされたり、冬期はローマ、パラティヌス丘の皇帝宮殿にお住まいになられるため留守にされるのですが――）増築工事が行われるわけでして、別荘での生活にできるだけさしさわりがないようにするには、こうした地下通路は好都合ですね。

ハドリアヌス帝　そうだ。

住まいながらの増築工事だから、如何に生活にさしさわりなく工事を進めるかを考えて、私と私の建築家たちは頭のなかで描いていたおおよその全体計画のもと、地下通路網を周到に計画した。

工事に関していえば、建設資材の置き場や、資材運搬のために使役する馬、牛、ロバなどの家畜小屋も地下通路脇につくらせた。また敷地の南部分に別荘建設のコンクリート工事のためのポッツォラーナ（火山灰セメント）が発見されたが、その採掘所に通ずる地下通路もつくった。

地下に雪氷の貯蔵庫

建築家　陛下のこの別荘のように、全体の統一的プランではなく、それぞれ独自の各建築複合体が次々と増築されるプランでは、サービス動線の確保とそれがうまく機能させることはたいへん難しいですね——食料その他の搬出入、それに多くの使用人たちの移動が必要なわけですから。地下におけるサービス通路網は（もしこの別荘の場合のように、それをつくることが可能ならば）実に良い解決法のひとつですね。

どこからともなく姿を現わし、飲み物などをサービスする使用人たちに、不思議な感にとらわれる訪問客を想像しますと愉快になります。地下のサービス通路網があるからこそ、それが可能なわけですね。

また陛下は、使役のための馬、牛、ロバなどの動物の家畜小屋を地下通路脇に設けたとお話しされましたが、また雪氷の貯蔵のための倉庫も地下通路脇に設けられました。雪氷によってワインを冷やしたり、円形のウィラを取り囲む環状水路は陛下の水泳プールでもありましたが、その水泳プールを冷やしたり、あるいは夏期、部屋に冷気を取り入れるために、アペニン山脈山頂部から運んできた雪氷を、その地下倉庫に貯蔵したのですね。幅一・二メートル、奥行き五メートルほどの大きさで、壁、床、天井とも防水モルタル塗りを施された二一の冷蔵倉庫群が地下に並んでつくられていることが知られております。

4・6 別荘のその後

廃墟となり、採石場となる——また発掘調査において美術品は略奪される

ハドリアヌス帝　私が死んだ後、ティヴォリの別荘はどうなったのか。たしかそなたは、二〇世紀に至るまでパンテオンぐらいしか、私の時代の建築はほぼ完全な姿で遺っていないと申していたと記憶するが——。

建築家　そうです、陛下のこの別荘もまたその姿を遺すことはできず、今日では廃墟となっております。その後、この別荘がどのように使われたか、それにつきましての記録類は今日まで発見されておりません。ローマの国立博物館（マッシモ宮）に、陛下のこの別荘からの出土品の一部が展示されております。そこには陛下が養子縁組をし、後継の皇帝とされたアントニヌス・ピウス帝（在位一三八～一六一）の彫像、陛下が幼い子供のころから「ウェリシムス」とよび可愛がられたその次の皇帝、マルクス・アウレリウス帝（在位一六一～一八〇）と共同統治者ルキウス・ウェルス帝（在位一六一～一六九）の二人の彫像、マルクス・アウレリウス帝の息子のコンモドゥス帝の妻クリスピナの彫像、それにカラカラ帝（在位二一一～二一七）の彫像などが含まれていまして、このことからおそらく三世紀初め、カラカラ帝までは、皇帝別荘の一つとして、歴代の皇帝が使用したことが推測されます。

そして四世紀のコンスタンティヌス帝（在位三〇六～三三七）の時代には、すでに別荘の装飾品などが略奪、盗みの対象となったことが知られております。コンスタンティヌス帝自身が東ローマ帝国の首都コンスタンティノポリス（今日のイスタンブール）の宮殿にかなりの数の美術品を持ち去ったことが知られているからです。

その後、一四六一年にこの別荘が「再発見」されるまで、この別荘についての消息はまったく聞かれませんでした。

その後、装飾品だけでなく、建築の大理石円柱や壁の仕上げ材であった大理石板などが次々と盗みだされまして、中世には「ティヴォリ・ヴェッキオ」の名で採石場として付近の人びとに知られる存在であったようです。ティヴォリをはじめ周辺の都市、集落の建物の建設には、この別荘から運び出された石材などが建設資材として利用されたわけです。たとえばティヴォリのある教会では、陛下の別荘の見事なチポリーノ産の大理石円柱が再利用されていることが、今日でも見ることができます（マクドナルド）。

ハドリアヌス帝　……（無言、深い溜息）……

別荘の「再発見」

建築家　たいへん嘆かわしいことですが、いずれにしても十五世紀の一四六一年にこの別荘が「再発見」されるまで、この別荘についての消息は一〇〇〇年以上もの長い間、まったく聞かれませんでした。当時の教皇ピウス二世（在位一四五八〜六四）と人文主義者のF・ビンド（一三九二〜一四六三）一行がローマよりティヴォリへ赴いた折、丘から周囲の風景を賞でつつ見下ろすと、ある荒廃した別荘が目にとまりまして、人文主義者ビンドは、後日、それが『ヒストリア・アウグスタ（ローマ皇帝群像）』の陛下の項のなかで記述されていますす別荘と同一のものだと確信したのです（マクドナルド）。

六名の著者によって四世紀末から五世紀に書かれたとされる『ヒストリア・アウグスタ』は、写本としていろいろ伝わっておりましたが、十五世紀に最初の印刷本として出版されたのですね。この書物から人文主義者ビンドは、目の前に見える荒廃した別荘が陛下の別荘であると認め得たのです。

これが陛下の別荘の「再発見」といってよいかと思いますが、おそらくこの再発見がきっかけとなったのでしょう、古代の建築に興味を抱くルネサンスの建築家たちが次々とこの別荘を訪れるようになり、この興味深い建築群に惹きつけられ、たくさんのスケッチをし、熱心に学びました。フランチェスコ・ディ・ジョルジオそれにジュリアーノ・ダ・サンガロ（一四四三～一五一六）――フィレンツェ出身のルネサンス期に活躍した有名な建築家一族の建築家で、以前に話題にのぼりました凝灰岩の岩盤の上に立つ都市オリヴィエートに二重螺旋階段の美しい井戸「サン・パトリツィオの井戸（一五三七）」をつくったアントニオ・ダ・サンガロ・イル・ジョヴァネはその甥です――が、早速訪れ（一四六五）、学んだ最初の建築家ひとりだとされます。その後十六世紀にかけてブラマンテ、ラファエロ、ペルッツィ、それにパラディオやミケランジェロ等々と多くの建築家たちが訪れ、遺構を実測し、不明な部分では想像力を働かせてたくさんのスケッチを残しております。

ピロ・リゴリオ（一五〇〇～一五八三）もそうした建築家の一人でした。ただこのナポリ出身の建築家は自らも発掘調査を進め、そして陛下のこの別荘についての初めての浩瀚《こうかん》な書『広大なそして素晴しいハドリアヌス帝のティヴォリの別荘』を著しました。そしてこのティヴォリの地を治めることとなったフェラーラの枢機卿デステ家のイポリト二世より、別荘「ヴィラ　デステ」の設計の委託を受けたリゴリオは、その建設の際、発掘調査においてデステ家が略奪した石材や円柱、美術品などを使用したことが知られております。

このように発掘調査において、陛下の数々の彫刻（多くはギリシア彫刻の模刻ですね）や絵画、モザイクなどの美術品は教皇をはじめ貴族たちによって略奪されました。ですから発掘調査は略奪と直接結びついたわけでして、その後、それらの美術品は人手にわたり、今日その多くは世界の博物館や美術館に収蔵、展示されております。

またその後も進められました発掘調査において新しい発見がありますと、建築家たちがかけつけ、スケッチをして、この陛下の建築を学びました――十七世紀バロックの建築家ボロミーニをはじめ多くのその時代の建築家たちが学び、その後のバロック様式の成立に大きな役割を果したことは、陛下とご一緒に見てきたとおりです。

そして十八世紀以降も発掘調査はなお続き、十九世紀後半、イタリア政府が別荘の敷地の大半を買い取り、本格的なより科学的な発掘調査が進められたといってよいかと思います。そして今日においてもなお進められております。ただ陛下のこの別荘は広大なことから、五〇〇年間以上にもわたる発掘調査によっても全容解明はいまだ不可能でして、今日でも発掘調査を続けながら、復元作業を部分的に行っているのが現状です。

パルミュラの女王ゼノビアがこの別荘に幽閉される?

ところでパルミュラの女王ゼノビアが三世紀末に、陛下のこの別荘に幽閉され、余生を送った、ともいわれております。

ハドリアヌス帝　パルミュラとは属州シリア、シリア砂漠のほぼ中央に位置するあの隊商都市か。

建築家　そうです。東西貿易シルクロードの中継地、すなわちオアシスの都市で、パルム（ナツメ椰子）が茂る地からその名パルミュラは由来するそうですね。

陛下はこのパルミュラを二度訪問されたのではないか、という説もあります。第一回目の訪問は一二三年のこととされます。陛下が皇帝位にお就きになってすぐ、先帝であられるトライアヌス帝が占領し属州としたメソポタミアを放棄され、パルティア王国に返還されました。このことから、パルティア人においては陛下の人気がたいへん高いものだといわれております。ですが好戦的なパルティア王国ですから、属州シリアとの国境地帯での諍《いさか》いが絶えず、情勢は悪化していきました。陛下はこれを危惧し、自らパルティア王国との外交交渉にのり出したのですね。軍を率いた陛下はアンティオキアを発たれ、パルミュラを経てエウフラテス河畔の要塞・隊商都市ドゥラ郊外にてパルティア王オスロエスと会見し、陛下の巧みな交渉によって和平条約を結ばれました。

ハドリアヌス帝　そのとき、私の軍隊はたしかにパルミュラの町を経由して行ったのだが、私と私を警護する兵たち一行はエウフラテス川沿いにドゥラ郊外を目指したので、パルミュラには行っていない。

だから私がパルミュラを訪問したのは一三〇年の春、一回だけだ。

建築家　パルティアとの和平政策を遂行する陛下の人気は、このパルミュラにおいても高いのですね。パルミュラの市民は、自分たちを「ハドリアヌスのパルミュラ市民」とよんだということです。パルミュラにとってはラクダの隊商都市として、ローマ帝国とパルティア王国、この二つの国の間の貿易が大事なわけですから――。

陛下は一三〇年春、アンティオキアを発ちまして（――このとき、郊外のカシウス山に登山されました――）、このパルミュラを経由してダマスカス、ボストラ、ゲラサ、フィラデルフィア（今日のアンマン）を経てエルサレムへと向かわれました。ペトラ訪問はこのエルサレムから足をのばされた折で、そしてふたたびエルサレムにお寄りになって、その後エジプトへと向かわれたのですね（W・ウェーバー）。

パルミュラは陛下の時代以降、おおいに繁栄したのですね。壮大なベール神殿――古代セム族の神、シリアの豊穣神バールと同一視されますベールを祀る神殿――と、記念門に続く、都市軸デクマヌス・マクシムスを形成するコリント様式の列柱街路（幅員一一メートル）は壮麗ですね。列柱の各柱の中ほどに持ち送りが迫り出し、その上にこの都市に貢献した名士たちの彫像が飾られておりました。この列柱街路に神殿や野外劇場、公共浴場などの公共施設群、そして隊商宿であるキャラヴァンサライなどが配置されておりました。

ハドリアヌス帝　それで、そなたはパルミュラの女王ゼノビアと申したが、パルミュラはわが属州シリアを離れて、王国を築いたのか。

建築家　東方メソポタミアにおける陛下の和平政策は、その後長く継続されることはなく、すでにマルクス・アウレリウス帝とその共同統治者ルキウス・ウェルス帝のときに、アルメニア統治をめぐってパルティア王国との戦争がふたたび勃発しました。マルクス・アウレリウス帝は子供のとき「ウェリシムス」とよんで陛下がかわいがった人であり、ルキウス・ウェルス帝は陛下が次の皇帝にするべく養子縁組し、後に病を得て皇帝位に就くことなく死んでしまわれたルキウス・ケイオニウス・コンモドゥスの遺児です。マルクス・アウレリウス帝はアントニヌス・ピウス帝の後を継いで皇帝となるとき、ルキウス・ウェルスを共同統治者として皇帝としたのです（紀元一六一）。

東方国境で紛争が起こりますと、ルキウス・ウェルス帝は東方に軍を率いて参戦し、パルティアの首都クテシフォンを陥落させるなどこのパルティア戦争に勝利し、ローマで凱旋式をあげ、「パルティクス・マクシムス（パルティアの勝利者）」の称号を得ました。

その後も、メソポタミア国境での紛争は止むことなく、二世紀末北アフリカ出身のセプティミウス・セウェルス帝（在位一九三〜二一一）の時代よりメソポタミア北部、ユーフラテス川上流域の占領政策が始まり、トライアヌス帝以来ふたたび属州としました。

その後パルティア王国が崩壊し、ペルシア帝国（ササン朝ペルシア）が成立し（紀元二二六）、メソポタミア奪還を目指すこの強国とローマとの紛争は絶えず、一方、ローマにおける内乱・動乱に乗じて統制がきかなくなったシリアにおいて、パルミュラの有力部族の一つセプティミウス家のオデエナトゥスが次第に力を蓄え、小規模な王朝が築かれていきました。そしてローマはペルシアとのメソポタミアをめぐる戦争において、皇帝ウァレリアヌス（在位二五三〜二六〇）が、こともあろうにペルシア軍の姦計にあってエデッサにて捕虜となってしまった前代見聞の事実（紀元二六〇）が示すように、ローマ軍は劣勢となりました。そしてローマは、もともと砂漠の隊商を守る自衛軍を持ち、ローマから自立を図り強国として成長しつつあったパルミュラを（同盟を結んだ）盟友として頼みとするようになり、パルミュラはますます強大な王国となっていきました（ロストフツェフ、青柳正規訳）。

ハドリアヌス帝　ローマ皇帝がペルシア軍に捕えられるとは——。あまりに愚かな……（嘆息）……。

建築家　疫病が蔓延し、戦力が低下したローマ軍は、エデッサにおいてペルシア軍によって包囲されてしまいました。この戦況を打開すべくヴァレリアヌス帝は（ペルシア王の要求に応じて、少数の供を伴ったのみで）和平交渉に向かい、そこで捕えられてしまったのです。捕虜となったヴァレリアヌス帝は、ペルシア王の奴隷（四つんばいにさせられ、馬に乗るときの踏み台がわりとなった）として生き、その数年後生涯を終えた、とも伝えられております（C・スカー）。

このオダエナトゥスが死んだ後（紀元二六七）、息子ヴァバラトゥスの摂政としてパルミュラ王国を事実上統治したのがオダエナトゥスの妻ゼノビアです。そして小アジア東部、シリア、エジプトを版図とする広大な隊商王国を築き（二七〇年ころ）、「全オリエントの復興者・改革者」を女王ゼノビアは自称したともいわれます。ところがローマ帝国はこれを見過ごすはずはなく、アウレリアヌス帝（在位二七〇〜二七五）は大軍を率いてパルミュラを目指して進軍し、アンティオキア近郊、さらにエメサ、パルミュラにてパルミュラ軍を破り、ラクダにまたがりユーフラテス川を渡って逃走しようとする女王ゼノビアは、ついにローマ軍によって捕えられてしまったのです（紀元二七二）。

顔は褐色、輝く黒い目、美しい容姿であって、強い精神力をもっていたこと。必要とあらば暴君のような厳酷さを示す一方、寛大さが要求されるときには慈悲の心を示したこと。皇帝の乗るような馬車を用い、またしばしば馬に乗り、兵士たちとともに行軍もしたこと。また陛下と同様に、狩猟を好んだこと。王のような豪奢な生活を送り、華やかな宴を催し、将軍たちと一緒によく酒を飲んだこと。兜をつけて、宝石をその先にあしらった紫の房飾りを身に着け、皇帝のマントを肩にまといローマ皇帝のような姿で集会に現れたこと。ラテン語は少し話す程度であったが、エジプト語は完全に話し、アレクサンドリアや東方の歴史に通じ、ローマ史の書物はギリシア語で読んでいたこと——等々、この伝説的な女王はこのように伝えられております。

捕らえられたゼノビアはローマに連行され、アウレリアヌス帝の戦勝を祝う凱旋式（紀元二七四）に引き出されました――ローマの民衆が見たことがないような豪奢ないでたちで。ゼノビアはその重みで苦しむほどの巨大な宝石で飾られ、足には黄金の足枷、首には黄金の鎖がつけられ、ペルシアの道化師がその黄金の鎖を手に持って先導した、といわれます（ポリオ『ヒストリア・アウグスタ』井上文則訳）。

こうして、凱旋式の見世物として物見高いローマ市民の人だかりのなか、ローマの市中を引き回されたゼノビアですが、ローマ帝国東方の諸属州を一時的にせよ、わがものとし王国を築いた罪は逃れることはできないとしても、メソポタミアをめぐるペルシアとの戦いにおいて苦境にあったローマ軍の援軍として戦い、クテシフォンまで陥落させたローマ帝国への功績に免じてアウレリアヌス帝より死罪を免れました。ゼノビアはその後ティヴォリの別荘に幽閉され、子供とともに余生を送った、とされます。

異国の女王が余生をローマで過した例は、十七世紀スウェーデン女王クリスティーナ（一六二六～一六八九［在位一六三二～一六五四］）が知られております。プロテスタントの国スウェーデンの女王は自身の宗教問題に苦しみ、結局カトリックへの改宗を決心し、王位をかなぐり捨てて、母国を逃れ、カトリック教会の総本山のあるローマへ赴いたのです。ローマではテヴェレ川右岸のリアリオ宮（一七五八年に建てかえられ、今日のコルシーニ宮）にて余生を過ごしたことが知られております。

女王クリスティーナはローマ市内のリアリオ宮で過ごしましたが、一方、女王ゼノビアがこのティヴォリの地で余生を送ったことは確かなようですが、この陛下の別荘で暮らしたという説もあるようですし、そうではなく、陛下の別荘とはそう遠くはない地に所領を与えられ、そこで過した等々、諸説があります。その生活は、いずれにしてもパルミュラ王国の女王であった当時の驚くばかりの豪奢な生活ではなかったと推測されます。そして、ゼノビアの子孫は、今でもローマの貴族として生き続いている、といった記述がありますが（『ヒストリア・アウグスタ』）、真偽のほどはわかっておりません。

語られた都市、建築などの写真・図　抄

1 ローマ
1・1 パンテオン

1

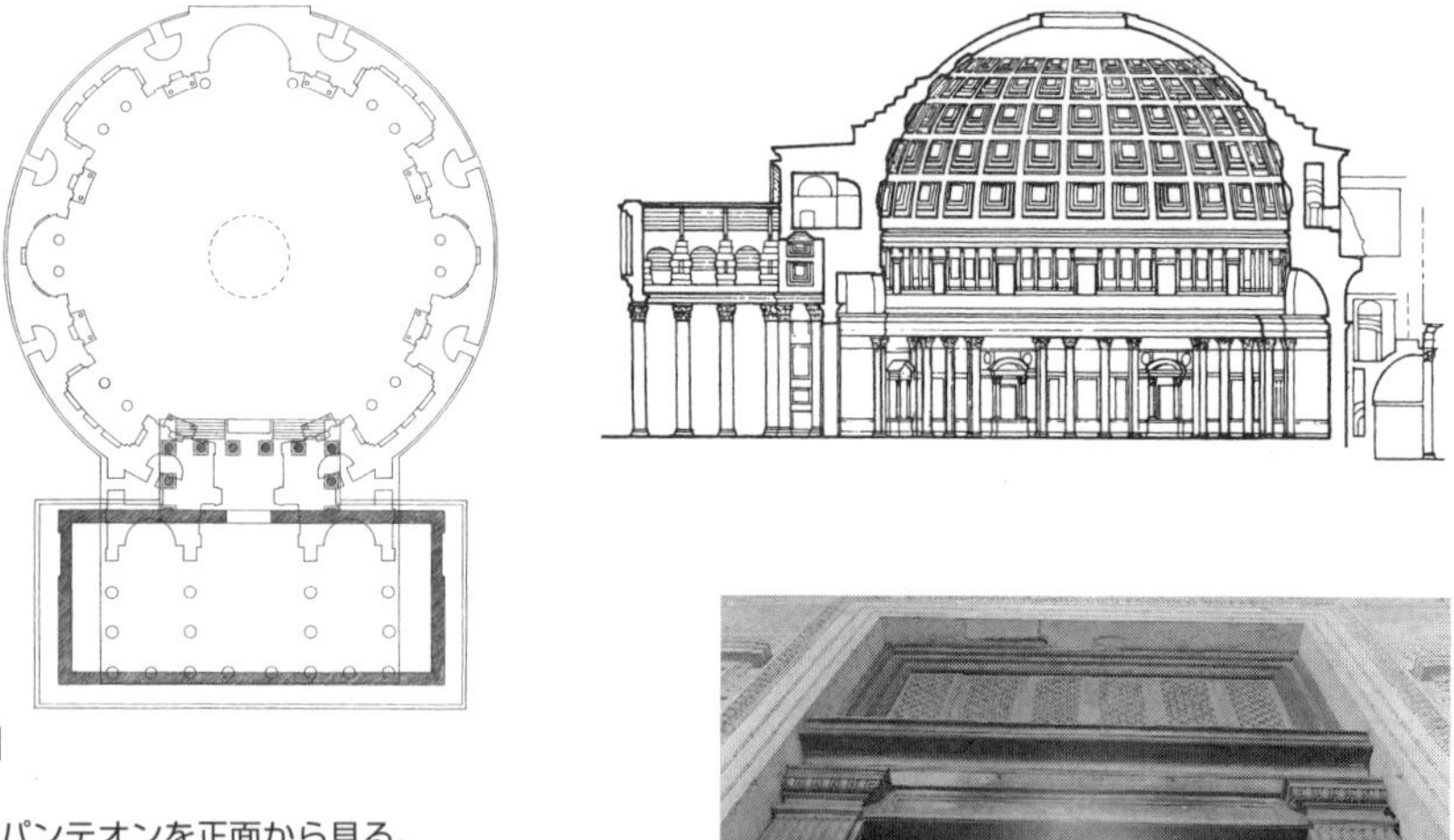

2

3

1パンテオンを正面から見る。
2パンテオン平面図，断面図（内径 43.30m）
平面図にはアグリッパとハドリアヌスによるパンテオンの両方が描かれている。アグリッパによる矩形のパンテオンは南が正面で，ハドリアヌスのパンテオンのポルティクスに位置していた。
3正面玄関扉口から内部空間を見る。

5

4

6

7

8

4内部空間
5天窓オクルスと半球の格天井
67エクセドラとアーキトレーヴを支える２本の円柱。天窓オクルスからの天光が開口を通してエクセドラに射し込み，エクセドラの小空間はパンテオン全体の空間と一体となる。また半球の格天井は，円の中心の視点から，各格間の大きさ，角度，深さが考慮され形成された。
8エクセドラ上部に荷受けアーチと３つの小さなスパンドレル・アーチが力を分散させる。

[13]

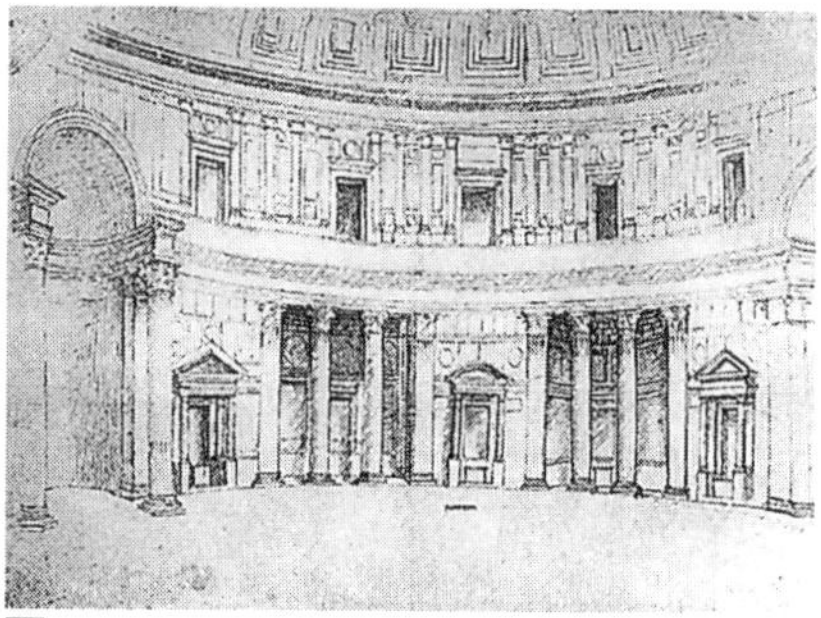

[9]

[10]

[14]

[11]

[9]ラファエロによるスケッチ。エクセドラ上部の開口には，18 世紀の改変による盲壁と破風が付いていないことがわかる。
[10]床。さまざまな色の大理石によるデザイン。排水孔がある。
[11]ポルティクスから外部の広場を見る。
[12][13]ポルティクスと円筒部分の接合部。円筒壁には荷受けアーチが見られる。
[14]パンテオンの背面。ハドリアヌス帝が一部再建したアグリッパの浴場の遺構。

[12]

16

15

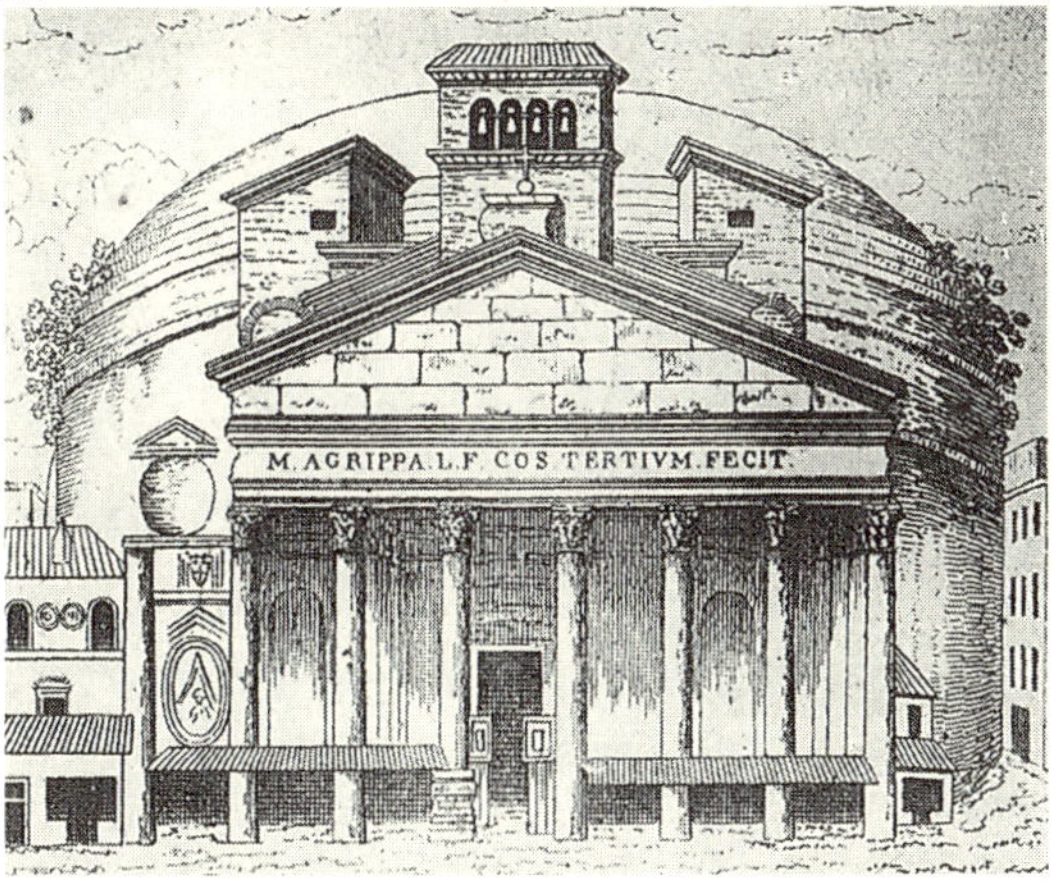

18

17

19

15 16 温泉保養地バイアの丸いドームに覆われたメルクリウス浴場。丸い天窓オクルスと四角の通気孔。

17 パンテオン建造に使用された煉瓦への押印（この煉瓦は 123 年に製造されたことがわかる）。

18 正面玄関ポルティクスのエンタラチュアと円柱の東部分が破損している（17 世紀の図）。

19 17 世紀，修復後のパンテオン。ベルニーニによる鐘楼が見える（17 世紀の図）。

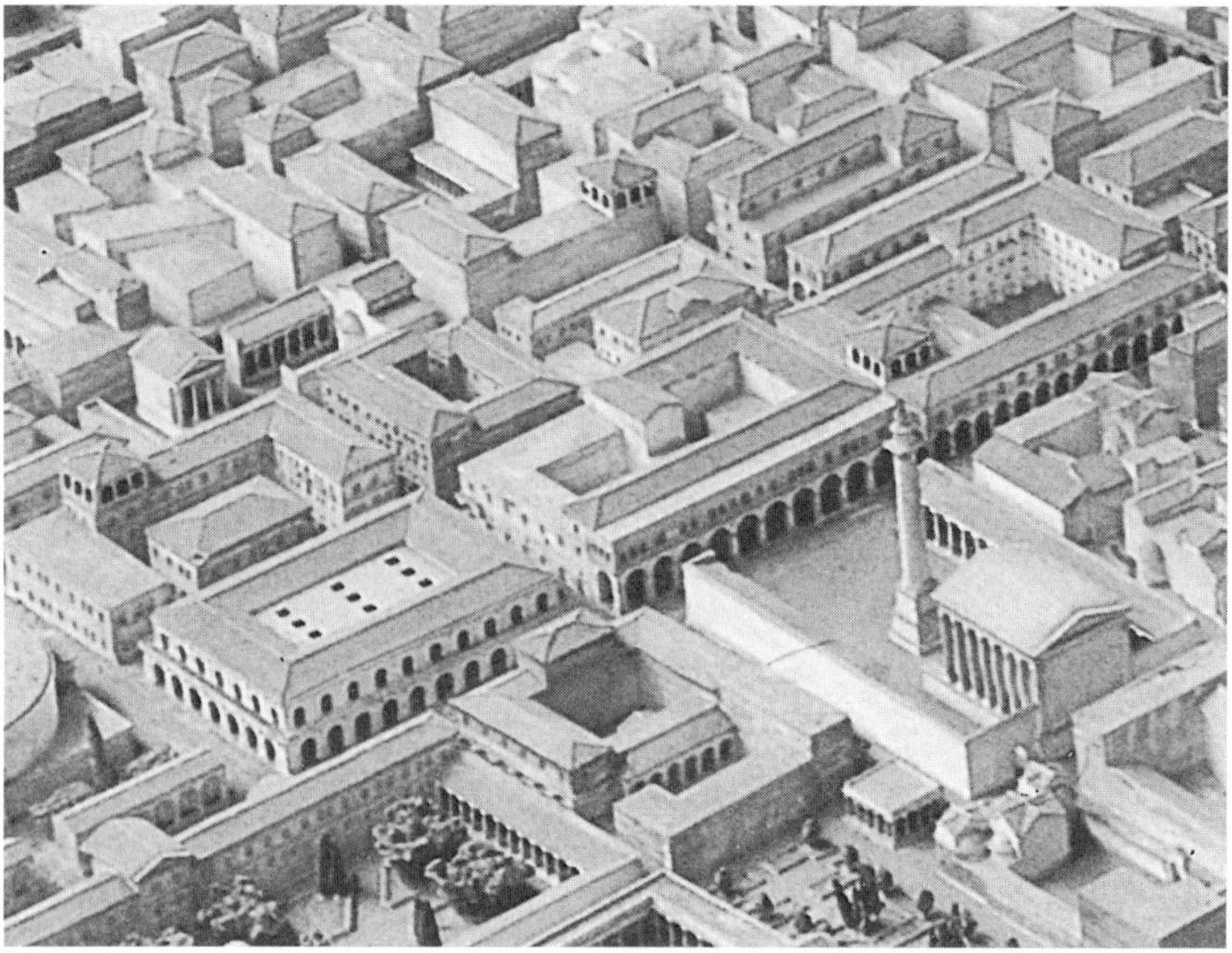

20

22

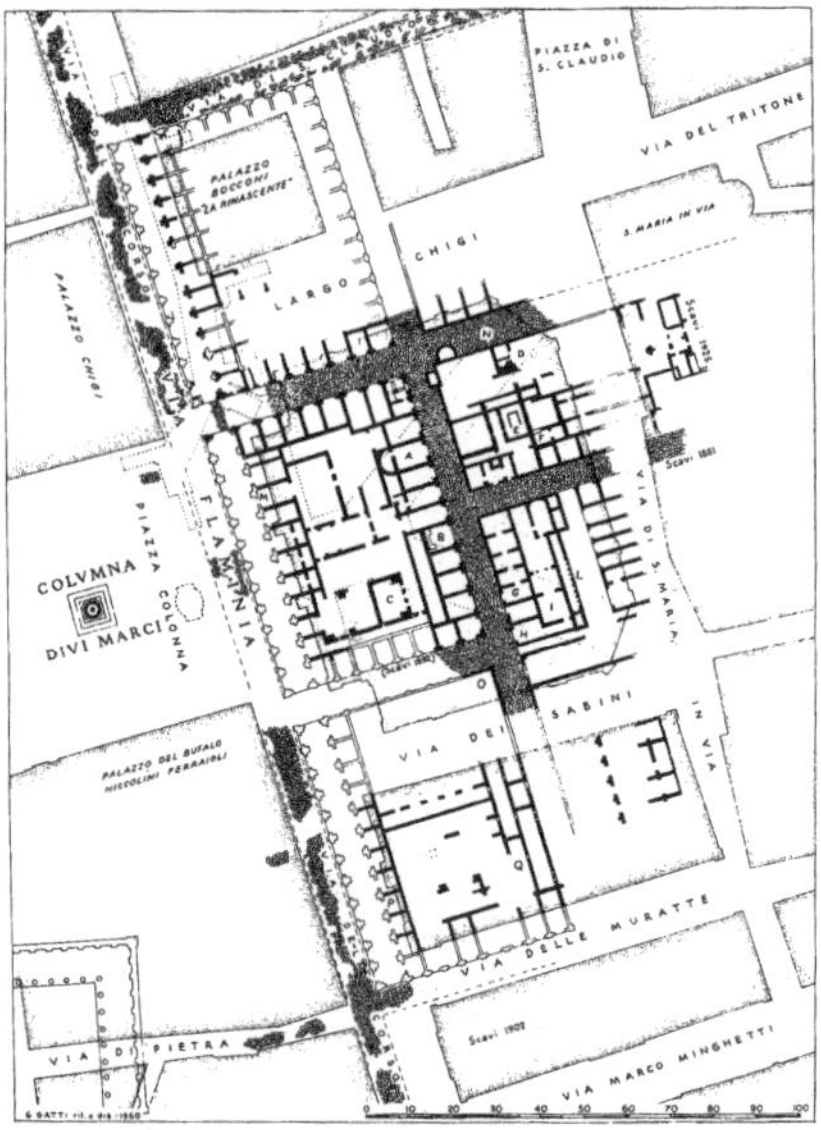

21

20ラータ街のインスラ。想像復元模型（「4世紀初頭，コンスタンティヌス帝時代の都市ローマ」イタロ・ジスモンディ制作。ローマ文明博物館蔵）

21ラータ街のインスラ。配置・平面図（ガッティによる。1960年）

22ハドリアヌス帝時代のローマの外港都市オスティアのインスラ

1・3 女神ローマとウェヌス神殿

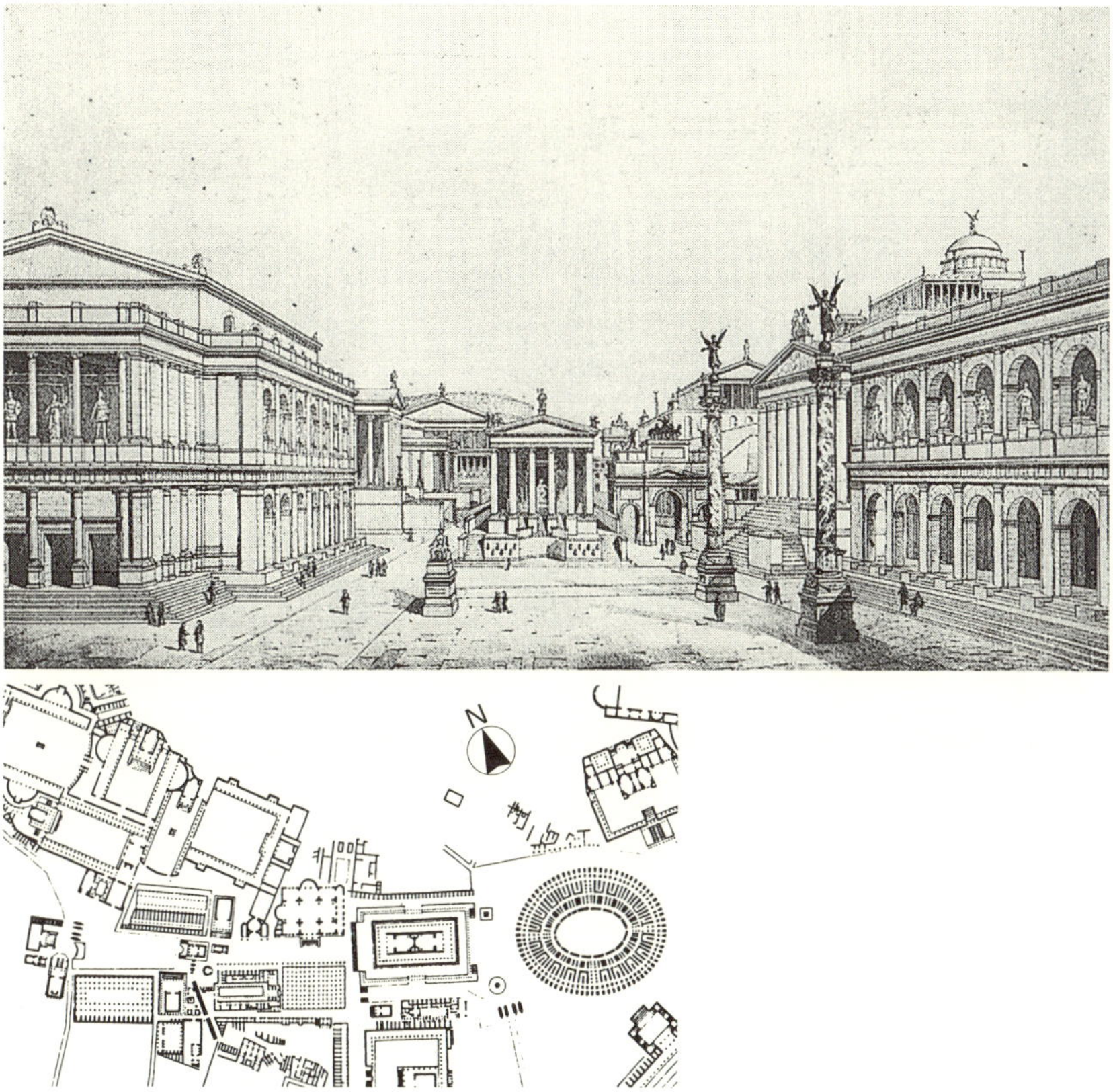

23

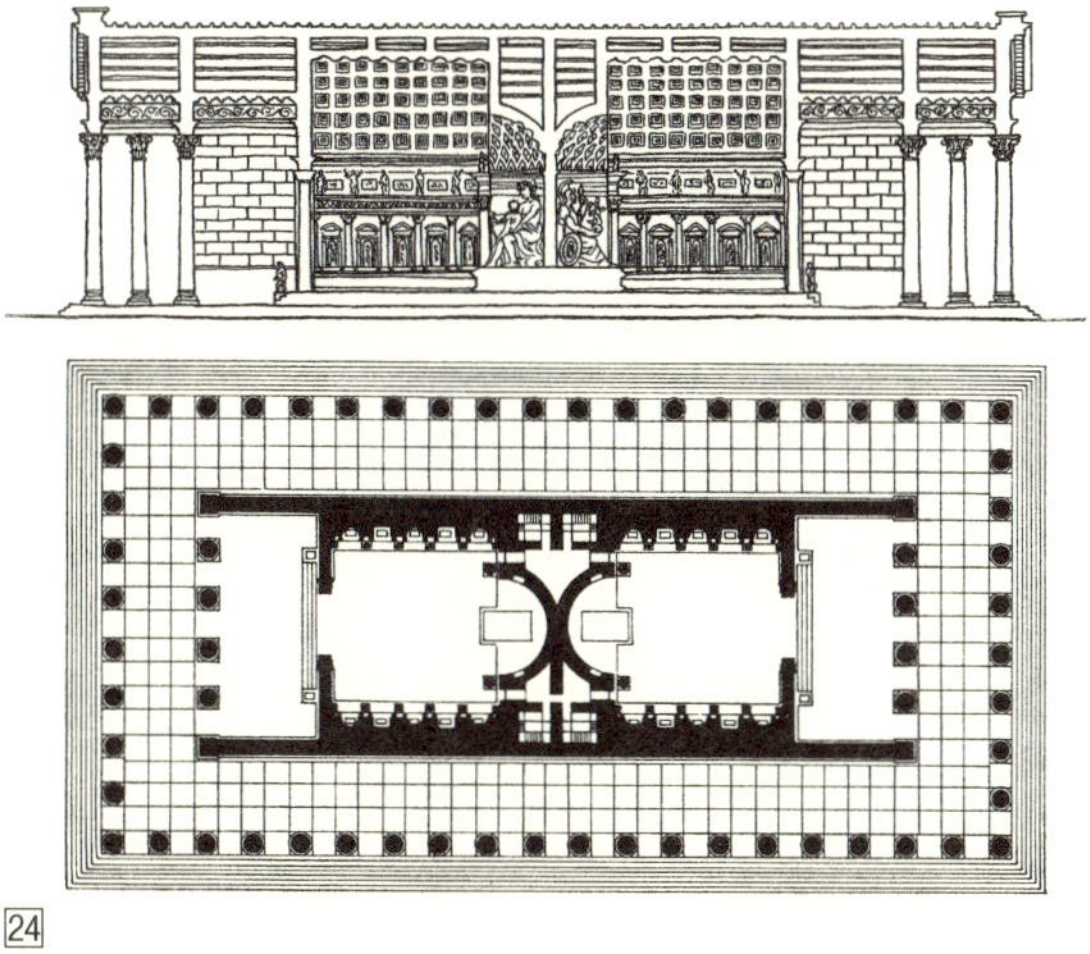

24

23 フォルム・ロマヌムと女神ローマとウェヌス神殿。フォルム・ロマヌム（配置図）の東方向を見る。左側にバシリカ・アエミリア，中央にカエサル神殿，右側にカストル神殿，バシリカ・ユリア。奥中央の女神ローマとウェヌス神殿の背後に円形闘技場がやや見える（ヒュルゼンによる想像復元図，1892年）。

24 女神ローマとウェヌス神殿の平面図と断面図

25

26

25円形闘技場より見た神殿の遺構。ドムス・アウレアの遺構や瓦礫を利用してかさ上げし，大規模に造成したテラスの上に立つ（背後に聖マリア・ノーヴァ僧院と鐘楼が見える）。

26神殿西部分の内陣ケラ。フォルム・ロマヌムに向かったこの西部分ケラのエクセドラには，女神ローマの座像が安置されていた。

1-4 ハドリアヌス帝霊廟とアエリウス橋

27

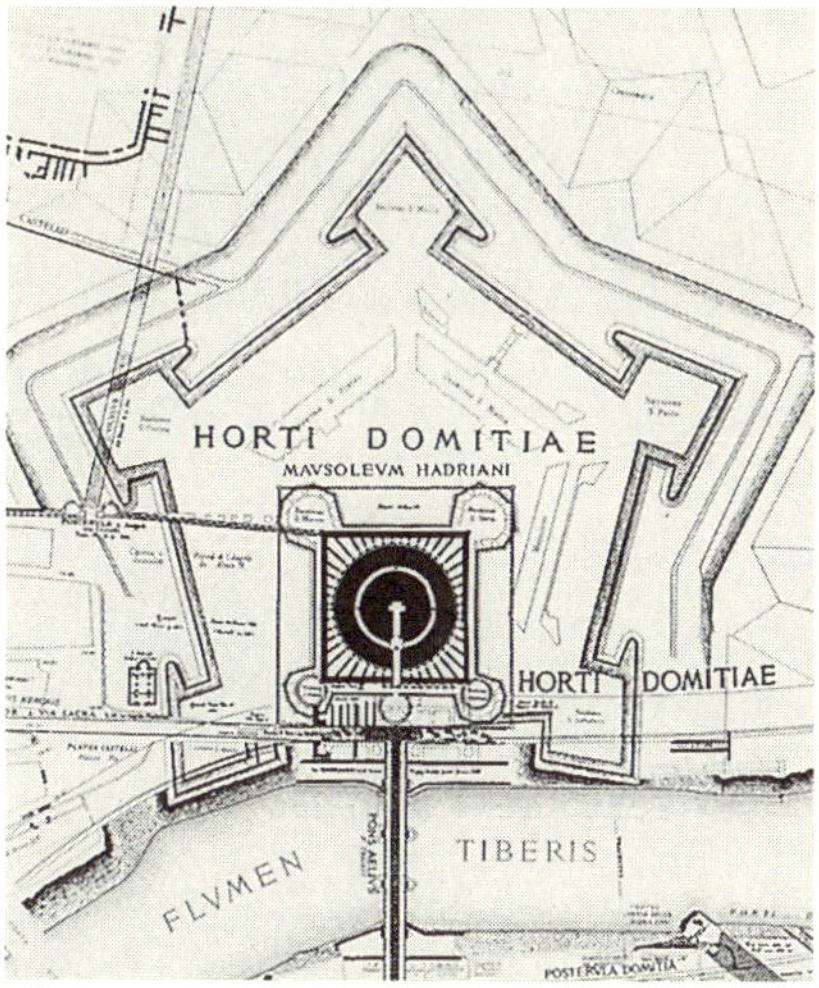

29

28

30

27ハドリアヌス帝霊廟とアエリウス橋（今日のサン・タンジェロ城とサン・タンジェロ橋）

28 19 世紀末の霊廟と橋。改修前のテヴェレ川堤と橋の姿が見られる。

29平面図。入口玄関ホールより左回りに螺旋状の斜路を上り，360° 回転し，入口玄関ホールの直上部に到達し，そこから玄室に向かう。また後のサン・タンジェロ城への改変との関係がわかる。

30断面図。A：玄室部分。採光・通気孔がある。B：螺旋状の斜路。C：トゥムルスの盛土をここに処理した。

32

31

33

34

35

37

36

40

38

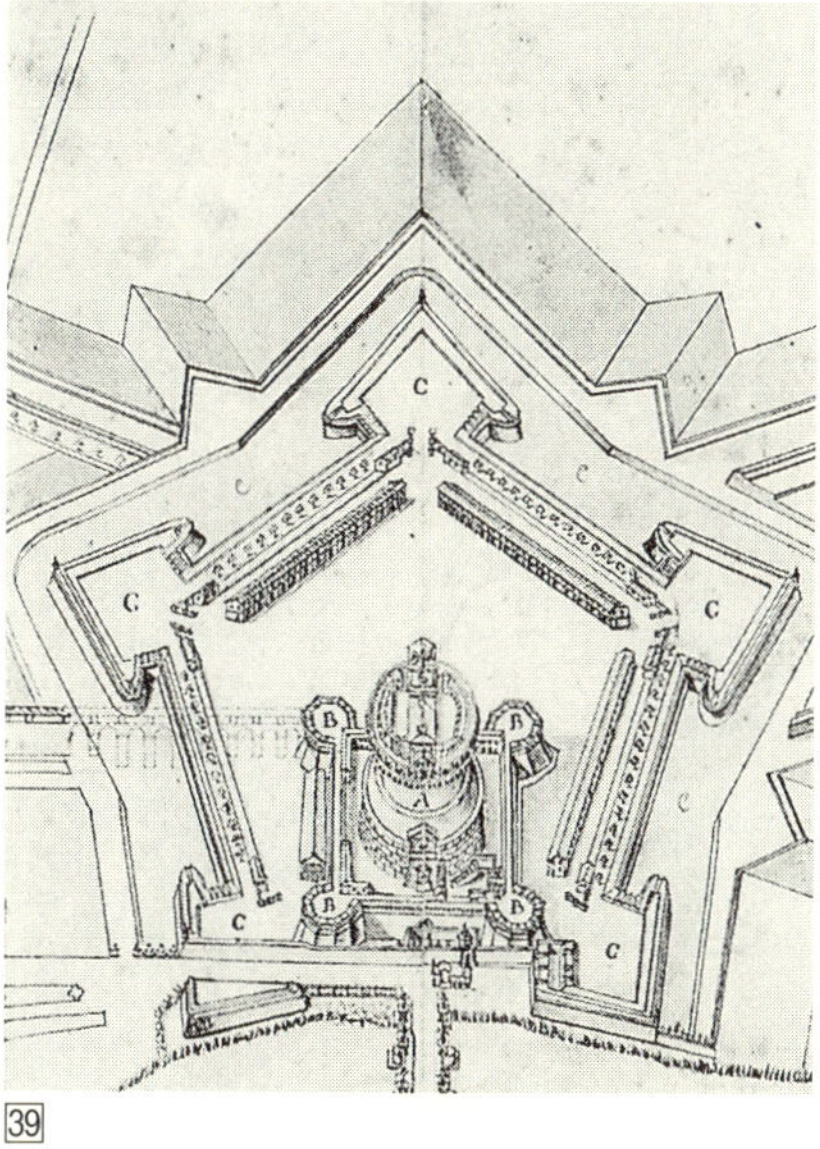

39

31 32 入口玄関ホールと半円筒ヴォールト天井の螺旋状の斜路

33 マウソレウムの中心に位置するハドリアヌス帝の玄室。ジャロ・アンティコの大理石板が貼られていた。

34 今日のアウグストゥス帝霊廟

35 アウグストゥス帝霊廟の平面図，断面図

36 37 38 ハドリアヌス帝霊廟のさまざまな想像復元図（37 は 19 世紀フランスの建築家 E. ヴォドルによる。38 はフィッシャー・フォン・エアラッハによる）

39 教皇の城塞サン・タンジェロ城への改変（18 世紀，G. ドッシーによる水彩画）

40 6 世紀聖天使ミカエルの出現と大教皇グレゴリウス（16 世紀のフィレンツェの無名の画家による絵）

2 ギリシア・アテネ

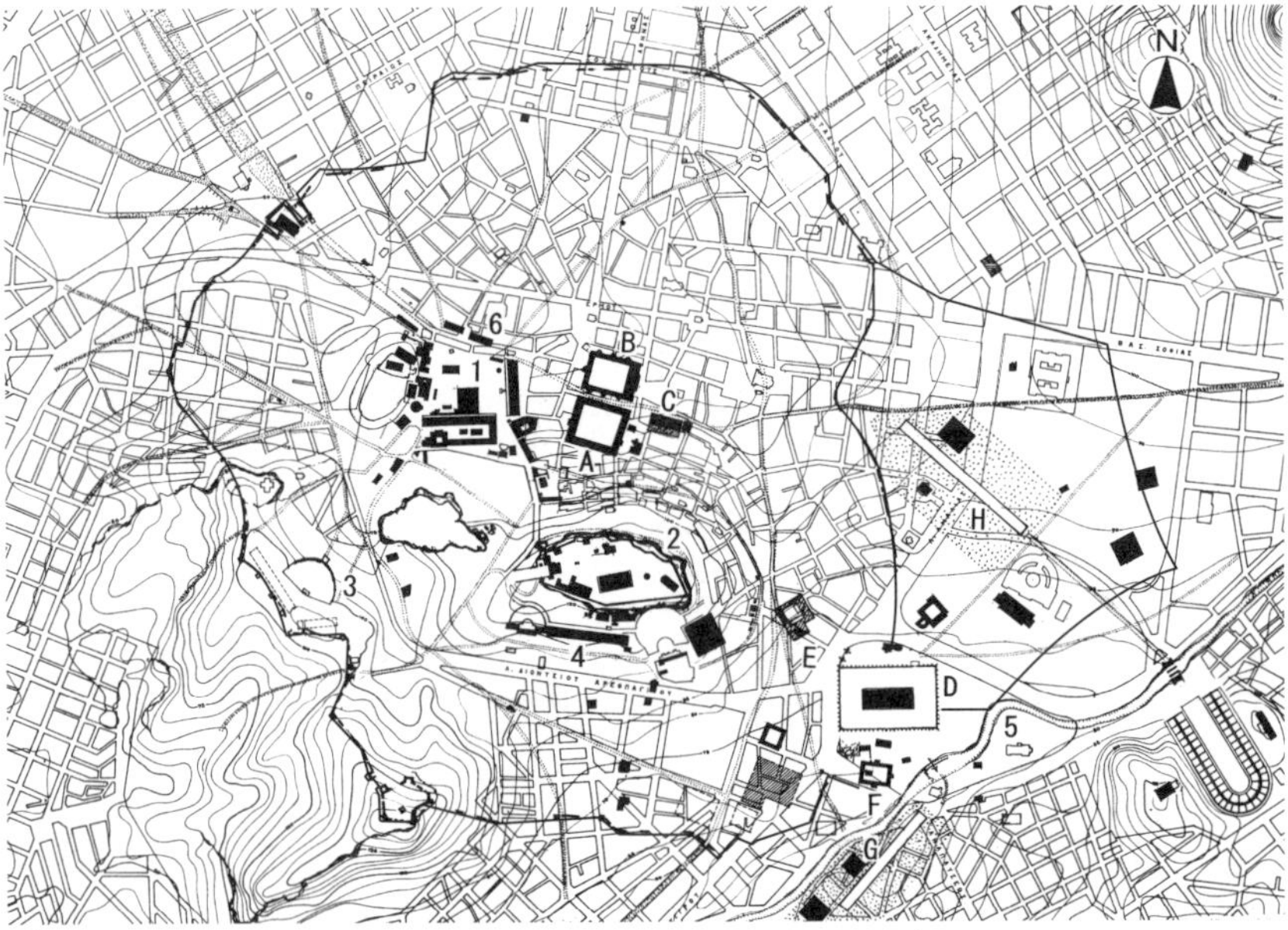

1

A：ローマン・アゴラ
B：図書館
C：パンテオン
D：ゼウスの神殿オリュンピエイオン
E：ハドリアヌス帝記念門
F：パンヘレニオン
G：ギュムナシオン
H：新市街地ハドリアノポリス

1：アゴラ
2：アクロポリス，パルテノン神殿
3：プニュクス民会場
4：エウメネスのストア
5：イリソス川
6：ストア・ポイキレ

2・1 ローマン・アゴラの修復

1 アテネとハドリアヌス帝による建造物
2 今日のローマン・アゴラ
3 図書館を正面から見る（模型写真。ローマ文明博物館蔵）。
4 復元作業中の西側正面玄関ポルティクス
5 東側背面ファサード。ルスティカ仕上げの壁面
6 図書館平面図
7 ローマ，ウェスパシアヌス帝によるテンプルム・パキス平和の神殿（ギブソン作図）

2

2-2 新図書館

3

5

4

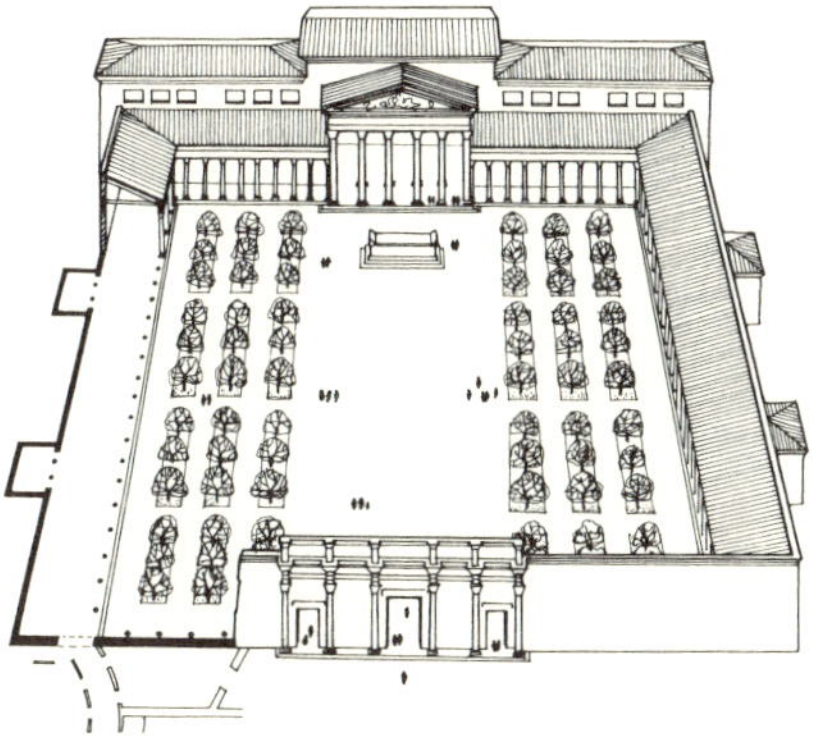

7

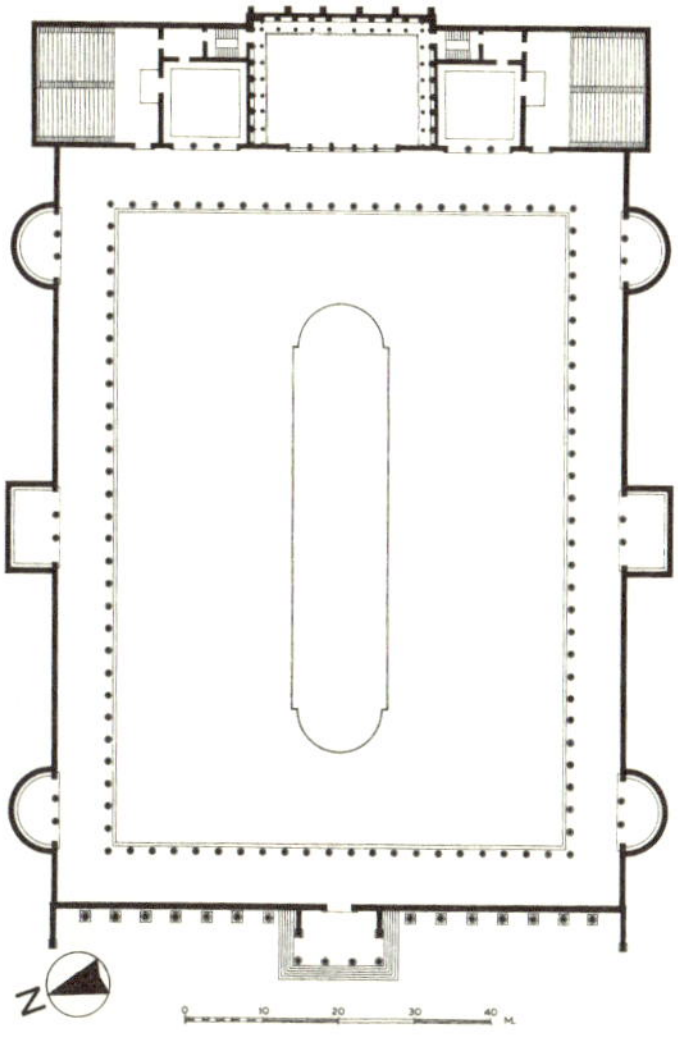

6

8平面図
9発掘調査中のパンテオン
10今日のパンテオン跡

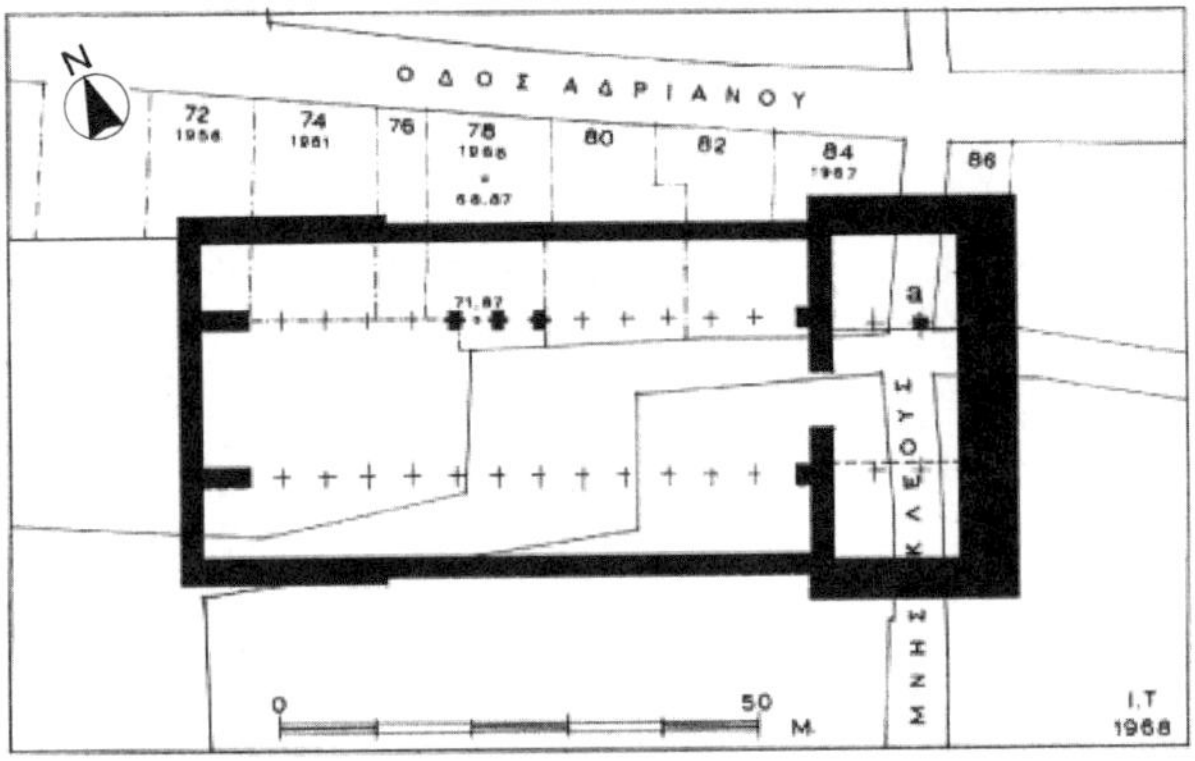

8

10

9

A：ゼウスの神殿オリュピエイオン
B：パンヘレニオン
C：ハドリアヌス帝記念門
D：新市街地ハドリアノポリス
E：ギュムナシオン
F：イリソス川
G：リュケイオン

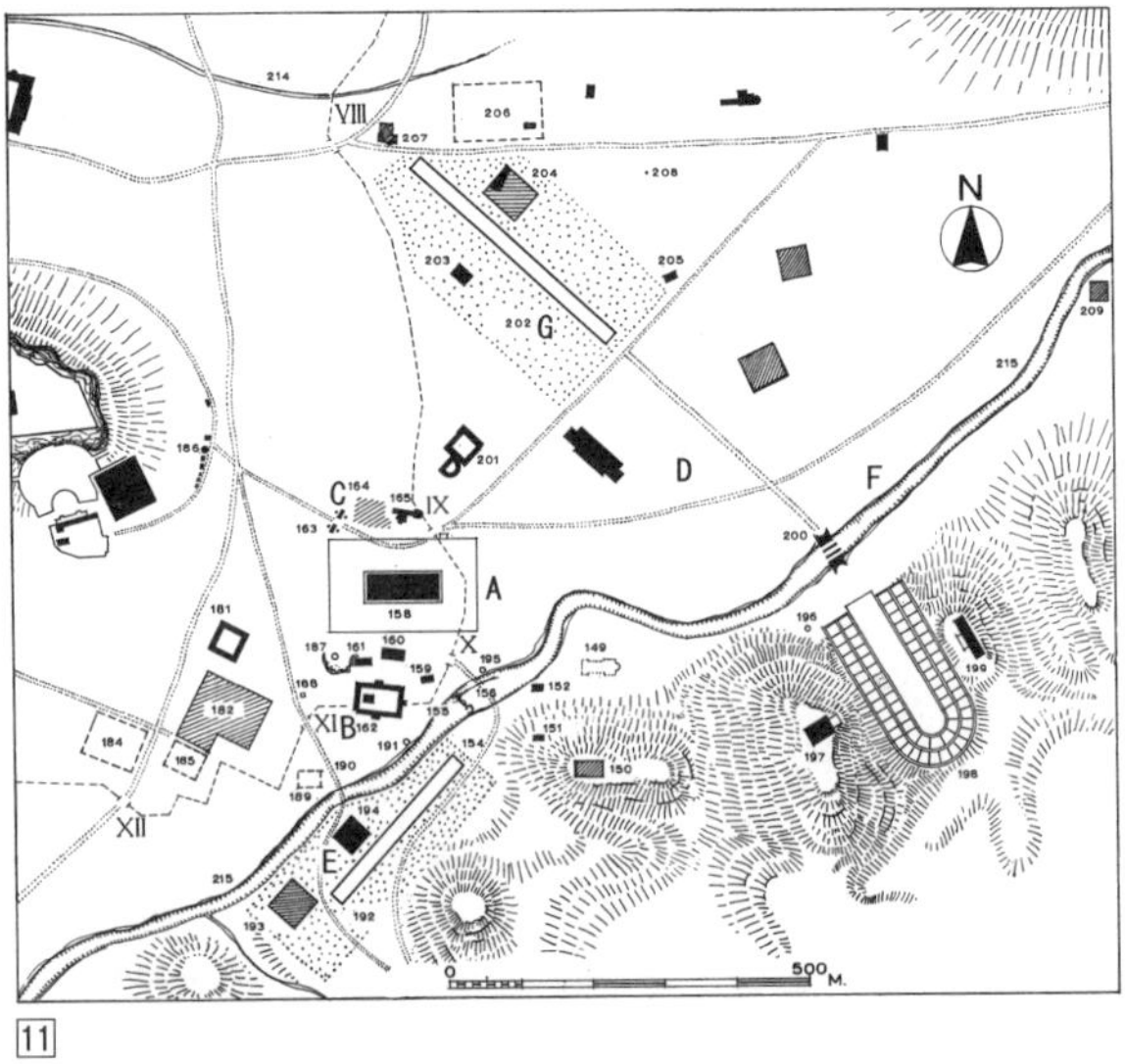

11イリソス川周辺のハドリアヌス帝の建造物

11

12 今日のイリソス川周辺とオリュンピエイオン
13 ゼウスの神殿オリュンピエイオン平面図
14 15 ゼウスの神殿オリュンピエイオンの遺構。背後にアクロポリスのパルテノン神殿が遠望される。

12

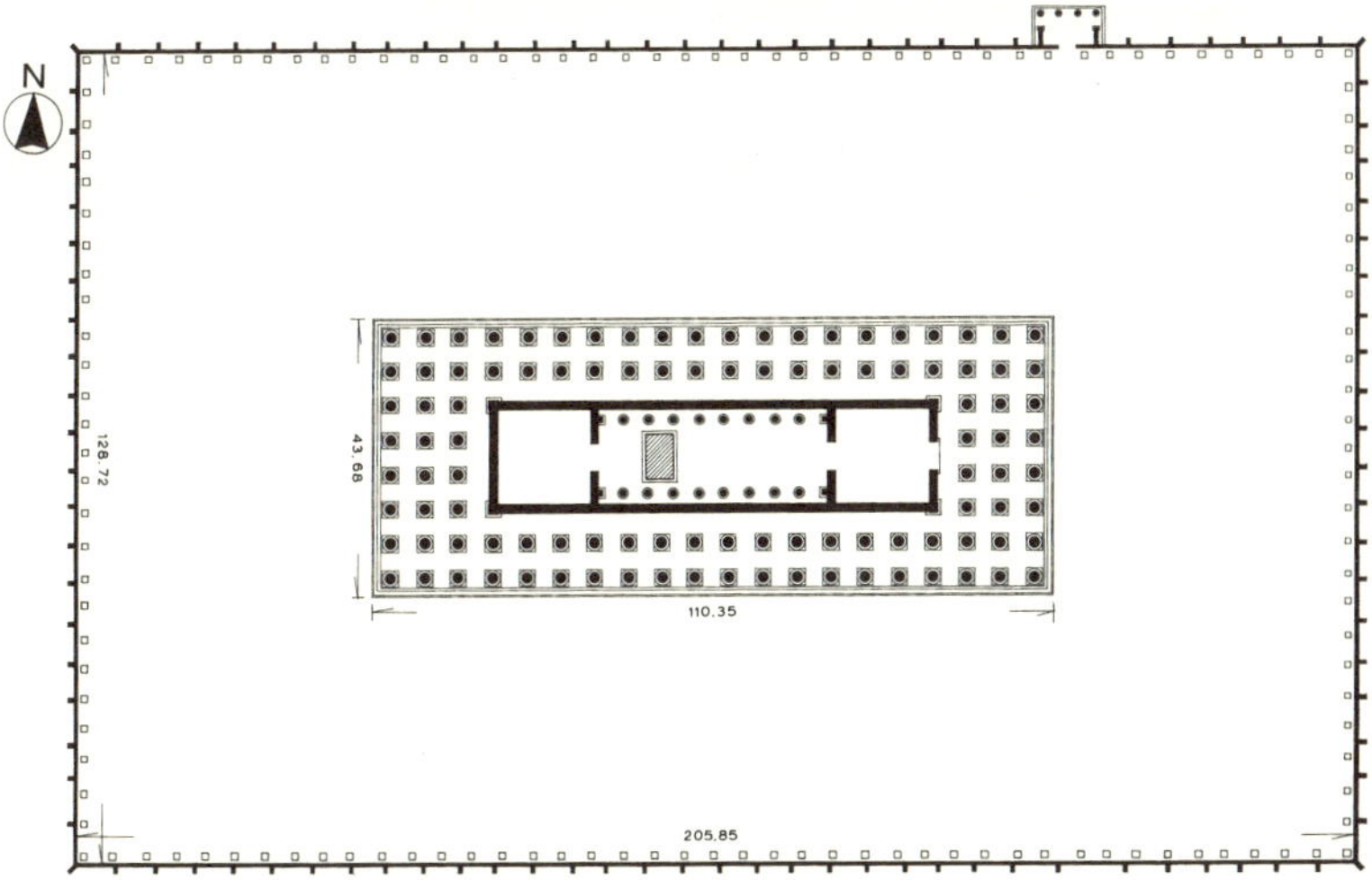

13

15

14

2・5 パンヘレニオン

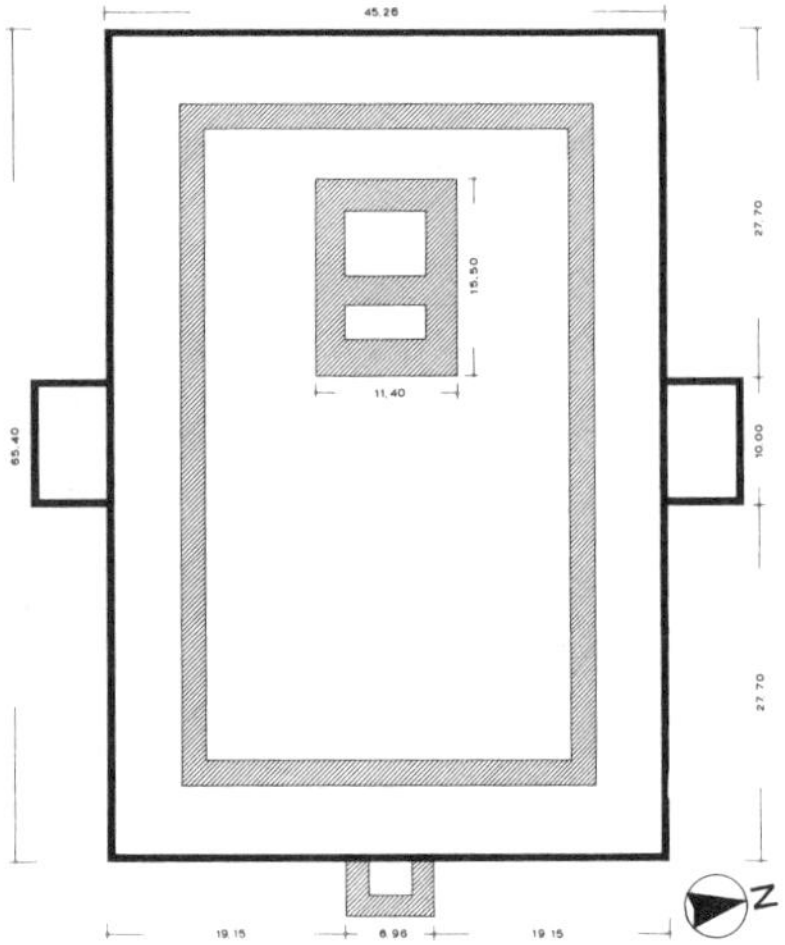

16

17

2・6 アテネの新市街地拡張とハドリアヌス帝記念門

18

19

20

16パンヘレニオン平面図（コンクリート造の基礎伏図）。列柱廊に囲まれた中庭ペリステュリウムに神殿ないし集会場が立つ。

17パンヘレニオンの遺構。神殿の北部分の基礎が見える。

18ハドリアヌス帝記念門東側立面図（スチュアート・リヴェット作成）
19 20今日のハドリアヌス帝記念門
21廃墟となったハドリアヌス水道の貯水槽（ル・ロアによる図。1755年）
22エレウシスの聖殿テレステリオン，平面の変遷
23聖殿テレステリオン跡。岩を削った段状の座席が見える。
24聖殿テレステリオン（模型写真）

2-8 ハドリアヌス水道

21

2-9 エレウシス

A：ペイシストラトスの時代，紀元前６世紀
B：イクティノスの設計，紀元前５世紀初頭
C：最終的なテレステリオン，紀元前４世紀

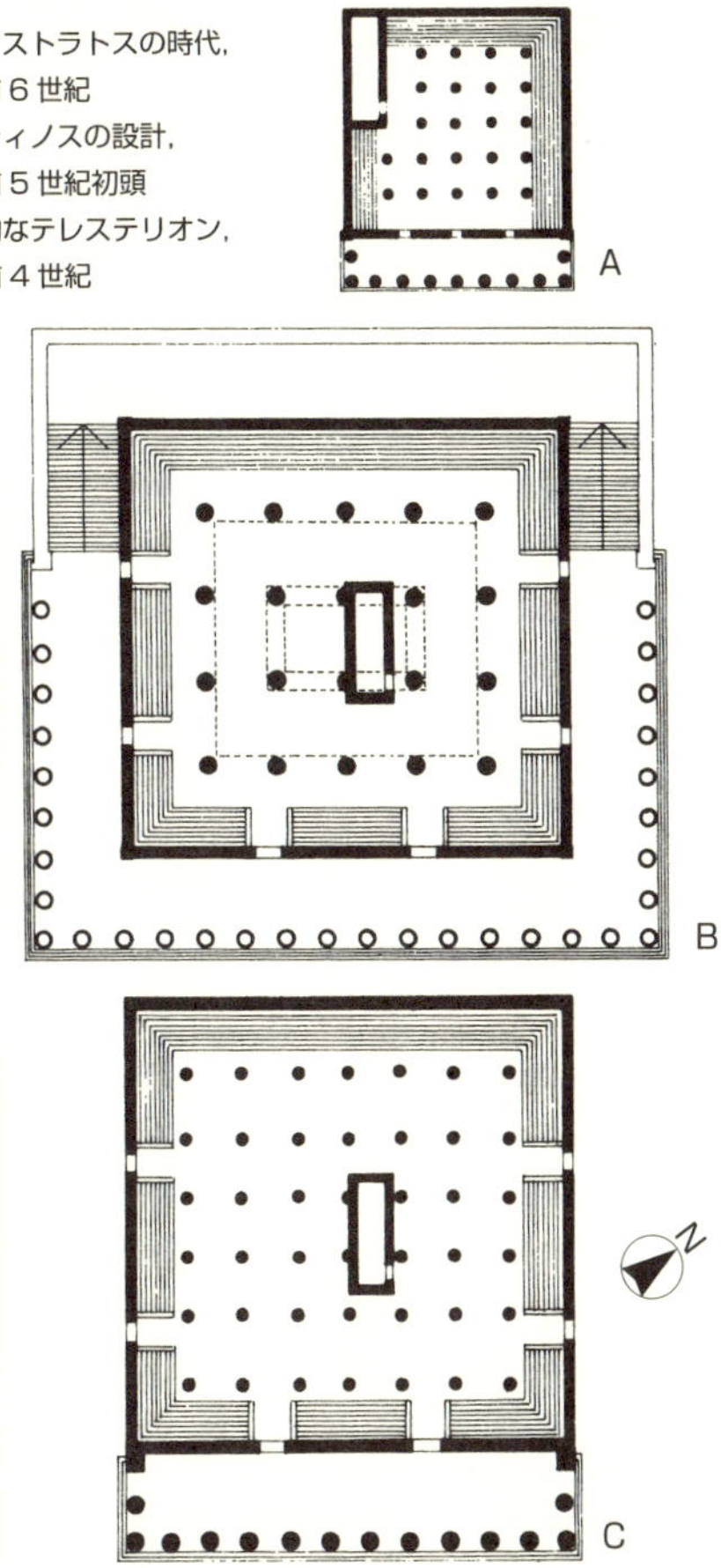

22

23

24

①コンスタンティヌス凱旋門北面。はめ込まれた円形浮き彫り画が両脇の小アーチの上に見える。

②③コンスタンティヌス凱旋門にはめ込まれた円形浮き彫り画。騎馬のハドリアヌス帝が巨大な猪を仕留める場，ライオン狩りで仕留めたライオンの前に立つハドリアヌス帝と従者たち（アティノウスの姿も見られる）。いずれもハドリアヌス帝の顔の部分のみコンスタンティヌス帝のそれとすげ替えられたと見られ，今日では一部剥離している。

①

③

②

④キュジコスのゼウス神殿。平面図

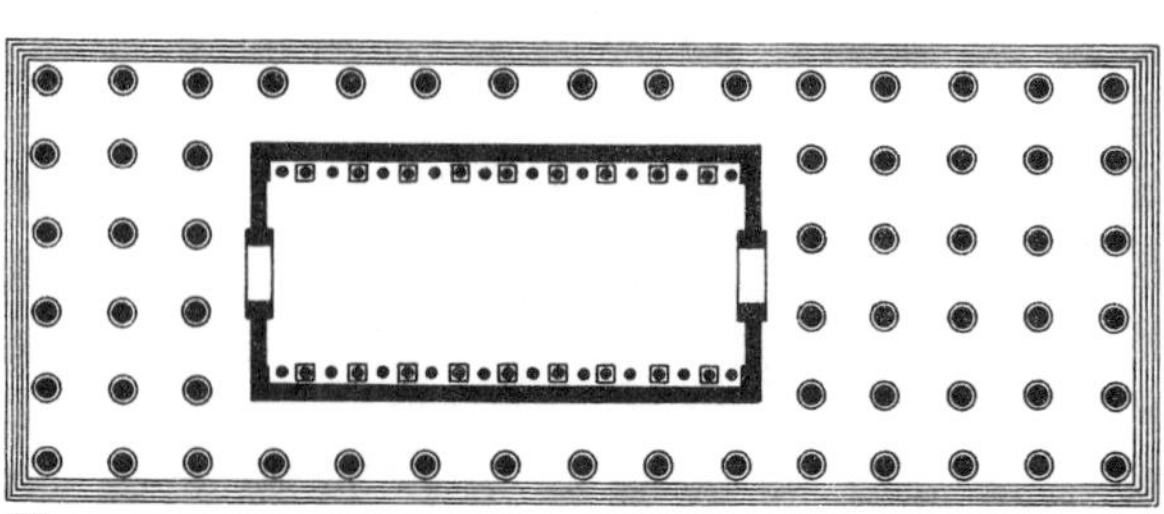
④

3・3 ペルガモンのアスクレピオス神域，トライアヌス神域など

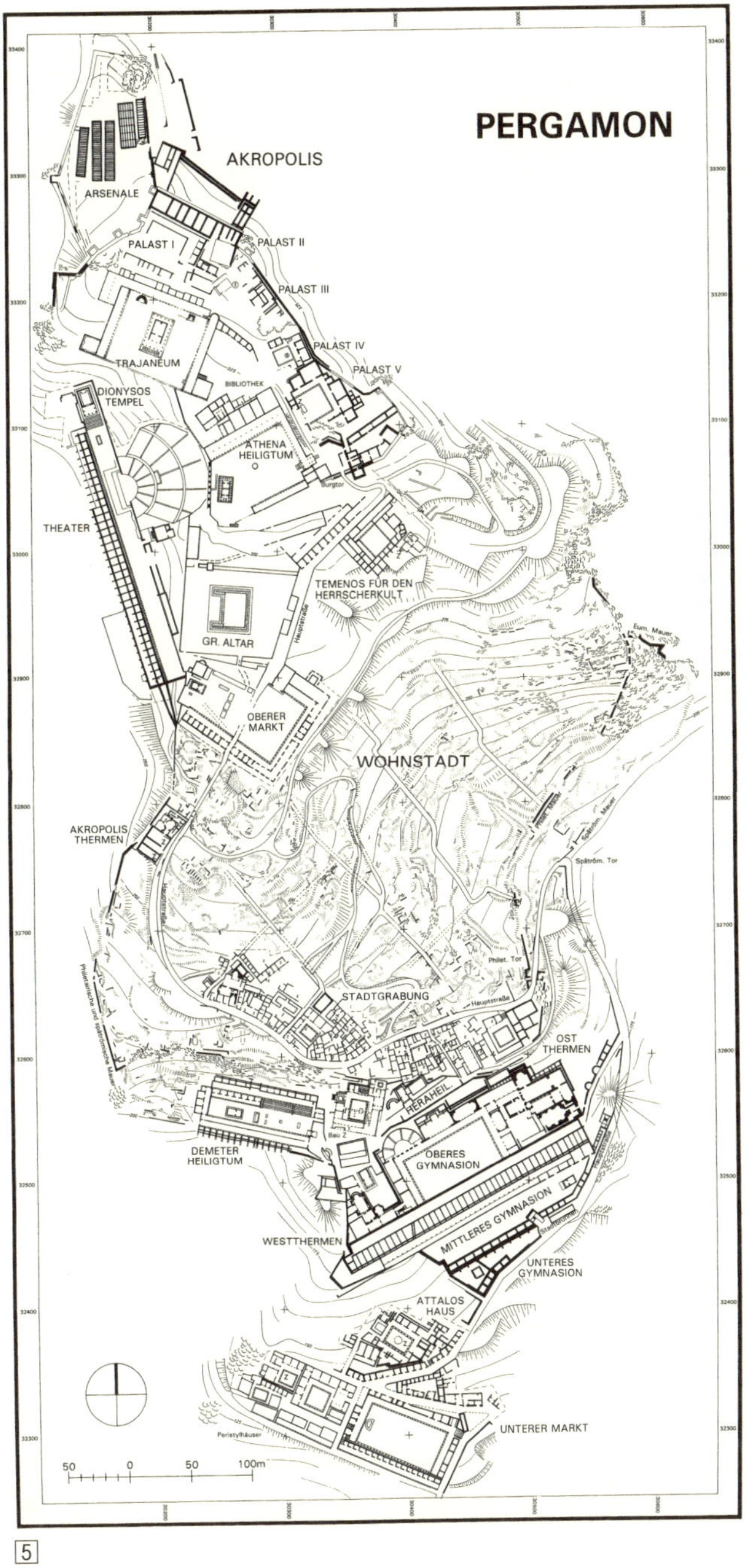

5

5 ペルガモン都市図。険しい丘の尾根づたいに形成された都市。アクロポリスに，王の宮殿，トライアヌス神域，図書館に取り囲まれたアテナ神域，大祭壇などがある。急斜面を利用して，野外円形劇場がある。丘の下部分に住居，市場，ギュムナシオン，各小神域などが形成されている。

6

6 ペルガモンの都市景観。丘の上に築かれた都市上部を見る。左手にトライアヌス神域，右手にアテナ神域，野外円形劇場の観客席などが見える。
7 今日のペルガモン。丘の上に築かれたトライアヌス帝神域。下に急斜面の野外円形劇場
8 医神アスクレピオス神域に通じる「聖なる道」ウィア・テクタ（アーチ状の屋根がかけられていた）からペルガモンの都市を遠望。
9 医神アスクレピオス神域。手前に円形のゼウス・アスクレピオス神殿，右後方に野外円形劇場
10 アスクレピオスの神域，配置図と復元模型

7

9

8

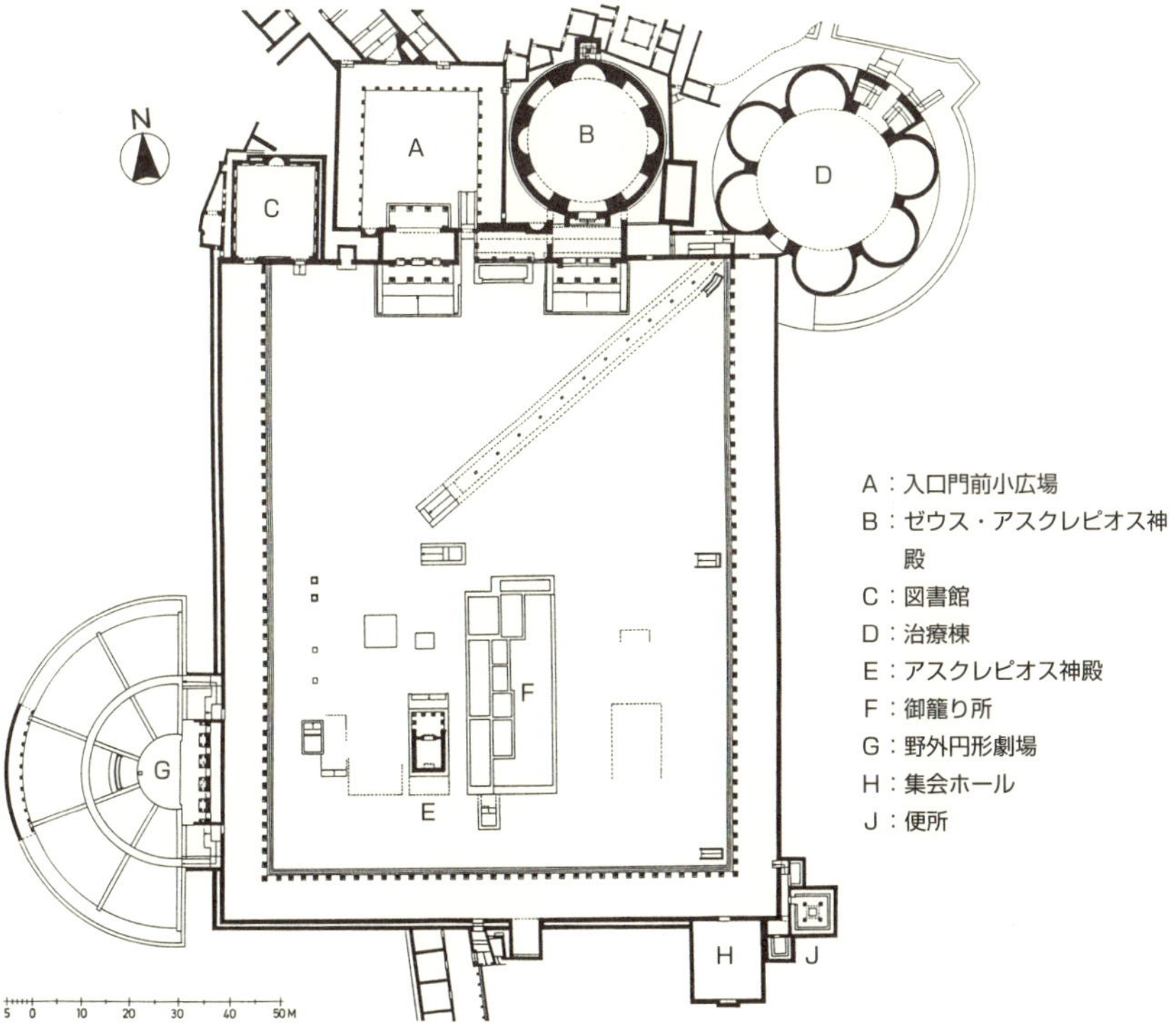
N
A
B
C
D
E
F
G
H
J
5 0 10 20 30 40 50M
A：入口門前小広場
B：ゼウス・アスクレピオス神殿
C：図書館
D：治療棟
E：アスクレピオス神殿
F：御籠り所
G：野外円形劇場
H：集会ホール
J：便所

10

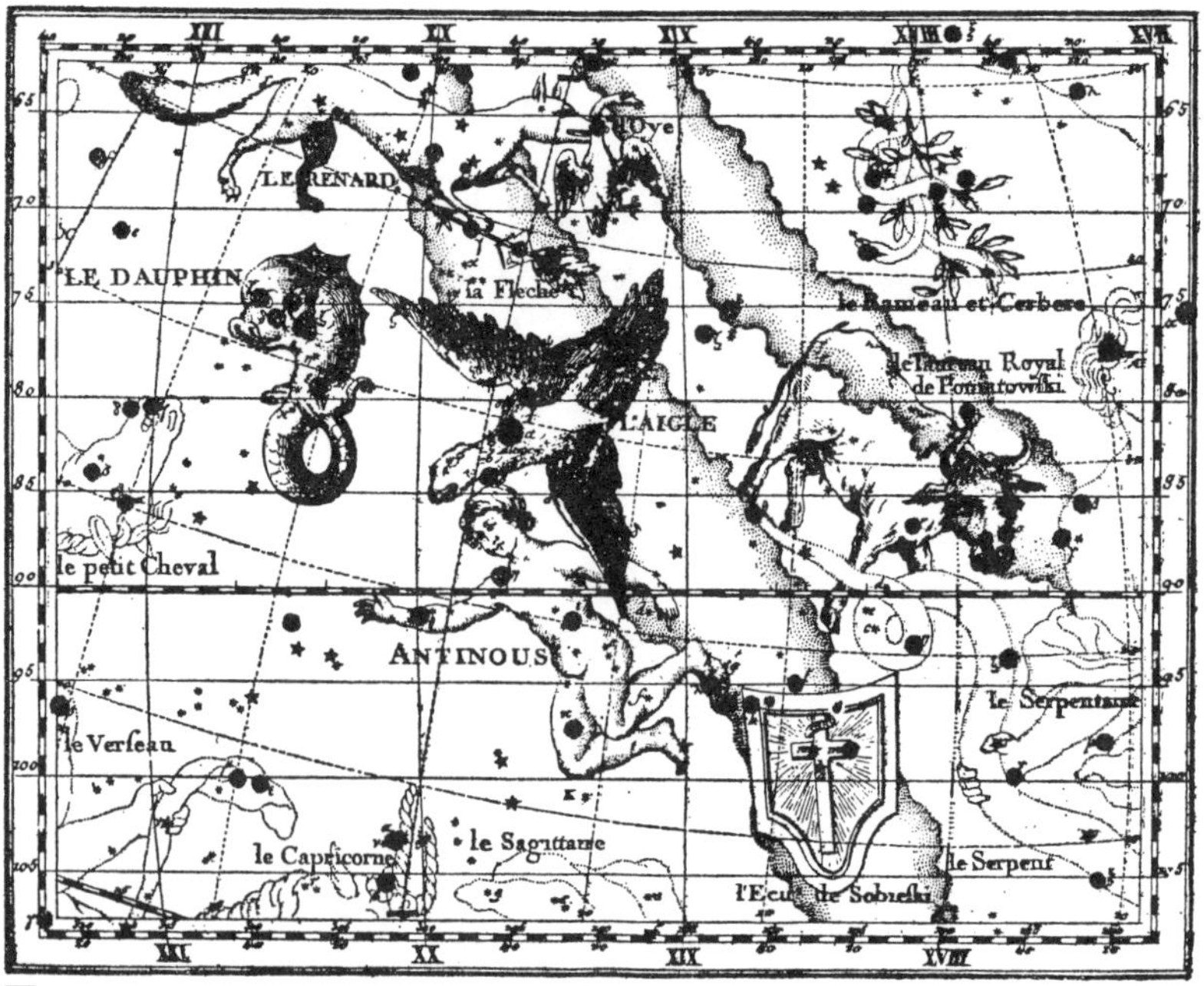
LE RENARD
l'Oye
LE DAUPHIN
la Fleche
le Rameau et Cerbere
de Poniatowſki
L'AIGLE
le petit Cheval
ANTINOUS
le Serpentaire
le Verſeau
le Capricorne
le Sagittaire
le Serpent
l'Ecu de Sobieſki

11

N
ナイル川

13

[14]

[12]

[15]

[18]

[17]

[16]

[11]夏の南天に，鷲座の星として輝くアンティノウス。ゼウスの聖鳥である大鷲にくわえられ，天上へと飛翔するアンティノウス（18 世紀の「フラムスティード星座図譜」より）

[12]アンティノウス（オリュンピア博物館蔵）

[13][14][15][16]新都市アンティノオポリスの都市図と景観（19 世紀）

[17]ローマ，ピンチオの丘に立つアンティノウスのオベリスク

[18]アンティノウスのオベリスクに刻まれた聖刻文字

4 ローマ近郊ティヴォリのハドリアヌス帝別荘

1

1別荘全体（今日まで発掘調査された一部分でもある）を北西の方角から見る（復元模型による）。

2別荘全体配置図

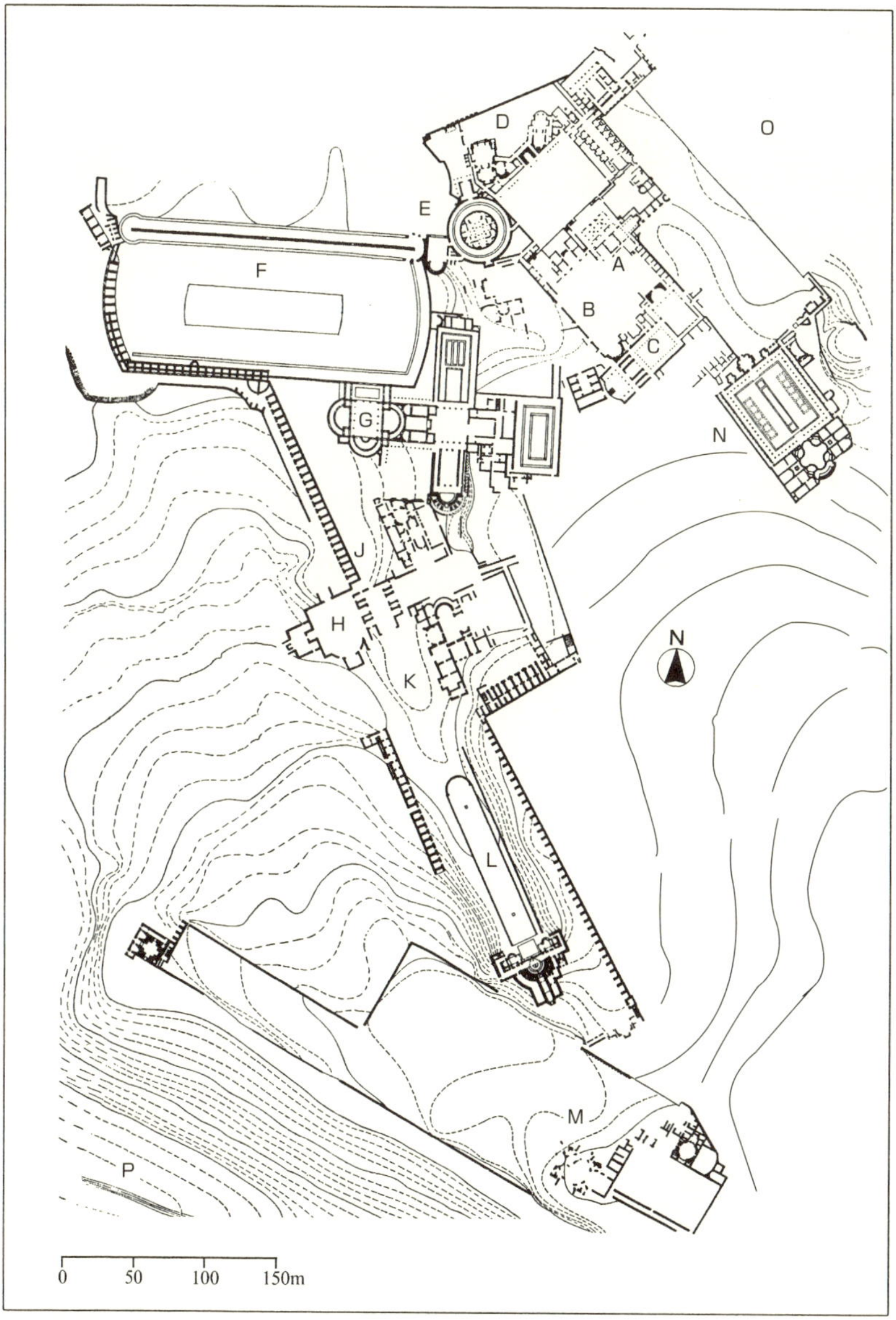

A：図書室
B：皇帝の住居部分
C：ホール・バシリカ
D：宴会のための庭園広間1，2
E：水路に囲まれた円形のウィラ
F：ポイキレ
G：3つのエクセドラがある庭園の間
H：入口玄関ホール
J：小浴場
K：大浴場
L：カノプス―小宴の間
M：アカデミア
N：池のある中庭を囲む建築
O：テンペの谷（東の谷）
P：西の谷

2

A：怪物スキュラがオデュッセウスの船を襲う。
B：オデュッセウスたちが１つ眼の巨人キュクロプスの眼に真っ赤に熱した丸太を突き刺す。
C, D：オデュッセウスがディオメデスと闘い，死んだアキレウスの武具を自分のものとする。
E：美少年ガニュメデスがゼウスの聖鳥鷲にくわえられ，天に飛翔する。

4

3

5

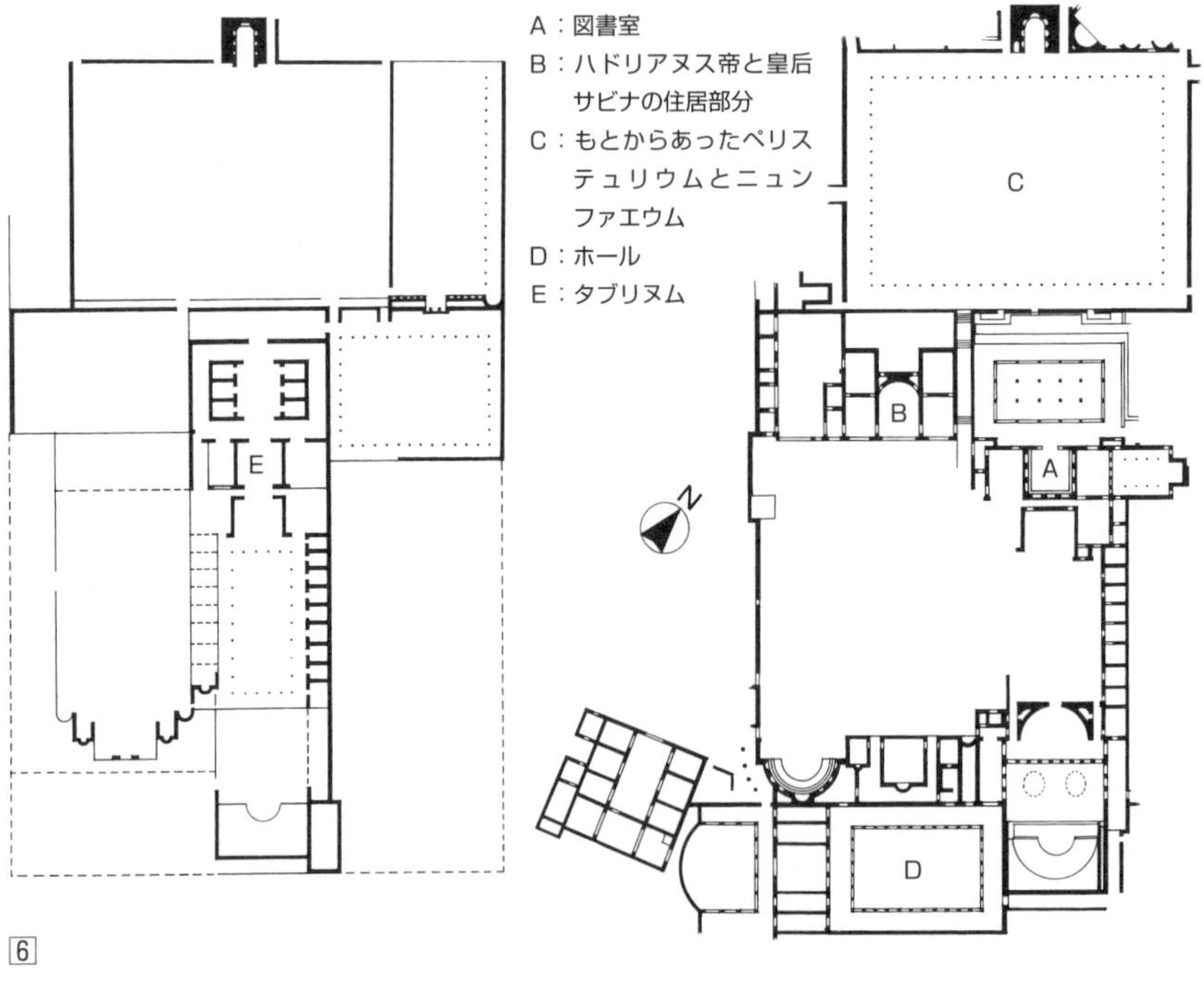

A：図書室
B：ハドリアヌス帝と皇后サビナの住居部分
C：もとからあったペリステュリウムとニュンファエウム
D：ホール
E：タブリヌム

6

7

8

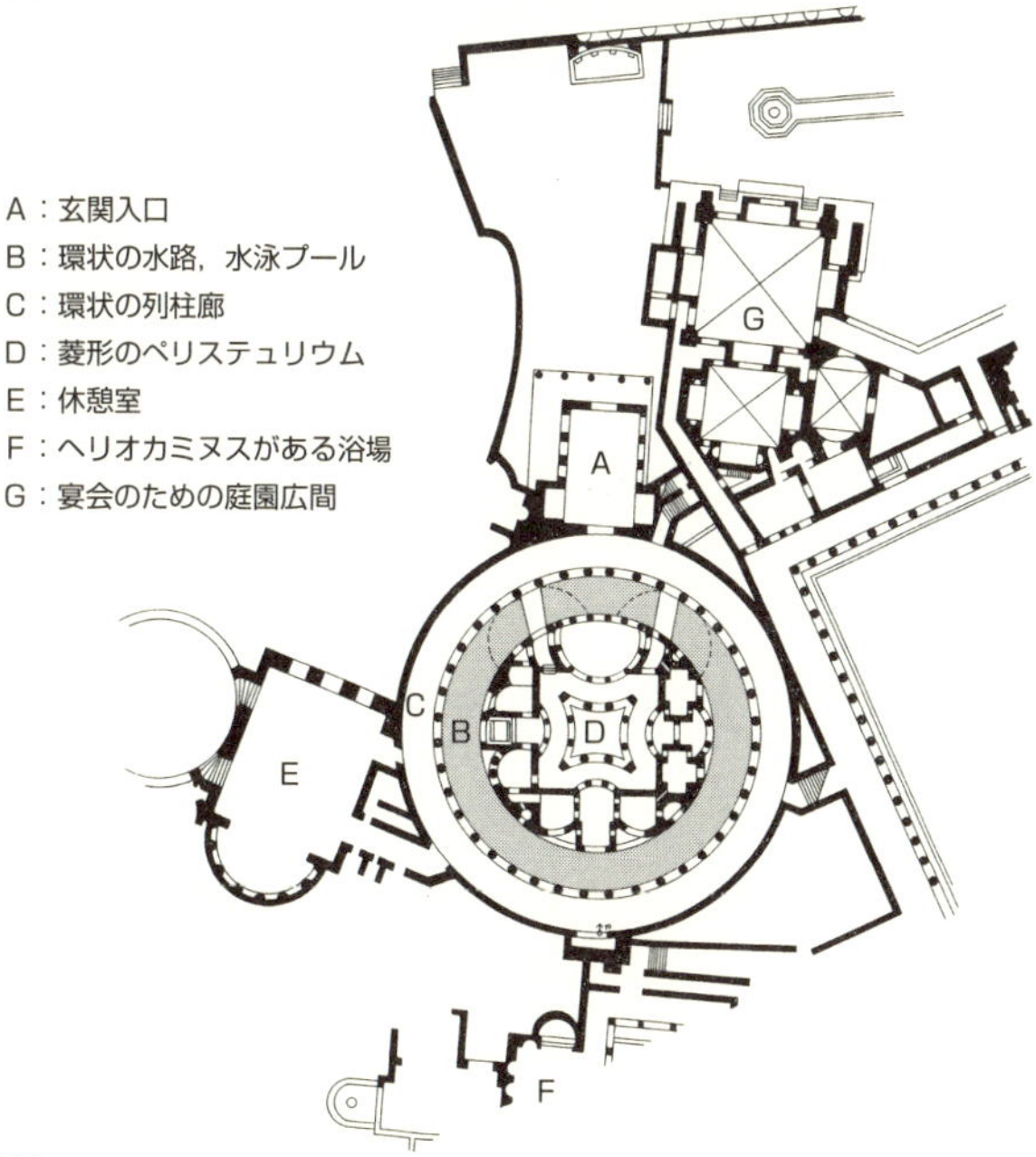

9

3 スペルロンガのティベリウス帝の別荘。別荘全体を俯瞰する。

4 スペルロンガの自然の洞窟に神話の世界の彫刻群が据えられていた。

5 スペルロンガの今日の自然の洞窟。手前にティベリウス帝たちが食事を愉しむテラス。

6 共和政時代からの別荘（左図）とハドリアヌスによる増改築。

7 図書室，復元模型（ローマ文明博物館蔵）

8 宴会のための庭園広間。既存別荘の主要軸線に対し，軸線が45°/60°ずれている。復元模型

9 環状の水路に囲まれた円形のウィラ，平面図

11

10

13

12

14

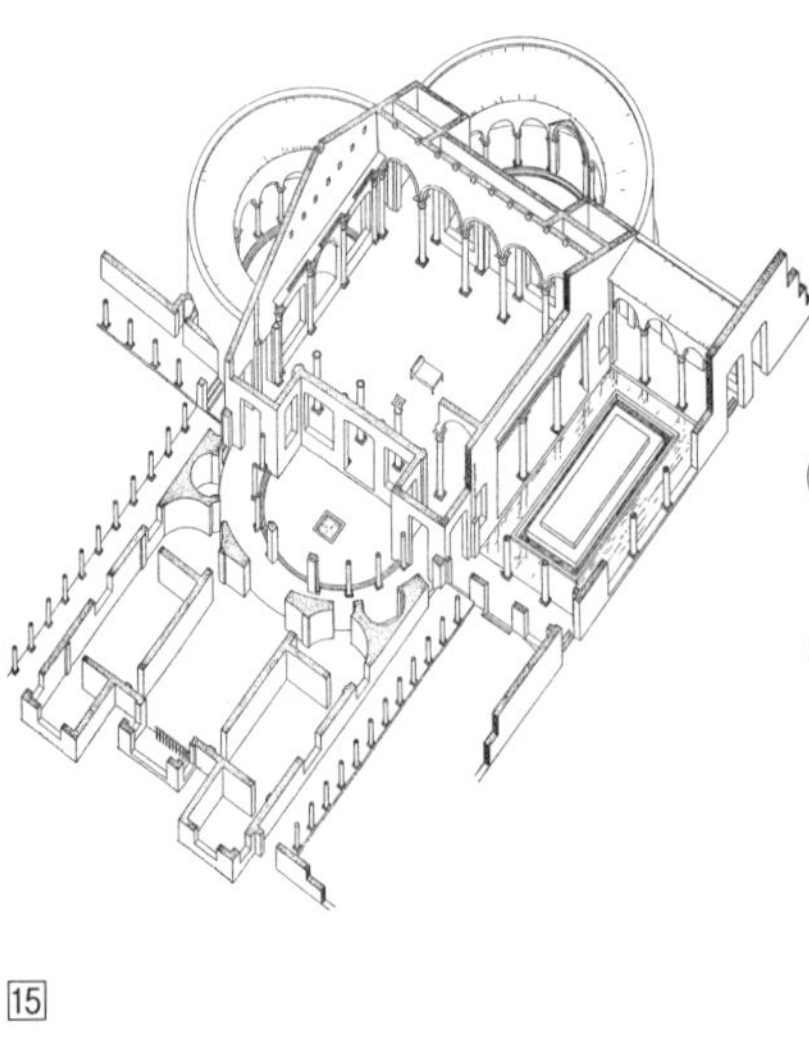

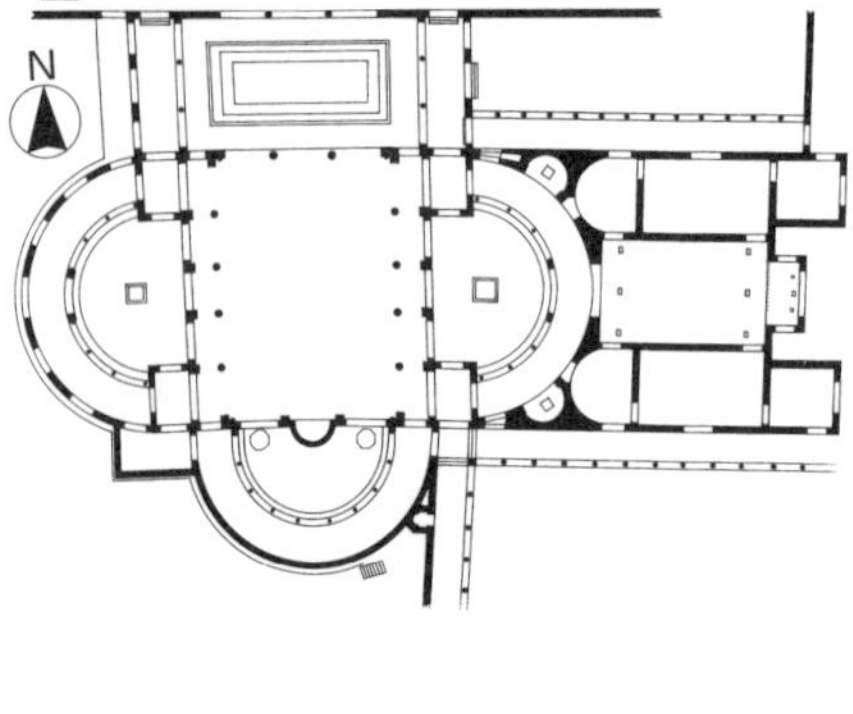

15

17

16

18

19

10環状の水路に囲まれた円形のウィラ
11環状の水路に囲まれた円形のウィラ。環状の列柱廊の天井
12環状の水路に囲まれた円形のウィラ。菱形のペリステュリウム，中央に噴水
13環状の水路に囲まれた円形のウィラ。冷浴室フリギダリウムと水路の水泳プールへの階段。
14環状の水路に囲まれた円形のウィラ。玄関入口を通る軸線上の向こうに泉がある。
15 3つのエクセドラがある庭園の間。平面図とアイソメ図（H. ケーラーによる）
16 3つのエクセドラがある庭園の間。エクセドラの庭園。噴水がある。
17 3つのエクセドラがある庭園の間。エクセドラを通して，いわゆる冬の宮殿方向を見る。空間の重なりと見とおし。
18ポンペイ，ラビュリントスの家の壁画。壁の向こうに神域の空間が広がるかのようなイリュージョン。第Ⅱ様式の壁画
19ナバテア王国，ペトラの都市の入口を象徴する神殿アル・ハズネ。紀元前 1 世紀。上層部分が壁画と酷似している。

20 パラティヌス丘の皇帝宮殿ドムス・アウグスターナ，復元模型。手前にキルクス・マクシムス，左手にアポロン神殿と図書館，後方に太陽神ヘリオスの巨像，それに女神ローマとウェヌス神殿が見える。

21 皇帝宮殿ドムス・アウグスターナ，平面図

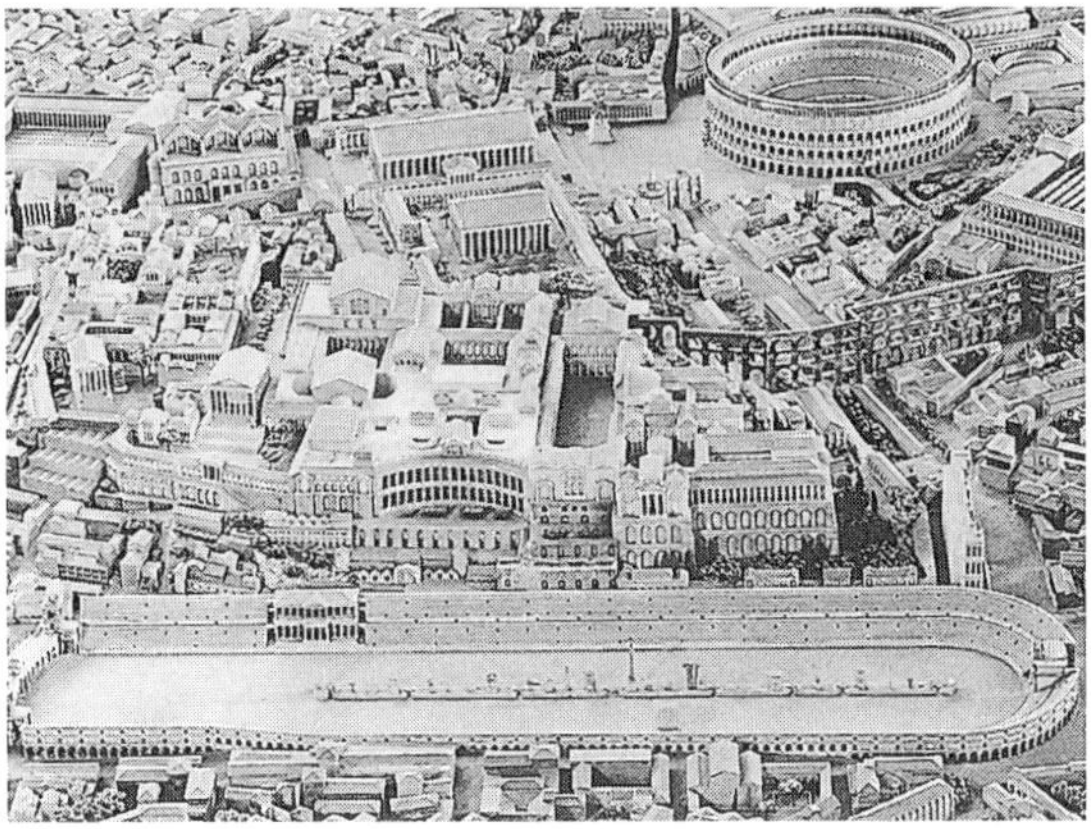

20

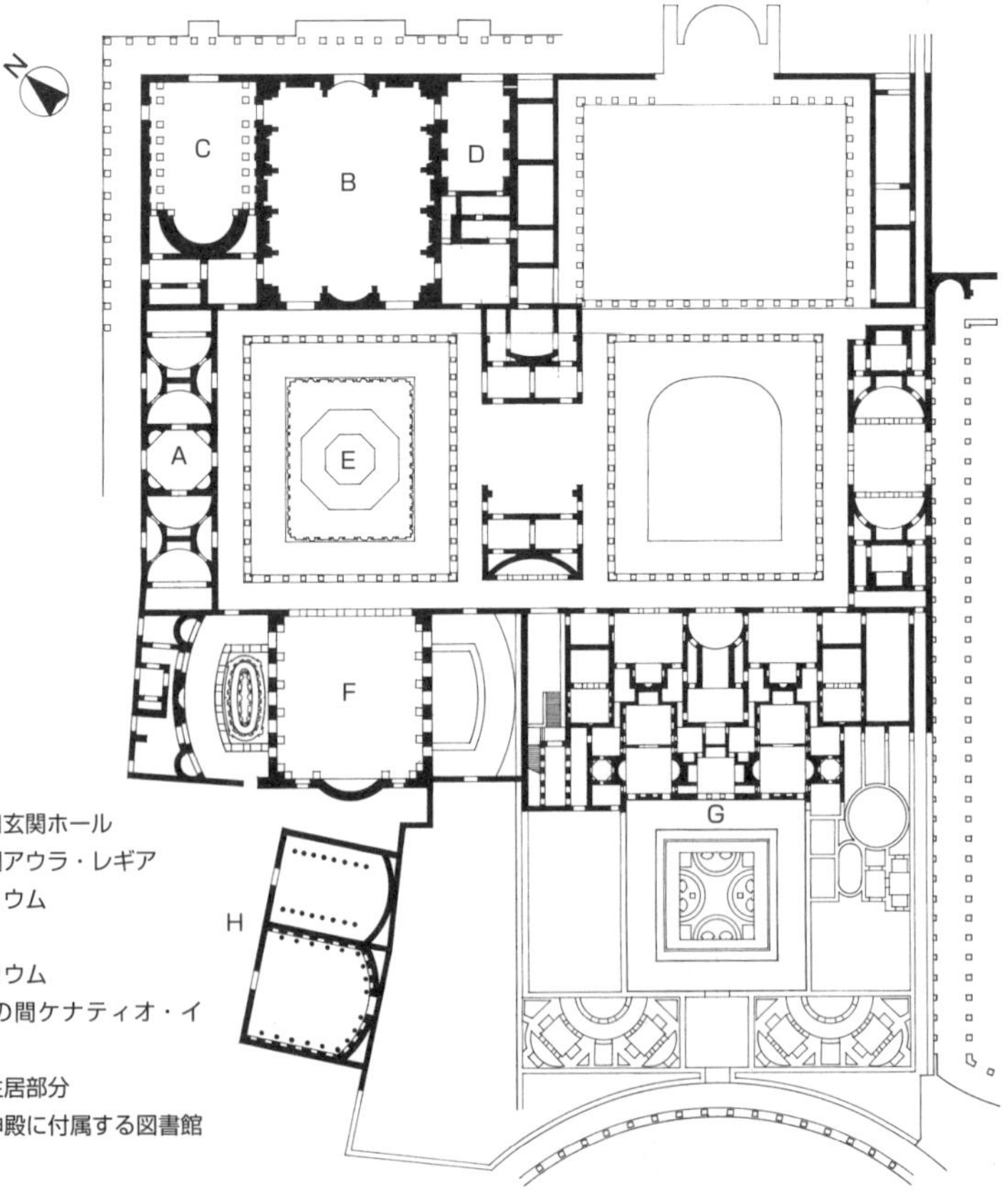

A：八角形の入口玄関ホール
B：皇帝謁見の間アウラ・レギア
C：アウディトリウム
D：近衛兵詰所
E：ペリステュリウム
F：食事・宴会の間ケナティオ・イオウィス
G：皇帝の私的住居部分
H：アポロンの神殿に付属する図書館

21

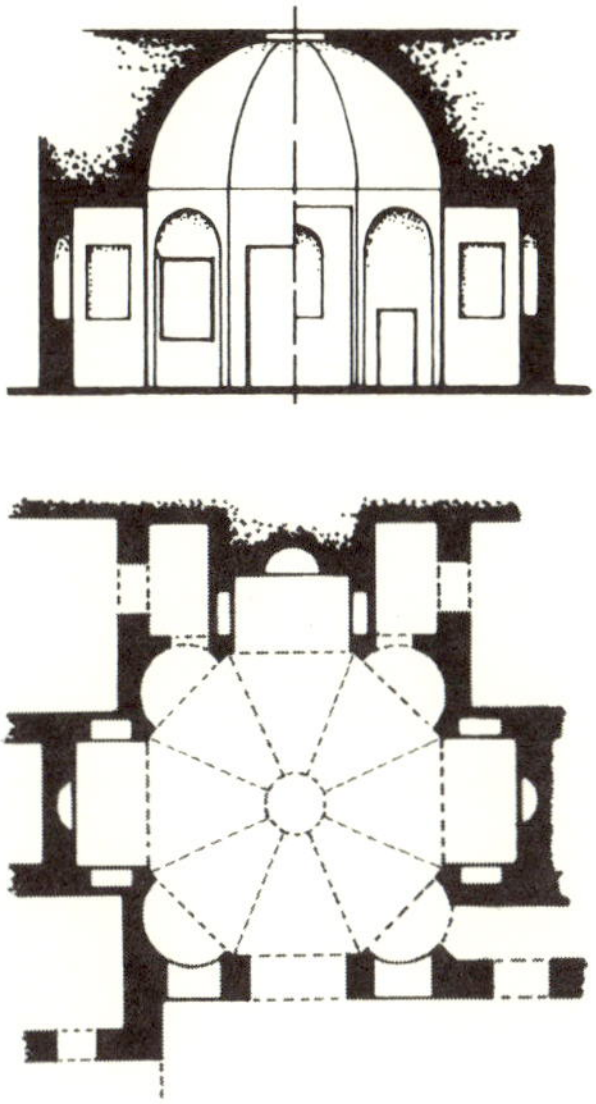

23

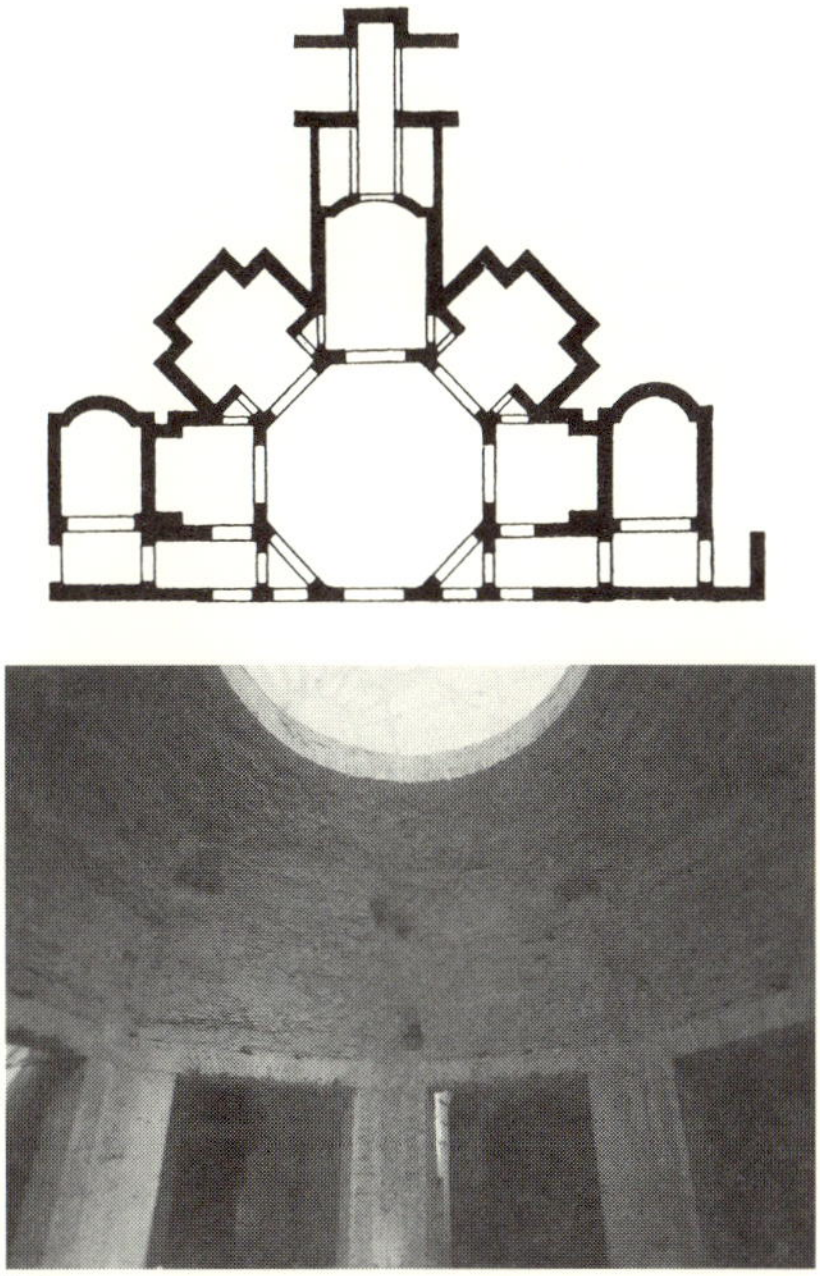

22

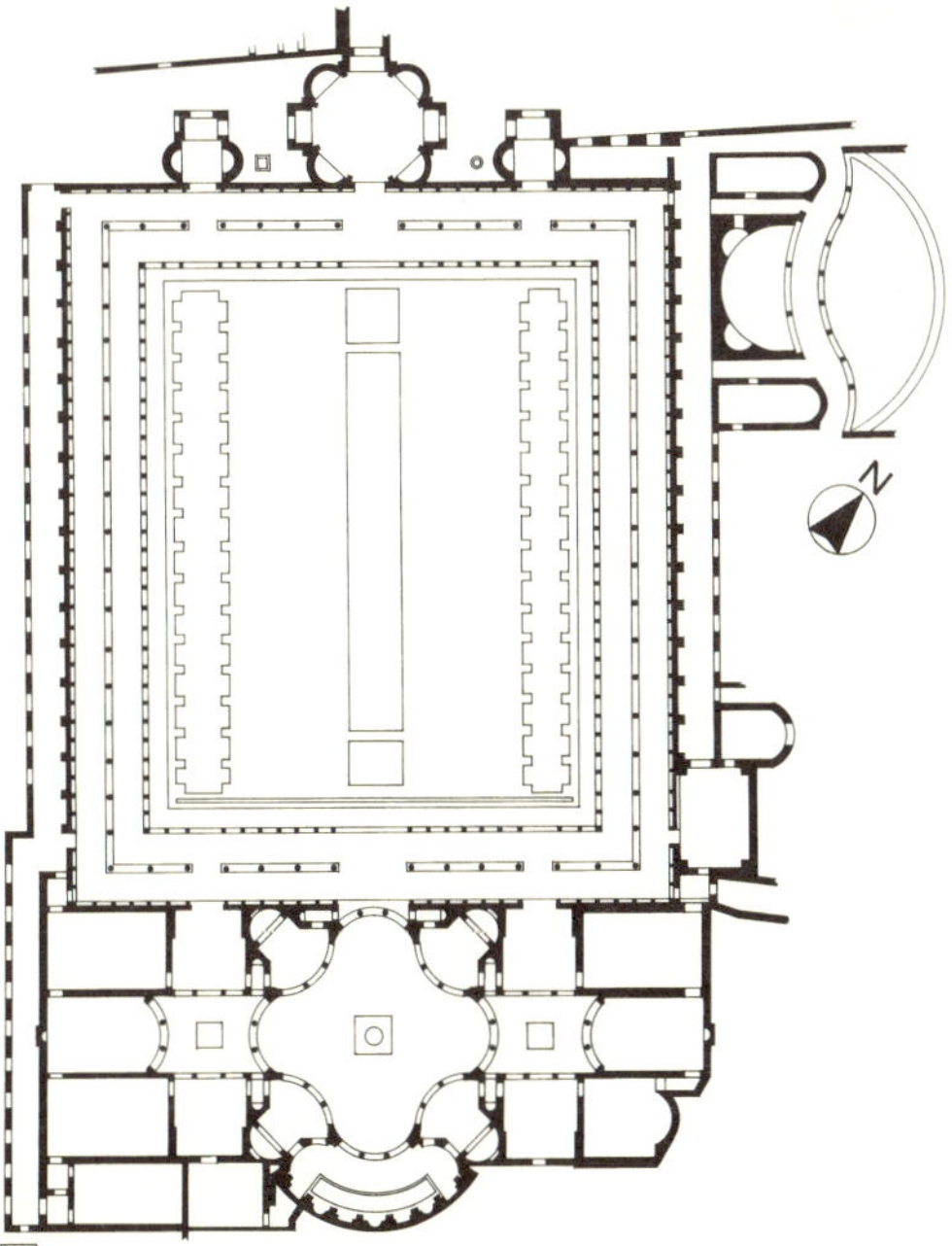

24

22 ネロ帝によるドムス・アウレアの八角形の広間。平面図と内部空間

23 皇帝宮殿ドムス・アウグスターナのペリステュリウムに面した住居の八角形の一室。

24 池のある中庭を囲む建築，平面図

26

25

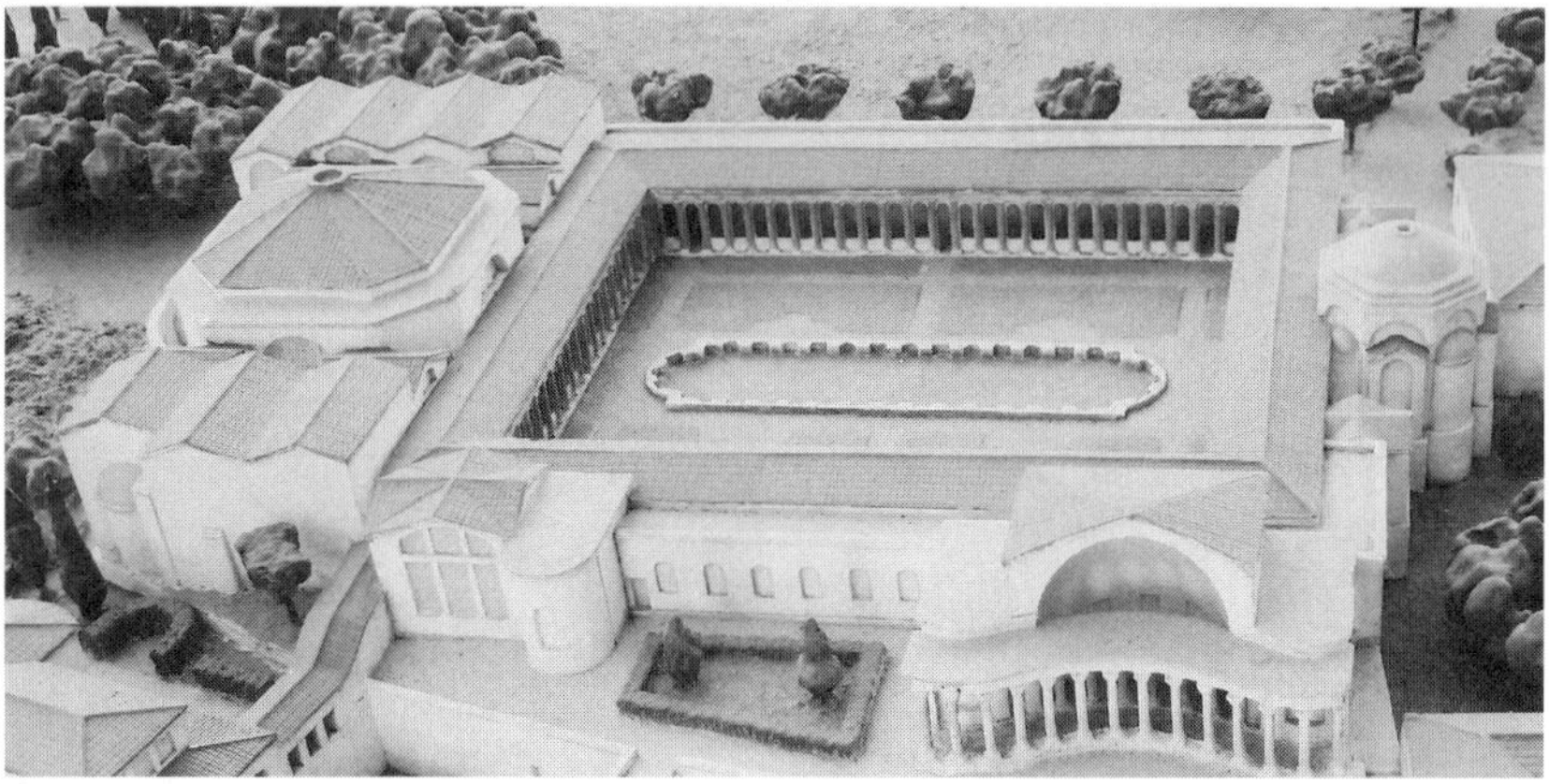

A

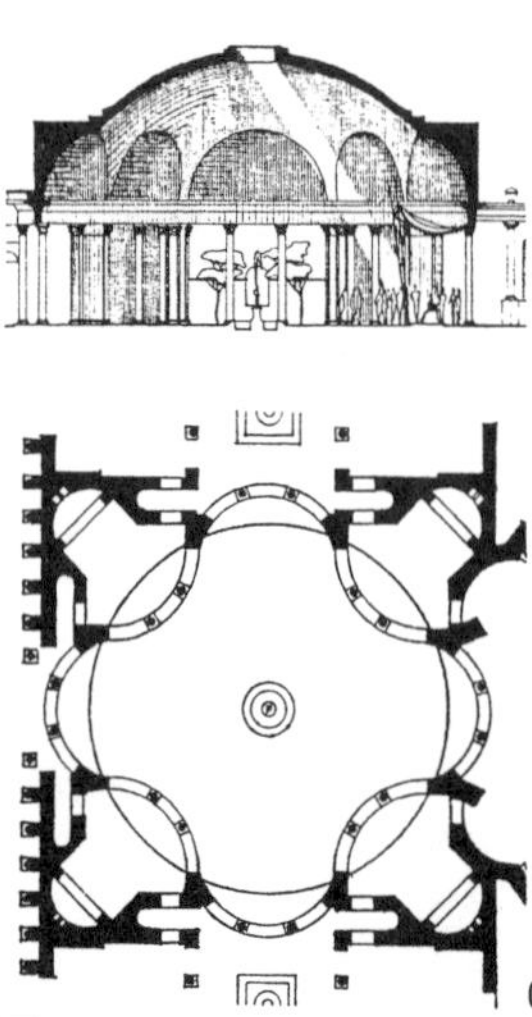

C

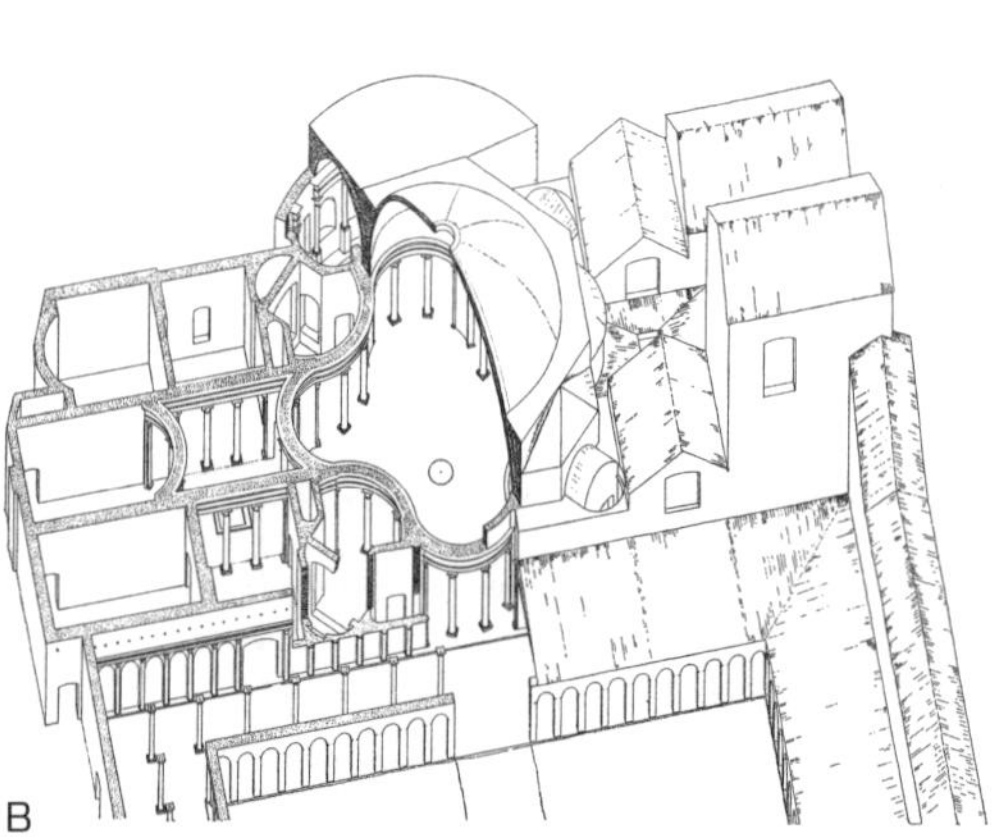

B

27

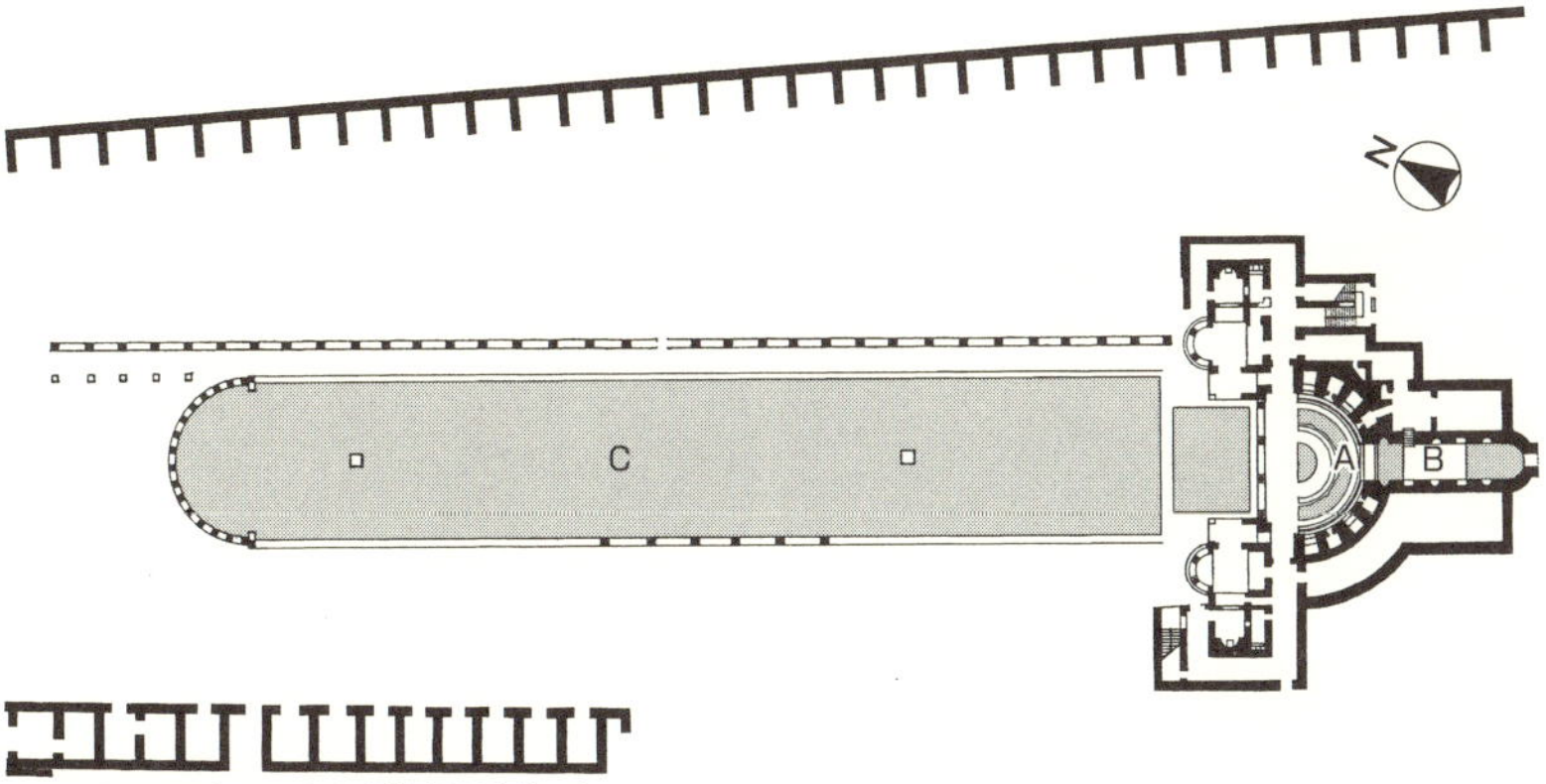

A：水が流れる洞窟のような傘状半円形ドーム

B：小宴の間

C：水路

28

30

29

31

25池のある中庭を囲む建築。中庭と入口玄関ホールを見る。

26池のある中庭を囲む建築。内部空間を見る。

27池のある中庭を囲む建築。有蓋説か無蓋説か？

A：復元模型にみられる屋根架構形態

B：H. ケーラーによる屋根架構形態

C：F. ハルトによる屋根架構形態

28カノプス平面図

29水路を飾る列柱と彫像群

30カノプスを俯瞰する。

31傘状の半円形ドームの洞窟状空間。エクセドラから水が滴り落ちる。

33

34

36

37

32

35

32 奥の美しいモザイクタイルが貼られていた半円筒ヴォールト天井に覆われた小宴の間。水槽上にわたされたコンクリートの床板大理石で仕上げされ，横臥する臥台があった。奥壁，両側壁から水が滴り落ちる。

33 小宴の間より水路を見る。背後に山々が遠望される。

34 35 36 地下に張り巡らされたサービス通路網。馬車も通れる地下通路もある。

37 発掘・復元工事が進む別荘の遺構（小浴場）

参考文献・図版出典リスト

（直接参照あるいは引用した参考文献のみ掲げた。なおゴシック数字は写真、図版番号を示し、特記のないものは著者による。）

Adorno,Theodor.W.：*Funktionalismus heute*（in Ohne Leitbild…Parva Aesthetica）Edition suhrkamp 1967
（伊藤哲夫訳『今日の機能主義』 伊藤哲夫・水田一征編訳『哲学者の語る建築…ハイデガー、オルテガ、ペゲラー、アドルノ』所収、中央公論美術出版、二〇〇八）
Alexander, Paul：*Letters and Speeches of the Emperor Hadrian* Harvard Studies in Classical Philology vol. XLIX Harvard University Press, 1938
Apollodoros：*Bibliotheke*（B.C. 1C?）
（高津春繁訳『ギリシア神話』岩波文庫、一九九五）
Apollonios：*conicorum libri*（B.C. 3C）
（竹下貞雄訳『アポロニオス：円錐曲線論』大学教育出版、二〇〇八）
Arianus, Flavius：*Anabasis Alexandri*（A.D. 2C）
（大牟田章訳『アレクサンドロス大王東征伝』岩波文庫、二〇〇一）
Aristophanis：*Comoediae. Ornithes, Batraxoi*（B.C 5C）
（呉茂一・高津春繁訳『アリストパネス：鳥。蛙』ギリシア喜劇全集所収 人文書院、一九六一）
Aristoteles：*Peri poietikes*（B.C. 4C）
（松本・岡訳『アリストテレス：詩学』岩波文庫、一九九七）
Birley, Anthony R.：*Hadrian——the Restless Emperor* Routledge, 1997
（ドイツ語訳に、Heide Birley 訳『*Hadrian, Der Rastlose Kaiser*』Ph. von Zabern Verlag, 2006）
Blanck, Hortst：*Das Buch in der Antike* Verlag C. H. Beck, 1992
（戸叶勝也訳『ギリシア・ローマ時代の書物』朝文社、二〇〇七）
Blunt, Anthony：*Francesco Borromini* Harvard University Press, 1979
Boatwright, Mary T.：*Hadrian and the City of Rome* Princeton University Press, 1987
Boatwright, Mary T.：*Hadrian and the Cities of the Roman Empire* Princeton University Press, 2000 ——3. 13
Bollnow, Otto F.：*Mensch und Raum* W. Kohlhammer Verlag, 1963

（大塚・池川・中村訳『ボルノー：人間と空間』せりか書房、一九七八）
Casson, Lionel：*Libraries in the Ancient World*　Yale University Press, 2002
（新海邦治訳『図書館の誕生──古代オリエントからローマへ』刀水書房、二〇〇七）
Chevallier, R. + Poignault, R.：*L'empereur Hadrien*　Collection Que sais-je? 1998
（北野徹訳『ハドリアヌス帝──文人皇帝の生涯とその時代』文庫クセジュ、白水社、二〇一〇）
Cicero, Marcus：*Ad familiares*（B.C. 1C）
（高橋・五之治・大西訳『キケロ選集、書簡集』岩波書店、二〇〇二）
Demandt, Alexander：*Das Privatleben der römischen Kaiser*　C. H. Beck Verlag, 1996
Dio Cassius, Cocceianus：*Rhomaike Historia*（A.D. 3C）
（英語訳に、『*Dio's Roman History, in 9 Volumes*』William Heinemann Ltd., 1925, 1968）
Diogenis Laertii：*Vitae Philosophorum*（A.D. 3C）
（加来彰俊訳『ディオゲネス・ラエルティオス：ギリシア哲学者列伝』岩波文庫、一九八九）
Doxiadis, C.A.：*Architectural Space in Ancient Greece*, 1937
（長島・大野訳『ドクシアディス：古代ギリシアのサイトプランニング』鹿島出版会、一九七八）
Empedokles：*Peri Physeo. Katharmoi*
（藤沢令夫訳『エンペドクレス：自然について』『浄め』、世界文学大系63「ギリシア思想家集」所収　筑摩書房、一九六七）
Epiktetos：*Diatribe*（A.D. 2C）
（鹿野治助訳『エピクテトス：語録』、世界の名著14「キケロエピクテトス、マルクス・アウレリウス」所収、中央公論新社、一九八〇）
Euripides：*Iphigenia in Tauris*
（久保田忠利訳『エウリピデス：タウリケのイピゲネイア』ギリシア悲劇全集7所収、岩波書店、一九九一）
Everitt, Anthony：*Cicero—A Turbulent Life*　John Murray Ltd. London, 2001
（高田康成訳『キケロ、もうひとつのローマ史』白水社、二〇〇六）
Frank, Josef：*Akzidentismus*
（"*Josef Frank*" Hochschule　für Angewandte Kunst, 1981）

Frank, Josef：*Architektur als Symbol*　Nachdruck von 1931. Löcker Verlag, 1981
Fyfe, Theodore：*Hellenistic Architecture——An introductory study*　Are Publishers Inc., 1936
Gallico, Sonia：*Führer durch die Ausgrabungsstätte in Ostia Antica*　ATS Italia Editrice, 2000
Gellius, Aulus：*Noctes Atticae*（A.D. 2C）
（*The Attic Nights 1.2.3.*　Englishtranslation by J. C. Rolfe. Harvard Uni. Press, 1927）
Giustozzi, N.：*Castel Sant'Angelo*　M. Electa S. p. A, 2003　——1. 28 29 30 37 39 40
Goethe, J. W.：*Iphigenien auf Tauris*
（氷上英広訳『ゲーテ：タウリケのイフィゲーニア』ゲーテ全集第4巻、人文書院、一九七一）
Goethe, J. W.：*Die Braut von Korinth. Goethe Werke Bd. 1*　C. H. Beck Verlag
（山口四郎訳『ゲーテ：コリントの花嫁』ゲーテ全集1、潮出版社）
Goethe, J. W.：*Italienische Reise*
（相良守峯訳『ゲーテ：イタリア紀行』岩波文庫、一九七五）
Gombrich, Ernst.：*Kunst und Fortschritt, Wirkung und Wandlung einer Idee*　Köln, 1978
（下村他訳『ゴムブリッチ：芸術と進歩』中央公論美術出版、一九九一）
Gregorovius, Ferdinand：*Glanz und Untergang Roms —— Gemälde der römisch — hellenischen Welt zur Zeit des Kaisers Hadrian*
Verlag Paul Aretz, 1932
Habachi, Labib：*The Obelisk of Egypt*　Ch, Scribner Sans, 1977
（吉村作治訳『エジプトのオベリスク』六興出版、一九八五）
Habicht, Christian：*Athen：Die Geschichte der Stadt in hellenistischer Zeit*　C.H.Beck Verlag, 1995
Häring, Hugo：*Über das Geheimnis der Gestalt*　T. U. Berlin, 1954
Häring, Hugo：*Fragmente,zusammengestellt von M.Aschenbrenner*　Gebr. Mann Verlag, 1968
Hart, Franz：*Kunst und Technik der Wölbung*　Verlag Callwey, 1965　——4. 27
Hegel, G. W. Friedrich：*Vorlesungen über die Aesthetik* 1823
（長谷川宏訳『ヘーゲル：美学講義』作品社、一九九六）
Herrigel, Eugen：*Zen in der Kunst des Bogenschiessens*　Verlag K. Woehler, 1948
（稲富栄次郎・上田武訳『ヘリゲル：弓と禅』福村書店、一九五九）
Hesberg von, Henner：*Römische Baukunst*　C. H. Beck Verlag, 2005

Hölderlin, Friedlich：*Empedokles*
（谷友幸訳『ヘルダーリン：悲劇エムペドクレス』岩波文庫、一九五三）
Hoepfner Wolfram：*Hermogenes und die hochhellenistische Architektur* Verlag Ph. von Zabern, 1990
Homeros：*Hymni Homerici*（B.C. 5C）
（沓掛良彦訳『ホメロースの諸神賛歌』筑摩書房、二〇〇四）
Josephus, Flavius：*Bellum Judaicum*（A.D. 79）
（新見宏・秦剛平訳『ヨセフス：ユダヤ戦記 1. 2. 3』山本書店、一九七五）
Kähler, Heiz：*Hadrian und seine Villa bei Tivoli* Verlag Gebr. Mann Berlin, 1950 ——4. 9 15 23 27
Kähler, Heinz：*Rom und sein Imperium* Holle Verlag, 1962 ——1. 22 35
Kähler, Heinz：*Der römische Tempel* Verlag Ullstein, 1970 ——1. 2 7 9 24
Kenyon, F.G.：*Books and Readers in Ancient Greece and Rome* Oxford, 1932
（高津春繁訳『ケニオン：古代の書物』岩波新書、一九五三）
Kienast, Dietmar：*Römische Kaisertabell* Wissenschaftliche Buchgesellschaft, 1966
Knell, Heiner：*Des Kaisers Neue Bauten — Hadrians Architektur in Rom, Athen und Tivoli* Verlag Ph. von Zabern, 2008 ——1. 26
Kolb, Franz：*Rom ——Die Geschichte der Stadt in der Antike* C. H. Beck Verlag, 1995 ——1. 20
Loos, Adolf：*Sämtliche Schriften in 2 Bänden* Herold Verlag, 1962
（伊藤哲夫編訳『ロース：装飾と犯罪』中央公論美術出版社、二〇〇五）
Lugli, Giuseppe：*Das Pantheon und die umliegenden Monumente* Bardi Editore-Roma, 1964
Lugli, Giuseppe：*Forum Romanum, Palatin* Bardi Editore-Roma, 1970
Lyttlton, Margaret：*Baroque Architecture in Classical Antiquity* Thames and Hudson Ltd., 1974
Macdonald, William + Pinto, John：*Hadrian's Villa and It's Legacy* Yale University Press, 1995 ——4. 6
Mainstone, Rowland J.：*Hagia Sophia* Thames and Hudson, 1988
Manfredi, Valerio M.：*Akropolis* ——*La grande epopea di Atene* Arnoldo Mondadori Editore, 2000
（草皆伸子訳『アクロポリス』白水社、二〇〇二）
Marta, Roberto：*Technica Construttiva Romana* Edizioni Kappa, 1991
Martialis, Marcus Valerius：*Epigramme*（A.D. 1C）
（藤井昇訳『マルティアーリス：エピグランマタ上・下』慶応大学言語文化研究所、一九七三・一九七八）

Mattingly, Harold：*Coins of the Roman Empire in the British Museum*：Ⅲ, *Nerva to Hadrian*　Spink, 2005（Reprint 1936）

Mazzoleni, Donatella etc.：*Domus Pittura e Architettura d'illusione nella casa romana*　Arsenale EBS, 2004　――4. 18
（野中夏実訳『古代ローマ邸宅の壁画』岩波書店、二〇〇六）

Meyer, Hugo etc.：*Der Obelisk des Antinoos*　Wilhelm Fink Verlag, 1994　――3. 14 16 18

Mielsch, Harald：*Die römische Villa*　C. H. Beck Verlag, 1997

Minkowski, Eugene：*Vers une cosmologie,fragments philosophiques*　Nouvelle edition, 1936
（中村・松本訳『ミンコフスキー：精神のコスモロジーへ』人文書院、一九八五）

Müller, Werner：*Architekten in der Welt der Antike*　Verlag Koehler u. Amelang, 1989　――1. 24 3. 4

Müller, Werner：*Die heilige Stadt*　Kohlhammer Verlag, 1961

Müller, W.+Vogel, G.：*dtv—Atlas zur antiken Baukunst*　Deutscher Taschenbuch Verlag, 1974

Opper, Thorsten：*Hadrian—Empire and Conflict*　The British Museum Press, 2008

Ovidius Naso, Publius：*Fastorum Libri Sex*（B.C 1C）
（高橋宏幸訳『オウィディウス：祭暦』国文社、一九九四）

Pausaniae：*Graciae　Descriptio*（A.D. 2C）
（飯尾都人訳『パウサニアス：ギリシャ記』龍渓社、一九九一）

Perka-Alexandrin, Kalliopi：*Eleusis*　Kulturministerium Kasse für Archäologische Mittel und Enteignung. Athen, 1996

Petrarca, Francesco：*Familiarium rerum libri. Senilium rerum libri, Epistolae variae*（A.D. 14C）
（近藤恒一編訳『ペトラルカ：ルネサンス書簡集』、岩波文庫、一九八九）

Philostratus：*Vitae Sophistarum*
（戸塚七郎・金子佳司訳『ピロストラトス：ソフィスト列伝』京都大学学術出版会、二〇〇一）

Platon：*Platonis Dialogi*「*Phaidros*」「*Timaeus*」「*Critias*」　Lipsae, 1882.　Oxford Classical Text
（藤沢令夫・種山恭子・田之頭安彦訳『プラトン：パイドロス、ティマイオス、クリティアス』プラトン全集全15巻　岩波書店、一九七五）

Plinius, Secundus：*Naturalis Historia*（A.D. 1C）
（中野定雄他訳『プリニウスの博物誌1・2・3』雄山閣、一九八六）

Plinius, Gaius C. Secundus：*Epistulae*（A.D. 2C）
（国原吉之助訳『プリニウス書簡集』講談社、一九九九）

Plutarchos von Chaironeia：*Lives*（A.D. 2C）
（村川堅太郎訳編『プルタルコス英雄伝　上、中、下』筑摩書房、一九九二）

Plutarchos von Chaironeia：*Moralia*（A.D. 2C）
（瀬口昌久訳『プルタルコス：モラリア２――アポロニオスへの慰めの手紙』京都大学学術出版会）

Radt, Wolfgang：*Pergamon; Geschichte und Bauten einer antiken Metropole*　Primus Verlag, 1999　――3. 5 6 10

Ree, Paul van der + Smienk. Steenbergen：*Italian Villa and Garden*　Thoth Publishers, Amsterdam, 1992
（野口昌夫訳『リー他：イタリアのヴィラと庭園』鹿島出版会、一九九七）

Rostovtzeff, Michael：*Caravan Cities*　Oxford University Press, 1932
（青柳正規訳『ロストヴツェフ：隊商都市』新潮選書、一九七八）

Rumscheid, Frank：*Priene—Führer durch das "Pompeji Kleinasiens"*　Ege Yaymlari, Istanbul, 1998

Schefold, Karl etc.：『*Pompeian Painting*（ポンペイの壁画）』岩波書店、一九九一

Schmoll. Conrad etc.：*Das Unvollendete als künstlerische Form*　A. Francke Verlag, 1959
（中村二柄他訳『シュモル編：芸術における未完成』岩崎美術出版社、一九七一）

Sedlmayr, Hans：*Verlust der Mitte*　Otto Müller Verlag, 1955
（石川公一・阿部公正訳『ゼードルマイアー：中心の喪失――危機に立つ近代芸術』美術出版社、一九六五）

Sherk1, Robert：*The Roman Empire : Augustus to Hadrian*　Translated Documents of Greece and Rome Vol.6, Cambridge University Press, 1988

Spartianus, Aelius etc.：*Historia Augusta Vol.1*　Translated by David Magie. Loeb Classical Library. Harvard University Press, 1921/2000
（南川高志訳『スパルティアヌス他：ローマ皇帝群像１』京都大学学術出版会、二〇〇四）

Speller, Elizabeth：*Following Hadrian—A Second Century Journey through the Roman Empire*　Oxford University Press, 2003

Stendhal, M. de：*Promenades dans Rome*　Delauney Libraire, 1829
（臼田紘訳『スタンダール：ローマ散歩　1・2』新評論、一九九六）

Strabonis：*Geographicarum*（B.C. 1C）
（飯尾都人訳『ストラボン：ギリシア、ローマ世界地誌』）龍渓社、?）

Tacitus, Cornelius：*Annalium*（A.D. 1C）

（国原吉之助訳『タキトゥス：年代記』世界古典文学全集22、筑摩書房、一九六六）

Thucydidis：*Historia*（B.C. 5C）

（久保正彰訳『トュキュディデス：戦史（上、下）』岩波文庫）

Tomei, Maria. A.：*Der Palatin*　M. Electa S. p. A, 1998

Travlos, John：*Bildlexikon zur Topographie des antiken Athen*　Verlag Wasmuth, 1971　——2. [1][6][8][9][11][13][16][17][21]

Valery, Paul：*Eupalinos ou l'Architecte*　N. L. F 1923

（伊吹武彦訳『ヴァレリー：エウパリノス』人文書院、一九五四）

Vighi, Roberto：*The Pantheon*　Tipografia Artistica, 1959　——1. [17][18][19]

Vitruvius Pollio, Marcus：*De architecura libri decem*（B.C. 1C）

（森田慶一訳『ウィトルウィウス：建築書』東海大学出版、一九七九）

Wagner, Otto：*Moderne Architektur*（1895, なお1914の第4版において、*Die Baukunst unserer Zeit* と改題した）

（樋口・佐久間訳『ワーグナー：近代建築』中央公論美術出版、一九八五）

Waiblinger, F. Peter：*Roma Caput Mundi. Lateinische Texte in der Stadt und über die Stadt*　Deutsche Taschenbuch Verlag, 2005

Ward-Perkins etc.：*Roman Imperial Architecture*　Yale University Press, 1988　——2. [7]

Weber, Wilhelm：*Untersuchung zur Geschichte des Kaisers Hadrianus*　Georg Olms Verlag, 1973（Reprint von 1907）

Wind, Edgar：*Art and Anarchy*　Faber & Faber Ltd., 1963

（高階秀爾訳『ウィント：芸術と狂気』岩波書店、一九六五）

Wittokower, Rudolf：*Architectural Principles in the Age of Humanism*

（中森訳『ウィットコウワ：ヒューマニズム建築の源流』彰国社、一九七一）

Wölfflin, Heinrich：*Renaissance und Barock—Eine Untersuchung über Wesen und Entstehung des Barockstils in Italien*　Schwabe & Co.Verlag, 1888

（上松佑二訳『ヴェルフリン：ルネッサンスとバロック』中央公論美術出版、一九九三）

Yourcenar, Marguerite：*Memoires d'Hadrien*　Librairie Plon, 1958

（ドイツ語訳に、*Ich zähmte die Wölfin——Die Erinnerungen des Kaisers Hadrian*　Die Deutsche Verlags—Anstalt, 1956　多田智満子訳『ユルスナール：ハドリアヌス帝の回想』白水社、一九七八）

青柳正規　『古代都市　ローマ』中央公論美術出版、一九九〇　――1. 23 3. 1
青柳正規　『皇帝たちの都ローマ』中公新書、一九九二
粟野頼之祐他　『図説世界文化史大系、ギリシア』角川書店、一九六〇
磯崎新・青柳正規・篠崎紀信　『ヴィッラ・アドリアーナ――逸楽と憂愁のローマ』建築行脚3　六耀社、一九八一
磯崎新・横山正・篠崎紀信　『サン・カルロ・アッレ・クァトロ・フォンターネ聖堂――バロックの真珠』建築行脚9　六耀社、一九八三
伊藤哲夫　『哲学者の語る建築――ハイデガー、オルテガ、ペゲラー、アドルノ』（水田一征と共訳）中央公論美術出版、二〇〇九
伊藤哲夫　『景観のなかの建築』井上書院、二〇〇五
伊藤哲夫　『森と楕円』井上書院、一九九二
九鬼周造　『偶然性の問題（九鬼周造全集第2巻）』岩波書店、一九八〇
久須見疎庵　『茶話指月集』一七〇一（林屋辰三郎編注「日本の茶書2」所収、平凡社、一九七二）
沓掛良彦　ギリシャ詩華集選『ピエリアの薔薇。沓掛良彦訳詩集』白馬書房、一九八七
沓掛良彦　『サッフォー、詩と生涯』水声社、二〇〇六
呉茂一他編訳　『世界名詩大成1 古代・中世』平凡社、一九六二
呉茂一　『花冠　呉茂一訳詩集』紀伊国屋書店、一九七三
桜井万里子他　『ギリシャ史』桜井万里子編、山川出版社、二〇〇五
高津春繁他　『ギリシャ・ローマ古典文学案内』岩波書店、二〇〇四
中村幸四郎　『数学史』共立出版、一九八一
野尻抱影　『星座神話』研究社、一九三三
野尻抱影　『星・古典好日』恒星社厚生閣、一九七七
野尻抱影編　『星座』新天文学講座第5巻、恒星社厚生閣、一九八二　――3. 11
樋口勝彦　『ローマ風俗考――食事、朗読』慶応出版社、一九四九
槇谷栄次　『ドームの不思議』鹿島出版会、二〇〇七
南川高志　『ローマ皇帝とその時代』創文社、二〇〇三
南川高志　『ローマ五賢帝』講談社新書、一九九八
村川堅太郎他　『図説世界文化史体系、ローマ』角川書店、一九六〇

柳宗悦　『美の法門』私版本　柳宗悦集第1巻　春秋社、一九七三
吉田兼好　『徒然草』（日本古典文学大系30「西尾実校注、方丈記、徒然草」岩波書店、一九七四）
渡辺道治　『古代ローマの記念門』中央公論美術出版、二〇〇八

あとがき

ローマ皇帝ハドリアヌス（在位一一七〜一三八）は、皇帝として広大なローマ帝国統治にあたり、行政、軍事、司法に秀でていたが、他方、哲学、詩、文学、数学、音楽、美術それに占星術などと多方面にわたって造詣が深く、歴代皇帝のなかでも最も教養のある皇帝のひとりとされる。

またローマ、パラティヌス丘の豪奢な皇帝宮殿、アルバヌムやキルケイの壮大な別荘などを建造したドミティアヌス帝はそれに莫大な金銀を費やし、「建築をして喜ぶ病気だ」などとプルタルコスに揶揄されたが、ハドリアヌス帝もこれに劣らぬ建築好きであった。

ドミティアヌス帝にはラビリウスという有名な宮廷建築家がいた。——ドムス・アウレア《黄金宮》を建造したネロ帝にもセウェルスとケレルという有名な二人の宮廷建築家が、またトライアヌス浴場や壮大なトライアヌス広場を建造したトライアヌス帝にもアポロドロスというこれも有名な宮廷建築家がいた——ローマ社会では、建築家の名が知られることは少なく、これらは例外といってもよいのだが。ハドリアヌス帝には、そうした建築家は存在しない（ただひとり、女神ローマとウェヌス神殿建造にあたって、巨大なヘリオス《太陽神》立像を二四頭の象を使って移設したデクリアヌスの名は知られているが、建築とは必ずしもかかわらない）。

ハドリアヌス帝にもむろん、無名だが優れた宮廷建築家たちが存在した。帝はこれらの建築家たちと、あるいは自ら、建築の構想を練り、ディレッタント《好事家》として帝の建造になる建築の設計に、時にはかかわり、指図もした。そして、その多くの建築の質の高さには驚かされる。

プラトンやアリストテレスの「家の良し悪しは、それを建てた者より、使用する者がむしろ最もよく判断できる」なる言を待つまでもなく、建築の専門家ではない一般市民の建築を見る眼は厳しい（にもかかわらず、他人の判断に追従する場合も多いことは否定できない）。そして美意識の高かったハドリアヌス帝のようなディレッタントの建築を見る眼は鋭く、建築家の仕事には厳しい。

ハドリアヌス帝がかかわった都市・建築は多く、ローマ帝国各地にあるが、それを（主要なもの。だがそれも一部分にすぎない）見るべく、西はイングランド、スコットランドから東はギリシア、小アジア、シリア、エジプトまで、僕は長い年月をかけて旅をした。――帝国視察旅行に十年以上もの長い年月を費やしたハドリアヌス帝と同じように。

もとより本書は、先学の研究・調査のうえに成り立っている。直接参照したそれらの研究・調査は巻末に参考文献として掲げた。そして引用した箇所については、著者・訳者名などをできるだけ明記し（本書の性格上、すべて明記し得なかったことをおことわりしたい）、これと参考文献とを照合していただければ、参照、引用した著書はわかると思う。

最後に井上書院の鈴木泰彦さんには、用語の統一や、ややこしい写真・図版のレイアウトをはじめいろいろとご面倒をおかけした。記して感謝の意を表したいと思います。

二〇一〇年晩秋　湯河原、吉浜海岸にて

伊藤哲夫

ローマ皇帝ハドリアヌスとの建築的対話

二〇一一年三月一日　第一版第一刷発行

著　者　伊藤哲夫©
発行者　関谷　勉
発行所　株式会社　井上書院
東京都文京区湯島二-十七-十五　斉藤ビル
電話　〇三-五六八九-五四八一
FAX　〇三-五六八九-五四八三
振替東京　一-一〇〇五三五
http://www.inoueshoin.co.jp/
装　幀　藤本　宿
印刷所　秋元印刷所

ISBN 978-4-7530-2288-5　C3052　Printed in Japan

animura vagula blandula
hospes comesque corporis,
quo nunc abibis? in loca
pallidula rigida nubila---
nec ut soles dabis iocos.